La riqueza de las naciones

Adam Smith

La riqueza de las naciones

(Libros I-II-III y selección de los Libros IV y V)

Traducción y estudio preliminar
de Carlos Rodríguez Braun

Alianza editorial
El libro de bolsillo

Título original: *An Inquiry into the Nature and Causes of the Wealth of Nations*

Obra publicada originalmente en dos volúmenes en Londres en 1776

Primera edición en «El libro de bolsillo»: 1994
Tercera edición: 2011
Primera reimpresión: 2013

Diseño de colección: Estudio de Manuel Estrada con la colaboración de Roberto Turégano y Lynda Bozarth
Diseño de cubierta: Manuel Estrada

Reservados todos los derechos. El contenido de esta obra está protegido por la Ley, que establece penas de prisión y/o multas, además de las correspondientes indemnizaciones por daños y perjuicios, para quienes reprodujeren, plagiaren, distribuyeren o comunicaren públicamente, en todo o en parte, una obra literaria, artística o científica, o su transformación, interpretación o ejecución artística fijada en cualquier tipo de soporte o comunicada a través de cualquier medio, sin la preceptiva autorización.

© de la traducción y estudio preliminar: Carlos Rodríguez Braun, 1994
© Alianza Editorial, S. A., Madrid, 2013
 Calle Juan Ignacio Luca de Tena, 15;
 28027 Madrid; teléfono 91 393 88 88
 www.alianzaeditorial.es

ISBN: 978-84-206-5096-8
Depósito legal: B. 9.144-2011
Printed in Spain

Si quiere recibir información periódica sobre las novedades de Alianza Editorial, envíe un correo electrónico a la dirección: alianzaeditorial@anaya.es

Índice

7 Estudio preliminar, por Carlos Rodríguez Braun

Una investigación sobre la naturaleza y las causas de la riqueza de las naciones

27 Introducción y plan de la obra

31 LIBRO I. De las causas del progreso en la capacidad productiva del trabajo y de la forma en que su producto se distribuye naturalmente entre las distintas clases del pueblo

33 1. De la división del trabajo
44 2. Del principio que da lugar a la división del trabajo
49 3. La división del trabajo está limitada por la extensión del mercado
55 4. Del origen y uso del dinero
64 5. Del precio real y nominal de las mercancías, o de su precio en trabajo y su precio en moneda
86 6. De las partes que componen el precio de las mercancías
96 7. Del precio natural y del precio de mercado de las mercancías
108 8. De los salarios del trabajo
138 9. De los beneficios del capital
152 10. De los salarios y los beneficios en los diferentes empleos del trabajo y el capital

153	Parte I. Desigualdades que derivan de la naturaleza misma de los empleos
178	Parte II. Desigualdades producidas por la política de Europa
210	11. De la renta de la tierra
213	Parte I. De la producción de la tierra que siempre proporciona renta
232	Parte II. De la producción de la tierra que unas veces proporciona renta y otras veces no
250	Parte III. De las variaciones en la proporción entre los valores de los tipos de producción que siempre generan renta y de los tipos que algunas veces generan renta y otras veces no
252	Digresión sobre las variaciones en el valor de la plata durante el transcurso de los cuatro últimos siglos
252	Primer período
269	Segundo período
271	Tercer período
292	Variaciones en la proporción entre los valores respectivos del oro y la plata
299	Bases para la conjetura de que el valor de la plata todavía está disminuyendo
300	Distintos efectos del progreso sobre el precio real de las tres diferentes clases de producción de materias primas
300	Primera clase
303	Segunda clase
315	Tercera clase
327	Concluye la digresión sobre las variaciones en el valor de la plata
333	Efectos del progreso sobre el precio real de las manufacturas
339	Conclusión del capítulo

353 LIBRO II. De la naturaleza, acumulación y empleo del capital

355 Introducción

358 1. De la división del capital

368 2. Del dinero, considerado como una rama especial del capital general de la sociedad o del gasto de mantenimiento del capital nacional

424 3. De la acumulación del capital, o del trabajo productivo e improductivo

449 4. Del capital prestado con interés

460 5. De los distintos empleos de los capitales

481 LIBRO III. De los diferentes progresos de la riqueza en distintas naciones

483 1. Del progreso natural de la riqueza

490 2. Del desaliento de la agricultura en la antigua Europa tras la caída del Imperio Romano

505 3. De la aparición y desarrollo de ciudades y pueblos tras la caída del Imperio Romano

519 4. De cómo el comercio de las ciudades contribuyó al progreso del campo

537 LIBRO IV. De los sistemas de economía política

540 I
551 II
562 III
567 IV
568 V
573 VI
575 VII
641 VIII
646 IX

663 LIBRO V. De los ingresos del soberano o del estado
665 I
742 II
778 III

805 Índice de nombres y materias

Estudio preliminar

Aunque hubo pensamiento económico desde la más remota antigüedad, la economía no se desarrolla como disciplina científica hasta el siglo XVIII. El libro que tiene el lector entre sus manos, y cuya versión original fue publicada en dos volúmenes en Londres a comienzos de marzo de 1776, es una suerte de partida de nacimiento de la ciencia económica. No sólo fue la referencia fundamental de la escuela clásica de economía, que agrupa a figuras como Malthus, Say, Ricardo, John Stuart Mill e incluso Karl Marx. Desde entonces hasta hoy los economistas lo han leído y existe un amplio consenso en que el primero y más ilustre de sus colegas fue el escocés Adam Smith, el autor de *Una investigación sobre la naturaleza y las causas de la riqueza de las naciones* —tal el título completo de la obra.

Esto sólo ya bastaría para que el libro mereciese un lugar en la biblioteca de cualquier persona medianamente culta. Pero hay algo más. Adam Smith no es solamente el padre de una ciencia sino también de una doctrina: el liberalismo económico. Es en este segundo aspecto donde se cimenta la fama de Smith más allá del círculo de los economistas. Probablemente muy pocos políticos han leído *La riqueza de las naciones*, pero muchos hablan del «liberalismo smithiano» y todos saben que fue Adam Smith el autor de la más célebre metáfora económica, según la cual el mercado libre actúa como una «mano invisible» que maximiza el bienestar general —el lector curioso podrá encontrar la cita apenas comenzado el capítulo II del Libro Cuarto; la expresión aparece solamente una vez en esta obra y Smith la había empleado antes en sólo dos oportunidades, una en *La teoría de los sentimientos morales* y otra en un temprano ensayo sobre la historia de la astronomía.

Adam Smith nació en Kirkcaldy, un pueblo de la costa este de Escocia, cerca de Edimburgo, en enero de 1723. Nunca conoció a su padre, llamado también Adam Smith, juez e inspector de aduanas, que murió pocas semanas antes de que naciera su hijo. Entre esta traumática circunstancia y la débil salud del niño, se anudó una estrechísima relación entre Adam Smith y su madre: vivió siempre con ella, nunca se casó y de hecho la sobrevivió apenas seis años.

Smith ha sido llamado el primer economista académico. En efecto, con anterioridad quienes escribían sobre economía fueron con frecuencia hombres de negocios o profesionales o intelectuales que sólo marginalmente abordaban cuestiones económicas. Incluso en el siglo XIX habría grandes economistas que ni estudiaron en la universidad ni fueron después profesores, como sucedió con David Ricardo y John Stuart Mill, quizás las dos mentes más importantes de la escuela clásica después del propio Smith, que fue un universitario. Hasta tenía las señas personales casi caricaturescas del profesor distraído: hablaba solo, se abstraía, salía a pasear y se perdía, etc.

En 1737 ingresó en la Universidad de Glasgow, y recibió la influencia de la escuela histórica escocesa, al estudiar con Francis Hutcheson y otros. Hutcheson era catedrático de Filosofía Moral; en su asignatura había una parte dedicada a moral práctica, que abordaba los cuatro temas siguientes: justicia, defensa, finanzas públicas y lo que llamaban entonces «policía», es decir, organización social o política. Allí está el germen de buena parte de *La riqueza de las naciones*.

En 1740 obtiene una beca para ir a estudiar en el Balliol College de Oxford, una universidad entonces decadente, como apunta Smith en el Libro Quinto de la *Riqueza*. Seis años más tarde regresa a casa y dedica un par de años a escribir ensayos sobre retórica y literatura, astronomía, física y filosofía. En 1748 es invitado por un grupo de amigos a dictar una serie de conferencias sobre literatura y otros temas en Edimburgo. La experiencia resulta un éxito de público y en 1751 es nombrado catedrático en la Universidad de Glasgow, primero de Lógica y después de Filosofía Moral, y traba una firme amistad con el gran filósofo e historiador David Hume, que también iba a escribir páginas extraordinarias sobre economía. Smith destruyó los originales de sus notas y manuscritos; por fortuna, sin embargo, en 1896 y en 1963 se publicaron unos juegos de apuntes de clase tomados por dos alumnos suyos de los cursos de 1762 y 1763. En 1759 aparece su primer libro: *La teoría de los sentimientos morales*, que volverá a Smith muy conocido dentro y fuera de su país; hubo seis ediciones en vida del autor y tres traducciones francesas y dos alemanas antes de que acabara el siglo XVIII.

El libro tuvo un éxito inmediato y de hecho cambiaría por completo la vida de Smith puesto que dio lugar a su siguiente y muy redituable empleo. Charles Townshend, que llegaría a ser ministro de Economía con el gobierno de William Pitt padre —y cuyas medidas fiscales avivarían la lucha por la independencia norteamericana— quedó fascinado con la *Teoría* y decidió que su autor debía ser el mentor de su hijastro, el duque de Buccleugh; se lo propuso en 1763 y el pensador escocés aceptó.

En 1764 Smith abandona la universidad y durante tres años se convierte en el preceptor del joven duque de Buccleuch, con quien viaja a Francia. Smith, que en el capítulo I del Libro Quinto de la *Riqueza* iba a despotricar contra la costumbre de hacer viajar a los jóvenes al extranjero, aprovecha su estancia en el continente para ir a Ginebra, donde conoce a Voltaire, y a París, donde su amigo David Hume terminaba su período como secretario de la embajada inglesa. En París iba a trabar relación con la flor y nata del pensamiento galo, por ejemplo con el notable economista y político A. R. J. Turgot, y con François Quesnay, líder de primera escuela económica propiamente dicha, llamada hoy fisiocracia y conocida entonces como «escuela de los economistas».

De vuelta a Kirkcaldy en 1767, y gracias a una pensión vitalicia que le asignó el duque, Smith dedica los diez años siguientes —los dos últimos en Londres— a escribir *La riqueza de las naciones*, que ve la luz en 1776. El economista escocés no pensó que su obra iba a tener mucho éxito, pero al cabo de poco tiempo lo tuvo: inspiró las reformas liberalizadoras comerciales y fiscales de William Pitt hijo, un admirador declarado de Smith, y es el libro por el cual la posteridad lo iba a reconocer hasta hoy. Hubo cinco ediciones en vida de Smith. La primera versión española apareció en 1794.

En 1778 este padre del libre comercio fue designado Comisario de Aduanas de Escocia en Edimburgo —donde habían trabajado tanto su padre como otros antepasados suyos. Smith cumplió con sus tareas a conciencia hasta el final de su vida, tareas que ciertamente no eran contradictorias con su doctrina económica, puesto que él no fue partidario de la desaparición de los aranceles sino de su moderación y su reforma según los cánones de la tributación que expone en el capítulo II del Libro Quinto de la *Riqueza*.

Tres años antes de su muerte recibió Adam Smith un honor que lo llenó de emoción: fue nombrado en 1787 Rector de su antigua casa académica, donde había estudiado y enseñado, la Universidad de Glasgow. No tenía dudas Smith sobre cuál había sido la etapa más feliz de su vida: los trece años en que fue profesor. Murió en Edimburgo en julio de 1790. Tenía 67 años.

Es curioso que con frecuencia sea Adam Smith caracterizado como la imagen del capitalismo salvaje, desconsiderado y brutal. El primero que se indignaría ante semejante descripción sería sin duda él mismo, que era después de todo un profesor de moral y que se preocupó siempre por las reglas éticas que limitan y constriñen la conducta de los seres humanos.

La base de su teoría es la simpatía y el amor propio. Dentro de cada persona hay un «espectador imparcial» que juzga la medida en que las acciones son beneficiosas para el individuo o para su entorno.

Es normal que las personas asignen más importancia a su ambiente inmediato, ellas mismas y sus familias, que al más lejano, su ciudad, el país, el mundo. Pero que las personas estén interesadas más en sí mismas no quiere decir que no les importe lo que suceda con los demás. El capítulo I de *La teoría de los sentimientos morales* se abre con la siguiente afirmación: «Por más egoísta que se pueda suponer al hombre, existen evidentemente en su naturaleza algunos principios que lo mueven a interesarse por la suerte de otros, y a hacer que la felicidad de éstos le resulte necesaria, aunque no derive de ella nada más que el placer de contemplarla».

La simpatía hacia los demás y el propio interés, por lo tanto, coinciden en todas las personas y son dos emociones genuinas. Para compatibilizarlas se podría decir que está la conciencia humana, o lo que Smith llama el «espectador imparcial», una especie de desdoblamiento de la personalidad que hace no sólo que podamos ver nuestra conducta y juzgarla individualmente, sino también que podamos evaluar los condicionamientos y resultados sociales de nuestro comportamiento, en particular cómo nos juzgarán los demás, algo importante porque la opinión de los otros es determinante para nuestros actos. No nos precipitamos hacia un individualismo egoísta porque nos lo impide la presencia de lazos familiares, de amistad, vecindad, nacionalidad. Como todas las personas afrontan el mismo contexto, de esa mezcla ponderada de simpatía y atención por los demás y de amor propio emergen reglas morales que hacen posible, como consecuencia no deseada, una sociedad ordenada.

Esto es típicamente smithiano: en *La riqueza de las naciones* la conducta económica fundada en el propio interés desencadena a través de la mano invisible del mercado, siempre que haya un Estado que garantice la paz y la justicia, un resultado que no entraba en los planes de cada individuo: el desarrollo económico y la prosperidad general. Es en este sentido en el que emplea la expresión «mano invisible» en el capítulo I, Parte Cuarta, de su libro sobre moral. El que la persecución del propio interés sea moralmente legítimo y económicamente beneficioso para la sociedad no es una noción original de Smith, pero nadie la había expuesto antes con tanto rigor y detalle.

Los escritos de Smith pueden verse como un gran conjunto, inspirado por el programa de filosofía moral de Hutcheson y el suyo propio. Y es un conjunto incompleto. En la última página de *La teoría de los sentimientos morales* de 1759 escribió Smith: «en otro estudio procuraré explicar los principios generales de la legislación y el Estado, y los grandes cambios que han experimentado a lo largo de los diversos periodos y etapas de la sociedad, no sólo en lo relativo a la justicia sino en lo que atañe a la administración, las finanzas públicas, la defensa y todo lo que cae bajo el ámbito legislativo». En el prólogo a la sexta edición de la *Teoría*, redactado meses antes de morir, escribió que la *Riqueza* satisfizo sólo «parcialmente esa promesa, en lo referido a la administración, las finanzas y la defensa». Todavía le quedaba, confesó, la teoría de la justicia, «aunque mi avanzada edad me hace abrigar pocas esperanzas de completar esta gran obra satisfactoriamente». Y efectivamente no pudo hacerlo.

Lo que sí completó fue *La riqueza de las naciones*. Para ser el fundador de la ciencia económica, Adam Smith no emplea en absoluto esa expresión, que se generalizaría mucho después, y cuando habla de economía se refiere a la *economía política*, y otorga mucho peso al aspecto político: es «una rama de la ciencia del hombre de estado o legislador», dice al comenzar el Libro Cuarto.

Sin embargo, Smith es evidentemente un economista y que además se plantea una gran pregunta de esta disciplina en el título mismo de su obra, que en términos modernos se leería: en qué consiste y cómo se logra el desarrollo económico.

Smith va directamente al grano desde la primera línea de la Introducción: la riqueza de una nación deriva de su trabajo, «el producto anual del trabajo y la tierra del país», dirá una y otra vez Smith —es decir, algo muy parecido al Producto Interior Bruto. No es el excedente de la balanza comercial, como habían pensado muchos autores antes que él —en lo que a partir de Smith se llamaría «mercantilismo»—, y tampoco es el excedente agrícola, como creían sus contemporáneos, los fisiócratas franceses. Además, es claro que para Smith la riqueza que cuenta es la que está repartida entre los habitantes de un país, lo que hoy se denomina la renta o el PIB per cápita.

Una vez establecido que el trabajo es el «fondo» del que en última instancia brotan todas las riquezas, la cuestión es cómo aumentar ese fondo, y de eso trata el Libro Primero, que parte de la división del trabajo —el célebre ejemplo de la fábrica de alfileres— derivada de la propensión innata del ser humano a «trocar, permutar y cambiar una cosa por otra». De la división del trabajo surge el comercio y el dinero, y de allí los problemas del valor y la distribución. Smith va a explicar el valor por la oferta, porque creía que el precio «natural» o de equilibrio en el largo plazo venía determinado por el coste de producción, con lo que la idea de la determinación simultánea de precios y costes se demoró todavía un siglo.

El Libro Segundo trata de la forma de ampliar ese fondo a través del ahorro, la acumulación del capital —Smith vuelve a considerar aquí al dinero, pero como parte del capital— y los dos tipos de trabajo, productivo e improductivo. El Libro Tercero aborda una cuestión de gran importancia práctica: por qué unos países crecen más que otros. Característicamente, Smith adjudica gran importancia a las instituciones y a la política económica, y condena en particular a las medidas que intentan favorecer a un sector de la economía a expensas de los demás.

Si el Libro Tercero puede verse como una historia de los hechos económicos, el Libro Cuarto es una historia de las doctrinas económicas, o «sistemas de economía política», de los que Smith se centra particularmente en uno, el «sistema comercial o mercantil», es decir, el mercantilismo, y critica su espíritu proteccionista y monopólico. Menos espacio dedica, en cambio, a rebatir a los fisiócratas, porque en realidad a su juicio no habían hecho sino exagerar una doctrina que era fundamentalmente verdadera: la idea de que la agricultura era el más productivo de los sectores económicos. Además, Smith simpatiza con el mensaje liberal de la fisiocracia. Y por último el Libro Quinto es un tratado de hacienda pública dividido en tres partes: gastos, impuestos y deuda pública.

Desde el primer libro aparecen las características del modo de razonar de Smith. Aunque los economistas han llevado desde siempre, y en muchas ocasiones con razón, el estigma de la torre de marfil, de elaborar visiones fantasiosas sin contacto alguno con la realidad, para el fundador de la ciencia económica era evidente que la economía no podía ser analizada en abstracto, en especial no se podía perder de vista una doble dimensión: la historia y las instituciones.

El pensador escocés demuestra no sólo una gran soltura a la hora de manejar la historia en general, sino en particular los datos de la historia económica, como puede verse en la notable y extensa digresión sobre el valor de la plata en el capítulo XI del Libro Primero.

Pero además de la proyección histórica, Smith insiste en explicar el funcionamiento de la economía real, con todas sus imperfecciones y limitaciones, y con todo su marco institucional, que según Smith es básico para el crecimiento económico. Hay un «sistema de libertad natural», afirma Smith, pero en absoluto se impone por sí mismo, sino que necesita un complejo entramado político y legislativo, es decir, la mano *visible* del Estado y las instituciones.

Otros aspectos que chocan con la visión simplista de Smith-capitalismo-salvaje es su respaldo a que la riqueza se refleje en un incremento en el nivel de vida del pueblo, y el intenso recelo que siente Smith hacia los empresarios. Una cosa es defender al capitalismo, parece decir, y otra cosa muy distinta es defender a los capitalistas, que sólo son útiles a la sociedad en la medida en que compitan en el mercado ofreciendo bienes y servicios buenos y baratos, con lo que los consumidores se benefician —y el consumo es el fin último de la producción. Adam Smith dedica a los capitalistas y a su espíritu monopólico y de «conspiración contra el público» unos comentarios durísimos, de gran relevancia para comprender numerosas polémicas actuales, puesto que Smith demuestra cómo los diversos grupos económicos consiguen privilegios del Estado sobre la base de fingir que representan los más amplios intereses de la sociedad.

Pero desde el momento en que se conceden privilegios especiales se está atentando contra el interés general. Smith lo explica con numerosos ejemplos concretos de desvío forzado de capital hacia una u otra rama específica, que da lugar a unos precios mayores y una producción menor —el esquema clásico del monopolio— que los que habrían tenido lugar en otra circunstancia.

El mercantilismo, así, da lugar a un crecimiento menor, pero no a una ausencia de crecimiento. Smith reconoce que los recursos naturales y sobre todo los recursos humanos —y «el deseo de cada persona de mejorar su propia condición»— se potencian con las instituciones buenas y consiguen compensar los efectos retardatarios de las instituciones malas. E igualmente reconoce que las múltiples reglamentaciones mercantilistas estaban siendo dejadas de lado con más celeridad en Inglaterra que en el resto de Europa: no titubea en aplaudir los méritos de las reformas que ampliaban el campo de la libertad. En ese sentido España es un ejemplo, aunque desgraciado: en repetidas oportunidades Smith demuestra cómo las intervencionistas instituciones españolas eran particularmente dañinas para el crecimiento económico.

El realismo de Smith brilla en el extenso capítulo VII del Libro Cuarto, sobre las colonias. En los imperios se ha establecido el sistema mercantilista: por doquier hay monopolios, proteccionismo, compañías exclusivas, prohibiciones y reglamentaciones de todo tipo. Y sin embargo, ha sido tan beneficiosa la extensión del mercado que se ha producido gracias a las colonias —y la extensión del mercado es la clave para la división del trabajo, que a su vez lo es para el crecimiento— que ha podido con todos los efectos perniciosos del imperialismo mercantilista.

Algo parecido se observa en el capítulo I del Libro Quinto, cuando Smith analiza las instituciones que facilitan el progreso. La extensa digresión sobre la educación, muy a propósito para comprender los problemas que padece la universidad actual, contiene incisivas críticas al sistema educativo de su época pero al menos, reconoce el escocés, enseñó algo. Ese mismo capítulo contiene una famosa predicción equivocada de Smith, que aparte de bancos, compañías de seguros y algunas obras públicas hidráulicas, descreía de las posibilidades de las sociedades anónimas, precisamente la personalidad jurídica que iban a adoptar las empresas después de forma masiva. Ha de reconocerse, sin embargo, que la realidad de las últimas décadas del siglo XX y los más recientes estudios sobre la economía empresarial demuestran que no andaba descaminado el escocés en un punto importante: los problemas que hoy se llamarían de «el principal y el agente», es decir, los peligros del abuso por los ejecutivos de la responsabilidad que les confieren los accionistas.

Pero probablemente lo que más asombre a un lector moderno que se aproxime a Smith con la imagen que habitualmente se tiene de él sea el marco de acción aceptable para el Estado. Al terminar el Libro Cuarto expone Smith los tres deberes fundamentales del soberano en una sociedad liberal: «Primero, el deber de proteger a la sociedad de la violencia e invasión de otras sociedades independientes. Segundo, el deber de proteger, en cuanto sea posible, a cada miembro de la sociedad frente a la injusticia y opresión de cualquier otro miembro de la misma, o el deber de establecer una exacta administración de la justicia. Y tercero, el deber de edificar y mantener ciertas obras públicas y ciertas instituciones públicas que jamás será del interés de ningún individuo o pequeño número de individuos el edificar y mantener, puesto que el beneficio nunca podría reponer el coste que representarían para una persona o un reducido número de personas, aunque frecuentemente lo reponen con creces para una gran sociedad».

Esto basta de por sí para pulverizar toda imagen anarquista de Smith. Pero hay más. El economista escocés, y el grueso de los economistas liberales que lo han sucedido hasta la fecha, admiten otras intervenciones del Estado en la vida económica. El propio Smith llegó a alabar dos instituciones paradigmáticas del mercantilismo: las leyes de la usura y las de navegación. Ponderó a las primeras porque la limitación a los tipos de interés impedía que los empresarios más irresponsables drenaran fondos para sus osados proyectos, arrebatándoselos a los más prudentes al ofrecer pagar tasas de interés desorbitadas. Y elogió a las leyes de navegación, que establecían la protección de bandera para el comercio exterior británico, con el argumento de que así se contribuía a sostener una marina de guerra —«la defensa es mucho más importante que la opulencia», afirma en el capítulo II del Libro Cuarto.

Adam Smith es, por tanto, un liberal matizado, que no quiere hacer tabla rasa con el sistema anterior —que tenía asimismo más elementos liberales de los que Smith apunta— y mucho menos instaurar en su lugar una anarquía sin Estado: a un anarquista le tienen sin cuidado los impuestos, y Adam Smith redacta un extenso capítulo sobre los mismos, analizándolos prolijamente. Un anarquista, por definición, es enemigo de la propiedad, y para Smith la propiedad privada es característica irrenunciable de la prosperidad, y su defensa misión irrenunciable del Estado.

Es evidente, no obstante, que es un liberal, que cree en el mercado, que apoya aquellas intervenciones públicas en donde claramente se demuestre que los fallos del Estado son menores que los del mercado, y que propone además intervenciones en cuya forma los criterios competitivos sean menos vulnerados. Rechaza específicamente las intervenciones particulares del Estado para fomentar tal o cual actividad, para proteger tal o cual sector en mayor beneficio de la comunidad. El argumento que emplea es profundamente práctico: el Estado no sabe cómo hacerlo. Para Smith el «sencillo y obvio sistema de la libertad natural» equivale a lo siguiente: «Toda persona, en tanto no viole las leyes de la justicia, queda en perfecta libertad para perseguir su propio interés a su manera y para conducir a su trabajo y su capital hacia la competencia con toda otra persona o clase de personas. El soberano queda absolutamente exento de un deber tal que al intentar cumplirlo se expondría a innumerables confusiones, y para cuyo correcto cumplimiento ninguna sabiduría o conocimiento humano podrá jamás ser suficiente: el deber de vigilar la actividad de los individuos y dirigirla hacia las labores que más convienen al interés de la sociedad». Todas las matizaciones intervencionistas de Smith, en efecto, empalidecen frente a los estados modernos, que absorben la mitad de la riqueza nacional y se afanan cotidianamente en la persecución justo de aquellos objetivos que el escocés quería alejar de la preocupación del sector público. Es posible que la imagen anarquista de Smith derive del contraste entre su liberalismo moderado y prudente y el intervencionismo hipertrofiado y audaz de los estados actuales.

Ahí estriba un aspecto en el que Smith está definitivamente anticuado, como lo están casi todos los economistas, salvo un puñado de contemporáneos: a todos les falta una correcta teoría del estado. Pero al menos Adam Smith abogaba, como buen ilustrado, por un gobierno reformador y liberalizador del Antiguo Régimen mercantilista, un gobierno diferente del antiguo despotismo nobiliario y eclesial; y al menos los liberales del siglo XIX, herederos de Smith, pretendieron mantener al Estado dentro de ciertos límites. En cambio John Maynard Keynes y el grueso de los economistas del siglo XX no tuvieron ni siquiera la preocupación ante la ampliación del tamaño del Estado: más aún, la recomendaron como la mejor forma de resolver los problemas económicos. Su responsabilidad en las dificultades creadas por la expansión inédita del sector público en nuestros días es, así, mucho mayor que la del viejo escocés.

En todo caso, es claro que en las postrimerías del siglo XX se está viviendo un agotamiento del Estado presuntamente benefactor y un renacimiento de las ideas liberales. ¿Puede ayudar Adam Smith a los políticos que llevan a cabo las reformas económicas de hoy?

La riqueza de las naciones aparece en un año crítico para la historia colonial: la independencia de los Estados Unidos. Este tema, que guarda ciertas analogías con la cuestión nacionalista del presente, es aludido por Smith en diversas ocasiones —habla de «actuales disturbios»— y aunque su pensamiento es bastante ambiguo y complejo es claro que para él lo óptimo es un nuevo imperio, un *commonwealth* diferente, de comunidades autónomas y autofinanciadas en un marco de libre comercio internacional. Pero en ese momento, hablar de un nuevo imperio cuando el viejo se estaba resquebrajando le parece a Smith, cuando vuelve sobre el tema al final del Libro Quinto, algo utópico.

Significativamente, la palabra utopía aparece en sólo dos oportunidades en la obra de Smith. Una es esta del nuevo imperio liberal, y la otra —en el capítulo II del Libro Cuarto— es la posibilidad de que el libre comercio sea una realidad completa alguna vez. No se puede sostener, entonces, que Smith no haya tenido conciencia de las limitaciones prácticas de sus ideales. Y eran limitaciones poderosas: no son los prejuicios de la gente, apunta el escocés, la verdadera barrera para la libertad económica, sino los intereses creados.

La riqueza de las naciones, entonces, puede alumbrar las reformas modernas en la necesidad de abordarlas con cauto realismo. Otro punto fundamental es que Adam Smith explica la lógica de la intervención y las perturbaciones que comporta en la asignación eficiente de los recursos; y permite combatir a los grupos de presión que pretenden hacer y hacen comulgar a gobiernos y ciudadanos con ruedas de molino. *La riqueza de las naciones*, además, explica por qué la «libertad natural» es económicamente ventajosa, por qué la competencia da lugar a mayor crecimiento que el monopolio. Y un último aspecto de sobresaliente importancia es que su autor ni engaña ni se engaña sobre la dificultad de alcanzar una economía más libre: esa dificultad es enorme.

Adam Smith lo expone magistralmente en el capítulo VII del Libro Cuarto, al comentar que los verdaderos problemas del intervencionismo no aparecen cuando se lo impone sino cuando se lo suprime: «¡Así son de desgraciados los efectos de todas las reglamentaciones del sistema mercantil! No sólo introducen desórdenes muy peligrosos en el estado del cuerpo político, sino que son desórdenes con frecuencia difíciles de remediar sin ocasionar, al menos durante un tiempo, desórdenes todavía mayores».

Lecturas

Esta edición recoge completos a los Libros Primero, Segundo y Tercero de *La riqueza de las naciones*, salvo las notas al pie de página, y una selección de los Libros Cuarto y Quinto, que representan cada una aproximadamente la mitad del original. El criterio de selección ha sido retener lo analíticamente relevante de esos dos últimos libros, y sólo sacrificar los detalles y explicaciones de carácter más incidental, histórico o ilustrativo.

De las versiones completas d eesta obra en nuestra lengua, la mejor es una publicada en dos volúmenes en Barcelona por Oikos-tau. otros libros de Smith son:

Adam Smith, *La teoría de los sentimientos morales*, Madrid, Alianza Edit., 2004.

Adam Smith, *Ensayos filosóficos*, Madrid, Pirámide, 1998.

Adam Smith, *Lecciones sobre jurisprudencia*, Granada, Comares, 1995.

Una buena biografía de Smith es:

E. G. West, *Adam Smith. El hombre y sus obras*, Madrid, Unión Editorial, 1989.

El mejor estudio sobre la economía clásica, que permite analizar a Smith y a sus sucesores, es:

D. P. O'Brien, *Los economistas clásicos*, Madrid, Alianza, 1989.

Los mitos sobre el capitalismo o liberalismo «salvaje» de Adam Smith son despejados en:

Jacob Viner, «Adam Smith y el *laissez faire*», en J. J. Spengler y W. R. Allen (eds.), *El pensamiento económico de Aristóteles a Marshall*, Madrid, Tecnos, 1971.

Para comprender la complejidad del sistema económico más duramente atacado por Smith, y observar el grado de continuidad que existe en las doctrinas económicas, puede verse en el mismo volumen editado por Spengler y Allen:

William D. Grampp, «Los elementos liberales en el mercantilismo inglés».

Hay buenos artículos en idioma español sobre Smith en:

Hacienda Pública Española, No. 23, 1973; No. 40, 1976; y No. 59, 1979.

Información Comercial Española, No. 519, noviembre 1976.

Moneda y Crédito, No. 139, diciembre 1976; y No. 141, junio 1977.

La bibliografía sobre Adam Smith en otros idiomas es vastísima. Pueden consultarse, por ejemplo, las referencias en los libros mencionados de E. G. West y D. P. O'Brien. Si el lector conoce el idioma inglés debería empezar por el propio Smith, por la justamente famosa «edición de Glasgow»: *The Glasgow Edition of the Works and Correspondence of Adam Smith*, una magnífica edición de los escritos de Smith que comprende: *The theory of moral sentiments*, *An inquiry into the nature and causes of the wealth of nations*, *Essays on philosophical subjects*, *Lectures on rhetoric and belles lettres*, *Lectures on jurisprudence*, así como también *Correspondence of Adam Smith* y dos volúmenes asociados: *Essays on Adam Smith* y *Life of Adam Smith*. Estos títulos fueron publicados por Oxford University Press a partir de 1976 en tela; de todos ellos, asimismo, salvo los dos últimos, hay ediciones en rústica publicadas en la colección Liberty Classics de Liberty Press, Indianápolis.

Hay tres importantes colecciones de artículos en inglés sobre Smith, que recogen prácticamente todo lo que han escrito sobre él los mejores especialistas, y donde se citan también los numerosos libros publicados sobre el gran economista escocés:

Mark Blaug (ed.), *Adam Smith (1723-1790)*, 2 vols., Aldershot, Inglaterra, Edward Elgar, 1991.

J. C. Wood (ed.), *Adam Smith. Critical Assessments*, 4 vols., Londres, Croom Helm, 1984.

J. C, Wood (ed.), *Adam Smith. Critical Assessments. Second series*, 3 vols., Londres, Routledge, 1994.

Una investigación sobre
la naturaleza y las causas
de la riqueza de las naciones

Introducción y plan de la obra

El trabajo anual de cada nación es el fondo del que se deriva todo el suministro de cosas necesarias y convenientes para la vida que la nación consume anualmente, y que consisten siempre en el producto inmediato de ese trabajo, o en lo que se compra con dicho producto a otras naciones.

En consecuencia, la nación estará mejor o peor provista de todo lo necesario y cómodo que es capaz de conseguir según la proporción mayor o menor que ese producto, o lo que con él se compra, guarde con respecto al número de personas que lo consumen.

En toda nación, esa proporción depende de dos circunstancias distintas; primero, de la habilidad, destreza y juicio con que habitualmente se realiza el trabajo; y segundo, de la proporción entre el número de los que están empleados en un trabajo útil y los que no lo están. Sean cuales fueren el suelo, clima o extensión territorial de cualquier nación en particular, la abundancia o escasez de su abastecimiento anual siempre depende, en cada caso particular, de esas dos circunstancias. Además, la abundancia o escasez de ese abastecimiento parece depender más de la primera circunstancia que de la segunda. Entre las naciones salvajes de cazadores y pescadores, toda persona capaz de trabajar está ocupada en un trabajo más o menos útil, y procura conseguir, en la medida de sus posibilidades, las cosas necesarias y convenientes de la vida para sí misma o para aquellos miembros de su familia o tribu que son demasiado viejos, o demasiado jóvenes o demasiado débiles para ir a cazar o a pescar. Sin embargo, esas naciones son tan miserablemente pobres que por pura necesidad se ven obligadas, o creen que están obligadas a veces a matar y a veces a abandonar a sus niños, sus ancianos o a los que padecen enfermedades prolongadas, para que perezcan de hambre o sean devorados por animales salvajes. Por el contrario, en las naciones civilizadas y prósperas, numerosas personas no trabajan en absoluto y muchas consumen la producción de diez veces y frecuentemente cien veces más trabajo que la mayoría de los ocupados; y sin embargo, la producción del trabajo total de la sociedad es tan grande que todos están a menudo provistos con abundancia, y un trabajador, incluso de la clase más baja y pobre, si es frugal y laborioso, puede disfrutar de una cantidad de cosas necesarias y cómodas para la vida mucho mayor de la que pueda conseguir cualquier salvaje.

Las causas de este progreso en la capacidad productiva del trabajo y la forma en que su producto se distribuye naturalmente entre las distintas clases y condiciones del hombre en la sociedad, son el objeto del Libro Primero de esta investigación.

Sea cual fuere el estado de la habilidad, la destreza y el juicio con que el trabajo es aplicado en cualquier nación, la abundancia o escasez de su producto anual debe depender, mientras perdure ese estado, de la proporción entre el número de los que están anualmente ocupados en un trabajo útil y los que no lo están. El número de trabajadores útiles y productivos, como se verá más adelante, está en todas partes en proporción a la cantidad de capital destinada a darles ocupación, y a la forma particular en que dicha cantidad se emplea. El Libro Segundo, así, trata de la naturaleza del capital, de la manera en que gradualmente se acumula, y de las cantidades diferentes de trabajo que pone en movimiento según las distintas formas en que es empleado.

Las naciones aceptablemente avanzadas en lo que se refiere a habilidad, destreza y juicio en la aplicación del trabajo han seguido planes muy distintos para conducirlo o dirigirlo, y no todos esos planes han sido igualmente favorables para el incremento de su producción. La política de algunas naciones ha estimulado extraordinariamente el trabajo en el campo; la de otras, el trabajo en las ciudades. Casi ninguna nación ha tratado de forma equitativa e imparcial a todas las actividades. Desde la caída del Imperio Romano, la política de Europa ha sido más favorable a las artes, las manufacturas y el comercio, actividades de las ciudades, que a la agricultura, el quehacer del campo. Las circunstancias que parecen haber introducido y fomentado esa política son explicadas en el Libro Tercero.

Esos planes diferentes fueron probablemente establecidos debido a intereses y prejuicios privados de algunos estamentos particulares, sin consideración o previsión alguna de sus consecuencias sobre el bienestar general de la sociedad; sin embargo, han dado lugar a teorías muy distintas de economía política, algunas de las cuales magnifican la importancia de las actividades llevadas a cabo en las ciudades y otras la de las llevadas a cabo en el campo. Dichas teorías han ejercido una considerable influencia, no sólo sobre las opiniones de las personas ilustradas sino también sobre la conducta pública de los príncipes y estados soberanos. He procurado, en el Libro Cuarto, explicar esas teorías de la forma más completa y precisa, y también los efectos más importantes que han producido en diferentes épocas y naciones.

El objeto de los primeros cuatro libros de esta obra es explicar en qué ha consistido la renta del conjunto de la población, o cuál ha sido la naturaleza de los fondos que, en naciones y tiempos diferentes, han provisto su consumo anual. El Libro Quinto y último aborda la renta del soberano o del estado. En este libro intento mostrar, en primer término, cuáles son los gastos necesarios del estado, cuáles de estos gastos deben ser sufragados por el conjunto de la sociedad y cuáles sólo por una parte específica o por unos miembros particulares de la misma; en segundo término, cuáles son los diversos métodos mediante los cuales se puede lograr que toda la sociedad contribuya a afrontar los pagos que corresponden a la sociedad en su conjunto, y cuáles son las ventajas e inconvenientes principales de cada uno de esos métodos; y en tercer y último término, cuáles son las razones y causas que han inducido a casi todos los estados modernos a hipotecar una fracción de sus ingresos, o a contraer deudas, y cuáles han sido los efectos de tales deudas sobre la riqueza real, que es el producto anual de la tierra y el trabajo de la sociedad.

Libro I

De las causas del progreso en la capacidad productiva del trabajo y de la forma en que su producto se distribuye naturalmente entre las distintas clases del pueblo

1. De la división del trabajo

El mayor progreso de la capacidad productiva del trabajo, y la mayor parte de la habilidad, destreza y juicio con que ha sido dirigido o aplicado, parecen haber sido los efectos de la división del trabajo.

Será más fácil comprender las consecuencias de la división del trabajo en la actividad global de la sociedad si se observa la forma en que opera en algunas manufacturas concretas. Se supone habitualmente que dicha división es desarrollada mucho más en actividades de poca relevancia, no porque efectivamente lo sea más que en otras de mayor importancia, sino porque en las manufacturas dirigidas a satisfacer pequeñas necesidades de un reducido número de personas la cantidad total de trabajadores será inevitablemente pequeña, y los que trabajan en todas las diferentes tareas de la producción están asiduamente agrupados en un mismo taller y a la vista del espectador. Por el contrario, en las grandes industrias que cubren las necesidades prioritarias del grueso de la población, cada rama de la producción emplea tal cantidad de trabajadores que es imposible reunirlos en un mismo taller. De una sola vez es muy raro que podamos ver a más de los ocupados en una sola rama. Por lo tanto, aunque en estas industrias el trabajo puede estar realmente dividido en un número de etapas mucho mayor que en las labores de menor envergadura, la división no llega a ser tan evidente y ha sido por ello menos observada.

Consideremos por ello como ejemplo una manufactura de pequeña entidad, una en la que la división del trabajo ha sido muy a menudo reconocida: la fabricación de alfileres. Un trabajador no preparado para esta actividad (que la división del trabajo ha convertido en un quehacer específico), no familiarizado con el uso de la maquinaria empleada en ella (cuya invención probablemente derive de la misma división del trabajo), podrá quizás, con su máximo esfuerzo, hacer un alfiler en un día, aunque ciertamente no podrá hacer veinte. Pero en la forma en que esta actividad es llevada a cabo actualmente no es sólo un oficio particular sino que ha sido dividido en un número de ramas, cada una de las cuales es por sí misma un oficio particular. Un hombre estira el alambre, otro lo endereza, un tercero lo corta, un cuarto lo afila, un quinto lo lima en un extremo para colocar la cabeza; el hacer la cabeza requiere dos o tres operaciones distintas; el colocarla es una tarea especial y otra el esmaltar los alfileres; hasta el empaquetarlos es por sí mismo un oficio; y así la producción de un alfiler se divide en hasta dieciocho operaciones diferentes, que en algunas fábricas llegan a ser ejecutadas por manos distintas, aunque en otras una misma persona pueda ejecutar dos o tres de ellas. He visto una pequeña fábrica de este tipo en la que sólo había diez hombres trabajando, y en la que consiguientemente algunos de ellos tenían a su cargo dos o tres operaciones. Y aunque eran muy pobres y carecían por tanto de la maquinaria

1. De la división del trabajo

adecuada, si se esforzaban podían llegar a fabricar entre todos unas doce libras de alfileres por día. En una libra hay más de cuatro mil alfileres de tamaño medio. Esas diez personas, entonces, podían fabricar conjuntamente más de cuarenta y ocho mil alfileres en un sólo día, con lo que puede decirse que cada persona, como responsable de la décima parte de los cuarenta y ocho mil alfileres, fabricaba cuatro mil ochocientos alfileres diarios. Ahora bien, si todos hubieran trabajado independientemente y por separado, y si ninguno estuviese entrenado para este trabajo concreto, es imposible que cada uno fuese capaz de fabricar veinte alfileres por día, y quizás no hubiesen podido fabricar ni uno; es decir, ni la doscientas cuarentava parte, y quizás ni siquiera la cuatro mil ochocientasava parte de lo que son capaces de hacer como consecuencia de una adecuada división y organización de sus diferentes operaciones.

En todas las demás artes y manufacturas las consecuencias de la división del trabajo son semejantes a las que se dan en esta industria tan sencilla, aunque en muchas de ellas el trabajo no puede ser así subdividido, ni reducido a operaciones tan sencillas. De todas formas, la división del trabajo ocasiona en cada actividad, en la medida en que pueda ser introducida, un incremento proporcional en la capacidad productiva del trabajo. Como consecuencia aparente de este adelanto ha tenido lugar la separación de los diversos trabajos y oficios, una separación que es asimismo desarrollada con más profundidad en aquellos países que disfrutan de un grado más elevado de laboriosidad y progreso; así, aquello que constituye el trabajo de un hombre en un estadio rudo de la sociedad, es generalmente el trabajo de varios en uno más adelantado. En toda sociedad avanzada el agricultor es sólo agricultor y el industrial sólo industrial. Además, la tarea requerida para producir toda una manufactura es casi siempre dividida entre un gran número de manos. ¡Cuántos oficios resultan empleados en cada rama de la industria del lino o de la lana, desde quienes cultivan la planta o cuidan el vellón hasta los bataneros y blanqueadores del lino, o quienes tintan y aprestan el paño! Es cierto que la naturaleza de la agricultura no admite tanta subdivisión del trabajo como en la manufactura, ni una separación tan cabal entre una actividad y otra. Es imposible separar tan completamente la tarea del ganadero de la del cultivador como la del carpintero de la del herrero. El hilandero es casi siempre una persona distinta del tejedor, pero el que ara, rastrilla, siembra y cosecha es comúnmente la misma persona. Como esas diferentes labores cambian con las diversas estaciones del año, es imposible que un hombre esté permanentemente empleado en ninguna de ellas. Esta imposibilidad de llevar a cabo una separación tan profunda y completa de todas las ramas del trabajo empleado en la agricultura es probablemente la razón por la cual la mejora en la capacidad productiva del trabajo en este sector no alcance siempre el ritmo de esa mejora en las manufacturas. Las naciones más opulentas superan evidentemente a sus vecinas tanto en agricultura como en industria, pero lo normal es que su superioridad sea más clara en la segunda que en la primera. Sus tierras están en general mejor cultivadas, y al recibir más trabajo y más dinero producen más, relativamente a la extensión y fertilidad natural del suelo. Pero esta superioridad productiva no suele estar mucho más que en proporción a dicha superioridad en trabajo y dinero. En la agricultura, el trabajo del país rico no es siempre mucho más productivo que el del país pobre, o al menos nunca es tanto más productivo como lo es normalmente en la industria. El cereal del país rico, por lo tanto, y para un mismo nivel de calidad, no siempre será en el mercado más barato que el del país pobre. A igualdad de calidades, el cereal de Polonia

1. De la división del trabajo

es más barato que el de Francia, pese a que este último país es más rico y avanzado. El cereal de Francia es, en las provincias graneras, tan bueno y casi todos los años tiene el mismo precio que el cereal de Inglaterra, a pesar de que en riqueza y progreso Francia esté acaso detrás de Inglaterra. Las tierras cerealistas de Inglaterra, asimismo, están mejor cultivadas que las de Francia, y las de Francia parecen estar mucho mejor cultivadas que las de Polonia. Pero aunque el país más pobre, a pesar de la inferioridad de sus cultivos, puede en alguna medida rivalizar con el rico en la baratura y calidad de sus granos, no podrá competir con sus industrias, al menos en las manufacturas que se ajustan bien al suelo, clima y situación del país rico. Las sedas de Francia son mejores y más baratas que las de Inglaterra porque la industria de la seda, al menos bajo los actuales altos aranceles a la importación de la seda en bruto, no se adapta tan bien al clima de Inglaterra como al de Francia. Pero la ferretería y los tejidos ordinarios de lana de Inglaterra son superiores a los de Francia sin comparación, y también mucho más baratos considerando una misma calidad. Se dice que en Polonia virtualmente no hay industrias de ninguna clase, salvo un puñado de esas rudas manufacturas domésticas sin las cuales ningún país puede subsistir.

Este gran incremento en la labor que un mismo número de personas puede realizar como consecuencia de la división del trabajo se debe a tres circunstancias diferentes; primero, al aumento en la destreza de todo trabajador individual; segundo, al ahorro del tiempo que normalmente se pierde al pasar de un tipo de tarea a otro; y tercero, a la invención de un gran número de máquinas que facilitan y abrevian la labor, y permiten que un hombre haga el trabajo de muchos.

En primer lugar, el aumento de la habilidad del trabajador necesariamente amplía la cantidad de trabajo que puede realizar, y la división del trabajo, al reducir la actividad de cada hombre a una operación sencilla, y al hacer de esta operación el único empleo de su vida, inevitablemente aumenta en gran medida la destreza del trabajador. Un herrero corriente que aunque acostumbrado a manejar el martillo nunca lo ha utilizado para fabricar clavos no podrá, si en alguna ocasión se ve obligado a intentarlo, hacer más de doscientos o trescientos clavos por día, y además los hará de muy mala calidad. Un herrero que esté habituado a hacer clavos pero cuya ocupación principal no sea ésta difícilmente podrá, aun con su mayor diligencia, hacer más de ochocientos o mil al día. Pero yo he visto a muchachos de menos de veinte años de edad, que nunca habían realizado otra tarea que la de hacer clavos y que podían, cuando se esforzaban, fabricar cada uno más de dos mil trescientos al día. Y la fabricación de clavos no es en absoluto una de las operaciones más sencillas. Una misma persona hace soplar los fuelles, aviva o modera el fuego según convenga, calienta el hierro y forja cada una de las partes del clavo; al forjar la cabeza se ve obligado además a cambiar de herramientas. Las diversas operaciones en las que se subdivide la fabricación de un clavo, o un botón de metal, son todas ellas mucho más simples y habitualmente es mucho mayor la destreza de la persona cuya vida se ha dedicado exclusivamente a realizarlas. La velocidad con que se efectúan algunas operaciones en estas manufacturas excede a lo que quienes nunca las han visto podrían suponer que es capaz de adquirir la mano del hombre.

En segundo lugar, la ventaja obtenida mediante el ahorro del tiempo habitualmente perdido al pasar de un tipo de trabajo a otro es mucho mayor de lo que podríamos imaginar a simple vista. Es imposible saltar muy rápido de una clase de labor a otra que se lleva a cabo en un sitio diferente y con herramientas distintas. Un tejedor campe-

1. De la división del trabajo

sino, que cultiva una pequeña granja, consume un tiempo considerable en pasar de su telar al campo y del campo a su telar. Si dos actividades pueden ser realizadas en el mismo taller, la pérdida de tiempo será indudablemente mucho menor. Sin embargo, incluso en este caso es muy notable. Es normal que un hombre haraganee un poco cuando sus brazos cambian de una labor a otra. Cuando comienza la tarea nueva rara vez está atento y pone interés; su mente no está en su tarea y durante algún tiempo está más bien distraído que ocupado con diligencia. La costumbre de haraganear o de aplicarse con indolente descuido, que natural o más bien necesariamente adquiere todo trabajador rural forzado a cambiar de trabajo y herramientas cada media hora, y a aplicar sus brazos en veinte formas diferentes a lo largo de casi todos los días de su vida, lo vuelve casi siempre lento, perezoso e incapaz de ningún esfuerzo vigoroso, incluso en las circunstancias más apremiantes. Por lo tanto, independientemente de sus deficiencias en destreza, basta esta causa sola para reducir de manera considerable la cantidad de trabajo que puede realizar.

En tercer y último lugar, todo el mundo percibe cuánto trabajo facilita y abrevia la aplicación de una maquinaria adecuada. Ni siquiera es necesario poner ejemplos. Me limitaré a observar, entonces, que la invención de todas esas máquinas que tanto facilitan y acortan las tareas derivó originalmente de la división del trabajo. Es mucho más probable que los hombres descubran métodos idóneos y expeditos para alcanzar cualquier objetivo cuando toda la atención de sus mentes está dirigida hacia ese único objetivo que cuando se disipa entre una gran variedad de cosas. Y resulta que como consecuencia de la división del trabajo, la totalidad de la atención de cada hombre se dirige naturalmente hacia un solo y simple objetivo. Es lógico esperar, por lo tanto, que alguno u otro de los que están ocupados en cada rama específica del trabajo descubra pronto métodos más fáciles y prácticos para desarrollar su tarea concreta, siempre que la naturaleza de la misma admita una mejora de ese tipo. Una gran parte de las máquinas utilizadas en aquellas industrias en las que el trabajo está más subdividido fueron originalmente invenciones de operarios corrientes que, al estar cada uno ocupado en un quehacer muy simple, tornaron sus mentes hacia el descubrimiento de formas más rápidas y fáciles de llevarlo a cabo. A cualquiera que esté habituado a visitar dichas industrias le habrán enseñado frecuentemente máquinas muy útiles inventadas por esos operarios para facilitar y acelerar su labor concreta. En las primeras máquinas de vapor se empleaba permanentemente a un muchacho para abrir y cerrar alternativamente la comunicación entre la caldera y el cilindro, según el pistón subía o bajaba. Uno de estos muchachos, al que le gustaba jugar con sus compañeros, observó que si ataba una cuerda desde la manivela de la válvula que abría dicha comunicación hasta otra parte de la máquina, entonces la válvula se abría y cerraba sin su ayuda, y le dejaba en libertad para divertirse con sus compañeros de juego. Uno de los mayores progresos registrados en esta máquina desde que fue inventada resultó así un descubrimiento de un muchacho que deseaba ahorrar su propio trabajo.

No todos los avances en la maquinaria, sin embargo, han sido invenciones de aquellos que las utilizaban. Muchos han provenido del ingenio de sus fabricantes, una vez que la fabricación de máquinas llegó a ser una actividad específica por sí misma; y otros han derivado de aquellos que son llamados filósofos o personas dedicadas a la especulación, y cuyo oficio es no hacer nada pero observarlo todo; por eso mismo, son a menudo capaces de combinar las capacidades de objetos muy lejanos y diferentes. En el progreso de la sociedad, la filosofía o la especulación deviene, como cualquier otra labor, el oficio y ocupación principal o exclusiva de una clase particular de ciudadanos. Y también como cualquier otra labor se subdivide en un gran número de ramas distintas, cada una de las cuales ocupa a una tribu o clase peculiar de filósofos; y esta subdivisión de la tarea en filosofía, tanto como en cualquier otra actividad, mejora la destreza y ahorra tiempo. Cada individuo se vuelve más experto en su propia rama concreta, más trabajo se lleva a cabo en el conjunto y por ello la cantidad de ciencia resulta considerablemente expandida.

La gran multiplicación de la producción de todos los diversos oficios, derivada de la división del trabajo, da lugar, en una sociedad bien gobernada, a esa riqueza universal que se extiende hasta las clases más bajas del pueblo. Cada trabajador cuenta con una gran cantidad del producto de su propio trabajo, por encima de lo que él mismo necesita; y como los demás trabajadores están exactamente en la misma situación, él puede intercambiar una abultada cantidad de sus bienes por una gran cantidad, o, lo que es lo mismo, por el precio de una gran cantidad de bienes de los demás. Los provee abundantemente de lo que necesitan y ellos le suministran con amplitud lo que necesita él, y una plenitud general se difunde a través de los diferentes estratos de la sociedad.

Si se observan las comodidades del más común de los artesanos o jornaleros en un país civilizado y próspero se ve que el número de personas cuyo trabajo, aunque en una proporción muy pequeña, ha sido dedicado a procurarle esas comodidades supera todo cálculo. Por ejemplo, la chaqueta de lana que abriga al jornalero, por tosca y basta que sea, es el producto de la labor conjunta de una multitud de trabajadores. El pastor, el seleccionador de lana, el peinador o cardador, el tintorero, el desmotador, el hilandero, el tejedor, el batanero, el confeccionador y muchos otros deben unir sus diversos oficios para completar incluso un producto tan corriente. Y además ¡cuántos mercaderes y transportistas se habrán ocupado de desplazar materiales desde algunos de estos trabajadores a otros, que con frecuencia viven en lugares muy apartados del país! Especialmente ¡cuánto comercio y navegación, cuántos armadores, marineros, fabricantes de velas y de jarcias, se habrán dedicado a conseguir los productos de droguería empleados por el tintorero, y que a menudo proceden de los rincones más remotos del mundo! Y también ¡qué variedad de trabajo se necesita para producir las herramientas que utiliza el más modesto de esos operarios! Por no hablar de máquinas tan complicadas como el barco del navegante, el batán del batanero, o incluso el telar del tejedor, consideremos sólo las clases de trabajo que requiere la construcción de una máquina tan sencilla como las tijeras con que el pastor esquila la lana de las ovejas. El minero, el fabricante del horno donde se funde el mineral, el leñador que corta la madera, el fogonero que cuida el crisol, el fabricante de ladrillos, el albañil, los trabajadores que se ocupan del horno, el fresador, el forjador, el herrero, todos deben agrupar sus oficios para producirlas. Si examinamos, análogamente, todas las distintas partes de su vestimenta o su mobiliario, la tosca camisa de lino que cubre su piel, los zapatos que protegen sus pies, la cama donde descansa y todos sus componentes, el hornillo donde prepara sus alimentos, el carbón que emplea a tal efecto, extraído de las entrañas de la tierra y llevado hasta él quizás tras un largo viaje por mar y por tierra, todos los demás utensilios de su cocina, la vajilla de su mesa, los cuchillos y tenedores, los platos de peltre o loza en los que corta y sirve sus alimentos, las diferentes manos empleadas en preparar su pan y su cerveza, la ventana de cristal que deja pasar el calor y la luz pero no el viento y la lluvia, con todo el conocimiento y el arte necesarios para preparar un invento tan hermoso y feliz, sin el cual estas regiones nórdicas de la tierra no habrían podido contar con habitaciones confortables, junto con las herramientas de todos los diversos trabajadores empleados en la producción de todas esas comodidades; si examinamos, repito, todas estas cosas y observamos qué variedad de trabajo está ocupada en torno a cada una de ellas, comprenderemos que sin la ayuda y cooperación de muchos miles de personas el individuo más insignificante de un país civilizado no podría disponer de las comodidades que tiene, comodidades que solemos suponer equivocadamente que son fáciles y sencillas de conseguir. Es verdad que en comparación con el lujo extravagante de los ricos su condición debe parecer sin duda sumamente sencilla; y sin embargo, también es cierto que las comodidades de un príncipe europeo no siempre superan tanto a las de un campesino laborioso y frugal, como las de éste superan a las de muchos reyes africanos que son los amos absolutos de las vidas y libertades de diez mil salvajes desnudos.

2. Del principio que da lugar a la división del trabajo

Esta división del trabajo, de la que se derivan tantos beneficios, no es el efecto de ninguna sabiduría humana, que prevea y procure la riqueza general que dicha división ocasiona. Es la consecuencia necesaria, aunque muy lenta y gradual, de una cierta propensión de la naturaleza humana, que no persigue tan vastos beneficios; es la propensión a trocar, permutar y cambiar una cosa por otra.

No es nuestro tema inquirir sobre si esta propensión es uno de los principios originales de la naturaleza humana, de los que no se pueden dar más detalles, o si, como parece más probable, es la consecuencia necesaria de las facultades de la razón y el lenguaje. La propensión existe en todos los seres humanos y no aparece en ninguna otra raza de animales, que revelan desconocer tanto este como cualquier otro tipo de contrato. Cuando dos galgos corren tras la misma liebre, a veces dan la impresión de actuar bajo alguna suerte de acuerdo. Cada uno empuja la liebre hacia su compañero, o procura interceptarla

2. Del principio que da lugar a la división del trabajo

cuando su compañero la dirige hacia él. Pero esto no es el efecto de contrato alguno, sino la confluencia accidental de sus pasiones hacia el mismo objeto durante el mismo tiempo. Nadie ha visto jamás a un perro realizar un intercambio honesto y deliberado de un hueso por otro con otro perro. Y nadie ha visto tampoco a un animal indicar a otro, mediante gestos o sonidos naturales: esto es mío, aquello tuyo, y estoy dispuesto a cambiar esto por aquello. Cuando un animal desea obtener alguna cosa, sea de un hombre o de otro animal, no tiene otros medios de persuasión que el ganar el favor de aquellos cuyo servicio requiere. El cachorro hace fiestas a su madre, y el perro se esfuerza con mil zalamerías en atraer la atención de su amo durante la cena, si desea que le dé algo de su comida. El hombre recurre a veces a las mismas artes con sus semejantes, y cuando no tiene otros medios para impulsarles a actuar según sus deseos, procura seducir sus voluntades mediante atenciones serviles y obsecuentes. Pero no podrá actuar así en todas las ocasiones que se le presenten. En una sociedad civilizada él estará constantemente necesitado de la cooperación y ayuda de grandes multitudes, mientras que toda su vida apenas le resultará suficiente como para ganar la amistad de un puñado de personas. En virtualmente todas las demás especies animales, cada individuo, cuando alcanza la madurez, es completamente independiente y en su estado natural no necesita la asistencia de ninguna otra criatura viviente. El hombre, en cambio, está casi permanentemente necesitado de la ayuda de sus semejantes, y le resultará inútil esperarla exclusivamente de su benevolencia. Es más probable que la consiga si puede dirigir en su favor el propio interés de los demás, y mostrarles que el actuar según él demanda redundará en beneficio de ellos. Esto es lo que propone cualquiera que ofrece a otro un trato. Todo trato es: dame esto que deseo y obtendrás esto otro que deseas tú; y de esta manera conseguimos mutuamente la mayor parte de los bienes que necesitamos. No es la benevolencia del carnicero, el cervecero, o el panadero lo que nos procura nuestra cena, sino el cuidado que ponen ellos en su propio beneficio. No nos dirigimos a su humanidad sino a su propio interés, y jamás les hablamos de nuestras necesidades sino de sus ventajas. Sólo un mendigo escoge depender básicamente de la benevolencia de sus conciudadanos. Y ni siquiera un mendigo depende de ella por completo. Es verdad que la caridad de las personas de buena voluntad le suministra todo el fondo con el que subsiste. Pero aunque este principio le provee en última instancia de todas sus necesidades, no lo hace ni puede hacerlo en la medida en que dichas necesidades aparecen. La mayor parte de sus necesidades ocasionales serán satisfechas del mismo modo que las de las demás personas, mediante trato, trueque y compra. Con el dinero que recibe de un hombre compra comida. La ropa vieja que le entrega otro sirve para que la cambie por otra ropa vieja que le sienta mejor, o por albergue, o comida, o dinero con el que puede comprar la comida, la ropa o el cobijo que necesita.

Así como mediante el trato, el trueque y la compra obtenemos de los demás la mayor parte de los bienes que recíprocamente necesitamos, así ocurre que esta misma disposición a trocar es lo que originalmente da lugar a la división del trabajo. En una tribu de cazadores o pastores una persona concreta hace los arcos y las flechas, por ejemplo, con más velocidad y destreza que ninguna otra. A menudo los entrega a sus compañeros a cambio de ganado o caza; eventualmente descubre que puede conseguir más ganado y caza de esta forma que yéndolos a buscar él mismo al campo. Así, y de acuerdo con su propio interés, la fabricación de arcos y flechas llega a ser su actividad principal, y él se transforma en una especie de armero. Otro hombre se destaca en la construcción de los armazones y techos de sus pequeñas chozas o tiendas. Está habituado a servir de esta forma a sus vecinos, quienes lo remuneran análogamente con ganado y caza, hasta que al final él descubre que es su interés el dedicarse por completo a este trabajo, y volverse una suerte de carpintero. Un tercero, de igual modo, se convierte en herrero o calderero, y un cuarto en curtidor o adobador de cueros o pieles, que son la parte principal del vestido de los salvajes. Y así, la certeza de poder intercambiar el excedente del producto del propio trabajo con aquellas partes del producto del trabajo de otros hombres que le resultan necesarias, estimula a cada hombre a dedicarse a una ocupación particular, y a cultivar y perfeccionar todo el talento o las dotes que pueda tener para ese quehacer particular.

La diferencia de talentos naturales entre las personas es en realidad mucho menor de lo que creemos; y las muy diversas habilidades que distinguen a los hombres de diferentes profesiones, una vez que alcanzan la madurez, con mucha frecuencia no son la causa sino el efecto de la división del trabajo. La diferencia entre dos personas totalmente distintas, como por ejemplo un filósofo y un vulgar mozo de cuerda, parece surgir no tanto de la naturaleza como del hábito, la costumbre y la educación. Cuando vinieron al mundo, y durante los primeros seis u ocho años de vida, es probable que se parecieran bastante, y ni sus padres ni sus compañeros de juegos fuesen capaces de detectar ninguna diferencia notable. Pero a esa edad, o poco después, resultan empleados en ocupaciones muy distintas. Es entonces cuando la diferencia de talentos empieza a ser visible y se amplía gradualmente hasta que al final la vanidad del filósofo le impide reconocer ni una pequeña semejanza entre ambos. Pero sin la disposición a permutar, trocar e intercambiar, todo hombre debería haberse procurado él mismo todas las cosas necesarias y convenientes para su vida. Todos los hombres habrían tenido las mismas obligaciones y habrían realizado el mismo trabajo y no habría habido esa diferencia de ocupaciones que puede ocasionar una gran diversidad de talentos.

Así como dicha disposición origina esa diferencia de talentos que es tan notable en personas de distintas profesiones, así también es esa disposición lo que vuelve útil a esa diferencia. Muchos grupos de animales reconocidos como de la misma especie derivan de la naturaleza una diferencia de talentos mucho más apreciable que la que se observa, antes de la costumbre y la educación, entre los seres humanos. Un filósofo no es por naturaleza ni la mitad de diferente en genio y disposición de un mozo de cuerda como un mastín es diferente de un galgo, un galgo de un perro de aguas y éste de un perro pastor. La fuerza del mastín no se combina en lo más mínimo con la rapidez del galgo, ni con la astucia del perro de aguas, ni con la docilidad del perro pastor. Los efectos de estos genios y talentos diferentes, ante la falta de capacidad o disposición para trocar e intercambiar, no pueden ser agrupados en un fondo común, y en absoluto contribuyen a aumentar la comodidad o conveniencia de las especies. Cada animal está todavía obligado a sostenerse y defenderse por sí mismo, de forma separada e independiente, y no obtiene ventaja alguna de aquella diversidad de talentos con que la naturaleza ha dotado a sus congéneres. Entre los seres humanos, por el contrario, hasta los talentos más dispares son mutuamente útiles; los distintos productos de sus respectivas habilidades, debido a la disposición general a trocar, permutar e intercambiar, confluyen por así decirlo en un fondo común mediante el cual cada persona puede comprar cualquier parte que necesite del producto del talento de otras personas.

3. La división del trabajo está limitada por la extensión del mercado

Así como la capacidad de intercambiar da lugar a la división del trabajo, así la profundidad de esta división debe estar siempre limitada por la extensión de esa capacidad, o en otras palabras por la extensión del mercado. Cuando el mercado es muy pequeño, ninguna persona tendrá el estímulo para dedicarse completamente a una sola ocupación, por falta de capacidad para intercambiar todo el excedente del producto de su propio trabajo, por encima de su consumo, por aquellas partes que necesita del producto del trabajo de otras personas.

Hay algunas actividades, incluso del tipo más modesto, que no pueden desarrollarse sino en una gran ciudad. Un mozo de cuerda, por ejemplo, no podrá hallar empleo ni subsistencia en ningún otro lugar. Un pueblo le resulta una esfera demasiado estrecha; ni siquiera una ciudad corriente con un mercado normal podrá suministrarle una ocupación permanente. En las casas solitarias y las minúsculas aldeas esparcidas en parajes tan poco habitados como las Tierras Altas de Escocia, todo campesino debe ser el carnicero, el panadero y el cervecero de su propia familia. En tales circunstancias es raro encontrar a un herrero, un carpintero o un albañil a menos de veinte millas de otro. Las familias que viven desperdigadas a ocho o diez millas del más cercano de ellos deberán aprender a hacer por sí mismas un gran número de pequeños trabajos que en sitios más poblados reclamarían el concurso de dichos artesanos. Éstos, en el campo, están en casi todas partes obligados a realizar todas las diversas actividades que son afines en el sentido de que utilizan el mismo tipo de materiales. Un carpintero rural se ocupa de todas las labores que emplean madera; un herrero rural de todas las que emplean hierro. El primero no es sólo un carpintero sino un ensamblador, un constructor de muebles y hasta un ebanista, así como un fabricante de ruedas, arados y carruajes. Los oficios del segundo son aún más variados. En las partes más remotas y aisladas de las Tierras Altas de Escocia no puede haber ni siquiera un fabricante de clavos. A un ritmo de mil clavos por día y trescientos días laborables por año, un artesano de ese tipo haría trescientos mil clavos anuales. Pero en una región como esa no podría vender ni un millar de clavos, es decir, ni el producto de un día de trabajo en el año.

Como el transporte por agua abre para todos los sectores un mercado más amplio que el que puede abrir sólo el transporte terrestre, es en las costas del mar y en las orillas de los ríos navegables donde los trabajos de toda suerte empiezan naturalmente a subdividirse y a progresar, y sucede con frecuencia que debe transcurrir mucho tiempo hasta que dicho progreso se traslade al interior del país. Un gran carro guiado por dos hombres y tirado por ocho caballos, con unas cuatro toneladas de carga, demora ocho semanas en un viaje de ida y vuelta entre Londres y Edimburgo. En aproximadamente el mismo tiempo, un barco tripulado por seis u ocho personas, lleva de Londres a Leith y vuelta doscientas toneladas de carga. Así, con la ayuda del transporte por agua, seis u ocho hombres pueden desplazar entre Londres y Edimburgo, y vuelta, la misma cantidad de mercancías que cincuenta carros, guiados por cien hombres y tirados por cuatrocientos caballos. Por lo tanto, sobre doscientas toneladas de mercancías, transportadas por vía terrestre de la forma más barata posible, hay que cargar la manutención de cien hombres durante tres semanas y el mantenimiento, o lo que es casi igual que el mantenimiento, el desgaste de cuatrocientos caballos y cincuenta carros. Mientras que si el transporte es por agua hay que cargar sobre la misma cantidad de bienes sólo la manutención de seis u ocho personas y el desgaste de un barco con una carga de doscientas toneladas, además del valor del riesgo mayor, o sea, la diferencia entre el seguro del transporte por tierra y por agua. Si sólo fuera posible el transporte terrestre entre esos dos lugares, por lo tanto, como no sería posible transportar otras mercancías que aquéllas cuyo precio fuera muy elevado en relación a su peso, no podría haber sino una pequeña proporción del comercio que actualmente existe, y consiguientemente sólo una pequeña parte del estímulo que hoy cada ciudad ofrece a las actividades de la otra. Y casi no podría existir comercio entre las zonas más distantes de la tierra. ¿Qué mercancías soportarían el coste del transporte por tierra entre Londres y Calcuta? Y si hubiese alguna tan preciosa como para absorber este coste ¿con qué seguridad sería acarreada a través del territorio de tantas naciones bárbaras? En la actualidad, sin embargo, esas dos ciudades entablan un considerable comercio, y al suministrarse mutuamente un mercado se animan recíprocamente de forma extraordinaria.

Dadas las ventajas del transporte por agua, es natural

que los primeros progresos en las artes y la industria aparezcan allí donde el mundo es abierto por esta facilidad como mercado para la producción de toda suerte de trabajos, y que siempre ocurra que se extiendan mucho después a las regiones interiores del país. Estas regiones tendrán como mercado para la mayor parte de sus bienes sólo a las tierras circundantes, que las separan del mar y los grandes ríos navegables. La extensión de su mercado se mantendrá durante mucho tiempo en proporción a la riqueza y población del país y en consecuencia su progreso siempre será posterior al progreso del país. En nuestras colonias norteamericanas las plantaciones siempre se han ubicado a lo largo de las costas del mar o las orillas de los ríos navegables, y en casi ninguna parte lo han hecho a una gran distancia de las dos.

De acuerdo a la historia más autorizada, las naciones que se civilizaron primero fueron las establecidas en torno a la costa del mar Mediterráneo. Este mar, con mucha diferencia el mayor de los mares interiores que existen en el mundo, al no tener mareas, y por tanto tampoco olas, salvo las provocadas sólo por el viento, resultó ser, por la calma de su superficie, por la multitud de sus islas y la proximidad de sus orillas, extremadamente favorable para la naciente navegación del mundo; en esos tiempos los hombres, ignorantes de la brújula, temían perder de vista la costa, y debido a la imperfección de la industria naval recelaban de abandonarse a las vociferantes olas del océano. Ir más allá de las columnas de Hércules, es decir, navegar pasando el estrecho de Gibraltar, fue considerado en la antigüedad el viaje más maravilloso y arriesgado. Pasó mucho tiempo hasta que los fenicios y cartagineses, los navegantes y constructores de barcos más diestros de la época, lo intentaron, y durante un período muy prolongado fueron las únicas naciones que lo hicieron. De todos los países de la costa del mar Mediterráneo fue

3. La división del trabajo está limitada por la extensión del mercado

Egipto el primero en el que tanto la agricultura como las manufacturas alcanzaron un nivel apreciable de cultivo y desarrollo. El alto Egipto no se alejaba del Nilo más que unas pocas millas, y en el bajo Egipto ese gran río se divide en una gran cantidad de canales que, con la ayuda de obras menores, permitieron la comunicación por agua no sólo entre todas las grandes ciudades sino también entre todos los pueblos importantes e incluso muchos caseríos del país; casi igual a como sucede hoy en Holanda con el Rin y el Mosa. La amplitud y facilidad de esta navegación interior fue probablemente una de las causas fundamentales del progreso temprano de Egipto.

Los adelantos en la agricultura y las manufacturas parecen remontarse también a muy antiguo en las provincias de Bengala en las Indias Orientales, y en algunas de las provincias orientales de China, aunque ello no ha sido contrastado por las historias que en esta parte del mundo nos resultan más fiables. En Bengala, el Ganges y otros amplios ríos forman un elevado número de canales navegables, de igual manera que el Nilo en Egipto. Asimismo, en las provincias del este de China, varios grandes ríos forman con sus diversos brazos una multitud de canales, y en su mutua comunicación permiten una navegación interior tan vasta como la del Nilo o del Ganges, y quizás tanto como ambos ríos juntos. Es notable que ni los antiguos egipcios, ni los indios, ni los chinos hayan estimulado el comercio exterior, sino que hayan derivado toda su opulencia de dicha navegación interior.

Todas las regiones interiores de África, y toda la región de Asia al norte de los mares Negro y Caspio, la antigua Escitia y las modernas Tartaria y Siberia, parecen haberse mantenido siempre en el estado bárbaro e incivilizado en que se encuentran hoy. El mar de Tartaria es el océano helado que no admite navegación alguna, y aunque algunos de los mayores ríos del mundo atraviesan ese país, están demasiado separados como para permitir el comercio y la comunicación en buena parte del mismo. En Africa no hay mares interiores, como el Báltico y el Adriático en Europa, el Mediterráneo y el Negro en Europa y Asia, y los golfos de Arabia, Persia, India y Bengala en Asia, que permitan llevar el comercio marítimo hacia las regiones interiores de ese gran continente; y los caudalosos ríos de África se hallan separados por distancias demasiado grandes como para que se pueda acometer ninguna navegación interior apreciable. El comercio que puede realizar una nación mediante un río que no se divide en muchos brazos o canales, y que fluye a lo largo de otro territorio antes de desembocar en el mar, nunca puede ser muy importante, puesto que las naciones que dominan ese otro territorio siempre pueden bloquear la comunicación entre dicha nación y el mar. La navegación del Danubio es de poca utilidad para los distintos estados de Baviera, Austria y Hungría, en comparación con lo que sucedería si cualquiera de ellos poseyera todo el curso del río hasta que desemboca en el mar Negro.

4. Del origen y uso del dinero

Una vez que la división del trabajo se ha establecido y afianzado, el producto del trabajo de un hombre apenas puede satisfacer una fracción insignificante de sus necesidades. Él satisface la mayor parte de ellas mediante el intercambio del excedente del producto de su trabajo, por encima de su propio consumo, por aquellas partes del producto del trabajo de otros hombres que él necesita. Cada hombre vive así gracias al intercambio, o se transforma en alguna medida en un comerciante, y la sociedad misma llega a ser una verdadera sociedad mercantil.

Pero cuando la división del trabajo dio sus primeros pasos, la acción de esa capacidad de intercambio se vio con frecuencia lastrada y entorpecida. Supongamos que un hombre tiene más de lo que necesita de una determinada mercancía, mientras que otro hombre tiene menos. En consecuencia, el primero estará dispuesto a vender, y el segundo a comprar, una parte de dicho excedente. Pero si ocurre que el segundo no tiene nada de lo que el primero necesita, no podrá entablarse intercambio alguno entre ellos. El carnicero guarda en su tienda más carne de la que puede consumir, y tanto el cervecero como el panadero están dispuestos a comprarle una parte, pero sólo pueden ofrecerle a cambio los productos de sus labores respectivas. Si el carnicero ya tiene todo el pan y toda la cerveza que necesita, entonces no habrá comercio. Ni uno puede vender ni los otros comprar, y en conjunto todos serán recíprocamente menos útiles. A fin de evitar los inconvenientes derivados de estas situaciones, toda persona prudente en todo momento de la sociedad, una vez establecida originalmente la división del trabajo, procura naturalmente manejar sus actividades de tal manera de disponer en todo momento, además de los productos específicos de su propio trabajo, una cierta cantidad de alguna o algunas mercancías que en su opinión pocos rehusarían aceptar a cambio del producto de sus labores respectivas.

Es probable que numerosas mercancías diferentes se hayan concebido y utilizado sucesivamente a tal fin. Se dice que en las épocas rudas de la sociedad el instrumento común del comercio era el ganado; y aunque debió haber sido extremadamente incómodo, sabemos que en la antigüedad las cosas eran a menudo valoradas según el número de cabezas de ganado que habían sido entregadas a cambio de ellas. Homero refiere que la armadura de Diomedes costó sólo nueve bueyes, mientras que la de Glauco costó cien. Se cuenta también que en Abisinia el medio de cambio y comercio más común es la sal; en algunas partes de la costa de la India es una clase de conchas; el bacalao seco en Terranova; el tabaco en Virginia; el azúcar en algunas de nuestras colonias en las Indias Occidentales; y me han dicho que hoy mismo en un pueblo de Escocia no es extraño que un trabajador lleve clavos en lugar de monedas a la panadería o la taberna.

4. Del origen y uso del dinero

En todos los países, sin embargo, los hombres parecen haber sido impulsados por razones irresistibles a preferir para este objetivo a los metales por encima de cualquier otra mercancía. Los metales pueden ser no sólo conservados con menor pérdida que cualquier otra cosa, puesto que casi no hay nada menos perecedero que ellos, sino que además pueden ser, y sin pérdida, divididos en un número indeterminado de partes, unas partes que también pueden fundirse de nuevo en una sola pieza; ninguna otra mercancía igualmente durable posee esta cualidad, que más que ninguna otra vuelve a los metales particularmente adecuados para ser instrumentos del comercio y la circulación. La persona que deseaba comprar sal, por ejemplo, pero sólo poseía ganado para dar a cambio de ella, debía comprar sal por el valor de todo un buey o toda una oveja a la vez. En pocas ocasiones podía comprar menos, porque aquello que iba a dar a cambio en pocas ocasiones podía ser dividido sin pérdida; y si deseaba comprar más, se habrá visto forzado, por las mismas razones, a comprar el doble o el triple de esa cantidad, es decir, el valor de dos o tres bueyes, o de dos o tres ovejas. Por el contrario, si en lugar de ovejas o bueyes podía dar metales a cambio, con facilidad podía adecuar la cantidad de metal a la cantidad precisa de la mercancía que necesitaba.

Para este propósito se han utilizado diferentes metales en las distintas naciones. Entre los antiguos espartanos el medio común de comercio era el hierro; el cobre entre los antiguos romanos; y el oro y la plata entre las naciones mercantiles ricas.

Al principio esos metales fueron empleados para esta finalidad en barras toscas, sin sello ni cuño alguno. Plinio, basándose en la autoridad de Timeo, antiguo historiador, nos asegura que hasta la época de Servio Tulio los romanos no acuñaron moneda, sino que empleaban en sus compras unas barras de cobre sin sellar. Estas barras en bruto desempeñaron entonces la función del dinero.

El empleo de los metales en ese estado tan bruto adolecía de dos inconvenientes muy notables; primero, el problema de pesarlos, y segundo, el de contrastarlos. En los metales preciosos, donde una pequeña diferencia en la cantidad representa una gran discrepancia en el valor, la tarea de pesarlos con la exactitud adecuada exige pesas y balanzas muy precisas. En particular, pesar oro es una operación bastante delicada. En los metales más ordinarios, donde un pequeño error tendría poca importancia, es indudable que se requiere una exactitud menor. Pero de todos modos, si cada vez que un pobre hombre, necesitado de vender o comprar bienes por valor de un cuarto de penique, debiese pesar esta moneda, encontraríamos que este requisito es extraordinariamente molesto. La operación de contrastar es todavía más difícil, todavía más laboriosa y, salvo que se deshaga una parte del metal en el crisol con los disolventes adecuados, toda conclusión que de ella se derive resultará extremadamente incierta. Sin embargo, antes de la llegada de la institución de la moneda acuñada, si no pasaban por esta ardua y tediosa operación, las gentes siempre estaban expuestas a los fraudes y estafas más groseros, y a recibir a cambio de sus bienes no una libra de plata pura, o cobre puro, sino de un compuesto adulterado de los materiales más ordinarios y baratos, pero cuya apariencia exterior se asemejaba a dichos metales. Para prevenir tales abusos, facilitar el intercambio y estimular todas las clases de industria y comercio, se ha considerado necesario en todos los países que han progresado de forma apreciable el fijar un sello público sobre cantidades determinadas de esos metales empleados comúnmente en la compra de bienes. Y ese fue el origen de la acuñación de moneda y de las oficinas públicas denominadas cecas, instituciones cuya naturaleza es la misma que las del control de calidad y peso de los tejidos de lana y de hilo. Todas ellas se dedican a certificar, mediante un sello público, la cantidad y calidad uniforme de las diferentes mercancías que son traídas al mercado.

Los primeros sellos públicos de este tipo estampados en los metales atestiguaban en muchos casos lo que era al mismo tiempo lo más difícil y lo más importante, la bondad y finura del metal, y se parecían a la marca esterlina que actualmente se graba en vajillas y barras de plata, o la marca española que en ocasiones se estampa en los lingotes de oro y que, al estar fijada en un sólo lado de la pieza y no cubrir toda su superficie, certifica la finura pero no el peso del metal. Abraham pesó a Efrón los cuatrocientos siclos de plata que había acordado pagar por el campo de Macpela. Se dice que eran la moneda corriente en el mercado, y sin embargo eran recibidas por peso y no por cantidad, de la misma forma que hoy lo son los lingotes de oro y las barras de plata. Se cuenta que las rentas de los antiguos reyes sajones de Inglaterra eran pagadas no en moneda sino en especie, es decir, en vituallas y provisiones de toda suerte. Guillermo el Conquistador introdujo la costumbre de pagarlas en dinero, un dinero que sin embargo fue durante mucho tiempo recibido por el Tesoro al peso y no por cuenta. Los inconvenientes y dificultades de pesar estos metales con precisión dieron lugar a la institución de las monedas; se suponía que su sello, que cubría por completo ambas caras y a veces también los bordes, garantizaba no sólo la finura sino también el peso del metal. Esas monedas, como ahora, fueron recibidas por cuenta, sin tomarse la molestia de pesarlas.

Los nombres de estas monedas expresaban originalmente el peso o la cantidad del metal que contenían. En los tiempos de Servio Tulio, quien primero acuñó moneda en Roma, el as romano, o pondo, contenía una libra romana de buen cobre. De la misma forma que nuestra libra llamada Troy, se dividía en doce onzas, cada una de las cuales contenía una onza verdadera de buen cobre. La libra esterlina inglesa, en la época de Eduardo I, contenía una libra, con el llamado peso de la Torre, de plata de una ley determinada. La libra de la Torre pesaba algo más que la libra romana y algo menos que la libra Troy. Esta última no fue introducida en la circulación inglesa hasta el decimooctavo año del reinado de Enrique VIII. La libra francesa contenía en los tiempos de Carlomagno una libra, peso Troy, de una ley dada. En aquel tiempo la feria de Troyes, en Champaña, era frecuentada por todas las naciones de Europa, y los pesos y medidas de un mercado tan famoso eran vastamente conocidos y apreciados. La libra de moneda escocesa contenía, desde los tiempos de Alejandro I hasta los de Robert Bruce, una libra de plata del mismo peso y ley que la libra esterlina inglesa. Asimismo, los peniques ingleses, franceses y escoceses, contenían todos originalmente el peso auténtico de un penique de plata, la vigésima parte de una onza y la doscientas cuarentava parte de una libra. El chelín fue también al principio el nombre de un peso. Un antiguo estatuto de Enrique III reza: *cuando el trigo valga doce chelines el cuartal, la pieza de pan de un cuarto de penique pesará once chelines y cuatro peniques*. Pero la proporción entre el chelín y el penique por un lado y la libra por la otra no ha sido tan uniforme y constante como la relación entre el penique y la libra. Durante la primera dinastía de los reyes de Francia el sueldo o chelín francés contuvo en diferentes ocasiones cinco, doce, veinte y cuarenta peniques. Entre los antiguos sajones un chelín contuvo en un momento sólo cinco peniques, y no es improbable que haya sido entre ellos tan variable como lo fue entre sus vecinos, los antiguos francos. Desde la época de Carlomagno entre los franceses y desde la de Guillermo el

4. Del origen y uso del dinero

Conquistador entre los ingleses, la proporción entre la libra, el chelín y el penique parece haber sido siempre igual a la actual, aunque el valor de cada moneda ha sido muy distinto. Lo que ha ocurrido, en mi opinión, es que la avaricia e injusticia de los príncipes y estados soberanos, abusando de la confianza de sus súbditos, ocasionó la paulatina disminución de la cantidad real de metal que sus monedas contenían originalmente. El as romano, en los últimos tiempos de la República, fue reducido a la vigésimocuarta parte de su valor original y, en lugar de pesar una libra, llegó a pesar sólo media onza. La libra y el penique de Inglaterra contienen hoy apenas una tercera parte, la libra y el penique de Escocia una trigésimosexta parte, y la libra y el penique de Francia una sexagésimasexta parte de sus valores originales. Mediante estas operaciones, los príncipes y estados soberanos que las llevaron a cabo pudieron, en apariencia, pagar sus deudas y hacer frente a sus compromisos con una cantidad menor de plata de la que habrían necesitado en otro caso. Pero fue verdaderamente sólo en apariencia, porque sus acreedores en realidad resultaron defraudados en parte de lo que se les debía. Todos los demás deudores en el país recibieron idéntico privilegio, y pudieron pagar la misma suma nominal que debían en la moneda vieja con la moneda nueva y envilecida. Estas operaciones, por lo tanto, siempre han sido favorables para los deudores y ruinosas para los acreedores, y en algunas ocasiones han generado una revolución más amplia y universal en las fortunas de las personas privadas que la que habría producido una gran calamidad pública. Ha sido de esta manera, entonces, cómo el dinero se ha convertido en todas las naciones civilizadas en el medio universal del comercio, por intervención del cual los bienes de todo tipo son comprados, vendidos e intercambiados.

Examinaré a continuación las reglas que las personas

naturalmente observan cuando intercambian bienes por dinero o por otros bienes. Estas reglas determinan lo que puede llamarse el valor relativo o de cambio de los bienes.

Hay que destacar que la palabra VALOR tiene dos significados distintos. A veces expresa la utilidad de algún objeto en particular, y a veces el poder de compra de otros bienes que confiere la propiedad de dicho objeto. Se puede llamar a lo primero «valor de uso» y a lo segundo «valor de cambio». Las cosas que tienen un gran valor de uso con frecuencia poseen poco o ningún valor de cambio. No hay nada más útil que el agua, pero con ella casi no se puede comprar nada; casi nada se obtendrá a cambio de agua. Un diamante, por el contrario, apenas tiene valor de uso, pero a cambio de él se puede conseguir generalmente una gran cantidad de otros bienes.

Para investigar los principios que regulan el valor de cambio de las mercancías procuraré demostrar:

Primero, cuál es la medida real de este valor de cambio, o en qué consiste el precio real de todas las mercancías.

Segundo, cuáles son las diferentes partes que componen o constituyen este precio real.

Y, por último, cuáles son las diversas circunstancias que a veces elevan alguna o todas esas partes por encima, y a veces las disminuyen por debajo de su tasa natural u ordinaria; o cuáles son las causas que a veces impiden que el precio de mercado, es decir, el precio efectivo de los bienes, coincida con lo que puede denominarse su precio natural.

Intentaré explicar, de la forma más completa y clara que pueda, estas tres cuestiones en los tres capítulos siguientes, para lo cual ruego encarecidamente al lector que me otorgue tanto su paciencia como su atención: su paciencia para analizar detalles que podrán parecer en algunos puntos innecesariamente prolijos, y su atención para comprender lo que quizás resulte, después de la más cabal

4. Del origen y uso del dinero

explicación de la que soy capaz, todavía en algún grado oscuro. Siempre estoy dispuesto a correr el riesgo de parecer tedioso si con ello garantizo que soy diáfano; pero aún después de todos mis esfuerzos en ser claro, todavía podrá permanecer alguna oscuridad en un asunto que es por su propia naturaleza extremadamente abstracto.

5. Del precio real y nominal de las mercancías, o de su precio en trabajo y su precio en moneda

Toda persona es rica o pobre según el grado en que pueda disfrutar de las cosas necesarias, convenientes y agradables de la vida. Pero una vez que la división del trabajo se ha consolidado, el propio trabajo de cada hombre no podrá proporcionarle más que una proporción insignificante de esas tres cosas. La mayoría de ellas deberá obtenerlas del trabajo de otros hombres, y será por tanto rico o pobre según sea la cantidad de ese trabajo de que pueda disponer o que sea capaz de comprar. Por lo tanto, el valor de cualquier mercancía, para la persona que la posee y que no pretende usarla o consumirla sino intercambiarla por otras, es igual a la cantidad de trabajo que le permite a la persona comprar u ordenar. El trabajo es, así, la medida real del valor de cambio de todas las mercancías.

El precio real de todas las cosas, lo que cada cosa cuesta realmente a la persona que desea adquirirla, es el esfuerzo y la fatiga que su adquisición supone. Lo que cada cosa

5. Del precio real y nominal de las mercancías...

verdaderamente vale para el hombre que la ha adquirido y que pretende desprenderse de ella o cambiarla por otra cosa, es el esfuerzo y la fatiga que se puede ahorrar y que puede imponer sobre otras personas. Aquello que se compra con dinero o con bienes se compra con trabajo, tanto como lo que compramos con el esfuerzo de nuestro propio cuerpo. Ese dinero o esos bienes en realidad nos ahorran este esfuerzo. Ellos contienen el valor de una cierta cantidad de trabajo que intercambiamos por lo que suponemos que alberga el valor de una cantidad igual. El trabajo fue el primer precio, la moneda de compra primitiva que se pagó por todas las cosas. Toda la riqueza del mundo fue comprada al principio no con oro ni con plata sino con trabajo; y su valor para aquellos que la poseen y que desean intercambiarla por algunos productos nuevos es exactamente igual a la cantidad de trabajo que les permite comprar o dirigir.

Como afirma Hobbes, riqueza es poder. Pero la persona que consigue o hereda una fortuna, no necesariamente consigue o hereda ningún poder político, sea civil o militar. Puede que su fortuna le proporcione medios para adquirir ambos, pero la mera posesión de esa fortuna no proporciona necesariamente ninguno de ellos. Lo que sí confiere esa fortuna de forma directa e inmediata es poder de compra, un cierto mando sobre el trabajo, o sobre el producto del trabajo que se halle entonces en el mercado. Y la fortuna será mayor o menor precisamente en proporción a la amplitud de ese poder, o a la cantidad del trabajo de otros hombres o, lo que es lo mismo, al producto del trabajo de otros hombres, que permita comprar o controlar. El valor de cambio de cualquier cosa debe ser siempre exactamente igual a la extensión de este poder que confiere a su propietario.

Pero aunque el trabajo es la medida real del valor de cambio de todas las mercancías, no es la medida con la cual su valor es habitualmente estimado. Es con frecuencia difícil discernir la proporción entre dos cantidades distintas de trabajo. El tiempo invertido en dos tipos diferentes de labor no siempre bastará por sí solo para determinar esa proporción. Habrá que tener en cuenta también los diversos grados de esfuerzo soportado y destreza desplegada. Puede que haya más trabajo en una hora de dura labor que en dos de una tarea sencilla; o en una hora de un oficio cuyo aprendizaje costó diez años que en un mes de un trabajo común y corriente. Pero no es fácil encontrar una medida precisa ni de la fatiga ni de la destreza. Es común que se conceda un margen para ambas en el intercambio de las producciones de tipos de trabajo distintos, pero el ajuste no se efectúa según una medición exacta sino mediante el regateo y la negociación del mercado, que desemboca en esa suerte de igualdad aproximada, no exacta pero suficiente para llevar adelante las actividades corrientes.

Además, cada mercancía se intercambia, y por lo tanto se compara, más habitualmente con otras mercancías que con trabajo. Es por lo tanto más natural estimar su valor de cambio mediante la cantidad no de trabajo sino de alguna otra mercancía que pueda comprar. Asimismo, la mayoría de las personas entienden mejor lo que significa una cantidad de una mercancía concreta que una cantidad de trabajo. La una es un objeto claro y palpable; la otra es una noción abstracta que, aunque puede volverse suficientemente inteligible, en absoluto resulta tan natural y evidente.

Pero cuando se acaba el trueque y el dinero se transforma en el medio habitual del comercio, cada mercancía particular se intercambia más frecuentemente por dinero que por cualquier otra mercancía. Es raro que el carnicero lleve carne de vaca o de oveja al panadero o al cervecero para cambiarlas por pan o cerveza, sino que las lleva

5. Del precio real y nominal de las mercancías...

al mercado, donde las intercambia por dinero, y después cambia ese dinero por pan y cerveza. La cantidad de dinero que obtiene por su mercancía regula asimismo la cantidad de pan y cerveza que puede comprar después. Es más lógico y natural para él, en consecuencia, estimar el valor de su mercancía según la cantidad de dinero, la mercancía por la cual las cambia, que según la cantidad de pan o cerveza, las mercancías por las cuales las intercambia sólo mediante de la intervención de otra mercancía; y es más lógico que se afirme que la carne del carnicero vale tres o cuatro peniques por libra, y no que se diga que vale tres o cuatro libras de pan, o tres o cuatro cuartillos de cerveza. Y así ocurre que el valor de cambio de toda mercancía es habitualmente estimado según la cantidad de dinero que se obtiene por ella, y no según la cantidad de trabajo o de alguna otra mercancía que se obtiene a cambio de ella.

Pero el oro y la plata, como cualquier otra mercancía, cambian de valor, y a veces son más caros y otras veces más baratos, unas veces más fáciles y otras más difíciles de comprar. La cantidad de trabajo que cualquier cantidad dada de ellas puede comprar o dirigir, o la cantidad de otros bienes por la que se puede cambiar, depende siempre de la riqueza o pobreza de las minas conocidas cuando tiene lugar el intercambio. El descubrimiento de las ricas minas de América en el siglo XVI redujo el valor del oro y la plata en Europa a cerca de un tercio del valor que tenían antes. Como costaba menos trabajo trasladar esos metales desde la mina hasta el mercado, cuando llegaban allí podían comprar u ordenar menos trabajo; y esta revolución en su valor, aunque fue quizás la mayor, en modo alguno fue la única que registra la historia. Pero así como una medida de cantidad, como el pie, el brazo o el puño de una persona, que cambia continuamente, nunca puede ser la medida exacta de la cantidad de otras cosas, una mercancía cuyo valor se modifica permanentemente jamás puede constituir una medida precisa del valor de las demás mercancías. Puede sostenerse que iguales cantidades de trabajo, en todo tiempo y lugar, tienen el mismo valor para el trabajador. En su estado normal de salud, fuerza y temperamento, de habilidad y destreza, sacrificará siempre la misma porción de su tranquilidad, su libertad y su felicidad. El precio que paga deberá ser siempre el mismo, cualquiera sea la cantidad de bienes que recibe a cambio. En realidad a veces comprará más de éstos y a veces menos; pero lo que cambia es su valor, no el del trabajo que los compra. En todo tiempo y lugar lo caro es lo que es difícil de conseguir, o lo que cuesta mucho trabajo adquirir, y lo barato es lo que se obtiene fácilmente o con muy poco trabajo. El trabajo exclusivamente, entonces, al no variar nunca en su propio valor, es el patrón auténtico y definitivo mediante el cual se puede estimar y comparar el valor de todas las mercancías en todo tiempo y lugar. Es su precio real; y el dinero es tan sólo su precio nominal.

Aunque para el trabajador las cantidades iguales de trabajo siempre tienen el mismo valor, para el hombre que lo emplea tienen a veces un valor mayor y otras veces uno menor. Él las compra en algunas ocasiones con una cantidad mayor de bienes y en otras ocasiones con una cantidad menor, y para él el precio del trabajo cambia como el de las demás cosas. En un caso le parece caro y en otro barato. Pero en realidad lo que resulta barato en un caso y caro en otro son las mercancías.

En este sentido vulgar, por lo tanto, puede decirse que el trabajo tiene como las mercancías un precio real y un precio nominal. Su precio real consiste en la cantidad de cosas necesarias y cómodas para la vida que se dan a cambio de él; su precio nominal, en la cantidad de dinero. El trabajador es rico o pobre, es remunerado bien o mal, no

5. Del precio real y nominal de las mercancías...

en proporción al precio nominal de su trabajo sino al precio real.

La distinción entre precio nominal y real de las mercancías y del trabajo no es un asunto de mera especulación sino que puede a veces resultar en la práctica de gran utilidad. El mismo precio real tiene siempre el mismo valor; pero debido a las variaciones en el valor del oro y la plata, el mismo precio nominal tiene a veces valores muy diferentes. Cuando se vende un terreno a cambio de una renta perpetua, si se pretende que esta renta tenga siempre el mismo valor, es importante para la familia receptora de esta renta que ella no consista en una suma específica de dinero. En tal caso su valor sería susceptible de modificaciones de dos tipos distintos; primero, las que surgen de las diferentes cantidades de oro y plata que en diversas épocas tienen las monedas de una misma denominación; y segundo, las que se originan en los distintos valores que en momentos diferentes tienen las mismas cantidades de oro y plata.

Los príncipes y estados soberanos han creído con frecuencia que su interés temporal era disminuir la cantidad de metal puro contenido en sus monedas; pero muy rara vez han creído que era su interés el aumentarla. Por eso la cantidad de metal de las monedas, pienso que en todos los países, ha bajado casi sin interrupción, y casi nunca ha subido. Esas variaciones, por consiguiente, han tendido casi siempre a disminuir el valor de una renta monetaria.

El descubrimiento de las minas de América rebajó el valor del oro y la plata en Europa. Se supone habitualmente, pero a mi juicio sin pruebas definitivas, que esa disminución todavía prosigue y que es probable que continúe durante mucho tiempo. Con este supuesto, entonces, es más verosímil que esas variaciones disminuyan el valor de una renta monetaria y no que la incrementen, incluso aunque fuese estipulado que se pague no en una cantidad dada de moneda acuñada de una denominación determinada (por ejemplo, en tantas libras esterlinas), sino en tantas onzas bien de plata pura o de plata de una cierta ley.

Las rentas estipuladas en grano han mantenido su valor mucho más que las establecidas en dinero, aún donde la denominación de la moneda no ha sido alterada. En el año dieciocho del reinado de Isabel se decretó que un tercio de las rentas pagaderas a los colegios lo serían en grano, bien en especie o de acuerdo con los precios corrientes en el mercado público más cercano. El dinero proveniente de esta renta en cereal, aunque representaba originalmente un tercio del total, en la actualidad es, según el Doctor Blackstone, normalmente casi el doble de lo que se obtiene de los otros dos tercios. De acuerdo con este cómputo, las antiguas rentas monetarias deben haberse reducido a casi la cuarta parte de su valor primitivo; o valen hoy poco más de la cuarta parte del trigo que valían antes. Pero desde el reinado de Felipe y María la denominación de la moneda inglesa ha sufrido poca o ninguna alteración, y el mismo número de libras, chelines y peniques contienen casi la misma cantidad de plata pura. De donde se infiere que esa degradación en el valor de la renta monetaria de los colegios se originó totalmente de la degradación en el valor de la plata.

Cuando la depreciación del valor de la plata se combina con el descenso en la cantidad de plata contenida por las monedas de la misma denominación, la pérdida es a menudo todavía mayor. En Escocia, donde la denominación de la moneda ha experimentado aún mayores alteraciones que la de Inglaterra, y en Francia, donde los cambios son incluso más intensos que en Escocia, algunas rentas antiguas, que originalmente eran de un valor considerable, han sido reducidas de esta forma virtualmente a nada.

5. Del precio real y nominal de las mercancías...

En momentos distintos se comprarán cantidades iguales de trabajo con cantidades iguales de cereal, la subsistencia del trabajador, más que con cantidades iguales de oro y plata, y quizás de cualquier otra mercancía. Por lo tanto, las mismas cantidades de cereal tendrán en épocas diferentes aproximadamente el mismo valor real, o permitirán a su propietario adquirir o dirigir aproximadamente la misma cantidad del trabajo de otras personas. Lo harán, como he dicho, de forma más aproximada que cantidades iguales de prácticamente cualquier otra mercancía; pero ni siquiera las cantidades iguales de cereal lo harán de forma exactamente igual. La subsistencia del trabajador, o el precio real del trabajo, es muy diversa según cambian los tiempos, como procuraré demostrar más adelante; es más copiosa en una sociedad que progresa hacia la riqueza que en una que permanece estacionaria, y más en una estacionaria que en una decadente. Cualquier otra mercancía en cualquier momento dado comprará una cantidad de trabajo mayor o menor en proporción a la cantidad de alimentos que con ella se puedan adquirir. Una renta estipulada en cereal, entonces, es susceptible de variación sólo por los cambios en la cantidad de trabajo que puede adquirir una cantidad dada de cereal. Pero una renta fijada en cualquier otra mercancía está expuesta no sólo a las variaciones en la cantidad de trabajo que puede comprar una cantidad dada de cereal, sino a las variaciones en la cantidad de cereal que pueda comprar cualquier cantidad dada de dicha mercancía.

Hay que señalar, no obstante, que aunque el valor real de una renta en cereal varía mucho menos de un siglo a otro que una renta monetaria, varía mucho más de un año a otro. El precio en moneda del trabajo, como explicaré más adelante, no fluctúa de un año a otro con el precio monetario del cereal, sino que en todas partes se ajusta al precio, no al temporario ni ocasional, sino al promedio o habitual de este artículo. El precio medio o corriente del cereal está determinado, como también demostraré después, por el valor de la plata, por la riqueza o esterilidad de las minas que suministran dicho metal al mercado, o por la cantidad de trabajo que debe ser empleado, y en consecuencia la cantidad de cereal que debe ser consumida, para traer una cantidad dada de plata desde la mina hasta el mercado. Pero el valor de la plata, aunque a veces varía considerablemente de un siglo a otro, en raras ocasiones cambia mucho de un año a otro; frecuentemente continúa estable, o casi estable, durante medio siglo o incluso un siglo completo. En consecuencia, el precio monetario corriente o medio del trigo puede mantenerse estable también durante ese lapso tan extenso, y con él el precio en moneda del trabajo, siempre que la sociedad permanezca, en las demás circunstancias, en una situación igual o muy semejante. Mientras tanto, el precio temporal y ocasional del cereal puede con asiduidad ser un año el doble de lo que fue el año anterior, u oscilar, por ejemplo, entre veinticinco y cincuenta chelines el cuartal. Pero cuando el cereal está a cincuenta chelines, el valor no sólo nominal sino real de una renta en cereal será el doble de cuando está a veinticinco, o podrá ordenar el doble de la cantidad de trabajo o de la mayor parte de las demás mercancías; y durante todas estas fluctuaciones, el precio monetario del trabajo, y con él el de la mayoría de las cosas, permanecerá igual.

Es evidente, por lo tanto, que el trabajo es la única medida universal y precisa del valor, o el único patrón mediante el cual podemos comparar los valores de distintas mercancías en cualquier tiempo y lugar. No podemos estimar, por supuesto, el valor real de diversas mercancías de un siglo a otro según las cantidades de plata que se entregan a cambio de ellas. Tampoco podemos estimarlo de un año a otro según las cantidades de cereal. Pero según

5. Del precio real y nominal de las mercancías...

las cantidades de trabajo podemos estimarlo con la mayor precisión tanto de un siglo a otro como de un año a otro. Entre siglos el cereal es una medida mejor que la plata, porque de un siglo a otro las mismas cantidades de cereal ordenarán la misma cantidad de trabajo más precisamente que cantidades iguales de plata. De un año a otro, por el contrario, la plata es mejor medida que el cereal, porque con iguales cantidades de la misma se dispondrá con mayor exactitud de la misma cantidad de trabajo.

Pero aunque es de utilidad el distinguir entre precio real y nominal al establecer rentas perpetuas o arrendamientos muy prolongados, no lo es al comprar y vender, que son las transacciones más comunes y corrientes de la vida humana.

En un mismo tiempo y lugar, el precio real y el nominal de todas las mercancías guardan exactamente la misma proporción. Cuanto más o menos dinero se obtenga a cambio de cualquier mercancía en el mercado de Londres, por ejemplo, más o menos trabajo permitirá comprar o dirigir en ese momento y lugar. En consecuencia, el dinero es la medida exacta del valor de cambio real de todas las mercancías en un mismo tiempo y lugar. Pero lo es sólo en tales circunstancias.

Entre sitios apartados no hay una proporción fija entre el precio real y el nominal de las mercancías, y sin embargo el comerciante que lleva bienes de uno a otro no presta atención más que a su precio en dinero, o a la diferencia entre la cantidad de plata que entrega al comprarlos y la cantidad que espera obtener al venderlos. Media onza de plata en Cantón, China, puede ordenar una cantidad mayor tanto de trabajo como de cosas necesarias y convenientes para la vida que una onza en Londres. Una mercancía, por lo tanto, que se venda por media onza de plata en Cantón puede ser en realidad más cara, de más importancia real para la persona que la posea allí, que una mercancía que se venda por una onza en Londres para su propietario en Londres. Si un comerciante londinense puede comprar en Cantón por media onza de plata una mercancía que puede vender en Londres por una onza, ganaría el 100 por ciento con el negocio, como si una onza de plata en Londres valiese exactamente igual que en Cantón. A él no le importa nada que media onza de plata en Cantón le permita ordenar más trabajo y una mayor cantidad de cosas necesarias y convenientes para la vida que una onza en Londres. Pero con una onza en Londres siempre podrá comprar el doble de esas cosas que con media onza, y esto es precisamente lo que quiere.

Así, como es el precio nominal o precio en moneda de las cosas lo que finalmente determina la prudencia o imprudencia de todas las compras y las ventas, y por ello regula casi todos los negocios de la vida cotidiana que tienen que ver con el precio, no debe sorprendernos si ha sido objeto de mucho más atención que el precio real.

En una obra como esta, sin embargo, a veces puede ser conveniente el comparar los diferentes valores reales de una mercancía concreta en momentos y lugares distintos, o los varios grados de poder sobre el trabajo de otras personas que es capaz de otorgar a sus propietarios en ocasiones diferentes. Debemos en tal caso comparar no las diversas cantidades de plata a cambio de las cuales fue vendida sino las diferentes cantidades de trabajo que dichas cantidades diversas de plata podrían haber adquirido. Los precios corrientes del trabajo en tiempos y lugares lejanos, empero, casi nunca pueden ser conocidos con exactitud. Los del cereal, aunque sólo han sido registrados en unos pocos lugares de forma regular, son en general mejor conocidos y han sido más frecuentemente estudiados por los historiadores y otros autores. Deberemos generalmente, entonces, contentarnos con ellos, no porque siempre estén en exactamente la misma proporción que los precios corrientes del trabajo, sino porque son la aproximación más cercana que podemos tener a esa proporción. Tendré oportunidad más adelante de formular bastantes comparaciones de esta índole.

Con el progreso de la industria, las naciones comerciales han creído conveniente el acuñar varios metales en forma de moneda; el oro para los pagos más grandes, la plata para los moderados, y el cobre o algunos metales ordinarios para los pagos más pequeños. Pero siempre han considerado sólo a uno de estos metales como una mejor medida del valor que los otros dos; y la preferencia se ha inclinado generalmente por el metal que utilizaron primero como instrumento del comercio. Comenzaron a emplearlo como patrón cuando no tenían otra moneda, y por regla general continuaron después aun cuando la necesidad no fuera ya la misma.

Se dice que los romanos no tenía más que moneda de cobre hasta cinco años antes de la primera guerra Púnica, cuando acuñaron plata por primera vez. Y así el cobre continuó siempre siendo la medida del valor en esa república. Todas las cuentas en Roma y los valores de todas las propiedades se calculaban en ases y sestercios. El as fue siempre el nombre de una moneda de cobre. La palabra sestercio significa dos ases y medio. Por lo tanto, aunque el sestercio fue originalmente una moneda de plata, su valor fue estimado en cobre. En Roma cuando una persona debía una gran suma de dinero, se decía que tenía una gran cantidad de cobre ajeno.

Las naciones nórdicas que se establecieron sobre las ruinas del Imperio Romano recurrieron a las monedas de plata desde sus primeros asentamientos, y durante siglos no conocieron las monedas ni de oro ni de cobre. Hubo monedas de plata en Inglaterra en tiempo de los sajones, pero se acuñó muy poco oro hasta la época de Eduardo III, y ningún cobre hasta la de Jacobo I. En Inglaterra, por tanto, y creo que por la misma razón en todas las otras naciones modernas de Europa, todas las cuentas son llevadas y los valores de todos los bienes y todas las propiedades son generalmente computados en plata: y cuando deseamos expresar la suma de la fortuna de una persona rara vez hablamos de las guineas sino de las libras esterlinas que suponemos se darían a cambio de ella.

Al principio, en todos los países un pago de curso legal sólo podía efectuarse en la moneda del metal particularmente considerado como patrón o medida del valor. En Inglaterra el oro no fue considerado de curso legal durante mucho tiempo después de haber sido acuñado como moneda. La proporción entre los valores de las monedas de oro y la plata no fue estipulada por ley ni declaración oficial alguna, y se dejó que la determinara el mercado. Si un deudor ofrecía pagar en oro, el acreedor podía o bien rechazar esta forma de pago totalmente, o bien aceptarla con una valoración del oro que él y su deudor acordasen. El cobre no es actualmente de curso legal, salvo cuando se cambia por moneda de plata fraccionaria. En tales circunstancias, la distinción entre el metal que era el patrón y los que no lo eran representaba bastante más que una distinción nominal.

Con el transcurso del tiempo, y a medida que la gente se familiarizó con el empleo de diferentes metales acuñados, y apreció por ello mejor la proporción entre sus valores respectivos, en la mayoría de los países se ha creído conveniente fijar esa proporción, y estipular mediante una ley pública que una guinea, por ejemplo, de determinado peso y ley, se deberá cambiar por veintiún chelines, o tendrá capacidad liberatoria legal de una deuda de tal monto. En este estado de cosas, y en tanto perdure cualquier proporción regulada de esa suerte, la distinción entre el metal que es el patrón y el que no lo es resulta poco más que una distinción nominal.

5. Del precio real y nominal de las mercancías...

Pero como consecuencia de cualquier cambio en esta proporción regulada, la distinción nuevamente se vuelve, o al menos parece volverse, algo más que nominal. Si el valor establecido de una guinea, por ejemplo, fuese reducido a veinte o aumentado a veintidós chelines, y todas las cuentas se llevaran y casi todas las obligaciones por deudas se expresaran en moneda de plata, la mayor parte de los pagos en cualquiera de los casos se saldarían con la misma cantidad de moneda de plata que antes, pero requerirían muy diversas cantidades de moneda de oro, mayores en un caso y menores en el otro. El valor de la plata parecería más invariable que el del oro. La plata parecería medir el valor del oro, pero el oro no el de la plata. El valor del oro parecería depender de la cantidad de plata, y el de la plata no depender de la cantidad de oro por la que se intercambiaría. Esta diferencia, empero, derivaría totalmente de la costumbre de llevar las cuentas y de expresar el monto de todas las sumas grandes y pequeñas en moneda de plata y no de oro. Uno de los billetes del Sr. Drummond de veinticinco o cincuenta guineas aún valdría, después de una alteración de ese tipo, veinticinco o cincuenta guineas como antes. Después de tal modificación valdría la misma cantidad de oro que antes, pero unas cantidades muy distintas de plata. Al hacer efectivo ese billete, el valor del oro parecería más invariable que el de la plata. El oro parecería medir el valor de la plata, y la plata no el del oro. Si la costumbre de llevar las cuentas y expresar los pagarés y otras obligaciones monetarias de esta forma se transforma alguna vez en general, será el oro y no la plata el considerado como el metal patrón o medida del valor.

En la práctica, durante la permanencia de cualquier proporción regulada entre los valores respectivos de los diferentes metales acuñados, el valor del metal más precioso determina el valor de todas las monedas. Doce peniques de cobre contienen media libra *avoirdupois* de cobre, no de la mejor calidad, que antes de ser acuñado rara vez vale más de siete penique de plata. Pero como por ley doce de tales peniques deben intercambiarse por un chelín, se considera en el mercado que valen un chelín, y se puede obtener en cualquier momento por ellos un chelín. Incluso antes de la última reforma de la acuñación del oro en Gran Bretaña, el oro, o al menos el que circulaba en Londres y sus alrededores, estaba en general menos devaluado con relación a su peso legal que la mayor parte de la plata. Veintiún chelines gastados y lisos eran considerados equivalentes a una guinea, que acaso estaba también gastada y lisa, pero rara vez tanto. Las últimas reglamentaciones han llevado a la moneda de oro tan cerca de su peso legal como es posible llevar a la moneda de cualquier nación; y la orden de no recibir oro en las oficinas públicas si no es por peso probablemente lo preservará en tanto continúen esas reglamentaciones en vigor. La moneda de plata prosigue en el mismo estado depreciado y desgastado que antes de la reforma en la acuñación del oro. Pero en el mercado veintiún chelines de esta devaluada moneda de plata todavía se considera que valen una guinea de esa excelente moneda de oro.

La reforma de la moneda de oro evidentemente ha elevado el valor de la moneda de plata por la que se intercambia.

En la Casa de la Moneda inglesa con una libra de peso en oro se acuñan cuarenta y cuatro guineas y media, lo que a veintiún chelines la guinea es igual a cuarenta y seis libras, catorce chelines y seis peniques. Por lo tanto, una onza de ese oro acuñado vale 3 libras 17 chelines 10 peniques y medio en plata. En Inglaterra no se paga ningún derecho ni señoreaje por la acuñación, y el que lleva un peso de una libra o de una onza en barras o pasta de oro de ley a la Casa de la Moneda recibe un peso de una libra o de una onza en oro acuñado, sin ninguna deducción. Tres libras, diecisiete chelines y diez penique y medio, así, es el precio de acuñación del oro en Inglaterra, o la cantidad de oro acuñado que la Casa de la Moneda entrega a cambio de oro normal en barras.

Antes de la reforma de la moneda de oro, el precio del oro en pasta en el mercado había sido durante muchos años superior a 3 libras 18 chelines, a veces a 3 libras 19 chelines y con frecuencia superior a 4 libras la onza; es probable que esta suma, en las monedas de oro desgastadas, rara vez contuviese más de una onza de oro normal. Desde la reforma, el precio de mercado del oro normal en barras en pocas ocasiones supera las 3 libras 17 chelines 7 peniques la onza. Antes de la reforma, el precio de mercado siempre estaba más o menos por encima del precio de acuñación; desde la reforma ha estado permanentemente por debajo. Pero este precio de mercado es el mismo sea que se pague en oro o en moneda de plata. La última reforma de la moneda de oro, entonces, ha incrementado no sólo el valor de la moneda de oro, sino también el de la moneda de plata en proporción al oro en barras, y probablemente también en proporción a todas las demás mercancías; aunque como el precio de la mayor parte de las mercancías es influido por muchas otras causas, el aumento en el valor de las monedas de plata y oro con respecto a ellas quizá no haya sido tan claro y perceptible.

En la Casa de la Moneda inglesa con una libra de peso en plata de ley se acuñan sesenta y dos chelines que contienen, análogamente, una libra de peso de plata ordinaria. Se dice entonces que cinco chelines y dos peniques la onza es el precio de acuñación de la plata en Inglaterra, o la cantidad de moneda de plata que la Casa de la Moneda entrega a cambio de plata ordinaria en pasta. Antes de la reforma de la moneda de oro, el precio de mercado de la plata normal en barras era, según los momentos, de cinco chelines y cuatro peniques, cinco chelines y cinco peniques, cinco chelines y seis peniques, cinco chelines y siete peniques, y con alguna frecuencia hasta cinco chelines y ocho peniques la onza. El precio más corriente parece haber sido cinco chelines y siete peniques. Desde la reforma de la acuñación del oro, el precio de mercado de la plata normal en pasta ha caído ocasionalmente hasta cinco chelines y tres peniques, cinco chelines y cuatro peniques y cinco chelines y cinco peniques la onza, y rara vez ha superado este último precio. Aunque el precio de mercado de la plata en pasta ha caído considerablemente desde la reforma de la acuñación del oro, no ha caído tanto como el precio de acuñación.

En la proporción entre los diferentes metales acuñados en Inglaterra, así como el cobre es apreciado muy por encima de su valor real, la plata es apreciada algo por debajo del mismo. En el mercado europeo, en las monedas francesas y holandesas, una onza de oro de ley se cambia por unas catorce onzas de plata de ley. En moneda inglesa, se cambia por unas quince onzas, es decir, por más plata de la que vale según las estimaciones más comunes en Europa. Pero así como el precio del cobre en barras no aumenta, ni siquiera en Inglaterra, por el elevado precio del cobre en la moneda inglesa, el precio de la plata en pasta no se reduce por la baja estimación de la plata en la moneda inglesa. La plata en pasta aún conserva su adecuada proporción con el oro; y por la misma razón que los lingotes de cobre la mantienen con la plata.

Después de la reforma de la acuñación de la plata durante el reinado de Guillermo III, el precio de la plata en pasta siguió algo por encima del precio de acuñación. El Sr. Locke imputó este precio más alto al permiso para exportar plata en barras y a la prohibición de exportar plata en monedas. Adujo que esa autorización para exportar hacía que la demanda de plata en barras fuese mayor que la demanda de plata en monedas. Pero el número de personas que desean monedas de plata para su utilización cotidiana en compras y ventas locales es seguramente muy superior al que quienes desean plata en bruto, sea para exportarla o para cualquier otro propósito. Existe hoy un permiso similar para exportar oro en pasta y una prohibición semejante de exportar monedas de oro; y sin embargo el precio del oro en bruto ha caído por debajo del precio de acuñación. Pero en la moneda de plata inglesa ocurriría entonces que la plata, de forma parecida a lo que sucede hoy, estaba subvalorada en proporción al oro, y la moneda de oro (que entonces no se pensaba que requiriese reforma alguna) regulaba en esa época, igual que ahora, el valor real de todas las monedas. Así como la reforma de la moneda de plata no redujo entonces el precio de la plata en pasta al precio de acuñación, no es muy probable que una reforma parecida lo redujese hoy.

Si la moneda de plata retornase tan cerca de su peso legal como la de oro, es probable que una guinea, según las proporciones actuales, se cambiase por más plata acuñada que en pasta. Si la moneda de plata contuviese todo su peso legal, habría en ese caso un beneficio a obtener fundiéndola, para vender primero la pasta a cambio de monedas de oro, e intercambiar después este oro acuñado por plata acuñada, que se llevaría a la fundición nuevamente. Una modificación en la proporción actual parece ser el único método de prevenir estos inconvenientes.

Los problemas serían quizás menores si la plata fuese tasada en monedas tanto por encima de su proporción adecuada con el oro como lo está hoy por debajo, siempre que al mismo tiempo se decretase que la plata no es de curso legal en cantidades superiores a una guinea, de la misma forma en que el cobre no es de curso legal para cambiar más de un chelín. En este caso, ningún acreedor podría ser engañado por el elevado valor de la plata acuñada, igual que ningún acreedor puede ser hoy estafado como consecuencia de la alta valoración del cobre. Los únicos que sufrirían con esta reglamentación serían los banqueros. Cuando se produce una carrera, intentan ganar tiempo pagando en monedas de seis peniques, y dicha reglamentación les impediría recurrir a un método tan poco honorable de eludir el pago inmediato. Se verían en consecuencia forzados a mantener siempre en sus cofres una cantidad mayor de efectivo que en la actualidad; y aunque esto indudablemente sería muy inconveniente para ellos, al mismo tiempo daría una gran seguridad a sus acreedores.

Tres libras, diecisiete chelines y diez peniques y medio (el precio de acuñación del oro) ciertamente no contienen, incluso en nuestras excelentes monedas de oro actuales, más de una onza de oro de ley, y podría pensarse en consecuencia que no serían capaces de comprar más oro en pasta de ley. Pero el oro amonedado es más útil que el oro en bruto, y aunque en Inglaterra la acuñación es gratuita, de todas formas el oro que es llevado en pasta o barras a la Casa de la Moneda rara vez regresa acuñado a manos de su dueño antes de que pasen varias semanas; con el trabajo que tiene hoy la Casa de la Moneda, la demora puede ser de varios meses. Este retraso equivale a un pequeño impuesto, y vuelve al oro acuñado algo más valioso que una cantidad igual de oro en bruto. Por lo tanto, si en la moneda inglesa la plata fuese estimada según su adecuada proporción con el oro, el precio de la plata en pasta probablemente caería por debajo del precio de acuñación incluso sin ninguna reforma de la moneda de plata; porque incluso el valor de la presente moneda de plata lisa y desgastada es regulado por el valor de la excelente moneda de oro por la que puede cambiarse.

Un pequeño señoreaje o impuesto sobre la acuñación

tanto de oro como de plata probablemente incrementaría aún más la superioridad de estos metales en moneda sobre una cantidad igual de cualquiera de ellos en pasta. La acuñación en este caso elevaría el valor del metal acuñado en proporción al peso de este pequeño impuesto; por la misma razón de que el labrado aumenta el valor de los utensilios de oro y plata en proporción al precio de dicho labrado. La superioridad de la moneda sobre la pasta impedirá la fundición de las monedas y desanimará su exportación. Si por alguna necesidad pública fuese perentorio el exportar monedas, la mayor parte de las mismas volvería: en el extranjero se venderían sólo por su peso en pasta, pero dentro del país lo harían por más que su peso, y habría en consecuencia un beneficio a recoger al traerlas nuevamente al país. En Francia el señoreaje sobre la acuñación es de cerca del 8 por ciento y se dice que la moneda francesa, una vez exportada, vuelve al país espontáneamente.

Las fluctuaciones ocasionales en el precio de mercado del oro y la plata en pasta responden a las mismas causas que las fluctuaciones semejantes en el precio de todas las demás mercancías. La frecuente pérdida de dichos metales debida a diversos accidentes en la tierra y en el mar, el continuo desgaste en dorados y niquelados, en galones y bordados, en el uso y deterioro de la moneda y los utensilios de plata; todo ello requiere, en los países que no posean minas propias, una permanente importación que repare estas pérdidas y desgastes. Los comerciantes importadores, como cualquier otro comerciante, intentan ajustar en la medida de lo posible sus ocasionales importaciones a lo que ellos esperan que sea la demanda inmediata más probable. Pero por más cuidado que pongan, a veces exageran su negocio y otras veces se quedan cortos. Cuando importan más metal del que se demanda, más que incurrir en el riesgo y los inconvenientes de re-exportarlo nuevamente, están a veces dispuestos a vender una parte por algo menos que el precio corriente o medio. Por otro lado, cuando importan menos de lo que se demanda, obtienen algo más que ese precio. Pero cuando más allá de estas fluctuaciones ocasionales, el precio de mercado del oro o de la plata en pasta se mantiene durante muchos años firme y constantemente algo por arriba o algo por debajo del precio de acuñación, podemos estar seguros de que esta firme y constante superioridad o inferioridad en el precio es el efecto de algo en el estado de la moneda, algo que en ese momento hace que una determinada cantidad de moneda valga más o menos que la cantidad precisa de metal que debería contener. La firmeza y constancia del efecto supone una firmeza y constancia proporcional en la causa.

El dinero de cualquier país es, en un momento y lugar concretos, una medida más o menos precisa del valor en tanto la moneda corriente se ajuste más o menos exactamente a su ley, o contenga más o menos exactamente la cantidad determinada de oro o plata puros que debería contener. Si en Inglaterra, por ejemplo, cuarenta y cuatro guineas y media contuviesen precisamente el peso de una libra de oro de ley, u once onzas de oro puro y una de aleación, la moneda de oro de Inglaterra sería una medida tan exacta del valor efectivo de los bienes en cualquier momento y lugar dados como puede admitirlo la naturaleza de las cosas. Pero si debido al roce y al uso cuarenta y cuatro guineas y media contienen generalmente menos que el peso de una libra de oro, siendo además la disminución más acusada en algunas piezas que en otras, la medida del valor resulta susceptible de la misma clase de incertidumbre a la que están expuestos comúnmente todos los demás pesos y medidas. Como rara vez ocurre que se ajusten exactamente a su patrón, el comerciante acomoda el precio de sus bienes, lo mejor que puede, no a lo

5. Del precio real y nominal de las mercancías...

que esos pesos y medidas deberían ser sino a lo que en promedio la experiencia le indica que son en la práctica. Como consecuencia de un desorden parecido en la moneda, el precio de los bienes resulta análogamente ajustado no a la cantidad de oro o plata puros que la moneda debería contener, sino a la que en promedio la experiencia demuestra que efectivamente contiene.

Debe destacarse que por precio monetario de los bienes entiendo siempre la cantidad de oro o plata puros por la cual se venden, sin consideración alguna sobre la denominación de la moneda. Pienso que seis chelines y ocho peniques, por ejemplo, en la época de Eduardo I, era el mismo precio monetario que una libra esterlina en los tiempos presentes, puesto que contenían, hasta donde es posible juzgar, la misma cantidad de plata pura.

6. De las partes que componen el precio de las mercancías

En aquel estado rudo y primitivo de la sociedad que precede tanto a la acumulación del capital como a la apropiación de la tierra, la proporción entre las cantidades de trabajo necesarias para adquirir los diversos objetos es la única circunstancia que proporciona una regla para intercambiarlos. Si en una nación de cazadores, por ejemplo, cuesta habitualmente el doble de trabajo cazar un castor que un ciervo, un castor debería naturalmente intercambiarse por, o valer, dos ciervos. Es natural que lo que es el producto habitual de dos días o dos horas de trabajo valga el doble de lo que normalmente es el producto de un día o una hora de trabajo.

Si un tipo de trabajo es más duro que otro, habrá naturalmente alguna ventaja a cambio de esa dureza mayor; y el producto de una hora de ese tipo de trabajo se intercambiará habitualmente por el producto de dos horas del otro.

Si una clase de trabajo requiere un extraordinario grado

6. De las partes que componen el precio de las mercancías

de destreza e ingenio, el aprecio que los hombres tengan por tales talentos naturalmente dará valor a su producción, un valor superior al que se derivaría sólo del tiempo empleado en la misma. Esos talentos casi nunca pueden ser adquiridos sin una larga dedicación, y el mayor valor de su producción con frecuencia no es más que una compensación razonable por el tiempo y trabajo invertidos en conseguirlos. En el estado avanzado de la sociedad estas compensaciones por esfuerzo y destreza se hallan comúnmente incorporadas en los salarios del trabajo, y algo similar tuvo probablemente lugar en su estado más primitivo y rudo.

En ese estado de cosas todo el producto del trabajo pertenece al trabajador, y la cantidad de trabajo usualmente empleada en conseguir o producir cualquier mercancía es la única circunstancia que regula la cantidad de trabajo que con ella debería normalmente poderse comprar o dirigir o intercambiar.

Tan pronto como el capital se haya acumulado en las manos de personas concretas, algunas de ellas naturalmente lo emplearán en poner a trabajar a gentes laboriosas, a quienes suministrarán con materiales y medios de subsistencia, para obtener un beneficio al vender su trabajo o lo que su trabajo incorpore al valor de los materiales. Al intercambiar la manufactura completa sea por dinero, trabajo, u otros bienes, en una cantidad superior a lo que costaron los materiales y los salarios de los trabajadores, algo debe quedar como beneficio del empresario que arriesga en esta aventura su capital. El valor que los trabajadores añaden a los materiales, entonces, se divide en este caso en dos partes, una que paga los salarios y la otra que paga el beneficio del empleador sobre todos los materiales y salarios que adelantó. No habría tenido interés en emplearlos si no esperase de la venta de su trabajo algo más de lo suficiente para reemplazar su capital; y no estará interesado en emplear un capital mayor, antes que uno menor, a no ser que sus beneficios guarden alguna proporción con la cuantía de su capital.

Podría acaso pensarse que los beneficios del capital son sólo un nombre distinto para los salarios de un tipo de trabajo particular, el trabajo de inspección y dirección. Son, sin embargo, totalmente diferentes, los principios que los regulan son muy distintos, y no guardan proporción alguna con la cantidad, la dureza o el ingenio de esa supuesta labor de inspección y dirección. Están regulados completamente por el valor del capital invertido y son mayores o menores en proporción a la cuantía de este capital. Supongamos, por ejemplo, que en un lugar determinado, donde el beneficio anual corriente del capital industrial sea el diez por ciento, hay dos industrias diferentes, cada una de las cuales emplea a veinte trabajadores a una tasa anual de quince libras, o a un coste de trescientas libras por año en cada industria. Supongamos también que las materias primas consumidas anualmente en una cuestan sólo setecientas libras, mientras que en la otra son materias muy finas y cuestan siete mil. El capital anualmente invertido en una será en este caso sólo mil libras, mientras que el invertido en la otra será de siete mil trescientas libras. A una tasa del diez por ciento, entonces, el empresario de la una esperará un beneficio anual de apenas unas cien libras, mientras que el empresario de la otra esperará uno de setecientas treinta libras. Pero aunque sus beneficios son tan divergentes, su trabajo de inspección y dirección puede ser completa o casi completamente el mismo. En muchos talleres grandes, casi la totalidad de este tipo de labor es realizada por un empleado de alta categoría. Su remuneración refleja adecuadamente el valor de este trabajo de inspección y dirección. Aunque cuando se establece su salario se toma en consideración normalmente no sólo su trabajo y destreza sino la confianza que se deposita en él, nunca guarda ninguna proporción regular con el capital cuya administración supervisa; y el propietario de este capital, aunque resulta de esta forma liberado de casi todo trabajo, aún espera que sus beneficios mantengan una proporción regular con respecto a su capital. En el precio de las mercancías, por lo tanto, los beneficios del capital constituyen una parte componente totalmente distinta de los salarios del trabajo, y regulada por principios muy diferentes.

En este estado de cosas, el producto del trabajo no siempre pertenece por completo al trabajador. En muchos casos deberá compartirlo con el propietario del capital que lo emplea. Y tampoco es la cantidad de trabajo normalmente empleada en adquirir o producir una mercancía la única circunstancia que determina la cantidad que con ella se puede comprar, dirigir o intercambiar. Es evidente que una cantidad adicional debe destinarse a los beneficios del capital que adelantó los salarios y proveyó de materiales a dicho trabajo.

Tan pronto como la tierra de cualquier país se ha vuelto completamente propiedad privada, los terratenientes, como todos los demás hombres, gustan de cosechar donde nunca han sembrado, y demandan una renta incluso por su producción natural. La madera del bosque, la hierba del campo, y todos los frutos naturales de la tierra, que cuando ésta era común costaban al trabajador sólo la molestia de recogerlos, pasan a tener, incluso para él, un precio adicional. Deberá pagar por el permiso para recogerlos, y deberá entregar al terrateniente una parte de lo que su trabajo recoge o produce. Esta parte o, lo que es lo mismo, el precio de esta parte, constituye la renta de la tierra, y es el tercer componente del precio de la mayor parte de las mercancías. Debe destacarse que el valor real de todos los varios componentes del precio viene medido por la cantidad de trabajo que cada uno de ellos puede comprar u ordenar. El trabajo mide el valor no sólo de aquella parte del precio que se resuelve en trabajo sino de la que se resuelve en renta y la que se resuelve en beneficio.

En todas las sociedades el precio de toda mercancía se resuelve en última instancia en alguna u otra de esas partes o en todas; y en toda sociedad avanzada, las tres entran más o menos como partes componentes en el precio de la gran mayoría de las mercancías.

En el precio del cereal, por ejemplo, una parte paga la renta del terrateniente, otra los salarios o la manutención de los trabajadores y el ganado empleados en su producción, y una tercera paga los beneficios del agricultor. Estas tres partes, bien de forma inmediata, bien en última instancia, forman el precio total del grano. Se podría pensar que es necesaria una cuarta parte, para reemplazar el capital del agricultor, o para compensar el desgaste y deterioro de su ganado y otros instrumentos de su labor. Pero debe considerarse que el precio de cualquiera de esos instrumentos, como por ejemplo un caballo, está a su vez compuesto de las mismas tres partes: la renta de la tierra sobre la que crece, el trabajo de criarlo y cuidarlo, y los beneficios del agricultor que adelanta tanto la renta de esa tierra como los salarios de ese trabajo. Aunque el precio del grano, entonces, puede pagar tanto el precio como el mantenimiento del caballo, el precio total sigue resolviéndose bien inmediatamente bien finalmente en las mismas tres partes: renta, trabajo, beneficio.

En el precio de la harina o del grano molido debemos añadir al precio del cereal los beneficios del molinero y los salarios de sus sirvientes; en el precio del pan, los beneficios del panadero y los salarios de sus sirvientes; y en el precio de ambos el trabajo de transportar el grano desde la casa del agricultor hasta la del molinero, y desde la del molinero hasta la del panadero, junto con los beneficios de aquellos que adelantaron los salarios de ese trabajo.

El precio del lino se divide en las mismas tres partes que el del grano. En el precio del lienzo debemos añadir a dicho precio los salarios del cardador, el hilandero, el tejedor, el tintorero, etc., junto con los beneficios de sus respectivos empleadores.

En la medida en que una mercancía concreta llegue a ser más y más elaborada, la parte del precio que se resuelve en salarios y beneficios resulta ser una proporción mayor que la que se resuelve en renta. En el progreso de la industria no sólo aumenta la cantidad del beneficio sino que cada beneficio ulterior es mayor que el anterior, porque el capital del que se deriva siempre debe ser mayor. El capital que emplea a los tejedores, por ejemplo, debe ser mayor que el que emplea a los hilanderos, porque no sólo reemplaza a este capital con sus beneficios sino que paga además los salarios de los tejedores; y los beneficios siempre deben guardar una cierta proporción con el capital.

En la mayoría de las sociedades avanzadas, empero, hay siempre un puñado de mercancías cuyo precio se resuelve sólo en dos partes, los salarios del trabajo y los beneficios del capital; y un número todavía más pequeño en donde consiste sólo en salarios. En el precio del pescado de mar, por ejemplo, una parte paga el trabajo de los pescadores y la otra los beneficios del capital empleado en la pesca. Es raro que la renta forme parte del mismo, aunque a veces lo hace, como explicaré más adelante. En la pesca de río, al menos en buena parte de Europa, ocurre algo diferente. Una pesquería de salmón paga una renta, y aunque no puede llamarse renta de la tierra, forma parte del precio de un salmón tanto como los salarios y los beneficios. En algunas partes de Escocia grupos de gentes pobres se ganan la vida recogiendo, a lo largo de la orilla del mar, unas piedras multicolores conocidas vulgarmente como guijarros escoceses. El precio que por ellas les paga el tallista responde totalmente a los salarios de su trabajo; ni la renta ni el beneficio forman parte de él.

Pero el precio total de cualquier mercancía debe de todas maneras resolverse finalmente en alguna u otra de esas tres partes, o en todas; cualquier parte remanente después de pagar la renta de la tierra y el precio de todo el trabajo empleado en conseguirla, fabricarla y llevarla al mercado, debe necesariamente ser el beneficio de alguien.

Como el precio o el valor de cambio de cualquier mercancía particular, tomada por separado, se divide en una u otras de esas tres partes, o en todas, así ocurre que el precio de todas las mercancías que componen el producto anual de cualquier país, tomadas en conjunto, debe resolverse en las mismas tres partes, y distribuirse entre los diferentes habitantes del país en la forma de salarios de su trabajo, beneficios de su capital o renta de su tierra. La totalidad de lo que es anualmente recogido o producido por el trabajo de cualquier sociedad, o lo que es lo mismo, el precio de esa totalidad, se distribuye así originalmente entre sus diversos miembros. Los salarios, los beneficios y las rentas son las tres fuentes originales del ingreso tanto como lo son de todo el valor de cambio. Todo otro ingreso se deriva en última instancia de alguno de ellos.

Quien derive su ingreso de un fondo de su propiedad, debe obtenerlo de su trabajo, o de su capital o de su renta. El ingreso derivado del trabajo se llama salario. El derivado del capital, por la persona que lo dirige o emplea, se llama beneficio. El derivado del capital no por la persona que lo emplea ella misma sino que lo presta a otro, se llama interés o uso del dinero. Es la compensación que el prestatario paga al prestamista por el beneficio que tiene la oportunidad de conseguir mediante el uso del dinero. Una

6. De las partes que componen el precio de las mercancías

parte de ese beneficio pertenece naturalmente al prestatario, que corre con el riesgo y las molestias de emplearlo; y otra parte al prestamista, que le da la oportunidad de conseguir ese beneficio. El interés del dinero es siempre un ingreso derivado, que si no es pagado a partir del beneficio conseguido mediante el uso del dinero, debe ser pagado mediante alguna otra fuente de ingreso, salvo quizás cuando el prestatario es un despilfarrador que contrae una segunda deuda para pagar el interés de la primera. El ingreso que procede completamente de la tierra se llama renta y pertenece al terrateniente. El ingreso del agricultor se deriva en parte de su trabajo y en parte de su capital. Para él la tierra es sólo el instrumento que le permite ganar los salarios de ese trabajo y conseguir los beneficios de ese capital. Todos los impuestos, y todos los ingresos que están basados en ellos, todos los sueldos, pensiones y anualidades de todo tipo se derivan en última instancia de alguna u otra de esas tres fuentes originales de ingreso, y son pagados directa o indirectamente de los salarios del trabajo, los beneficios del capital o la renta de la tierra.

Cuando estas tres distintas fuentes de ingreso pertenecen a personas distintas son claramente distinguibles, pero cuando pertenecen a una misma persona resultan a veces confundidas unas con otras, al menos en el lenguaje corriente.

Un caballero que cultiva una parte de su propiedad, después de pagar los gastos del cultivo, deberá ganar tanto la renta del terrateniente como el beneficio del agricultor. Sin embargo, tenderá a llamar beneficio a todo lo que gana, confundiendo así la renta con el beneficio, al menos en el hablar cotidiano. Es la situación de la mayor parte de nuestros cultivadores en América del Norte y las Indias Occidentales. La mayoría cultiva sus propiedades, y por eso rara vez oímos hablar de la renta de sus plantaciones, y frecuentemente de sus beneficios.

Los agricultores en contadas ocasiones contratan a un supervisor para que dirija las operaciones de la granja. En general trabajan mucho ellos mismos con sus propias manos como labradores, rastrilladores, etc. Lo que resta de la cosecha después de pagar la renta, en consecuencia, debería no sólo reemplazarles el capital invertido en el cultivo, junto con los beneficios corrientes, sino también pagarles su salario, como trabajadores y como supervisores. Todo lo que resta después de pagar la renta y mantener el capital se llama beneficio, pero es evidente que los salarios forman parte de él. El agricultor, al ahorrarse el pago de estos salarios, debe evidentemente ganarlos él. Así, en este caso los salarios resultan confundidos con los beneficios.

Un industrial independiente, que cuenta con un capital suficiente para comprar materiales y para mantenerse hasta que pueda llevar su producción al mercado, deberá ganar tanto el salario del jornalero que trabaja para un patrón como el beneficio que ese patrón obtiene de la venta del trabajo del jornalero. Su ganancia total, sin embargo, recibe habitualmente el nombre de beneficio y también en este caso, entonces, el salario aparece confundido con el beneficio.

Un jardinero que cultiva una huerta con sus propias manos, unifica en sí mismo las personalidades diferentes del terrateniente, el agricultor y el trabajador. Su producto, en consecuencia, deberá pagarle la renta del primero, el beneficio del segundo y el salario del tercero. Pero comúnmente se considera al conjunto como los ingresos de su trabajo. En este caso tanto la renta como el beneficio se confunden con el salario.

Así como en un país civilizado hay muy pocas mercancías cuyo valor de cambio emerja sólo del trabajo, porque la renta y el beneficio representan una parte importante de la mayoría de ellas, el producto anual de su trabajo

6. De las partes que componen el precio de las mercancías

será siempre suficiente para comprar o dirigir una cantidad de trabajo mucho mayor que la empleada en conseguir, preparar y llevar ese producto al mercado. Si la sociedad emplease cada año todo el trabajo que podría comprar anualmente, como la cantidad de trabajo se incrementaría considerablemente cada año, así el producto de cada año sucesivo sería de un valor vastamente superior al del anterior. Pero no hay país en donde todo el producto anual sea empleado en mantener a las personas laboriosas. Los ociosos consumen en todas partes una porción muy grande de él, y según sean las diferentes proporciones en las que se divida anualmente entre esos dos grupos de personas, así su valor corriente o medio deberá aumentar, o disminuir o permanecer constante de un año a otro.

7. Del precio natural y del precio de mercado de las mercancías

En toda sociedad o población existe una tasa corriente o media tanto de salarios como de beneficios en todos los diferentes empleos del trabajo y del capital. Esta tasa está anualmente determinada, como demostraré después, en parte por las condiciones generales de la sociedad, su riqueza o pobreza, su situación de progreso, entancamiento o decadencia; y en parte por la naturaleza particular de cada uno de esos empleos.

De la misma forma, hay en cada sociedad o población una tasa corriente o media de renta, que también es regulada, como demostraré posteriormente, en parte por las condiciones generales de la sociedad o población en donde está situada la tierra, y en parte por la fertilidad natural o artificial de la tierra.

Estas tasas corrientes o medias pueden ser denominadas tasas naturales de salario, beneficio y renta, en el momento y lugar en donde habitualmente prevalezcan.

Cuando el precio de una mercancía no es ni mayor ni

7. Del precio natural y del precio de mercado de las mercancías

menor de lo que es suficiente para pagar las tasas naturales de la renta de la tierra, el salario del trabajo y el beneficio del capital destinados a conseguirla, prepararla y traerla al mercado, entonces la mercancía se vende por lo que puede llamarse su precio natural.

La mercancía se vende entonces exactamente por lo que vale, o por lo que realmente le cuesta a la persona que la trae al mercado; porque aunque en el lenguaje cotidiano lo que se llama el coste primario de cualquier mercancía no comprende el beneficio de la persona que la revende, si la vende a un precio que no le reporta la tasa corriente de beneficios en su zona, esa persona está evidentemente perdiendo dinero, puesto que si emplease su capital en alguna otra forma habría podido obtener esos beneficios. Su beneficio, además, es su ingreso, el fondo adecuado para su subsistencia. Y así como cuando prepara y trae los bienes al mercado adelanta a sus trabajadores sus salarios, o su subsistencia, se avanza a sí mismo de la misma forma su propia subsistencia, que en general se ajusta al beneficio que pueda razonablemente esperar obtener de la venta de sus bienes. Si no le reportan este beneficio, entonces no le compensan por lo que con precisión podría decirse que realmente le han costado.

Aunque el precio que le proporciona este beneficio, por tanto, no siempre es el más bajo al que un comerciante puede vender sus mercancías, sí es el más bajo al que puede venderlas durante un tiempo considerable; al menos donde hay libertad plena o donde puede cambiar su actividad tan frecuentemente como desee.

El precio efectivo al que se vende habitualmente una mercancía se llama precio de mercado. Puede estar por encima o por debajo, o ser exactamente igual al precio natural.

El precio de mercado de cada mercancía concreta está determinado por la proporción entre la cantidad que de hecho se trae al mercado y la demanda de los que están dispuestos a pagar el precio natural de la mercancía, o el valor total de la renta, el trabajo y el beneficio que deben pagarse para llevarla al mercado. Estas personas pueden ser llamadas demandantes efectivos, y su demanda la demanda efectiva, porque basta para efectuar la puesta de la mercancía en el mercado. Es diferente de la demanda absoluta. Puede decirse en algún sentido que un hombre muy pobre tiene una demanda de un carruaje tirado por seis caballos; es posible que lo desee; pero su demanda no es una demanda efectiva, porque la mercancía nunca será llevada al mercado para satisfacerla.

Cuando la cantidad de cualquier mercancía llevada al mercado es menor que la demanda efectiva, todos aquellos que están dispuestos a pagar el valor completo de la renta, los salarios y el beneficio que deben ser pagados para llevarla al mercado, no podrán ser suministrados con la cantidad que desean. En lugar de pasarse sin ella, algunos estarán dispuestos a pagar más. Se establecerá inmediatamente una competencia entre ellos, y el precio de mercado subirá más o menos por encima del precio natural, según que la mayor o menor escasez, o la riqueza y el deseo de ostentación de los competidores anime más o menos su afán de competir. Entre competidores de la misma riqueza y lujo, una misma escasez generalmente ocasionará una competencia más o menos aguda según que la adquisición de la mercancía les resulte más o menos importante. De ahí el precio exorbitante de los medios de subsistencia durante el bloqueo de una ciudad o durante una hambruna.

Cuando la cantidad traída al mercado excede la demanda efectiva, no podrá ser totalmente vendida a los que están dispuestos a pagar el valor total de la renta, salarios y beneficios que deben ser pagados para llevarla al mercado. Una parte deberá ser vendida a los que están dis-

7. Del precio natural y del precio de mercado de las mercancías

puestos a pagar menos, y el precio menor que pagarán por ella deberá reducir el precio del conjunto. El precio de mercado se hundirá más o menos por debajo del precio natural, según que la amplitud del exceso aumente más o menos la competencia de los vendedores, o según sea más o menos importante para ellos el desprenderse inmediatamente de la mercancía. El mismo exceso en la importación de artículos perecederos ocasionará una competencia mucho más intensa que en la de bienes durables; más en la importación de naranjas, por ejemplo, que en la de chatarra.

Cuando la cantidad traída al mercado es exactamente suficiente para satisfacer la demanda efectiva y nada más, el precio de mercado llega a coincidir precisamente, o tan precisamente como pueda pensarse, con el precio natural. Toda la cantidad ofrecida se venderá a ese precio, y no podrá venderse más cara. La competencia entre los diversos comerciantes obliga a todos a aceptar este precio, pero no uno menor.

La cantidad de toda mercancía llevada al mercado se ajusta naturalmente a la demanda efectiva. Está en el interés de todos los que emplean su tierra, trabajo y capital en traer al mercado cualquier mercancía el que la cantidad nunca supere a la demanda efectiva; y está en el interés de todas las demás personas el que nunca sea menor que dicha demanda.

Si en un momento dado supera a la demanda efectiva, alguna de las partes componentes del precio deberá ser pagada por debajo de su tasa natural. Si es la renta, el interés de los terratenientes les llevará de inmediato a retirar una parte de su tierra; si es el salario o el beneficio, el interés de los trabajadores en un caso y de sus empleadores en el otro los conducirá a retirar una parte de su trabajo o de su capital de este empleo. La cantidad presentada en el mercado pronto no será más que suficiente como para satisfacer la demanda efectiva. Todas las diversas partes de su precio subirán hasta su tasa natural, y el precio total hasta su precio natural.

Por el contrario, si la cantidad traída al mercado cae en un momento dado por debajo de la demanda efectiva, alguna de las partes componentes de su precio deberá subir por encima de su tasa natural. Si es la renta, el interés de todos los demás terratenientes los impulsará a preparar más tierra para producir esa mercancía; si es el salario o el beneficio, el interés de los demás trabajadores y comerciantes los alentará a emplear más trabajo y capital en prepararla y llevarla al mercado. La cantidad allí presentada pronto será suficiente como para satisfacer la demanda efectiva. Todas las diversas partes de su precio bajarán hasta su tasa natural, y el precio total hasta su precio natural.

El precio natural, por tanto, es como un precio central en torno al cual gravitan constantemente los precios de todas las mercancías. Accidentes diversos pueden a veces mantenerlos suspendidos muy por encima de él, y a veces forzarlos algo por debajo de dicho precio. Pero cualesquiera sean los obstáculos que les impidan asentarse en ese centro de reposo y estabilidad, tienden constantemente hacia él. El esfuerzo total desarrollado para traer cualquier mercancía al mercado se ajusta naturalmente de esta forma a la demanda efectiva. Procura naturalmente traer la cantidad precisa que será suficiente para abastecer esa demanda, y nada más.

Pero en algunos quehaceres el mismo esfuerzo producirá en momentos diferentes cantidades muy distintas de mercancías; mientras que en otras actividades producirá siempre las mismas cantidades, o cantidades muy parecidas. El mismo número de trabajadores agrícolas producirá en años distintos cantidades muy diversas de cereal, vino, aceite, lúpulo, etcétera. Pero el mismo número de

7. Del precio natural y del precio de mercado de las mercancías

hilanderos y tejedores producirá todos los años una idéntica o casi idéntica cantidad de tejidos de lino y lana. En el primer tipo de labor es sólo la producción media la que puede ajustarse a la demanda efectiva; y como su producción real es a menudo mucho mayor o mucho menor que la media, la cantidad de mercancías en el mercado a veces excederá con mucho a la demanda efectiva y otras veces se quedará muy corta. Entonces, incluso aunque esa demanda permanezca siempre constante, el precio de mercado será susceptible de violentas fluctuaciones, y en ocasiones caerá considerablemente por debajo y en otras ocasiones subirá muy por encima del precio natural. En las actividades del segundo tipo, como la producción de cantidades iguales de trabajo será siempre la misma o casi la misma, podrá acomodarse mejor a la demanda efectiva. En consecuencia, si esa demanda sigue siendo la misma, el precio de mercado probablemente hará lo propio y coincidirá exactamente, o lo más exactamente que se pueda juzgar, con el precio natural. La experiencia de cualquier persona confirma que el precio de los tejidos de lino o lana no está expuesto a variaciones ni tan frecuentes ni tan intensas como el precio de los granos. El precio de las primeras mercancías varía sólo ante cambios en la demanda; el precio de las segundas lo hace no sólo ante cambios en la demanda sino ante los cambios más habituales y más acusados en la cantidad que es ofertada en el mercado para satisfacer dicha demanda.

Las fluctuaciones ocasionales y temporales en el precio de mercado de cualquier mercancía repercuten principalmente sobre aquellas partes de su precio que se resuelven en salarios y beneficios. La parte que se traduce en renta queda menos afectada. Una renta fijada en dinero no resulta en absoluto afectada por esas fluctuaciones, ni en su tasa ni en su valor. En una renta que consista en una proporción determinada o en una cantidad determinada de productos de la tierra, el valor anual resulta indudablemente afectado por todas las fluctuaciones ocasionales y temporales en el precio de mercado de dichos productos; pero la tasa anual rara vez se ve afectada por ellas. Al estipular las condiciones del arrendamiento, el terrateniente y el agricultor procuran, con arreglo a su mejor criterio, ajustar dicha tasa no al precio temporal y ocasional sino al precio promedio y corriente de los productos.

Esas fluctuaciones afectan tanto al valor como a la tasa de salarios y de beneficios, según que el mercado esté sobreabastecido o desabastecido de mercancías o de mano de obra; con trabajo hecho o con trabajo por hacer. Un luto nacional eleva el precio de las telas negras (de las que el mercado está casi siempre desabastecido en tales ocasiones) y expande los beneficios de los comerciantes que posean un inventario considerable de las mismas. Pero no tiene impacto alguno sobre los salarios de los tejedores. El mercado está desabastecido de mercancías, no de mano de obra; le falta trabajo hecho, no trabajo por hacer. Lo que sí hace es subir los salarios de los sastres. Aquí el mercado está desabastecido de mano de obra. Existe una demanda efectiva insatisfecha de más mano de obra, de más trabajo por hacer. Los precios de las sedas y tejidos de color se hunden, y por ello hacen lo propio los beneficios de los comerciantes que disponen de existencias considerables de los mismos. También se deprimen los salarios de los obreros empleados en la preparación de dichas mercancías, cuya demanda se interrumpe por completo durante seis meses, e incluso quizás durante doce. El mercado en este caso se halla sobreabastecido tanto de mercancías como de mano de obra.

Pero aunque el precio de mercado de cada mercancía específica se encuentra de esta forma, y si se permite la expresión, gravitando hacia el precio natural, en algunas ocasiones puede ocurrir que accidentes o causas naturales

7. Del precio natural y del precio de mercado de las mercancías

o medidas políticas concretas mantengan, en el caso de numerosas mercancías, el precio de mercado durante mucho tiempo considerablemente por encima del precio natural.

Cuando por un aumento en la demanda efectiva, el precio de mercado de alguna mercancía en particular asciende muy por encima de su precio natural, aquellos que emplean sus capitales para ofertarla en el mercado se cuidan en general de ocultar este cambio. Si fuera conocido por todo el mundo, sus abultados beneficios tentarían a tantos nuevos rivales a invertir sus capitales de la misma forma que, al quedar la demanda efectiva plenamente satisfecha, el precio de mercado caería pronto hasta el precio natural, e incluso durante algún tiempo por debajo del mismo. Si el mercado está situado a una gran distancia de las residencias de quienes lo suministran, puede que ellos sean capaces de mantener el secreto durante varios años, y durante todo ese tiempo disfrutar de sus beneficios extraordinarios sin ningún nuevo competidor. Hay que reconocer, no obstante, que es muy difícil conservar durante bastante tiempo secretos de esta índole; y los beneficios extraordinarios no pueden durar más que hasta un poco después de lo que duran los secretos.

Los secretos en la industria pueden perdurar más tiempo que los secretos en el comercio. Un tintorero que descubre el medio de producir un color determinado con materiales que cuestan apenas la mitad de los utilizados habitualmente puede, si se maneja con precaución, disfrutar de las ventajas de su descubrimiento durante toda su vida, e incluso dejarlo como herencia a sus descendientes. Sus extraordinarias ganancias derivan del elevado precio que se paga por su trabajo específico; son con propiedad los altos salarios de dicho trabajo. Pero como repercuten sobre todas las partes de su capital, y como su monto guarda por ello una relación proporcional con el mismo, son usualmente considerados como beneficios extraordinarios del capital.

Estas elevaciones del precio de mercado son evidentemente las consecuencias de accidentes concretos, aunque el proceso pueda a veces extenderse a lo largo de muchos años.

Algunos productos naturales requieren un suelo y una localización tan especiales que toda la tierra apta para su cultivo en un gran país puede resultar insuficiente para satisfacer la demanda efectiva. La cantidad total ofertada en el mercado, entonces, será adquirida por aquellos que están dispuestos a pagar más de lo suficiente para pagar las tasas naturales de la renta de la tierra que los produjo, junto con los salarios del trabajo y los beneficios del capital que fueron empleados en prepararlos y traerlos al mercado. Estas mercancías pueden mantenerse durante siglos enteros a precios elevados; y la parte de los mismos que se resuelve en renta es en este caso la parte que es sistemáticamente pagada por encima de su tasa natural. La renta de la tierra que permite producciones tan singulares y apreciadas, como la renta de algunos viñedos en Francia cuya situación y suelo son particularmente privilegiados, no guarda ninguna proporción regular con la renta de otras tierras vecinas, igualmente fértiles y bien cultivadas. Los salarios del trabajo y los beneficios del capital empleados en traer esas mercancías al mercado, por el contrario, rara vez están fuera de su proporción natural con respecto a los demás empleos del trabajo y del capital en las cercanías.

Estos aumentos del precio de mercado son evidentemente consecuencia de causas naturales que pueden impedir que la demanda efectiva resulte alguna vez satisfecha, y que por ello pueden perdurar para siempre.

Un monopolio concedido a un individuo o una compañía tiene el mismo efecto que el secreto en el comercio o

7. Del precio natural y del precio de mercado de las mercancías

la industria. Los monopolistas, al mantener al mercado constantemente desabastecido, al no suministrar nunca plenamente a la demanda efectiva, ofertan sus mercancías muy por encima de su precio natural, y elevan sus remuneraciones, sea que consistan en salarios o beneficios, considerablemente sobre su tasa natural.

El precio de monopolio es siempre el más alto posible. El precio natural, o precio de libre competencia, por el contrario, es el más bajo posible, no en todas las ocasiones, pero sí durante cualquier período prolongado de tiempo. El primero es siempre el máximo que puede arrancarse a los compradores, o que se supone que ellos consentirán que se les arranque. El segundo es el más bajo que los vendedores pueden normalmente aceptar, y al mismo tiempo continuar con su negocio.

Los privilegios exclusivos de los gremios, los estatutos de los aprendices, y todas aquellas leyes que restringen la competencia en algunos sectores concretos y la limitan a un número menor de competidores del que en otras circunstancias podría acceder a ellos tienen el mismo efecto, aunque en un grado menor. Son una especie de monopolios ampliados y pueden a menudo mantener durante muchísimo tiempo en cualquier clase de actividad al precio de mercado de algunas mercancías determinadas por encima de su precio natural, y mantener tanto los salarios del trabajo como los beneficios del capital empleados en ese sector algo por encima de sus tasas naturales.

Estos incrementos del precio de mercado perduran hasta tanto lo hagan las reglamentaciones políticas que los han ocasionado.

Aunque el precio de mercado de cualquier mercancía puede mantenerse durante mucho tiempo por encima de su precio natural, rara vez puede hacerlo por debajo de dicho precio. Sea cual fuere la parte del mismo pagada a menos de su tasa natural, las personas cuyos intereses resulten afectados experimentarán una pérdida de inmediato, y acto seguido retirarán la tierra o el trabajo o el capital en la medida necesaria para que la cantidad ofertada en el mercado llegue pronto a ser apenas suficiente para satisfacer la demanda efectiva. Así el precio de mercado pronto subirá hasta el precio natural. Así ocurrirá al menos en el caso de que haya plena libertad.

Los mismos estatutos de aprendizaje y otras leyes gremiales que permiten, cuando una manufactura prospera, que cada trabajador aumente sus salarios muy sobre su tasa natural, lo obligan a veces, cuando la manufactura languidece, a aceptar una reducción muy por debajo de dicha tasa. Así como en un caso impiden a muchas personas competir por su puesto de trabajo, en el otro le impiden a él competir por muchos puestos de trabajo. Sin embargo, los efectos de tales reglamentaciones no duran tanto cuando hunden los salarios del trabajador por debajo de su tasa natural como cuando los elevan sobre dicha tasa. Su acción en este caso puede perdurar durante siglos, mientras que en el otro no puede durar más de lo que duren las vidas de algunos de los trabajadores que fueron preparados para esa actividad durante su fase de prosperidad. Desaparecidos éstos, el número de los que después se preparen para ese negocio se adaptará naturalmente a la demanda efectiva. Una política capaz de hundir en un sector determinado los salarios o los beneficios por debajo de su tasa natural durante muchas generaciones deberá ser tan violenta como la del Indostán o el antiguo Egipto (donde cada hombre estaba forzado por un principio religioso a seguir la ocupación de su padre, y se suponía que si la cambiaba cometía el más horrible de los sacrilegios).

Esto es lo que hasta este punto creo necesario destacar acerca de las desviaciones, sean ocasionales o permanentes, entre precio de mercado de las mercancías y su precio natural.

7. Del precio natural y del precio de mercado de las mercancías

El propio precio natural varía con la tasa natural de cada uno de sus componentes: salarios, beneficios y rentas; y en cada sociedad esta tasa varía según las circunstancias, según su riqueza o su pobreza, según su condición progresiva, estacionaria o decadente. En los próximos cuatro capítulos intentaré explicar de la forma más completa y clara que pueda las causas de estas distintas variaciones.

En primer lugar, intentaré analizar cuáles son las circunstancias que determinan naturalmente la tasa de salarios, y en qué manera resultan afectadas por la riqueza o la pobreza, por la condición progresiva, estacionaria o regresiva de la sociedad.

En segundo lugar, trataré de demostrar las circunstancias que naturalmente determinan la tasa de beneficio, y también de qué manera esas circunstancias resultan afectadas por las mismas variaciones en el estado de la sociedad.

Aunque los salarios y los beneficios monetarios son muy diferentes en los diferentes empleos del trabajo y del capital, existe normalmente una cierta proporción entre los salarios monetarios en todos los diversos empleos del trabajo, y de los beneficios pecuniarios en todos los diversos empleos del capital. Esta proporción, como se verá más adelante, depende en parte de la naturaleza de los distintos empleos, y en parte de las varias leyes y políticas de la sociedad en que se realizan. Pero aunque dependa en muchos aspectos de las leyes y las políticas, esta proporción no parece estar afectada por la riqueza o pobreza de esa sociedad, ni por su condición progresiva, estacionaria o declinante; en todas esas diversas situaciones permanece igual o casi igual. Lo que haré en tercer término será explicar las diferentes circunstancias que regulan esta proporción.

En cuarto y último lugar, procuraré demostrar cuáles son las circunstancias que regulan la renta de la tierra, y que aumentan o disminuyen el precio real de todas las diferentes sustancias que ella produce.

8. De los salarios del trabajo

El producto del trabajo constituye su recompensa natural, o salario.

En el estado original de cosas que precede tanto a la apropiación de la tierra como a la acumulación del capital, todo el producto del trabajo pertenece al trabajador. No lo comparte con terrateniente ni con patrono alguno.

Si ese estado hubiese continuado, los salarios del trabajo habrían aumentado con todos aquellos progresos en su capacidad productiva ocasionados por la división del trabajo. Todas las cosas se hubiesen vuelto gradualmente más baratas. Se producirían con menos cantidad de trabajo, y como las mercancías producidas con las mismas cantidades de trabajo se intercambiarían entonces naturalmente unas con otras, se comprarían con una cantidad menor de trabajo.

Pero aunque todas las cosas se hubiesen vuelto en realidad más baratas, muchas de ellas podrían haberse convertido en más caras, o intercambiarse por una cantidad mayor de otros bienes. Supongamos por ejemplo que en

8. De los salarios del trabajo

el grueso de los empleos la capacidad productiva del trabajo se hubiese multiplicado por diez, o que una jornada laboral pudiese producir diez veces la cantidad de trabajo que antes; pero que en un empleo concreto se hubiese multiplicado sólo por dos, o que una jornada laboral pudiese producir sólo el doble de trabajo que antes. Al intercambiar el producto de un día de trabajo en la mayoría de las actividades, por el de un día de trabajo en esa actividad concreta, diez veces la cantidad original de trabajo en las primeras compraría sólo dos veces la cantidad original de trabajo en la segunda. Así, una cantidad particular de ésta, una libra de peso por ejemplo, parecería cinco veces más cara que antes. En realidad, sería dos veces más barata. Aunque su compra requiriese cinco veces la cantidad de otros bienes, el producirla o comprarla requeriría la mitad de trabajo. Su adquisición, por lo tanto, sería dos veces más fácil que antes.

Pero ese estado original de cosas en donde el trabajador disfrutaba de todo el producto de su propio trabajo no podía durar una vez que empezó a desarrollarse la propiedad de la tierra y la acumulación del capital. Terminó, en consecuencia, mucho antes de que la capacidad productiva del trabajo registrase los progresos más considerables, y no tiene sentido especular más sobre cuál habría sido su posible impacto sobre la recompensa o salarios del trabajo.

Una vez que la tierra se convierte en propiedad privada, el terrateniente demanda una parte de casi toda la producción que el trabajador pueda cultivar o recoger de la misma. Su renta es la primera deducción del producto del trabajo empleado en la tierra.

Rara vez ocurre que la persona que cultiva la tierra disponga de lo suficiente para mantenerse hasta que recoge la cosecha. Su subsistencia en general le es adelantada a partir del capital de un patrono, el granjero que lo emplea y que no tendría interés alguno en hacerlo si no fuera a compartir el producto de su trabajo, o si su capital no le fuese reemplazado con un beneficio. Este beneficio es la segunda deducción del producto del trabajo empleado en la tierra.

El producto de casi todos los demás trabajos está sujeto a una deducción análoga por el beneficio. En todas las artes y manufacturas la mayor parte de los trabajadores necesitan de un patrono que les facilite los materiales con los que trabajan, y los salarios y subsistencias hasta que sean elaborados. El patrono comparte el producto de su trabajo, o el valor que añade a los materiales a los que se incorpora; su cuota es su beneficio.

Ocurre a veces, empero, que un trabajador independiente dispone de un capital suficiente tanto para comprar los materiales con los que trabaja como para mantenerse hasta que sean elaborados. Es a la vez patrono y obrero, y disfruta del producto completo de su trabajo, o del valor completo que añade a los materiales sobre los que se aplica. Incluye lo que normalmente son dos remuneraciones separadas, pertenecientes a personas separadas, los beneficios del capital y los salarios del trabajo.

Estos casos, sin embargo, no son muy frecuentes, y en toda Europa por cada veinte obreros que sirven a un patrono hay uno que es independiente; y se entiende que los salarios son en todas partes, como de hecho son, pagos que tienen lugar cuando el trabajador es una persona y otra el propietario del capital que lo emplea.

Los salarios corrientes dependen en todos los lugares del contrato que se establece normalmente entre dos partes, cuyos intereses en modo alguno son coincidentes. Los trabajadores desean conseguir tanto, y los patronos entregar tan poco, como sea posible. Los primeros están dispuestos a asociarse para elevar los salarios, y los segundos para disminuirlos.

8. De los salarios del trabajo

No resulta, empero, difícil prever cuál de las dos partes se impondrá habitualmente en la puja, y forzará a la otra a aceptar sus condiciones. Los patronos, al ser menos, pueden asociarse con más facilidad; y la ley, además, autoriza o al menos no prohíbe sus asociaciones, pero sí prohíbe las de los trabajadores. No tenemos leyes del Parlamento contra las uniones que pretendan rebajar el precio del trabajo; pero hay muchas contra las uniones que aspiran a subirlo. Además, en todos estos conflictos los patronos pueden resistir durante mucho más tiempo. Un terrateniente, un granjero, un industrial o un mercader, aunque no empleen a un solo obrero, podrían en general vivir durante un año o dos del capital que ya han adquirido. Pero sin empleo muchos trabajadores no podrían resistir ni una semana, unos pocos podrían hacerlo un mes y casi ninguno un año. A largo plazo el obrero es tan necesario para el patrono como el patrono para el obrero, pero esta necesidad no es tan así a corto plazo.

Se ha dicho que las asociaciones de patronos son inusuales y las de los obreros usuales. Pero el que imagine que por ello los patronos no se unen, no sabe nada de nada. Los patronos están siempre y en todo lugar en una especie de acuerdo, tácito pero constante y uniforme, para no elevar los salarios sobre la tasa que exista en cada momento. Violar este concierto es en todo lugar el acto más impopular, y expone al patrono que lo comete al reproche entre sus vecinos y sus pares. Es verdad que rara vez oímos hablar de este acuerdo, porque es el estado de cosas usual, y uno podría decir natural, del que nadie oye hablar jamás. Los patronos a veces entran en uniones particulares para hundir los salarios por debajo de esa tasa. Se urden siempre con el máximo silencio y secreto hasta el momento de su ejecución, y cuando los obreros, como a veces ocurre, se someten sin resistencia, pasan completamente desapercibidas. Sin embargo, tales asociaciones son frecuentemente enfrentadas por una combinación defensiva de los trabajadores; y a veces ellos también, sin ninguna provocación de esta suerte, se unen por su cuenta para elevar el precio del trabajo. Los argumentos que esgrimen son a veces el alto precio de los alimentos, y a veces el gran beneficio que sus patronos obtienen gracias a su esfuerzo. Pero sea que sus asociaciones resulten ofensivas o defensivas, siempre se habla mucho sobre ellas. Para precipitar la solución del conflicto siempre organizan grandes alborotos, y a veces recurren a la violencia y los atropellos más reprobables. Se trata de personas desesperadas, que actúan con la locura y frenesí propios de desesperados, que enfrentan la alternativa de morir de hambre o de aterrorizar a sus patronos para que acepten de inmediato sus condiciones. En estas ocasiones los patronos son tan estruendosos como ellos, y nunca cesan de dar voces pidiendo el socorro del magistrado civil y el cumplimiento riguroso de las leyes que con tanta severidad han sido promulgadas contra los sindicatos de sirvientes, obreros y jornaleros. Los trabajadores, en consecuencia, rara vez derivan alguna ventaja de la violencia de esas tumultuosas asociaciones que, en parte por la intervención del magistrado civil, en parte por la mayor resistencia de los patronos, y en parte por la necesidad del grueso de los obreros de someterse simplemente para garantizar su subsistencia presente, suelen terminar en nada salvo el castigo o la ruina de sus dirigentes.

Pero aunque en los conflictos con sus obreros los patronos llevan generalmente ventaja, existe una tasa determinada por debajo de la cual es imposible reducir durante mucho tiempo los salarios normales incluso de los tipos de trabajo más modestos.

Un hombre ha de vivir siempre de su trabajo, y su salario debe al menos ser capaz de mantenerlo. En la mayor parte de los casos debe ser capaz de más; si no le será im-

8. De los salarios del trabajo

posible mantener a su familia, y la raza de los trabajadores se extinguiría pasada una generación. El Sr. Cantillon supone por esta razón que en todas partes los trabajadores más modestos deben ganar al menos el doble de lo que necesitan para subsistir, para que puedan por parejas criar dos hijos; y supone que el trabajo de la mujer, que se encarga de criarlos, sólo alcanza para su propia subsistencia. Ahora bien, se estima que la mitad de los niños muere antes de llegar a la edad adulta. Según esto, los trabajadores más pobres deben intentar criar al menos a cuatro niños por matrimonio, para que al menos dos tengan la posibilidad de llegar a esa edad. Se supone, así, que el mantener a cuatro niños es lo mismo que mantener a un hombre. El mismo autor añade que el trabajo de un esclavo vale el doble de lo que cuesta su subsistencia; y él piensa que el del trabajador más modesto no puede valer menos que el de un esclavo. Es entonces evidente que para poder mantener a una familia, el trabajo conjunto del marido y la mujer, incluso en las labores más modestas, debe ser capaz de ganar más de lo necesario para su propia subsistencia; renuncio, sin embargo, a precisar en qué proporción, si en la antes mencionada o en alguna otra.

Hay ciertas circunstancias que permiten a veces a los trabajadores llevar una ventaja y aumentar sus salarios considerablemente por encima de ese nivel, que es evidentemente el mínimo coherente con la existencia humana.

Cuando en un país la demanda por los que viven de su salario —trabajadores, jornaleros, sirvientes de toda clase— aumenta sin cesar, cuando cada año hay empleo para un número mayor que el año anterior, los trabajadores no necesitan coaligarse para obtener un salario mayor. La escasez de mano de obra desencadena una competencia entre los patronos para conseguir trabajadores, y rompen así voluntariamente su combinación natural para no incrementar los salarios.

Es evidente que la demanda por los que viven de su salario no puede expandirse sino en proporción al aumento de los fondos destinados al pago de salarios. Estos fondos son de dos clases; primero, el ingreso que está por encima y más allá de lo necesario para la subsistencia; y segundo, el capital que está por encima y más allá de lo necesario para el empleo de sus patronos.

Cuando el terrateniente, rentista o persona adinerada tiene un ingreso mayor que el que juzga suficiente para mantener a su familia, dedica parte o todo el excedente a mantener uno o más sirvientes. Si aumenta ese excedente, él aumentará naturalmente el número de dichos sirvientes.

Cuando un trabajador independiente, como un tejedor o un zapatero, tiene más capital del suficiente para comprar los materiales con los que trabaja, y para mantenerse hasta que venda sus productos, empleará naturalmente con el excedente a uno o más jornaleros, con el objeto de obtener un beneficio de su trabajo. Si aumenta ese excedente, él aumentará naturalmente el número de sus jornaleros.

La demanda por aquellos que viven de su salario, entonces, aumenta necesariamente con la expansión del ingreso y el capital de cualquier país, y no puede aumentar sin ella. El incremento del ingreso y el capital es el incremento de la riqueza nacional. La demanda por los que viven de su salario, en consecuencia, aumenta naturalmente con la expansión de la riqueza nacional, y no puede aumentar sin ella.

Lo que ocasiona una subida en los salarios no es el tamaño efectivo de la riqueza nacional sino su permanente crecimiento. Los salarios, por lo tanto, no son más altos en los países más ricos sino en los que prosperan más, o en

8. De los salarios del trabajo

los que se hacen ricos más rápidamente. Los salarios, así, son mucho más altos en América del Norte que en ninguna parte de Inglaterra. En la provincia de Nueva York los peones ordinarios ganan tres chelines y seis peniques de moneda corriente por día, lo que equivale a dos chelines esterlinos; los carpinteros navales ganan diez chelines y seis peniques en moneda corriente, y una pinta de ron que vale seis peniques esterlinos, lo que en conjunto equivale a seis chelines y seis peniques esterlinos; los carpinteros y albañiles ganan ocho chelines corrientes, o cuatro chelines y seis peniques esterlinos; los peones de sastre, cinco chelines corrientes, o unos dos chelines y diez peniques esterlinos. Todos estos precios son superiores a los de Londres; y parece que los salarios son tan abundantes en las demás colonias como en Nueva York. El coste de la vida es en toda América del Norte mucho más bajo que en Inglaterra. Nunca se conoció allí una gran carestía de alimentos. En las peores épocas siempre han tenido suficiente para ellos, aunque hayan tenido menos para exportar. Si el precio monetario del trabajo, entonces, es mayor que en cualquier lugar de la metrópoli, su precio real, el poder real sobre las cosas necesarias y convenientes para la vida que proporciona al trabajador deberá ser mayor en una proporción aún más amplia.

Aunque América del Norte no es todavía tan rica como Inglaterra, prospera mucho más rápido y avanza con mucha más rapidez en la consecución de riquezas. La señal más patente de la prosperidad de cualquier país es el aumento en el número de sus habitantes. En Gran Bretaña y la mayoría de los demás países de Europa se supone que no se duplican en menos de quinientos años. En las colonias británicas de América del Norte se ha comprobado que se duplican cada veinte o veinticinco años. En nuestros días este incremento no se debe a la permanente importación de nuevos habitantes sino a la enorme multiplicación de la población. Se dice que los que llegan a una edad avanzada con frecuencia llegan a ver a cincuenta o cien descendientes, y a veces incluso a más. El trabajo está allí tan bien remunerado que una familia numerosa, en vez de ser una carga, es una fuente de riqueza y prosperidad para los padres. El trabajo de cada niño, antes de que abandone el hogar, es estimado en un valor de cien libras de ganancia neta para los padres. Una joven viuda con cuatro o cinco niños, que en las clases medias o bajas de Europa casi no tendría posibilidad de encontrar un segundo marido, allí es asiduamente cortejada como una suerte de fortuna. El valor de los niños es el mayor de todos los estímulos al matrimonio. No podemos, por tanto, extrañarnos de que la gente en América del Norte se case generalmente muy joven. Y a pesar del gran aumento en la población ocasionado por esos matrimonios tempranos, hay una queja permanente por la escasez de mano de obra. La demanda de trabajadores, los fondos destinados a su manutención, aumenta más rápido que la posibilidad de encontrarlos.

Si la riqueza de un país es muy grande, pero ha permanecido estacionaria durante bastante tiempo, entonces no deberíamos esperar que los salarios sean muy elevados. Los fondos destinados al pago de salarios, el ingreso y el capital de sus habitantes, pueden ser muy copiosos, pero si se han mantenido en el mismo nivel o casi en el mismo nivel durante varios siglos, el número de trabajadores empleados cada año fácilmente satisfará, y quizás hasta más que satisfará, el número demandado el año siguiente. Rara vez ocurrirá que haya escasez de mano de obra, y no se verán los patronos obligados a competir por ella. Por el contrario, en este caso la mano de obra se multiplicará naturalmente más allá de los puestos de trabajo. Habrá una escasez permanente de empleos, y los trabajadores se verán forzados a competir entre sí para obtenerlos. Si en

8. De los salarios del trabajo

un país en esas condiciones los salarios habían sido en alguna oportunidad más que suficientes para mantener al trabajador y para permitirle sacar adelante a una familia, la competencia entre los trabajadores y el interés de los patrones reduciría velozmente esos salarios al nivel mínimo consistente con la existencia humana. Desde hace mucho tiempo China es el país más fértil, mejor cultivado, más laborioso y más poblado del mundo. Pero también se ha mantenido durante mucho tiempo en un estado estacionario. Marco Polo, que visitó el país hace más de quinientos años, describe sus cultivos, su industria y su población casi en los mismos términos que utilizan los viajeros en la actualidad. Es posible que incluso mucho antes de su época el país ya había alcanzado la plenitud de riquezas compatible con la naturaleza de sus leyes e instituciones. Los relatos de todos los viajeros, contradictorios en muchos otros aspectos, concuerdan en subrayar los reducidos salarios y la dificultad que un trabajador encuentra en China para sacar adelante a una familia. Cualquiera de ellos se da por satisfecho si tras cavar la tierra todo el día consigue lo suficiente para comprar un poco de arroz por la noche. La situación de los artesanos es todavía peor, si cabe. En lugar de esperar tranquilamente en sus talleres la llegada de los clientes, como ocurre en Europa, están continuamente corriendo por las calles, cada uno con las herramientas de su oficio respectivo, como si mendigaran un empleo. La pobreza de las clases más bajas en China es mucho más acusada que en las naciones más pobres de Europa. Se cuenta que en los alrededores de Cantón hay cientos y hasta miles de familias que no tienen casa en tierra firme sino que viven constantemente a bordo de pequeños botes de pesca en los ríos y canales. La subsistencia que encuentran allí es tan magra que se disputan las basuras más inmundas que arrojan desde cualquier barco europeo. Cualquier carroña, un perro o un gato muertos, por ejemplo, aunque esté semiputrefacto y maloliente, es bienvenida por ellos igual que lo es el mejor manjar por las gentes de otros países. El matrimonio es estimulado en China no por la rentabilidad de los hijos sino por la libertad de destruirlos; en todas las grandes ciudades se abandona a muchos de ellos en las calles cada noche, o se los ahoga como a cachorros. Se dice incluso que este oficio execrable es el negocio declarado mediante el cual algunos obtienen su sustento.

Pero aunque China se halle quizás en un estado estacionario, no parece retroceder. Sus habitantes en ningún sitio abandonan las ciudades; las tierras cultivadas siguen siendo cultivadas. Se debe realizar entonces el mismo o casi el mismo trabajo anual, y los fondos destinados a mantenerlo, en consecuencia, no pueden haber disminuido sensiblemente. La clase más modesta de trabajadores, así, a pesar de lo escaso de sus medios de vida, debe de alguna forma ingeniársela para mantener la especie al menos en su número habitual.

El panorama sería diferente en un país donde los fondos destinados al mantenimiento del trabajo estuviesen cayendo marcadamente. Cada año la demanda de sirvientes y trabajadores sería, en todos los distintos tipos de ocupación, menor que el año anterior. Muchos miembros de las clases más altas, al no poder encontrar empleo en labores de su rango, lo buscarían en los niveles más modestos. La clase baja no sólo resultaría sobresaturada con sus propios trabajadores sino con el excedente de las demás clases; la competencia por los puestos de trabajo sería tan intensa que reduciría los salarios a la más mínima y miserable subsistencia del trabajador. Muchos no podrían encontrar un puesto de trabajo ni siquiera en esas condiciones, con lo que o bien morirían de hambre o bien se verían empujados a buscar su subsistencia mediante la mendicidad o

8. De los salarios del trabajo

quizás perpetrando las mayores barbaridades. La miseria, el hambre y la mortandad prevalecerían de inmediato en esta clase y se extenderían desde allí hacia todas las clases superiores, hasta que el número de habitantes del país se redujera hasta el que pudiese ser mantenido con el ingreso y el capital que quedara; esos habitantes serían los que hubiesen podido escapar de la tiranía y las calamidades que habrían destruido al resto. Este cuadro se aproxima quizás a lo que ocurre en el presente en Bengala y en algunas otras colonias inglesas en las Indias Orientales. Si hay un país fértil, despoblado desde hace tiempo, y donde en consecuencia la subsistencia no debe ser muy ardua, pero donde a pesar de todo mueren de hambre trescientas o cuatrocientas mil personas en un año, entonces podemos estar seguros de que los fondos destinados a mantener a los trabajadores pobres están achicándose vertiginosamente. La diferencia entre el espíritu de la constitución británica que protege y gobierna a América del Norte, y el de la compañía mercantil que oprime y sojuzga a las Indias Orientales, no puede ser mejor ilustrado que mediante el estado tan diverso de esos países.

La retribución abundante del trabajo, por lo tanto, así como el efecto necesario, también es el síntoma natural de una riqueza nacional creciente. La magra subsistencia del pobre trabajador, por otro lado, es el síntoma natural de que las cosas están estancadas; si su condición es de hambre, entonces están retrocediendo rápidamente.

En la actualidad los salarios en Gran Bretaña son evidentemente superiores a lo que apenas basta para que un obrero mantenga a su familia. Para convencernos de ello no será necesario entrar en aburridos y dudosos cálculos acerca de cuál es la suma mínima con la que dicho objetivo puede ser alcanzado. Hay muchos síntomas patentes de que los salarios no están en ninguna parte del país fijados al nivel mínimo compatible con la existencia humana.

En primer lugar, en casi toda Gran Bretaña existe una distinción entre los salarios de verano y de invierno, incluso para los empleos más modestos. Los salarios de verano siempre son mayores. Pero debido a los gastos extraordinarios en calefacción, la manutención de la familia es más cara en invierno. Al ser entonces los salarios más altos cuando esos gastos son más bajos, parece evidente que no están regulados por dichos gastos sino por la cantidad y el valor estimado del trabajo. Puede ciertamente pensarse que el trabajador debería ahorrar parte de sus salarios de verano para sufragar sus gastos en invierno, y que los salarios en el conjunto del año no superarían lo necesario para mantener a su familia también en el conjunto del año. Un esclavo, o alguien que dependiese absolutamente de nosotros para su inmediata subsistencia, no sería tratado de esa forma. Su subsistencia diaria estaría en proporción a sus necesidades diarias.

En segundo lugar, en Gran Bretaña los salarios no fluctúan con los precios de los alimentos. Éstos varían en todas partes de año a año, y con frecuencia de mes a mes. Pero en muchos lugares el precio monetario del trabajo continúa siendo uniformemente el mismo en ocasiones hasta durante medio siglo. Si en estos lugares los trabajadores más pobres pueden mantener a sus familias en años de carestía, entonces podrán hacerlo con holgura en momentos de abundancia moderada, y con gran comodidad en momentos de gran baratura. El elevado precio de las provisiones durante los últimos diez años no se ha visto acompañado, en muchos lugares del reino, con ningún incremento destacable en el precio monetario del trabajo. En algunos lugares sí ha ocurrido eso, pero debido probablemente más al aumento en la demanda de trabajo que al alza en el precio de los alimentos.

En tercer lugar, como el precio de las provisiones varía más de un año a otro que los salarios, así también,

8. De los salarios del trabajo

por otro lado, varían más de un sitio a otro los salarios que el precio de las provisiones. Los precios del pan y la carne son los mismos o casi los mismos a lo largo de la mayor parte del Reino Unido. Estas y buena parte de las demás cosas vendidas al por menor, que es la forma como los trabajadores pobres lo compran todo, son normalmente tan baratas o más en las grandes ciudades como en los parajes más remotos del país, por razones que tendré ocasión de explicar más adelante. Pero los salarios en una gran ciudad y sus alrededores son a menudo una cuarta o quinta parte, un veinte o un veinticinco por ciento, más elevados que a unas pocas millas de distancia. Dieciocho peniques al día es el precio corriente del trabajo en Londres y sus proximidades. Pocas millas más allá cae a catorce o quince peniques. En Edimburgo y sus alrededores es de diez peniques; a unas millas de distancia baja a ocho peniques, que es el precio habitual del trabajo en la mayor parte de las Tierras Bajas de Escocia, donde varía mucho menos que en Inglaterra. Tal diferencia de precios, que no es siempre suficiente para desplazar a un hombre de una parroquia a otra, ocasionaría necesariamente un gran desplazamiento de las mercancías más voluminosas, no sólo de una parroquia a otra sino de un extremo del reino, casi de un extremo del mundo, al otro, lo que pronto eliminaría esa diferencia. A pesar de todo lo que se ha dicho de la ligereza e inconstancia de la naturaleza humana, la experiencia indica claramente que de todos los equipajes, el ser humano es el más difícil de transportar. Si los trabajadores pobres, por lo tanto, pueden mantener a sus familias en aquellas comarcas del reino donde el precio del trabajo es más reducido, deberán vivir con holgura en aquellas donde es más elevado.

En cuarto lugar, las variaciones en el precio del trabajo no sólo no se corresponden ni en lugar ni en tiempo con las del precio de los alimentos, sino que frecuentemente son opuestas.

El cereal, el alimento del pueblo llano, es más caro en Escocia que en Inglaterra, de donde Escocia recibe todos los años grandes cantidades. Pero el grano inglés debe ser vendido más caro en Escocia, el país a donde va, que en Inglaterra, el país de donde viene; y en proporción a su calidad no puede ser vendido en Escocia más caro que el cereal escocés con el que compite en el mismo mercado. La calidad del grano depende básicamente de la cantidad de harina en flor o integral que rinde en el molino, y en este aspecto el cereal inglés es muy superior al escocés; aunque más caro en apariencia o en proporción a su volumen, es en general realmente más barato, en proporción a su calidad e incluso a su peso. El precio del trabajo, por el contrario, es más caro en Inglaterra que en Escocia. Si los pobres, entonces, pueden mantener a sus familias en una parte del Reino Unido, deberán hacerlo con mucha comodidad en la otra. La harina de avena constituye la mayor y mejor parte de la alimentación del pueblo llano en Escocia, una alimentación que es en general muy inferior a la de sus vecinos del mismo rango en Inglaterra. Esta diferencia no es la causa de las diferencias de sus salarios, sino la consecuencia; sin embargo, oigo a menudo la interpretación errónea según la cual es su causa. Pero no es por el hecho de tener un carruaje o ir andando que un hombre es rico y otro pobre; por el hecho de ser rico uno tiene un carruaje, y por ser pobre el otro va a pie.

Durante el último siglo, en promedio, el cereal fue más caro en ambas partes del Reino Unido que en el presente. Esto es un hecho que no admite hoy ninguna duda razonable; y la prueba del mismo es si cabe todavía más evidente con respecto a Escocia que con respecto a Inglaterra. En Escocia existen los datos de las tasaciones públicas, valoraciones anuales hechas bajo juramento, se-

8. De los salarios del trabajo

gún el estado real de los mercados de todos los diversos tipos de cereal en cada condado de Escocia. Si una prueba tan clara requiriese confirmación mediante un testimonio colateral, yo observaría que éste fue el caso también en Francia y probablemente en la mayor parte de Europa. Con respecto a Francia existen las pruebas más claras. Pero aunque es patente que en ambas partes del Reino Unido el cereal fue más caro en el siglo pasado que en el actual, es también indudable que el trabajo era mucho más barato. Si los trabajadores más pobres pudieron sacar adelante a sus familias entonces, lo harán con mucho más comodidad hoy. En el siglo pasado, los jornales más habituales del trabajo ordinario en la mayor parte de Escocia eran de seis peniques en el verano y cinco en el invierno. Se sigue pagando casi el mismo precio, tres chelines por semana, en algunas comarcas de las Tierras Altas y en las islas occidentales. En la mayor parte de las Tierras Bajas de Escocia los salarios habituales del trabajo ordinario son hoy de ocho peniques al día; y de diez peniques, a veces un chelín en los alrededores de Edimburgo, en los condados que limitan con Inglaterra, probablemente debido a esa vecindad, y en otros sitios donde se ha registrado últimamente un aumento considerable en la demanda de trabajo, cerca de Glasgow, Carron, Ayrshire, etc. En Inglaterra las mejoras en la agricultura, la industria y el comercio comenzaron mucho antes que en Escocia. La demanda de trabajo, y en consecuencia su precio, debió necesariamente aumentar con esas mejoras. En el siglo pasado, en consecuencia, igual que en éste, los salarios eran mayores en Inglaterra que en Escocia. También han aumentado considerablemente desde entonces, aunque debido a la mayor variedad de salarios pagados en diferentes lugares es más difícil determinar en cuánto lo han hecho. En 1614, la paga de un soldado raso era la misma que hoy, ocho peniques por día. Cuando se estableció por vez primera, debió haber correspondido al salario normal de los peones ordinarios, la clase del pueblo de donde se reclutan comúnmente los soldados rasos. Lord Hales, Justicia Mayor, que escribió en tiempos de Carlos II, estimó los gastos necesarios para la familia de un trabajador, compuesta de seis personas, el padre, la madre, dos niños capaces y otros dos no capaces de trabajar, en diez chelines por semana, o veintiséis libras por año. Afirmó que si no podían ganar este dinero con su trabajo, deberían conseguirlo con la mendicidad o el robo. Parece haber investigado esta cuestión con mucho cuidado. En 1688 el Sr. Gregory King, cuya destreza en la aritmética política fue tan alabada por el Doctor Davenant, calculó que el ingreso corriente de trabajadores y sirvientes no domésticos en quince libras al año, para una familia que él supuso integrada en promedio por tres personas y media. Su estimación, por lo tanto, aunque en apariencia diferente de la del juez Hales, es en el fondo muy parecida. Ambos suponen que el gasto semanal de las familias es de unos veinte peniques por cabeza. Tanto el ingreso como el gasto pecuniarios de esas familias han aumentado notablemente desde esa época en la mayor parte del reino; en algunos lugares más que en otros, aunque quizás en ninguno tanto como han pretendido algunos exagerados informes sobre los salarios actuales, publicados recientemente. Debe subrayarse que el precio del trabajo no puede ser determinado con mucha precisión en ninguna parte; con frecuencia se pagan en un mismo lugar y por un mismo trabajo sumas diferentes, no sólo debido a la diversa destreza de los trabajadores, sino a la gentileza o dureza de los patronos. Allí donde los salarios no están fijados por la ley, lo único que podemos aspirar a determinar es cuáles son los más corrientes; y la experiencia nos demuestra que la ley nunca puede regularlos adecuadamente, aunque a menudo pretende hacerlo.

8. De los salarios del trabajo

La recompensa real del trabajo, la cantidad real de cosas necesarias y cómodas para la vida que procura al trabajador, ha crecido durante el siglo actual probablemente en una proporción aún mayor que su precio monetario. No sólo el cereal se ha abaratado algo, sino que muchas otras cosas de las que los pobres laboriosos obtienen un alimento variado, apetecible y saludable, se han abaratado muchísimo. Las patatas, por ejemplo, en el grueso del Reino Unido, no cuestan hoy ni la mitad de lo que costaban hace treinta o cuarenta años. Lo mismo podría decirse de los nabos, zanahorias, coles, bienes que antes sólo eran cultivados mediante la azada y hoy lo son mediante el arado. Las frutas y hortalizas de todas clases se han abaratado también. La mayor parte de las manzanas y hasta de las cebollas consumidas en Gran Bretaña eran en el siglo pasado importadas desde Flandes. Los apreciables avances en las manufacturas ordinarias de los tejidos de lana y lino permiten a los trabajadores pagar menos y vestirse mejor; y los registrados en las industrias de los metales les proporcionan mejores y más baratos instrumentos de trabajo, así como muchos muebles cómodos y agradables. Es verdad que el jabón, la sal, las velas, los cueros y los licores fermentados se han encarecido bastante, debido principalmente a los impuestos con que han sido gravados. Pero la cantidad de estos bienes que los trabajadores más pobres necesitan consumir es tan pequeña que el incremento en su precio no compensa la disminución en los precios de tantas otras cosas. La queja habitual de que el lujo se está extendiendo incluso hasta las clases más bajas del pueblo, y que los pobres no están satisfechos hoy con la misma comida, el mismo vestido y la misma vivienda que antes, nos convencerá de que no es sólo el precio monetario del trabajo lo que ha aumentado, sino su recompensa real.

¿Debe considerarse a esta mejora en las condiciones de

las clases más bajas del pueblo como una ventaja o un inconveniente para la sociedad? La respuesta inmediata es totalmente evidente. Los sirvientes, trabajadores y operarios de diverso tipo constituyen la parte con diferencia más abundante de cualquier gran sociedad política. Y lo que mejore la condición de la mayor parte nunca puede ser considerado un inconveniente para el conjunto. Ninguna sociedad puede ser floreciente y feliz si la mayor parte de sus miembros es pobre y miserable. Además, es justo que aquellos que proporcionan alimento, vestimenta y alojamiento para todo el cuerpo social reciban una cuota del producto de su propio trabajo suficiente para estar ellos mismos adecuadamente bien alimentados, vestidos y alojados.

La pobreza, aunque desanima a los matrimonios, no siempre los impide; incluso parece que incentiva la procreación. Una mujer medio muerta de hambre en las Tierras Altas escocesas con frecuencia llega a tener más de veinte hijos, mientras que una dama mimada y elegante muchas veces es incapaz de tener ninguno y generalmente queda exhausta después de dos o tres. La esterilidad, tan extendida entre las señoras de alto rango, es muy rara en las de humilde condición. El lujo en el sexo bello, aunque quizás inflama el afán de placer, casi siempre debilita las facultades reproductivas, y a menudo las destruye por completo.

Pero aunque la pobreza no impide la procreación, resulta extremadamente desfavorable para criar a los hijos. La planta tierna nace, pero en un suelo tan frío y un clima tan severo pronto se marchita y muere. Me han relatado muchas veces que no es extraño que en las Tierras Altas de Escocia de una madre que ha tenido veinte hijos sólo sobrevivan dos. Varios oficiales muy experimentados me han asegurado que al hacer la recluta para sus regimientos nunca son capaces de conseguir los tambores y pífanos a partir de los hijos de los soldados. En parte alguna se ven más muchachos magníficos que en las barracas de los soldados, pero muy pocos llegan a la edad de trece o catorce años. En algunos lugares la mitad de los niños mueren antes de los cuatro años; en muchos, antes de los siete; y en casi todos antes de los nueve o diez. Pero esta enorme mortalidad se limita fundamentalmente a los hijos del pueblo llano, que no puede dedicarles tantos cuidados como los otorgados a los de las clases superiores. Aunque sus matrimonios son generalmente más prolíficos que los de la gente elegante, una proporción menor de sus hijos llega a una edad madura. En los hospicios y entre los niños de los asilos de las parroquias la mortalidad es aún mayor que entre el pueblo llano.

Toda especie animal se multiplica naturalmente en proporción a sus medios de subsistencia, y ninguna especie puede multiplicarse más allá. Pero en una sociedad civilizada es sólo en las clases más bajas del pueblo donde la escasez de subsistencia puede trazar un límite a la ulterior multiplicación de la especie, y lo hace destruyendo una gran parte de los hijos que sus fecundos matrimonios generan.

Una retribución generosa del trabajo, al permitirles cuidar mejor a sus hijos, y en consecuencia criar un número mayor, tiende naturalmente a ampliar y extender ese límite. Merece ser destacado también que lo hace necesariamente de forma ajustada a la proporción requerida por la demanda de trabajo. Si esta demanda crece permanentemente, la remuneración del trabajo debe inevitablemente incentivar de tal forma al matrimonio y multiplicación de los trabajadores, como para permitirles satisfacer esa demanda siempre creciente con una población también creciente. Si en algún momento dado la remuneración es menor que lo necesario para alcanzar este objetivo, la escasez de mano de obra pronto la elevaría; y si es mayor, su multiplicación excesiva pronto la rebajaría hasta la tasa necesaria. El mercado estaría tan desabastecido de mano de obra en un caso y tan saturado en el otro, que rápidamente forzaría de nuevo al precio hasta la tasa requerida por las circunstancias de la sociedad. De esta forma la demanda de personas, igual que la de cualquier otra mercancía, necesariamente regula la producción de personas; la acelera cuando avanza muy despacio y la frena cuando lo hace muy rápido. Es esta demanda lo que regula y determina la procreación en todos los países del mundo, en América del Norte, en Europa y en China; es lo que hace que sea velozmente progresiva en el primer caso, lenta y gradual en el segundo, y completamente estancada en el tercero.

Se ha sostenido que los gastos de mantenimiento de un esclavo corren por cuenta de su amo, mientras que los de un sirviente libre corren por su propia cuenta. Pero la manutención del segundo en realidad es pagada por su patrono tanto como la del primero. Los salarios de los jornaleros y sirvientes de toda suerte deben ser tales que les permitan continuar la raza de jornaleros y sirvientes según requiera la creciente, decreciente o estacionaria demanda social. Pero aunque el mantenimiento de un sirviente libre corresponda también al patrono, le costará en general mucho menos que el de un esclavo. El fondo destinado a reemplazar o reparar el desgaste de un esclavo, si se me permite hablar así, está normalmente administrado por un amo negligente o por un capataz descuidado. El destinado a cumplir el mismo papel en el caso de un hombre libre es administrado por el propio hombre libre. Los desórdenes que generalmente prevalecen en la economía del rico se introducen naturalmente en la administración del primero; la estricta frugalidad y cuidada atención del pobre se establecen también naturalmente en la administración del segundo. Con manejos tan distintos, la ejecución del mismo propósito debe exigir grados de gasto muy diferentes. Y así ocurre a mi juicio a partir de la experiencia de todos los tiempos y naciones que el trabajo de las personas libres llega al final a ser más barato que el realizado por esclavos. Esto es cierto incluso en Boston, Nueva York y Filadelfia, donde los salarios del trabajo corriente son tan elevados.

La retribución generosa del trabajo, entonces, así como es la consecuencia de una riqueza creciente, también es la causa de una población creciente. Lamentarse por ella es lamentarse por el efecto y la causa indispensable de la máxima prosperidad pública.

Debe subrayarse, quizás, que en el estado progresivo, cuando la sociedad avanza hacia la consecución de la riqueza plena, más que cuando ya la ha adquirido, es cuando la condición del pueblo trabajador, la gran masa de la población, es más feliz y confortable. Su condición es dura en el estado estacionario y miserable en el regresivo. El estado progresivo es realmente el alegre y animoso para todas las clases de la sociedad. El estacionario es desvaído; el regresivo, melancólico.

Así como la remuneración abundante del trabajo estimula la procreación, también incrementa la laboriosidad del pueblo llano. Los salarios son el estímulo del esfuerzo, que como cualquier otra cualidad humana mejora en proporción al incentivo que recibe. Una subsistencia copiosa eleva la fortaleza física del trabajador, y la confortable esperanza de mejorar su condición y de terminar sus días quizás en paz y plenitud lo anima para ejercitar esa fortaleza al máximo. Por eso siempre veremos que los trabajadores son más activos, diligentes y eficaces donde los salarios son altos que donde son bajos; más en Inglaterra, por ejemplo, que en Escocia; en los alrededores de las grandes ciudades que en los parajes remotos del campo. Es verdad que algunos trabajadores, allí donde pueden ganar en cuatro días el sustento de una semana, permanecerán ociosos durante los otros tres días. Pero esto en modo alguno sucede con la mayoría de ellos. Al contrario, cuando los trabajadores a destajo reciben una paga abundante, son capaces de trabajar en exceso y de arruinar su salud y su constitución en pocos años. Se cree que un carpintero en Londres, y en algunos otros sitios, no puede trabajar con su máximo vigor más de ocho años. Algo similar ocurre con muchos otros oficios en los que los trabajadores son pagados a destajo, como sucede generalmente en las manufacturas e incluso en el trabajo agrícola, siempre que los salarios superen su nivel corriente. Casi todas las clases de artesanos están expuestas a alguna enfermedad particular ocasionada por una aplicación excesiva a su labor. Ramazzini, un eminente médico italiano, ha escrito un libro acerca de estas dolencias. No solemos considerar a nuestros soldados como el grupo de gente más laboriosa entre nosotros, y sin embargo cuando los soldados han sido empleados en algún trabajo concreto y pagados abundantemente a destajo, sus oficiales se han visto con frecuencia obligados a estipular con el empresario que no se les permitiría ganar más de una suma determinada por día con arreglo a la tasa que recibían. Hasta que se fijó este requisito, la mutua competencia y el deseo de ganar más los empujaban a esforzarse en demasía y a dañar su salud por el trabajo excesivo. Una aplicación exagerada durante cuatro días por semana es habitualmente la causa real del ocio durante los otros tres, que ha suscitado tantas y tan ruidosas quejas. Una labor intensa, sea de la mente o del cuerpo, continuada a lo largo de varios días, es naturalmente seguida en la mayoría de las personas por un agudo deseo de descanso que, si no es bloqueado por la fuerza o por alguna necesidad perentoria, resulta casi irresistible. Es el llamado de la naturaleza, que exige algún alivio, a veces sólo el descanso pero otras veces también la distracción y las diversiones. Si ese llamado no es atendido, las consecuencias son normalmente peligrosas y a veces fatales, y casi siempre generan tarde o temprano la enfermedad típica del oficio de que se trate. Si los patronos escucharan siempre los dictados de la razón y la humanidad, tendrían repetidas ocasiones para moderar más que para animar la dedicación de muchos de sus trabajadores. Puede comprobarse, creo, en todos los oficios, que la persona que trabaja tan moderadamente como para poder trabajar sin cesar, no sólo conserva su salud durante más tiempo sino que a lo largo del año ejecuta la cantidad máxima de trabajo.

Se afirma que en los años de abundancia los trabajadores son en general más perezosos que lo habitual, y en los de carestía más laboriosos. Se ha concluido, a partir de ello, que una subsistencia copiosa relaja sus esfuerzos y una escasa los incentiva. No puede dudarse que un poco más de abundancia de la habitual convertirá a algunos trabajadores en perezosos; pero no es probable que tenga el mismo efecto sobre la mayor parte, ni que los hombres en general trabajen mejor cuando están mal que cuando están bien alimentados, cuando están desanimados que cuando están animados, cuando están habitualmente enfermos que cuando gozan generalmente de buena salud. Nótese que los años de carestía son entre el pueblo llano años de enfermedad y mortalidad, lo que inevitablemente disminuirá el producto de su trabajo.

En años de abundancia, los sirvientes abandonan frecuentemente a sus patronos y confían su subsistencia a lo que puedan obtener con su propio esfuerzo. Pero la misma baratura de las provisiones, al incrementar el fondo destinado al mantenimiento de los sirvientes incentiva a los patronos, especialmente a los granjeros, a emplear un número mayor. En estas ocasiones los granjeros esperan obtener un beneficio mayor de sus cereales por contratar unos trabajadores más que por la venta de los mismos en el mercado a un precio bajo. La demanda de trabajadores aumenta mientras que el número de los que están dispuestos a satisfacer dicha demanda disminuye. Por eso el precio del trabajo a menudo aumenta en los años de abundancia.

En períodos de escasez, la dificultad e incertidumbre de la subsistencia hacen que todas esas personas estén ansiosas de regresar a sus empleos. Pero el elevado precio de los alimentos, al contraer los fondos destinados al mantenimiento de los sirvientes, vuelve a los patronos más dispuestos a reducir que a aumentar los que tienen contratados. Asimismo, en años de escasez los trabajadores independientes pobres frecuentemente consumen los pequeños capitales que utilizaban para suministrarse los materiales de su trabajo y se ven obligados a convertirse en jornaleros para sobrevivir. Hay más gente buscando un puesto de trabajo de la que puede conseguirlo; muchos están preparados a aceptar unas condiciones peores a las habituales, y en tales años los salarios tanto de los sirvientes como de los jornaleros suelen hundirse.

Los patronos de todas las clases, por lo tanto, entablan mejores tratos con sus sirvientes en años caros que en años baratos, y los encuentran más dóciles y sumisos en los primeros que en los segundos. Es por ello natural que consideren a los años caros como los más favorables para la laboriosidad. Los terratenientes y los granjeros, las dos clases más abundantes de patronos, tienen además otra razón para sentirse satisfechos con esos años: las rentas de unos y los beneficios de otros dependen estrechamente del precio de los alimentos. Por añadidura, sería totalmente absurdo pensar que las personas en general trabajan menos cuando lo hacen para sí mismas que cuando lo hacen para otras personas. Un pobre trabajador independiente será normalmente más activo que un jornalero que trabaje a destajo; uno disfruta del producto total de su labor, el otro debe compartirlo con su patrono; el primero, en su situación de independencia, es menos susceptible a las tentaciones de las malas compañías, que en las grandes fábricas a menudo arruinan el ánimo del segundo. La superioridad del trabajador independiente con respecto a los sirvientes que son contratados por un mes o por un año, y cuya manutención y cuyos salarios son siempre los mismos sea que se esfuercen mucho o poco, será probablemente aún mayor. Y los años baratos tienden a incrementar la proporción de trabajadores independientes sobre la de jornaleros y sirvientes de diversa suerte, mientras que los años caros tienden a disminuirla.

Un autor francés de gran sabiduría e inteligencia, el Sr. Messance, recaudador de la *taille* en la circunscripción de St. Étienne, procura demostrar que los pobres trabajan más en los años baratos que en los caros, y compara la cantidad y el valor de los bienes elaborados en esas ocasiones en tres industrias distintas: una de tejidos ordinarios de lana en Elbeuf; otra de tejidos de lino y otra de seda, ambas muy extendidas en la zona de Ruán. Según sus cálculos, basados en datos tomados de registros públicos, la cantidad y el valor de los artículos producidos en esas tres industrias han sido en general mayores en años baratos que en años caros, y la diferencia siempre ha sido máxima en los años más baratos y mínima en los más caros. Las tres manufacturas parecen ser estacionarias: su producción puede variar algo de año a año, pero en líneas generales ni avanza ni retrocede.

La manufactura del lino en Escocia y la de tejidos ordinarios de lana en el *West Riding* de Yorkshire son industrias en crecimiento, cuya producción en general, aunque con oscilaciones, aumenta tanto en cantidad como en valor. Y al examinar los registros que han sido publicados sobre su producción anual, no he podido detectar ninguna conexión significativa entre sus variaciones y la abundancia o escasez de los distintos períodos. En 1740, un año de gran escasez, ambas industrias retrocedieron marcadamente. Pero en 1756, otro año de acusada escasez, la manufactura escocesa experimentó un progreso notable. La industria de Yorkshire, en cambio, decayó y su producción no recuperó el nivel que había registrado en 1755 hasta 1766, tras la derogación de la ley del timbre americana. En ese año y el siguiente superó con mucho cualquier nivel anterior, y no ha dejado de crecer desde entonces.

La producción de todas las grandes industrias que se exporta a mercados distantes debe depender necesariamente no tanto de la escasez o abundancia que experimenten los países productores como de las circunstancias que determinen la demanda en los países consumidores, de si hay paz o guerra, de la prosperidad o depresión de otras manufacturas rivales y del buen o mal humor de sus principales clientes. Además, una buena parte del trabajo extra que probablemente se realiza en los años baratos jamás es recogido por los registros públicos de las industrias. Los sirvientes que abandonan a sus patronos se transforman en trabajadores independientes. Las mujeres vuelven a la casa de sus padres y normalmente tejen su propia ropa y la de sus familias. Incluso los trabajadores independientes no siempre trabajan para la venta al público sino que son empleados por algunos de sus vecinos en manufacturas de uso familiar. El producto de su trabajo, por lo tanto, frecuentemente no aparece en esos registros que se publican de cuando en cuando con tanta ostentación, y a partir de los cuales nuestros comerciantes e industriales a menudo pretenden vanamente anunciar el auge o la caída de los mayores imperios.

Aunque las variaciones en el precio del trabajo no sólo no se corresponden siempre con las variaciones en el precio de los alimentos, sino que muchas veces son totalmente opuestas, no debemos por ello pensar que el precio de los alimentos no tiene influencia alguna sobre el precio del trabajo. El precio monetario del trabajo está necesariamente determinado por dos circunstancias: la demanda de trabajo y el precio de las cosas necesarias y cómodas para la vida. La demanda de trabajo, según sea creciente, estacionaria o decreciente, o según requiera una población creciente, estacionaria o decreciente, determina la cantidad de las cosas necesarias y convenientes para la vida que deben ser entregadas al trabajador; y el precio monetario del trabajo está determinado por lo que se necesita para comprar esa cantidad. Así, aunque a veces el precio monetario del trabajo es alto cuando el de los alimentos es bajo, sería todavía mayor si el precio de los alimentos fuese alto, siempre que la demanda no cambie.

Debido a que la demanda de trabajo aumenta en años de abundancia súbita y extraordinaria, y disminuye en los de escasez, el precio monetario del trabajo a veces aumenta en los primeros y disminuye en los segundos.

En un año de repentina y extraordinaria plenitud, muchos empleadores disponen de fondos suficientes para mantener y emplear a un número de trabajadores mucho mayor que el que empleaban un año antes; y no siempre pueden encontrar esta cantidad extra. Estos patronos que buscan más obreros, entonces, compiten entre sí para contratarlos, lo que a veces eleva tanto el precio monetario del trabajo como el precio real.

Lo contrario sucede en un año de sorpresiva y aguda escasez. Los fondos destinados al empleo son menores de lo que eran el año anterior. Un número considerable de personas se quedan sin sus puestos de trabajo, y compiten entre sí para recuperarlos; en ocasiones esto reduce tanto el precio monetario del trabajo como el precio real. En 1740, ante una gran escasez, mucha gente estaba dispuesta a trabajar por la subsistencia mínima. En los años prósperos sucesivos era más difícil conseguir trabajadores y sirvientes.

La escasez de un año caro, al disminuir la demanda de trabajo, tiende a rebajar su precio, a la vez que el elevado precio de los alimentos tiende a aumentarlo. La abundancia de un año barato, por el contrario, al incrementar esa demanda, tiende a subir al precio del trabajo, a la vez que la baratura de los alimentos tiende a bajarlo. En las fluctuaciones normales del precio de las provisiones, esas dos causas opuestas parecen contrapesarse mutuamente; lo que probablemente explique en parte por qué los salarios son en todas partes mucho más estables y permanentes que los precios de los alimentos.

El incremento de los salarios necesariamente eleva el precio de muchas mercancías, al ampliar la parte de las mismas que se resuelve en salarios, y por ello tiende a disminuir su consumo, tanto en el interior como en el exterior. Pero la misma causa que sube los salarios, o sea, la expansión del capital, tiende a aumentar la capacidad productiva del trabajo, y a hacer que una cantidad de trabajo menor produzca una cantidad de producto mayor. El dueño del capital que emplea a un gran número de trabajadores inevitablemente procurará, por la cuenta que le trae, establecer aquella división y distribución del empleo que conduzca a la máxima producción posible. Por idéntica razón, intentará suministrarles la maquinaria que su juicio o al de ellos sea la mejor. Lo que tiene lugar entre los trabajadores de una fábrica en particular sucede también, por la misma razón, en toda la sociedad. Cuanto mayor sea su número, más naturalmente se dividirán entre las distintas clases y subdivisiones del empleo. Habrá más cerebros ocupados en la invención de la maquinaria más adecuada para ejecutar la labor de cada persona, con lo cual es más probable que sea efectivamente inventada. Habrá, entonces, tantas mercancías que debido a estos progresos serán producidas con tanto menos trabajo que antes que el aumento en el precio del trabajo resultará compensado con la disminución de su cantidad.

9. De los beneficios del capital

El aumento y la disminución de los beneficios dependen de las mismas causas que el aumento y la disminución de los salarios, es decir, del estado creciente o decreciente de la riqueza de la sociedad; pero esas causas afectan a unos y otros de forma muy diversa.

El incremento del capital, que eleva los salarios, tiende a reducir los beneficios. Cuando los capitales de muchos comerciantes ricos son invertidos en el mismo negocio, la mutua competencia naturalmente tiende a rebajar el beneficio; y cuando existe un aumento similar en todos los negocios de la sociedad, la misma competencia ejerce el mismo efecto sobre todos ellos.

Ya se ha destacado que no es fácil determinar cuál es el salario medio, ni siquiera en un lugar y momento dados. Incluso en este caso rara vez podremos precisar algo más que el nivel habitual de los salarios. Pero con respecto a los beneficios del capital ni siquiera se puede hacer eso. El beneficio es algo tan fluctuante que la persona que lleva

9. De los beneficios del capital

un negocio concreto no siempre es capaz de aclararnos cuál es su beneficio medio anual. Será afectado no sólo por cada variación en el precio de las mercancías de que trata el negocio sino por la buena o mala fortuna tanto de sus competidores como de sus clientes, y por los miles de posibles accidentes a que están expuestas las mercancías cuando son transportadas por tierra o por mar, e incluso cuando están depositadas en un almacén. El beneficio varía, en consecuencia, no sólo de año a año sino de día a día, y casi de hora a hora. El detectar cuál es el beneficio medio de todos los negocios de un gran reino debe ser todavía más difícil; y el estimar con alguna precisión cómo ha sido en el pasado inmediato o en períodos más remotos debe ser completamente imposible.

Pero aunque no sea posible delimitar con exactitud los beneficios del capital, ni en el presente ni en el pasado, se puede obtener alguna noción sobre los mismos a partir del interés del dinero. Puede proponerse como regla general que siempre que se pueda conseguir mucho mediante el uso del dinero, se pagará mucho por él; y siempre que se pueda conseguir poco, se pagará poco. Así, en la medida en que el tipo de interés de mercado varía en cualquier país, sabremos con certeza que los beneficios normales del capital variarán en igual sentido, y se hundirán cuando se hunda y se elevarán cuando se eleve. La evolución del interés, por lo tanto, nos dará una idea de la evolución del beneficio. En el año treinta y siete del reinado de Enrique VIII se declaró ilegal todo interés superior al diez por ciento; al parecer las tasas habían sido mayores con anterioridad. Durante el reinado de Eduardo VI el celo religioso llevó a la prohibición de todo tipo de interés. Esta medida, como todas las de su estilo, no produjo efecto alguno, y probablemente expandió y no restringió el mal de la usura. La disposición de Enrique VIII fue restablecida en el año trece de Isabel, y el diez por ciento fue la tasa legal de interés hasta el año veintiuno de Jacobo I, cuando el límite bajó al ocho por ciento. Volvió a bajar al seis por ciento poco después de la restauración y al cinco por ciento en el año doce de la reina Ana. Todas estas regulaciones legales parecen haber sido adoptadas juiciosamente: siguieron y no precedieron a la tasa de interés de mercado, o tasa a la que se endeudan normalmente las personas de cierta solvencia. Desde la época de la reina Ana el límite del cinco por ciento estuvo más bien por encima que por debajo de la tasa de mercado. Antes de la última guerra, el gobierno tomaba préstamos al tres por ciento; y la gente solvente de la capital y otras partes del reino al tres y medio, cuatro, y cuatro y medio por ciento.

Desde los tiempos de Enrique VIII la riqueza y el ingreso del país han progresado continuamente y el ritmo de ese avance parece más haberse acelerado gradualmente que frenado. No sólo han crecido sino que lo han hecho cada vez más rápido. Los salarios han aumentado sin cesar durante el mismo período, mientras que en la mayor parte de las diversas ramas del comercio y la industria los beneficios han disminuido.

En general se requiere un capital mayor para llevar adelante cualquier negocio en una gran ciudad que en un pueblo rural. Los grandes capitales empleados en todas las actividades, y el número de ricos competidores, generalmente deprimen la tasa de beneficio en la primera por debajo de la que rige en el segundo. Pero los salarios son habitualmente más altos en la ciudad que en el pueblo. En una ciudad próspera, las personas que tienen abultados capitales con frecuencia no pueden contratar el número de trabajadores que desean, y por ello compiten entre sí para conseguir el mayor número posible, lo que aumenta los salarios y reduce los beneficios. En las partes más remotas del país a menudo no existe el capital necesario

9. De los beneficios del capital

para dar empleo a toda la gente, que compite entonces mutuamente para asegurarse un puesto de trabajo, lo que reduce los salarios y eleva los beneficios.

En Escocia, aunque la tasa legal de interés es la misma que en Inglaterra, la tasa de mercado es bastante más alta. Las personas de más acreditada solvencia rara vez toman allí prestado a menos del cinco por ciento. Incluso los banqueros privados de Edimburgo ofrecen un cuatro por ciento por sus pagarés, cuyo reembolso total o parcial puede solicitarse en cualquier momento. Los banqueros privados en Londres no pagan interés alguno por el dinero que reciben en depósito. Y existen pocos negocios que no puedan ser desarrollados con un capital menor en Escocia que en Inglaterra. La tasa de beneficio normal, entonces, debe ser en cierto grado mayor. Los salarios, como ya ha sido indicado, son menores en Escocia que en Inglaterra. Y el país no sólo es mucho más pobre sino que el ritmo en que progresa, puesto que hay un evidente progreso, es mucho más lento y pausado.

En el caso de Francia, la tasa legal de interés no siempre ha estado durante el siglo actual determinada por la tasa de mercado. En 1720 el interés fue reducido desde la vigésima a la quincuagésima parte del penique, o del cinco al dos por ciento. En 1724 subió al trigésimo de penique, o al 3 1/3 por ciento. En 1725 fue otra vez elevado hasta el vigésimo de penique, o cinco por ciento. En 1766, durante la administración del Sr. Laverdy, fue reducido a una vigésima quinta parte del penique, o al cuatro por ciento. El abate Terray lo subió después hasta la antigua tasa del cinco por ciento. El objetivo implícito de muchas de esas bruscas rebajas en el interés era preparar el camino para reducir el interés de la deuda pública, un objetivo que fue en ocasiones alcanzado. Francia es hoy un país quizás no tan rico como Inglaterra; y aunque la tasa de interés legal ha sido frecuentemente menor en Francia que en Inglaterra, la tasa de mercado ha sido en general mayor; porque allí, como en otros países, tienen métodos variados, sencillos y seguros para eludir la ley. Me han asegurado comerciantes británicos que hacen negocios en los dos países que los beneficios son mayores en Francia que en Inglaterra, y es indudablemente por eso que muchos súbditos británicos prefieren emplear sus capitales en un país donde el comercio no goza de buena reputación, y no en uno donde es muy respetado. Los salarios son menores en Francia que en Inglaterra. Si se viaja de Escocia a Inglaterra, la diferencia que se observa en el atuendo y el porte del pueblo llano en ambos lugares indica con claridad la diversidad de su condición. El contraste es aún más llamativo al regresar desde Francia. Aunque Francia es indudablemente un país más rico que Escocia, no progresa tan aceleradamente. Es una opinión extendida, y hasta casi popular, el que en realidad está retrocediendo; opinión a mi juicio infundada con relación a Francia, y que nadie sería capaz de defender con respecto a Escocia, si ve cómo está el país ahora y lo vio hace veinte o treinta años.

La provincia de Holanda, por otro lado, en proporción a la extensión de su territorio y al número de sus habitantes, es un lugar más rico que Inglaterra. Allí el gobierno se endeuda al dos por ciento, y los ciudadanos particulares solventes al tres por ciento. Los salarios son mayores en Holanda que en Inglaterra, y es bien sabido que los holandeses negocian con menos beneficios que ningún otro pueblo de Europa. Algunos han sostenido que la actividad de Holanda está en decadencia, y eso puede ser cierto en algunas ramas específicas. Pero estos síntomas prueban suficientemente que no hay una decadencia generalizada. Cuando los beneficios disminuyen, los hombres de negocio están siempre dispuestos a lamentarse por la depresión de su negocio; a pesar de que la disminución de los beneficios es el efecto natural de la prosperidad, o de la inversión de un capital mayor que antes. Durante la última guerra los holandeses se apropiaron del comercio de tránsito de Francia, del que aún retienen buena parte. La abultada cuota que poseen en los fondos de Francia e Inglaterra —se ha dicho que cuarenta millones en Inglaterra, algo que me parece una considerable exageración; y las grandes suman que prestan a ciudadanos particulares en países donde la tasa de interés es mayor que en el suyo, son circunstancias que sin duda demuestran la abundancia de su capital, o el hecho de que ha aumentado más allá de lo que pueden invertir en las actividades de su propio país con un beneficio tolerable: pero no demuestran que esas actividades se hayan contraído. Así como el capital de un individuo, adquirido en un negocio concreto, puede expandirse más allá de lo que es posible invertir en él, y a pesar de ello el negocio puede expandirse, igual sucede con el capital de una gran nación.

En nuestras colonias de América del Norte y las Indias Occidentales tanto los salarios del trabajo como el interés del dinero, y consecuentemente los beneficios del capital son más altos que en Inglaterra. En las colonias tanto la tasa de interés legal como la de mercado fluctúan entre el seis y el ocho por ciento. Salarios y beneficios altos casi nunca se dan simultáneamente, salvo en las especiales circunstancias de las nuevas colonias. Durante algún tiempo una nueva colonia deberá siempre tener menos capital en proporción a la extensión de su territorio, y menos población en proporción a la extensión de su capital, que la mayoría de los demás países. Tienen más tierra que capital para cultivarla. El capital que tienen, entonces, se dirige al cultivo sólo de la tierra más fértil y mejor situada, la tierra cercana al mar y a lo largo de las orillas de los ríos navegables. Asimismo, esa tierra es a menudo adquirida a un precio incluso inferior al valor de su producción natural. El capital empleado en la compra y mejora de esas tierras debe rendir un muy copioso beneficio, y en consecuencia podrá pagar un muy elevado interés. Su rápida acumulación en un empleo tan redituable permitirá al colono incrementar su mano de obra a un ritmo por encima de lo que puede encontrar en una colonia nueva. Los trabajadores que consiga, en consecuencia, serán remunerados muy generosamente. A medida que la colonia se expande, los beneficios del capital gradualmente disminuyen. Cuando la tierra más fértil y mejor situada ha sido totalmente ocupada, el cultivo de la tierra inferior tanto en suelo como en situación rendirá un beneficio menor, y se podrá pagar menos interés por el capital empleado en ella. En el grueso de nuestras colonias, así, tanto el tipo de interés legal como el de mercado han caído considerablemente durante el siglo actual. En la medida en que las riquezas, mejoras y población han subido, el interés ha bajado. Pero los salarios no se hunden con los beneficios. La demanda de trabajo se amplía con el capital, cualesquiera sean sus beneficios; y después que éstos descienden, el capital no sólo puede seguir expandiéndose sino que lo puede hacer más aceleradamente que antes. Con las naciones laboriosas que progresan en la adquisición de riqueza ocurre lo mismo que con los individuos laboriosos. Un gran capital, aunque con pequeños beneficios, generalmente aumenta más rápido que un pequeño capital con beneficios grandes. El dinero, reza el proverbio, llama al dinero. Cuando se tiene poco es a menudo fácil obtener más: la mayor dificultad es conseguir ese poco. La conexión entre el incremento del capital y el de la actividad, o el de la demanda de trabajo útil, ya ha sido explicada en parte, y lo será más prolijamente después, al tratar de la acumulación del capital.

La adquisición de un nuevo territorio, o de nuevas ra-

9. De los beneficios del capital

mas de actividad, puede en ocasiones elevar el beneficio del capital, y con él el interés del dinero, incluso en un país que avanza a grandes pasos en la adquisición de riquezas. Al no ser suficiente el capital de un país para desarrollar completamente los negocios que esas adquisiciones presentan a las diversas personas entre las que se divide, se aplicará sólo a aquellas ramas específicas donde el beneficio es mayor. Una parte de lo que se había empleados antes en otros negocios se retira inevitablemente de ellos y se orienta hacia los nuevos y más rentables. En todos los negocios antiguos, entonces, la competencia es menor que antes. El mercado resulta menos plenamente abastecido con numerosos tipos de bienes. Su precio necesariamente sube en algún grado, y genera un beneficio mayor a los que negocian con ellos, que pueden así endeudarse a un interés más alto. Durante algún tiempo después de finalizada la última guerra, no sólo los ciudadanos particulares sino también las mayores compañías de Londres tomaban normalmente préstamos al cinco por ciento, mientras que antes no lo habían hecho a más del cuatro o cuatro y medio por ciento. La vasta incorporación tanto en territorio como en comercio, derivada de nuestras adquisiciones en América del Norte y las Indias Occidentales explica eso suficientemente, sin que sea necesario suponer contracción alguna en el capital de la sociedad. Una apertura tan enorme de nuevos negocios a ser desarrollados con el antiguo capital debe necesariamente haber disminuido la cantidad empleada en numerosas ramas concretas donde la competencia, al ser menor, hizo que los beneficios fueran mayores. Tendré después ocasión de mencionar las razones que me llevan a pensar que el capital de Gran Bretaña no se redujo ni siquiera por el gasto gigantesco de la última guerra.

La contracción del capital de la sociedad, o de los fondos destinados al mantenimiento del trabajo, así como reduce los salarios del trabajo, aumenta los beneficios del capital, y consiguientemente el interés del dinero. Al ser los salarios menores, los propietarios del capital que reste en la sociedad podrán llevar los bienes al mercado a un coste menor que antes, y al haber empleados menos capital que antes en abastecer al mercado, los podrán vender más caro. Sus bienes les cuestan menos y obtienen más a cambio. Sus beneficios, por ello, al expandirse en ambos extremos, pueden pagar un interés más alto. Las grandes fortunas acumuladas tan rápida y fácilmente en Bengala y las demás colonias británicas en las Indias Orientales nos revelan que en esos países miserables los salarios son muy bajos y los beneficios muy altos. El interés del dinero también lo es, proporcionalmente. En Bengala, el dinero es frecuentemente prestado a los granjeros al cuarenta, cincuenta y sesenta por ciento, y la cosecha siguiente es hipotecada para asegurar el pago. Así como los beneficios que pueden afrontar semejante interés absorben casi toda la renta del terrateniente, una usura de esa clase absorbe casi todo de dichos beneficios. Antes de la caída de la República romana, una usura similar era común en las provincias, bajo la ruinosa administración de sus procónsules. El virtuoso Bruto prestó dinero en Chipre al cuarenta y ocho por ciento, como sabemos por las cartas de Cicerón.

En un país que haya adquirido todas las riquezas que le permiten conseguir la naturaleza de su suelo y clima, y su situación con respecto a los demás países; un país que, en consecuencia, no pudiese avanzar más pero que tampoco retrocediese, tanto los salarios como los beneficios serían probablemente muy bajos. En un país plenamente poblado en proporción a lo que su territorio puede mantener y su capital emplear, la competencia por los puestos de trabajo inevitablemente será tan intensa como para reducir los salarios al límite suficiente apenas para mantener

9. De los beneficios del capital

el número de los trabajadores; y al estar el país completamente poblado, ese número jamás podría aumentar. En un país plenamente provisto de capital en proporción a los negocios que puede realizar, se empleará en cada rama concreta tanto capital como pueda admitir la naturaleza y extensión del negocio. La competencia, por consiguiente, sería en todas partes la máxima posible y por ello el beneficio corriente el mínimo posible.

Pero acaso ningún país haya arribado todavía a este grado de opulencia. China ha permanecido estacionaria durante mucho tiempo, y hace probablemente mucho que consiguió la plenitud de las riquezas compatible con la naturaleza de sus leyes e instituciones. Pero esas riquezas pueden ser muy inferiores a las que con otras leyes e instituciones le corresponderían por la naturaleza de su suelo, clima y situación. Un país que ignora o desprecia al comercio exterior, y que sólo permite que los barcos de las naciones extranjeras entren en uno o dos de sus puertos, no puede entablar el mismo volumen de negocios que bajo leyes e instituciones diferentes. Asimismo, un país donde los ricos o los propietarios de grandes capitales disfrutan de una amplia seguridad, pero los pobres o los propietarios de capitales pequeños casi no tienen ninguna, sino que están expuestos, so pretexto de la justicia, al pillaje y saqueo por los mandarines de bajo rango, tendrá una cantidad de capital empleada en todas las distintas ramas de la economía que jamás será igual a la que la naturaleza y extensión de esas ramas podrían admitir. En cada rama, la opresión de los pobres deberá traducirse en el monopolio de los ricos, que al acaparar todo el negocio cosecharán muy copiosos beneficios. Por ello el interés normal sobre el dinero en China es, según se dice, del doce por ciento, y los beneficios corrientes deberán ser los suficientes como para afrontar tan elevado interés.

Un defecto en la legislación puede en ocasiones subir la

tasa de interés marcadamente por encima de lo requerido por la condición del país en lo que hace a su riqueza o pobreza. Cuando la ley no garantiza el cumplimiento de los contratos coloca a todos los prestatarios al mismo nivel que los quebrados o las personas de dudoso crédito en países mejor administrados. La incertidumbre en la recuperación de su dinero hace que el prestamista exija el mismo interés usurario que se requiere normalmente a los quebrados. Entre las naciones bárbaras que invadieron las provincias occidentales del Imperio Romano, el cumplimiento de los contratos fue abandonado durante muchísimos años a la confianza de las partes contratantes. Las cortes de justicia de sus reyes pocas veces se inmiscuían en estos asuntos. La elevada tasa de interés que regía en esos tiempos antiguos puede haberse debido en parte a esta causa.

Cuando la ley prohibe directamente todo interés, no por ello lo evita. Hay mucha gente que debe tomar prestado y nadie les prestará sin una remuneración adecuada al uso del dinero, no sólo a lo que se puede obtener con él, sino también a la dificultad y riesgos de eludir la ley. Esta causa en parte y en parte la dificultad de recuperar el dinero explican según el Sr. Montesquieu el elevado tipo de interés entre todas las naciones mahometanas, y no su pobreza.

La tasa mínima de beneficio ordinario debe siempre ser algo superior a lo que es suficiente para compensar las pérdidas ocasionales a que está expuesto cualquier empleo del capital. Es sólo este excedente lo que constituye el beneficio neto o puro. Lo que se denomina beneficio bruto comprende frecuentemente no sólo dicho excedente sino lo que es retenido para compensar esas pérdidas extraordinarias. El interés que el prestatario puede afrontar está en proporción sólo al beneficio neto.

La tasa mínima de interés ordinaria, análogamente,

9. De los beneficios del capital

debe ser algo superior a lo que es suficiente para compensar las pérdidas ocasionales a que todo préstamo, incluso con tolerable prudencia, está expuesto. Si no fuera mayor, los únicos motivos para prestar serían la caridad o la amistad.

En un país que adquiere la plenitud de sus riquezas, donde en cada rama específica de la economía se invierte la máxima cantidad de capital posible, como la tasa corriente de beneficio neto será muy pequeña, también lo será la tasa de interés normal de mercado, que será tan baja que sólo los muy ricos podrán vivir del interés de su dinero. Todas las demás personas de fortunas pequeñas o medianas se verían obligadas a ocuparse ellas mismas del empleo de sus capitales. Sería necesario que casi todos los hombres fuesen hombres de negocios, o que se ocupasen en alguna clase de actividad. La provincia de Holanda parece estar aproximándose a una situación parecida. Allí es mal visto el no ser un hombre de negocios. La necesidad hace que resulte habitual que cada hombre lo sea, y la costumbre regula la moda: así como es ridículo no vestir como los demás, en alguna medida también lo es el no estar empleado como los demás. Y así como un profesional civil está fuera de lugar en un campamento o guarnición, e incluso corre el riesgo de ser allí objeto de desprecio, lo mismo ocurre con un hombre ocioso entre personas que trabajan.

La tasa ordinaria máxima de beneficio puede ser una que absorba, en el precio del grueso de las mercancías, la totalidad de lo que debería ir a la renta de la tierra, y que deje sólo lo suficiente para pagar el trabajo de prepararlas y traerlas al mercado, según la tasa mínima que pueda pagarse por el trabajo, o la mera subsistencia del trabajador. El obrero debe ser de alguna forma u otra alimentado mientras se ocupa de su labor; pero no hay necesidad siempre de pagar al terrateniente. Los beneficios del comercio que los funcionarios de la Compañía de las Indias Orientales llevan a cabo en Bengala quizás no estén muy lejos de esta situación.

La proporción que debe establecerse entre la tasa de interés normal de mercado y la tasa corriente de beneficio neto varía necesariamente según el beneficio suba o baje. Los comerciantes en Gran Bretaña consideran que un beneficio bueno, moderado y razonable, lo que a mi juicio quiere decir el beneficio normal y corriente, equivale al doble del interés. En un país donde la tasa corriente de beneficio neto es del ocho o del diez por ciento, puede ser razonable que la mitad vaya al interés en aquellos negocios desarrollados con dinero prestado. El prestatario corre con el riesgo del capital y, por así decirlo, se lo asegura al prestamista; y en la mayor parte de los negocios un cuatro o un cinco por ciento puede ser tanto un beneficio suficiente para el riesgo de ese seguro como una recompensa suficiente para el empleo del capital. Pero la proporción entre el interés y el beneficio neto puede no ser la misma en países donde la tasa corriente de beneficio sea mucho más baja o mucho más alta. Si fuera más baja, no podría destinarse la mitad a pagar interés; si fuera más alta se podría pagar más de la mitad. En países que progresan velozmente hacia la riqueza, la baja tasa de beneficio puede compensar, en el precio de muchas mercancías, los altos salarios, y permitir a esos países vender tan barato como sus vecinos menos prósperos, donde los salarios pueden ser menores.

En realidad los beneficios elevados tienden a aumentar el precio de las cosas mucho más que los salarios elevados. Si en la manufactura del lino, por ejemplo, los salarios de los diversos obreros, los cardadores, hilanderos, tejedores, etc., aumentaran en dos peniques por día, sería necesario subir el precio de una pieza de hilo sólo en dos peniques por cada persona que hubiese estado empleada en

9. De los beneficios del capital

producirla, multiplicados por el número de días durante los que hubiese estado empleada. La parte del precio de la mercancía que se resuelve en salarios aumentaría a lo largo de las diversas etapas de la industria sólo en una proporción aritmética con esa subida en los salarios. Pero si los beneficios de todos los diferentes empleadores de obreros subiesen en un cinco por ciento, la parte del precio de la mercancía que se resuelve en beneficios aumentaría a través de las distintas etapas de la industria en proporción geométrica con esa elevación de los beneficios. El empleador de los cardadores exigiría, al vender su lino cardado, un cinco por ciento adicional sobre el valor total de los materiales y los salarios que adelantó a sus trabajadores. El patrono de los hilanderos exigiría un cinco por ciento adicional tanto sobre el precio aumentado del lino cardado como sobre los salarios de los hilanderos. Y el empleador de los tejedores reclamaría un cinco por ciento de manera similar, tanto sobre el precio aumentado del hilo como sobre los salarios de los tejedores. En el aumento del precio de las mercancías las subidas salariales actúan como el interés simple lo hace en la acumulación de una deuda. Las subidas de los beneficios actúan como el interés compuesto. Nuestros comerciantes e industriales se quejan mucho de los efectos perjudiciales de los altos salarios, porque suben los precios y por ello restringen la venta de sus bienes en el país y en el exterior. Nada dicen de los efectos dañinos de los beneficios elevados. Guardan silencio sobre las consecuencias perniciosas de sus propias ganancias. Sólo protestan ante las consecuencias de las ganancias de otros.

10. De los salarios y los beneficios en los diferentes empleos del trabajo y el capital

Las ventajas y desventajas totales de los diversos empleos del trabajo y el capital en una misma zona deben o bien ser perfectamente iguales o tender constantemente hacia la igualdad. Si es un mismo lugar hubiese un empleo evidentemente mucho más o mucho menos ventajoso que los demás, habría tanta gente que invertiría en él en el primer caso, o que lo abandonaría en el segundo, que sus ventajas pronto retornarían al nivel de los demás empleos. Este sería el caso al menos en una sociedad donde se permitiese que las cosas siguieran su curso natural, donde hubiese total libertad, y donde cada persona fuese perfectamente libre tanto para elegir la ocupación que desee como para cambiarla cuantas veces lo juzgue conveniente. El interés de cada persona lo induciría a buscar el empleo más ventajoso y a rechazar el menos ventajoso.

Es verdad que los salarios y beneficios monetarios son en toda Europa extremadamente diferentes en los diversos empleos del trabajo y el capital. Pero esas diferencias

10. De los salarios y los beneficios en el trabajo y el capital

surgen en parte de algunas circunstancias específicas de los empleos mismos que, sea en la realidad o sea en la imaginación de los hombres, justifican una ganancia pequeña en algunos y compensan una ganancia grande en otros; y en parte dichas diferencias provienen de la política de Europa, que en ninguna parte deja que las cosas se desenvuelvan con completa libertad.

La consideración particular de dichas circunstancias y de dicha política dividirá a este capítulo en dos partes.

Parte I
Desigualdades que derivan de la naturaleza misma de los empleos

Hasta donde he podido observar las principales circunstancias que justifican una ganancia pecuniaria pequeña en algunos empleos y compensan una grande en otros son cinco: primero, si los empleos son agradables o desagradables; segundo, si el aprenderlos es sencillo y barato o difícil y costoso; tercero, si son permanentes o temporales; cuarto, si la confianza que debe ser depositada en aquellos que los ejercitan es grande o pequeña ; y quinto, si el éxito en ellos es probable o improbable.

En primer lugar, los salarios varían con la sencillez o dificultad, con la limpieza o la suciedad, con lo honroso o deshonroso que sea el empleo. Así, tomando un año en su conjunto, en la mayor parte de los lugares un peón de sastre gana menos que un jornalero tejedor. Su trabajo es mucho más sencillo. Un tejedor gana menos que un herrero. Su trabajo no siempre es más sencillo, pero es mucho más limpio. Un herrero, aunque sea un artesano, rara vez gana tanto en doce horas como un minero, que sólo es un trabajador, en ocho horas. Su trabajo no es tan sucio, es menos peligroso y es realizado a la luz del día y en la superficie. El prestigio representa una gran parte de la remuneración de cualquier profesión respetable. En lo relativo a las ganancias pecuniarias, y considerando todas sus particularidades, están normalmente mal recompensadas, como demostraré más adelante. Y la deshonra tiene el efecto contrario. El oficio del carnicero es brutal y odioso, pero en casi todas partes es más rentable que el grueso de los trabajos comunes. El más detestable de todos los empleos, el del verdugo, resulta ser el oficio de lejos mejor pagado, en proporción a la cantidad de trabajo realizada.

La caza y la pesca, los empleos más importantes de la humanidad en el estado rudo de la sociedad, se transforman en su estado avanzado en los entretenimientos más gratos, y los seres humanos persiguen por placer lo que antes era una necesidad. En el estado avanzado de la sociedad, por consiguiente, son muy pobres aquellos que tienen como oficio lo que para otras personas es un pasatiempo. Los pescadores lo han sido desde los tiempos de Teócrito. Un cazador furtivo en Gran Bretaña es en todas partes un hombre pobre. En países donde el rigor de la ley no tolera a los furtivos, el cazador con licencia no se halla en una condición mucho mejor. El gusto natural por estas actividades hace que las practiquen muchas más personas que las que podrían vivir cómodamente de ellas, y el producto de su trabajo, en proporción a la cantidad del mismo, viene al mercado a un precio siempre tan bajo que no proporciona a los trabajadores apenas nada más que la mínima subsistencia.

El desagrado y la deshonra afectan a los beneficios de igual forma que a los salarios. El tabernero o posadero, que nunca se siente amo de su propia casa, y que está expuesto a la brutalidad de cualquier borracho, no ejerce un negocio grato ni bien conceptuado. Pero casi no hay otro negocio en donde un capital tan pequeño rinda un beneficio tan abultado.

10. De los salarios y los beneficios en el trabajo y el capital

En segundo lugar, los salarios varían según lo sencillo y barato, o difícil y caro que sea el aprendizaje del trabajo. Cuando se construye una costosa máquina, se debe esperar que el trabajo extra que va a desarrollar antes de que deje de funcionar repondrá el capital invertido en ella, con al menos los beneficios corrientes. Una persona que se ha educado con la inversión de mucho tiempo y trabajo en cualquier ocupación que requiere una destreza y habilidad extraordinarias puede ser comparada con una de esas costosas máquinas. La labor que aprende a realizar le repondrá, más allá y por encima de los salarios normales, el gasto total de su educación, con al menos los beneficios comunes para un capital igualmente valioso. Deberá hacer esto además en un período razonable, considerando la muy incierta duración de la vida humana, en comparación a la más cierta duración de una máquina.

Sobre este principio se basa la diferencia entre los salarios del trabajo cualificado y del trabajo ordinario.

En Europa se aplica la política de considerar a todos los que se dedican a la mecánica, la artesanía y la manufactura como trabajadores especializados; y a los que trabajan en el campo como trabajadores comunes. Se supone que aquella labor es más sutil y delicada que ésta. Quizás sea así en algunos casos, pero en la mayoría de ellos sucede todo lo contrario, como demostraré más adelante. Las leyes y costumbres de Europa, en consecuencia, para autorizar el ejercicio de aquellos trabajos, impone la obligación del aprendizaje, aunque con un rigor que varía según los lugares. Y dejan a los otros trabajos libres y abiertos a todos. Mientras dura el aprendizaje, todo el trabajo del aprendiz pertenece a su patrono. En ese tiempo debe ser en muchos casos mantenido por sus padres o familiares y en casi todos los casos vestido también por ellos. E incluso se entrega habitualmente al patrono una suma de dinero por enseñarle el oficio. Los que no pueden entregar dinero entregan tiempo, o quedan atados al aprendizaje durante más tiempo que el habitual; algo que aunque no siempre es ventajoso para el patrono, dada la usual holgazanería de los aprendices, es siempre desventajoso para éstos. En las labores agrícolas, por el contrario, el trabajador, mientras está ocupado en los menesteres más sencillos, aprende la parte más complicada de su trabajo, y su propio esfuerzo lo mantiene durante todas las diversas etapas de su empleo. Es por ello razonable que en Europa los salarios de los mecánicos, artesanos y manufactureros serán algo superiores a los de los trabajadores comunes. Lo son, efectivamente, y estas ganancias mayores hacen que sean considerados en casi todas partes como gente de una clase más alta. Sin embargo, la superioridad de sus salarios es generalmente muy pequeña; la ganancia diaria o semanal de los obreros en las manufacturas más comunes, como las de los paños ordinarios de lino y lana, es en promedio en la mayoría de los sitios apenas muy poco superior que el jornal de los peones ordinarios. Su empleo es ciertamente más estable y regular, y la superioridad de su remuneración, tomando el año en su conjunto, quizás sea un poco más amplia. Pero es evidente que no lo es tanto como para compensar el mayor gasto en su educación.

La formación en las artes más especializadas y en las profesiones liberales es todavía más fatigosa y más cara. La recompensa pecuniaria de los pintores y escultores, de los abogados y los médicos, debería por lo tanto ser más abultada. Y lo es.

Los beneficios del capital parecen ser muy poco afectados por la sencillez o dificultad de aprender el oficio en el que se emplea dicho capital. Todas las formas diferentes en las que el capital se invierte habitualmente en las grandes ciudades parecen ser de un aprendizaje igualmente fácil o difícil. Una rama del comercio, sea interior o exterior, no puede ser mucho más intrincada que otra.

En tercer lugar, los salarios en las distintas ocupaciones varían según que el empleo sea permanente o temporal.

El trabajo es mucho más constante en algunos sectores que en otros. En la mayor parte de las manufacturas, un jornalero puede estar seguro de que tendrá trabajo casi todos los días del año que sea capaz de trabajar. Un albañil, por el contrario, no puede trabajar en una helada o con mal tiempo, y su trabajo depende en el resto del tiempo del llamado ocasional de sus clientes. Está expuesto, por consiguiente, a estar a menudo sin ocupación. Entonces, lo que gane cuando trabaje no debe sólo permitirle mantenerse cuando no lo haga, sino también compensarle por todos aquellos momentos de angustia y desesperación que su precaria situación a veces debe suscitar. Así como los ingresos registrados de la mayor parte de los obreros industriales son muy similares a los de los peones ordinarios, los de los albañiles son una mitad más y hasta el doble que aquéllos. Donde los trabajadores corrientes ganan cuatro y cinco chelines por semana, los albañiles a menudo ganan siete y ocho; donde aquéllos ganan seis, éstos ganan nueve y diez; y donde aquéllos ganan nueve y diez, como ocurre en Londres, éstos ganan normalmente quince y dieciocho. Parece, no obstante, que ningún trabajo especializado es más fácil de aprender que el del albañil. Se dice que a veces, durante el verano, se emplea como albañiles en Londres a los porteadores de sillas. Los elevados salarios de esos trabajadores, entonces, no constituyen tanto la remuneración por su habilidad como la compensación por la inconstancia de su empleo.

Un carpintero parece ejercer un oficio de más cuidado e ingenio que un albañil. Pero en muchos lugares, aunque no en todos, sus salarios son algo menores. Su empleo, si bien depende mucho del llamado ocasional de sus clientes, no depende tan completamente de ello, y tampoco está expuesto a ser interrumpido por el clima.

Cuando las actividades que proporcionan en general un empleo fijo no lo hacen en algunos lugares, los salarios de los trabajadores siempre suben allí muy por encima de su proporción habitual con los del trabajo corriente. En Londres casi todos los artesanos son susceptibles de ser contratados y despedidos por sus patronos en el mismo día o la misma semana, igual que ocurre con los jornaleros en otros sitios. Por eso los artesanos más modestos, los peones de sastre, ganan media corona por día, mientras que los salarios corrientes son de dieciocho peniques. En las ciudades y pueblos más pequeños, los salarios de los peones de sastre a menudo son casi iguales a los de los trabajadores no especializados, pero en Londres están muchas veces varias semanas sin empleo, particularmente durante el verano.

Cuando la eventualidad en el empleo se combina con la dureza, el desagrado y la suciedad, ello incrementa en ocasiones los salarios del trabajo más común por encima de los de los artesanos más expertos. Un minero que trabaja a destajo en Newcastle gana normalmente el doble y hasta el triple del salario de los trabajadores no cualificados en muchas partes de Escocia. Su alto salario deriva totalmente de lo duro, desagradable y sucio de su labor. Su empleo es en la mayoría de los casos tan permanente como él quiera. Los cargadores de carbón en Londres ejercen un oficio que es tan fatigoso, sucio e ingrato como el de los mineros; y por la ineludible irregularidad del arribo de los barcos carboneros, el empleo de la mayoría de ellos es necesariamente muy inconstante. Si los mineros, por tanto, ganan normalmente el doble y el triple de los salarios del trabajo no especializado, no sería irrazonable que los cargadores de carbón obtuviesen en

10. De los salarios y los beneficios en el trabajo y el capital

ocasiones unos salarios cuatro o cinco veces más altos. En una investigación sobre sus condiciones de trabajo, llevada a cabo hace unos pocos años, se descubrió que a la tasa a la que se les pagaba podían ganar de seis a diez chelines por día. Seis chelines es aproximadamente cuatro veces el salario del trabajo ordinario en Londres, y en cualquier oficio concreto las ganancias mínimas son las que corresponden al mayor número de personas. Por más copiosos que puedan parecer esos ingresos, si fueran más que suficientes para contrapesar todas las circunstancias desagradables de la tarea, pronto acudiría una cantidad tan abundante de competidores que, en una actividad que no tiene privilegios de exclusión, los empujarían rápidamente a una tasa menor.

La fijeza o eventualidad de los empleos no puede afectar a los beneficios corrientes del capital en ningún sector en particular. Si el capital está empleado constantemente o no, eso no depende del negocio sino del negociante.

En cuarto lugar, los salarios varían según la menor o mayor confianza que se deposite en los trabajadores.

Los salarios de los orfebres y joyeros son en todas partes mayores a los que muchos otros trabajadores no sólo de igual sino de muy superior destreza; ello se debe a los preciosos materiales que se les confían.

Depositamos nuestra salud en manos del médico; nuestra fortuna y en ocasiones nuestra vida en manos del abogado y el procurador. Tal confianza no puede ser entregada a personas de baja y humilde condición. Su remuneración, en consecuencia, debe otorgarles el rango social que esa responsabilidad exige. El abundante tiempo y gasto invertidos en su formación, combinado con dicha circunstancia, necesariamente expande todavía más el precio de su trabajo.

Cuando una persona emplea en su oficio sólo su propio capital, no hay confianza; y el crédito que pueda conseguir de otras personas depende no de la naturaleza de su labor sino de la opinión de esas personas acerca de su fortuna, probidad y prudencia. Las distintas tasas de beneficio en las varias ramas de los negocios no dependen, entonces de los diferentes grados de confianza depositados en los negociantes.

En quinto lugar, los salarios en los diversos empleos varían según que el éxito en ellos sea probable o improbable.

La probabilidad de que una persona concreta pueda llegar a ser apta para el empleo en el que se ha formado es muy diversa según la ocupación de que se trate. En la mayor parte de los oficios mecánicos, el éxito es casi seguro; es en cambio muy incierto en las profesiones liberales. Si uno pone a su hijo de aprendiz de zapatero, no hay duda de que aprenderá a hacer un par de zapatos. Pero si uno lo envía a estudiar derecho habrá apenas una probabilidad entre veinte de que pueda ganarse la vida en esa profesión. En una lotería sin trampa alguna, los que obtienen premios ganan lo que los otros pierden. En una profesión donde por uno que triunfa fracasan veinte, ese uno debería ganar todo lo que podrían haber ganado los veinte derrotados. Un abogado que a los cuarenta años empieza a conseguir algo de su profesión debería recibir la retribución no sólo por su cansadora y onerosa formación sino también por la de la veintena de otros que probablemente nunca obtendrán nada de ella. Por más disparatados que puedan parecer los honorarios de los abogados, su remuneración real jamás alcanza a cubrir eso. Si se calcula en cualquier sitio lo que probablemente ganan y gastan anualmente los diferentes trabajadores de un mismo oficio, como los zapateros o los tejedores, se verá que la primera suma generalmente excede a la segunda. Pero si se realiza el mismo cómputo con los abogados y estudiantes de derecho se comprobará que sus ganancias anuales guardan una proporción muy pequeña con sus gastos anuales, aunque se estime a las primeras tan alto y a los segundos tan bajo como sea posible. La lotería del derecho, entonces, está lejos de ser perfectamente justa; y esa actividad, como muchas otras profesiones liberales y honorables, está en lo relativo a las ganancias pecuniarias evidentemente poco remunerada.

No obstante, esas profesiones se mantienen a la par con otras ocupaciones, y a pesar de esos inconvenientes hay muchos espíritus liberales y generosos que se afanan por apiñarse dentro de ellas. Hay dos causas distintas que las vuelven atractivas. Primero, el deseo de alcanzar la reputación que deriva de lograr una gran excelencia en cualquiera de ellas; y segundo, la mayor o menor confianza natural que toda persona tiene no en sus propias capacidades sino en su buena suerte.

Pero destacarse en cualquier profesión, en la que incluso son pocos los mediocres, es la señal más elocuente de lo que se denomina genio o talentos superiores. La admiración pública otorgada a esas habilidades tan distinguidas forma parte siempre de su remuneración; una parte grande o pequeña en proporción al nivel de distinción. Es una parte muy considerable en la remuneración de los médicos; es quizás mayor en la de los abogados; y es casi la totalidad de la remuneración de los poetas y filósofos.

Hay talentos gratos y hermosos cuya posesión suscita una cierta dosis de admiración, pero cuyo ejercicio con fines de lucro es considerada, con razón o por un prejuicio, como una suerte de prostitución pública. Por lo tanto, la recompensa pecuniaria de los que así la ejercen debe ser suficiente para pagar no sólo el tiempo, trabajo y coste de adquirir esos talentos, sino también el descrédito que conlleva su empleo como medio de vida. Los exorbitantes sueldos de los actores, cantantes de ópera, bailarines, etc., derivan de esos dos principios; la rareza y belleza de los talentos y el descrédito de emplearlos de esa forma. Parece a primera vista absurdo que despreciemos a sus personas y sin embargo remuneremos tan profusamente a sus talentos. Sin embargo, al hacer lo uno debemos necesariamente hacer lo otro. Si un día cambia la opinión o el prejuicio del público con respecto a estas ocupaciones, su retribución pecuniaria bajaría rápidamente. Habría más candidatos a ejercerlas, y la competencia pronto deprimiría el precio de su trabajo. Aunque esos talentos no son comunes, no resultan en absoluto tan raros como se cree. Hay muchas personas que los poseen en un alto grado de perfección, pero que desdeñan el emplearlos de ese modo; y muchas más serían capaces de adquirirlos si se pudiese hacer con ellos algo honorable.

La petulante presunción que el grueso de los hombres tiene sobre sus propias capacidades es un mal de vieja data, subrayado desde siempre por filósofos y moralistas. La ridícula confianza en su buena suerte, en cambio, ha sido menos destacada. Y sin embargo es, si cabe, todavía más universal. No existe hombre alguno que no participe de ella, si está en condiciones aceptables de salud y de ánimo. Todo hombre sobrevalora en cierta medida sus posibilidades de éxito y la mayoría subvalora sus posibilidades de fracaso; casi ningún hombre en su estado normal asigna a estas últimas posibilidades un valor mayor que el que en realidad tienen.

El amplio éxito de las loterías demuestra que la probabilidad de ganar es naturalmente sobrevaluada. El mundo no ha visto nunca ni verá jamás una lotería perfectamente justa, una en donde las ganancias totales compensen las pérdidas totales: el empresario de la lotería no obtendría en tal caso beneficio alguno. En las loterías públicas los billetes realmente no valen el precio que pagan los suscriptores originales, y sin embargo se venden en el mercado por un veinte, un treinta y a veces hasta un cuarenta por ciento más. La única explicación de esta demanda es la vana esperanza de acertar alguno de los grandes premios. Hay gente muy prudente que no considera una tontería el pagar una pequeña suma por la probabilidad de ganar diez o veinte mil libras, aunque saben que incluso esa pequeña suma vale el veinte o el treinta por ciento más que lo que vale esa probabilidad. Los billetes de una lotería en donde ningún premio fuese superior a veinte libras, aunque en otros aspectos se aproximaría más a una lotería justa que las loterías estatales normales, no suscitarían la misma demanda. Para lograr una posibilidad mayor de acertar uno de los premios mayores, algunas personas compran varios billetes y otras compran participaciones en un número todavía mayor. Sin embargo, no hay proposición matemática más cierta que cuanto más billetes se compran, más probabilidades hay de perder. Si se compran todos los billetes, entonces la pérdida es segura; y cuantos más se adquieran más se aproxima uno a esa certeza.

El que las posibilidades de perder son frecuentemente infravaloradas, y casi nunca ponderadas por más de lo que valen, se demuestra mediante los muy moderados beneficios de los aseguradores. Para que el seguro, sea contra riesgos de incendio o marítimos, exista como actividad, las primas comunes deberán ser suficientes para compensar las pérdidas normales, pagar los gastos de administración y proporcionar un beneficio como el que podría recogerse de un capital similar invertido en cualquier otro negocio. La persona que paga eso y nada más, evidentemente paga nada más que el valor real del riesgo, o el precio mínimo al que puede razonablemente asegurarse contra él. Pero aunque muchas personas han hecho algo de dinero con los seguros, muy pocas han amasado una vasta fortuna; esta sola consideración basta para que resulte nítido que el equilibrio normal entre beneficios y pérdidas no es más ventajoso en este negocio que en los otros donde tanta gente acumula fortunas. Y es que por moderada que habitualmente sea la prima de los seguros, numerosas personas desprecian tanto el riesgo que no quieren pagarla. Tomando la media de todo el reino, diecinueve de cada veinte casas, o quizás noventa y nueve de cada cien, no están aseguradas contra incendios. Los riesgos marítimos son más alarmantes para la mayoría de las personas, y la proporción de barcos asegurados con respecto a los que no lo están es bastante mayor. Muchos de ellos, empero, se dan a la mar en todas las estaciones, e incluso en tiempo de guerra, sin seguro alguno. En algunos casos esto puede no ser imprudente. Cuando una gran compañía, o un gran comerciante, tiene veinte o treinta barcos en el mar, ellos pueden asegurarse mutuamente, por así decirlo. Las primas que entre todos se ahorran pueden más que compensar las pérdidas que puedan padecer en circunstancias normales del azar. Pero en la mayor parte de los casos el descuido en el seguro marítimo es, igual que en el seguro de las casas, consecuencia no de prolijos cálculos sino del insensato, temerario y presuntuoso desprecio del riesgo.

Ese desprecio por el riesgo y esa petulante confianza en el éxito nunca están más activos que en aquel período de la vida en que los jóvenes escogen sus carreras. La escasa medida en que el temor al fracaso contrarresta la esperanza en la buena suerte aparece más claramente aún en la disposición del pueblo llano a enrolarse como soldados, o a hacerse a la mar, que en el afán de las personas de clases más altas para ingresar en las denominadas profesiones liberales.

Lo que un soldado raso puede perder es bastante evidente. Sin embargo, olvidando el peligro, nunca los voluntarios jóvenes se alistan con tanto entusiasmo como cuando comienza una nueva guerra; y aunque las posibilidades de ascenso son muy escasas se figuran en sus juveniles fantasías que tropezarán con mil ocasiones para adquirir honores y distinciones, que jamás se harán realidad. Estas románticas aspiraciones constituyen todo el precio de su sangre. Su paga es menor que la de un peón ordinario y sus fatigas durante el servicio son mucho mayores.

La lotería del mar no es tan desventajosa como la del ejército. El hijo de un trabajador o artesano acreditado puede a menudo hacerse a la mar con el consenso de su padre; pero si se alista como soldado, lo hará frecuentemente sin él. En el primer caso, algunas personas creerán que tiene alguna posibilidad de avanzar en esa actividad; en el segundo caso, lo creerá sólo él. El gran almirante es objeto de menor admiración pública que el gran general, y el máximo éxito en el mar asegura una fortuna y una reputación menos brillantes que un éxito similar en tierra. La misma diferencia existe en todos los rangos inferiores. Con arreglo a la jerarquía, un capitán en la marina tiene el mismo rango que un coronel en el ejército: pero no gozan del mismo aprecio general. Si los grandes premios en la lotería son pocos, los pequeños deben ser más numerosos. Los marineros, así, consiguen alguna fortuna y ascenso más a menudo que los soldados; y la esperanza de conseguirlos es lo que hace atractivo a este quehacer. Aunque su habilidad y destreza es muy superior a la de casi cualquier artesano, y aunque toda su vida es un escenario continuo de fatigas y peligros, sin embargo, a pesar de toda esa habilidad y destreza, de todos estos peligros y fatigas, no reciben mientras no ascienden otra remuneración que el placer de ejercitar las primeras y superar los segundos. Sus salarios no son mayores que los de los peones comunes de puerto, que sirven para regular la tasa de los sueldos de los hombres de mar. Como están permanentemente yendo de un puerto a otro, la paga mensual de aquellos que parten de todos los diversos puertos de Gran Bretaña está más a la par que la de cualesquiera otros trabajadores en esos sitios diferentes; y la tasa del puerto hacia y desde donde navega la mayoría, es decir, el puerto de Londres, regula la de los demás. En Londres los salarios de la mayoría de los trabajadores es aproximadamente el doble de lo que cobran las mismas clases en Edimburgo, pero los marineros que zarpan del puerto de Londres rara vez gana tres o cuatro chelines por mes más que los que zarpan del puerto de Leith, y la diferencia es a menudo menor. En tiempos de paz, y en el servicio comercial, el precio en Londres es de entre una guinea y unos veintisiete chelines al mes. Un peón corriente en Londres, a una tasa de nueve o diez chelines semanales puede ganar al mes entre cuarenta y cuarenta y cinco chelines. Es verdad que el marinero recibe, además de su paga, los alimentos. El valor de éstos, sin embargo, puede que no siempre exceda a la diferencia entre su paga y la del trabajador ordinario; y aunque a veces lo haga, el exceso no será una ganancia clara para el marinero, porque no podrá compartirla con su mujer y su familia, a las que deberá mantener en casa con su salario.

Los peligros y escapes por los pelos que caracterizan a una vida de aventuras, en lugar de desanimar a los jóvenes, a menudo la vuelven más atractiva para ellos. Entre las clases más bajas del pueblo, a una madre cariñosa le atemorizará el enviar a su hijo a la escuela en una ciudad costera, no vaya a ser que el espectáculo de los barcos y la conversación y aventuras de los marineros lo inciten a hacerse a la mar. La perspectiva de peligros distantes, de los que podemos esperar librarnos con coraje y decisión, no nos es desagradable y no incrementa los salarios en ningún empleo. Lo contrario sucede en aquellos en donde el coraje y la decisión no sirven para nada. En oficios reconocidamente insalubres los salarios siempre son asombrosamente elevados. La insalubridad es algo desagradable, y sus efectos sobre los salarios corresponden a esta categoría general.

En todos los campos de empleo del capital la tasa corriente de beneficio varía más o menos con la certidumbre o incertidumbre de los rendimientos. Éstos son en general menos inciertos en el comercio interior que en el exterior, y menos en algunas ramas del comercio exterior que en otras; en el comercio con América del Norte, por ejemplo, que en el comercio con Jamaica. La tasa corriente de beneficio siempre aumenta más o menos con el riesgo. No parece, sin embargo, aumentar en proporción, o de forma de compensarlo totalmente. Las bancarrotas son más frecuentes en las actividades más peligrosas. La más peligrosa de todas, el contrabando, es el camino infalible hacia la bancarrota, aunque cuando la aventura tiene éxito es, de la misma forma, la más rentable. La presuntuosa confianza en el éxito parece actuar aquí como en todas las demás ocasiones, e incitar a muchos aventureros a estos oficios tan riesgosos, de tal forma que su competencia reduce los beneficios por debajo de lo suficiente para compensar el riesgo. Para compensarlo totalmente los rendimientos comunes deberían cubrir, más allá de los beneficios habituales del capital, no sólo todas las pérdidas ocasionales sino también un beneficio extra para los aventureros, de la misma naturaleza que el beneficio de los aseguradores. Pero si los rendimientos habituales fueran suficientes para todo esto, entonces las bancarrotas no serían más frecuentes en estos sectores que en otros.

Por lo tanto, de las cinco circunstancias que influyen sobre los salarios sólo dos afectan a los beneficios: lo agradable o desagradable del negocio y el riesgo o seguridad con que se lleva a cabo. En lo que hace a lo agradable o desagradable, hay poca o ninguna diferencia en la mayoría de los empleos del capital, pero una gran diferencia en los del trabajo; y el beneficio corriente, aunque aumenta con el riesgo, no siempre lo hace proporcionalmente. De todo esto se seguiría que en una misma sociedad o zona las tasas de beneficio ordinarias o medias en los diversos empleos del capital deberían estar más a la par que los salarios pecuniarios de los diversos tipos de trabajo. Y así ocurre efectivamente. La brecha entre los ingresos de un trabajador corriente y los de un abogado o un médico bien situados es evidentemente mucho más acusada que la que existe entre los beneficios corrientes de dos ramas distintas de la economía. Asimismo, la aparente separación entre los beneficios de los negocios es generalmente producto de nuestra confusión por no distinguir siempre entre lo que debe considerarse como salarios y lo que debe considerarse como beneficio.

El beneficio de los boticarios se ha convertido en un lugar común para designar algo extraordinariamente copioso. Sin embargo, este abultado beneficio aparente es a menudo nada más que un salario razonable. La destreza de un boticario es un asunto mucho más prolijo y delicado que la de cualquier artesano; y la confianza en él depositada es de una importancia incomparablemente mayor. En todos los casos él es el médico de los pobres, y cuando el mal o el peligro no es muy acusado también lo es de los ricos. Su retribución, por lo tanto, debe ser adecuada a su habilidad y su responsabilidad, y deriva generalmente del precio al que vende sus medicamentos. Pero la totalidad de los remedios que el mejor boticario de una gran ciudad vende en un año puede que no le hayan costado más de treinta o cuarenta libras. Aunque los venda con un beneficio del trescientos, o cuatrocientos o mil por ciento, esto será con frecuencia poco más que el salario razonable de su trabajo, cobrado de la única forma en que puede cobrarlo: cargándolo sobre el precio de sus

10. De los salarios y los beneficios en el trabajo y el capital

medicamentos. El grueso de su beneficio aparente es en realidad salario disfrazado bajo la indumentaria de beneficio.

En una pequeña ciudad que sea puerto de mar, un modesto tendero cosechará un beneficio del cuarenta o cincuenta por ciento sobre un capital de sólo cien libras, mientras que un importante mayorista en el mismo sitio apenas conseguirá un ocho o un diez por ciento sobre un capital de diez mil. El comercio del tendero puede ser necesario para la comodidad de los habitantes, y la estrechez del mercado puede impedir el empleo en el negocio de un capital mayor. El hombre deberá no sólo vivir de su tienda sino además en consonancia con la calificación que su negocio requiere. Además de contar con un pequeño capital, deberá ser capaz de leer, escribir y contar, y deberá también conocer adecuadamente quizás cincuenta o sesenta tipos de bienes diferentes, sus precios, calidades y los mercados donde pueden ser adquiridos a mejor precio. Deberá en suma atesorar todo el conocimiento necesario para ser un gran mercader, algo en lo que nada le impide convertirse, salvo la falta de un capital suficiente. Treinta o cuarenta libras por año no pueden ser consideradas una remuneración demasiado voluminosa por el trabajo de una persona tan preparada. Si se restan de los aparentemente tan abultados beneficios de su capital, entonces quedará probablemente muy poco más que los beneficios corrientes. El grueso del beneficio aparente es, también en este caso, verdaderamente salarios.

La diferencia entre el beneficio aparente en el comercio minorista y mayorista es mucho menor en la capital que en las ciudades y pueblos pequeños. Donde se pueden invertir diez mil libras en una tienda, los salarios del tendero constituirán un añadido insignificante a los beneficios de un capital tan grande. Los beneficios aparentes del detallista acaudalado, entonces, serán allí más parecidos a los del comerciante mayorista. Por eso los bienes vendidos al por menor son generalmente tan baratos y a menudo mucho más baratos en la capital que en los pueblos. Los ultramarinos, por ejemplo, son usualmente mucho más baratos; el pan y la carne frecuentemente igual de baratos. No cuesta más llevar ultramarinos a una gran ciudad que a una aldea, pero cuesta mucho más llevar cereales y ganado, porque el grueso de los mismos deberá ser transportado desde una distancia mucho mayor. Como el coste primario de los ultramarinos es el mismo en los dos lugares, resultan más baratos cuando se carga sobre ellos un beneficio menor. El coste primario del pan y la carne es mayor en una gran ciudad que en un pueblo rural, y aunque el beneficio es menor no son siempre más baratos allí, sino frecuentemente igual de baratos. En los artículos como el pan y la carne, la misma causa que disminuye el beneficio aparente, incrementa el coste primario. La extensión del mercado, al permitir la inversión de más capital, reduce el beneficio aparente; pero al requerir suministros desde mayores distancias, eleva el coste primario. En la mayoría de los casos esa reducción y esa elevación parecen compensarse recíprocamente; lo que probablemente es la razón por la cual aunque los precios del cereal y del ganado son normalmente muy distintos en las diversas partes del reino, los del pan y la carne son generalmente los mismos en casi todas partes.

Aunque los beneficios en el comercio mayorista y minorista son generalmente menores en la capital que en los pueblos, se acumulan en la primera notables fortunas a partir de comienzos modestos, lo que casi nunca sucede en los segundos. En los pueblos y las aldeas rurales, debido a la estrechez del mercado, el comercio no siempre puede ampliarse a medida que lo hace el capital. En esos lugares, entonces, aunque la tasa de los beneficios de una

10. De los salarios y los beneficios en el trabajo y el capital

persona particular pueda ser muy alta, la suma de ellos nunca será muy voluminosa, ni consecuentemente lo será la de su acumulación anual. En las grandes ciudades, por el contrario, la actividad puede extenderse junto con el capital, y el crédito de una persona frugal y próspera crece mucho más rápido que su capital. Su negocio crece en proporción a la suma de ambos, y el monto de sus beneficios guarda proporción con la extensión de su negocio, y su acumulación anual con la suma de sus beneficios. Pocas veces ocurre, sin embargo, que se amasen caudalosas fortunas incluso en las grandes ciudades en labores normales, establecidas y bien conocidas, si no es como consecuencia de toda una vida de esfuerzo, frugalidad y concentración en el negocio. Es verdad que en esos lugares a veces se cosechan fortunas súbitamente, por lo que se llaman negocios de especulación. El comerciante especulador no cultiva un quehacer normal, establecido y bien conocido. Es un negociante de cereales este año, de vinos el año siguiente, y de azúcar, tabaco o té el siguiente. Entra en cualquier negocio cuando prevé que puede ser más rentable de lo corriente, y lo abandona cuando estima que es probable que sus beneficios regresen al mismo nivel que los de las demás actividades. Sus beneficios y pérdidas, en consecuencia, no pueden guardar ninguna proporción regular con los de ninguna rama de los negocios establecida y conocida. Un empresario audaz puede a veces adquirir una fortuna colosal mediante dos o tres especulaciones acertadas; pero eso es tan probable como que la pierda mediante dos o tres desacertadas. Esta actividad sólo puede ser llevada a cabo en las grandes ciudades. La información necesaria para desarrollarla sólo existe en lugares donde el comercio y las comunicaciones tienen una amplitud máxima.

Las cinco circunstancias mencionadas, aunque generan notables desigualdades en los salarios del trabajo y los beneficios del capital, no provocan ninguna en el conjunto de las ventajas o desventajas, reales o imaginarias, de los diversos empleos de ambos. La naturaleza de esas circunstancias es tal que compensan una pequeña ganancia pecuniaria en algunos casos, y contrarrestan una ganancia mayor en otros.

No obstante, para que esta igualdad pueda establecerse en el conjunto de sus ventajas o desventajas son necesarios tres requisitos incluso allí donde exista plena libertad. Primero, los empleos debe ser bien conocidos y estar arraigados en la comunidad desde tiempo atrás; segundo, deben estar en su estado ordinario, o que podría llamarse su estado natural; y tercero, deberán ser la única o principal ocupación de quienes a ellos se dedican.

Primero, esta igualdad sólo puede existir en aquellos empleos bien conocidos y durante mucho tiempo asentados en la comunidad.

Si las demás circunstancias permanecen iguales, los salarios generalmente son mayores en los negocios nuevos que en los viejos. Cuando un empresario intenta establecer una nueva industria, debe primero atraer a sus trabajadores con salarios más altos de los que cada uno gana en su propio puesto, o de lo que la naturaleza de su trabajo exigiría en otro caso, y debe transcurrir un período de tiempo considerable antes de que pueda reducirlos hasta el nivel normal. Las manufacturas cuya demanda proviene totalmente de la moda y el capricho están cambiando continuamente, y rara vez duran lo suficiente como para ser consideradas como las industrias largamente asentadas. Aquellas, por el contrario, cuya demanda deriva fundamentalmente de la utilidad o la necesidad están menos expuestas al cambio, y el mismo diseño o artículo puede ser demandado durante siglos enteros. Por lo tanto, los salarios serán probablemente más elevados en las primeras manufacturas que en las segundas.

10. De los salarios y los beneficios en el trabajo y el capital

Birmingham tiene principalmente industrias de la primera clase y Sheffield de la segunda; y se cree que los salarios en ambas ciudades se adaptan a esta diferencia en la naturaleza de sus manufacturas.

El establecimiento de cualquier industria nueva, cualquier rama nueva del comercio, o cualquier procedimiento nuevo en la agricultura, es siempre una especulación, por la que el empresario se promete a sí mismo copiosos beneficios. Estos beneficios son a veces muy grandes y a veces, más a menudo quizás, son más bien lo opuesto; pero en general no guardan proporción regular alguna con los de los negocios antiguos de la zona. Si el proyecto tiene éxito, son normalmente muy altos al principio. Cuando el negocio se consolida y llega a ser conocido, la competencia los reduce al nivel de las demás actividades.

Segundo, esa igualdad en el conjunto de las ventajas y desventajas de los diversos empleos del trabajo y el capital tiene lugar sólo en el estado ordinario, o lo que podría denominarse estado natural de dichos empleos.

La demanda de casi todas las clases de trabajo es en ocasiones más alta y en ocasiones más baja de lo normal. En el primer caso las ventajas del empleo suben por encima, y en el otro caen por debajo de su nivel corriente. La demanda de trabajo agrícola es mayor en el momento de la recogida del heno y de la cosecha que durante la mayor parte del año; y los salarios suben con la demanda. En tiempos de guerra, cuando cuarenta o cincuenta mil marineros son forzados a desplazarse de la marina mercante a la armada real, la demanda de marineros para los buques mercantes sube necesariamente debido a su escasez, y en tales ocasiones los salarios habitualmente aumentan de entre una guinea y veintisiete chelines hasta entre cuarenta chelines y tres libras por mes. En una industria decadente, por el contrario, muchos obreros prefieren no abandonar su viejo trabajo, y están dispuestos a aceptar un salario menor al que correspondería en otro caso a la naturaleza de su empleo.

Los beneficios del capital varían con el precio de las mercancías en las que se invierte. En la medida en que el precio de cualquier mercancía se eleva sobre la tasa ordinaria o media, los beneficios al menos de una parte del capital invertido en traerla al mercado aumentan por encima de su nivel normal, y caen por debajo de dicho nivel cuando lo hace el precio. Todas las mercancías son más o menos susceptibles de cambios en sus precios, pero algunas lo son mucho más que otras. En todas las mercancías producidas mediante el trabajo humano, la cantidad de trabajo empleada anualmente es determinada necesariamente por la demanda anual, de tal manera que la producción anual media sea, en la medida de lo posible, igual al consumo anual medio. Ya ha sido señalado que en algunas actividades la misma cantidad de trabajo producirá siempre la misma o casi la misma cantidad de mercancías. En las manufacturas de lino o lana, por ejemplo, el mismo número de manos elaborará anualmente casi la misma cantidad de paños de lana o hilo. Las variaciones en el precio de mercado de esas mercancías, por lo tanto, sólo pueden originarse por variaciones accidentales en la demanda. Un luto nacional eleva el precio de las telas negras. Pero como la demanda de la mayor parte de los paños y lienzos es bastante uniforme, también lo es su precio. Ahora bien, hay otros empleos en donde la misma cantidad de trabajo no siempre producirá la misma cantidad de mercancías. La misma cantidad de trabajo, por ejemplo, producirá en años diferentes cantidades marcadamente diferentes de cereales, vino, lúpulo, azúcar, tabaco, etc. El precio de tales mercancías, entonces, varía no sólo ante cambios en la demanda sino con las mucho más agudas y frecuentes variaciones en la cantidad, y es por ello extremadamente oscilante. Pero el beneficio de algunos de los comerciantes necesariamente fluctuará con el precio de las mercancías. Las operaciones de un mercader especulador se concentran principalmente en este tipo de mercancías. Procura adquirirlas cuando prevé que su precio va a subir, y venderlas cuando estima que va a bajar.

Tercero, esa igualdad en el conjunto de las ventajas y desventajas de los diversos empleos del trabajo y el capital sólo puede existir en aquellas labores que sean la ocupación única o principal de quienes a ellas se dedican.

Cuando una persona se gana la vida con un solo trabajo que no le absorbe la mayor parte de su tiempo, muchas veces sucede que está dispuesta a ocupar sus ratos de ocio en otro trabajo por un salario menor al que correspondería en otro caso a la naturaleza del empleo.

Todavía subsisten en muchas partes de Escocia unas personas llamadas *cottagers*, si bien en menor número que hace algunos años. Son una especie de sirvientes eventuales de los terratenientes y granjeros. La remuneración habitual que reciben de sus patronos es una casa, un pequeño huerto para legumbres, una cantidad de pasto como para alimentar una vaca, y quizás un acre o dos de mala tierra cultivable. Cuando el patrono necesita su trabajo les da, además, dos *pecks* de harina de avena por semana, que valen unos dieciséis peniques esterlinos. Durante buena parte del año casi no los necesita, y el cultivo de su pequeña posesión no es suficiente para ocupar todo su tiempo disponible. Cuando estos ocupantes eran mucho más numerosos que ahora, estaban dispuestos a entregar su tiempo libre a cualquiera por una magra retribución, y a trabajar por menos salario que los demás trabajadores. En épocas antiguas había muchos en toda Europa. En países mal cultivados y poco poblados, la mayoría de los terratenientes y granjeros no tenían otra forma de asegurarse la mano de obra extraordinaria que las labores rurales exigen en determinadas estaciones. La remuneración diaria o semanal que estos trabajadores recibían de sus patronos no era evidentemente todo el precio de su trabajo. Su pequeño asentamiento constituía una buena parte del mismo. No obstante, su remuneración diaria o semanal ha sido considerada como su salario total por muchos autores que han recopilado los precios del trabajo y las provisiones en tiempos antiguos, y se han complacido en presentarlos a ambos como extraordinariamente bajos. El producto de un trabajo de ese tipo llega a menudo al mercado más barato de lo que correspondería en otro caso a su naturaleza. Las medias son tejidas en muchas partes de Escocia a un precio menor del que cuesta hacerlas en los telares de cualquier otro sitio. Son obra de sirvientes y trabajadores que obtienen la parte principal de su subsistencia en otros empleos. En Leith se importan por año más de mil pares de medias de Shetland, al precio de entre cinco y siete peniques el par. Me han asegurado que en Learwick, la pequeña capital de las islas Shetland, el salario corriente es de diez peniques por día. En las mismas islas se tejen medias de punto de lana por una guinea el par e incluso más caras.

El hilado de la fibra de lino se realiza en Escocia casi de la misma forma que el tejido de las medias, es decir, por sirvientes que trabajan esencialmente en otras ocupaciones. Aquellos que pretenden ganarse la vida sólo con una de esas labores reciben apenas lo necesario para subsistir pobremente. En la mayor parte de Escocia sólo una buena hilandera puede ganar veinte peniques por semana.

En los países ricos el mercado es generalmente tan amplio que cualquier actividad es suficiente para emplear todo el trabajo y todo el capital de quienes a ella se dedican. Los casos de personas que vivan con un empleo y al mismo tiempo obtengan alguna ventaja de otro, tienen lugar básicamente en países pobres. El ejemplo siguiente, sin embargo, de un caso de este tipo, corresponde a la capital de uno muy rico. Creo que no hay ciudad en Europa donde las rentas urbanas sean tan caras como en Londres, y a pesar de ello no conozco ninguna capital en donde el alquiler de un apartamento amueblado sea tan barato. Las habitaciones amuebladas no son sólo más baratas en Londres que en París; son más baratas que en Edimburgo para calidades similares; y lo que podrá parecer notable es que la carestía de los alquileres es la causa de la baratura de las habitaciones amuebladas. El elevado precio de la renta de las casas en Londres se origina no sólo por las causas que lo elevan en todas las grandes capitales, a saber: el alto precio del trabajo, de los materiales de la construcción que deben ser generalmente transportados desde una gran distancia, y sobre todo la carestía de la renta del suelo, al actuar cada terrateniente como un monopolista y cobrar a menudo por un acre de mala tierra en la ciudad lo mismo que por cien de la mejor tierra en el campo; sino que se origina en parte por los usos y costumbres peculiares de la gente, que fuerzan a cada padre de familia a alquilar una casa completa, desde la base hasta el tejado. Una vivienda en Inglaterra quiere decir todo lo contenido bajo el mismo techo. En Francia, Escocia y muchas otras partes de Europa, a menudo quiere decir sólo un piso. Un comerciante en Londres se ve obligado a alquilar una casa completa en aquella parte de la ciudad donde viven sus clientes. En el bajo está la tienda; él y su familia duermen en la buhardilla; y para pagar una parte del alquiler subarrienda los dos pisos intermedios a otros inquilinos. Confía en mantener a su familia gracias a su negocio, no gracias a estos inquilinos. En cambio en París y en Edimburgo, las personas que tienen viviendas para alquilar suelen no contar con otros medios de vida, con lo cual el precio del alquiler debe pagar no sólo la renta de la casa sino todos los gastos de la familia.

Parte II
Desigualdades producidas por la política de Europa

Las desigualdades mencionadas hasta aquí en el conjunto de las ventajas y desventajas de los diferentes empleos del trabajo y el capital, derivan de la falta de alguno de los tres requisitos indicados y surgen incluso cuando existe plena libertad. Pero la política de Europa, al no dejar a las cosas en perfecta libertad, da lugar a otras desigualdades mucho más importantes.

Y lo hace fundamentalmente de tres maneras. Primero, al restringir la competencia en algunos sectores a un número menor de personas de las que estarían dispuestas a entrar en ellos en otra circunstancia; segundo, al incrementar en otros ese número más allá de lo que sería natural; y tercero, al obstruir la libre circulación del trabajo y el capital, tanto de un empleo a otro como de un lugar a otro.

Primero, la política de Europa ocasiona una notable desigualdad en las ventajas y desventajas totales de los diversos empleos del trabajo y el capital al restringir la competencia en algunas actividades a un número menor de personas de las que estarían dispuestas a entrar en ellas en otro caso.

El medio principal del que se sirve para este propósito son los privilegios exclusivos de las corporaciones o gremios.

El privilegio exclusivo otorgado a un oficio corporativo necesariamente restringe la competencia, en la ciudad donde se establece, a aquellos que pueden ejercer el oficio. Normalmente, el requisito indispensable para ejercerlo es haber trabajado como aprendiz en la ciudad, a las órdenes de un maestro debidamente cualificado. Los estatutos del gremio regulan a veces el número de aprendices que puede tener un maestro, y casi siempre el número de años que debe trabajar cada aprendiz. El objetivo de ambas regulaciones es limitar la competencia a un número de personas mucho menor que el que estaría dispuesto a entrar en el oficio en otro caso. El número máximo de aprendices lo limita directamente. Y un aprendizaje prolongado lo limita indirectamente, pero de forma igualmente efectiva, al incrementar el coste de la educación.

En Sheffield los estatutos corporativos impiden que un maestro cuchillero tenga más de un aprendiz al mismo tiempo. En Norfolk y Norwich ningún maestro tejedor puede contar con más de dos aprendices, bajo multa de cinco libras al mes al Tesoro. Ningún maestro puede tener más de dos aprendices en cualquier parte de Inglaterra, o en las plantaciones inglesas, bajo multa de cinco libras mensuales, a pagar la mitad al Tesoro y la mitad a la persona que lo denuncie ante los tribunales. Ambas regulaciones, aunque han sido confirmadas por una ley del reino, responden evidentemente al mismo espíritu corporativo que promulgó los estatutos de Sheffield. No había pasado casi un año desde que los tejedores de seda de Londres se agruparon en un gremio, cuando impusieron un estatuto que prohibía a cada maestro tener más de dos aprendices a un mismo tiempo. Para derogar este reglamento fue precisa una ley específica del parlamento.

Antiguamente el plazo normal de duración del aprendizaje era de siete años en los gremios de toda Europa. Todas estas corporaciones eran llamadas entonces universidades, que es realmente el nombre latino más adecuado para cualquier gremio. La universidad de los herreros, la universidad de los sastres, etc., son expresiones que encontramos frecuentemente en los fueros de las ciudades antiguas. Cuando se fundaron esos gremios concretos que se llaman hoy universidades, el número de años que era menester estudiar para obtener el grado de maestro en artes se copió del plazo del aprendizaje en los oficios comunes, cuyos gremios eran mucho más antiguos. Como siete años de trabajo con un maestro debidamente cualificado eran necesarios para que cualquier persona pudiese ser un maestro, y tener a su vez aprendices de un oficio común, resultó que también fueron necesarios siete años de estudio con un maestro debidamente cualificado para llegar a ser un maestro, profesor o doctor (palabras que antiguamente eran sinónimos) en las artes liberales, y tener entonces discípulos o aprendices (que también eran sinónimos antes).

Por el comúnmente llamado Estatuto del Aprendizaje, del año quinto de la reina Isabel, se dispuso que ninguna persona podría ejercer en el futuro ningún oficio, arte o profesión en Inglaterra si no había trabajado antes en dicho quehacer como aprendiz durante al menos siete años; y lo que antes había sido el estatuto de varias corporaciones concretas se transformó en la ley pública y general para todos los oficios de las ciudades con mercado de Inglaterra. Porque aunque el texto del Estatuto es muy general, y parece claro que se refiere a la totalidad del reino, su ámbito ha sido interpretado como limitado a las ciudades mercantiles, y se daba por supuesto que en los pueblos rurales una persona podía ejercer diversos oficios aunque no hubiese pasado siete años de aprendizaje en cada uno, dado que eran oficios necesarios para la comodidad de los habitantes y dado que a menudo no era suficiente el número de personas para suministrar mano de obra específica para cada actividad.

Mediante una interpretación literal del texto, la jurisdicción del Estatuto ha sido restringida a los oficios que se habían establecido en Inglaterra antes del quinto año del reinado de Isabel, y nunca ha sido extendida a los que han sido introducidos desde entonces. Esta restricción ha dado lugar a una prolija casuística que, considerada como un conjunto de reglas de política, es lo más disparatado que imaginarse pueda. Se ha estimado, por ejemplo, que un fabricante de coches no podía ni hacer las ruedas de sus coches ni emplear a jornaleros para que las hiciesen, sino que debía comprarlas a un maestro fabricante de ruedas, puesto que este oficio existía en Inglaterra antes del año quinto de Isabel. Pero un fabricante de ruedas, aunque nunca hubiese sido aprendiz de fabricante de coches, sí podía fabricarlos o emplear a jornaleros para que los hicieran; porque el oficio de fabricante de coches no caía bajo el Estatuto por que no se ejercía en Inglaterra cuando aquél fue promulgado. Las manufacturas de Manchester, Birmingham y Wolverhampton caen en muchos casos también fuera del Estatuto, porque no existían en Inglaterra antes del año quinto de la reina Isabel.

En Francia la duración del aprendizaje varía según las ciudades y los oficios. En París, en la mayor parte de ellos se exigen cinco años; pero antes de que cualquier persona pueda ser cualificada para ejercer el oficio como un maestro deberá, en muchos casos, trabajar cinco años más como jornalero. Durante este segundo plazo se le denomina el «compañero» del maestro, e incluso el plazo mismo recibe el nombre «de compañía».

En Escocia no hay una ley general que regule la duración del aprendizaje. El plazo varía según las diversas corporaciones. Cuando es prolongado, una parte del mismo puede generalmente redimirse mediante el pago de una pequeña cantidad. En la mayor parte de las ciudades con una prima muy pequeña se puede adquirir la licencia de cualquier gremio. Los tejedores de lino y cáñamo, la principal industria del país, así como los demás artesanos auxiliares suyos como los fabricantes de ruedas y devanaderas, pueden ejercer su oficio en cualquier ciudad gremial sin pagar tasa alguna. En todas las ciudades gremiales cualquier persona es libre de vender carne en los días de la semana permitidos. Un plazo normal de aprendizaje en Escocia es tres años, incluso en algunos de los oficios más delicados, y en general no conozco ningún país europeo donde las leyes gremiales sean tan poco opresivas.

Así como la propiedad que cada persona tiene de su trabajo es la base fundamental de todas las demás propiedades, también es la más sagrada e inviolable. El patrimonio de un hombre pobre estriba en la fuerza y destreza de sus manos; el impedir que emplee esa fuerza y esa destreza de la forma en que él crea más conveniente sin perjudicar a nadie es una violación flagrante de la más sagrada de las propiedades. Es una manifiesta usurpación de la justa libertad tanto del trabajador como de los que podrían estar dispuestos a emplearlo. Así como impide que uno trabaje en lo que cree más adecuado, impide también a los otros el emplearlo en lo que ellos creen más conveniente. El juicio sobre si ese hombre está en condiciones de ser empleado debe ciertamente ser dejado a la discreción de los empleadores, a cuyo interés concierne mucho. La inquietud artificial del legislador para evitar que empleen a personas inadecuadas es tan impertinente como opresiva.

La institución de los aprendizajes prolongados no es garantía de que no se presenten a la venta al público objetos insuficientemente trabajados. Cuando esto ocurre se debe generalmente al fraude, no a la incapacidad. Para prevenir tales abusos se precisan reglamentaciones muy distintas. La marca esterlina en los utensilios de plata, y los sellos en los lienzos y los paños proporcionan al comprador una seguridad mucho mayor que ningún estatuto de aprendizaje. El cliente apreciará esas marcas, pero jamás pensará que es importante averiguar si el trabajador ha cumplido los siete años de aprendizaje.

Los aprendizajes largos no tienden a formar jóvenes laboriosos. Es probable que un jornalero a destajo sea trabajador, porque obtiene un beneficio al serlo. Es probable que un aprendiz sea perezoso, y casi siempre lo es, porque no tiene un interés inmediato en actuar de otra manera. En los oficios inferiores, el placer del trabajo consiste exclusivamente en su remuneración. Aquellos que estén antes en condiciones de disfrutar de ese placer, antes le tomarán el gusto al trabajo y adquirirán el hábito de la laboriosidad. Todo joven que durante mucho tiempo no haya obtenido beneficio alguno de su esfuerzo desarrollará una aversión natural al trabajo. Los muchachos que proceden de los asilos públicos suelen ser aprendices durante más tiempo de lo normal, con lo que generalmente se vuelven holgazanes e inservibles.

En la antigüedad el aprendizaje era algo totalmente desconocido. En toda legislación moderna hay numerosos artículos referidos a las obligaciones recíprocas de maestro y aprendiz. Nada de eso hay en el derecho romano. No conozco ninguna palabra griega ni latina (me atrevo a afirmar que no existe ninguna) que exprese la idea que reflejamos hoy con la palabra aprendiz, un sirviente obligado a trabajar en una actividad particular en beneficio del maestro durante un plazo determinado, a condición de que el maestro le enseñe el oficio.

Los aprendizajes prolongados son totalmente innecesarios. Las artes que son muy superiores a los oficios comunes, como la fabricación de relojes, no albergan tantos misterios como para requerir un extenso curso de instrucción. La primera invención de esas bellas máquinas e incluso de algunos de los instrumentos utilizados en su fabricación debió sin duda haber requerido reflexiones muy profundas y mucho tiempo, y bien puede ser considerada como uno de los esfuerzos más felices del ingenio humano. Pero cuando ambos han sido ya inventados y son bien comprendidos, el explicar a un joven de manera detallada cómo aplicar los instrumentos y cómo construir las máquinas no puede exigir más de unas pocas semanas de lecciones: quizás sean suficientes unos pocos días. En los oficios mecánicos más comunes bastan sin duda unos días. Es cierto que la destreza manual, incluso en las labores más comunes, no puede ser adquirida sin mucha práctica y experiencia. Pero un joven se aplicaría con mucha más diligencia y atención si desde el principio trabajara como un jornalero, si se le pagara en proporción al poco trabajo que pudiese ejercitar, y si pagara él a su vez por los materiales que en ocasiones pudiese estropear por su torpeza e inexperiencia. De esta manera su educación sería generalmente más eficaz y siempre menos fatigosa y costosa. El maestro perdería, sin duda. Perdería durante siete años todos los salarios del aprendiz, que hoy se ahorra. Es posible que al final el propio aprendiz perdiese. En un oficio fácil de aprender tendría más competidores, y cuando llegase a ser un trabajador hecho y derecho sus salarios serían menores que los actuales. El mismo incremento de la competencia reduciría los beneficios de los maestros y los salarios de los trabajadores. Los oficios, las artes y las profesiones, todos perderían. Pero ganaría el público, porque el trabajo de todos los artesanos llegaría al mercado a un precio mucho menor.

El prevenir esta reducción en el precio, y consecuentemente en los salarios y los beneficios, es el propósito por el que han sido promulgadas la mayor parte de las leyes corporativas, cuyo objetivo es restringir la libre competencia que inevitablemente ocasionaría ese abaratamiento. En la antigüedad, para establecer un gremio en muchas partes de Europa no se requería más autoridad que la de la ciudad. Es verdad que en Inglaterra era necesaria una autorización del rey, pero esta prerrogativa real tenía como objetivo arrancar dinero de los súbditos y no defender la libertad general contra tan opresivos monopolios. Mediante el pago de una suma al rey, la autorización

10. De los salarios y los beneficios en el trabajo y el capital

era otorgada con facilidad; y cuando una clase particular de artesanos o comerciantes se decidía a actuar como un gremio sin permiso real, dichas corporaciones clandestinas, como entonces se las llamaba, no siempre perdían por ello su franquicia sino que se las obligaba a pagar una prima anual al rey para ejercer los privilegios que habían usurpado. La inspección inmediata de todos los gremios, y de los estatutos que estimaban conveniente promulgar para su propio gobierno, corría a cargo del ayuntamiento de la ciudad donde se establecían; y cualquier disciplina jurisdiccional que se les imponía no provenía normalmente del rey sino de aquella otra corporación más amplia de la que eran ellos sólo parte o miembros.

El gobierno de las ciudades estaba totalmente en manos de comerciantes o artesanos; y era el interés manifiesto de todo grupo concreto de ellos el prevenir lo que llamaban el abarrotamiento del mercado con los productos que fabricaban; lo que en realidad quería decir que pretendían mantener al mercado siempre desabastecido. Cada grupo estaba ansioso por implantar reglamentos con este propósito y, siempre que le fuese permitido hacerlo, admitía que todos los demás grupos hicieran lo propio. Como resultado de estas reglamentaciones, cada grupo era forzado a comprar los bienes que necesitaba de los demás grupos a un precio superior al que habría regido en otro caso, pero a cambio el grupo podía vender sus productos también mucho más caros; así que, como ellos dicen, la cosa era tan larga como ancha, y en los negocios recíprocos de las diversas clases de la ciudad nadie perdía merced a esas regulaciones. Pero en los negocios con el campo todos ganaban mucho, y en estos negocios descansa todo el comercio que mantiene y enriquece a cualquier ciudad.

Toda ciudad obtiene del campo toda su subsistencia y todos los materiales de su industria. Paga por ellos básicamente de dos formas: primero, al enviar de vuelta al campo una parte de esos materiales ya trabajados y manufacturados; en cuyo caso su precio viene incrementado por los salarios de los trabajadores y los beneficios de sus maestros o empleadores inmediatos; segundo, al enviar al campo una parte tanto de las materias primas como de los productos manufacturados que son importados a la ciudad, sea desde otros países o sea desde lugares alejados del mismo país; en cuyo caso el precio original de estos bienes resulta también incrementado por los salarios de los transportistas o marineros y por los beneficios de los empresarios que los emplean. De las ganancias de la primera de estas ramas comerciales se nutre la ventaja que la ciudad cosecha gracias a su industria; de lo que se gana en la segunda rama, la ventaja de su comercio interior y exterior. Los salarios de los trabajadores y los beneficios de sus diversos empleadores suman el total de lo que se gana en ambas. Por lo tanto, todas las reglamentaciones que tiendan a aumentar esos salarios y beneficios por encima de lo que serían en otro caso tienden a permitir a la ciudad comprar con una cantidad menor de su trabajo el producto de una cantidad mayor del trabajo del campo. Otorgan a los comerciantes y artesanos de la ciudad una ventaja sobre los terratenientes, granjeros y trabajadores del campo, y quiebran la igualdad natural que se impondría en otro caso en el comercio que entablan entre sí. El producto anual total del trabajo de la sociedad se divide cada año entre esos dos grupos distintos de personas. Mediante dichas regulaciones se entrega a los habitantes de la ciudad una cuota mayor a lo que les correspondería en otro caso; y una menor a los del campo.

El precio real que la ciudad paga por las provisiones y materiales que importa anualmente es la cantidad de manufacturas y otros bienes que exporta cada año. Cuando

10. De los salarios y los beneficios en el trabajo y el capital

más caro se venda lo que exporte, más barato le resultará lo que importe. La actividad de la ciudad se volverá más ventajosa y la del campo menos.

Sin entrar en cálculos muy complicados, una observación sencilla y obvia nos convencerá de que el trabajo llevado a cabo en las ciudades es, en todas partes de Europa, más ventajoso que el realizado en el campo. En todos los países europeos encontraremos al menos cien personas que a partir de comienzos muy modestos han acumulado una voluminosa fortuna en el comercio y la industria, quehaceres típicamente urbanos, por una que lo haya hecho en la actividad propiamente rural, la recogida de productos a partir del cultivo y la mejora de la tierra. Las actividades, entonces, deben ser mejor retribuidas, y los salarios y beneficios deben ser evidentemente mayores en el primer caso que en el segundo. Pero el capital y el trabajo buscan naturalmente el empleo más provechoso. Por ello, acuden en la medida de lo posible a la ciudad, y abandonan el campo.

Los habitantes de una ciudad, al estar concentrados en un sólo lugar, pueden ponerse de acuerdo fácilmente. Las labores urbanas más insignificantes se han agremiado en algunos casos; y aunque no lo hayan hecho, late en ellas el espíritu corporativo, la suspicacia frente a los extraños, la aversión a tomar aprendices o a comunicarles los secretos del oficio; ese espíritu prevalece en ellas y a menudo las impulsa, mediante asociaciones y acuerdos voluntarios, a restringir la libre competencia que no pueden prohibir mediante estatutos. Los oficios más fácilmente susceptibles a tales componendas son los que emplean un número pequeño de personas. Una media docena de cardadores de lana puede ser suficiente para dar trabajo a mil hilanderos y tejedores. Si se ponen de acuerdo para no tomar aprendices pueden no sólo aumentar el empleo sino reducir a todos en la industria a una suerte de esclavos suyos, y elevar el precio de su trabajo muy por encima de lo que correspondería a la naturaleza de su labor.

Los habitantes del campo, dispersos en lugares apartados, no pueden ponerse de acuerdo fácilmente. No sólo no se han agremiado nunca sino que el espíritu corporativo jamás ha prevalecido entre ellos. En ningún caso se ha pensado que era necesario pasar por un aprendizaje para obtener la calificación de labrador, que es el principal oficio en el campo. Y sin embargo, después de las denominadas bellas artes y las profesiones liberales, casi no hay oficio que requiera una variedad tan amplia de conocimientos y experiencias. Los innumerables volúmenes que se han escrito sobre esta cuestión en todas las lenguas nos demuestran que en las naciones más sabias e ilustradas nunca ha sido considerada como una materia de muy fácil comprensión. Y de todos estos volúmenes no podremos obtener el conocimiento de sus variadas y complejas operaciones, algo que habitualmente posee el agricultor más modesto, a pesar del desdén con que a veces petulantemente lo tratan algunos autores que son ellos mismos desdeñables. En cambio, casi no hay labores mecánicas comunes cuyas operaciones no puedan ser explicadas de forma completa y detallada en un folleto de muy pocas páginas, con la claridad que es posible utilizando palabras y figuras ilustrativas. En la historia de las artes, hoy en curso de publicación por la academia de ciencias de Francia, muchas de ellas son de hecho explicadas de esta forma. La dirección de las operaciones agrícolas, asimismo, al variar necesariamente con cada cambio climático, y con muchos otros accidentes, requiere mucho más criterio y prudencia que la de las actividades que son siempre las mismas o casi las mismas.

No sólo el arte del granjero, la dirección general de las faenas agrícolas, requiere más habilidad y experiencia que la mayor parte de los oficios mecánicos, sino que otro

10. De los salarios y los beneficios en el trabajo y el capital

tanto ocurre con muchas ramas inferiores del trabajo en el campo. La persona que trabaja con latón o hierro lo hace con instrumentos y materiales cuya condición es siempre la misma o casi la misma. Pero el hombre que labra la tierra con una yunta de caballos o bueyes trabaja con instrumentos cuya salud, fuerza y condición son muy diferentes en cada ocasión. Y la condición de los materiales con los que opera es tan variable como la de sus instrumentos, y ambos requieren un manejo juicioso y prudente. Al labrador corriente, aunque es habitualmente considerado el paradigma de la estupidez y la ignorancia, no le suelen faltar ni criterio ni prudencia. Es verdad que está menos acostumbrado a la vida social que el trabajador mecánico que vive en la ciudad. Su acento y su lenguaje son más rudos y más difíciles de comprender por aquellos que no los conocen bien. Sin embargo, al estar habituado a manejar una variedad de objetos mayor, su comprensión es generalmente muy superior a la de aquellos otros cuya atención de la mañana a la noche está completamente ocupada en la realización de una o dos operaciones muy simples. La medida en que las clases más bajas de la gente de campo son realmente superiores a las de la ciudad es bien conocida por cualquier persona que, sea por negocios o por curiosidad, se haya familiarizado con ambas. Por eso en China y el Indostán parece que tanto la categoría social como los salarios de los trabajadores del campo son mayores que los de la amplia mayoría de artesanos y manufactureros. Y así probablemente ocurriría en todas partes, de no haberlo impedido las leyes gremiales y el espíritu corporativo.

La superioridad de las actividades urbanas sobre las rurales en toda Europa no se debe exclusivamente a los gremios y sus normas. Se apoya también en muchas otras reglamentaciones. Los elevados aranceles sobre manufacturas extranjeras y sobre todos los bienes importados por comerciantes foráneos persiguen idéntico objetivo. La legislación corporativa permite que los habitantes de las ciudades aumenten sus precios sin temor a la libre competencia de sus paisanos. Las otras regulaciones los protegen de la misma forma frente a la competencia de los extranjeros. El aumento que ambas inducen en los precios es en todas partes pagado finalmente por los terratenientes, los granjeros y los trabajadores del campo, que rara vez se alzan en oposición a tales monopolios. Normalmente carecen tanto de proclividad como de capacidad para agruparse; y el clamor y los sofismas de los comerciantes y los industriales los persuaden fácilmente de que el interés particular de una parte, y una parte subalterna, de la sociedad equivale al interés general.

En Gran Bretaña la superioridad de los trabajos urbanos sobre los rurales fue más amplia en el pasado que en el presente. Los salarios del trabajo rural se aproximan a los del trabajo industrial, y los beneficios del capital invertido en la agricultura a los del invertido en el comercio y la industria, más hoy que durante el siglo pasado, o a comienzos del actual. Este cambio puede ser considerado como la consecuencia necesaria, aunque tardía, del extraordinario estímulo otorgado a los quehaceres urbanos. El capital acumulado en ellos llega con el tiempo a ser tan caudaloso que ya no puede ser invertido con el mismo beneficio que antes en las actividades característicamente urbanas. Dichas actividades tienen límites, como todas las demás, y el incremento del capital, al elevar la competencia, inevitablemente deprime el beneficio. Debido a la caída en los beneficios en las ciudades, el capital se ve forzado hacia el campo y allí, al crear una nueva demanda de trabajo rural, aumenta necesariamente los salarios. Entonces el capital se desparrama, si me permite la expresión, sobre la faz de la tierra, y al ser empleado en la agricultura es en parte devuelto al campo, a expensas del cual se había acumulado en gran medida originalmente en la ciudad. Demostraré más adelante que en toda Europa los principales adelantos en el campo se han debido a este desbordamiento del capital acumulado originalmente en las ciudades; mostraré al mismo tiempo que aunque algunos países han alcanzado a través de este camino un considerable nivel de riqueza, se trata de un proceso lento, incierto, susceptible de ser perturbado e interrumpido por innumerables accidentes, y desde todo punto de vista contrario al orden natural y racional. En los libros tercero y cuarto de la presente investigación procuraré explicar en la forma más completa y detallada que pueda los intereses, prejuicios, leyes y costumbres que lo han ocasionado.

Es raro que se reúnan personas del mismo negocio, aunque sea para divertirse y distraerse, y que la conversación no termine en una conspiración contra el público o en alguna estratagema para subir los precios. Es ciertamente imposible prevenir tales reuniones por ley alguna que fuese practicable o coherente con la libertad y la justicia. Pero aunque la ley no puede impedir que las personas del mismo negocio se agrupen, tampoco debería hacer nada para facilitar esas agrupaciones; y mucho menos para volverlas necesarias.

Una reglamentación que obliga a todos los que se dedican al mismo oficio en una ciudad cualquiera a inscribir sus nombres y domicilios en un registro público facilita esas asambleas; conecta a individuos que en otro caso no se habrían conocido y proporciona a cada persona del negocio las direcciones para encontrar a todas las demás.

Una reglamentación que permite a los del mismo negocio el imponerse una tasa para socorrer a sus pobres, viudas y huérfanos, al entregarles la administración de un interés común, hace que esas agrupaciones sean necesarias.

Un gremio no sólo las transforma en necesarias sino

que somete al conjunto a las decisiones vinculantes de la mayoría. En una actividad libre no se puede anudar ningún acuerdo que sea eficaz si no existe el consenso unánime de todos los del oficio, un acuerdo que sólo se mantendrá mientras todos y cada uno no cambien de opinión. Una corporación puede por mayoría promulgar un estatuto con las sanciones pertinentes para limitar la competencia de forma mucho más eficiente y duradera que ninguna combinación posible de tipo voluntario.

La pretensión de que las corporaciones son necesarias para el mejor funcionamiento de una actividad no tiene ningún fundamento. La verdadera y más eficaz disciplina que se puede ejercer sobre un trabajador no es la de su gremio sino la de sus clientes. Lo que restringe el fraude y corrige la negligencia es el temor a perder el empleo. Una corporación exclusiva necesariamente debilita la fuerza de esta disciplina. Un conjunto determinado de trabajadores deberá en ese caso ser empleado, sea que se conduzcan bien o mal. Tal el motivo de que en muchas ciudades gremiales no se pueden encontrar trabajadores capaces en algunos de los oficios más indispensables. Si se desea un trabajo bien hecho se lo deberá buscar en los suburbios donde los trabajadores, al carecer de privilegios exclusivos, no cuentan más que con su reputación, y después habrá que introducirlo de contrabando en la ciudad de la mejor forma posible.

De esta manera la política de Europa, al limitar la competencia en algunos sectores a un número menor de personas del que estaría dispuesto a entrar en ellos en otro caso, da lugar a una desigualdad muy importante en el conjunto de las ventajas y desventajas de los diversos empleos del trabajo y el capital.

Segundo, la política de Europa, al aumentar la competencia en algunos empleos por encima de lo que sería natural genera otra desigualdad de índole contraria en el total

10. De los salarios y los beneficios en el trabajo y el capital

de las ventajas y desventajas de los distintos empleos del trabajo y el capital.

Se ha considerado de tanta importancia que un número suficiente de jóvenes se eduque en determinadas profesiones, que a veces el público y a veces la piedad de algunos donantes privados han constituido pensiones, becas, premios, bolsas, etc., para ese objetivo, lo que ha atraído a esos oficios a mucha más gente de la que los habría abrazado en otro caso. Creo que en todos los países cristianos la educación del grueso de los sacerdotes se paga de esta forma. Son muy pocos los que se pagan toda su educación. En consecuencia, la larga, fatigosa y costosa preparación de los que sí lo hacen no siempre les producirá una remuneración adecuada, al estar la iglesia saturada de personas que, para conseguir un empleo, están dispuestas a aceptar una retribución mucho menor que la que les correspondería por su formación en otro caso; y así la competencia de los pobres arrebata remuneración los ricos. Sería sin duda indecoroso comparar a un cura o un capellán con un jornalero en cualquier quehacer corriente. Pero el estipendio de un cura o un capellán puede perfectamente ser considerado como de la misma naturaleza que los salarios del jornalero. A los tres se les paga por su trabajo con arreglo a un contrato que suscriben con sus superiores respectivos. Según se desprende de los decretos de diferentes concilios nacionales, hasta mediados del siglo XIV el estipendio común de un cura o un párroco en Inglaterra era de cinco marcos, que contenían tanta plata como diez libras de nuestra moneda actual. Y la paga de un maestro albañil era entonces de cuatro peniques por día, que contenían la misma plata de un chelín de hoy; la de un peón de la construcción era de tres peniques al día, que equivalían a nueve peniques de hoy. Los salarios de estos dos trabajadores, por tanto, suponiendo que estuviesen empleados sin interrupción, eran muy superiores a los del cura. Los salarios del maestro albañil habrían coincidido con los del cura si aquél hubiese estado sin empleo durante la tercera parte del año. En el año décimo segundo de la Reina Ana, se declaró, c.12, que «Puesto que en varios lugares no se ha provisto suficientemente para el adecuado mantenimiento y estímulo de los curas, y por tal causa ha habido escasez de ellos, se otorga a los obispos el poder de determinar por su firma y sello un estipendio o asignación suficiente, que no exceda de cincuenta ni sea menor que veinte libras por año». Cuarenta libras es considerado hoy una buena paga para un cura, y a pesar de esa ley del parlamento, hay muchos que cobran menos de veinte libras por año. Hay peones zapateros en Londres que ganan hoy cuarenta libras por año, y en esa ciudad casi no hay trabajador laborioso de ninguna clase que no gane más de veinte. Esta última cifra ciertamente no supera lo que ganan frecuentemente los trabajadores ordinarios en muchas parroquias rurales. Cada vez que la ley ha intentado regular los salarios de los trabajadores, siempre lo ha hecho para reducirlos, no para aumentarlos. Pero la ley ha procurado en muchas ocasiones elevar los salarios de los curas y obligar a los párrocos, en aras de la dignidad de la iglesia, a entregarles más de lo que ellos mismos en su precaria subsistencia estaban dispuestos a aceptar. En ambos casos la ley ha sido igualmente ineficaz y nunca ha podido subir los salarios de los curas ni bajar los de los trabajadores en la medida en que se lo había propuesto; porque nunca ha podido impedir que los primeros acepten menos que la asignación legal, debido a la indigencia de su situación y a la multitud de competidores; y porque nunca ha podido impedir que los segundos reciban más, debido a la competencia en un sentido opuesto de aquellos que al emplearlos esperan obtener un beneficio o un placer.

Las grandes prebendas y otras dignidades apuntalan el

honor de la iglesia, a pesar de la mísera condición de algunos de sus miembros inferiores. E incluso en este caso el respeto que se les tiene compensa en algo lo escueto de su recompensa pecuniaria. En Inglaterra, y en todos los países católicos romanos, la lotería de la iglesia es en realidad mucho más ventajosa de lo que sería necesario. El ejemplo de las iglesias de Escocia, de Ginebra, o de varios otros credos protestantes, demuestran que en una profesión tan apreciada, donde la educación sea tan fácil de conseguir, las expectativas de beneficios mucho más moderados bastan para inducir a ingresar en las órdenes sagradas a un número suficiente de hombres instruidos, honestos y respetables.

En profesiones que carecen de tales canonjías, como el derecho o la medicina, si una proporción equivalente de personas fuese educada a expensas del público, la competencia pronto sería tan acusada que hundiría considerablemente su remuneración pecuniaria. En ese caso podría ocurrir que no le conviniese a un hombre el pagar para educar a su hijo en ninguna de esas profesiones. Serían en tal caso abandonadas a los que han sido educados merced a la caridad pública, y cuyo número y necesidades les obligarán en general a contentarse con una muy magra recompensa, hasta la plena degradación de las hoy respetables profesiones del derecho y la medicina.

Esa poco próspera raza habitualmente denominada hombres de letras se halla en una situación muy parecida a la que probablemente se encontraría los abogados y los médicos en el supuesto mencionado antes. En toda Europa la mayor parte de ellos han sido educados por la iglesia, pero por varias razones no han ingresado en las órdenes sagradas. Al haber sido formados, entonces, a expensas del público, su número es tan abundante que en todas partes ha moderado el precio de su trabajo hasta una muy parva recompensa.

Antes de la invención de la imprenta el único empleo donde un hombre de letras podía aprovechar de alguna manera su talento era el de profesor particular o público, es decir, comunicando a otros el conocimiento curioso y útil que había adquirido, y éste es todavía ciertamente el empleo más honorable, más útil y en general incluso más rentable que el de escribir para un editor, ocupación a que la imprenta ha dado lugar. El tiempo y el estudio, el genio, sabiduría y aplicación necesarios para llegar a ser un profesor eminente en las ciencias son al menos iguales a los necesarios para ser uno de los mejores abogados o médicos. Pero la remuneración habitual de un profesor distinguido no guarda ninguna proporción con la del abogado o el médico, porque el oficio del primero está abarrotado de personas indigentes que han sido educadas para el mismo a expensas del público, mientras que en las otras dos profesiones son pocos los que llegan sin haberse costeado ellos mismos sus estudios. Pero en todo caso la remuneración normal de los profesores públicos y particulares, por pequeña que pueda parecer, sería indudablemente todavía menor si la competencia de aquellos otros hombres de letras que escriben a cambio de pan no hubiese desaparecido del mercado. Antes de inventarse la imprenta, estudioso y pordiosero eran vocablos casi sinónimos. Parece que con anterioridad los rectores de las universidades otorgaban a menudo a sus estudiantes un permiso para mendigar.

En la antigüedad, cuando no existían esas caridades para formar a indigentes en las profesiones ilustradas, las remuneraciones de los profesores eminentes eran muy elevadas. Isócrates, en lo que se llama su discurso contra los sofistas, acusa de incoherencia a los profesores de su época. «Hacen a sus estudiantes magníficas promesas», sostiene, «y les enseñan a ser sabios, felices y justos, y a cambio de un servicio tan relevante estipulan la magra retribución de cuatro o cinco minas. Los que enseñan sabiduría», continúa, «deberían realmente ser sabios; pero si cualquier hombre ofreciera ese trato por ese precio, sería con seguridad reo de la estupidez más evidente». Es claro que no pretendía exagerar la remuneración y podemos estar seguros de que no era menor de lo que dice. Cuatro minas equivalían a trece libras, seis chelines y ocho peniques; cinco minas a dieciséis libras, trece chelines y cuatro peniques. Por lo tanto, una suma no más pequeña que la mayor de ellas debía ser entonces lo que se pagaba normalmente a los profesores más distinguidos de Atenas. Isócrates mismo pedía a cada estudiante diez minas, o treinta y tres libras, seis chelines y ocho peniques. Se dice que cuando enseñó en Atenas tenía cien discípulos. Pienso que tal era el número de los que enseñaba al mismo tiempo, o que acudían a lo que podríamos llamar un curso de lecciones, un número que no parece extraordinario para una ciudad tan grande y un maestro tan famoso, que además enseñaba la ciencia que en aquellos tiempos estaba más en boga, la retórica. Por cada curso, entonces, debía cobrar unas mil minas, o tres mil trescientas treinta y tres libras, seis chelines y ocho peniques. Plutarco nos dice en otro lugar que mil minas era su Didactron, o el precio habitual de sus enseñanzas. Muchos otros grandes profesores de la época amasaron cuantiosas fortunas. Gorgias regaló al templo de Delfos su propia estatua en oro puro, aunque no creo que debamos suponer que era de tamaño natural. Su estilo de vida, como el de Hipias y Protágoras, otros dos eminentes profesores de la época, es descrito por Platón como espléndido e incluso ostentoso. Se dice que el propio Platón vivió magníficamente. Aristóteles, después de haber sido tutor de Alejandro y haber sido, como es universalmente reconocido, munificamente remunerado por él y por su padre Filipo, decidió a pesar de todo que le convenía volver a

Atenas y reanudar sus enseñanzas en su escuela. Los profesores de ciencias eran entonces probablemente menos comunes de lo que llegarían a ser una o dos generaciones después, cuando la competencia probablemente redujo tanto el precio de su trabajo como la admiración por sus personas. Los más relevantes, de todas maneras, disfrutaron siempre de una consideración muy superior a la de cualquiera de sus semejantes en la actualidad. Los atenienses enviaron a Carneades el académico y a Diógenes el estoico en solemne embajada a Roma; aunque su ciudad había declinado entonces desde su antiguo esplendor, era todavía una república independiente y respetable. Carneades, además, era babilonio por nacimiento, y dado que nunca hubo gente más cerrada que los atenienses a la admisión de extranjeros en cargos públicos, la consideración que le tenían debió ser muy grande.

Tomada en su conjunto, acaso esta desigualdad sea más ventajosa que perjudicial para el público. Puede degradar la profesión de un profesor público, pero la baratura de la educación es sin duda una ventaja que compensa con creces este ligero inconveniente. Si la constitución de los colegios y universidades fuese más razonable de lo que actualmente es en la mayor parte de Europa, la sociedad obtendría un beneficio aún mayor.

Tercero, la política de Europa, al obstruir la libre circulación de trabajo y capital tanto entre empleos como entre lugares, ocasiona a veces una muy inconveniente desigualdad en el conjunto de las ventajas y desventajas de sus distintos empleos.

El estatuto de aprendizaje obstruye la libre circulación del trabajo de un empleo a otro, incluso en el mismo lugar. Los privilegios exclusivos de los gremios lo obstruyen de un lugar a otro, incluso en el mismo empleo.

Ocurre a menudo que mientras los trabajadores de una industria reciben altos salarios, los de otra deben confor-

10. De los salarios y los beneficios en el trabajo y el capital

marse con apenas la subsistencia. Los unos están en un estado progresivo y disfrutan, por tanto, de una demanda permanente de mano de obra adicional; los otros padecen un estado regresivo, y la sobreabundancia de mano de obra crece sin cesar. Esas dos industrias pueden a veces coincidir en la misma ciudad, a veces en el mismo barrio, y no ser capaces de brindarse asistencia recíproca alguna. El estatuto de aprendizaje puede impedirlo en un caso, y tanto él como una corporación exclusiva en el otro. Pero en muchas industrias distintas las operaciones son tan parecidas que los trabajadores podrían sin dificultad cambiar de una a otra, si esas leyes absurdas no lo impidiesen. Las artes de tejer lienzos y sedas lisos, por ejemplo, son casi idénticas. La de tejer lana es algo diferente, pero la diferencia es tan insignificante que un tejedor de lienzo o seda podría convertirse en un obrero aceptable en muy pocos días. Si alguna de esas tres industrias estuviese en decadencia, por lo tanto, los trabajadores podrían encontrar cobijo en cualquiera de las otras dos que estuviese en una condición más próspera; y sus salarios no subirían tanto en la industria progresiva ni bajarían tanto en la regresiva. Es verdad que la manufactura del lino en Inglaterra está, por un estatuto especial, abierta a cualquiera, pero al no estar demasiado desarrollada en la mayor parte del país no puede suministrar un abrigo universal a los trabajadores de las industrias decadentes que, siempre que el estatuto de aprendizaje esté en vigor, no tienen más opción que recurrir a la caridad de las parroquias o trabajar como peones ordinarios, para lo cual están mucho peor cualificados que para cualquier tipo de industria que se parezca en algo a la suya. Por ello, generalmente escogen la parroquia.

Todo lo que obstaculice la libre circulación del trabajo de un empleo a otro, hace lo propio con el capital, puesto que la cantidad de capital que puede ser invertida en cualquier negocio depende muy estrechamente de la cantidad de trabajo que pueda ser empleada en él. Las leyes gremiales, empero, obstruyen menos la libre circulación del capital de un lugar a otro que la del trabajo. En todas partes es más sencillo para un comerciante acaudalado el obtener el permiso de negociar en una ciudad gremial, que para un pobre artesano el de trabajar en ella. La obstrucción de las leyes gremiales a la libre circulación del trabajo es algo común, creo, en todas partes de Europa. Pero la derivada de las leyes de pobres es, en la medida de mis conocimientos, peculiar de Inglaterra. Consiste en la dificultad de un pobre para conseguir la residencia o incluso el permiso de trabajo en cualquier otra parroquia que no sea la suya. Las leyes gremiales obstaculizan sólo la libre circulación de artesanos y manufactureros. Pero la dificultad de obtener la residencia obstaculiza incluso la de los peones. Quizás valga la pena describir el origen, desarrollo y estado actual de este trastorno, quizás el mayor de todos los de la política de Inglaterra.

Cuando la destrucción de los monasterios privó a los pobres de la caridad de esas casas religiosas, después de algunos frustrados intentos de aliviar su situación, en el año cuarenta y tres del reinado de Isabel se estableció, c.2., que cada parroquia debía socorrer a sus propios pobres; y que se nombrarían anualmente celadores que junto con los procuradores recaudarían las sumas necesarias para este propósito mediante una tasa parroquial.

Este estatuto impuso sobre cada parroquia la necesidad de atender a los pobres; por lo tanto, quién debía ser considerado un pobre de una parroquia se convirtió en una cuestión importante. Después de algún debate la cuestión se zanjó en los años trece y catorce de Carlos II, cuando se decretó que toda persona obtendría su residencia en una parroquia tras cuarenta días seguidos de permanencia en ella, pero que durante ese tiempo era lícito que dos jueces de paz, a instancias de los celadores y procuradores, trasladasen a cualquier habitante nuevo de la parroquia hasta la última parroquia donde hubiese estado legalmente establecido, salvo que pudiese alquilar un alojamiento de diez libras anuales, o que pudiese brindar en descargo de la parroquia donde estaba tantas seguridades como esos jueces considerasen suficientes.

Se cuenta que a consecuencia de este estatuto se cometieron algunos fraudes; los funcionarios parroquiales sobornaban a veces a sus propios pobres para que clandestinamente se fuesen a otra parroquia, estuviesen allí ocultos durante cuarenta días y ganasen así la residencia allí, en descargo de la parroquia a la que en realidad pertenecían. Se estableció por ello en el primer año de Jacobo II que los cuarenta días de permanencia ininterrumpida necesarios para obtener la residencia contasen sólo desde el momento en que el recién llegado notificase por escrito su domicilio y el número de sus familiares a alguno de los celadores o procuradores de la parroquia.

Parece, sin embargo, que los funcionarios parroquiales no eran siempre más honestos con respecto a su propia parroquia de lo que habían sido con respecto a las parroquias ajenas, y en ocasiones actuaron como cómplices de las intrusiones, recibieron la notificación pero no tomaron ninguna medida en consecuencia. Como se suponía que toda persona en una parroquia estaría interesada en prevenir en todo lo posible la carga que representaban los intrusos, se decretó en el tercer año de Guillermo III que los cuarenta días de permanencia contarían sólo desde el momento de la publicación de dicha notificación por escrito un domingo inmediatamente después del servicio religioso.

«Después de todo», dice el Doctor Burn, «es raro que se obtenga el permiso de residencia merced a los cuarenta días continuados después de la publicación de la notificación por escrito; el objetivo de tales disposiciones no es tanto otorgar permisos de residencia como evitarlos, puesto que la notificación fuerza a las parroquias a expulsar a las personas que entran clandestinamente en ellas. Pero si la situación de una persona es tal que resulta dudoso que pueda permanecer o no, la notificación compele a la parroquia bien a aceptar su permanencia continuada durante cuarenta días, bien a demostrar que con arreglo a la ley tiene derecho a expulsarla».

En consecuencia, el estatuto hizo imposible que un pobre obtuviese la residencia a la manera tradicional, mediante los cuarenta días de permanencia. Sin embargo, a fin de no dar la impresión de que el pueblo llano de una parroquia jamás podría establecerse con ninguna seguridad en otra, se indicaron cuatro vías adicionales para obtener la residencia sin entrega ni publicación de notificación alguna. La primera era la aceptación y el pago de las tasas parroquiales; la segunda, el ser elegido para un oficio en la parroquia y servir durante un año; la tercera, actuar como aprendiz en la parroquia; la cuarta, tener un contrato de trabajo durante un año y no cambiar de empleo durante el mismo.

Nadie puede conseguir la residencia mediante las dos primeras vías como no sea con el consentimiento público de toda la comunidad, que conoce bien las consecuencias de adoptar a un recién llegado que no tiene para mantenerse más que su trabajo, y que o bien le imponga las tasas parroquiales o lo seleccione para un cargo en la parroquia.

Ningún hombre casado podrá obtener la residencia mediante las dos últimas vías. Un aprendiz casi nunca está casado; y se ha establecido expresamente que ningún sirviente casado podrá conseguir la residencia merced a un contrato anual. El efecto principal de haber estipulado la residencia por trabajo ha sido abolir en gran medida la vieja costumbre de contratar por un año, que antes estaba tan extendida en Inglaterra que incluso hoy, a menos que se especifique lo contrario, la ley supone que cada sirviente es contratado por un año. Pero los patronos no están siempre dispuestos a otorgar a sus sirvientes la residencia mediante contratos de ese tipo, y los sirvientes no están siempre dispuestos a ser contratados por ese plazo, dado que como cada residencia supone la renuncia a las anteriores, pueden así perder su residencia original en el sitio donde han nacido, y donde viven sus padres y familiares.

Es evidente que ningún trabajador independiente, obrero o artesano, podrá alcanzar una nueva residencia sea por aprendizaje o por servicio. Cuando esa persona, entonces, llevaba su trabajo a una nueva parroquia, estaba expuesto a ser expulsado, por más saludable y laborioso que fuese, según el capricho del celador o procurador, salvo que alquilase un alojamiento de diez libras por año, algo imposible para quien sólo vive de su trabajo, o que presentase una garantía que eximiese a la parroquia de sus obligaciones, a satisfacción de dos jueces de paz. La garantía que ellos puedan exigir queda totalmente a su arbitrio, pero no será menor a treinta libras, puesto que se ha decretado que la compra de una finca de pleno dominio por menos treinta libras no proporciona a nadie el derecho de residencia, puesto que no es suficiente para descargar a la parroquia de sus obligaciones. Evidentemente no es una garantía que pueda aportar una persona que viva de su trabajo; y con frecuencia se exigen fianzas mucho mayores.

Los certificados fueron inventados para restaurar en alguna medida la libre circulación del trabajo que estos diversos estatutos llegaron a suprimir casi por completo. En los años octavo y noveno de Guillermo III se estipuló que si cualquier persona podía aportar un certificado de la última parroquia donde había residido, firmado por los celadores y procuradores de los pobres, y autorizado por dos jueces de paz, entonces cualquier otra parroquia quedaba obligada a recibirlo; no podría ser expulsado meramente por la probabilidad de llegar a ser una carga para la parroquia sino cuando se convierte en una carga de hecho. En tal caso la parroquia que expidió el certificado se comprometía a pagar tanto los gastos de su manutención como de su traslado. Y para abundar en la perfecta seguridad de la parroquia a donde iba a residir la persona con un certificado, se estableció por el mismo estatuto que no podría obtener la residencia allí en manera alguna, salvo mediante el alquiler de un alojamiento de diez libras por año o desempeñando durante un año a sus propias expensas un cargo en la parroquia; es decir, ni por notificación, ni servicio, ni aprendizaje, ni pago de las tasas parroquiales. En el año 12 de la Reina Ana, stat.I c.18., se decretó adicionalmente que ni los sirvientes ni los aprendices de las personas certificadas obtendrían la residencia en la parroquia donde residiesen con dichos certificados.

Esta juiciosa observación del Doctor Burn nos permite evaluar en qué medida esta invención ha restaurado la libre circulación del trabajo que los estatutos precedentes habían virtualmente aniquilado: «Es obvio», sostiene, «que existen varias buenas razones para exigir certificados a todas las personas que vienen a instalarse a cualquier sitio; a saber, que las personas que residan gracias a ellos no puedan obtener la domiciliación mediante aprendizaje, o servicio, o notificación o pago de las tasas parroquiales; que no puedan domiciliar a aprendices ni sirvientes; que si se vuelven una carga, haya un sitio definido a donde remitirlos, y que la parroquia va a ser resarcida por su traslado y su manutención durante ese tiempo; y que si caen enfermos y no pueden ser trasladados, la parroquia que expidió el certificado debe mantenerlos: nada de esto se lograría sin certificados. Estas razones impulsarán las parroquias a no conceder certificados en los casos normales, ya que es más que probable que recibirán nuevamente a las personas certificadas, y en peores condiciones». La moraleja de esta observación es que los certificados deberían siempre ser exigidos por la parroquia a donde un pobre viene a vivir, pero que casi nunca deberían ser expedidos por la parroquia que se propone abandonar. El mismo y muy inteligente autor dice en su Historia de las Leyes de Pobres: «Existe una cierta crueldad en esta cuestión de los certificados, al otorgar a un funcionario parroquial el poder de, por así decirlo, encarcelar a un hombre de por vida, a pesar de lo inconveniente que pudiese resultar para él continuar en el sitio donde tiene la desgracia de residir, o de lo ventajoso que estimase el vivir en otra parte». Aunque un certificado no es un testimonio de buena conducta, y no certifica nada más que la persona pertenece a la parroquia a la que efectivamente pertenece, el concederlo o rechazarlo es materia absolutamente discrecional de los funcionarios parroquiales. El Doctor Burn cuenta que una vez se presentó una propuesta para obligar a los celadores y procuradores parroquiales a expedirlos, pero el Tribunal Supremo del rey la rechazó, considerándola fuera de lugar.

El precio tan distinto del trabajo que a menudo vemos en Inglaterra en lugares no muy distantes entre sí se debe probablemente a la obstrucción que la legislación de residencia impone al pobre que podría ir con su trabajo de parroquia en parroquia si no hubiese certificados. Es verdad que a veces se tolera que resida sin certificado un hombre soltero, si es sano y laborioso; pero si lo intenta un hombre con mujer e hijos, es casi seguro que en la mayoría de las parroquias sería expulsado; y si el hombre soltero se casa, con toda probabilidad lo expulsarían también. Y así, la escasez de mano de obra en una parroquia, no puede ser aliviada por la sobreabundancia en otra, tal como ocurre normalmente en Escocia y, según creo, en todos los países donde no existen dificultades para la residencia. En esos países, aunque los salarios pueden en ocasiones subir un poco en las cercanías de una gran ciudad, o donde sea que haya una demanda extraordinaria de trabajo, y bajar gradualmente a medida que aumenta la distancia a tales sitios hasta alcanzar la tasa corriente del país, nunca encontraremos esas diferencias abruptas e inexplicables en los salarios de lugares vecinos que vemos en ocasiones en Inglaterra, donde a menudo es más difícil para un pobre el atravesar la frontera artificial de una parroquia que un brazo de mar o una cordillera, fronteras naturales que en ocasiones separan muy claramente tipos salariales muy diferentes en otros países.

El expulsar a un hombre, sin que haya cometido falta alguna, de la parroquia que ha elegido como residencia es una violación evidente de la libertad natural y la justicia. Y el pueblo inglés, tan celoso de su libertad, pero como el pueblo de tantos otros países desconocedor de su significado, ha soportado esta opresión durante más de un siglo sin ponerle remedio. Aunque hombres cultos han criticado la ley de residencia como un agravio público, jamás ha sido objeto de un clamor popular generalizado, como el que se alzó contra las garantías generales, práctica indudablemente abusiva pero que no era probable que diese lugar a una vejación universal. Y me atrevería a decir que no casi no hay un pobre de cuarenta años en Inglaterra que en algún momento de su vida no haya sentido la cruel opresión de la absurda legislación de residencia.

Concluiré este largo capítulo observando que aunque

10. De los salarios y los beneficios en el trabajo y el capital

antiguamente era usual tasar los salarios, primero mediante leyes generales que abarcaban todo el reino, y después mediante órdenes particulares de los jueces de paz en cada condado, ambas prácticas se hallan hoy completamente en desuso. Dice el Doctor Burn: «La experiencia de los últimos cuatrocientos años indica que ya es hora de abandonar todos los intentos de regular estrictamente aquello que por su propia naturaleza no se presta a limitaciones prolijas: porque si todas las personas que realizan el mismo tipo de trabajo recibiesen idéntico salario, no habría emulación ni posibilidad para desarrollar la laboriosidad y el ingenio».

Sin embargo, todavía hay determinadas leyes parlamentarias que en ocasiones intentan regular los salarios en algunos oficios y lugares. Así en el octavo año de Jorge III se prohibió bajo cuantiosas multas que los maestros sastres de Londres y cinco millas a la redonda pagasen, y sus trabajadores aceptasen, más de dos chelines y siete peniques y medio por día, excepto en el caso de un luto nacional. Cada vez que los legisladores tratan de regular las diferencias entre los patronos y sus trabajadores, consultan siempre a los patronos. Entonces, cuando la reglamentación favorece a los trabajadores, es siempre justa y equitativa, pero a veces ocurre lo contrario cuando favorece a los patronos. Así, la ley que obliga a los patronos en diversas actividades a pagar a sus trabajadores en dinero y no en especie es bastante justa y equitativa. No impone una verdadera carga sobre los patronos. Sólo los fuerza a pagar en dinero lo que antes decían que pagaban en mercancías, aunque en realidad no siempre lo hacían. Esta ley está a favor de los trabajadores; pero la del octavo año de Jorge III favorece a los patronos. Cuando los patronos se unen para reducir los salarios de sus trabajadores, normalmente acuerdan de forma privada no pagar más de una cierta cantidad en salarios, bajo una pena determinada. Si los trabajadores se agrupasen análogamente en sentido contrario para no aceptar bajo multa menos de un salario dado, la ley los castigaría con toda severidad. Si fuese imparcial, trataría de igual forma a los patronos, pero la disposición del año octavo de Jorge III impone de forma legal esa misma regulación que los patronos procuran a veces establecer mediante sus asociaciones. Las protestas de los trabajadores porque pone en pie de igualdad a los más capaces y laboriosos y a los corrientes están perfectamente bien fundadas.

En la antigüedad era también habitual intentar regular los beneficios de los comerciantes y otros empresarios, mediante la tasa del precio de las provisiones y otros bienes. La tasa del pan es, que yo sepa, la única sobreviviente de esa antigua costumbre. Cuando existen corporaciones exclusivas quizás resulte conveniente regular el precio de lo que es más necesario para la vida. Pero cuando no las hay, la competencia lo regulará mucho mejor que ninguna tasa. El método para tasar el pan establecido en el año treinta y uno de Jorge II no se pudo aplicar en Escocia, por un defecto de la ley; su ejecución dependía de la oficina de inspección del mercado, que allí no existía. El defecto no fue subsanado hasta el tercer año de Jorge III. La ausencia de la tasa no produjo inconveniente alguno y su establecimiento en los pocos lugares en que ha sido posible no generó ninguna ventaja apreciable. En la mayor parte de las ciudades de Escocia hay gremios de panaderos que reivindican privilegios exclusivos, aunque no son respetados estrictamente.

La proporción entre las diferentes tasas de salarios y beneficios en los distintos empleos del trabajo y el capital no parece verse muy afectada, como ya se ha indicado, por la riqueza o la pobreza, ni el estado progresivo, estacionario o regresivo de la sociedad. Aunque estas revoluciones en el bienestar general influyen sobre las tasas tanto de salarios como de beneficios, lo hacen en última instancia de la misma forma en los diferentes empleos. La proporción entre ellas, por lo tanto, permanece inalterada y no puede ser modificada por tales revoluciones, al menos no durante un tiempo prolongado.

11. De la renta de la tierra

La renta, considerada como el precio que se paga por el uso de la tierra, es naturalmente la más elevada que el arrendatario pueda pagar según las circunstancias efectivas de la tierra. Al establecer los términos del contrato, el terrateniente procura dejarle una fracción de la producción no mayor a la suficiente para mantener el capital que suministra las semillas, paga la mano de obra y compra y conserva el ganado y demás instrumentos de labranza, junto a los beneficios corrientes en la región para el capital invertido en la agricultura. Esa fracción es evidentemente la más pequeña que el arrendatario puede aceptar sin salir perjudicado, y rara vez el terrateniente le otorga una mayor. El propietario trata de reservarse naturalmente toda aquella parte de la producción o, lo que es lo mismo, toda aquella parte de su precio que esté por encima de dicha fracción como renta de su tierra, que es evidentemente la máxima que puede pagar el arrendatario en las condiciones vigentes de la tierra. Es verdad que a ve-

11. De la renta de la tierra

ces la generosidad del propietario, y más frecuentemente su ignorancia, lo lleva a aceptar una porción menor; y también es verdad, aunque es más raro, que a veces la ignorancia del arrendatario hace que pague algo más o que admita recibir algo menos que los beneficios corrientes en la zona para el capital invertido en la agricultura. Aun así se puede seguir considerando a dicha porción como la renta natural de la tierra, o la renta a la que es natural que se arriende la mayor parte de esa tierra.

Podría pensarse que la renta de la tierra es a menudo nada más que un beneficio o interés razonable del capital invertido por el dueño en mejorarla. Y sin duda esto puede ser parcialmente cierto en algunas ocasiones; pero sólo parcialmente cierto y sólo en algunas ocasiones. El propietario exige una renta incluso de la tierra no mejorada, y el supuesto interés o beneficio sobre lo invertido en mejoras es en general una adición a esa renta original. Dichas mejoras, además, no siempre se realizan con el capital del dueño; a veces derivan del capital del arrendatario. Pero cuando llega el momento de renovar el contrato de arriendo, el terrateniente suele exigir un incremento de la renta como si todas las mejoras se hubiesen realizado con su capital.

A veces incluso reclama una renta por lo que el trabajo humano es totalmente incapaz de mejorar. Las laminarias son una especie de algas de cuyas cenizas se obtiene una sal alcalina empleada en la fabricación de vidrio, jabón y otras cosas. Crece en diversas partes de Gran Bretaña, particularmente en Escocia, en rocas elevadas que la marea cubre dos veces por día; su producción, por lo tanto, jamás ha sido aumentada mediante el trabajo humano. Pero el propietario cuya finca esté bordeada por una costa de laminarias de ese tipo exige por ella una renta igual que por sus tierras cerealeras.

El mar que rodea a las islas Shetland es extraordinariamente rico en pesca, de la que obtienen sus habitantes el grueso de su alimentación. Pero para aprovecharse de los productos del mar necesitan tener una vivienda en la costa cercana. Y la renta del propietario no está en proporción a lo que el granjero puede obtener de la tierra sino de lo que puede obtener tanto de la tierra como del agua. Se paga en parte en pescado; y esta zona proporciona uno de los muy pocos ejemplos donde la renta forma parte del precio de dicha mercancía.

La renta de la tierra, por lo tanto, considerada como el precio que se paga por su uso, es naturalmente un precio de monopolio. No guarda relación alguna con lo que el dueño de la tierra pueda haber invertido en mejorarla, o con lo que pueda permitirse aceptar, sino con lo que el granjero pueda permitirse pagar.

En condiciones normales, la única parte de la producción de la tierra que puede traerse al mercado es aquella cuyo precio corriente alcanza para reemplazar el capital invertido en llevarla al mercado, junto con los beneficios corrientes. Si el precio ordinario es superior, la parte excedente del mismo irá naturalmente a la renta de la tierra. Si no lo es, aunque la mercancía pueda ser llevada al mercado, no proporcionará renta al terrateniente. El que sea superior o no dependerá de la demanda.

Hay partes del producto de la tierra para las que la demanda siempre determinará un precio superior al suficiente para llevarlas al mercado; y hay otras partes para las que a veces lo hará y a veces no. Las primeras suministrarán siempre una renta al terrateniente. Las segundas lo harán o no, según las circunstancias.

Ha de observarse, entonces, que la renta entra en la composición de los precios de las mercancías de una forma diferente a como lo hacen los salarios y los beneficios. Los salarios y beneficios altos o bajos son la causa de los precios altos o bajos; la renta alta o baja es la consecuencia del precio. El precio de una mercancía particular es alto o bajo según que sean altos o bajos los salarios y beneficios que hay que pagar para traerla al mercado. Pero la renta será alta o baja o nula como consecuencia de que el precio sea alto o bajo, es decir, que sea mucho más alto, o un poco más alto, o apenas justo lo suficiente para pagar dichos salarios y beneficios.

Este capítulo se divide en tres partes que analizan: primero, aquellas secciones de la producción de la tierra que siempre proporcionan alguna renta; segundo, aquellas que a veces lo hacen y otras veces no; y tercero, las variaciones que en las diversas etapas del progreso tienen naturalmente lugar en el valor relativo de esas dos clases distintas de productos en bruto, tanto si se los compara entre sí como con los productos manufacturados.

Parte I
De la producción de la tierra que siempre proporciona renta

Dado que los hombres, como todos los demás animales, se multiplican naturalmente en proporción a sus medios de subsistencia, siempre habrá más o menos demanda de alimentos. Los alimentos siempre pueden comprar o dirigir una cantidad mayor o menor de trabajo, y siempre se podrá encontrar a alguien dispuesto a hacer algo para conseguirlos. Es verdad que la cantidad de trabajo que pueden comprar no siempre es igual a la que pueden mantener con la administración más eficaz, debido a los elevados salarios que en ocasiones se pagan a los trabajadores. Pero siempre pueden adquirir la cantidad de trabajo que pueden mantener a la tasa en la que esa clase de trabajo es normalmente retribuida en la comarca.

Ahora bien, la tierra casi siempre produce una cantidad

de alimentos mayor que la suficiente para mantener con la máxima generosidad posible a todo el trabajo necesario para llevarlos al mercado. El excedente es también siempre más que suficiente para reponer el capital que empleó ese trabajo, junto con sus beneficios. Por ello, siempre queda algo para la renta del terrateniente.

Los páramos más desiertos de Noruega y Escocia producen algo de pasto para el ganado, cuya leche y crías siempre son más que suficientes no sólo para mantener al trabajo necesario para atenderlos y para pagar los beneficios corrientes del granjero o dueño de las vacas o las ovejas, sino también para pagar una pequeña renta al propietario de la tierra. La renta sube en proporción a la calidad de los pastos; la misma extensión de tierra no sólo mantiene un número mayor de cabezas de ganado sino que, como están agrupadas en un espacio más pequeño, el trabajo requerido para cuidarlas y recoger su producción es menor. El terrateniente gana de dos maneras: por el incremento de la producción y por la disminución del trabajo que aquélla debe mantener.

La renta de la tierra cambia no sólo con su fertilidad, cualquiera sea su producción, sino también con su situación, cualquiera sea su fertilidad. Por la tierra en los alrededores de una ciudad se paga más renta que por una tierra igualmente fértil en un lugar remoto. Aunque no cueste más trabajo cultivar una que la otra, siempre costará más traer al mercado el producto de la que está más lejos. Por lo tanto, deberá mantener a una cantidad de trabajo mayor; y el excedente, del que se derivan tanto el beneficio del granjero como la renta del terrateniente, deberá ser menor. Ya se ha demostrado que en las zonas más apartadas del país la tasa de beneficio es generalmente superior que en la cercanías de una gran ciudad. En consecuencia, al terrateniente le deberá tocar una proporción más reducida de un excedente más reducido.

11. De la renta de la tierra

Las buenas carreteras, canales y ríos navegables colocan a las zonas más distantes a la par con los alrededores de las ciudades. Son por ello las mejoras más importantes. Fomentan el cultivo de las tierras más apartadas, que forzosamente son las más extensas del país. Son ventajosas para la ciudad, al quebrar el monopolio de las tierras que la circundan. E incluso son convenientes para estas últimas tierras; aunque introducen mercancías competitivas en su antiguo mercado, también abren nuevos mercados para su producción. El monopolio, asimismo, es el peor enemigo de la buena administración, que nunca puede establecerse de forma generalizada si no es a consecuencia de esa competencia libre y universal que fuerza a cada uno a recurrir a ella por su propio interés. Hace menos de cincuenta años, algunos condados cercanos a Londres solicitaron al parlamento que no se extendiesen las carreteras de peaje a los condados más lejanos. Arguyeron que esos condados remotos podrían, gracias a la baratura de su trabajo, vender sus pastos y sus cereales en Londres a un precio más bajo que ellos, lo que reduciría sus rentas y arruinaría sus cultivos. Sin embargo, sus rentas han aumentado y sus cultivos han mejorado desde entonces.

Un campo cerealero de fertilidad moderada produce mucho más alimentos para el hombre que el mejor campo de pastos de la misma extensión. Aunque su cultivo exige mucho más trabajo, el excedente que queda tras reponer las semillas y mantener todo ese trabajo es también mucho mayor. Si se supone entonces que una libra de carne nunca ha valido más que una libra de pan, este excedente mayor será en todas partes de un valor también mayor, y constituirá un fondo mayor tanto para el beneficio del granjero como para la renta del terrateniente. Y así parece haber sido universalmente en los rudos comienzos de la agricultura.

Pero el valor relativo de esas dos clases de alimento, el

pan y la carne, es muy diverso en los distintos períodos de la agricultura. En sus orígenes primitivos las tierras salvajes, que ocupan la mayor parte del país, son completamente abandonadas al ganado. Hay más carne que pan, y en consecuencia el pan es el alimento para el que existe una competencia más aguda. Según nos cuenta Ulloa, hace cuarenta o cincuenta años, el precio de un buey en Buenos Aires, seleccionado de una manada de doscientas o trescientas cabezas, era de cuatro reales, o veintiún peniques y medio de moneda esterlina. Nada dice sobre el precio del pan, probablemente porque no lo consideró algo destacable. Pero afirma que allí un buey vale poco más que el esfuerzo de capturarlo. El cereal no puede ser cultivado en ninguna parte sin una considerable dosis de trabajo; y en un país a las orillas del río de la Plata, que entonces era la ruta directa desde Europa hasta las minas de plata de Potosí, el precio monetario del trabajo no podía ser muy bajo. Lo contrario sucede cuando el cultivo se extiende en la mayor parte del país: la competencia cambia de sentido y el precio de la carne se vuelve mayor que el precio del pan.

Asimismo, la extensión de los cultivos hace que las tierras eriales sean insuficientes para satisfacer la demanda de carne. Una parte apreciable de las tierras cultivadas debe dedicarse a la cría y engorde del ganado cuyo precio, por lo tanto, debe ser suficiente para pagar no sólo el trabajo necesario para atenderlo sino la renta y el beneficio que el terrateniente y el granjero podrían haber obtenido de la utilización agrícola de dicha tierra. El ganado procedente de los páramos incultos se vende en el mercado, en proporción a su peso o calidad, al mismo precio que el criado en las tierras más mejoradas. Los propietarios de dichos páramos se benefician de ello y elevan la renta de sus tierras en proporción al precio de su ganado. Hace menos de un siglo en muchas partes de las Tierras

Altas de Escocia la carne era tanto o más barata que el pan ordinario de avena. Pero la unión de ambos reinos abrió el mercado de Inglaterra al ganado de las Tierras Altas. Hoy su precio corriente es tres veces superior al de principios de siglo, y en el mismo período las rentas de numerosas propiedades en las Tierras Altas se han triplicado y cuadruplicado. En casi toda Gran Bretaña una libra de la mejor carne generalmente equivale hoy a más de dos libras del mejor pan blanco; y en años de abundancia a veces a tres y cuatro libras.

Así ocurre que, con el progreso, la renta y el beneficio de las tierras eriales de pastos llegan a ser regulados en alguna medida por la renta y el beneficio de las tierras mejoradas, y ellos a su vez por la renta y el beneficio del cereal. El cereal es de cosecha anual; la carne requiere un desarrollo de cuatro o cinco años. Así como un acre de terreno producirá, en consecuencia, una cantidad mucho menor de un alimento que del otro, la inferioridad en la cantidad debe ser compensada con la superioridad en el precio. Si fuera más que compensada, se convertirían en pastos más campos de cereal; si no fuera compensada, una parte de los pastos se convertirían en campos cerealeros.

Debe entenderse, no obstante, que esta igualdad entre la renta y el beneficio de los pastos y el cereal, de la tierra cuyo producto inmediato es el alimento para el ganado y la tierra cuyo producto inmediato es el alimento para el hombre, sólo rige al considerar el grueso de las tierras mejoradas de un gran país. En algunas localidades particulares puede ocurrir todo lo contrario, y la renta y el beneficio de los pastos resultan muy superiores a los del cereal.

Así, en las cercanías de una gran ciudad la demanda de leche y de forraje para los caballos a menudo contribuye, junto al precio de la carne, a elevar el valor de los pastos por encima de lo que podría denominarse su proporción natural con el cereal. Esta ventaja localizada, evidentemente, no puede extendida a las tierras más apartadas.

Algunas circunstancias específicas han llevado en ocasiones a algunos países a ser tan poblados que todo su territorio, igual que las tierras en los alrededores de una ciudad importante, no ha sido suficiente para producir ni el pasto ni el cereal necesarios para la subsistencia de sus habitantes. Por ello sus tierras han sido utilizadas principalmente para la producción de pasto, la mercancía más voluminosa y que no puede ser fácilmente transportada desde una gran distancia; y el cereal, el alimento de la mayoría de la población, ha sido básicamente importado desde países extranjeros. Holanda se halla hoy en esta situación, y en ella se encontró una parte considerable de la Italia antigua, durante la prosperidad de los romanos. Catón el Censor decía, según nos cuenta Cicerón, que en la administración de una finca privada lo primero y más rentable era conseguir buenos pastos; lo segundo, unos pastos aceptables; lo tercero, unos pastos malos. Y colocaba sólo en el cuarto lugar al cultivo de la tierra con el arado. Es claro que el cultivo en aquella zona de la Italia antigua cercana a Roma debe haber sido muy desalentado por el reparto de trigo que a menudo se realizaba entre la gente, bien de forma gratuita o bien a un precio sumamente bajo. Este trigo provenía de las provincias conquistadas, muchas de las cuales, en lugar de impuestos, eran obligadas a pagar a la república una décima parte de su producción a un precio tasado, aproximadamente de seis peniques el *peck*. El reducido precio al que este trigo era distribuido entre la población debe necesariamente haber hundido el precio del que se traía a Roma desde el Lacio, el antiguo territorio de Roma, y debe haber desanimado su cultivo en ese país.

En un país de campos abiertos, cuya producción principal sean los cereales, un terreno bien cercado para pastos frecuentemente proporcionará una renta más elevada que la de cualquier campo cerealero vecino. Resultará útil para el mantenimiento del ganado empleado en el cultivo de cereales y su alta renta será en tal caso pagada no tanto del valor de su propia producción como del valor de la producción de las tierras cerealeras cultivadas gracias a ella. Si alguna vez las tierras vecinas son cercadas, la renta probablemente caerá. Las elevadas rentas actuales de las tierras cercadas en Escocia se derivan de la escasez de cercados, y no perdurarán probablemente en la medida en que no lo haga dicha escasez. La ventaja del cercado es mayor para los pastos que para los cereales. Ahorra el trabajo de vigilar el ganado, que además se alimenta mejor si no lo molesta el pastor o su perro.

Pero cuando no existen circunstancias locales de ese tipo, la renta y el beneficio del cereal, o lo que sea la comida vegetal normal de la gente, debe necesariamente regular en la tierra adecuada para producirlo la renta y el beneficio de los pastos.

Es razonable esperar que los forrajes artificiales, nabos, zanahorias, coles y otras cosas a las que se ha recurrido para conseguir que una misma extensión de tierra alimente a un número mayor de cabezas de ganado que los pastos naturales, reduzcan algo la superioridad que en un país avanzado tiene naturalmente el precio de la carne sobre el precio del pan. Y así parece haber sucedido; hay razones para creer que, al menos en el mercado de Londres, el precio de la carne en proporción al precio del pan es bastante menor hoy que a principios del siglo pasado.

En el apéndice a la *Vida del príncipe Enrique*, el Doctor Birch incluye una referencia a los precios de la carne pagados por dicho príncipe. Dice allí que el coste de los cuatro cuartos de una vaca que pesaba seiscientas libras solía ser de nueve libras y diez chelines, más o menos; es decir, treinta y un chelines y ocho peniques por cada cien libras de peso. El príncipe Enrique murió el 6 de noviembre de 1612, a los diecinueve años de edad.

En marzo de 1764 se abrió una investigación parlamentaria sobre las causas del elevado precio de los alimentos. Según el testimonio de un comerciante de Virginia, en marzo de 1763 había aprovisionado sus barcos con carne de vaca a veinticuatro o veinticinco chelines por cada cien libras, lo que consideró un precio normal; pero en aquél año de carestía había pagado veintisiete chelines por el mismo peso y calidad. Ahora bien, el alto precio de 1764 resulta cuatro chelines y ocho peniques más barato que el precio usual pagado por el príncipe Enrique; y hay que subrayar que la carne apta para la salazón en viajes tan largos es sólo la de mejor calidad.

El precio pagado por el príncipe Enrique equivale a 3 peniques y 4/5 por libra de peso en bruto, incluyendo las partes ordinarias y las seleccionadas, y a ese precio las partes escogidas no pudieron haberse vendido al por menor a menos de 4 peniques y medio o 5 peniques la libra. En la investigación parlamentaria de 1764, los testigos afirmaron que el precio de venta al público de las partes seleccionadas de la mejor carne de vaca era de 4 y 4 peniques y un cuarto; las peores partes iban de siete *farthings* a 2 peniques y medio y 2 peniques 3/4; y decían que esos precios eran medio penique más caros de lo que las mismas piezas habían costado en marzo. Pero incluso este elevado precio es todavía mucho más barato de lo que era en los tiempos del príncipe Enrique.

Durante los doce primeros años del siglo pasado, el precio medio del trigo de la mejor calidad en el mercado de Windsor era de 1 libra, 18 chelines y 3 1/6 peniques el cuartal de nueve *bushels* de Winchester. Pero en los doce años anteriores a 1764, incluyendo éste último, el precio medio de la misma medida del mejor trigo en el mismo mercado fue de 2 libras, 1 chelín y 9 peniques y medio.

11. De la renta de la tierra

En los doce primeros años del siglo pasado, entonces, el trigo parece haber estado mucho más barato y la carne mucho más cara que en los doce años que precedieron a 1764 inclusive.

En los países grandes, el grueso de las tierras cultivadas se emplea para producir alimentos para las personas o alimentos para el ganado. La renta y el beneficio de ellas regula la renta y el beneficio de las demás tierras cultivadas. Si un producto en particular rindiese menos, la tierra sería pronto destinada a cereales o pastos; y si rindiese más, una parte de las tierras de cereales y pastos se dedicaría pronto a dicho producto.

Es verdad que las producciones que requieren bien un gasto original mayor en mejoras, o un superior gasto anual en cultivos para preparar la tierra para las mismas, suelen rendir la primera una renta más alta y la segunda un beneficio mayor que el cereal o los pastos. No obstante, rara vez esa diferencia representa más que un interés o compensación razonable por el gasto mayor.

En un huerto de lúpulo, de frutas, de verduras, tanto la renta del propietario como el beneficio del granjero exceden generalmente los de un campo de cereal o pasto. Pero la preparación de la tierra requiere más gasto; de ahí la renta mayor para el dueño. También se requiere una administración más cuidada y diestra; de ahí el beneficio mayor para el granjero. Además, la cosecha, al menos en las plantaciones de lúpulos y frutales, es más precaria; su precio, en consecuencia, además de compensar por las pérdidas ocasionales, debe cubrir algo similar al beneficio del seguro. Las condiciones de vida de los hortelanos, generalmente pobres y siempre modestas, sirven para demostrar que su mayor ingenio no es habitualmente retribuído en exceso. Son tantas las personas ricas que practican su arte tan gratificante sólo como diversión que muy poca ventaja recogen los que lo practican por un beneficio, debido a que quienes deberían ser naturalmente sus mejores clientes se autoabastecen de sus productos más preciados.

El provecho que el terrateniente deriva de las mejoras no es nunca tan amplio como el que fue suficiente para compensar el coste original de llevarlas a cabo. En la agricultura antigua, se suponía que después del viñedo, la sección de la granja que generaba la producción más valiosa era un huerto de verduras bien regado. Pero Demócrito, que escribió sobre agricultura hace dos mil años, y que era considerado por los antiguos como uno de los padres de esa actividad, creía que los que cercaban las huertas no actuaban sabiamente. El beneficio, decía, no compensaría el coste de un muro de piedra; y los ladrillos (supongo que se refería a los ladrillos cocidos al sol) se desmoronaban bajo la lluvia y las tormentas de invierno, y exigían continuas reparaciones. Columela, que refiere estas opiniones de Demócrito, no las refuta sino que propone un método muy frugal de cercado mediante un seto de zarzas y espinos que, asegura, ha probado por experiencia que es un vallado duradero e impenetrable; aunque, al parecer, no era muy conocido en los tiempos de Demócrito. Paladio secunda la opinión de Columela, que antes había sido respaldada por Varrón. En opinión de estos antiguos innovadores, el producto de una huerta de verduras había sido apenas suficiente para pagar las labores extra y el coste del riego; porque en esos países tan próximos al sol se pensaba entonces, como ahora, que era necesario disponer de una corriente de agua que fluyera por todas las tablas de la huerta. En la actualidad, en la mayor parte de Europa se considera que una huerta no necesita un cercado mejor al recomendado por Columela. En Gran Bretaña y algunos otras naciones nórdicas las frutas más finas no pueden ser cultivadas sino al abrigo de un muro. Su precio en dichos países, por lo tanto, debe ser suficiente para pagar el gasto de construir y mantener ese elemento esencial. A menudo el cerco de los frutales rodea al de las verduras, que disfruta así de un vallado que su propia producción sería con frecuencia incapaz de sufragar.

Una máxima indiscutible en la agricultura antigua, como lo es hoy en todos los países vinícolas, era que la parte más valiosa de la granja era el viñedo, cuando había sido plantado correctamente y cuidado con la máxima atención. Pero según nos cuenta Columela, había opiniones enfrentadas sobre la cuestión de si era ventajoso plantar nuevas viñas o no. Como buen amante de todos los cultivos más elaborados, se decanta en favor del viñedo e intenta demostrar, cotejando beneficio y coste, que constituye una mejora muy rentable. Sin embargo, esas comparaciones entre beneficio y coste en nuevos proyectos suelen ser muy falaces; y en ninguna parte más que en la agricultura. Si la ganancia efectivamente obtenida en tales plantaciones hubiese sido en general tan copiosa como él preveía, no cabría debate alguno, pero todavía hoy la cuestión es objeto de controversia en las naciones vinícolas. Es cierto que sus escritores sobre temas agrícolas, amantes y promotores de los cultivos más finos, normalmente están dispuestos a alinearse con Columela en favor de las viñas. La preocupación de los dueños de los viejos viñedos en Francia para evitar que se planten nuevos parece apoyar esa opinión, e indicar una convicción por parte de gentes expertas de que esta clase de cultivo es hoy en dicho país más rentable que ningún otro. No obstante, avala al mismo tiempo otra opinión: la de que esa rentabilidad superior no puede durar más que las leyes que actualmente restringen el libre cultivo de la vid. En 1731 los propietarios consiguieron una orden del Consejo que prohibió tanto la plantación de nuevas cepas como la renovación de las antiguas, cuyo cultivo se hubiese interrumpido durante dos años, salvo que mediase un permiso especial del rey, a ser concedido sólo tras un informe del intendente de la provincia, que certificase que había examinado la tierra y que era inútil para cualquier otro cultivo. La razón de esa orden fue la escasez de granos y pastos y la sobreabundancia de vino. Pero si esta abundancia hubiese sido real, habría impedido eficazmente la plantación de nuevas cepas, sin necesidad de ninguna orden del Consejo, al reducir los beneficios de este tipo de cultivo por debajo de su proporción natural con los de los cereales y los pastos. En lo que hace a la supuesta escasez de granos ocasionada por la multiplicación de los viñedos, en ninguna parte de Francia se cultiva mejor el cereal que en las provincias vinícolas, donde la tierra es adecuada para su producción; como en Borgoña, Guyena y el alto Languedoc. La numerosa mano de obra empleada en un tipo de cultivo necesariamente anima al otro, al suministrarle un mercado inmediato para su producción. El disminuir el número de los que son capaces de pagar por él es sin duda una estrategia poco prometedora para alentar el cultivo del cereal. Es como la política que pretende promover la agricultura castigando a la industria.

Por lo tanto, aunque la renta y el beneficio de aquellas producciones que requieren un mayor gasto inicial de mejoras en la preparación de la tierra, o un gasto mayor en su cultivo, suelen ser muy superiores a los del cereal y los pastos, cuando se limitan a compensar esos gastos extra están en realidad regulados por la renta y el beneficio en esos cultivos más corrientes.

Es cierto que a veces ocurre que la cantidad de tierra apta para una producción concreta es demasiado pequeña para satisfacer la demanda efectiva. La totalidad de la producción puede venderse entonces a aquellos que están dispuestos a pagar algo más de lo que es suficiente para pagar toda la renta, los salarios y los beneficios necesarios para cultivarla y traerla al mercado a sus tasas naturales, las tasas que se pagan en el grueso de las otras tierras cultivadas. El excedente del precio que resta después de sufragar todo el coste de las mejoras y del cultivo no tendrá en este caso, pero sólo en este caso, una proporción regular con el excedente semejante en los cereales o los pastos, sino que puede superarlo casi en cualquier grado; y la mayor parte de ese excedente va a parar naturalmente a la renta del terrateniente.

Por ejemplo, la proporción habitual y natural entre la renta y el beneficio del vino y de los cereales y pastos sólo rige con referencia a los viñedos que producen solamente un buen vino común, de esos que pueden ser obtenidos casi en cualquier parte, con cualquier suelo ligero, pedregoso o arenoso, y que no se pueden recomendar salvo porque son fuertes y saludables. Los terrenos normales del país pueden entrar en competencia exclusivamente con esos viñedos; es evidente que no podrán hacerlo con los de una calidad especial.

La diferente calidad de la tierra afecta a la vid más que a ninguna otra fruta. De algunas deriva un aroma que supuestamente ningún cultivo ni manejo podrá conseguir en ninguna otra. Este aroma, real o imaginario, es a veces peculiar de la producción de unos pocos viñedos, otras veces se extiende a lo largo de un pequeño distrito, y otras a través de una extensa provincia. La cantidad total de vinos de ese origen que llega al mercado es menor que la demanda efectiva, es decir, la demanda de los que están dispuestos a pagar toda la renta, el beneficio y los salarios necesarios para prepararlos y traerlos al mercado a su tasa corriente, la tasa pagada en los viñedos comunes. Por ello, la cantidad se vende a los que están dispuestos a pagar más, lo que inevitablemente aumenta el precio por encima del precio del vino común. La diferencia será mayor o menor según que la moda y la escasez del vino vuelvan a la competencia de los compradores más o menos intensa. Sea como fuere, la mayor parte de la misma termina en la renta del propietario. Aunque esos viñedos están en general mejor cultivados que los otros, el alto precio del vino no es tanto el efecto de ese cultivo más cuidado, sino la causa. En una producción tan valiosa la pérdida ocasionada por la negligencia es tan abultada que hasta los más descuidados prestan atención. Una pequeña parte de ese precio alto, por lo tanto, es suficiente para pagar los salarios del trabajo extra incorporado en su cultivo y los beneficios del capital extra que pone a ese trabajo en acción. Las colonias azucareras de las naciones europeas en las Indias Occidentales pueden ser comparadas con esos valiosos viñedos. Su producción total es inferior a la demanda efectiva de Europa, y se vende a aquellos que están dispuestos a pagar más de lo que es suficiente para pagar la renta, el beneficio y los salarios necesarios para prepararla y traerla al mercado, con arreglo a las tasas que suelen pagarse en los demás productos. En la Cochinchina, según refiere el Sr. Poivre, un observador muy atento de la agricultura de ese país, el azúcar blanco de la mejor calidad se vende normalmente a tres piastras el quintal, o unos trece chelines y seis peniques en nuestra moneda. Lo que se llama allí quintal pesa entre ciento cincuenta y doscientas libras de París, o un promedio de ciento setenta y cinco libras de París, lo que reduce el precio del quintal inglés a unos ocho chelines esterlinos, que no llega ni a la cuarta parte de lo que se paga habitualmente por los azúcares morenos o mascabados importados de nuestras colonias, ni a la sexta parte de lo que se paga por el mejor azúcar blanco. El grueso del área cultivada en la Cochinchina se dedica a los cereales y el arroz, el alimento de la mayoría del pueblo. Los precios respectivos del cereal, el arroz y el azúcar están allí probablemente en la proporción natural, o en aquella que se establece naturalmente entre las diversas cosechas de la mayor parte de la superficie cultivada, y que recompensan al propietario y al granjero, hasta donde es posible determinarlo, de acuerdo a lo que normalmente es el gasto original en mejoras y el gasto anual en los cultivos. Pero en nuestras colonias azucareras el precio del azúcar no guarda ninguna proporción de ese tipo con el precio de la producción de un campo de arroz o cereales ni en Europa ni en América. Se dice habitualmente que un plantador de caña compensa sus costes de cultivo con el ron y las melazas, y que todo el azúcar es el beneficio neto. Si esto fuese cierto, y no pretendo afirmar que lo sea, sería como si un granjero que cultiva cereales pudiese sufragar los gastos del cultivo con las granzas y la paja, y le quedase el grano como ganancia neta. Es frecuente que sociedades de comerciantes de Londres y otras ciudades adquieran tierras vírgenes en nuestras colonias azucareras, que esperan mejorar y cultivar con beneficio valiéndose de administradores y agentes; y ello a pesar de la gran distancia y la incierta rentabilidad debida al deficiente funcionamiento de la justicia en esos territorios. Nadie intentaría mejorar y cultivar en la misma forma las tierras más fértiles de Escocia, Irlanda o las provincias cerealeras de América del Norte, a pesar de que allí, por la más satisfactoria acción de la justicia, se pueden esperar rendimientos más estables.

En Virginia y Maryland se prefiere el cultivo del tabaco al del cereal, porque es más rentable. El tabaco podría cultivarse bien en muchas partes de Europa, pero en casi toda ella se ha convertido en uno de los artículos más gravados con impuestos, y se ha estimado que el recaudar un impuesto de todas las diversas granjas que podrían dedicarse a este cultivo sería más difícil que si se estableciese uno sobre su importación y se cobrase en las aduanas. Así se ha llegado al extremo absurdo de que el cultivo del tabaco ha sido prohibido en la mayor parte de Europa, lo que necesariamente otorga una suerte de monopolio a los países donde está permitido; y como Virginia y Maryland producen el grueso de este bien, se llevan, aunque con algunos competidores, la mayor parte de la ventaja de ese monopolio. El cultivo del tabaco, sin embargo, no parece ser tan provechoso como el del azúcar. Nunca oí hablar de que alguna plantación de tabaco haya sido roturada y cultivada con el capital de comerciantes residentes en Gran Bretaña, y de nuestras colonias tabaqueras no llegan plantadores tan opulentos como los que frecuentemente arriban desde nuestras islas azucareras. Aunque por la preferencia que en esas colonias se otorga al cultivo del tabaco sobre el cereal podría parecer que la demanda efectiva de tabaco en Europa no está plenamente satisfecha, es probable que lo esté más que la de azúcar; y aunque el precio actual del tabaco es probablemente más que suficiente para pagar la renta, los salarios y el beneficio necesarios para obtenerlo y transportarlo al mercado a las tasas habitualmente pagadas en las tierras cerealeras, no supera dicho nivel tanto como el precio del azúcar. Nuestros plantadores de tabaco, entonces, han revelado el mismo temor al exceso de tabaco que los propietarios de los viejos viñedos en Francia tienen al exceso de vino. Se han agrupado y restringido su cultivo a seis mil plantas, que se calcula rinden mil libras de peso en tabaco por cada negro de entre dieciséis y sesenta años de edad. Cada negro es capaz, por encima de esa cantidad de tabaco, de cultivar cuatro acres de maíz. El Dr. Douglas sostiene (pero creo que no está bien informado) que en algunas ocasiones durante años de abundancia, y para impedir que el mercado esté sobreabastecido, queman una cierta cantidad de tabaco por negro, de la misma forma que se dice que hacen los holandeses con las especias. Si se requiere el empleo de métodos tan violentos para sostener el precio actual del tabaco, la ventaja de su cultivo sobre el del cereal, si es que todavía tiene alguna, es improbable que dure mucho tiempo.

De esta manera, la renta de la tierra cuyo cultivo es el alimento humano regula la renta de la mayor parte del resto de la tierra cultivada. Ninguna producción puede rendir menos durante un período extenso, porque la tierra sería inmediatamente destinada a otro uso. Y si una producción rinde sistemáticamente más, es porque la cantidad de tierra adecuada para su cultivo es insuficiente para satisfacer la demanda efectiva.

En Europa el principal producto de la tierra que sirve de inmediato como alimento humano es el cereal. Por lo tanto, salvo en situaciones especiales, la renta de la tierra cerealera regula en Europa la de todas las demás tierras cultivadas. Gran Bretaña no tiene por qué envidiar las viñas de Francia ni los olivares de Italia. Salvo en situaciones especiales, su valor se determina con arreglo al valor del cereal, en cuyo cultivo la fertilidad británica no es muy inferior a la de ninguno de esos dos países.

Si en una nación el alimento vegetal más corriente y favorito de la población se obtiene de una planta cuyo rendimiento, en la tierra más ordinaria, es muy superior al rendimiento del cereal en la tierra más fértil, la renta del propietario, o la cantidad excedente de alimento que le quede después del pago del trabajo y la reposición del capital del granjero junto con los beneficios normales, será necesariamente mucho mayor. Cualquiera fuese la tasa usual de pago del trabajo en esa nación, ese mayor excedente siempre podría mantener una cantidad mayor del mismo, y consecuentemente permitir al terrateniente comprar o dirigir una cantidad mayor. El valor real de su renta, su poder y mando reales, su control sobre las cosas necesarias y convenientes para la vida que le suministra el trabajo de otras personas, será inevitablemente muy superior.

Un campo de arroz produce una cantidad de alimento mucho mayor que el más fértil campo cerealero. Se dice que la producción corriente de un acre son dos cosechas al año, de entre treinta y sesenta *bushels* cada una. Aunque su cultivo exige más trabajo, después de haberlo pagado queda un excedente mucho más amplio. Así, en aquellos países donde el arroz es el alimento vegetal más extendido y apreciado por la gente, y con el que básicamente se mantienen los cultivadores, corresponderá al terrateniente una cuota mayor de dicho mayor excedente que en los países cerealeros. En Carolina, donde los plantadores, como en otras colonias británicas, son generalmente granjeros y propietarios al mismo tiempo, y donde consiguientemente la renta y el beneficio se confunden, es más rentable cultivar arroz que trigo, aunque sus campos rinden sólo una cosecha anual y aunque, al prevalecer las costumbres europeas, el arroz no es allí el alimento de la gente más habitual y estimado.

Un buen arrozal es un pantano en todas las estaciones, y en una de ellas un pantano cubierto de agua. No sirve para cereales, pastos, viñas, ni en realidad para ninguna otra producción vegetal útil para el hombre, y las tierras adecuadas para estos propósitos no lo son para el arroz. Incluso en los países arroceros, por lo tanto, la renta de las tierras arroceras no pueden regular la renta de las otras tierras cultivables que nunca podrán ser destinadas a esa producción.

El alimento producido por un campo de patatas no es inferior en cantidad al producido por un campo de arroz, y es muy superior al producido en un campo de trigo. Doce mil libras de patatas extraídas de un acre de tierra no es una producción mayor a dos mil libras de trigo. El alimento o capacidad nutritiva que puede obtenerse de cada una de esas dos plantas no guarda proporción alguna con su peso, debido a la naturaleza húmeda de las patatas.

No obstante, si se supone que la mitad del peso de este tubérculo corresponde al agua, y es mucho suponer, ese acre de patatas todavía produciría seis mil libras de poder nutritivo, tres veces lo que produce un acre de trigo. Un acre de patatas se cultiva con un coste menor que un acre de trigo; el barbecho, que generalmente precede a la siembra del trigo, compensa con exceso la cava y otras labores extraordinarias que siempre requieren las patatas. Si en algún momento ese tubérculo llega a ser en algún lugar de Europa lo que el arroz es en algunos países arroceros, el alimento ordinario y preferido por el pueblo, y a ocupar la misma proporción de tierras cultivadas como el trigo y otros cereales para la alimentación humana ocupan hoy, la misma superficie cultivada bastaría para mantener un número de personas muy superior, y al alimentarse los trabajadores generalmente con patatas, quedaría un excedente mayor después de reponer todo el capital y pagar toda la mano de obra empleada en el cultivo. Una sección mayor de ese excedente correspondería asimismo al terrateniente. La población se incrementaría y las rentas subirían muy por encima de su nivel actual.

La tierra adecuada para las patatas lo es para casi cualquier otra planta útil. Si ellas ocuparan la misma proporción de la tierra cultivada como los cereales lo hacen hoy, ellas regularían de la misma manera la renta de la mayor parte del resto de la tierra cultivada.

Me han dicho que en algunas comarcas de Lancashire se afirma que el pan hecho de harina de avena es más nutritivo que el pan de trigo, y con frecuencia he escuchado sostener la misma doctrina en Escocia. Pero no tengo claro que sea verdad. El pueblo llano en Escocia, que se alimenta de avena, no es en general tan fuerte ni tan gallardo como las gentes del mismo nivel en Inglaterra, que comen pan de trigo. No trabajan tan bien, ni tienen tan buen aspecto; y como no existe la diferencia entre las personas distinguidas en ambos países, la experiencia parece demostrar que el alimento del pueblo en Escocia no es tan adecuado para el organismo humano como el de sus vecinos en Inglaterra. Pero con las patatas parece suceder lo contrario. Se dice que los porteadores de sillas, los mozos de cuerda y los cargadores de carbón en Londres, y esas infortunadas mujeres que viven de la prostitución, es decir, los hombres más fuertes y las mujeres más bellas de los dominios británicos, provienen en su mayoría de las clases más bajas de Irlanda, que se alimentan por lo general con ese tubérculo. Ninguna otra comida puede aportar una prueba más concluyente de su calidad nutritiva, ni de su capacidad de ser particularmente favorable a la salud del cuerpo humano.

Es difícil conservar a las patatas a lo largo del año, y totalmente imposible almacenarlas, como se hace con los cereales, durante dos o tres años. El temor a no poder venderlas antes de que se pudran desanima su cultivo y es quizás el mayor obstáculo para que se vuelvan, como el pan, el principal alimento vegetal de todas las clases del pueblo.

Parte II
De la producción de la tierra que unas veces proporciona renta y otras veces no

El único producto de la tierra que siempre y necesariamente rinde alguna renta al propietario parece ser el alimento humano. Otras producciones a veces la rinden y a veces no, según las circunstancias.

Después de la comida, las dos grandes necesidades de la humanidad son el vestido y la vivienda.

En su rudo estado original, la tierra puede suministrar materiales de vestido y alojamiento a un número de per-

11. De la renta de la tierra

sonas muy superior al que puede alimentar. Con el progreso a veces ocurre que sea capaz de alimentar a un número superior al que puede abastecer con dichos materiales, al menos en la forma en que los demandan y están dispuestos a pagar por ellos. Al principio, entonces, siempre hay un exceso de estos materiales que con frecuencia tienen por esa razón un valor escaso o nulo; y después existe a menudo una escasez que necesariamente aumenta su valor. Al principio una gran parte de los mismos es desechada por inútil, y el precio de los que se utilizan es considerado sólo equivalente al trabajo y gastos necesarios para convertirlos en aprovechables y no queda, en consecuencia, nada como renta para el terrateniente. Pero después se utilizan plenamente y a menudo la demanda queda insatisfecha. Hay alguien que siempre está dispuesto a pagar por cada cantidad de ellos más de lo que es suficiente para cubrir el coste de traerlos al mercado. Su precio, por lo tanto, siempre da lugar a una renta para el terrateniente.

Los primeros materiales de la indumentaria fueron las pieles de los animales más grandes. Así, en las naciones de cazadores y pastores, cuyo comida consiste fundamentalmente en la carne de esos animales, cuando cada hombre se surte de alimentos también se surte de materiales para más ropa que la que puede ponerse. Si no hubiese comercio con el exterior, el grueso debería tirarse como cosa sin valor. Esto era probablemente lo que ocurría entre las naciones cazadoras de América del Norte antes de que su territorio fuese descubierto por los europeos, con los que ahora intercambian el sobrante de sus pieles por mantas, armas de fuego y aguardiente, lo que le da algún valor. Creo que en el estado actual del comercio en el mundo conocido incluso las naciones más bárbaras, si han establecido la propiedad de la tierra, mantienen algún comercio con el exterior de esa clase, y encuentran entre sus vecinos ricos tanta demanda por los materiales de vestido que produce su tierra y que ellos no pueden ni elaborar ni consumir, que su precio se eleva por encima de lo que cuesta llevárselos a esos vecinos más prósperos. Esto rinde, en consecuencia, una cierta renta para el propietario. Cuando la mayor parte del ganado de las Tierras Altas escocesas era consumido en las mismas montañas, la exportación de pieles era el más importante renglón comercial de ese país, y lo que se obtenía a cambio de ellas comportaba una adición a la renta de la propiedad en las tierras altas. La lana de Inglaterra, que en la antigüedad no podía ser ni manufacturada ni consumida localmente, encontró un mercado en Flandes, entonces más rico y avanzado, y su precio aportó algo a la renta de la tierra que la producía. En países no mejor cultivados que Inglaterra entonces, o que las Tierras Altas de Escocia hoy, y que carecen de comercio exterior, los materiales para el atuendo resultan evidentemente tan abundantes que en su mayor parte se desechan por inservibles y en ningún caso rinden una renta al terrateniente.

Los materiales para las viviendas no siempre pueden ser transportados a una distancia tan grande como los materiales del vestido, y no se convierten en objeto de comercio exterior tan fácilmente. Cuando sobreabundan en el país que los produce suele ocurrir, incluso en el actual estado del comercio mundial, que no tengan valor alguno para el terrateniente. Una buena cantera en las proximidades de Londres proporcionaría una copiosa renta, pero en muchas partes de Escocia y Gales no proporciona ninguna. La madera para la construcción es muy valiosa en un país poblado y bien cultivado, y la tierra que la produce genera una renta considerable. Pero en muchas partes de América del Norte el dueño de la tierra estaría muy agradecido a cualquiera que se llevase la mayoría de sus árboles más grandes. En algunas comarcas de las Tierras

Altas de Escocia, la corteza de los árboles es la única parte del bosque que se puede llevar al mercado, debido a la falta de caminos o de transporte fluvial. Y se deja que la madera se pudra en el suelo. Cuando los materiales para las viviendas son tan abundantes, la fracción de ellos que se utiliza sólo vale el trabajo y el gasto de prepararla para ese uso. No generan renta alguna para el terrateniente, que por regla general los regala a cualquiera que los solicite. Sin embargo, a veces la demanda de las naciones más ricas le permite obtener de ellos una renta. El pavimentado de las calles de Londres ha llevado a que los propietarios de algunas rocas estériles en la costa de Escocia consigan una renta donde jamás la hubo antes. Los bosques de Noruega y de las costas del Báltico encuentran un mercado en muchas partes de Gran Bretaña del que carecen en su país, y proporcionan así alguna renta a sus propietarios.

Los países son populosos no en proporción al número de personas cuya producción puede vestir y alojar sino en proporción al número que pueda alimentar. Una vez que hay comida, es fácil conseguir el atuendo y la vivienda que se necesitan. Pero puede haber abundancia de estos últimos y en cambio faltar comida. En algunas partes de los dominios británicos, se llama «una casa» a algo que puede ser construido por un hombre en un día de trabajo. La forma más simple de indumentaria, las pieles de los animales, requieren algo más de trabajo para curtirlas y prepararlas para dicho uso, pero no mucho trabajo. Entre las naciones salvajes y bárbaras, una centésima o poco más de una centésima parte del trabajo anual bastará para proveerlas del vestido y el alojamiento satisfactorios para la mayoría de los habitantes. Las otras noventa y nueve partes resultan a menudo apenas suficientes para proveerlas de comida.

Pero cuando gracias a la roturación y cultivo de la tierra, el trabajo de una familia puede suministrar comida para dos, el trabajo de la mitad de la sociedad resulta suficiente para obtener alimento para el conjunto. La otra mitad, entonces, o al menos la mayor parte de ella, puede ser empleada en suministrar otras cosas, o en satisfacer las otras necesidades y caprichos de la humanidad. El atuendo y la vivienda, los muebles y lo que llaman el equipo, son los objetos principales del grueso de esas necesidades y caprichos. El rico no consume más comida que su vecino pobre. Puede que la calidad de su comida sea muy diferente, y que seleccionarla y prepararla pueda requerir más trabajo y destreza; pero en cantidad son prácticamente iguales. Pero al comparar el amplio palacio y el surtido guardarropa de uno con la choza y los harapos del otro se comprende que la diferencia entre su indumentaria, alojamiento y mobiliario es casi tan grande en cantidad como en calidad. El apetito de alimentos está limitado en cada persona por la estrecha capacidad del estómago humano, pero el afán de comodidades y adornos en la casa, el vestido, el mobiliario y el equipo no parece tener límites ni conocer fronteras. En consecuencia, todos los que tienen el control sobre más alimentos de los que pueden consumir estarán siempre dispuestos a intercambiar ese excedente o, lo que es lo mismo, el precio del mismo, por gratificaciones de ese tipo. Lo que excede la satisfacción del deseo limitado se destina a colmar aquellos deseos que no pueden ser satisfechos y parecen ser completamente ilimitados. Para conseguir comida, los pobres se esfuerzan en gratificar los caprichos de los ricos, y para conseguirla con más seguridad compiten entre sí en la baratura y perfección de su trabajo. El número de trabajadores aumenta con la creciente cantidad de comida, o con la extensión de la mejora y cultivo de las tierras; y como la naturaleza de su labor admite la máxima subdivisión del trabajo, la cantidad de materiales que pueden elaborar se incrementa en una proporción muy superior a dicho número. De ahí surge una demanda para toda clase de cosas que la invención humana puede emplear, de forma útil o como adorno, en la vivienda, el vestido, el equipo o el mobiliario; para los fósiles y minerales que se hallan en las entrañas de la tierra; y para las piedras y metales preciosos.

De esta manera, el alimento no es sólo la fuente original de la renta sino que todas las otras producciones de la tierra que proporcionan renta después derivan esa parte de su valor del progreso en la capacidad del trabajo en producir alimentos mediante la mejora y cultivo de la tierra.

Pero esas otras partes de la producción de la tierra que después generan renta, no la generan siempre. Incluso en países adelantados y cultivados, la demanda por ellas no siempre es tal como para suscitar un precio mayor al suficiente para pagar el trabajo y reponer, junto a sus beneficios corrientes, el capital que debe emplearse para traerlas al mercado. El que lo sea o no depende de diversas circunstancias.

Por ejemplo, si una mina de carbón puede proporcionar renta o no, depende en parte de su fertilidad y en parte de su localización.

Se dice que una mina de cualquier tipo es productiva o estéril según que la cantidad de mineral que puede ser extraída de ella mediante una cierta cantidad de trabajo sea mayor o menor que la que puede ser extraída con el mismo trabajo en la mayor parte de las minas del mismo tipo.

Algunas minas de carbón bien situadas no pueden ser explotadas debido a su esterilidad. La producción no cubre los costes, y ellas no proporcionan ni beneficio ni renta.

El rendimiento de algunas es apenas suficiente para

pagar el trabajo y reponer, junto con los beneficios normales, el capital empleado en operarlas. Aportan algún beneficio para el empresario, pero ninguna renta para el terrateniente. Sólo pueden ser ventajosamente explotadas por el propietario mismo que al ser empresario recoge el beneficio ordinario del capital que emplea. En Escocia se explotan así muchas minas de carbón, y no podrían funcionar de otro modo. El terrateniente no permitiría que nadie las explotara sin pagar alguna renta y nadie podría pagarla.

Hay otras minas de carbón en el mismo país cuya fertilidad es suficiente pero que no pueden ser explotadas a causa de su emplazamiento. Con la suma normal de trabajo, e incluso con menos, se podría extraer una cantidad de mineral suficiente para sufragar el coste de la explotación. Pero en una región interior, escasamente poblada y sin facilidades para el transporte terrestre o fluvial, esa cantidad no podría ser vendida.

El carbón es un combustible menos agradable que la leña; se dice también que es menos saludable. Por ello, el coste del carbón en el lugar donde se consuma debe ser generalmente algo menor al de la leña.

El precio de la leña varía también con arreglo al estado de la agricultura, casi de la misma forma y exactamente por las mismas razones que el precio del ganado. En sus rudos comienzos, la mayor parte de todos los países se hallaba cubierta de bosques, que entonces eran un mero estorbo sin valor para los propietarios, que se los darían encantados a cualquiera que quisiese talarlos. A medida que progresa la agricultura, los bosques en parte desaparecen por los avances en la roturación y en parte decaen como consecuencia del incremento en el número de cabezas de ganado. Éste, aunque no aumenta en la misma proporción que el cereal, que es por completo resultado del trabajo humano, se multiplica en cualquier caso bajo el cuidado y la protección de personas, que almacenan en la estación de la abundancia lo que puede alimentarlo durante la de la escasez, que durante todo el año le dan una cantidad de comida superior a la que podría conseguir espontáneamente la naturaleza, y que al destruir y exterminar a sus enemigos les garantiza el libre disfrute de lo que ella provee. Numerosos rebaños, al vagar libremente por los bosques, no destruyen los árboles viejos pero sí impiden que crezcan los retoños, de forma tal que en el curso de un siglo o dos todo el bosque queda destruido. La escasez de madera eleva entonces su precio, proporciona una buena renta, y el terrateniente comprueba a veces que el destino más rentable que puede dar a sus mejores tierras es la plantación de árboles madereros, cuyos abultados beneficios con frecuencia compensan la demora en obtenerlos. En actualidad parece que esto ocurre en varias partes de Gran Bretaña, donde se verifica que el beneficio de la plantación de árboles equivale al del cereal o los pastos. La ventaja que el propietario deriva de la plantación no puede exceder la renta que obtiene de esos cultivos, al menos no por un tiempo muy considerable; y en una región interior muy cultivada no será muy inferior a dicha renta. En el litoral de un país avanzado, si el carbón puede ser utilizado como combustible, sucederá a veces que será más barato traer madera para la construcción desde países extranjeros menos cultivados que producirla en el propio país. En la ciudad nueva de Edimburgo, que ha sido construida en estos últimos años, quizás no haya ni una sola viga de madera escocesa.

Cualquiera sea el precio de la madera, si el del carbón es tal que cuesta lo mismo alimentar un fuego con carbón que con madera podemos estar seguros de que allí el precio del carbón es el máximo posible. Así parece ocurrir en algunas comarcas interiores de Inglaterra, particularmente en Oxfordshire, donde es habitual, incluso en los hogares del pueblo llano, mezclar carbón y madera, y donde la diferencia en el coste de estos dos combustibles no puede ser, por ello, muy abultada.

En las regiones mineras el carbón está en todas partes muy por debajo de ese precio límite. Si así no lo fuera, no podría cubrir el coste del transporte a lugares distantes, sea por tierra o por agua. No podría venderse más que una pequeña cantidad, y los empresarios y los propietarios de las minas consideran más interesante vender una gran cantidad a un precio algo superior al mínimo que una pequeña cantidad al precio máximo. Asimismo, las minas de carbón más productivas regulan el precio del carbón en todas las otras minas de la vecindad. Tanto el propietario como el empresario comprueban que pueden conseguir el uno una renta mayor y el otro un beneficio mayor si venden a un precio inferior al de sus vecinos. Éstos se ven pronto obligados a vender al mismo precio, aunque no puedan hacerlo con tanta facilidad y aunque ello siempre disminuya y a veces elimine por completo tanto su renta como su beneficio. Algunas minas resultan abandonadas y otras no generan renta alguna y sólo pueden ser explotadas por sus propietarios.

Como sucede con todas las demás mercancías, el precio mínimo al que puede venderse el carbón durante un tiempo prolongado es el que resulta apenas suficiente para reembolsar el capital invertido en traerlo al mercado, junto con los beneficios habituales. En una mina de carbón de la que el propietario no recoge renta alguna, y que debe explotar él mismo o abandonarla, el precio del carbón debe generalmente ubicarse cerca de ese nivel.

Cuando el carbón proporciona una renta, ésta representa una fracción menor del precio que en el grueso de las materias primas de la tierra. La renta de una finca supone por regla general un tercio de la producción bruta; y es habitualmente una renta fija e independiente de las

11. De la renta de la tierra

ocasionales fluctuaciones de las cosechas. En las minas de carbón, una renta de un quinto de la producción bruta es muy alta; una de un décimo es normal, y rara vez es una renta fija sino que depende de las variaciones de la producción. Éstas son tan amplias que en un país donde se considere que un precio moderado por la propiedad de una finca rústica es la renta de treinta años, resultará que la renta de diez años será considerada un buen precio por la propiedad de una mina de carbón.

El valor de una mina de carbón para su propietario depende con frecuencia tanto de su situación como de su fertilidad. El de una mina metálica depende más de su productividad y menos de su localización. Los metales ordinarios, y aún más los preciosos, una vez separados del filón son tan valiosos que generalmente pueden soportar el coste de un transporte largo por tierra y del más prolongado viaje por mar. Su mercado no se halla restringido a las regiones vecinas de la mina sino que se extiende por todo el mundo. El cobre del Japón es un artículo del comercio en Europa; el hierro de España lo es en el de Chile y Perú. La plata del Perú se abre camino no sólo hacia Europa sino desde Europa hasta la China.

El precio del carbón en Westmorland o Shropshire tiene un efecto insignificante, y el precio del lionés ninguno, sobre su precio en Newcastle. La producción de minas tan distantes nunca puede entrar en competencia mutua. Pero la producción de las minas metálicas más apartadas sí puede hacerlo, y a menudo lo hace. El precio por tanto de los metales ordinarios, y todavía más el de los preciosos, en las minas más productivas del mundo afecta necesariamente más o menos al precio en cualquier otra mina. El precio del cobre en Japón debe ejercer alguna influencia sobre su precio en las minas de cobre de Europa. El precio de la plata en el Perú, o la cantidad de trabajo o de otros bienes que compra allí, debe tener algún impacto sobre su precio no sólo en las minas de plata de Europa sino en las de la China. Después del descubrimiento de las minas de plata del Perú, las de Europa fueron en su mayoría abandonadas. El valor de la plata cayó tanto que su producción dejó de poder pagar el coste de explotarlas o de reponer, con un beneficio, el alimento, vestido, alojamiento y otras cosas necesarias que se consumían en esa actividad. Lo mismo ocurrió con las minas de Cuba y Santo Domingo, e incluso con las más antiguas del Perú, una vez que se descubrieron las de Potosí.

El precio de cualquier metal en cualquier mina, en consecuencia, al ser en cierta medida determinado por su precio en la mina más productiva en explotación en el mundo, no podrá en la mayoría de las minas sino cubrir apenas el coste de la explotación, y rara vez proporcionará al propietario una renta muy elevada. Por eso, en la mayor parte de las minas, la renta parece pesar poco en el precio de los metales ordinarios, y todavía menos en el precio de los metales preciosos. La mano de obra y los beneficios absorben la mayor parte del precio en ambos casos.

La renta media en las minas de estaño de Cornualles, las más ricas del mundo, es de un sexto de la producción bruta, según refiere el Reverendo Sr. Borlace, subdirector de las minas, que aclara que algunas rinden más y otras menos. También un sexto es la renta de muchas y muy productivas minas de plomo en Escocia.

Según relatan Frézier y Ulloa, en las minas de plata del Perú el propietario a menudo no impone al empresario de la mina más que la condición de que éste lleve el mineral en bruto a la planta de tratamiento de aquél y le pague el canon habitual por la operación. Es verdad que hasta 1736 correspondía al rey de España el quinto de la plata de ley, lo que podía considerarse la renta efectiva de la mayor parte de las minas de plata del Perú, las más ricas que el mundo ha conocido. De no haber existido el gravamen, ese quinto debía haber correspondido naturalmente al propietario, y muchas minas que no fueron capaces de pagar el impuesto podrían haber sido explotadas. El tributo al duque de Cornualles sobre el estaño se supone que supera al cinco por ciento, o un vigésimo del valor; y cualquiera que haya sido su cuota, habría pertenecido también naturalmente al propietario de la mina si el estaño estuviese libre de impuestos. Ahora bien, si se suma un vigésimo y un sexto se observa que la renta media de las minas de estaño de Cornualles guardaba una proporción como de trece a doce con respecto a la renta media de las minas de plata del Perú. Pero las minas de plata del Perú no pueden hoy ni siquiera pagar esta reducida renta, y el impuesto sobre la plata fue rebajado en 1736 de un quinto a un décimo. Este tributo sobre la plata asimismo suscita más la tentación del contrabando que el impuesto de un vigésimo sobre el estaño; y el contrabando debe ser mucho más sencillo en la mercancía preciosa que en la voluminosa. De ahí que se afirme que el cumplimiento del pago del impuesto al rey de España sea muy endeble, y mucho mejor el del pago del gravamen al duque de Cornualles. Es por ello probable que la renta represente una fracción mayor del precio del estaño en las minas más fértiles que del precio de la plata en los yacimientos más ricos. Después de reponer el capital invertido en la explotación de esas minas, junto con los beneficios corrientes, el residuo que le queda al propietario parece ser más abultado en el metal basto que en el precioso. Tampoco son muy cuantiosos los beneficios de los empresarios de las minas de plata en el Perú. Los mismos respetables y bien informados autores sostienen que cuando una persona emprende en Perú la explotación de una nueva mina, todos lo ven como un hombre condenado a la bancarrota y la ruina, y por ello es rehuido y evitado. Parece que la minería es considerada allí igual que aquí: una lotería en donde los premios no compensan los números no premiados, aunque la magnitud de algunos pueda tentar a algunos aventureros a que dilapiden sus fortunas en proyectos tan poco prometedores.

Sin embargo, como el soberano recauda una parte apreciable de sus ingresos de la producción de las minas de plata, la legislación en el Perú otorga los máximos estímulos posibles al descubrimiento y explotación de nuevas minas. Todo el que descubra una nueva mina tiene derecho a medir doscientos cuarenta y seis pies a lo largo de donde se supone que corre la veta, y la mitad de ese espacio a lo ancho. Esa porción de la mina es de su propiedad y la puede explotar sin pagar nada al dueño del terreno. El interés del duque de Cornualles ha dado lugar a una reglamentación casi igual en aquel antiguo ducado. Toda persona que descubra una mina en tierras abiertas y sin cercar puede trazar sus límites hasta una cierta extensión, lo que recibe el nombre de limitación de la mina. El que traza esos límites deviene propietario real de la mina, y puede explotarla él mismo o arrendarla a un tercero, sin necesitar el acuerdo del dueño del terreno, al que en cualquier caso se paga un pequeño canon por su explotación. En ambas reglamentaciones el sacrosanto derecho a la propiedad privada es sacrificado en aras de los supuestos intereses de la hacienda pública.

El mismo aliento se da en el Perú al descubrimiento y explotación de nuevas minas de oro; y en el oro el impuesto real supone sólo un vigésimo del metal de ley. Antes era de un quinto y se bajó después a un décimo, como en la plata; pero se vio que la explotación no podía sufragar ni siquiera el menor de esos tributos. Sostienen además los mismos autores, Frézier y Ulloa, que es raro encontrar a una persona que haya hecho una fortuna con una mina de plata, y todavía más raro encontrar una que la haya acumulado gracias a una mina de oro. Parece que ese vigésimo absorbe la totalidad de la renta pagada en el grueso de las minas de oro de Chile y Perú. El oro está además mucho más expuesto al contrabando que la plata, no sólo por el mayor valor del metal en proporción a su volumen sino por la forma peculiar en que la naturaleza lo produce. Es raro encontrar la plata virgen; como la mayoría de los demás metales, se halla generalmente mezclada con otros cuerpos minerales, de los que es imposible separarla en cantidades suficientemente amplias como para pagar los gastos sin una operación laboriosa y prolija, que no puede ser llevada a cabo sino en talleres construidos con esa finalidad, y por ello expuestos a la inspección de los funcionarios del rey. El oro, por el contrario, se halla casi siempre virgen, a veces en trozos de un cierto tamaño; y cuando está mezclado con partículas pequeñas y casi impalpables de arena, tierra y otros cuerpos extraños, se lo puede separar de ellos mediante una operación breve y sencilla, que puede ser practicada en cualquier casa particular por cualquier persona que disponga de una pequeña cantidad de mercurio. Por lo tanto, si el impuesto real sobre la plata se paga con dificultad, lo será todavía mucho más en el caso del oro; y la renta deberá representar una fracción aún más pequeña del precio del oro que del precio de la plata.

El precio mínimo al que se pueden vender los metales preciosos, o la cantidad mínima de otros bienes por los que pueden ser intercambiados durante un lapso apreciable de tiempo, se determina con arreglo a los mismos principios que establecen el precio normal mínimo de todos los demás bienes. Queda determinado por el capital habitualmente empleado, el alimento, atuendo y alojamiento que deben ser usualmente consumidos para traerlos desde la mina hasta el mercado; deberá ser como mínimo suficiente para reponer ese capital con los beneficios corrientes.

El precio máximo, sin embargo, no parece estar determinado por ninguna otra causa que no sea la abundancia o escasez efectiva de dichos metales. No depende del precio de ninguna otra mercancía, como el precio del carbón depende del de la madera, y ninguna escasez lo hará superar el precio de ésta. Si se extiende la escasez de oro hasta un punto determinado, la más pequeña partícula valdrá más que un diamante, y se intercambiará por una cantidad mayor de otros bienes.

La demanda de dichos metales deriva en parte de su utilidad y en parte de su belleza. Dejando aparte el caso del hierro, es probable que sean más útiles que cualquier otro metal. Al hallarse menos expuestos al óxido y las impurezas, es más fácil conservarlos limpios; y los utensilios de mesa y cocina elaborados con esos metales son por ello con frecuencia más agradables. Una olla de plata es más limpia que una de plomo, cobre o estaño; y por la misma razón una de oro será mejor que una de plata. Su atractivo principal, empero, proviene de su belleza, que los vuelve particularmente adecuados para los adornos en vestidos y muebles. Ninguna pintura o tinte puede dar un color tan espléndido como el dorado. Y el mérito de su belleza resulta vastamente ampliado por su escasez. El disfrute principal de la riqueza para la gran mayoría de las personas ricas es su ostentación, que a su juicio nunca es tan plena como cuando demuestran que poseen esos signos inapelables de opulencia que no posee nadie más que ellos. Según ellos, el atractivo de un objeto útil o bello es enormemente incrementado por su escasez, o por el gran trabajo que requiere la obtención de cualquier cantidad considerable del mismo, un trabajo que sólo ellos podrán permitirse pagar. Y estarán dispuestos a pagar por objetos de esa clase un precio mayor que por otras cosas que sean

11. De la renta de la tierra

mucho más bellas y útiles, pero que abunden. Esas calidades de utilidad, belleza y escasez son el fundamento original del elevado precio de dichos metales, o de la abultada cantidad de otros bienes por los que en cualquier lugar pueden ser intercambiados. Este valor es anterior e independiente de su uso como moneda, y fue la cualidad que los volvió adecuados para dicho uso; aunque al suscitar una demanda adicional y reducir la cantidad que podía ser destinada a otro propósito, es posible que dicho empleo haya contribuido ulteriormente a mantener o incrementar su valor.

La demanda de las piedras preciosas proviene exclusivamente de su belleza. Son inútiles, salvo como adornos; y el mérito de esa belleza queda extraordinariamente realzado por su escasez, o por la dificultad y coste de extraerlas de las minas. Los salarios y los beneficios absorben en la mayoría de los casos casi la totalidad de su elevado precio. La fracción correspondiente a la renta es muy pequeña y a menudo es nula; y sólo las minas más ricas proporcionan una renta de alguna consideración. Cuando el joyero Tavernier visitó las minas de diamante de Golconda y Visiapour le informaron que el soberano del país, por cuya cuenta eran explotadas, había ordenado el cierre de todas salvo las que daban las piedras más grandes y más finas; al parecer el propietario no estimaba rentable explotar las demás.

Como el precio de las piedras y metales preciosos está regulado en todo el mundo por su precio en las minas más productivas, la renta que una mina puede aportar a su propietario está en proporción no a su productividad absoluta sino a lo que podría ser denominado productividad relativa, o su superioridad con relación a las demás minas de la misma clase. Si se descubriesen nuevas minas tanto más fértiles que las de Potosí como éstas fueron con respecto a las de Europa, el valor de la plata bajaría tanto que ni siquiera sería rentable explotar las minas de Potosí.

Antes del descubrimiento de las Indias Occidentales españolas, las minas más ricas de Europa podían generar una renta a sus propietarios equivalente a la que hoy rinden las minas más productivas del Perú. Aunque la cantidad de plata era mucho menor, se podía intercambiar por una cantidad equivalente de otros bienes, y la parte correspondiente al propietario le permitía comprar o dirigir una cantidad equivalente de trabajo o de mercancías. El valor tanto de la producción como de la renta, el ingreso real que conferían tanto al público como al propietario, puede haber sido el mismo.

Una gran abundancia de minas de piedras o metales preciosos añadiría poco a la riqueza del mundo. Un producto cuyo valor se origina principalmente en su escasez resulta degradado cuando prolifera. Se podría comprar una vajilla de plata y otros adornos frívolos para el vestido y el mobiliario con una cantidad menor de trabajo o de mercancías: en esto radicaría la única ventaja que el mundo cosecharía merced a dicha abundancia.

En las fincas a flor de tierra ocurre lo contrario. El valor tanto de su producción como de su renta está en proporción a su productividad absoluta, no relativa. La tierra que produce una cantidad determinada de comida, indumentaria y alojamiento siempre puede alimentar, vestir y alojar a un cierto número de personas; y cualquiera sea la parte del terrateniente, siempre le otorgará un poder proporcional sobre el trabajo de esas personas y sobre las mercancías que puede conseguir con ese trabajo. El valor de las tierras más estériles no resulta deprimido por la vecindad de las más fértiles. Al contrario, en general aumenta por ello. El gran número de personas que mantienen las tierras productivas suministran un mercado para muchas partes del producto de las improductivas, un mercado que jamás habrían encontrado entre aquellos que puede mantener su propia producción.

11. De la renta de la tierra

Todo lo que incremente la fertilidad de la tierra en la producción de alimentos no sólo aumenta el valor de las tierras donde tiene lugar esa mejora, sino que contribuye también a subir el de muchas otras tierras, al crear una nueva demanda para su producción. La abundancia de alimentos que, como consecuencia de las mejoras en las tierras, hace que muchas personas tengan más de lo que consumen es la causa principal de la demanda tanto de piedras como de metales preciosos, así como de todos los demás adornos y comodidades en el vestido, la vivienda, el mobiliario y el equipo. Los alimentos no sólo constituyen la parte fundamental de la riqueza del mundo sino que la abundancia de alimentos es lo que asigna la parte principal del valor de muchas otras clases de riqueza. Los pobres habitantes de Cuba y Santo Domingo, cuando fueron descubiertos por los españoles, solían ponerse pequeños trozos de oro como adorno en el pelo y en sus vestimentas. Los valoraban como nosotros haríamos con cualquier piedrecilla más bonita que lo normal, y consideraban que valían apenas el esfuerzo de recogerlos, pero no el de negárselos a quien los pidiese. Regalaron esos trozos a sus nuevos huéspedes a la primera solicitud, y no creyeron que al hacerlo les obsequiaban con algo muy valioso. Quedaron atónitos al comprobar el intenso afán de los españoles por conseguirlos, y no tenía ni idea de que pudiese existir un país cuyos pobladores dispusiesen de tan copioso excedente de comida, algo siempre escaso entre ellos, que a cambio de una minúscula cantidad de esas chucherías relucientes entregasen gustosamente lo que podría bastar para mantener a una familia entera durante años. Si hubiesen podido comprender esto, la pasión de los españoles no les habría sorprendido.

Parte III
De las variaciones en la proporción entre los valores de los tipos de producción que siempre generan renta y de los tipos que algunas veces generan renta y otras veces no

La creciente abundancia de alimentos, debido al incremento en la roturación y el cultivo, debe necesariamente aumentar la demanda de los demás productos de la tierra que son alimentos y que son cosas útiles o adornos. Se podría por ello esperar que en el curso del progreso existiese sólo una variación en los valores relativos de esas dos clases distintas de productos. El valor de aquella clase que a veces genera renta y a veces no debería aumentar siempre proporcionalmente con la que siempre genera renta. A medida que las artes y la industria progresan, la demanda por los materiales del vestido y la vivienda, los fósiles y minerales útiles de la tierra, las piedras y metales preciosos, debería ser cada vez mayor; ellos deberían intercambiarse gradualmente por una cantidad mayor de comida o, en otras palabras, deberían volverse cada vez más caros. Y así ha sucedido en la mayoría de las ocasiones, salvo cuando algunos accidentes a veces incrementan la oferta de algunos de ellos en una proporción incluso mayor a lo que aumenta la demanda.

Por ejemplo, el valor de una cantera de piedra necesariamente subirá con el progreso y el crecimiento de la población de la región circundante; esto será especialmente así si no hay otra cantera en la vecindad. Pero el valor de una mina de plata, incluso aunque no haya otra a mil millas a la redonda, no subirá necesariamente con el progreso del país donde se halla situada. El mercado para la producción de una cantera rara vez se extiende más allá de un radio de una pocas millas, y la demanda debe generalmente estar en proporción al progreso y la población de tan pequeño distrito. Pero el mercado para la producción de una mina de plata puede extenderse por todo el mundo conocido. Entonces, salvo que todo el mundo esté avanzando y poblándose, la demanda de plata puede no incrementarse aunque progrese una vasta región en las proximidades de la mina. E incluso en el caso de que todo el mundo en general avanzase, si se descubren nuevas minas, más fértiles que las conocidas antes, entonces aunque la demanda de plata necesariamente aumentaría, la oferta lo haría en una proporción tanto más grande que el precio del real de dicho metal gradualmente disminuiría; es decir, cualquier cantidad dada del mismo, una libra de peso, por ejemplo, gradualmente compraría o controlaría una cantidad cada vez menor de trabajo, o se intercambiaría por una cantidad cada vez menor de cereales, la parte principal del sustento del trabajador.

El gran mercado para la plata es la parte comercial y civilizada del mundo.

Si debido al progreso general la demanda de este mercado aumenta, mientras que al mismo tiempo la oferta no lo hace proporcionalmente, el valor de la plata aumentará gradualmente con relación al de los cereales. Cualquier cantidad dada de plata se intercambiará por una cantidad cada vez mayor de cereal; o en otras palabras, el precio monetario medio del cereal será cada vez menor.

Si por el contrario la oferta crece debido a un accidente durante muchos años relativamente más que la demanda, ese metal se volverá gradualmente más barato; o en otras palabras el precio monetario medio del cereal, a pesar de todos los progresos, será cada vez mayor.

Pero, por otro lado, si la oferta del metal se eleva más o menos en la misma proporción que la demanda, seguirá comprando o intercambiándose por casi la misma cantidad de cereal, y el precio monetario medio del cereal, a pesar de todos los progresos, continuará siendo virtualmente el mismo.

Estos tres casos parecen agotar todas las combinaciones posibles de factores que pueden tener lugar en el curso del progreso; y a lo largo de los últimos cuatro siglos, a tenor de lo que ha sucedido tanto en Francia como en Gran Bretaña, los tres han estado presentes en el mercado europeo, y aproximadamente en el mismo orden en que los he expuesto.

Digresión sobre las variaciones en el valor de la plata durante el transcurso de los cuatro últimos siglos

Primer período

En 1350, y durante algún tiempo antes, el precio medio del cuartal de trigo en Inglaterra no parece haber sido inferior a cuatro onzas de plata, peso de la Torre, equivalentes a unos veinte chelines de nuestra moneda actual. Desde este nivel se redujo gradualmente hasta dos onzas de plata, o unos diez chelines de hoy, precio que tenía a comienzos del siglo XVI, y que se mantuvo hasta alrededor de 1570.

En 1350, el año vigésimo quinto del reinado de Eduardo III, se promulgó el llamado estatuto de los trabajadores. En su preámbulo se vierten muchas quejas contra la insolencia de los sirvientes que procuraban elevar sus salarios en perjuicio de sus patronos. Ordena por ello que todos los sirvientes y trabajadores deberían contentarse en el futuro con recibir los mismos salarios y libreas (en aquella época libreas significaban no sólo prendas de vestir sino también alimentos) que habían recibido en el año vigésimo del reinado y en los cuatro precedentes; que a este respecto su provisión de trigo no debería valer más de diez peniques el *bushel*, y que el patrono siempre tendría la opción de pagarla en trigo o en dinero. Diez peniques por *bushel*, entonces, era lo que se estimaba en el año veinticinco del reinado de Eduardo III un precio muy moderado del trigo, puesto que requería el dictado de un estatuto específico para obligar a los sirvientes a aceptarlo a cambio de su librea habitual de provisiones; y había sido considerado un precio razonable diez años antes, en el décimo sexto del reinado, al que se refiere el estatuto. Pero en el año dieciséis de Eduardo III diez peniques contenían una media onza de plata, peso de la Torre, casi equivalente a media corona de nuestra moneda presente. Cuatro onzas de plata, peso de la Torre, igual a seis chelines y ocho peniques de la moneda de entonces y a casi veinte chelines de la moneda actual, debía ser considerado un precio moderado para el cuartal de ocho *bushels*.

El estatuto es sin duda un mejor indicador de lo que en esos tiempos se estimaba un precio moderado del cereal que los precios de algunos años concretos que recogen habitualmente historiadores y otros autores debido a su extraordinaria baratura o carestía, y de los que en consecuencia es difícil formarse opinión alguna sobre cuál sería el precio normal. Hay además otras razones para creer que a comienzos del siglo XIV, y durante algún tiempo antes, el precio normal del trigo no era inferior a cuatro onzas de plata el cuartal, y en proporción el de los demás cereales.

En 1309, Ralph de Born, prior de San Agustín de Canterbury, dio una fiesta con motivo de su toma de posesión, de la cual William Thorn conservó no sólo la minuta sino el precio de muchos artículos. En el banquete se consumieron, en primer lugar, cincuenta y tres cuartales de trigo que costaron diecinueve libras, o siete chelines y dos peniques el cuartal, equivalentes a unos veintiún chelines y seis peniques de hoy; en segundo lugar, cincuenta y ocho cuartales de malta que costaron diecisiete libras y diez chelines, o seis chelines el cuartal, unos dieciocho chelines actuales; en tercer lugar, veinte cuartales de avena que costaron cuatro libras, o cuatro chelines el cuartal, equivalentes a unos doce chelines de nuestra moneda. Los precios de la malta y la avena parecen superar en este caso su proporción habitual con respecto al precio del trigo.

Estos precios quedaron registrados no merced a su extraordinaria baratura ni carestía, sino que fueron mencionados de forma accidental como los precios efectivamente pagados por grandes cantidades de cereal consumidas en un festín que se hizo célebre por su magnificencia.

En 1262, el quincuagésimo primero del reinado de Enrique III, volvió a ponerse en vigor un antiguo estatuto denominado *tasa del pan y la cerveza* que, según manifiesta el rey en el preámbulo, había sido promulgado en tiempos en que sus antepasados habían sido reyes de Inglaterra. Es probable que se remonte, en consecuencia, al menos a la época de su abuelo Enrique II, y quizás proceda de los tiempos de la Conquista. Regula el precio del pan de acuerdo a los precios del trigo, desde un chelín a veinte chelines el cuartal en la moneda de entonces. Se supone en general que los estatutos de esta clase vigilan con igual cuidado todas las desviaciones del precio medio, tanto hacia arriba como hacia abajo. Por lo tanto, bajo este supuesto el precio medio del trigo cuando este estatuto fue promulgado debió ser estimado en diez chelines, que contenían seis onzas de plata, peso de la Torre, y equivalían a unos treinta chelines de hoy; y debía seguir siendo así en el año cincuenta y uno del reinado de Enrique III. No podemos, en consecuencia, equivocarnos mucho si suponemos que el precio medio no era inferior a un tercio del precio máximo del pan que fija el estatuto, o seis chelines y ocho peniques de entonces, que contenían cuatro onzas de plata, peso de la Torre.

11. De la renta de la tierra

Se puede inferir de todo lo anterior que hacia mediados del siglo XIV, y durante un tiempo considerable antes de esa fecha, el precio medio o corriente del cuartal de trigo no era inferior a cuatro onzas de plata, peso de la Torre.

Entre mediados del siglo XIV y comienzos del siglo XVI, lo que era considerado razonable y moderado, es decir, el precio normal o medio del trigo, parece haber declinado gradualmente hasta la mitad de dicho precio, y cayó hasta unas dos onzas de plata, peso de la Torre, equivalentes a diez chelines actuales; ese nivel se mantuvo hasta 1570 aproximadamente.

En el libro de gastos de la casa de Enrique, quinto conde Northumberland, correspondiente al año 1512 hay dos cálculos distintos sobre el trigo. En uno de ellos se lo estima a seis chelines y ocho peniques el cuartal, y en el otro sólo a cinco chelines y ocho peniques. En 1512 seis chelines y ocho peniques contenían sólo dos onzas de plata, peso de la Torre, y equivalían a unos diez chelines de hoy.

Desde el año veinticinco de Eduardo III hasta comienzos del reinado de Isabel, durante un lapso de más de doscientos años, y según aparece en numerosos estatutos, el precio moderado y razonable, el precio normal o medio del trigo siguió siendo seis chelines y ocho peniques. La cantidad de plata contenida en esa suma nominal descendió continuamente en ese período a raíz de algunas alteraciones efectuadas en la moneda. Pero el incremento en el valor de la plata había compensado de tal modo la reducción de su cantidad en la misma suma nominal que la legislatura no creyó pertinente ocuparse de la cuestión.

Así, en 1436 se dispuso que el trigo podía ser exportado sin licencia cuando el precio bajaba hasta seis chelines y ocho peniques; y en 1463 se estableció que no se podía importar trigo si el precio no superaba los seis chelines y ocho peniques el cuartal. Los legisladores pensaron que cuando el precio era tan bajo no habría inconveniente en autorizar la exportación, pero cuando aumentaba era prudente permitir la importación. Por lo tanto seis chelines y ocho peniques, que contenían una cantidad de plata similar a trece chelines y cuatro peniques de hoy (un tercio menos que la misma suma nominal en tiempos de Eduardo III), era lo que se consideraba entonces el precio moderado y razonable del trigo. En 1554, por el primer y segundo estatutos de Felipe y María, y en 1558, por el primero de Isabel, la exportación de trigo fue con el mismo criterio prohibida si el precio del cuartal superaba los seis chelines y ocho peniques, que entonces no contenían ni dos peniques más en plata que lo que la misma suma nominal contiene hoy. Pero pronto se comprobó que restringir la exportación de trigo hasta que el precio cayera tan bajo significaba en realidad prohibirla por completo. Por eso, en el año quinto de Isabel, 1562, se permitió la exportación de trigo desde ciertos puertos cuando el precio del cuartal no excedía de diez chelines, que contenían la misma cantidad de plata que la misma suma nominal contiene hoy. Ese precio era considerado entonces el precio moderado y razonable del trigo, y concuerda con la estimación en el libro de gastos de Northumberland de 1512.

Tanto el Sr. Dupré de St.Maur como el elegante autor del *Ensayo* sobre la política de granos observan que en Francia el precio medio de los cereales fue de la misma forma mucho más bajo a finales del siglo XV y comienzos del XVI que en los dos siglos anteriores. El precio debe haberse hundido de manera similar en la mayor parte de Europa durante ese período.

El aumento en el valor de plata relativamente al del cereal pudo provenir sólo del incremento en la demanda de dicho metal, como consecuencia de la extensión del progreso y los cultivos, mientras que la oferta no experi-

11. De la renta de la tierra

mentó variación alguna; o quizás la demanda continuó igual que antes, y el cambio provino sólo de la disminución gradual de la oferta: el grueso de las minas entonces conocidas se habían agotado prácticamente y por ello el coste de explotarlas había subido mucho; o quizás provino en parte de una circunstancia y en parte de otra. A finales del siglo XV y principios del XVI Europa se acercaba a una forma de gobierno más estable que las que había disfrutado durante mucho tiempo. El aumento en la seguridad debió incrementar naturalmente la laboriosidad y el progreso, y la demanda de metales preciosos, así como de todos los lujos y adornos, naturalmente se expandió con el crecimiento de la riqueza. Un producto anual mayor habrá requerido la circulación de una cantidad mayor de moneda; y un número más amplio de personas ricas demandó una cantidad mayor de vajillas y otros adornos de plata. Es natural suponer también que la mayor parte de las minas que abastecían entonces de plata al mercado europeo se agotaron y su explotación se encareció. Muchas de ellas estaban en explotación desde el tiempo de los romanos.

Sin embargo, la opinión de casi todos los que han escrito sobre los precios de las mercancías en la antigüedad ha sido que desde la Conquista, y quizás desde la invasión de Julio César hasta el descubrimiento de las minas de América el valor de la plata disminuyó constantemente. Derivaron esta opinión en parte de observar los precios tanto de los cereales como de otros productos de la tierra, y en parte de la idea popular de que a medida que se eleva naturalmente la cantidad de plata en cualquier país con la expansión de la riqueza, su valor disminuye de forma inversa a la cantidad.

Tres circunstancias distintas parecen haberlos inducido a la confusión en sus observaciones sobre los precios de los granos.

En primer lugar, en la antigüedad casi todas las rentas eran pagadas en especie, en una cantidad determinada de grano, ganado, aves, etc. A veces ocurría que el propietario estipulaba que tenía la libertad de requerir al arrendatario o bien el pago anual en especie o bien una cierta suma de dinero en su lugar. El precio al que se cambiaba de esa forma una cantidad en especie por una cantidad de dinero se denomina en Escocia precio de conmutación. Como el terrateniente tiene la opción de escoger la sustancia o el precio, es indispensable para la seguridad del arrendatario que el precio de conmutación esté por debajo y no por encima del precio de mercado. Por ello en muchos lugares no es muy superior a la mitad de dicho precio. En la mayor parte de Escocia esta costumbre persiste para las aves y en algunos lugares para el ganado. Es probable que continuase imperando también para los cereales si no le hubiese puesto fin la institución de las tasaciones públicas. Éstas son valoraciones anuales, realizadas por un jurado, del precio medio de todas las clases de granos y todas sus diversas calidades según el precio efectivo de mercado en los diferentes condados. Esta institución hizo que fuera suficientemente seguro para el arrendatario y mucho más conveniente para el propietario conmutar lo que llaman la renta en cereal al precio que resultase de las tasaciones de cada año, y no a un precio fijo determinado. Ahora bien, los autores que han recopilado los precios de los granos en tiempos antiguos parecen haber confundido frecuentemente lo que se llama en Escocia el precio de conmutación con el precio real de mercado. En una ocasión Fleetwood reconoce haber cometido esta equivocación. Sin embargo, como escribió su libro con una finalidad determinada, no juzgó conveniente expresar este reconocimiento sino hasta después de haber transcrito este precio de conmutación quince veces. El precio es de ocho chelines el cuartal de trigo. Esta suma en 1423, el año en que comienzan sus cálculos, contenía la misma cantidad de plata que dieciséis chelines de nuestra moneda actual. Pero en 1562, año que terminan, no contenía más que lo que contiene la misma suma nominal hoy.

En segundo lugar, se han visco confundidos por la forma desmañada en que copistas perezosos transcribieron algunos antiguos edictos sobre tasas; y a veces por el descuido con que los redactó la propia legislatura.

Las antiguas ordenanzas sobre tasas empezaban siempre estableciendo cúal debía ser el precio del pan y la cerveza cuando el precio del trigo y de la cebada fuesen mínimos, y procedían después gradualmente a fijar los precios correspondientes según que los precios de dichas dos clases de granos se elevaban por encima del mínimo. Pero los copistas de dichos estatutos se limitaron a menudo a transcribir las reglamentaciones sólo con respecto a los tres o cuatro primeros y más bajos precios; se ahorraba así trabajo y pensaban, supongo, que con eso era suficiente para indicar qué proporción debía establecerse en todos los precios más altos.

Así, en la tasa del pan y la cerveza del año cincuenta y uno del reinado de Enrique III, el precio del pan fue regulado según los diversos precios del trigo, entre uno y veinte chelines el cuartal, en la moneda de entonces. Pero en los manuscritos a partir de los cuales se imprimieron todas las diversas ediciones de los estatutos anteriores a la del Sr. Ruffhead, los copistas jamás transcribieron las regulaciones por encima del precio de doce chelines. De ahí que muchos autores, confundidos por esta transcripción incompleta, concluyeran naturalmente que la mitad, seis chelines el cuartal, o unos dieciocho chelines de nuestra moneda, era el precio corriente o medio en esa época.

En el estatuto de Tumbrel y Pillory, promulgado casi al mismo tiempo, el precio de la cerveza es regulado según aumenta en seis peniques el precio de la cebada, entre dos chelines y cuatro chelines el cuartal. Que esos cuatro chelines, empero, no eran considerados como el precio máximo que podía alcanzar la cebada, y que dichos precios sólo eran ejemplos de la proporción que debía guardarse en todos los demás precios, mayores o menores, puede inferirse de las últimas palabras del estatuto: «*et sic deinceps crescetur vel diminuetur per sex denarios*». La expresión es muy descuidada pero su significado es suficientemente claro: «el precio de la cerveza ha de aumentar o disminuir de esta forma con cada alza o baja de seis peniques en el precio de la cebada». En la redacción de este estatuto la propia legislatura parece haber sido tan negligente como lo fueron los copistas al transcribir los otros.

En el antiguo manuscrito de la *Regiam Majestatem*, un viejo código legal escocés, hay un estatuto de tasas en el cual el precio del pan es regulado según los diversos precios del trigo, entre diez peniques y tres chelines por *boll* escocés, que equivale más o menos a la mitad de un cuartal inglés. Tres chelines escoceses, en la época en que se supone que fue promulgada esta ordenanza, eran como nueve chelines esterlinos de nuestra moneda. El Sr. Ruddiman infiere de ello que tres chelines era el precio máximo del trigo en esa época, y que diez peniques, un chelín o a lo más dos chelines eran los precios corrientes. Consultado el manuscrito, empero, parece evidente que todos estos precios son referidos como ejemplos de la proporción que debía guardarse entre los precios respectivos del trigo y del pan. La últimas palabras del estatuto son «*reliquia judicabis secundum praescripta habendo respectum ad pretium bladi*»: «Se juzgarán los demás casos según lo antes descrito en proporción al precio del grano».

En tercer lugar, parecen haber sido confundidos también por el muy reducido precio al que el trigo fue a veces vendido antiguamente; e imaginaron que como su precio mínimo era entonces mucho más bajo que posteriormente, su precio corriente también debió haber sido mucho menor. Podrían haber advertido, no obstante, que en esos tiempos remotos su precio máximo estaba tan por encima del registrado ulteriormente como el mínimo lo estaba por debajo. Así en 1270 Fleetwood menciona dos precios para el cuartal de trigo. Uno es cuatro libras y dieciséis chelines de la moneda de entonces, igual a catorce libras y ocho chelines de hoy. No se puede encontrar precio alguno a finales del siglo XV o comienzos del XVI que se aproxime a tan extravagantes registros. El precio del cereal, aunque siempre susceptible de fluctuaciones, oscila más en esas sociedades turbulentas y desordenadas en las que la interrupción de todo comercio y comunicación impide que la riqueza de una parte del país alivie la pobreza del resto. En el caótico estado de Inglaterra bajo los Plantagenet, que la gobernaron entre mediados del siglo XII y finales del XV, un distrito podía nadar en la abundancia mientras que otro, no muy lejano, padecía la destrucción de sus cosechas por accidentes del clima o por la invasión de un barón de las cercanías; pero si las tierras de algún señor hostil se imponían entre ambos, el uno no podía brindar ni la más mínima ayuda al otro. Bajo la vigorosa administración de los Tudor, que gobernaron Inglaterra durante la última parte del siglo XV y todo el siglo XVI, ningún barón fue lo suficientemente poderoso como para osar perturbar la seguridad pública.

Al final de este capítulo el lector podrá encontrar los precios del trigo recopilados por Fleetwood entre 1202 y 1597, ambos inclusive, convertidos a la moneda de hoy y agrupados en siete divisiones de doce años cada una. Al final de cada división hallará también el precio medio de cada una. En ese extenso período Fleetwood no ha podido registrar más que los precios de ochenta años, con lo que faltan cuatro para completar los últimos doce. He añadido, por tanto, y a partir de las cuentas del colegio de Eton, los precios de 1598, 1599, 1600 y 1601. Es lo único que he agregado. El lector observará que desde comienzos del siglo XIII y hasta mediados del siglo XVI el precio medio de cada una de las divisiones de doce años disminuye gradualmente, y que hacia el final del siglo XVI empieza a subir. Es evidente que los precios recopilados por Fleetwood fueron los que se destacaron por su extraordinaria baratura o carestía, y no pretendo que se pueda inferir de ellos ninguna conclusión indisputable. Sin embargo, en la medida en que prueban alguna cosa, confirman la argumentación que he expuesto. El mismo Fleetwood, junto con casi todos los demás autores, creyó que durante ese período el valor de la plata descendió continuamente, debido a su creciente abundancia, pero sus propios datos sobre los precios del trigo en absoluto ratifican su diagnóstico, sino que concuerdan perfectamente con el del Sr. Dupré de St. Maur y con el mío. El obispo Fleetwood y el Sr. Dupré de St. Maur son los dos autores que han recogido los precios de las cosas en tiempos antiguos con más diligencia y fidelidad. Resulta bastante curioso que sus opiniones sean tan divergentes cuando los hechos que exponen, al menos en lo referido a los precios del trigo, coinciden tan puntualmente.

Sin embargo, los autores más juiciosos no han deducido tanto un alto valor de la plata en esas épocas lejanas a partir del bajo precio de los cereales sino de los precios de otros productos de la tierra. Se ha dicho que como el grano es una especie de manufactura, resultaba en esos tiempos primitivos mucho más caro en proporción al grueso de las demás mercancías; supongo que con referencia a las mercancías no manufacturadas como el ganado, las aves, la caza, etc. Y es indudablemente cierto que en ese pasado de pobreza y barbarie ellas resultaban mucho más baratas que los cereales. Pero esa baratura no

11. De la renta de la tierra

era el efecto de un alto valor de la plata sino de un bajo valor de esas mismas mercancías: no se debía a que la plata en esos años adquiría o representaba una mayor cantidad de trabajo que hoy sino a que esas mercancías compraban o representaban una cantidad mucho menor que en tiempos de mayor riqueza y progreso. La plata debe ser ciertamente más barata en América que en Europa; en el país donde es producida que en el país a donde se la trae, con el coste de un extenso transporte por tierra y por mar, con un flete y un seguro. Según relata Ulloa, el precio de una res en Buenos Aires, elegida de un rebaño de trescientas o cuatrocientas, era no hace muchos años de veintiún peniques esterlinos y medio. El Sr. Byron dice que un buen caballo en la capital de Chile costaba dieciséis chelines. En un país naturalmente fértil, pero que en su mayor parte no está cultivado, así como el ganado, las aves, la caza, etc., se pueden conseguir con una cantidad de trabajo muy pequeña, también comprarán o comandarán una cantidad muy pequeña. El bajo precio monetario al que pueden venderse no es prueba alguna de que el valor real de la plata sea muy elevado, sino de que el valor real de esas mercancías es muy bajo.

Hay que recordar siempre que la medida real del valor tanto de la plata como de todas las demás mercancías es el trabajo, y no una mercancía individual ni un conjunto de ellas.

En países vacíos o escasamente poblados, el ganado, las aves, la caza, etc., son producciones espontáneas de la naturaleza, y ésta los produce con frecuencia en cantidades muy superiores a las que requiere el consumo de los habitantes. En ese estado de cosas la oferta excede normalmente a la demanda. Luego, en etapas diferentes de la sociedad, en estadios diversos del progreso, esas mercancías representarán o serán equivalentes a cantidades de trabajo muy distintas.

En cualquier situación de la sociedad, en todo estadio de su progreso, el cereal es el producto del trabajo humano. Pero la producción media de cualquier tipo de actividad siempre responde, con mayor o menor precisión, al consumo medio, la oferta media a la demanda media. Asimismo, en cualquier etapa del progreso el cultivo de cantidades iguales de grano en el mismo suelo y clima requerirán por término medio casi iguales cantidades de trabajo; o lo que es lo mismo, el precio de cantidades casi iguales; y el incremento incesante en las capacidades productivas del trabajo en una etapa de adelanto en los cultivos resultará más o menos compensado por el continuo encarecimiento del ganado, el instrumento principal que se emplea en la agricultura. Por todas estas razones, entonces, podemos estar seguros de que en cada fase de la sociedad, en cada etapa del progreso, cantidades iguales de cereal representarán o serán equivalentes a cantidades iguales de trabajo en mayor medida que cantidades iguales de cualquier otro producto de la tierra. En consecuencia, y como ya se ha expuesto, el cereal es en todos los estadios de la riqueza y el progreso una medida más precisa del valor que ninguna otra mercancía o conjunto de ellas. Y en todos esos estadios diferentes podremos estimar mejor el valor real de la plata si la comparamos con el del cereal que si la comparamos con el valor de cualquier otra mercancía o conjunto de mercancías.

Además, el grano o lo que sea que resulte el alimento vegetal corriente y favorito de la población constituye, en cualquier país civilizado, la fracción principal de la subsistencia del trabajador. Como consecuencia de la extensión de la agricultura, la tierra de todos los países produce una cantidad mucho mayor de vegetales que de carne, y el trabajador en todas partes se alimenta fundamentalmente de la comida nutritiva que sea más barata y abundante. La carne, salvo en los países más prósperos o donde el trabajo es más ampliamente retribuido, forma sólo una sección insignificante de su alimentación; las aves, una proporción todavía menor, y la caza ninguna. En Francia, e incluso en Escocia, donde el trabajo está algo mejor remunerado que en Francia, el pueblo trabajador rara vez come carne, salvo en días festivos y ocasiones extraordinarias. El precio monetario del trabajo, por lo tanto, depende mucho más del precio monetario medio del cereal, el alimento del trabajador, que del precio de la carne o de cualquier otro producto de la tierra. El valor real del oro y la plata, por tanto, la cantidad real de trabajo que pueden comprar o dirigir, depende mucho más de la cantidad de cereal que puedan adquirir o comandar que de la carne o de cualquier otro producto de la tierra.

Pero las observaciones tan superficiales sobre los precios del grano y otras mercancías probablemente no habrían podido confundir a tantos autores inteligentes si ellos no hubiesen estado influidos al mismo tiempo por la noción popular de que a medida que la cantidad de plata naturalmente se expande en cada país con el incremento de la riqueza, su valor disminuye cuando su cantidad aumenta. Esta idea, sin embargo, no tiene ningún fundamento.

La cantidad de metales preciosos puede aumentar en cualquier país por dos causas diferentes: primero, por la abundancia creciente de las minas que lo abastecen; o segundo, por la riqueza creciente de la población, o por el creciente producto de su trabajo anual. La primera de estas causas se halla indudablemente conectada con la disminución del valor de los metales preciosos, pero la segunda no.

Cuando se descubren minas más ricas, una suma mayor de metales preciosos arriba al mercado, y como la cantidad de cosas necesarias y convenientes para la vida por las que deben intercambiarse no se ha modificado, resulta que cantidades iguales de metales se intercambiarán por cantidades menores de mercancías. En la medida, así, en que el aumento en la cantidad de los metales preciosos en cualquier país provenga de la creciente abundancia de minas, se halla necesariamente vinculado con la disminución de su valor.

Por el contrario, cuando crece la riqueza de un país, cuando el producto anual de su trabajo se vuelve gradualmente mayor, se necesita una cantidad mayor de moneda para que pueda circular una cantidad mayor de mercancías; y la gente, al disponer de más mercancías para dar a cambio, naturalmente adquirirá más objetos de plata. La cantidad de su moneda aumentará por necesidad; la cantidad de sus artículos de plata por vanidad y ostentación, por la misma razón que las esculturas, cuadros y otros lujos y curiosidades probablemente aumentarán también. Pero así como no es verosímil que los escultores y pintores sean peor remunerados en tiempos de riqueza y prosperidad que en tiempos de pobreza y depresión, tampoco es probable que el precio del oro y la plata sea menor.

El precio del oro y la plata, salvo que el descubrimiento accidental de minas más ricas lo mantenga bajo, crece naturalmente con la riqueza de cualquier país y, cualquiera sea el estado de las minas, siempre es naturalmente más elevado en un país rico que en uno pobre. Como todas las demás mercancías, el oro y la plata buscan el mercado donde obtienen el mejor precio, y los mejores precios se pagan habitualmente por todas las cosas en el país que más puede permitírselo. No hay que olvidar que el trabajo es el precio último que se paga por todas las cosas, y en países donde el trabajo es igualmente bien remunerado, el precio monetario del trabajo estará en proporción al precio de la subsistencia del trabajador. Pero el oro y la plata se intercambiarán naturalmente por una cantidad mayor de alimentos en un país rico que en uno pobre, en un país donde abunden las provisiones que en uno donde no sean tan abundantes. Si media una gran distancia entre ambos países la diferencia puede llegar a ser muy abultada, porque aunque los metales fluyen naturalmente de los mercados peores hacia los mejores, puede resultar complicado transportarlos en el volumen suficiente para que sus precios se nivelen en ambos. Si los países están próximos la diferencia será menor y en ocasiones puede ser imperceptible, porque en tal caso el transporte será sencillo. China es un país más rico que cualquiera en Europa, y la brecha entre el precio de las subsistencias en China y Europa es muy amplia. El arroz en China es mucho más barato que el trigo en cualquier parte de Europa. Inglaterra es un país bastante más rico que Escocia, pero la diferencia entre el precio monetario del cereal entre ambos países es apenas perceptible. En proporción a su cantidad o medida, el cereal escocés parece ser claramente más barato que el inglés; pero en proporción a su calidad resulta en verdad más caro. Casi cada año Escocia recibe copiosos suministros desde Inglaterra, y normalmente las mercancías debe ser algo más caras en el país a donde llegan que en el país de donde salen. El grano inglés, por lo tanto, debe ser más caro en Escocia que en Inglaterra aunque, en proporción a su calidad, o a la cantidad y bondad de la harina que de él puede extraerse, no puede habitualmente venderse a un precio más elevado que el cereal escocés que compite con él.

La diferencia entre el precio monetario del trabajo en China y en Europa es aún más grande que la que existe entre el precio de las provisiones, porque la retribución real del trabajo es superior en Europa que en China, puesto que la mayor parte de Europa se halla en un estadio progresivo mientras que China parece estancada. El precio monetario del trabajo es menor en Escocia que en Inglaterra porque la remuneración real del trabajo es muy inferior; aunque Escocia progresa hacia una riqueza mayor, lo hace a un ritmo menos acelerado que Inglaterra. La frecuencia de la emigración desde Escocia y lo raro de la misma en Inglaterra son prueba suficiente de que la demanda de trabajo en muy diversa en ambos países. Ha de recordarse que la proporción entre la remuneración real del trabajo en los diferentes países no está regulada naturalmente por su riqueza o pobreza efectivas sino por su condición progresiva, estacionaria o decadente.

Así como el oro y la plata adquieren naturalmente el máximo valor en los países ricos, resulta que su valor es mínimo entre las naciones más pobres. Entre los salvajes, los pueblos más pobres de todos, apenas tienen valor.

En las grandes ciudades el cereal siempre es más caro que en las zonas apartadas del interior del país, pero esto es consecuencia no de la baratura real de la plata sino de la carestía efectiva del grano. No cuesta menos trabajo llevar la plata a la gran ciudad que a un sitio remoto, pero sí cuesta mucho más llevar el cereal.

En algunos países ricos y comerciantes, como Holanda y el territorio de Génova, el cereal es caro por la misma razón que lo es en las grandes ciudades. Ellas no producen lo suficiente para mantener a sus habitantes; son ricas en el esfuerzo y la técnica de sus artesanos e industriales, en la maquinaria de toda suerte que facilita y abrevia el trabajo, en la navegación y en todos los demás medios e instrumentos para el transporte y el comercio; pero son pobres en cereales, y como se los debe traer de regiones lejanas, será necesario pagar el transporte desde allí. No cuesta menos trabajo llevar plata a Amsterdam que a Danzig, pero cuesta mucho más llevar trigo. El coste real de la plata debe ser casi el mismo en ambos lugares, pero el del cereal debe ser muy distinto. Si disminuye la riqueza real de Holanda o del territorio de Génova, mientras que el número de sus habitantes permanece igual; si se contrae su poder de abastecerse desde países lejanos, entonces el precio del cereal, en vez de disminuir con la reducción en la cantidad de plata que inevitablemente acompañará a esta depresión sea como causa o como efecto, subirá hasta los niveles de las épocas de hambre. Cuando nos falta lo necesario nos desprendemos de todo lo superfluo, cuyo valor aumenta tanto en tiempos de riqueza y prosperidad como disminuye en tiempos de pobreza y depresión. Con las cosas necesarias ocurre lo contrario. Su precio real, la cantidad de trabajo que pueden comprar o comandar, sube en épocas de pobreza y depresión y se hunde en tiempos de riqueza y prosperidad, que siempre son tiempos de copiosa abundancia, puesto que en caso contrario no lo serían de riqueza y prosperidad. El cereal es algo necesario, mientras que la plata es sólo superflua.

Por consiguiente, cualquiera que haya sido la expansión en la cantidad de los metales preciosos que derivó, en el período entre mediados del siglo XIV y mediados del XVI, del incremento en la riqueza y el progreso, no pudo haber influido en la caída de su valor, ni en Gran Bretaña ni en parte alguna de Europa. Entonces, si los que recopilaron los precios de las cosas en la antigüedad no tenían durante este período, entonces, razón alguna para inferir que el valor de la plata había disminuido a partir de ninguna observación de los precios del cereal o de otras mercancías, aún tenían menos razón para inferirlo a partir de ningún supuesto aumento en la riqueza y el progreso.

Segundo período

Por muy divergentes que hayan sido las opiniones de los eruditos con respecto a la evolución del valor de la plata durante el primer período, son unánimes en lo que se refiere al segundo.

Entre 1570 y 1640, aproximadamente, durante un lapso de unos setenta años la variación en la proporción entre los valores de la plata y el cereal siguió un curso distinto. El valor real de la plata se hundió, o se intercambió por una cantidad de trabajo menor que antes; y el precio nominal del grano subió, y en lugar de venderse normalmente a unas dos onzas de plata el cuartal, o unos diez chelines de hoy, llegó a venderse a seis y a ocho onzas de plata el cuartal, o treinta y cuarenta chelines de nuestra moneda.

El descubrimiento de los ricos yacimientos de América parece haber sido la única causa de esta disminución en el valor de la plata con relación al cereal. Todos lo explican de esta forma y jamás ha habido disputas ni sobre el hecho ni sobre su causa. Durante este período la mayor parte de Europa progresó en su industria y bienestar, y por ello la demanda de plata debió aumentar. Pero el incremento de la oferta excedió tanto al de la demanda que el valor de dicho metal se hundió notablemente. Ha de observarse que el descubrimiento de las minas de América no parece haber ejercido efecto destacable alguno en Inglaterra hasta después de 1570, a pesar de que las minas de Potosí habían sido descubiertas más de veinte años antes.

Entre 1595 y 1620, ambos inclusive, el precio medio del cuartal de nueve *bushels* del mejor trigo en el mercado de Windsor, de acuerdo a la contabilidad del Colegio de Eton, fue de 2 libras 1 chelín 6 9/13 peniques. Despreciando la fracción de esta suma y restando un noveno, o 4 chelines 7 1/3 peniques, el precio del cuartal de ocho *bushels* pasa a ser de 1 libra 16 chelines 10 2/3 peniques. Despreciando análogamente la fracción de esta suma y restando un noveno, o 4 chelines 1 1/9 peniques, para eliminar la diferencia entre el precio del trigo de la máxima calidad y de calidad media, el precio del trigo mediano resulta ser de 1 libra 12 chelines 8 8/9 peniques, o cerca de seis onzas y un tercio de plata.

Entre 1621 y 1636, ambos inclusive y según las mismas cuentas, el precio medio por igual medida del mejor trigo en dicho mercado fue de 2 libras 10 chelines; y tras efectuar las mismas deducciones que antes, el precio medio del cuartal de ocho *bushels* de trigo de calidad media resulta ser de 1 libra 19 chelines 6 peniques, o unas siete onzas y dos tercios de plata.

Tercer período

Entre 1630 y 1640, o en torno a 1636, el efecto del descubrimiento de las minas de América en la reducción del valor de la plata parece haberse agotado, y el valor de ese metal en proporción al del cereal nunca se hundió tanto como en aquella época: aumentó algo durante el siglo actual y probablemente había empezado a hacerlo durante algún tiempo antes de terminar el siglo pasado. Entre 1637 y 1700, ambos inclusive, los últimos sesenta y cuatro años del siglo pasado, el precio medio del cuartal de nueve *bushels* del mejor trigo en el mercado de Windsor fue, siempre según la misma contabilidad, de 2 libras 11 chelines 1/3 peniques, apenas 1 chelín 1/3 peniques más caro que lo que había sido dieciséis años antes. Pero en el transcurso de esos sesenta y cuatro años se produjeron dos acontecimientos que debieron dar lugar a una escasez de grano muy superior a la que habrían podido ocasionar las fluctuaciones estacionales, y que por tanto explican con creces ese pequeño incremento, sin necesidad de suponer ninguna disminución ulterior en el valor de la plata.

El primero de esos acontecimientos, fue la guerra civil, que al desalentar el cultivo e interrumpir el comercio debió elevar el precio del cereal muy por encima de lo que habrían podido lograr los accidentes del curso de las estaciones. Debió tener ese efecto más o menos en todos los mercados del reino, pero en particular en aquellos cercanos a Londres, que necesitan ser abastecidos desde la máxima distancia. Así, en 1648, el precio del mejor trigo en el mercado de Windsor fue, según las mismas cuentas, de 4 libras 5 chelines, y en 1649 de 4 libras el cuartal de nueve *bushels*. En esos dos años el precio superó en 3 libras 5 chelines al de 2 libras 10 chelines (el precio medio de los dieciséis años anteriores a 1637); lo que distribuido entre los sesenta y cuatro últimos años del siglo pasado basta para explicar el pequeño aumento del precio durante ese período. Asimismo, aunque estos precios fueron los más altos, en absoluto son los únicos precios altos a que dieron lugar las guerras civiles.

El segundo acontecimiento fue la prima a la exportación de cereales, concedida en 1688. Muchas personas han pensado que este subsidio, al estimular el cultivo, pudo ocasionar tras un lapso prolongado una mayor abundancia y consecuentemente una mayor baratura del cereal en el mercado local que la que se hubiese registrado en otro caso. Más adelante explicaré en qué medida un subsidio puede lograr ese objetivo en cualquier circunstancia; aquí apuntaré tan sólo que entre 1688 y 1700 no tuvo ocasión de producir ningún efecto de esa clase. Durante ese breve lapso su única consecuencia debió ser la elevación del precio en el mercado local, porque estimuló la exportación de la producción excedente en cada año e impidió así que la abundancia de un año compensase la escasez de otro. La escasez que prevaleció en Inglaterra entre 1693 y 1699, ambos inclusive, aunque sin duda provino fundamentalmente de las malas condiciones climáticas y se extendió por ello a través de buena parte de Europa, debió haber sido en cierta medida acentuada por la prima. De-

11. De la renta de la tierra

bido a ello, en 1699 la exportación de cereal fue prohibida durante nueve meses.

Hubo un tercer acontecimiento en ese período que aunque no pudo provocar escasez alguna de grano, y acaso tampoco aumento alguno en la cantidad real de plata que se pagaba habitualmente a cambio del mismo, debió necesariamente ocasionar algún incremento en la suma nominal. Este acontecimiento fue el acusado envilecimiento de la moneda de plata por su desgaste y recorte. El mal había comenzado en el reinado de Carlos II y continuó a buen ritmo hasta 1695, fecha en que según informa el Sr. Lowndes, la moneda corriente de plata valía en promedio casi un veinticinco por ciento menos que su valor legal. Pero la suma nominal que constituye el precio de mercado de cualquier mercancía está necesariamente regulada no tanto por la cantidad de plata que según la ley deben contener las monedas como por la cantidad que según la experiencia contienen realmente. Esta suma nominal, por consiguiente, es necesariamente mayor cuando la moneda está envilecida por los recortes y el desgaste que cuando se aproxima a su valor legal.

En el transcurso del siglo actual, la moneda de plata no ha estado nunca tan por debajo de su peso legal como lo está hoy. Pero aunque se halla muy desgastada, su valor ha sido mantenido gracias al de la moneda de oro por la cual se cambia. Aunque la moneda de oro, antes de la última reacuñación, estaba también muy envilecida, no lo estaba tanto como la de plata. En 1695, por el contrario, el valor de la moneda de plata no fue sostenido por el de la de oro, y una guinea se cambiaba entonces habitualmente por treinta chelines de la degradada moneda de plata. Antes de la última reacuñación del oro, el precio de la plata en barras rara vez superaba los cinco chelines y siete peniques la onza, lo que resulta cinco peniques superior al precio de acuñación. Pero en 1695 el precio normal de la plata en barras era de seis chelines y cinco peniques la onza, o sea quince peniques por encima del precio de acuñación. Incluso antes de la última reacuñación del oro, entonces, la moneda, tanto de oro como de plata, no estaba más del ocho por ciento por debajo de su valor legal, en comparación con la plata en barras. En 1695, por el contrario, se suponía que estaba un veinticinco por ciento por debajo de ese valor. Pero a comienzos del siglo actual, es decir, inmediatamente después de la gran reacuñación en tiempos del rey Guillermo, la mayoría de la moneda de plata debió estar más cerca de su peso legal que hoy. Asimismo, en el curso del presente siglo no ha habido ninguna gran calamidad pública, como la guerra civil, que pudiese desalentar los cultivos o interrumpir el comercio interior del país. Y aunque la prima, que estuvo en vigor durante la mayor parte de este siglo, debió inevitablemente subir el precio del cereal algo por encima de lo que habría sido en las condiciones vigentes del cultivo, también a lo largo del siglo la prima ha tenido tiempo suficiente para generar los efectos benéficos que usualmente se le imputan, como fomentar el cultivo y aumentar así la cantidad de cereal en el mercado nacional; así puede suponerse, bajo los principios de un sistema que examinaré después, que contribuyó a bajar el precio del cereal de un lado y a subirlo de otro. Muchos opinan que hizo algo más. En los sesenta y cuatro primeros años de este siglo, el precio medio del cuartal de nueve *bushels* del mejor trigo en el mercado de Windsor, según las cuentas del colegio de Eton, fue de 2 libras 6 19/32 peniques, lo que es cerca de diez chelines y seis peniques, o más del veinticinco por ciento más barato de lo que había sido en los sesenta y cuatro últimos años del siglo pasado; y cerca de nueve chelines y seis peniques más barato de lo que fue durante los dieciséis años que precedieron a 1636, cuando se puede conjeturar que el descubrimiento de las ricas minas de América ejercía su impacto pleno; y como un chelín más barato de lo que fue en los veintiséis años anteriores a 1620, antes de que el descubrimiento tuviese dicho impacto. Según estos cálculos, el precio medio del trigo de calidad media, durante esos sesenta y cuatro primeros años del siglo presente, fue de cerca de treinta y dos chelines el cuartal de ocho *bushels*.

El valor de la plata, entonces, parece haber subido en proporción al del cereal durante el transcurso del siglo actual, y probablemente había empezado a hacerlo algún tiempo antes de que concluyese el anterior.

En 1687 el precio del cuartal de nueve *bushels* del mejor trigo en el mercado de Windsor era de 1 libra 5 chelines 2 peniques, el precio más bajo registrado desde 1595.

En 1688, el Sr. Gregory King, un hombre célebre por sus conocimientos de estas materias, estimó el precio medio del trigo para el productor en años de moderada abundancia en 3 chelines 6 peniques el *bushel*, o veintiocho chelines el cuartal. Por precio del productor entiendo lo que se llama a veces el precio de contrato, o el precio al que el granjero acuerda entregar al comerciante una cierta cantidad de trigo durante un número determinado de años. Como un contrato de este tipo ahorra al granjero el coste y las molestias de vender en el mercado, el precio de contrato es generalmente menor de lo que se supone ha de ser el precio medio del mercado. Según el Sr. King el precio de contrato corriente entonces era de veintiocho chelines el cuartal en años de abundancia moderada. Me han confirmado que antes de la escasez ocasionada por la extraordinaria serie reciente de malas cosechas, tal era el precio de contrato habitual en los años normales. En 1688 el Parlamento otorgó la prima sobre la exportación de granos. Los señores de la tierra, que representaban entonces una proporción del Parlamento aún superior a la actual, habían advertido que el precio monetario del cereal estaba bajando. La prima fue un expediente para elevarlo artificialmente hasta el alto precio al que a menudo había sido vendido en los tiempos de Carlos I y Carlos II. Debía por tanto mantenerse hasta que el precio del trigo subiese hasta cuarenta y ocho chelines el cuartal, esto es, veinte chelines o 5/7 más caro que el que el Sr. King había estimado ese mismo año como el precio del productor en épocas de moderada abundancia. Si sus cálculos merecen siquiera una pequeña fracción de la reputación que han cosechado universalmente, entonces cuarenta y ocho chelines el cuartal era un precio que salvo en años de extraordinaria escasez resultaba inconcebible en esos tiempos sin el concurso de una medida como la prima. Pero el gobierno del rey Guillermo no se hallaba entonces plenamente estabilizado, y no estaba en condiciones de negar nada a los propietarios, de quienes en esos mismos momentos estaba solicitando por vez primera el impuesto anual sobre la tierra.

El valor de la plata relativamente al del cereal, por tanto, había probablemente subido algo antes de finales del siglo pasado, y continuó haciéndolo durante buena parte del actual; aunque la acción necesaria del subsidio debe haber impedido que suba tanto como hubiese ocurrido en otra circunstancia, dada la situación de la agricultura.

En años de abundancia, y al ocasionar una exportación extraordinaria, la prima inevitablemente eleva el precio del cereal por encima del que habría regido en esos años. El fin declarado de esta medida fue alentar el cultivo al mantener al precio del trigo incluso en los años de mayor abundancia.

Es verdad que en años de aguda escasez la prima ha sido generalmente suspendida. Pero debe haber surtido su efecto sobre los precios aún en muchos de esos años. Debido a la exportación extraordinaria a que da lugar en los años de abundancia, debe con frecuencia haber impedido que la plenitud de un año compensase la escasez de otro.

Así, tanto en tiempos de abundancia como de escasez, el subsidio aumenta el precio del cereal por encima del que naturalmente habría existido dadas las condiciones de la agricultura. Si durante los sesenta y cuatro primeros años de este siglo, entonces, el precio medio ha sido menor que durante los sesenta y cuatro últimos años del siglo pasado, debió haber sido en las mismas condiciones de la agricultura mucho menor de no haber mediado la acción de la prima.

Podría argumentarse que sin el subsidio las condiciones de la agricultura no habrían sido las mismas. Más adelante explicaré cuáles son los efectos de esta medida sobre la agricultura del país, cuando trate el caso particular de las primas. Ahora subrayaré tan sólo que ese aumento en el valor de la plata con respecto al cereal no se ha limitado a Inglaterra. Ha sido registrado en Francia durante el mismo período, y casi en la misma proporción también, por tres recopiladores de precios de los granos muy fidedignos, diligentes y laboriosos: el Sr. Dupré de St. Maur, el Sr. Messance y el autor del *Ensayo* sobre la política de granos. Pero en Francia la exportación de cereales estuvo prohibida por la ley hasta 1764; y resulta difícil suponer que casi la misma disminución en el precio registrada en un país, a pesar de dicha prohibición, se debió en otro al estímulo extraordinario a la exportación.

Sería quizás más pertinente considerar a esta variación en el precio monetario medio del cereal más bien como el efecto de una elevación gradual en el valor real de la plata en el mercado europeo, que como el efecto de una caída en el valor real medio del cereal. Ya ha sido señalado que el cereal es, a lo largo de lapsos prolongados de tiempo, una medida más precisa del valor que la plata o quizás que cualquier otra mercancía. Cuando el cereal, después del descubrimiento de las fértiles minas de América, subió tres y cuatro veces por encima de su precio monetario anterior, el cambio fue universalmente atribuido no a ningún aumento en el valor real del cereal sino a la caída en el valor real de la plata. Si durante los sesenta y cuatro primeros años de este siglo, entonces, el precio monetario medio del grano ha bajado algo con respecto a lo que fue durante la mayor parte del siglo pasado, deberíamos análogamente imputar esta variación no a ninguna caída en el valor real del trigo sino a algún aumento en el valor real de la plata en el mercado europeo.

Es verdad que el elevado precio de los granos en los últimos diez o doce años ha suscitado la sospecha de que el valor real de la plata persiste en caer en el mercado europeo. Pero ese alto precio del cereal parece evidentemente el efecto de la situación climática extraordinariamente desfavorable, y debe por tanto ser calificado como un fenómeno no permanente sino transitorio y ocasional. Durante los últimos diez o doce años las cosechas han sido malas en casi toda Europa; y los disturbios en Polonia han incrementado considerablemente la escasez en todos esos países que solían aprovisionarse en ese mercado durante los años de carestía. Una serie tan larga de malas cosechas, aunque no es un acontecimiento común, tampoco es en absoluto único; cualquier que haya estudiado la historia de los precios del cereal en el pasado no tendrá dificultad en apuntar varios otros ejemplos similares. Además, diez años de escasez extraordinaria no son más raros que diez años de abundancia extraordinaria. El bajo precio del cereal entre 1741 y 1750, ambos inclusive, bien puede contraponerse a su elevado precio durante los últimos ocho o diez años. Entre 1741 y 1750 el precio medio del cuartal de nueve *bushels* de trigo de la mejor calidad en el mercado de Windsor, según las cuentas del Colegio de Eton, fue de sólo 1 libra 13 chelines 9 4/5 peniques, lo que está casi 6 chelines 3 peniques por debajo del precio medio de los primeros sesenta y cuatro años de este siglo. El precio medio del cuartal de ocho *bushels* de trigo mediano resultó, según esas cuentas, de sólo 1 libra 6 chelines 8 peniques durante esos diez años.

Pero entre 1741 y 1750 el subsidio debió impedir que el precio del cereal cayese tanto en el mercado nacional como naturalmente debió haberlo hecho. Durante esos diez años la cantidad exportada de todas las clases de granos, según aparece registrada en los libros de aduanas, no fue inferior a ocho millones veintinueve mil ciento cincuenta y seis cuartales y un *bushel*. El subsidio pagado por esa cantidad ascendió a 1.514.962 libras 17 chelines 4 1/2 peniques. Por ello en 1749 el Sr. Pelham, entonces primer ministro, declaró en la Cámara de los Comunes que durante los tres años precedentes la suma sufragada en concepto de subsidios a la exportación de cereal había sido exorbitante. No le faltaban razones para formular esa observación, y habría tenido todavía más el año siguiente. En ese sólo año las primas pagadas llegaron al menos a 324.176 libras 10 chelines 6 peniques. Es innecesario destacar hasta qué punto esta exportación forzada debió haber aumentado el precio del cereal en el mercado nacional por encima del que habría sido en otra circunstancia.

Al final de las estadísticas adjuntas a este capítulo el lector encontrará las cifras concretas de esos diez años, separados de los demás. También hallará los datos de los diez años precedentes, cuyo promedio, aunque bajo, no es tan inferior al promedio general de los sesenta y cuatro primeros años del siglo. El año 1740, sin embargo, fue un año de extraordinaria penuria. Los veinte años anteriores a 1750 bien pueden contraponerse a los veinte anteriores a 1770. Los primeros estuvieron claramente por debajo de la media general del siglo, a pesar de la presencia de uno o dos años de carestía; y los segundos se situaron ampliamente por encima de dicha media, a pesar de la presencia de uno o dos años de baratura, como por ejemplo 1759. Si los primeros no hubiesen estado tan por debajo de la media como los segundos lo estuvieron por encima, podríamos imputarlo a la prima. El cambio ha sido evidentemente demasiado súbito como para atribuirlo a ninguna variación en el valor de la plata, que siempre es lenta y gradual. La brusquedad de la modificación sólo puede ser explicada por una causa que actúa de forma brusca: la oscilación accidental del clima.

Es verdad que el precio monetario del trabajo ha subido en Gran Bretaña durante el siglo actual. No obstante, ello no parece haber sido tanto el efecto de una disminución en el valor de la plata en el mercado europeo como de un aumento en la demanda de trabajo en Gran Bretaña, derivada de la considerable y casi generalizada prosperidad del país. En Francia, un país no tan próspero, se ha observado que desde mediados del siglo pasado el precio monetario del trabajo ha caído gradualmente junto al precio monetario del cereal. Se dice que allí, tanto en el siglo pasado como en éste, los jornales del trabajo corriente han sido de forma bastante uniforme un vigésimo del precio medio de un *septier* de trigo, medida que contiene poco más de cuatro *bushels* de Winchester. Ya se ha indicado que la retribución real del trabajo, las cantidades reales de cosas necesarias y convenientes para la vida que se entregan al trabajador, ha crecido considerablemente en Gran Bretaña durante el siglo actual. El aumento en su precio monetario no parece haber sido el efecto de ninguna disminución en el valor de la plata en el mercado general europeo sino de un incremento en el precio real del trabajo en el mercado particular de Gran Bretaña, debido a las circunstancias especialmente favorables del país.

11. De la renta de la tierra

Durante algún tiempo después del descubrimiento de América, la plata continuó vendiéndose al mismo precio que antes, o apenas ligeramente por debajo. Los beneficios de la minería fueron durante algún tiempo muy caudalosos, y se situaron notablemente por encima de su tasa natural. Los que importaban el metal en Europa, empero, pronto percibieron que no podían colocar toda su importación anual a un precio tan elevado. Y la plata gradualmente se intercambió por un número menor de bienes. Su precio se hundió paulatinamente hasta que llegó a su nivel natural, o el que era justo suficiente para pagar las tasas naturales de los salarios del trabajo, los beneficios del capital y la renta de la tierra que permiten que pueda ser traída desde la mina hasta el mercado. Ya se apuntó antes que en la mayor parte de las minas de plata del Perú, el impuesto de un décimo de la producción bruta pagado al rey de España absorbe toda la renta de la tierra. Este impuesto fue originalmente de la mitad, pero pronto bajó a un tercio, después a un quinto y finalmente a un décimo. En la mayoría de las minas de plata peruanas eso es lo único que queda después de reponer el capital del empresario junto con sus beneficios corrientes; y parece haber un amplio acuerdo de que esos beneficios, que una vez fueron altos, son hoy los mínimos compatibles con el funcionamiento de las minas.

El impuesto al rey de España fue reducido a un quinto de la plata registrada en 1504, cuarenta y un años antes de que fueran descubiertas las minas de Potosí, en 1545. A lo largo de noventa años, hasta 1636, esas minas, las más ricas de América, tuvieron tiempo suficiente para surtir plenamente sus efectos, o reducir el valor de la plata en el mercado Europeo hasta el mínimo compatible con la continuación del pago de ese impuesto al rey de España. Noventa años es un lapso suficiente para reducir a cualquier mercancía de la que no exista monopolio a su precio natural, o al precio mínimo al que pueda seguir vendiéndose durante un tiempo considerable, mientras paga asimismo un impuesto.

El precio de la plata en el mercado europeo pudo bajar todavía más, haciendo necesario o bien reducir el impuesto sobre ella no sólo a un décimo, como en 1736, sino a un vigésimo, igual que ocurre con el oro, o bien cerrar la mayoría de las minas americanas que están hoy en explotación. Una de las causas que probablemente impidió que ello sucediera, y que no sólo mantuvo el valor de la plata en el mercado europeo sino que lo elevó algo por encima de lo que era a mediados del siglo pasado, fue el aumento gradual de la demanda de plata, o la expansión paulatina del mercado para la producción de las minas de plata de América.

Desde el descubrimiento de América el mercado para la producción de sus minas de plata se ha vuelto cada vez más amplio.

En primer lugar, el mercado europeo se ha extendido paulatinamente. Desde el descubrimiento de América, la mayor parte de Europa ha progresado notablemente. Inglaterra, Holanda, Francia, Alemania, e incluso Suecia, Dinamarca y Rusia han avanzado apreciablemente tanto en agricultura como en industria. Italia no parece haber retrocedido. La decadencia italiana es anterior a la conquista del Perú: desde entonces se ha recuperado un poco. Se supone que España y Portugal sí han retrocedido. Pero Portugal es una parte muy pequeña de Europa y el declive de España no es tan agudo como generalmente se cree. A comienzos del siglo XVI España era un país paupérrimo, incluso comparándolo con Francia, que ha progresado mucho desde entonces. Es famoso el comentario de Carlos V, que viajó a menudo por los dos países, cuando dijo que había de todo en Francia y faltaba de todo en España. La creciente producción de la agricultura y las manufacturas europeas debió necesariamente requerir un aumento gradual en la cantidad de moneda de plata para hacerla circular; y el mayor número de personas acaudaladas también debió demandar más cantidad de vajillas y otros adornos de plata.

En segundo lugar, América es ella misma un nuevo mercado para la producción de sus propias minas de plata, y como el desarrollo de su agricultura, industria y población es mucho más rápido que el de los países más prósperos de Europa, su demanda debe ampliarse mucho más velozmente. Las colonias son un nuevo mercado que, en parte para moneda y en parte para orfebrería, requieren un abastecimiento creciente de plata a lo largo de un vasto continente donde nunca hubo demanda antes. Buena parte de las colonias españolas y portuguesas son también nuevos mercados. Antes de que Nueva Granada, Yucatán, Paraguay y Brasil fuera descubiertos por los europeos, estaban habitados por pueblos salvajes que no conocían las manufacturas ni la agricultura, que hoy están presentes en un grado destacable en todos ellos. Incluso México y Perú, aunque no pueden ser considerados como mercados completamente nuevos, son sin duda mucho más amplios que nunca antes. A pesar de los fantásticos relatos que se han publicado acerca del espléndido estado de esos países en la antigüedad, cualquier que estudie con un mínimo de objetividad la historia de su descubrimiento y conquista observará que en lo relativo a los oficios, la agricultura y el comercio, sus habitantes eran mucho más ignorantes que los tártaros de la Ucrania de hoy. Incluso los peruanos, la nación más civilizada de las dos, aunque empleaban el oro y la plata como adorno, no acuñaban moneda de ninguna clase. Todo su comercio era de trueque, y no había por tanto casi ninguna división del trabajo entre ellos. Quienes cultivaban la tierra se veían obligados a construir sus propias casas, a hacer sus muebles, vestidos, zapatos y aperos de labranza. Los escasos artesanos que había entre ellos eran mantenidos por el rey, los nobles y los curas, y eran probablemente sus esclavos. Entre todas las artes antiguas de México y Perú jamás han suministrado un solo producto a Europa. Los ejércitos españoles, aunque casi nunca superaban los quinientos hombres, y con frecuencia no llegaban ni a la mitad, se vieron en todas partes ante agudas dificultades para procurarse el sustento. Las hambrunas que se dice que ocasionaron casi en cualquier lugar donde llegaban, en países que al mismo tiempo se quieren pintar como muy poblados y bien cultivados, demuestran suficientemente que las historias sobre su gran población y excelentes cultivos no son en buena medida más que fábulas. Las colonias españolas tienen un gobierno que en muchos aspectos es menos favorable a la agricultura, el progreso y el aumento de la población que el gobierno de las colonias inglesas. No obstante, están avanzando en esos renglones mucho más rápido que ningún país de Europa. Parece que en un suelo fértil y clima suave, la gran abundancia y baratura de la tierra, circunstancia común a toda nueva colonia, es una ventaja tan intensa como para compensar muchos defectos en la Administración. Frézier, que visitó el Perú en 1713, sostiene que Lima tenía entre veinticinco y veintiocho mil habitantes. Ulloa, que vivió en el mismo país entre 1740 y 1746, afirma que tenía más de cincuenta mil. La divergencia entre sus datos sobre la población de otras ciudades importantes de Chile y Perú es análoga; y como no parece haber motivos para dudar de los datos de ninguno, indican un aumento que resulta apenas inferior al registrado en las colonias inglesas. América, por lo tanto, es un nuevo mercado para la producción de sus propias minas de plata, cuya demanda debe aumentar con mucha más velocidad que la del país más próspero de Europa.

11. De la renta de la tierra

En tercer lugar, las Indias Orientales son otro mercado para la producción de las minas de plata de América, y un mercado que desde los tiempos del primer descubrimiento de dichas minas ha demandado una cantidad creciente de plata. Desde esa época, el comercio directo entre América y las Indias Orientales, realizado mediante los barcos que zarpan de Acapulco, ha crecido sin cesar, y el intercambio indirecto a través de Europa ha crecido a un ritmo incluso superior. Durante el siglo XVI, los portugueses eran la única nación europea que practicaba un comercio regular con las Indias Orientales. En los últimos años de ese siglo los holandeses empezaron a avanzar sobre ese monopolio, y en un pocos años los expulsaron de sus principales asentamientos en la India. A lo largo de buena parte del siglo pasado esas dos naciones se repartieron el grueso del comercio de las Indias Orientales; y el comercio de los holandeses creció en una proporción mayor a lo que descendió el portugués. Los ingleses y los franceses comerciaron algo con la India en el siglo pasado, pero su actividad se ha expandido marcadamente en el siglo actual. El comercio en las Indias Orientales de los suecos y los daneses se inicia en este siglo. Y hoy hasta los moscovitas comercian regularmente con China mediante una especie de caravanas que recorren por tierra el camino a través de Siberia y Tartaria hasta Pekín. El comercio de todas estas naciones con las Indias Orientales ha crecido casi sin interrupción, salvo el de Francia, cuyo comercio fue virtualmente aniquilado por la última guerra. El creciente consumo en Europa de artículos de las Indias Orientales es tan amplio que permite una extensión de la actividad de todas ellas. El té, por ejemplo, era un producto escasamente consumido en Europa antes de mediados del siglo pasado. Pero hoy el valor del té importado por la Compañía Inglesa de las Indias Orientales sólo para consumo de sus compatriotas asciende a más de un millón y medio por año, e incluso así no da abasto, pues un gran volumen se introduce sistemáticamente de contrabando desde los puertos de Holanda, desde Goteburgo en Suecia y también desde la costa de Francia, mientras duró la prosperidad de la Compañía Francesa de las Indias Orientales. El consumo de la porcelana de la China, de las especias de las Molucas, de los tejidos de Bengala y de otros muchos artículos ha crecido casi al mismo ritmo. El tonelaje de los barcos europeos destinados al comercio con las Indias Orientales, empero, no superó en ningún momento durante el último siglo al tonelaje de la Compañía Inglesa de las Indias Orientales antes de la última reducción de su flota.

Pero en las Indias Orientales, especialmente en la China y el Indostán, el valor de los metales preciosos era, cuando los europeos empezaron a comerciar con esos países, mucho más alto que en Europa; y todavía lo sigue siendo. En países arroceros, que generalmente tienen dos y a veces tres cosechas en el año, cada una de ellas más copiosa que cualquier cosecha normal de trigo, la abundancia de comida debe ser mucho mayor que la de cualquier país cerealero de la misma extensión. Por eso dichos países están más poblados. En ellos, además, al contar los ricos con un mayor exceso de alimentos por encima de su consumo, tienen medios para comprar una cantidad mucho más grande de trabajo de otras personas. Así, el séquito de un magnate de China o Indostán es, desde todos los puntos de vista, mucho más abundante y espléndido que el de las personas más ricas de Europa. El mismo exceso de alimentos de que disponen les permite entregar una cantidad mayor de los mismos a cambio de aquellos productos singulares y raros con que la naturaleza los provee en cantidades insignificantes, como las piedras y metales preciosos, los principales objetos con que rivalizan los ricos. Por eso, aunque las minas que abastecían al mercado indio hubiesen sido tan fértiles como las que abastecían al europeo, esas mercancías se hubiesen intercambiado naturalmente por una cantidad mayor de alimentos en la India que en Europa. Pero las minas que suministraban al mercado indio con metales preciosos parecen haber sido sustancialmente menos ricas que las que suministraban al mercado europeo, y las que lo abastecían de piedras preciosas incluso menos. Los metales preciosos, por lo tanto, se intercambiaban naturalmente en la India por una cantidad algo mayor de piedras preciosas que en Europa, y por una cantidad de alimentos mucho mayor. El precio monetario de los diamantes, la superfluidad máxima, era un poco menor, y el de los alimentos, la necesidad máxima, mucho menor en un sitio que en otro. Pero ya ha sido subrayado que el precio real del trabajo, la cantidad real de cosas necesarias para la vida que obtiene el trabajador, es menor en China y el Indostán, los dos grandes mercados de la India, que en ningún lugar de Europa. Los salarios del trabajador adquieren allí una cantidad menor de comida; y como el precio monetario de los alimentos es mucho menor en la India que en Europa, el precio monetario del trabajo es allí inferior en un doble aspecto: por la pequeña cantidad de comida que puede adquirir y por el bajo precio de esa comida. Pero en países con artes y oficios equivalentes, el precio monetario de la mayor parte de las manufacturas será proporcional al precio monetario del trabajo; y aunque las manufacturas de China y el Indostán son inferiores a las de Europa, no parecen serlo mucho. El precio monetario de la mayoría de las manufacturas, entonces, será naturalmente bastante menor en esos grandes imperios que en ningún lugar de Europa. Además, en la mayoría de Europa el coste del transporte por tierra encarece notablemente tanto el precio real como el precio nominal de muchas manufacturas. Cuesta más trabajo, y por ello más dinero, traer las materias primas al mercado y después el producto manufacturado. La extensión y variedad de la navegación interior en la China y el Indostán ahorran el grueso de ese trabajo, y consiguientemente de ese dinero, y reducen así todavía más el precio real y el nominal de casi todas sus manufacturas. Por todo esto, los metales preciosos son una mercancía que siempre ha sido y todavía es extremadamente beneficioso transportar desde Europa hasta la India. Casi no hay mercancía que consiga allí un precio mejor, o que en proporción a la cantidad de trabajo y mercancías que cuesta en Europa pueda comprar o dirigir una mayor cantidad de trabajo y mercancías en la India. Es más ventajoso llevar allí plata que oro; en China y casi todos los demás mercados de la India la proporción entre plata y oro de ley es de diez o a lo sumo doce a uno, mientras que en Europa es catorce o quince a uno. En China y los demás mercados de la India diez o a lo sumo doce onzas de plata comprarán una onza de oro; en Europa se necesitan catorce o quince onzas. Por ello, en los cargamentos de los barcos europeos que zarpan hacia la India uno de los artículos más valiosos ha sido generalmente la plata. Es el más valioso en los barcos de Acapulco que viajan hacia Manila. La plata del nuevo continente parece ser así uno de los principales capítulos del comercio entre los dos extremos del antiguo, y es en buena medida gracias a ella que esas regiones tan remotas de la tierra resultan conectadas.

Para abastecer un mercado tan enorme, la cantidad de plata traída desde las minas cada año debe ser no sólo suficiente para hacer frente al incremento incesante de monedas y otros artículos de plata que demandan todos los países prósperos, sino para compensar el continuo desgaste y destrucción de la plata que tiene lugar en todos los países que emplean dicho metal.

Es muy notable el desgaste de los metales preciosos por

el uso cuando están amonedados y por el uso y la limpieza cuando se utilizan como vajilla y adornos; en el caso de mercancías que se hallan tan extendidas, sólo esto ya exigiría una amplia oferta anual. La destrucción de estos metales en algunas industrias, aunque quizás no sea tan abultada en comparación con el total como el desgaste gradual, es de todas formas mucho más notable al ser mucho más rápida. Se dice que sólo en las industrias de Birmingham, la cantidad de oro y plata empleada anualmente en dorar y platear, y que ya nunca se podrá recuperar y reincorporar a dichos metales, vale más de cincuenta mil libras esterlinas. Con eso podremos hacernos una idea de lo vasto que debe ser su consumo en todo el mundo, sea en industrias como las de Birmingham, o en encajes, bordados, tejidos de oro y plata, el dorado de libros, muebles, etc. Asimismo, una cantidad apreciable debe perderse todos los años en el transporte de dichos metales de un sitio a otro por tierra y por mar. En la mayor parte de los gobiernos de Asia, además, una pérdida todavía mayor debe provenir de la muy generalizada costumbre de esconder tesoros en las entrañas de la tierra, porque el conocimiento de su localización desaparece a menudo con la persona que los oculta.

Según los datos más fiables la cantidad de oro y plata importada en Cádiz y Lisboa (que incluye no sólo lo registrado sino también lo que se supone que entra de contrabando) llega a seis millones de libras esterlinas cada año.

De acuerdo a los datos del Sr. Meggens, la importación media anual de metales preciosos en España en un lapso de seis años, de 1748 a 1753, ambos inclusive, y en Portugal en siete años, de 1747 a 1753, ambos inclusive, ascendió a 1.101.107 libras de peso en plata y a 49.940 libras de peso en oro. La plata, a sesenta y dos chelines la onza Troy supone 3.413.431 libras 10 chelines esterlinos. El oro, a cuarenta y cuatro guineas y media la libra Troy, suma 2.333.446 libras 14 chelines esterlinos. La suma de ambos es 5.746.878 libras 4 chelines esterlinos. Este autor nos asegura que las cifras de importación registradas son exactas y nos detalla los lugares de procedencia del oro y la plata, y la cantidad registrada de cada uno. También toma en consideración las cantidades de cada metal que supone pueden haber sido contrabandeadas. La rica experiencia de este sabio comerciante otorga a sus opiniones un peso considerable.

Según el elocuente y a veces bien informado autor de la *Historia filosófica y política de los establecimientos y del comercio de los europeos en las dos Indias* la importación media anual registrada de oro y plata en España en un lapso de once años, de 1754 a 1764, ambos inclusive, fue de 13.984.185 3/5 piastras de diez reales. Calculando lo que pudo haber entrado de contrabando, supone que la importación total anual pudo ascender a diecisiete millones de piastras, lo que a 4 chelines 6 peniques la piastra equivale a 3.825.000 libras esterlinas. También detalla los sitios de procedencia del oro y la plata y las cantidades registradas desde cada uno. Añade que si estimamos la cantidad de oro importada anualmente a Lisboa desde Brasil por el impuesto pagado al rey de Portugal de un quinto del metal de ley, sería de dieciocho millones de cruzados o cuarenta y cinco millones de libras francesas, o sea, unos dos millones de libras esterlinas. Teniendo en cuenta el posible contrabando, por tanto, la importación total anual de metales preciosos en España y Portugal asciende a 6.075.000 libras esterlinas.

Me han confirmado que varias otros cómputos fidedignos, aunque manuscritos, concuerdan en estimar esa importación anual en una media cercana a seis millones de libras esterlinas, a veces un poco más y a veces un poco menos.

La importación anual de metales preciosos en Cádiz y

11. De la renta de la tierra

Lisboa no es ciertamente el total de la producción anual de las minas de América. Una parte se remite todos los años desde Acapulco a Manila; una parte se dirige al comercio de contrabando que las colonias españolas entablan con las de otras naciones europeas; y una parte se queda indudablemente en el país. Las minas de América, por otro lado, no son las únicas minas de oro y plata que hay en la tierra, aunque sí son con diferencia las más productivas. La producción de todas las demás minas conocidas es en comparación reconocidamente insignificante; y también se sabe que la mayor parte de su producción se importa anualmente a Cádiz y Lisboa. Pero el consumo sólo de Birmingham, a razón de cincuenta mil libras al año, equivale a la centésima vigésima parte de la mencionada importación anual de seis millones. El consumo total anual de oro y plata, entonces, en todo el mundo donde se emplean esos metales, quizás se aproxime a la producción anual total. Acaso el sobrante no sea sino el suficiente para abastecer la creciente demanda de los países prósperos; quizás se haya situado por debajo de dicha demanda, de forma tal de empujar un poco al alza al precio de esos metales en el mercado europeo.

La cantidad de cobre y de hierro llevada anualmente de la mina al mercado es desde cualquier perspectiva mucho mayor que de oro y plata. Pero no concebimos que por esa razón dichos metales ordinarios puedan multiplicarse por encima de la demanda, o volverse gradualmente más baratos. ¿Por qué vamos a imaginar que lo harán los metales preciosos? Aunque los metales ordinarios son más duros, también se los emplea de formas más duras y, como su valor es menor, se tiene menos cuidado en su preservación. Los metales preciosos no son necesariamente eternos, igual que los comunes, y están expuestos a pérdidas, desgaste y destrucción de innumerables maneras distintas.

El precio de los metales, aunque susceptible de variaciones lentas y paulatinas, cambia menos de año a año que casi cualquier otro producto de la tierra; y el precio de los metales preciosos es todavía menos susceptible de modificaciones que el de los metales ordinarios. Esta extraordinaria estabilidad en el precio de los metales se basa en su durabilidad. El cereal traído al mercado el año pasado será por completo o casi por completo consumido bastante antes de que termine este año. Pero puede que una parte del hierro que fue llevado de la mina hasta el mercado hace doscientos o trescientos años se utilice todavía, y quizás también una parte del oro extraído de la mina hace dos o tres mil años. Las diversas cantidades de cereal que en años diferentes debe satisfacer el consumo del mundo siempre estará más o menos en proporción a la producción respectiva de cada uno de esos años. Pero la proporción entre las cantidades diferentes de hierro que pueden ser utilizadas en dos años distintos se verá muy poco afectada por ninguna divergencia accidental en la producción de las minas de hierro en esos dos años; y la proporción entre las cantidades de oro se verá todavía menos afectada por cualquier diferencia similar en la producción de las minas de oro. En consecuencia, aunque la producción de la mayor parte de las minas metálicas varía de año en año quizás más que la del grueso de los campos cerealeros, esas variaciones no tienen el mismo efecto en el caso del precio de los metales como en el caso del precio del cereal.

Variaciones en la proporción entre los valores respectivos del oro y la plata

Antes del descubrimiento de las minas de América, el valor del oro fino con respecto a la plata fina se fijaba en las diversas casas de la moneda de Europa entre una proporción de uno a diez y de uno a doce; esto es, una onza de oro de fino se suponía que valía a entre diez y doce onzas de plata fina. Hacia mediados del siglo pasado pasó a ser de entre uno a catorce y uno a quince; o sea, una onza de oro fino se supuso que valía a entre catorce y quince onzas de plata fina. El oro aumentó su valor nominal, o la cantidad de plata que se daba a cambio de él. Ambos metales bajaron en su valor real, o en la cantidad de trabajo que podían comprar; pero la plata se hundió más que el oro. Aunque tanto las minas americanas de oro como de plata excedían en fertilidad a las conocidas hasta entonces, la riqueza de las minas de plata era relativamente mayor que las de oro.

Las grandes cantidades de plata llevadas anualmente desde Europa hasta la India ha reducido el valor de ese metal en proporción al del oro en algunas colonias inglesas. En la casa de la moneda de Calcuta, una onza de oro fino se supone que vale quince onzas de plata fina, igual que en Europa. Resulta en la ceca quizás demasiado cara para la cotización que alcanza en el mercado de Bengala. En China, la proporción de oro a plata sigue siendo aún de uno a diez, o uno a doce. Se dice que en Japón es de uno a ocho.

Según las estadísticas del Sr. Meggens, la proporción entre las cantidades de oro y plata importadas anualmente en Europa es de cerca de uno a veintidós; es decir, por cada onza de oro se importan un poco más de veintidós onzas de plata. Él supone que el gran volumen de plata remitido anualmente a las Indias Orientales reduce la cantidad de dicho metal que permanece en Europa a la proporción de uno a catorce o quince, o sea, la proporción de sus valores. Supone que la proporción entre sus valores debe necesariamente ser la misma que entre sus cantidades, y que sería por tanto de uno a veintidós si no fuera por esa gran exportación de plata.

Pero la relación normal entre los valores respectivos de dos mercancías no es necesariamente igual que entre las cantidades de las mismas que son habitualmente traídas al mercado. El precio de una res, estimado en diez guineas, es unas sesenta veces el de un cordero, que cuesta 3 chelines 6 peniques, pero sería ridículo inferir de ello que normalmente hay en el mercado sesenta corderos por cada vacuno; y sería igualmente absurdo deducir que como una onza de oro usualmente comprará de catorce a quince onzas de plata, entonces hay habitualmente en el mercado sólo catorce o quince onzas de plata por cada onza de oro.

Probablemente la cantidad de plata que hay en el mercado guarda una proporción con respecto a la cantidad de oro mucho mayor que la que guarda el valor de una cierta cantidad de oro con respecto al valor de la misma cantidad de plata. La suma total de una mercancía barata en el mercado es no sólo normalmente más grande sino también de mayor valor que la suma total de una mercancía cara. La cantidad total de pan que se trae anualmente al mercado no sólo es más grande que la cantidad total de carne sino también de mayor valor; y la cantidad total de carne que la cantidad total de aves de corral; y la de aves de corral que la de aves silvestres. Hay tantos más compradores para la mercancía barata que para la cara que se puede vender no sólo más cantidad de aquélla sino también un valor mayor. La cantidad total, entonces, de la mercancía barata debe ser normalmente mayor en proporción a la cantidad total de la cara que el valor de una cantidad determinada de la cara lo es en proporción al valor de la misma cantidad de la barata. Al comparar los metales preciosos mutuamente, la plata es la mercancía barata y el oro la cara. Debería naturalmente esperarse, por lo tanto, que en el mercado haya siempre no sólo más cantidad sino más valor de plata que de oro. Si un hombre posee un poco de

11. De la renta de la tierra

ambos, y compara su vajilla de plata con sus utensilios de oro, comprobará seguramente que no sólo la cantidad sino también el valor de la primera excede con mucho al de los segundos. Hay numerosas personas, además, que tienen muchos artículos de plata y ninguno de oro; incluso, si los tienen, no pasan de ser cajas de reloj, estuches de rapé y pequeñas alhajas que en total rara vez son de mucho valor. Es verdad que en la moneda británica el valor del oro es con mucho el preponderante, pero esto no ocurre en todos los países. En las monedas de algunas naciones el valor de los dos metales es casi el mismo. En la moneda escocesa, antes de la unión con Inglaterra, el oro prevalecía un poco, según las cifras de la casa de la moneda. En la moneda de muchos países lo que pondera es la plata. En Francia, las sumas grandes se pagan generalmente en ese metal y es difícil conseguir más oro del necesario para llevar en el bolsillo. No obstante, el valor mayor de los artículos de plata con respecto a los de oro, que rige en todos los países, más que compensa la preponderancia del oro amonedado sobre la plata, que sólo aparece en algunos.

Aunque en un sentido la plata siempre ha sido y probablemente siempre será mucho más barata que el oro, en otro sentido puede decirse que el oro, en la situación actual del mercado español, es quizás algo más barato que la plata. Se dice que una mercancía es cara o barata no sólo con arreglo a la grandeza o pequeñez absoluta de su precio normal, sino con arreglo a que el precio se sitúa más o menos por encima del precio mínimo al que sea posible traerla al mercado durante un tiempo considerable. Este precio mínimo es el que apenas repone, con un beneficio moderado, el capital que debe ser empleado en llevarla allí. Es el precio que nada aporta al terrateniente, y que se resuelve en salarios y beneficio. Pero en el estado actual del mercado de España, el oro está ciertamente más próximo a este precio mínimo que la plata. El impuesto del rey de España sobre el oro es de sólo un vigésimo sobre el metal de ley, o un cinco por ciento; mientras que su impuesto sobre la plata es de un décimo, o un diez por ciento. Ya ha sido destacado que estos impuestos representan toda la renta en la mayor parte de las minas de oro y plata de la América española, y que se paga el del oro todavía peor que el de la plata. Los beneficios de los empresarios de las minas de oro, asimismo, dado que muy rara vez amasan una fortuna, deben ser en general aún más moderados que los de los empresarios de las minas de plata. En consecuencia, el precio del oro español, como proporciona menos renta y menos beneficio, debe estar en el mercado de España algo más cerca del precio mínimo al que compensa transportarlo hasta allí que el precio de la plata española. Cuando se tienen en cuenta todos los gastos, parece que en el mercado español la cantidad total de un metal no se venderá con tanta facilidad como la cantidad total del otro. Es verdad que el impuesto del rey de Portugal sobre el oro del Brasil es el mismo que el antiguo impuesto del rey de España sobre la plata de México y Perú: un quinto del metal de ley. Por lo tanto, puede resultar incierto que en el mercado general de Europa el volumen total del oro americano llegue a un precio más cercano al mínimo compatible con su transporte hasta allí que el volumen total de la plata americana.

El precio de los diamantes y otras piedras preciosas puede estar quizás todavía más cerca incluso que el precio del oro del mínimo al que es posible ponerlos en el mercado.

Mientras su pago sea posible, no es muy probable que se renuncie a ninguna parte de un impuesto que no sólo se aplica sobre lo que más conviene gravar, lo lujoso y superfluo, sino que además genera un ingreso tan copioso; sin embargo, la misma imposibilidad de pagarlo que hizo necesario en 1736 reducirlo de un quinto a un décimo puede obligar en el futuro a rebajarlo todavía más, de la misma manera en que fue necesario disminuir el impuesto sobre el oro a un vigésimo. Todas las personas que han estudiado la situación de las minas de plata en la América española coinciden en señalar que, al igual que todas las demás minas, su explotación se vuelve paulatinamente más cara debido a la mayor profundidad a la que se deben ejecutar los trabajos y al mayor gasto de drenar el agua y de ventilar esas profundidades.

Estas causas, que equivalen a una escasez creciente de plata (puesto que puede afirmarse que una mercancía se vuelve más escasa cuando resulta más difícil y caro obtener una cantidad determinada de la misma), deben con el tiempo suscitar alguno u otro de los efectos siguientes. El incremento en el coste puede ser compensado plenamente, primero, por un aumento proporcional en el precio del metal, o segundo, por una disminución proporcional en el impuesto sobre la plata, o tercero, en parte por uno de estos expedientes y en parte por el otro. Este último caso es muy probable. Así como el precio del oro subió con relación al de la plata, a pesar de la acusada reducción del impuesto sobre el oro, el precio de la plata puede subir en relación con el trabajo y las mercancías, a pesar de una reducción equivalente en el impuesto sobre la plata.

Aunque esas reducciones sucesivas del impuesto pueden no impedir por completo la elevación del valor de la plata en el mercado europeo, sin duda la retrasarán en mayor o menor medida. Gracias a esas reducciones se abrirán muchas minas que antes no podían ser explotadas porque no podían pagar el impuesto antiguo; y la cantidad de plata transportada anualmente al mercado será siempre algo mayor que lo que sería de otro modo, y por tanto menor el valor de cualquier cantidad dada de la misma. Como consecuencia de la reducción de 1736, el valor de la plata en el mercado europeo, aunque quizás hoy no sea tan bajo como antes de dicha reducción, es probablemente al menos un diez por ciento más bajo de lo que habría sido si la corte de España continuase exigiendo la antigua contribución.

Los hechos y argumentos expuestos hasta aquí me inducen a creer —o más precisamente a sospechar y conjeturar, porque la mejor opinión que me puedo formar sobre esta cuestión acaso no merezca el nombre de creencia— que a pesar de esa reducción el valor de la plata durante el transcurso del siglo actual ha empezado a aumentar en el mercado europeo. Es verdad que el aumento, si es que ha habido uno, ha sido hasta hoy tan pequeño que después de todo lo que se ha dicho puede que muchas personas no tengan claro no sólo el que este hecho se haya producido, sino que no se haya producido lo contrario, es decir, que el valor de la plata esté todavía cayendo en el mercado europeo.

Ha de subrayarse, sin embargo, que cualquiera sea la importación anual de oro y plata, debe hacer un cierto período en el que el consumo anual de dichos metales iguale a dicha importación. Su consumo crecerá a medida que lo haga su masa, o más bien en una proporción mucho mayor. Al aumentar su masa, su valor disminuye. Se los emplea más y cuida menos, y su consumo aumenta consiguientemente más que su volumen. Después de un cierto período, por lo tanto, el consumo anual de estos metales deberá así coincidir con su importación anual, siempre que esta importación no crezca constantemente, cosa que no se cree que suceda actualmente.

Si cuando el consumo anual se equipara a la importación anual esta importación gradualmente se contrae, durante algún tiempo el consumo puede superar la importación. La masa de dichos metales puede disminuir gradual e imperceptiblemente y su valor aumentar también de forma gradual e imperceptible hasta que al estabilizarse otra vez la importación, el consumo se ajuste gradual e imperceptiblemente a lo que admita la importación anual.

Bases para la conjetura de que el valor de la plata todavía está disminuyendo

El aumento de la riqueza en Europa, y la idea popular de que cuando la cantidad de metales preciosos se eleva con el incremento de la riqueza su valor disminuye, puede quizás predisponer a muchas personas a creer que su valor todavía está cayendo en el mercado europeo; y el aumento paulatino en el precio de muchos productos de la tierra podría confirmar este diagnóstico.

Ya he intentado demostrar que ese aumento en la cantidad de metales preciosos que se produce en todo país con la expansión de la riqueza no tiende a disminuir su valor. El oro y la plata fluyen naturalmente hacia un país rico, por la misma razón que acuden al mismo toda clase de lujos y rarezas; no porque son allí más baratos que en países más pobres sino porque son más caros, o porque se obtiene por ellos un mejor precio. Lo que los atrae es esta superioridad en el precio: tan pronto como desaparece dejan necesariamente de acudir.

He procurado explicar también que con la excepción del cereal y otros vegetales cuyo cultivo deriva sólo del trabajo humano, todas las otras clases de materias primas, el ganado, las aves, la caza de todo tipo, los fósiles y minerales útiles de la tierra, etc., se vuelven naturalmente más caros a medida que la sociedad avanza hacia la riqueza y el progreso. Aunque esas mercancía, por tanto, se intercambien por una cantidad de plata mayor que antes, no se deduce de ello que la plata se haya vuelto realmente más barata, o que adquiera menos trabajo que antes, sino que esas mercancías se han vuelto en realidad más caras, o que compran más trabajo que antes. Con el progreso y los adelantos lo que aumenta no es sólo su precio nominal sino también su precio real. El alza del precio nominal no es consecuencia de ninguna declinación en el valor de la plata sino del alza en su precio real.

Distintos efectos del progreso sobre el precio real de las tres diferentes clases de producción de materias primas

Estas diferentes clases de materias primarias de la tierra pueden agruparse en tres. La primera comprende las que el trabajo humano es incapaz de multiplicar. La segunda, las que puede multiplicar en proporción a la demanda. Y la tercera corresponde a aquellas donde la eficacia del trabajo humano es o limitada o incierta. En el curso del enriquecimiento y el progreso, el precio real de la primera clase puede subir hasta cualquier grado de extravagancia, y no parece estar limitado por frontera alguna. El precio de la segunda, aunque puede subir considerablemente, enfrenta no obstante un límite cierto que no puede cruzar durante mucho tiempo. El de la tercera, aunque su tendencia natural es aumentar con el progreso y la riqueza, puede ocurrir que ante un mismo grado de progreso a veces descienda, a veces permanezca constante y a veces suba más o menos, según que distintos accidentes hagan que los esfuerzos del trabajo humano en la multiplicación de esa clase de materias primas tengan más o menos éxito.

Primera clase

La primera clase de materias primas cuyo precio aumenta con el progreso y las riquezas es aquella que el poder del

11. De la renta de la tierra

trabajo humano es incapaz de multiplicar. Consiste en aquellas cosas que la naturaleza produce sólo en cantidades limitadas y que al ser de carácter muy perecedero es imposible almacenar la producción de diversas temporadas. Así ocurre con casi todos las aves y los peces raros y extraordinarios, muchas variedades de caza, casi todas las aves silvestres, en especial las migratorias, y muchas otras cosas. Cuando se expande la riqueza, y el lujo que acompaña esa expansión, la demanda de ellas probablemente se incrementará también, y no habrá esfuerzo humano capaz de aumentar la oferta mucho más allá de lo que era antes de ese alza en la demanda. En consecuencia, al permanecer la cantidad de esas mercancías igual, o casi igual, mientras que la competencia para adquirirlas sube sin cesar, su precio puede elevarse hasta cualquier grado de exorbitancia, y no parece enfrentar límite alguno. Si las becadas se pusieran tan de moda que su precio fuese de veinte guineas la pieza, ningún afán de laboriosidad humana podría incrementar el número de las que llegan al mercado muy por encima del actual. Así puede explicarse el alto precio pagado por los romanos, en tiempos de su máximo esplendor, por aves y peces raros. Esos precios no fueron el efecto de un bajo valor de la plata en esa época, sino del gran valor de esas rarezas y curiosidades que el trabajo humano no podía multiplicar a placer. El valor real de la plata durante un tiempo antes y después de la caída de la República era más alto en Roma de lo que es hoy en casi toda Europa. El precio pagado durante la República por el *modio* o *peck* de trigo del diezmo de Sicilia era de tres sestercios, o unos seis peniques esterlinos. Este precio era probablemente menor al precio medio de mercado, porque la obligación de entregar su trigo a esa tasa era considerada como un impuesto sobre los granjeros sicilianos. Así, cuando los romanos necesitaban más cereal del que les proporcionaba el diezmo de trigo, estaban obligados por una serie de condiciones a pagar el exceso a la tasa de cuatro sestercios el *peck*, u ocho peniques esterlinos; este era probablemente estimado como el precio moderado y razonable, es decir, el precio contractual corriente o medio de entonces, equivalente a unos veintiún chelines el cuartal. Antes de los últimos años de escasez, el precio contractual corriente del trigo inglés era de veintiocho chelines el cuartal, y es un trigo de calidad inferior al siciliano y se vende generalmente en el mercado europeo a un precio menor. Por lo tanto en esos tiempos el valor de la plata debía estar con relación al actual en una proporción inversa de tres a cuatro, esto es, tres onzas de plata compraban entonces la misma cantidad de trabajo y mercancías que cuatro onzas hoy. Así, cuando se lee en Plinio que Seyo compró un ruiseñor blanco como regalo para la emperatriz Agripina por seis mil sestercios, equivalentes a unas cincuenta libras actuales, y que Asinio Celere adquirió un mújol rojo a ocho mil sestercios, unas sesenta y seis libras de hoy, la exorbitancia de estos precios, por mucho que nos sorprenda, nos parecerá un tercio menor a lo que en realidad fue. Los precios reales, la cantidad de trabajo y subsistencias que se daban a cambio de ellos, eran como un tercio mayores que lo que su precio nominal nos parece hoy. Seyo entregó a cambio del ruiseñor un poder sobre una cantidad de trabajo y provisiones equivalente a lo que hoy podrían comprar 66 libras 13 chelines 4 peniques; y Asinio Celere intercambió el mújol rojo por el poder sobre una cantidad equivalente a lo que hoy comprarían 88 libras 17 chelines 9 1/3 peniques. Lo que dio lugar a esos precios exorbitantes no fue tanto la abundancia de plata como la abundancia de mano de obra y medios de subsistencia de que disponían los romanos más allá de lo que necesitaban para su propio uso. La cantidad de plata de que disponían era considerablemente menor a la que podrían haber conseguido hoy con la misma cantidad de trabajo y provisiones.

Segunda clase

La segunda clase de materias primas cuyo precio aumenta con las riquezas y el progreso corresponde a las que pueden ser multiplicadas por el trabajo humano en proporción a la demanda. Consisten en aquellos animales y plantas útiles que en países no cultivados la naturaleza produce con tanta profusión que tienen poco o ningún valor, y que a medida que avanzan los cultivos son desplazados por una producción más rentable. Durante un extenso período de progreso, su cantidad disminuye continuamente, mientras que su demanda aumenta sin interrupción. Su valor real, entonces, la cantidad real de trabajo que compran o dirigen, sube gradualmente hasta que al final llega tan alto que los vuelve tan rentables como cualquier cosa que el ser humano pueda cultivar en la tierra mejor y más fértil. Una vez alcanzado ese nivel, no lo puede superar. Si lo hiciera, pronto se asignarían más tierra y trabajo a incrementar su cantidad.

Por ejemplo, cuando el precio del ganado sube tanto que resulta tan rentable cultivar tierra para obtener alimento para él como para el hombre, no puede subir más. Si lo hiciera, entonces se destinarían más campos cerealeros a pastos. La extensión de los cultivos, al disminuir la superficie de pastos silvestres, disminuye la cantidad de carne que la naturaleza produce sin trabajo ni cultivo, y al aumentar el número de los que pueden dar cereal o, lo que es lo mismo, el precio de cereal a cambio de carne, aumenta la demanda. El precio de la carne, por lo tanto, y consecuentemente del ganado, debe aumentar paulatinamente hasta llegar a un nivel en el que resulta tan rentable destinar las tierras más fértiles y mejor cultivadas a producir alimento para el ganado como a producir cereales. Pero siempre deberá ser tarde en la evolución del progreso cuando el cultivo puede ser tan extendido como para empujar el precio del ganado hasta esa cumbre; y hasta que llegue a esa altura, si el país está progresando, su precio deberá subir sin cesar. Hay quizás algunas partes de Europa donde el precio del ganado no ha alcanzado ese nivel aún. No lo había alcanzado en parte alguna de Escocia antes de la Unión. Si el ganado escocés se hubiese limitado siempre a las fronteras del mercado de Escocia, en un país donde la cantidad de tierra que sólo puede destinarse a la alimentación del ganado es proporcionalmente tan amplia con respecto a la que puede destinarse a otros objetivos, hubiese sido quizás imposible que su precio creciera jamás tanto como para volver rentable el cultivo de la tierra para alimentarlo. Ya ha sido destacado que el precio del ganado en Inglaterra, en las proximidades de Londres, parece que llegó a ese nivel a comienzos del siglo pasado; pero no fue probablemente hasta mucho después cuando su impacto se sintió en los condados más remotos, y puede que en algunos no lo haya hecho todavía. De todos modos, sin embargo, de todos los diversos renglones que componen esta segunda clase de productos primarios, es quizás el ganado aquél cuyo precio primero llega hasta ese nivel en la evolución de su desarrollo.

Hasta que el precio del ganado alcance ese registro no parece posible que la mayor parte de las tierras, incluso las de mejores posibilidades, puedan ser plenamente cultivadas. En todas las fincas tan apartadas de la ciudad como para que resulte imposible transportar el abono desde allí, es decir, en la mayoría de las fincas de un país grande, la superficie de tierra bien cultivada deberá guardar proporción con la cantidad de abono que la propia finca produce, lo que a su vez estará en proporción con el número de cabezas de ganado que tenga. La tierra es abonada bien al pastar al ganado sobre ella o bien al ser alimentado en establos y llevado después su estiércol hasta ella. Pero salvo que el precio del ganado sea suficiente para pagar la renta y el beneficio de la tierra cultivada, el granjero no podrá hacerlo pastar en ella, y menos todavía alimentarlo en el establo. El ganado puede ser alimentado en establos sólo con el producto de la tierra roturada y cultivada, puesto que recoger el producto escaso y disperso de las tierra eriales y sin cultivar requeriría demasiado trabajo y resultaría demasiado caro. Si el precio del ganado, entonces, no es suficiente para pagar la producción de la tierra mejorada y cultivada cuando se le permite pastar en ella, el precio será menos suficiente todavía para pagar por esa producción cuando debe ser recogida con mucho más trabajo adicional y llevada hasta el establo. En dichas circunstancias, por lo tanto, no será rentable alimentar en el establo a ni una cabeza de ganado más de las necesarias para el cultivo. Pero éstas nunca podrán suministrar abono suficiente para mantener constantemente en buenas condiciones a todas las tierras que son capaces de cultivar. El abono que proporcionan, al ser insuficiente para toda la granja, será naturalmente reservado para las tierras en donde pueda ser aplicado de forma más ventajosa o conveniente, las tierras más fértiles o quizás las más cercanas al corral. En consecuencia éstas serán mantenidas permanentemente en buenas condiciones y preparadas para la labranza. El resto se dejará en su mayor parte en erial y apenas producirá más que unos pastos paupérrimos, apenas suficientes para mantener en pie a un puñado de reses dispersas y hambrientas; la finca tendrá mucho menos ganado que el que necesitaría para cultivarse plenamente, pero a menudo tendrá más del necesario con relación a su producción efectiva. Una porción de esas tierras incultas, después de ser pastoreadas de esta forma tan miserable durante seis o siete años, podrán ser aradas y rendir quizás una o dos pobres cosechas de avena de mala calidad o de otros cereales ordinarios hasta que, completamente agotadas, deban reposar y ser dejadas como pastos otra vez, mientras que otra porción es arada y agotada hasta que deba reposar a su vez. Tal era el sistema de administración en todas las Tierras Bajas de Escocia antes de la Unión. Las tierras que siempre estaban adecuadamente abonadas y en buenas condiciones rara vez superaban un tercio o un cuarto de la finca, y en ocasiones no llegaban a un quinto o un sexto. El resto no era abonado jamás, aunque una porción determinada era de forma rotativa cultivada y agotada. Es evidente que bajo este esquema incluso aquella fracción de las tierras de Escocia susceptibles de buena labranza era capaz de rendir muy poco en comparación a sus posibilidades. Pero por desventajoso que parezca el sistema, antes de la Unión el bajo precio del ganado lo hacía casi inevitable. Si a pesar del gran aumento en su precio todavía prevalece en una amplia sección del país ello se debe en muchos lugares sin duda a la ignorancia y apego a las viejas costumbres, pero en la mayor parte a los obstáculos insalvables que el curso natural de las cosas opone al establecimiento inmediato o veloz de un sistema mejor: primero, a la pobreza de los arrendatarios, que no han tenido tiempo todavía de comprar las cabezas de ganado suficientes para cultivar completamente sus tierras; el mismo aumento en el precio que les haría ventajoso mantener más ganado hace que les sea más difícil adquirirlo; y segundo, a que no han tenido tiempo de poner a sus campos en situación de mantener adecuadamente más ganado, en el supuesto de que pudiesen comprarlo. El aumento en las cabezas de ganado y la roturación de los campos deben ir a la par, y el uno no puede ir mucho más deprisa que la otra. Si no hay más ganado no podrá haber más roturación, pero no podrá haber un aumento considerable en las cabezas de ganado si no hay una gran mejora en las tierras, puesto que de otro modo los campos no podrán mantenerlas. Estos obstáculos naturales al establecimiento de una mejor administración no pueden ser removidos si no es mediante un período prolongado de frugalidad y trabajo; y deberá transcurrir medio siglo, o acaso un siglo, antes de que el viejo sistema, que se halla en paulatina decadencia, pueda ser definitivamente abolido en todo el país. No obstante, de todas las ventajas comerciales que Escocia ha obtenido de la unión con Inglaterra, quizás la mayor ha sido este aumento en el precio del ganado. No sólo ha incrementado el valor de todas las propiedades en las Tierras Altas sino que también ha sido probablemente la principal causa del progreso de las Tierras Bajas.

La vasta extensión de tierras sin cultivar en todas las nuevas colonias, que durante muchos años no pueden destinarse a otra cosa que no sea la alimentación del ganado, hace que pronto el ganado abunde extraordinariamente, y en todas las cosas una gran abundancia ocasiona una gran baratura. Aunque todo el ganado de las colonias europeas en América provino originalmente de Europa, allí pronto se multiplicó tanto que hasta los caballos vagaban por los bosques en estado salvaje, sin que propietario alguno considerase que valía la pena reclamarlos. Debe transcurrir mucho tiempo después del primer asentamiento de esas colonias hasta que resulte rentable alimentar el ganado con la producción de la tierra cultivada. Las mismas causas, por tanto, la falta de abono y la desproporción entre el ganado empleado en el cultivo y la tierra que debe cultivar, introducirán probablemente allí el mismo sistema de labranza que el que aún permanece en vigor en tantas partes de Escocia. El Sr. Kalm, el viajero sueco, cuando se refiere al estado del cultivo en algunas de las colonias inglesas de América del Norte, que recorrió en 1749, subraya que le resulta arduo reconocer la personalidad de la nación inglesa, tan diestra en todas las diversas ramas de la agricultura. Según cuenta, casi no abonan sus campos cerealeros; cuando una parcela ha quedado agotada tras varias cosechas sucesivas, roturan y cultivan otro trozo de tierra virgen, y cuando éste se agota pasan a un tercero. Dejan a su ganado deambular por los bosques y otros sitios sin cultivar, donde está casi muerto de hambre, porque hace ya tiempo que acabaron con casi todos los pastos anuales, al recogerlos demasiado pronto en primavera, sin darles tiempo a que florezcan o esparzan sus semillas. Sus pastos naturales eran, al parecer, los mejores de esa zona de América del Norte, y cuando los europeos se asentaron allí por vez primera solían crecer muy espesos y tener hasta tres o cuatro pies de altura. Le aseguraron que un trozo de tierra que cuando él escribió no podía mantener una vaca, antes habría podido mantener cuatro, y cada una habría rendido cuatro veces más leche que aquélla. La pobreza de los pastos había ocasionado, según su opinión, la degradación de su ganado, que degeneraba sensiblemente en cada generación. No era probablemente muy distinto a esa raza enclenque que era muy común en Escocia hace treinta o cuarenta años, y que tanto ha mejorado ya en la mayor parte de las Tierras Bajas, y no por un cambio en la casta, aunque en algunos lugares se ha recurrido a este expediente, sino por un más rico método de alimentación.

Entonces, aunque debe pasar mucho tiempo en la evolución del progreso antes de que el ganado adquiera un precio que vuelva rentable el cultivar la tierra para alimentarlo, él es de entre todas los diversos componentes de esta segunda clase de productos primarios el que lo alcanza antes, porque hasta que lo logra parece imposible que el progreso pueda arribar cerca del grado de perfección que registra en muchos lugares de Europa.

Si el ganado es de los primeros, los venados están entre los últimos de esos productos en alcanzar dicho precio. En Gran Bretaña el precio de los ciervos, por exorbitante que pueda parecer, no es ni de lejos suficiente para compensar el gasto de un coto para criarlos, como saben bien aquellos que han tenido alguna experiencia en la alimentación de dichos animales. Si no fuera así, la cría del ciervo se volvería pronto una actividad corriente en la ganadería, como lo fue la cría de esos pequeños pájaros llamados tordos entre los antiguos romanos. Varrón y Columela aseguran que era un quehacer en extremo lucrativo. Se dice que también lo es en algunas partes de Francia el engorde de los hortelanos, unas aves migratorias que llegan escuálidas al país. Si los venados continúan de moda, y la riqueza y el lujo de Gran Bretaña se expanden como lo han venido haciendo desde hace algún tiempo, su precio muy probablemente llegará a ser incluso más alto de lo que es hoy.

Entre la etapa del desarrollo donde se registra el precio máximo de algo tan necesario como el ganado y la etapa donde llega a dicho precio algo tan superfluo como el venado media un prolongado intervalo durante el cual arriban a ese precio máximo numerosas otras materias primas, unas más temprano y otras más tarde, según diversas circunstancias.

Así, en todas las granjas un cierto número de aves de corral se mantiene con los desperdicios de los graneros y establos. Como se alimentan con lo que de otro modo se perdería, resultan una pura ganancia, y como al granjero no le cuestan prácticamente nada, se puede permitir venderlas muy baratas. Casi todo lo que obtendrá a cambio será beneficio, y el precio difícilmente serán tan bajo como para desanimarle a mantener ese número. Pero en países mal cultivados, y por lo tanto escasamente poblados, las aves criadas de esa manera, sin gasto alguno, resultan a menudo suficientes para satisfacer plenamente a la demanda. En tal estado de cosas, entonces, son frecuentemente tan baratas como la carne o cualquier otro tipo de alimento de origen animal. No obstante, la cantidad total de aves de corral que una granja puede criar así sin gastos deberá ser siempre mucho menor que la cantidad total de carne que se cría en la misma; y en tiempos de riqueza y lujo se prefiere siempre más lo raro que lo común, aunque su mérito sea algo inferior. Por lo tanto, a medida que se expanden la riqueza y el lujo, como consecuencia del progreso y los cultivos, el precio de las aves de corral sube gradualmente sobre el de la carne, hasta que al final llega tan alto que resulta rentable cultivar tierra para alimentarlas. Una vez que llega a este nivel, ya no puede subir más. Si lo hiciera, se destinaría pronto más tierra a ese propósito. En varias provincias de Francia la cría de aves de corral es considerada un capítulo muy importante de la economía rural, y lo suficientemente rentable para estimular al granjero a que con dicho objetivo cultive una cantidad considerable de maíz y alforfón. Un granjero de tipo medio tendrá allí en ocasiones hasta cuatrocientas aves en su corral. La cría de aves no ha adquirido aún en Inglaterra tanta importancia. De todos modos, son ciertamente más caras en Inglaterra que en Francia, puesto que se importan grandes cantidades desde ese país. En la evolución de la economía, el período en el que cada tipo de alimento de origen animal resulta más caro debe ser naturalmente el inmediatamente anterior a la práctica generalizada de cultivar la tierra para alimentar al animal correspondiente. Durante un tiempo antes de que esa práctica se generalice, la escasez deberá necesariamente impulsar el precio hacia arriba. Una vez establecida, se suelen descubrir nuevos métodos de alimentación que permiten al granjero criar sobre la misma superficie de tierra una cantidad mucho mayor de alimento animal. La abundancia no sólo le obliga a vender más barato, sino que como consecuencia de esas mejoras puede permitirse vender más barato; si no pudiese hacerlo, la abundancia no duraría mucho. Con toda probabilidad, ha sido de esta forma que la introducción del cultivo de trébol, nabos, zanahorias, coles, etc., ha contribuido a deprimir el precio corriente de la carne en el mercado de Londres por debajo de lo que era a comienzos del siglo pasado.

El cerdo, que se alimenta de basura y devora ansiosamente muchas cosas que todos los demás animales útiles rechazan, es mantenido originalmente, igual que las aves de corral, como un puro beneficio. En la medida en que el número de los animales que puedan ser así criados a un coste bajo o nulo resulte suficiente para satisfacer plenamente a la demanda, su carne llega al mercado a un precio inferior al de cualquier otra. Pero cuando la demanda se eleva más allá de lo que puede abastecer esa cantidad, cuando resulta necesario cultivar alimentos para criar y engordar cerdos, de la misma manera que para criar y engordar otros animales, el precio inevitablemente sube y se vuelve proporcionalmente más caro o más barato que otras carnes según que la naturaleza del país y el estado de su agricultura hagan que alimentar a los cerdos sea más o menos costoso que alimentar a otra clase de ganado. Según el Sr. Buffon, en Francia el precio de la carne de cerdo es casi igual al de la carne de vaca. En la mayor parte de Gran Bretaña resulta algo más elevado.

La notable alza en el precio tanto de los cerdos como de las aves de corral en Gran Bretaña ha sido frecuentemente atribuida a la disminución del número de los llamados *cottagers* y otros pequeños campesinos, algo que en toda Europa ha sido el precedente inmediato del progreso y los mejores cultivos, pero que al mismo tiempo ha contribuido a elevar el precio de esos artículos más temprano y más rápido de lo que habría sucedido en otra circunstancia. Así como las familias más pobres pueden a menudo mantener un gato o un perro sin coste alguno, los campesinos más pobres pueden mantener normalmente unas pocas aves, o una cerda con su cría, a un coste insignificante. Los escasos desperdicios de su propia mesa, el suero, la leche descremada y el suero de mantequilla suministran parte de su comida a esos animales, que encuentran el resto en los campos vecinos, sin producir perjuicio sensible alguno. Al disminuir el número de esos pequeños campesinos, entonces, la cantidad de estas provisiones que son producidas a coste bajo o nulo debe ciertamente caer de forma marcada, y su precio consecuentemente debe haber aumentado más temprano y más velozmente de lo que habría ocurrido de otro modo. Tarde o temprano, no obstante, en el proceso del desarrollo, debe en cualquier caso subir hasta la altura máxima posible, o el precio que paga el trabajo y el coste de cultivar la tierra que les suministra alimento tan bien como se pagan en la mayor parte de las otras tierras cultivadas.

El negocio de la leche y sus derivados es originalmente, igual que la cría de cerdos y aves, un puro beneficio. El ganado que era necesario mantener en la granja producía más leche que la demandada por sus crías o por la familia del granjero, y todavía más si la estación era propicia. Pero de todos los productos de la tierra, probablemente el más perecedero es la leche. En las estaciones cálidas, cuando abunda más, apenas puede mantenerse veinticuatro horas. Al convertirla en mantequilla, el granjero conserva una pequeña parte durante una semana; al convertirla en mantequilla salada la puede conservar durante un año; al convertirla en queso, almacena una parte mucho mayor durante varios años. Una parte de todo esto se destina al uso de su propia familia; el resto va al mercado

11. De la renta de la tierra

y procura obtener allí el mejor precio posible, que no puede ser tan bajo como para desanimarlo a enviar allí el sobrante del consumo de su casa. Si resulta muy bajo, es probable que administre su vaquería de forma negligente y desaseada, no considerará conveniente reservar un sitio o edificio concreto para la misma y la expondrá a ser realizada en medio del humo, la suciedad y los desperdicios de su cocina; así ocurría con casi todas las granjas lecheras en Escocia hace treinta o cuarenta años, y ocurre en muchas de ellas todavía hoy. Las mismas causas que incrementan paulatinamente el precio de la carne, el aumento de la demanda y, como efecto del progreso del país, la disminución de la cantidad de ganado que puede ser alimentada a coste bajo o nulo, aumentan de la misma forma el precio de los productos lácteos, que se conecta naturalmente con el de la carne, o con el coste de alimentar al ganado. El precio incrementado permite pagar más trabajo, atención y limpieza. La vaquería se hace más merecedora de los cuidados del granjero, y la calidad de la producción mejora paulatinamente. El precio finalmente llega a ser tan alto que resulta rentable destinar parte de las tierras más fértiles y mejor cultivadas a la alimentación del ganado exclusivamente para la vaquería; y cuando llega a esa altura ya no puede subir más, porque si lo hiciera pronto se asignaría más tierra a este propósito. Parece haber arribado a ese nivel en la mayor parte de Inglaterra, donde mucha tierra buena es empleada de esa manera. Salvo las proximidades de unas pocas grandes ciudades, no parece haber llegado todavía a esa altura en ninguna parte de Escocia, donde los granjeros no suelen emplear tierras buenas para el alimento del ganado destinado a la vaquería. El precio de la producción, aunque ha subido muy considerablemente en estos últimos años, es probablemente todavía demasiado bajo para permitir tal cosa. La inferioridad de su calidad en comparación con las vaquerías de Inglaterra se corresponde cabalmente con la inferioridad del precio. Pero esta menor calidad es más bien el efecto del menor precio que su causa. Aunque la calidad fuese mucho mejor, en las actuales circunstancias no creo que la mayor parte de los productos lácteos que se traen al mercado se pudiese vender a un precio mucho más alto; y probablemente el precio actual no compense el coste de tierra y trabajo necesario para producir una calidad mucho mejor. A pesar de la superioridad en el precio, en la mayor parte de Inglaterra no se considera al negocio de la leche como un empleo más rentable de la tierra que el cultivo de los cereales o el engorde del ganado, los dos grandes renglones de la agricultura. Y en la mayor parte de Escocia, por lo tanto, ni siquiera ha llegado todavía a esa rentabilidad.

Es evidente que en ningún país las tierras podrá ser plenamente cultivadas y mejoradas hasta que el precio de cada producto que el trabajo humano cultiva en ellas ha llegado tan alto como para cubrir el coste de esas mejoras y cultivos. Para ello, el precio de cada producto en concreto debe ser suficiente, primero, para pagar la renta de las buenas tierras cerealeras; y segundo, para pagar el trabajo y el gasto del granjero tan bien como lo son habitualmente en las buenas tierras cerealeras; o, en otras palabras, para reponer con los beneficios corrientes el capital que invierte. Este aumento en el precio de cada producto en concreto debe ser evidentemente anterior a la roturación y cultivo de la tierra destinada a producirlo. La ganancia es el objetivo de cualquier mejora, y no merece ese nombre lo que acarrea una pérdida como consecuencia necesaria. Pero mejorar una tierra con vistas a un producto cuyo precio nunca compensará los costes tendrá como consecuencia necesaria una pérdida. Si la mejora y cultivo completo del país es, y sin duda lo es, el máximo beneficio público, este incremento en el precio de todas las distintas clases de productos primarios debe ser considerado no como una calamidad pública sino como el necesario precedente y acompañante del mayor de los beneficios sociales.

Asimismo, el alza en el precio nominal o monetario de esas diversas materias primas no ha sido el efecto de ninguna degradación en el valor de la plata sino de un alza en el precio real de aquéllas. No sólo valen una cantidad mayor de plata sino una cantidad mayor de trabajo y elementos de subsistencia que antes. Así como cuesta una mayor cantidad de trabajo y provisiones el llevarlas al mercado, una vez que están allí representan o equivalen a una cantidad mayor.

Tercera clase

La tercera y última clase de materia prima cuyo precio se eleva naturalmente en el curso del progreso, corresponde a aquellas en las que la eficacia del trabajo humano para ampliar su cantidad es limitada o incierta. Aunque el precio real de esta clase de productos primarios, en consecuencia, tiende naturalmente a subir con el progreso, sin embargo, y según que diversos accidentes hagan que los esfuerzos del trabajo humano por aumentar su cantidad tengan más o menos éxito, puede ocurrir que baje a veces, o que a veces se mantenga constante en etapas muy diferentes del desarrollo, o que aumente en cierto grado durante la misma etapa.

Hay determinadas materias primas que la naturaleza ha vuelto una suerte de apéndices de otras, de forma tal que la cantidad de las primeras que puede tener un país se halla necesariamente limitada por la cantidad de las segundas. Por ejemplo, la cantidad de lana y cueros de cualquier país está inevitablemente limitada por el número del ganado mayor y menor que en él pueda criarse. Éste número se halla a su vez limitado por el nivel del progreso y la naturaleza de su agricultura.

Podría pensarse que las mismas causas que en la marcha del progreso aumentan gradualmente el precio de la carne deberían tener el mismo efecto sobre los precios de la lana y el cuero, y elevarlos en similar proporción. Así sucedería probablemente, si en los rudos comienzos del desarrollo el mercado de estas últimas mercancías estuviese restringido dentro de fronteras tan estrechas como las del mercado de la primera. Pero la extensión de sus mercados respectivos es por regla general muy diferente.

El mercado de la carne está casi en todas partes limitado a la región que la produce. Irlanda y una parte de la América británica practican un intenso comercio en alimentos salados, pero tengo entendido que son los únicos países que lo hacen en el mundo comercial, o que exportan una parte apreciable de sus carnes.

El mercado de lana y pieles, por el contrario, rara vez está limitado en los comienzos del desarrollo al país que las produce. Pueden ser transportadas con facilidad a países lejanos, la lana sin preparación alguna y las pieles con muy poca; y como constituyen materiales para muchas manufacturas, la industria de otros países puede generar una demanda para ellas, aunque la del país que las produce no genere ninguna.

En países mal cultivados, y por eso escasamente habitados, el precio de la lana y el cuero es en proporción al del animal entero mucho mayor que en países donde, al estar el progreso y la población más desarrollados, hay más demanda de carne. El Sr. Hume observa que en la época de los sajones el vellón valía dos quintos de la oveja entera, y que esa proporción era muy superior a la actual. Me han asegurado que en algunas provincias de España se mata a menudo a las ovejas nada más que para aprovechar su lana y su sebo; el resto se deja pudrir sobre la tierra o es devorado por animales salvajes o aves de rapiña. Si esto en España ocurre a veces, en Chile, Buenos Aires y muchos otros lugares de la América española ocurre constantemente, y el ganado vacuno es sistemáticamente sacrificado sólo por el cuero y el sebo. Lo mismo solía suceder en la Española mientras estuvo infestada de bucaneros, antes de que el asentamiento, roturación y poblamiento de las plantaciones francesas (que hoy se extienden a lo largo de la costa de casi toda la mitad occidental de la isla) incrementara el valor del ganado de los españoles, que siguen poseyendo no sólo la parte oriental de la costa sino todo el interior montañoso del país.

Aunque con el desarrollo y la población el precio del animal entero necesariamente sube, ello afecta probablemente más al precio de la carne que al de la lana y el cuero. El mercado de la carne, limitado en el estado rudo de la sociedad siempre al país que la produce, debe inevitablemente extenderse en proporción al progreso y población de ese país. Pero como el mercado de la lana y el cuero incluso en un país bárbaro se extiende con frecuencia a todo el mundo, muy rara vez puede ampliarse en la misma proporción. El estado de todo el mundo comercial pocas veces se verá muy afectado por el progreso de un país individual; y después de ese progreso el mercado de dichas mercancías podrá permanecer igual o casi igual que antes. Pero se puede esperar que en el curso natural de las cosas dicho mercado se expandirá en alguna medida. En particular, si las manufacturas que emplean esas mercancías como materiales llegan a florecer en el país, el mercado, aunque no crecería mucho, al menos se aproximaría bastante más a la fuente de suministro, y el precio de esos materiales podrá al menos subir en la suma que se gastaba normalmente al transportarlos a países remotos. Por lo tanto, aunque no subirá en la misma proporción que el de la carne, debería naturalmente subir algo y ciertamente no debería disminuir.

Ahora bien, en Inglaterra, a pesar de la situación floreciente de su industria lanera, el precio de la lana ha caído muy significativamente desde los tiempos de Eduardo III. Muchos documentos fidedignos atestiguan que durante el reinado de dicho príncipe (mediados del siglo XIV, en torno a 1339), el precio estimado como moderado y razonable por cada *tod* o veintiocho libras de lana inglesa no bajaba de diez chelines de la moneda de entonces, que contenían, a doce peniques la onza, seis onzas de plata peso de la Torre, equivalentes a unos treinta chelines de hoy. En la actualidad, veintiún chelines el *tod* es un buen precio por la lana inglesa de máxima calidad. Así, el precio monetario de la lana en la época de Eduardo III con relación a su precio monetario de hoy era como de diez a siete. La superioridad de su precio real era todavía mayor. A seis chelines y ocho peniques el cuartal, el precio de doce *bushels* de trigo era en esos tiempos de diez chelines. A veintiocho chelines el cuartal, veintiún chelines es hoy el precio de sólo seis *bushels*. La proporción, por consiguiente, entre los precios reales de entonces y de hoy es como de doce a seis, o de dos a uno. En aquellos tiempos un *tod* de lana habría comprado dos veces la cantidad de provisiones que compraría hoy, y por ello dos veces la cantidad de trabajo, siempre que la retribución real del trabajo hubiese sido la misma en ambos períodos.

Esta rebaja en el valor real y nominal de la lana nunca habría tenido lugar como consecuencia del curso natural de los acontecimientos: ha sido el efecto de la violencia y el artificio. En primer lugar, por la prohibición absoluta de exportar lana de Inglaterra; en segundo lugar, por el permiso para importar lana española libre de aranceles; en tercer lugar, por la prohibición de exportarlo desde Irlanda a ningún otro país salvo Inglaterra. Como consecuencia de estas reglamentaciones, el mercado para la lana inglesa, en lugar de resultar en cierto grado ampliado como consecuencia del desarrollo de Inglaterra, ha sido confinado al mercado local, donde se permite la competencia con la lana de varios países y donde se obliga que compita con la lana de Irlanda. Como además la industria de la lana en Irlanda es tan desalentada como resulta posible sin violar la justicia y la equidad, los irlandeses sólo pueden manufacturar localmente una pequeña fracción de su lana, y se ven forzados a enviar la mayor parte a Gran Bretaña, el único mercado que se les permite.

No he encontrado documentación tan fiable con respecto al precio de los cueros en épocas antiguas. La lana era habitualmente pagada al rey en concepto de subsidio, y la valoración que se le daba en ese subsidio indica, hasta cierto punto, cuál era su precio corriente. Este no fue el caso de los cueros. No obstante, y a partir de unas cuentas del año 1425 entre el prior de Burcester en Oxford y uno de sus canónigos, Fleetwood nos da el precio, al menos en esa ocasión concreta: cinco cueros de buey a doce chelines; cinco cueros de vaca a siete chelines y tres peniques; treinta y seis cueros de oveja de dos años a nueve chelines; dieciséis cueros de ternera a dos chelines. En 1425 doce chelines contenían más o menos la misma cantidad de plata que veinticuatro chelines de hoy. Según estas cuentas, entonces, un cuero de buey valía la misma cantidad de plata que 4 chelines 4/5 de nuestra moneda actual. Su precio nominal era mucho más bajo que hoy. Pero a seis chelines y ocho peniques el cuartal, doce chelines habrían comprado entonces catorce *bushels* y cuatro quintos de trigo que a tres chelines y seis peniques el *bushel* costarían hoy 51 chelines 4 peniques. Un cuero de buey, por lo tanto, habría comprado entonces tanto trigo como diez chelines y tres peniques comprarían hoy. Su valor real era de diez chelines y tres peniques actuales. En esa época, cuando el ganado estaba medio muerto de hambre durante buena parte del invierno, su tamaño no podía ser muy grande. Un cuero de buey que pese cuatro *stone* de dieciséis libras *averdupois* no está mal en nuestros tiempos, y en aquéllos habría sido considerado muy bueno. Pero a media corona el *stone,* que según creo es hoy (febrero de 1773) el precio corriente, un cuero así costará sólo diez chelines. Por tanto, aunque su precio nominal es mayor que antes, su precio real, la cantidad real de provisiones que comprará o de que dispondrá es algo más baja. El precio de los cueros de vaca, según las cuentas mencionadas, se halla en la proporción normal con el de los cueros de buey. El de los cueros de oveja está muy por encima, porque quizás se vendían con lana. El de los cueros de ternera, por el contrario, está muy por debajo de esa proporción. En países donde el precio del ganado es muy reducido, las terneras que no son necesarias para mantener el número de cabezas suelen ser sacrificadas muy jóvenes; así ocurría en Escocia hace veinte o treinta años. Se ahorra así la leche, porque el precio de aquéllas no compensaría al de ésta. Sus cueros, en consecuencia, valen generalmente muy poco.

El precio de los cueros es mucho menor hoy que hace algunos años, debido probablemente a la supresión de los aranceles sobre las pieles de foca y a la autorización durante un tiempo limitado de la importación sin aranceles de cueros desde Irlanda y las plantaciones, concedida en 1769. Si se toma la media del siglo actual, su precio real ha sido probablemente mayor que en esos tiempos pasados. La naturaleza de la mercancía la hace no tan adecuada como la lana para ser transportada a mercados tan distantes. Sufre más daños al ser almacenada. Un cuero en salazón se estima menos que uno crudo y se vende a un precio menor. Esta circunstancia necesariamente debe tender a deprimir el precio de los cueros producidos en un país que no los manufactura y se ve obligado a exportarlos, y a aumentar el precio de los producidos en un país que los manufactura. Debe tender a disminuir su precio en un país bárbaro y a elevarlo en un país desarrollado e industrial. Debe por ello tender a bajarlo en tiempos primitivos y a subirlo en los modernos. Nuestros curtidores, además, no han tenido el éxito de nuestros industriales del paño en su tarea de convencer al país de que la seguridad de la comunidad depende mucho de la prosperidad de su industria; por ello han disfrutado de menos apoyo. La exportación de cueros ha sido prohibida y declarada delito; su importación desde países extranjeros ha sido sujeta a un arancel, y aunque ha sido suprimido para las pieles importadas de Irlanda y las plantaciones (sólo durante cinco años), Irlanda no ha sido limitada al mercado de Gran Bretaña para la venta de sus cueros excedentes, o los que no manufactura localmente. Sólo en estos últimos años los cueros del ganado corriente han sido incluidos en la lista de mercancías que las plantaciones no pueden enviar sino a la madre patria; el comercio de Irlanda no ha sufrido todavía opresión alguna en este ramo con objeto de proteger a la industria de Gran Bretaña.

Sean cuales fueren las reglamentaciones que tiendan a rebajar el precio de la lana o el cuero por debajo de lo que sería natural, en un país desarrollado y cultivado deberán tender en alguna medida a elevar el precio de la carne. Tanto el precio del ganado grande como del pequeño, alimentado en tierras roturadas y cultivadas, debe ser suficiente para pagar la renta y el beneficio que el terrateniente y el granjero esperan de una tierra mejorada y cultivada. Si no es así, pronto dejarán de alimentarlo. Por lo tanto, cualquier fracción de ese precio que no sea pagada por la lana y el cuero deberá ser pagada por la carne. La forma en que el precio se divida entre las diferentes partes del animal es indiferente a los propietarios y granjeros, siempre que se pague en su totalidad. En un país desarrollado y cultivado, así, sus intereses como terratenientes y granjeros no se ven afectados por tales regulaciones, aunque sí pueden serlo sus intereses como consumidores, debido al aumento en el precio de las provisiones. La situación sería muy diferente en un país atrasado y no cultivado, donde el grueso de la tierra sólo podría dedicarse a la alimentación del ganado, en cuyo valor la lana y el cuero constituirían la parte principal. Sus intereses como propietarios y granjeros se verían profundamente afectados por esas reglamentaciones, y su interés como consumidores muy poco. La caída en el precio de la lana y el cuero no elevaría en este caso el precio de la carne; al no ser la mayoría de la tierra aplicable a otro destino aparte de la cría del ganado, se seguiría alimentando al mismo número. Acudiría del matadero al mercado la misma cantidad de carne. Su demanda no sería mayor que antes. Su precio, en consecuencia, se mantendría sin cambios. El precio total del ganado caería, y con él tanto la renta y el beneficio de todas las tierras donde el ganado fuese el producto principal, es decir, la mayoría de las tierras del país. En esas circunstancias, la perpetua prohibición de exportar lana, habitual pero muy equivocadamente atribuida a Eduardo III, sería la reglamentación más destructiva que se pudiese concebir. No sólo reduciría el valor efectivo del grueso de las tierras del reino, sino que al disminuir el precio de la especie más importante de ganado pequeño, retrasaría marcadamente su progreso ulterior.

El precio de la lana de Escocia cayó acusadamente como consecuencia de la Unión con Inglaterra, que le cerró el amplio mercado de Europa y la restringió al mercado estrecho de Gran Bretaña. El valor de la mayoría de las tierras en los condados del sur de Escocia, que son fundamentalmente regiones laneras, habría sido profundamente afectado por este acontecimiento si el aumento en el precio de la carne no hubiese compensado plenamente la caída en el precio de la lana.

Así como la eficacia del trabajo humano en aumentar la cantidad de lana o cuero es limitada en la medida en que depende de la producción del país donde se ejerce, también es incierta en la medida en que depende de la producción de otros países. Y no depende tanto de la cantidad que produzcan como de la cantidad que no manufacturan, y de las restricciones que juzguen conveniente aplicar sobre las exportaciones de esos productos primarios. Estas circunstancias, al ser por completo independientes del trabajo local, necesariamente tornan a la eficacia de sus esfuerzos en más o menos incierta. En la multiplicación de esta clase de materias primas, por lo tanto, la eficacia de la labor humana es no sólo limitada sino también insegura.

Es igualmente limitada e incierta en la multiplicación de otra rama muy importante de la producción primaria, la cantidad de pescado que se trae al mercado. Es limitada por la situación del país, por la proximidad o lejanía de entre sus diversas provincias y el mar, por el número de sus lagos y ríos, y por lo que podría denominarse fertilidad o esterilidad de los mares, lagos y ríos en lo que respecta a esa materia prima. A medida que se expande la población, cuando el producto anual de la tierra y el trabajo del país crece gradualmente, hay más compradores de pescado, y estos compradores poseen además una cantidad y variedad mayor de otros bienes o, lo que es lo mismo, el precio de una cantidad y variedad mayor de otros bienes, para dar a cambio. Será, empero, generalmente imposible abastecer el mercado más amplio y extendido sin emplear una cantidad de trabajo proporcionalmente mayor a la empleada para abastecer el mercado limitado y estrecho. Un mercado que pasa de demandar sólo mil a demandar diez mil toneladas anuales de pescado en pocas ocasiones podrá ser abastecido sin emplear más de diez veces la cantidad de trabajo que antes bastaba para abastecerlo. El pescado debe ser generalmente capturado a una distancia mayor, habrá que utilizar barcos más grandes y recurrir a toda clase de equipos más caros. El precio real de esta mercancía, por lo tanto, naturalmente crece con el desarrollo. Así ha ocurrido en mayor o menor medida en todos los países.

Aunque el éxito de una jornada particular de pesca es cuestión sumamente incierta, puede sin embargo suponerse que si se considera el curso de un año o de varios años, y se atiende a la localización del país, la eficacia general de la industria para traer una cantidad determinada de pescado al mercado resulta entonces bastante cierta; sin duda, así lo es. Pero como depende más de la localización del país que del estado de su riqueza e industria, y como por ello puede ser la misma en diversos países en momentos distintos del desarrollo, y muy diferente en los mismos períodos, su conexión con el progreso es incierta y es a esta incertidumbre a la que me refiero.

Para incrementar la cantidad de los diferentes minerales y metales que son extraídos de las entrañas de la tierra, en especial la de los más preciosos, la eficacia del trabajo humano no parece limitada, pero es completamente incierta.

La cantidad de metales preciosos que hay en cualquier país no está limitada por condiciones locales, como la fertilidad o esterilidad de sus propias minas. Esos metales a menudo abundan en países que carecen de minas. Su cantidad en cada país parece depender de dos circunstancias diferentes; primero, de su poder de compra, del estado de su industria, del producto anual de su tierra y su trabajo, a consecuencia de lo cual puede permitirse asignar una cantidad mayor o menor de trabajo y provisiones a traer

11. De la renta de la tierra

o adquirir superfluidades tales como oro y plata, bien de sus propias minas o bien de las de otros países; y segundo, de la productividad o esterilidad de las minas que en cada momento dado suministran esos metales al mundo comercial. La cantidad de dichos metales en los países más apartados de las minas se verá más o menos afectada por dicha productividad o esterilidad con arreglo a la facilidad y baratura del transporte de esos metales, de su pequeño volumen y gran valor. Su cantidad en China o Indostán debió verse más o menos afectada por la abundancia de las minas de América.

En la medida en que su cantidad en cualquier país determinado depende de la primera de esas circunstancias (el poder de compra), su precio real, como el de todos los lujos y superfluidades, probablemente aumentará con la riqueza y el crecimiento del país, y caerá con su pobreza y depresión. Los países que tienen un copioso excedente de trabajo y provisiones pueden permitirse comprar esos metales a cambio de una cantidad de trabajo y artículos de subsistencia mayor que países que no cuentan con excedentes tan abultados.

En tanto su cantidad en cualquier país dado depende de la segunda de esas circunstancias (la productividad o esterilidad de las minas que abastecen al mundo comercial), su precio real, la cantidad real de trabajo y provisiones que pueden comprar o con la que se pueden intercambiar, indudablemente se hundirá más o menos en proporción a la fertilidad, y aumentará en proporción a la esterilidad de esas minas.

La productividad o improductividad de las minas que en cualquier momento dado abastecen al mundo comercial, sin embargo, es una circunstancia que lógicamente no guardará conexión alguna con el estado de la industria de ningún país en concreto. Incluso parece que no la guardará con la del mundo en general. Es cierto que a medida que las artes y el comercio se extienden sobre una mayor superficie de la tierra, la búsqueda de nuevas minas, al desplegarse sobre un área mayor, tendrá más posibilidades de éxito que cuando está confinada dentro de límites más estrechos. Pero el descubrimiento de nuevas minas, a medida que las viejas se van agotando paulatinamente, es asunto de la máxima incertidumbre, que ninguna destreza ni laboriosidad humana es capaz de superar. Es sabido que todos los indicios son dudosos, y sólo el descubrimiento y explotación rentable de una nueva mina puede determinar la realidad de su valor, y hasta de su misma existencia. En esa búsqueda no hay límites definidos ni al posible éxito ni al fracaso del esfuerzo humano. Es posible que tras un siglo o dos se descubran nuevas minas más fértiles que ninguna de las conocidas hasta ahora; y es igualmente posible que la mina más productiva que se descubra entonces sea más pobre que cualquiera que haya sido explotada antes del descubrimiento de las minas de América. El que tenga lugar uno u otro de esos acontecimientos es de insignificante importancia para la riqueza y prosperidad real del mundo, para el valor real del producto anual de la tierra y el trabajo de la humanidad. Su valor nominal, la cantidad de oro y plata en la que ese producto anual se pueda expresar o representar, será sin duda muy diferente; pero su valor real, la cantidad real de trabajo que pueda comprar o comandar será exactamente la misma. Un chelín podrá representar en un caso apenas el trabajo que representa hoy un penique; y en otro caso un penique podrá representar tanto como un chelín hoy. Pero en un caso quien lleve un chelín en su bolsillo no habrá sido más rico que el que lleve un penique hoy, y en el otro quien tenía un penique hará sido tan rico como el que lleve hoy un chelín. La baratura o abundancia de los artículos de oro y plata sería la única ventaja que el mundo cosecharía en un caso, y la carestía y escasez de tales insignificantes superfluidades sería el único inconveniente que padecería en el otro.

Concluye la digresión sobre las variaciones en el valor de la plata

La mayoría de los autores que han recopilado los precios monetarios de las cosas en la antigüedad parecen haber considerado al bajo precio monetario del cereal y de los bienes en general, o en otras palabras al alto valor del oro y la plata como prueba no sólo de la escasez de dichos metales sino de la pobreza y el atraso del país en esa época. Esta idea está relacionada con el sistema de economía política que sostiene que la riqueza nacional consiste en la abundancia y la pobreza nacional en la escasez de oro y plata; un sistema que procuraré analizar y explicar con detalle en el cuarto libro de esta investigación. Aquí sólo subrayaré que el elevado valor de los metales preciosos no es prueba alguna de la pobreza y atraso de ningún país en el momento en que ello sucede. Es prueba tan sólo de la improductividad de las minas que en ese momento abastecían al mundo comercial. Un país pobre, así como no puede comprar más que uno rico, tampoco puede permitirse pagar más por el oro y la plata que el rico; el valor de esos metales, en consecuencia, no es probable que sea mayor en el primero que en el segundo. En China, un país mucho más rico que ninguna región de Europa, el valor de los precios metales es mucho más elevado que en parte alguna de Europa. En la medida en que la riqueza de Europa se ha elevado agudamente desde el descubrimiento de las minas de América, el valor del oro y la plata ha disminuido gradualmente. Pero esta disminución en su valor no ha provenido del incremento en la riqueza real de Europa, o del producto anual de su tierra y su trabajo, sino del descubrimiento accidental de minas más ricas que ninguna de las conocidas antes. El aumento en la cantidad de oro y plata en Europa, y la expansión de su industria y su agricultura, son dos acontecimientos que aunque han casi coincidido en el tiempo, derivan de causas muy diversas, y virtualmente no tienen conexión entre sí. El uno ha surgido merced a un mero accidente, en el que ni la prudencia ni la política han desempeñado papel alguno. El otro ha derivado de la decadencia del sistema feudal y del establecimiento de un gobierno que ha otorgado a la actividad económica el único estímulo que necesita: una tolerable seguridad de que va a disfrutar del fruto de su propio esfuerzo. Polonia, donde aún rige el sistema feudal, es hoy un país tan miserable como lo era antes del descubrimiento de América. Sin embargo, el precio monetario del cereal ha subido y el valor real de los metales preciosos ha bajado en Polonia de la misma forma que en otros lugares de Europa. Su cantidad, entonces, debe hacer aumentado allí como en otros sitios, y casi en la misma proporción con respecto al producto anual de su tierra y su trabajo. Pero al parecer ese aumento en la cantidad de dichos metales no ha expandido ese producto anual, no ha mejorado la industria ni la agricultura del país, ni el nivel de vida de sus habitantes. Los países dueños de las minas, España y Portugal, son quizás los países más pobres de Europa después de Polonia. Sin embargo, el valor de los metales preciosos debe ser menor en España y Portugal que en el resto de Europa, puesto que de allí arriban a todo el resto de Europa encarecidos no sólo con el flete y el seguro sino con el coste del contrabando, al estar su exportación o bien prohibida o bien sujeta a gravámenes. En proporción al producto anual de la tierra y el trabajo, por lo tanto, su cantidad debe ser mayor allí que en ninguna otra parte de Europa: esos países, no obstante, son más pobres que la mayoría de los países de Europa. Aunque en España y Portugal el sistema feudal ha sido abolido, no ha sido reemplazado por uno mucho mejor.

Así como el bajo valor del oro y la plata no es prueba de la riqueza y prosperidad del país que lo registra, tampoco un valor alto, o un precio monetario bajo de los bienes en general o del cereal en particular, es prueba alguna de su pobreza y atraso.

Pero aunque el bajo precio monetario de los bienes en general o del cereal en concreto no es prueba de la pobreza y el atraso de una época, el bajo precio monetario de algunos bienes en particular, como el ganado, las aves, la caza, etc. en proporción al del cereal es una prueba decisiva. Demuestra nítidamente, primero, su gran abundancia con respecto al cereal, y consecuentemente la amplia extensión de tierra que ocupan en proporción a la que ocupa el cereal; y segundo, el bajo valor de esta tierra en proporción a la tierra cerealera, y consiguientemente el estado no cultivado ni mejorado del grueso de las tierras del país. Demuestra palmariamente que el capital y la población del país no guarda la misma proporción con la extensión de su territorio como ocurre normalmente en los países civilizados, y que la sociedad está en ese momento y en esa sociedad apenas en su infancia. Del alto o bajo precio monetario de los bienes en general o del cereal en particular podemos inferir sólo que las minas que en ese momento abastecen al mundo comercial de oro y plata son fértiles o estériles, y no que el país es rico o pobre. Pero del elevado o reducido precio monetario de algunos bienes con respecto a otros podemos inferir con cierto grado de verosimilitud que casi es certidumbre que es rico o pobre, que el grueso de sus tierras están mejoradas o no, y que se halla bien en un estado más o menos atrasado, bien en uno más o menos civilizado.

Toda elevación en el precio monetario de los bienes

que deriva completamente de la rebaja en el valor de la plata afectará a todas las clases de artículos por igual, y sus precios aumentarán globalmente un tercio, un cuarto o un quinto, según que la plata pierda un tercio, un cuarto o un quinto de su valor anterior. Pero el aumento en el precio de las provisiones, que ha sido objeto de tanto análisis y debate, no afecta a todas las provisiones por igual. Tomando al siglo presente como media, incluidos aquellos que explican el aumento del precio del cereal por la caída en el valor de la plata, se reconoce en general que ese aumento ha sido mucho menor que el registrado en otras clases de provisiones. El aumento en estas clases, por lo tanto, no puede ser explicado completamente por la disminución en el valor de la plata. Hay que tomar en consideración otras causas, y las mencionadas anteriormente podrán quizás explicar el aumento en esas clases específicas de provisiones, que se han encarecido con respecto al cereal, sin recurrir a la supuesta rebaja en el valor de la plata.

En lo que hace al precio del cereal, durante los sesenta y cuatro primeros años del siglo actual, y antes de la extraordinaria serie de malas cosechas, ha sido algo más bajo que durante los sesenta y cuatro últimos años del siglo pasado. El hecho es ratificado no sólo por las cifras del mercado de Windsor sino por las tasaciones públicas de los distintos condados de Escocia, y por los datos de muchos mercados de Francia, recogidos con gran diligencia y precisión por el Sr. Messance y por el Sr. Dupré de St. Maur. Los datos son más completos de lo que podría esperarse en un asunto naturalmente tan difícil de investigar.

En lo referido al elevado precio del cereal durante los diez o doce últimos años, se lo puede explicar suficientemente por el rigor del clima, sin suponer ninguna rebaja en el valor de la plata.

11. De la renta de la tierra

La opinión, entonces, de que el valor de la plata está cayendo continuamente no está fundada en observaciones precisas ni sobre los precios del cereal ni sobre los de esas otras provisiones.

Podría argumentarse que la misma cantidad de plata, incluso de acuerdo con los datos aquí presentados, compra hoy una cantidad mucho menor de diversas clases de provisiones de lo que habría comprado durante una parte del siglo pasado; y que el discernir si este cambio se debe a un aumento en el valor de esos bienes o a una caída en el valor de la plata es establecer tan sólo una distinción vana e inútil, que de nada puede servir a la persona que tiene una cierta cantidad de plata con la que acudir al mercado, o un cierto ingreso fijo en dinero. Ciertamente no pretendo que el conocimiento de esa distinción le permita comprar más barato, pero no será por ello completamente inútil.

La distinción podrá servir al gobierno al proporcionarle una prueba sencilla de la prosperidad del país. Si el aumento en el precio de algún tipo de provisiones se debe totalmente a la caída en el valor de la plata, se debe a una circunstancia de la que nada puede inferirse, salvo la productividad de las minas americanas. La riqueza real del país, el producto anual de su tierra y su trabajo, puede a pesar de dicha circunstancia estar reduciéndose paulatinamente, como en Portugal y Polonia, o aumentando, como en la mayor parte del resto de Europa. Pero si ese aumento en el precio de algún tipo de provisiones se debe a la elevación en el valor real de la tierra que las produce, a su mayor fertilidad, o a que como consecuencia de las mejoras y los buenos cultivos ha sido preparada para producir cereales, se debe a una circunstancia que indica claramente la prosperidad y el estado progresivo del país. La tierra constituye con diferencia la parte mayor, más importante y duradera de la riqueza de cualquier país extenso. Debe ser seguramente útil para la comunidad, o al menos le proporcionará alguna satisfacción, el contar con una prueba tan palpable del valor creciente de la parte más grande, importante y duradera de su riqueza.

También puede resultar de alguna utilidad para la sociedad en la regulación de la remuneración pecuniaria de algunos de sus servidores más modestos. Si ese aumento en el precio de alguna clase de provisiones se debe a una caída en el valor de la plata, su retribución pecuniaria, siempre que no hubiese sido antes muy alta, debería ciertamente ser aumentada en proporción a esa caída. Si no lo es, su remuneración real será evidentemente disminuida de forma proporcional. Pero si el aumento en el precio proviene de un aumento en el valor, como consecuencia de la fertilidad mejorada de la tierra que produce dichas provisiones, entonces el decidir en qué proporción se debe aumentar cualquier remuneración, o incluso si debe aumentarse en alguna, se convierte en una cuestión mucho más delicada. La extensión de las mejoras y los cultivos, así como necesariamente aumenta más o menos en proporción al precio del cereal el precio de toda suerte de alimentos de origen animal, también necesariamente reduce, creo, el de toda clase de alimentos vegetales, porque al elevar la productividad de la tierra aumenta su abundancia. Asimismo, las mejoras en la agricultura introducen muchas clases de alimentos vegetales que, al requerir menos tierra y no más trabajo que los cereales, llegan más baratos al mercado. Así sucede con las patatas y el maíz, el llamado cereal indio, quizás los dos adelantos más significativos que la agricultura europea, y acaso la misma Europa, ha recogido de la vasta extensión de su comercio y su navegación. Muchas clases de alimentos vegetales, por añadidura, que en la etapa primitiva de la agricultura se limitan a la huerta y son cultivados con la azada, en un estado más avanzado se introducen en los campos y son cultivados con el arado, como sucede con los nabos, las zanahorias, las coles, etc. Por lo tanto, si en el desarrollo económico el precio real de unas clases de alimentos necesariamente sube, el de otras necesariamente baja, y se vuelve todavía más complejo el determinar en qué medida el aumento en unas puede compensar la caída en las otras. Cuando el precio real de la carne del matadero alcanza su cota máxima (algo que, salvo quizás con respecto al cerdo, ha ocurrido con respecto a todas las otras carnes en la mayor parte de Inglaterra hace más de un siglo), todo aumento ulterior en cualquier otro tipo de alimento animal no podrá influir mucho en las condiciones de vida de las clases inferiores del pueblo. La situación de los pobres en la mayor parte de Inglaterra no puede seguramente verse tan perjudicada por ningún aumento en el precio de las aves, pescados, aves silvestres o venados, como aliviada por la caída en el precio de las patatas.

En los presentes tiempos de escasez, el elevado precio del cereal sin duda castiga a los pobres. Pero en momentos de moderada abundancia, cuando el cereal se sitúa en su precio corriente o medio, el aumento natural en el precio de cualquier otra clase de materias primas no los afecta demasiado. Sufren quizás más por el incremento artificial que los impuestos han ocasionado en algunos artículos manufacturados como la sal, el jabón, las pieles, las velas, la malta, la cerveza, etc.

Efectos del progreso sobre el precio real de las manufacturas

La disminución gradual del precio de casi todas las manufacturas es el efecto natural del progreso. El precio de la mano de obra disminuye probablemente en todas sin excepción. Como consecuencia de la mejor maquinaria, la mayor destreza y una más adecuada división y distribución del trabajo, todas ellas efectos naturales del desarrollo, se requiere una cantidad de trabajo mucho menor para fabricar cualquier producto; y aunque el precio real del trabajo debe aumentar considerablemente como consecuencia de la prosperidad social, esa gran disminución en la cantidad compensará con creces el mayor aumento que pueda registrar el precio.

Existen ciertamente unas pocas manufacturas en las que el aumento inevitable en el precio real de sus materiales más que compensará todas las ventajas que el desarrollo pueda introducir en su fabricación. En el trabajo de ensambladores y carpinteros, y en los trabajos corrientes de ebanistería, el aumento necesario en el precio real de la madera, consecuencia de la roturación de las tierras, más que compensará todas las ventajas derivadas de la mejor maquinaria, la mayor destreza y la más adecuada división y distribución del trabajo.

Pero en todos los casos en los que el precio real de los materiales no aumente en absoluto, o no lo haga de forma apreciable, el de las mercancías manufacturadas caerá marcadamente.

Esta disminución en el precio ha sido, en el transcurso de este siglo y el anterior, muy notable en aquellas manufacturas cuyas materias primas son los metales más corrientes. Hoy puede comprarse por veinte chelines un reloj mejor que uno que en el siglo pasado habría costado veinte libras. Los artículos de cuchillería y herrería, los juguetes fabricados con los metales más ordinarios, todos los bienes conocidos como productos de Birmingham y Sheffield se han abaratado significativamente en el mismo período, aunque quizás no tanto como los relojes. La rebaja ha sido en cualquier caso suficiente para asombrar a los trabajadores de todo el resto de Europa, que en muchos casos admiten ser incapaces de producir artículos de igual calidad por el doble de precio, e incluso por el triple. Acaso no haya manufacturas en las que la división del trabajo puede ser tan profundizada, o en las que la maquinaria permita tanta variedad de adelantos, como en las que emplean los metales corrientes como materia prima.

Durante el mismo lapso, no ha habido una reducción tan destacable en el precio de las manufacturas textiles. Tengo entendido que, por el contrario, durante los últimos veinticinco o treinta años el precio del paño más fino se ha incrementado algo en proporción a su calidad; se dice que ello se debe al alza considerable en el precio de los materiales, que consisten fundamentalmente en lana española. El precio del paño de Yorkshire, elaborado totalmente con lana inglesa, ha caído durante este siglo bastante en proporción a su calidad. De todos modos, la calidad es algo tan discutible que para mí todas las informaciones de este tipo son algo inciertas. En la industria del paño la división del trabajo es casi la misma hoy que hace un siglo, y la maquinaria empleada no es muy distinta. Puede haber habido, empero, ligeros progresos en ambas, que quizás hayan ocasionado alguna disminución en el precio.

La reducción, no obstante, parecerá mucho más patente e innegable si se compara el precio de estas manufacturas hoy con el de un pasado mucho más remoto, a finales del siglo XV, cuando el trabajo estaba probablemente mucho menos subdividido y la maquinaria era mucho más imperfecta que en la actualidad.

En 1487, el cuarto año del reinado de Enrique VII, se estableció que «cualquiera que venda al por menor una yarda ancha de la grana más fina, o cualquier otro paño de fina hechura, por encima de dieciséis chelines, pagará una multa de cuarenta chelines por cada yarda vendida». En esa época, por lo tanto, no se estimaba como irrazonable para una yarda del paño más fino a un precio de dieciséis chelines, que contenían más o menos la misma cantidad de plata que veinticuatro chelines de nuestra moneda; y como ésa fue una ley suntuaria, es probable que ese paño se vendiera habitualmente más caro. Hoy se consideraría que una guinea es el precio máximo. Por lo tanto, aunque la calidad de los paños se supusiera constante, y la actual es probablemente muy superior, incluso con ese supuesto el precio monetario del paño más fino parece haberse reducido notablemente desde finales el siglo XV. Pero su precio real ha caído todavía mucho más. El precio medio de un cuartal de trigo era entonces, y lo fue durante mucho tiempo después, de seis chelines y ocho peniques. Dieciséis chelines, por tanto, era el precio de dos cuartales y más de tres *bushels* de trigo. Valorando el cuartal de trigo de hoy a veintiocho chelines, el precio real de la yarda de paño fino en esos tiempos debía ser igual al menos a tres libras, seis chelines y seis peniques de hoy. La persona que lo compraba debía entregar el control de una cantidad de trabajo y provisiones equivalente a lo que esa suma podría comprar en la actualidad.

La reducción en el precio real de los tejidos más bastos, aunque considerable, no lo ha sido tanto como en el de los tejidos finos.

En 1463, el tercer año del reinado de Eduardo IV, se dispuso que «ningún criado de labranza, ni trabajador corriente, ni sirviente de ningún artesano que viva fuera de una ciudad o burgo, utilizará en su vestimenta paño alguno superior a dos chelines la yarda ancha». En el tercer año de Eduardo IV dos chelines contenía casi la misma cantidad de plata que cuatro chelines de hoy. Pero el paño de Yorkshire que hoy se vende a cuatro chelines la yarda es probablemente muy superior a cualquier cosa fabricada entonces para el vestido de los sirvientes ordinarios más pobres. Incluso el precio monetario de su indumentaria, por lo tanto, en proporción a su calidad, es algo más bajo hoy que en aquellos tiempos. Su precio real es ciertamente mucho más bajo. Se consideraba entonces que diez peniques era el precio moderado y razonable de un *bushel* de trigo. Dos chelines, por tanto, era el precio de dos *bushels* y casi dos *pecks* de trigo, que hoy, a tres chelines y seis peniques el *bushel*, valdrían ocho chelines y nueve peniques. Para conseguir una yarda de paño el sirviente pobre debía entregar el poder de compra de una cantidad de provisiones equivalente a lo que ocho chelines y nueve peniques comprarían hoy. Esta es también una ley suntuaria, que restringe el lujo y la extravagancia de los pobres. Su vestimenta, por ello, debía ser mucho más cara.

La misma ley prohibía a aquella clase de personas el uso de medias cuyo precio superase los catorce peniques el par, equivalentes a veintiocho peniques de hoy. Pero catorce peniques era entonces el precio de un *bushel* y casi dos *pecks* de trigo que en la época actual, a tres chelines y seis peniques el *bushel*, costarían cinco chelines y tres peniques. Hoy consideraríamos que este es un precio exorbitante para un par de medias para un criado de la más baja condición. Pues en esos tiempos hubiese debido pagar por el par una suma equivalente realmente a ese precio.

En época de Eduardo IV no se conocía en ninguna parte de Europa el arte de tejer medias de punto. Confeccionaban sus medias con paño común, lo que puede haber sido una de las causas de su carestía. Se dice que la primera persona que vistió medias en Inglaterra fue la reina Isabel, que las recibió como regalo del embajador de España.

La maquinaria utilizada en las manufacturas de lana, tanto ordinarias como finas, era mucho más imperfecta en esa época que ahora. Desde entonces ha recibido tres mejoras fundamentales, además probablemente de muchas menores, de las que es arduo discernir tanto el número como la importancia. Las tres mejoras fundamentales son:

primero, el cambio de la rueca y el huso por la rueda de hilar, que produce el doble con la misma cantidad de trabajo; segundo, el uso de varias máquinas muy ingeniosas que facilitan y abrevian en una proporción todavía mayor el enrollamiento del hilo de estambre y de lana, es decir, la preparación y acondicionamiento de la trama y la urdimbre antes de ponerlas en el telar, una operación que antes de la invención de esas máquinas debía ser extremadamente fatigosa y problemática; tercero, el empleo del batán para dar cuerpo al paño, en vez de golpearlo en el agua. Hasta principios del siglo XVI no se conocían los molinos de viento y de agua ni en Inglaterra ni que yo sepa en ninguna parte de Europa al norte de los Alpes. En Italia había sido introducidos algún tiempo antes.

La consideración de estas circunstancias quizás pueda explicar en alguna medida por qué el precio real tanto de los tejidos ordinarios como de los finos era tanto más elevado entonces que ahora. Costaba una gran cantidad de trabajo el traer los bienes al mercado. Una vez que llegaban allí, por lo tanto, debían comprar o ser intercambiados por el precio de una cantidad mayor.

Los artículos más bastos debían fabricarse antaño en Inglaterra de la misma manera en que siempre se han fabricado en los países donde las artes y la industria están en su infancia. Se trataba probablemente de una industria familiar, en la que todas las diversas partes de la labor eran ocasionalmente realizadas por los diversos miembros de casi todas las familias; pero era sólo el trabajo que hacían cuando no había nada más que hacer, y no era la actividad principal por la cual ninguno de ellos obtenía la mayor parte de su subsistencia. Ya se ha destacado que el trabajo desarrollado de esta forma arriba al mercado siempre más barato que aquel que constituye el fondo principal o único de la subsistencia del trabajador. Los artículos más finos, por otro lado, no eran entonces fabricados en Inglaterra sino en la rica y comercial región de Flandes; y los fabricaban entonces, igual que ahora, personas que derivan toda su subsistencia, o la parte principal de la misma, de esa labor. Se trataba además de una manufactura extranjera, que debía pagar algún arancel al rey, al menos el antiguo derecho de tonelaje o de peso. Este gravamen no era probablemente muy elevado. No era entonces la política de Europa la de restringir la importación de productos extranjeros mediante aranceles altos, sino más bien la de estimularla, para que los comerciantes pudiesen abastecer, al precio más asequible, a las clases altas con las conveniencias y lujos que desearan, y que la industria de su propio país era incapaz de suministrar.

La consideración de estas circunstancias explica en alguna medida por qué antaño el precio real de las manufacturas ordinarias era en proporción a las más finas tanto más bajo que en la actualidad.

Conclusión del capítulo

Para concluir este muy largo capítulo destacaré que todo progreso en las condiciones de las sociedad tiende directa o indirectamente a elevar la renta de la tierra, a incrementar la riqueza real del terrateniente, su poder de compra sobre el trabajo o el producto del trabajo de otra gente.

La extensión de las roturaciones y cultivos tiende a elevarla directamente. La cuota del propietario sobre la producción se eleva necesariamente cuando lo hace la producción.

El aumento en el precio real de aquellos productos primarios que es primero el efecto de la extensión de la roturación y el cultivo, y después la causa de que se extiendan todavía más, por ejemplo el alza en el precio del ganado, también tiende a subir la renta del terrateniente directamente, y en una proporción aún mayor. El valor real de la parte del propietario, su poder real sobre el trabajo de otras personas, no sólo aumenta con el valor real de la producción, sino que aumenta también proporcionalmente. Después del aumento en su precio real, la recolección de esa producción no requiere más trabajo que antes. Una parte menor, entonces, será suficiente para reponer, con el beneficio corriente, el capital que emplea al trabajo. Una parte mayor, en consecuencia, pertenecerá al terrateniente. Todos los adelantos en las capacidades productivas del trabajo que tiendan directamente a reducir el precio real de las manufacturas tienden indirectamente a incrementar la renta real de la tierra. El propietario intercambia la parte de sus materias primas que exceda a su propio consumo, o lo que es lo mismo: el precio de esa parte, por productos manufacturados. Todo lo que reduzca el precio de éstos, aumenta el de aquéllas. Una cantidad igual de productos primarios se vuelve así equivalente a una cantidad mayor de bienes manufacturados, y el terrateniente puede comprar una cantidad mayor de las conveniencias, adornos o lujos que necesita.

Todo aumento en la riqueza real de la sociedad, todo aumento en la cantidad de trabajo útil empleada en ella, tiende indirectamente a elevar la renta real de la tierra. Una cierta fracción de este trabajo se dirige naturalmente a la tierra. Se emplea un número mayor de hombres y de cabezas de ganado en su cultivo, la producción aumenta con el aumento del capital que de esa forma se emplea en obtenerla, y la renta se eleva junto con la producción.

La situación opuesta, la ausencia de mejoras, la falta de adelantos, la caída en el precio real de cualquier parte de la producción primaria de la tierra, el aumento en el precio real de las manufacturas debido a la decadencia de las artes y la industria, la depresión de la riqueza real de la sociedad, todo ello tiende por el contrario a reducir la renta real de la tierra, a reducir la riqueza real del propietario, a disminuir su poder de compra sobre el trabajo o sobre el producto del trabajo de otras personas.

El producto anual total de la tierra y el trabajo de cualquier país, o lo que es lo mismo: el precio total de ese producto anual, se divide naturalmente, como ya ha sido subrayado, en tres partes: la renta de la tierra, los salarios del trabajo y los beneficios del capital; y constituye el ingreso de tres categorías distintas de personas, que viven de rentas, de salarios y de beneficios. Estas son las tres grandes clases fundamentales y constitutivas de toda sociedad civilizada, de cuyos ingresos se derivan en última instancia los de cualquier otra clase.

El interés de la primera de estas tres grandes categorías, como se desprende de lo que se acaba de exponer, se halla estricta e inseparablemente conectado con el interés general de la sociedad. Todo lo que promueva u obstaculice el uno, necesariamente promueve u obstaculiza el otro. Cuando las autoridades deliberan sobre cualquier regulación de comercio o política, los propietarios de la tierra nunca pueden desviarlas con objetivo de promover el interés de su propia clase en particular, al menos si tienen un conocimiento aceptable de dicho interés. Es verdad que en demasiadas ocasiones no lo tienen. Ellos forman la única de las tres clases cuyo ingreso no les cuesta ni trabajo ni preocupaciones: puede decirse que acude a sus manos espontáneamente, sin que ellos elaboren plan ni proyecto alguno con tal objetivo. Esa indolencia, que es el efecto natural de una posición tan cómoda y segura, los vuelve con mucha frecuencia no sólo ignorantes sino incapaces del ejercicio intelectual necesario para prever y comprender las consecuencias de cualquier reglamentación pública.

El interés de la segunda clase, la de quienes viven de su

salario, está tan conectada con el interés de la sociedad como el de la primera. Ya se ha demostrado que los salarios del trabajador nunca son tan altos como cuando la demanda de trabajo sube continuamente, o cuando la cantidad empleada crece considerablemente cada año. Cuando esta riqueza real de la sociedad se estanca, sus salarios pronto quedan reducidos a lo que apenas le alcanza para mantener a su familia, o reproducir la raza de los trabajadores. Cuando la sociedad decae, los salarios bajan incluso más. La clase de los propietarios quizás pueda ganar más que la de los trabajadores con la prosperidad de la sociedad: pero no hay categoría que sufra más que ellos con su decadencia. Ahora bien, aunque el interés del trabajador está íntimamente vinculado al de la sociedad, él es incapaz de comprender ese interés o de percibir su conexión con el suyo propio. Su condición no le deja tiempo para adquirir la información necesaria, y su educación y costumbres lo vuelven por lo general incapaz de juzgar incluso si estuviese plenamente informado. En las deliberaciones públicas, por lo tanto, su voz es poco escuchada y menos atendida, salvo en algunas ocasiones especiales, cuando sus reclamaciones son animadas, azuzadas y apoyadas por sus patronos, pero no en defensa de su interés sino del de los patronos.

Sus empleadores constituyen la tercera categoría, la de quienes viven del beneficio. El capital empleado para obtener un beneficio es quien pone en movimiento a la mayor parte del trabajo útil de cualquier sociedad. Los planes y proyectos de los empleadores del capital regulan y dirigen las operaciones más importantes del trabajo, y el beneficio es el fin de todos esos planes y proyectos. Pero al revés de la renta y los salarios, la tasa de beneficio no aumenta con la prosperidad ni cae con la depresión de la sociedad. Por el contrario, es naturalmente baja en los países ricos, y alta en los pobres, y siempre es máxima en las

11. De la renta de la tierra

sociedades que se precipitan más rápido hacia la ruina. El interés de esta tercera clase, entonces, no guarda la misma relación con el interés general de la sociedad que el de las otras dos. Los comerciantes e industriales son, en ese orden, las dos clases de personas que normalmente emplean los capitales más grandes, y que por su riqueza atraen la mayor atención pública. Como están durante toda su vida elaborando planes y proyectos, tienen a menudo más inteligencia que el grueso de los terratenientes. Sin embargo, como sus pensamientos se ejercitan normalmente en torno a los intereses de su rama particular de actividad y no a los intereses sociales, sus opiniones, aunque se expresen con la mayor buena fe (lo que no siempre es el caso), tendrán mucho más peso en relación con el primero de estos objetivos que con el segundo. Su superioridad sobre un señor de la tierra no estriba tanto en su conocimiento del interés general sino en que perciben mejor sus propios intereses que él los suyos. Gracias a esta superioridad en el conocimiento de sus intereses han podido aprovecharse a menudo de su generosidad, y le han persuadido de que renuncie a su propio interés, y al del público, llevándolo a una convicción muy ingenua pero honesta: que el interés general coincidía con el de ellos y no con el de él. El interés de los empresarios en cualquier rama concreta del comercio o la industria es siempre en algunos aspectos diferente del interés común, y a veces su opuesto. El interés de los empresarios siempre es ensanchar el mercado pero estrechar la competencia. La extensión del mercado suele coincidir con el interés general, pero el reducir la competencia siempre va en contra de dicho interés, y sólo puede servir para que los empresarios, al elevar sus beneficios por encima de lo que naturalmente serían, impongan en provecho propio un impuesto absurdo sobre el resto de sus compatriotas. Cualquier propuesta de una nueva ley o regulación comercial que provenga de esta categoría de personas debe siempre ser considerada con la máxima precaución, y nunca debe ser adoptada sino después de una investigación prolongada y cuidadosa, desarrollada no sólo con la atención más escrupulosa sino también con el máximo recelo. Porque provendrá de una clase de hombres cuyos intereses nunca coinciden exactamente con los de la sociedad, que tienen generalmente un interés en engañar e incluso oprimir a la comunidad, y que de hecho la han engañado y oprimido en numerosas oportunidades.

Precio de 12 años	Precio del cuartal de trigo en cada año	Promedio de los distintos precios del mismo año	Precio medio de cada año en moneda de hoy
	£ ch. p.	£ ch. p.	£ ch. p.
1202	— 12 —	— — —	1 16 —
	— 12 —		
1025	— ⎡13 4	— 13 5	2 — 3
	— ⎨15 —		
1223	— ⎣12 —	— — —	1 16 —
1237	— 3 4	— — —	— 10 —
1243	— 2 —	— — —	— 6 —
1244	— 2 —	— — —	— 6 —
1246	— 16 —	— — —	2 8 —
1247	— 13 4	— — —	2 — —
1257	1 4 —	— — —	3 12 —
	1 — —		
1258	— ⎡15 —	— 17 —	2 11 —
	— ⎨16 —		
	4 ⎣16 —		
1270	6 ⎡ 8 —	5 12 —	16 16 —
	— ⎣ 2 8		
1286	— ⎰16 —	— 9 4	1 8 —
	Total		£35 9 3
	Precio medio		£ 2 19 1¼

344

11. De la renta de la tierra

Precio de 12 años	Precio del cuartal de trigo en cada año	Promedio de los distintos precios del mismo año	Precio medio de cada año en moneda de hoy
	£ ch. p.	£ ch. p.	£ ch. p.
1287	— 3 4	— — —	— 10 —
	— — 8		
	— 1 —		
	— 1 4		
1288	— 1 6	— 3 — $\frac{1}{4}$	— 9 — $\frac{3}{4}$
	— 1 8		
	— 2 —		
	— 3 4		
	— 9 4		
	— 12 —		
	— 6 —		
1289	— 2 —	— 10 1$\frac{3}{4}$	1 10 4$\frac{3}{4}$
	— 10 8		
	1 — —		
1290	— 16 —	— — —	2 8 —
1294	— 16 —	— — —	2 8 —
1302	— 4 —	— — —	— 12 —
1309	— 7 2	— — —	1 1 6
1315	1 — —	— — —	3 — —
	1 — —		
	1 10 —		
1316	1 12 —	1 10 6	4 11 6
	2 — —		
	2 4 —		
	— 14 —		
1317	2 13 —	1 19 6	5 18 6
	4 — —		
	— 6 8		
1336	— 2 —	— — —	— 6 —
1338	— 3 4	— — —	— 10 —
		Total	£23 4 11$\frac{1}{4}$
		Precio medio	£ 1 18 8

Libro I

Precio de 12 años	Precio del cuartal de trigo en cada año	Promedio de los distintos precios del mismo año	Precio medio de cada año en moneda de hoy
	£ ch. p.	£ ch. p.	£ ch. p.
1339	— 9 —	— — —	1 7 —
1349	— 2 —	— — —	— 5 2
1359	1 6 8	— — —	3 2 2
1361	— 2 —	— — —	— 4 8
1363	— 15 —	— — —	1 15 —
1369	{ 1 — — 1 4 — }	1 2 —	2 9 4
1379	— 4 —	— — —	— 9 4
1387	— 2 —	— — —	— 4 8
1390	{ — 13 4 — 14 — — 16 — }	— 14 5	1 13 7
1401	— 16 —	— — —	1 17 4
1407	{ — 4 4¼ — 3 4 }	— 3 10	— 8 11
1416	— 16 —	— — —	1 12 —
		Total	£15 9 4
		Precio medio	£ 1 5 9⅓

	£ ch. p.	£ ch. p.	£ ch. p.
1423	— 8 —	— — —	— 16 —
1425	— 4 —	— — —	— 8 —
1434	1 6 8	— — —	2 13 4
1435	— 5 4	— — —	— 10 8
1439	{ 1 — — 1 6 8 }	1 3 4	2 6 8
1440	1 4 —	— — —	2 8 —
1444	{ — 4 4 — 4 — }	— 4 2	— 8 4
1445	— 4 6	— — —	— 9 —
1447	— 8 —	— — —	— 16 —
1448	— 6 8	— — —	— 13 4
1449	— 5 —	— — —	— 10 —
1451	— 8 —	— — —	— 16 —
		Total	£12 15 4
		Precio medio	£ 1 1 3½

11. De la renta de la tierra

Precio de 12 años	Precio del cuartal de trigo en cada año	Promedio de los distintos precios del mismo año	Precio medio de cada año en moneda de hoy
	£ ch. p.	£ ch. p.	£ ch. p.
1453	— 5 4	— — —	— 10 8
1455	— 1 2	— — —	— 2 4
1457	— 7 8	— — —	— 15 4
1459	— 5 —	— — —	— 10 —
1460	— 8 —	— — —	— 16 —
1463	{ — 2 — — 1 8 }	— 1 10	— 3 8
1464	— 6 8	— — —	— 10 —
1486	1 4 —	— — —	1 17 —
1491	— 14 8	— — —	1 2 —
1494	— 4 —	— — —	— 6 —
1495	— 3 4	— — —	— 5 —
1497	1 — —	— — —	1 11 —
		Total	£ 8 9 —
		Precio medio	— 14 1
	£ ch. p.	£ ch. p.	£ ch. p.
1499	— 4 —	— — —	— 6 —
1504	— 5 8	— — —	— 8 6
1521	1 — —	— — —	1 10 —
1551	— 8 —	— — —	— 2 —
1553	— 8 —	— — —	— 8 —
1554	— 8 —	— — —	— 8 —
1555	— 8 —	— — —	— 8 —
1556	— 8 —	— — —	— 8 —
1557	{ — 4 — — 5 — — 8 — 2 13 4 }	— 17 $8\frac{1}{2}$	— 17 $8\frac{1}{2}$
1558	— 8 —	— — —	— 8 —
1559	— 8 —	— — —	— 8 —
1560	— 8 —	— — —	— 8 —
		Total	£ 6 0 $2\frac{1}{2}$
		Precio medio	— 10 $-\frac{5}{12}$

Libro I

Precio de 12 años	Precio del cuartal de trigo en cada año			Promedio de los distintos precios del mismo año			Precio medio de cada año en moneda de hoy		
	£	ch.	p.	£	ch.	p.	£	ch.	p.
1561	—	8	—	—	—	—	—	8	—
1562	—	8	—	—	—	—	—	8	—
1574	{ 2 { 1	16 4	— — }	2	—	—	2	—	—
1587	3	4	—	—	—	—	3	4	—
1594	2	16	—	—	—	—	2	16	—
1595	2	13	—	—	—	—	2	13	—
1596	4	—	—	—	—	—	4	—	—
1597	{ 5 { 4	4 —	— — }	4	12	—	4	12	—
1598	2	16	8	—	—	—	2	16	8
1599	1	19	2	—	—	—	1	19	2
1600	1	17	8	—	—	—	1	17	8
1601	1	14	10	—	—	—	1	14	10
						Total	£28	9	4
						Precio medio	£ 2	7	$5\frac{1}{3}$

11. De la renta de la tierra

Precios del cuartal de nueve bushels *del trigo mejor o más caro en el mercado de Windsor en los días de Nuestra Señora y San Miguel, desde 1595 hasta 1764, ambos inclusive. El precio de cada año es el promedio de los más altos del mercado en esos dos días.*

Años	£ ch. p.	Años	£ ch. p.
1595	2 0 0	1621	1 10 4
1596	2 8 0	1622	2 18 8
1597	3 9 6	1623	2 12 0
1598	2 16 8	1624	2 8 0
1599	1 19 2	1625	2 12 0
1600	1 17 8	1626	2 9 4
1601	1 14 10	1627	1 16 0
1602	1 9 4	1628	1 8 0
1603	1 15 4	1629	2 2 0
1604	1 10 8	1630	2 15 8
1605	1 15 10	1631	3 8 0
1606	1 13 0	1632	2 13 4
1607	1 16 8	1633	2 18 0
1608	2 16 8	1634	2 16 0
1609	2 10 0	1635	2 16 0
1610	1 15 10	1636	2 16 8
1611	1 18 8		
1612	2 2 4	16) 40 0 0
1613	2 8 8		
1614	2 1 8½	£ 2 10 0
1615	1 18 8		
1616	2 0 4		
1617	2 8 8		
1618	2 6 8		
1619	1 15 4		
1620	1 10 4		
26) 54 0 6½			
£ 2 1 6 $\frac{9}{13}$			

Libro I

	Cuartal de trigo				Cuartal de trigo		
Años	£	ch.	p.	Años	£	ch.	p.
1637	2	13	0	Sum. ant.	79	14	10
1638	2	17	4	1671	2	2	0
1639	2	4	10	1672	2	1	0
1640	2	4	8	1673	2	6	8
1641	2	8	0	1674	3	8	8
1642 (Sin datos)	0	0	0	1675	3	4	8
1643 (Sin datos)	0	0	0	1676	1	18	0
1644 (Sin datos)	0	0	0	1677	2	2	0
1645 (Sin datos)	0	0	0	1678	2	19	0
1646	2	8	0	1679	3	0	0
1647	3	13	8	1680	2	5	0
1648	4	5	0	1681	2	6	8
1649	4	0	0	1682	2	4	0
1650	3	16	8	1683	2	0	0
1651	3	13	4	1684	2	4	0
1652	2	9	6	1685	2	6	8
1653	1	15	6	1686	1	14	0
1654	1	6	0	1687	1	5	2
1655	1	13	4	1688	2	6	0
1656	2	3	0	1689	1	10	0
1657	2	6	8	1690	1	14	8
1658	3	5	0	1691	1	14	0
1659	3	6	0	1692	2	6	8
1660	2	16	6	1693	3	7	8
1661	3	10	0	1694	3	4	0
1662	3	14	0	1695	2	13	0
1663	2	17	0	1696	3	11	0
1664	2	0	6	1697	3	0	0
1665	2	9	4	1698	3	8	4
1666	1	16	0	1699	3	4	0
1667	1	16	0	1700	2	0	0
1668	2	0	0				
1669	2	4	4	60)	153	1	8
1670	2	1	8				
					£ 2	11	$0\frac{1}{3}$
Suma y sigue	£79	14	10				

11. De la renta de la tierra

Años	Cuartal de trigo £ ch. p.	Años	Cuartal de trigo £ ch. p.
1701	1 17 8	Sum. ant.	69 8 8
1702	1 9 6	1734	1 18 10
1703	1 16 0	1735	2 3 0
1704	2 6 6	1736	2 0 4
1705	1 10 0	1737	1 18 0
1706	1 6 0	1738	1 15 0
1707	1 8 6	1739	1 18 6
1708	2 1 6	1740	2 10 8
1709	3 18 6	1741	2 6 8
1710	3 18 0	1742	1 14 0
1711	2 14 0	1743	1 4 10
1712	2 6 4	1744	1 4 10
1713	2 11 0	1745	1 7 6
1714	2 10 4	1746	1 19 0
1715	2 3 0	1747	1 14 10
1716	2 8 0	1748	1 17 0
1717	2 5 8	1749	1 17 0
1718	1 18 10	1750	1 12 6
1719	1 15 0	1751	1 18 6
1720	1 17 0	1752	2 1 10
1721	1 17 6	1753	2 4 8
1722	1 16 0	1754	1 14 8
1723	1 14 8	1755	1 13 10
1724	1 17 0	1756	2 5 3
1725	2 8 6	1757	3 0 0
1726	2 6 0	1758	2 10 0
1727	2 2 0	1759	1 19 10
1728	2 14 6	1760	1 16 6
1729	2 6 10	1761	1 10 3
1730	1 16 6	1762	1 19 0
1731	1 12 10	1763	2 0 9
1732	1 6 8	1764	2 6 9
1733	1 8 4		
		64)	129 13 6
Suma y sigue	£69 8 8		£ 2 0 6 $\frac{12}{32}$

Libro I

	Cuartal de trigo			Cuartal de trigo
Años	£ *ch. p.*	*Años*		£ *ch. p.*
1731	1 12 10	1741		2 6 8
1732	1 6 8	1742		1 14 0
1733	1 8 4	1743		1 4 10
1734	1 18 10	1744		1 4 10
1735	2 3 0	1745		1 7 6
1736	2 0 4	1746		1 19 0
1737	1 18 0	1747		1 14 10
1738	1 16 6	1748		1 17 0
1739	1 18 6	1749		1 17 0
1740	2 10 8	1750		1 12 6
	10) 18 12 8			10) 16 18 2
	£ 1 17 $3\frac{1}{5}$			£ 1 13 $9\frac{4}{5}$

Libro II

De la naturaleza, acumulación y empleo del capital

Introducción

En aquel estado primitivo de la sociedad en el que no existe división del trabajo, los intercambios son escasos y cada persona se autoabastece, no es necesario que ningún capital sea acumulado o almacenado de antemano para llevar adelante las actividades de la sociedad. Cada hombre procura satisfacer mediante su propio trabajo las necesidades ocasionales que tenga, en la medida que se suscitan. Cuando tiene hambre se va al bosque a cazar; cuando su atuendo se desgasta, se viste a sí mismo con la piel del primer animal grande que cace; cuando su choza empieza a derrumbarse, la repara lo mejor que pueda con los árboles y tepes que tenga más cerca.

Pero cuando la división del trabajo ha sido cabalmente implantada, el producto del trabajo de un hombre le satisfará sólo una parte muy pequeña de sus eventuales necesidades. La mayoría de ellas se satisfacen con el producto del trabajo de otras personas, que él adquirirá con el producto, o lo que es lo mismo: con el precio del producto del suyo propio. Dicha compra, sin embargo, no podrá ser realizada hasta después que el producto de su trabajo haya sido no sólo completado sino vendido. Es indispensable por ello almacenar bienes de diverso tipo para que pueda mantenerse y abastecerse de materiales y herramientas durante el tiempo suficiente para que tengan lugar esos dos acontecimientos. Un tejedor no puede dedicarse por completo a su labor si antes no ha hecho acopio en algún lugar, sea propio o de otra persona, de unas existencias suficientes para mantenerse y contar con los materiales y herramientas para trabajar, antes de haber no sólo terminado la tela sino de haberla vendido. Evidentemente, esta acumulación debe ser previa a poder aplicar su trabajo a esa actividad particular durante ese tiempo.

Así como la acumulación del capital debe ser, en la naturaleza de las cosas, previa a la división del trabajo, el trabajo puede ser más subdividido sólo en proporción a que el capital haya sido previamente más acumulado. La cantidad de materiales que el mismo número de personas pueden elaborar crece en una gran proporción a medida que el trabajo se va subdividiendo; y como las operaciones de cada trabajador se reducen gradualmente a un grado mayor de sencillez, se inventan diversas máquinas nuevas para facilitar y abreviar dichas operaciones. A medida que la división del trabajo avanza, por lo tanto, para dar empleo permanente al mismo número de trabajadores hay que acumular antes la misma cantidad de provisiones pero una cantidad mayor de herramientas y materiales de los que habrían sido necesarios en una etapa más primitiva. Además, el número de trabajadores en cada rama de la producción generalmente aumenta con la división del trabajo en esa rama, o más bien es el aumento de los trabajadores lo que les permite subdividirse de esa forma.

Introducción

De la misma manera en que la acumulación del capital es condición previa para esos grandes adelantos en las capacidades productivas del trabajo, dicha acumulación conduce naturalmente a esos adelantos. La persona que emplea su capital en contratar trabajo, inevitablemente desea ocuparlo de forma tal que dé lugar a la mayor producción posible. Procura, entonces, tanto aplicar entre sus empleados la mejor distribución del trabajo como suministrarles las mejores máquinas que consiga inventar o que pueda comprar. Su capacidad en ambos aspectos está normalmente en proporción a su capital, o al número de trabajadores que pueda emplear. La magnitud de las actividades de cualquier país no sólo aumenta con la expansión del capital que las sostiene sino que, como consecuencia de dicha expansión, el mismo grado de actividad da lugar a una producción mucho mayor.

Tales son en general las consecuencias del aumento del capital sobre el trabajo y sus facultades productivas.

En el libro que ahora comienza procuro explicar la naturaleza del capital, los efectos de su acumulación sobre distintas clases de capital, y las consecuencias de los diversos empleos de esos capitales. El libro se divide en cinco capítulos. En el primer capítulo analizo las diversas partes o ramas en las que naturalmente se divide el capital, sea de un individuo o de una gran sociedad. En el segundo, explico la naturaleza y la acción del dinero, considerado como una rama especial del capital general de la sociedad. El capital que se acumula puede ser invertido por su propietario, o puede ser prestado a otra persona. En los capítulos tercero y cuarto examino la forma en que opera en ambas situaciones. El quinto y último capítulo versa sobre los distintos efectos que los diversos empleos del capital inmediatamente ejercen sobre la magnitud de la actividad de la nación y sobre el producto anual de la tierra y el trabajo.

1. De la división del capital

Cuando el capital que posee un hombre es apenas suficiente para mantenerlo durante unos pocos días o unas pocas semanas, rara vez piensa en obtener de él ingreso alguno. Lo consume tan frugalmente como puede, procura conseguir con su trabajo algo que pueda reemplazarlo antes de que se agote por completo. En este caso, su ingreso deriva exclusivamente de su trabajo. Tal es la situación de los trabajadores pobres en todos los países.

Pero cuando posee un capital suficiente para mantenerlo durante meses o años, intenta naturalmente obtener un ingreso de la mayor parte del mismo, y reserva para su consumo inmediato sólo lo indispensable para mantenerse hasta que ese ingreso empiece a fluir. Su capital, entonces, se divide en dos partes. La parte que él espera le pueda suministrar dicho ingreso es lo que se llama propiamente capital. La otra es la que satisface su consumo inmediato, y consiste o bien en, primero, aquella porción de su capital total reservada originalmente para este propósito; o segundo, en su ingreso, derivado de cualquier fuente, a medida que llega a sus manos; o tercero, en objetos comprados con algunos de los dos fondos anteriores, y que todavía no han sido consumidos totalmente, tales como vestidos, muebles y cosas por el estilo. El capital que las personas habitualmente destinan a su propio consumo inmediato consiste en una, otra o las tres categorías mencionadas.

Hay dos maneras diferentes de asignar el capital para que rinda un ingreso o beneficio a su inversionista.

En primer lugar, puede ser invertido en cultivar, elaborar o comprar bienes, y venderlos con un beneficio. El capital invertido de esta forma no produce ingreso ni beneficio alguno a su propietario mientras continúa en su posesión o conserva su forma. Los bienes del comerciante no le rinden ingreso ni beneficio mientras no los venda a cambio de dinero, y el dinero tampoco lo hace mientras no es a su vez intercambiado por bienes. Su capital continuamente sale de sus manos de una forma y regresa a ellas de otra, y sólo le aporta un beneficio a través de esa circulación, o intercambios sucesivos. Tales capitales pueden ser denominados, con toda propiedad, capitales circulantes.

En segundo lugar, puede ser invertido en la roturación de la tierra, en la compra de máquinas útiles e instrumentos de trabajo, o en cosas así que rindan un ingreso o beneficio sin cambiar de dueño y sin circular. Esos capitales, entonces, pueden ser apropiadamente llamados capitales fijos.

Las distintas actividades requieren proporciones también muy diferentes entre los capitales fijos y circulantes invertidos en ellas.

El capital de un comerciante, por ejemplo, es por completo capital circulante. No necesita máquinas ni instrumentos de trabajo, salvo que se consideren tales su tienda o su almacén.

Una fracción del capital de todo artesano o industrial debe estar fijo en los instrumentos de su labor. Esta fracción es pequeña en algunos casos y grande en otros. Un maestro sastre no necesita más instrumentos que un paquete de agujas. Los de un maestro zapatero son algo más caros, pero no mucho más. Los del tejedor sí superan con mucho a los del zapatero. La mayor parte del capital de todos estos maestros artesanos, de todos modos, es circulante, sea en salarios de sus trabajadores o en el precio de sus materiales, y es reembolsado con un beneficio a través del precio de sus productos.

En otras actividades se necesita una capital fijo mucho mayor. En la industria del hierro, por ejemplo, el horno de fundición, la forja y la máquina de cortar son medios de producción que no pueden ser construidos sin un abultado coste. En las minas de carbón y otras, la maquinaria necesaria para drenar el agua y otros propósitos es con frecuencia incluso más cara.

La parte del capital del granjero asignada a los instrumentos de la agricultura es capital fijo; la invertida en salarios y manutención de sus sirvientes es capital circulante. Obtiene un beneficio del primero al conservar su posesión, y del segundo desprendiéndose de él. El precio o valor de su ganado para labranza es un capital fijo igual que el de los instrumentos: su manutención corresponde a un capital circulante, igual que la de los trabajadores. El granjero obtiene un beneficio al conservar el ganado de labranza y al desprenderse de lo que constituye su mantenimiento. Tanto el precio como la manutención del ganado que es comprado y engordado no para trabajar sino para la venta son capitales circulantes. El granjero recoge un beneficio al desprenderse de ellos. Un rebaño de ovejas o de vacas, en un país que se dedica a su cría, que es adquirido no para la labranza ni para la venta, sino para conseguir un beneficio a través de su lana, su leche y sus crías, es un capital fijo. Se obtiene un beneficio conservándolos. Su manutención es un capital circulante. El beneficio se recoge desprendiéndose de él, porque regresa tanto con su propio beneficio como con el beneficio del precio total del ganado en el precio de la lana, la leche y las crías. El valor total de las semillas es propiamente capital fijo. Aunque va y vuelve del granero a la tierra, no cambia nunca de dueño y por ello no se puede decir con propiedad que circula. El granjero consigue un beneficio no por su venta sino por su multiplicación.

El capital global de cualquier país o sociedad es el mismo que poseen todos sus habitantes o miembros, y por tanto se divide naturalmente en las mismas tres secciones, cada una de la cuales tiene una función o papel específico.

La primera es la porción reservada para el consumo inmediato, y cuya característica es que no proporciona un ingreso o beneficio. Consiste en las existencias de comida, vestimentas, muebles, etc., adquiridas por sus consumidores pero que no las han consumido todavía por completo. También integran esta primera sección los alojamientos que tenga el país en cualquier momento dado. El capital invertido en una casa, si pasa a ser ocupada por su propietario, deja en ese instante de servir como capital, o de aportar ingreso alguno al dueño. Como tal, una vivienda no contribuye al ingreso de quien la habita; es indudablemente muy útil para él, como lo son su atuendo y sus muebles, que no obstante forman parte de su gasto, no de su ingreso. Si se entrega a un inquilino a cambio de un alquiler, como la casa de por sí no produce nada, el inquilino deberá siempre pagar el alquiler mediante otro ingreso que obtenga de su trabajo, o capital, o tierra. Así, aunque una casa puede rendir un ingreso a su dueño, y servirle de ese modo como un capital, no rinde nada para el país, ni cumple funciones de capital para él, y el ingreso de toda la sociedad nunca puede ser ni mínimamente incrementado a través de ella. La indumentaria y los muebles, análogamente, a veces rinden un ingreso, y actúan así como capital para personas individuales. En países donde son frecuentes los bailes de disfraces, el alquiler de disfraces por una noche es un negocio. Los tapiceros alquilan a menudo muebles por meses o años. Hay empresarios que alquilan muebles para funerales durante un día o una semana. Muchas personas alquilan casas amuebladas, y obtienen una renta no sólo por el uso de la casa sino también por el de los muebles. Sin embargo, el ingreso proveniente de tales objetos debe en última instancia provenir de alguna otra fuente. De todas las partes del capital, sea de un individuo o de una sociedad, que se reserva para el consumo inmediato, el invertido en casas es el que se consume más despacio. Unos vestidos pueden durar varios años, unos muebles, medio siglo o un siglo; pero unas casas bien construidas y adecuadamente cuidadas durarán muchos siglos. No obstante, aunque el período hasta su consumo total es más prolongado, siguen siendo un capital destinado al consumo inmediato, tanto como la indumentaria o los muebles.

La segunda de las tres secciones en que se divide el capital general de la sociedad corresponde al capital fijo, cuya característica es que suministra un ingreso o un beneficio sin circular o cambiar de dueño. Se compone fundamentalmente de cuatro categorías:

Primero, todas las máquinas útiles y medios que facilitan y abrevian el trabajo.

Segundo, todos los edificios rentables que son medios para procurar un ingreso no sólo al dueño que los alquila a cambio de una renta, sino a la persona que los posee y paga la renta a cambio de ellos: las tiendas, almacenes, talleres, casas de labranza con todas las construcciones necesarias, establos, graneros, etc. Se trata de algo muy

1. De la división del capital

diferente de las casas para vivir; son más bien medios de producción y como tal pueden ser considerados.

Tercero, las mejoras de la tierra, lo que se ha invertido provechosamente en roturarlas, drenarlas, cercarlas, abonarlas y dejarlas en el estado más conveniente para su labranza y cultivo. Una granja puesta a punto bien puede ser enfocada desde la misma perspectiva que las máquinas útiles que facilitan y abrevian el trabajo, y mediante las cuales un mismo capital circulante proporciona a su inversionista un ingreso mucho más copioso. Una granja en buenas condiciones es tan ventajosa y más durable que ninguna de esas máquinas, y a menudo no requiere más reparación que la aplicación más rentable del capital del granjero invertido en cultivarla.

Cuarto, las capacidades adquiridas y útiles de los habitantes o miembros de la sociedad. La adquisición de talentos, merced a la manutención de quien los adquiere durante su educación, estudio o aprendizaje, siempre comporta un gasto real, que es un capital que podríamos decir que está fijo en su persona. Esos talentos integran su fortuna, pero también la de la sociedad a la que pertenece. La mayor destreza de un trabajador puede ser considerada igual que una máquina o medio de producción que facilita y abrevia el trabajo y que, aunque supone un cierto gasto, lo reembolsa con un beneficio.

La tercera y última sección en que se divide naturalmente el capital global de la sociedad es el capital circulante, cuya característica es que rinde un ingreso sólo al circular o cambiar de dueño. También se compone de cuatro categorías:

Primero, el dinero que permite que circulen las otras tres y se distribuyan entre sus correspondientes consumidores.

Segundo, la cantidad de provisiones que están en posesión del carnicero, el ganadero, el granjero, el comerciante de granos, el cervecero, etc., y de cuya venta esperan recoger un beneficio.

Tercero, los materiales, sean primarios o más o menos manufacturados, para los vestidos, muebles y edificios, que aún no están incorporados bajo alguna de esas formas, sino que permanecen en las manos de los cultivadores, industriales, merceros y pañeros, comerciantes de madera, carpinteros y ensambladores, fabricantes de ladrillos, etc.

Cuarto y último, el producto acabado y completo, pero que aún está en poder del comerciante o industrial, y no ha sido entregado o distribuido todavía a los que serán sus consumidores; es la producción terminada que vemos a menudo en los locales del herrero, el ebanista, el orfebre, el joyero, el comerciante de porcelanas, etc. El capital circulante consiste así en las provisiones, materiales y productos acabados de todo tipo que están en poder de sus negociantes respectivos, y en el dinero necesario para que circulen y sean distribuidos entre quienes finalmente los usarán o consumirán.

De estas cuatro partes hay tres, las provisiones, los materiales y los artículos terminados, que con regularidad, bien anualmente, bien en un período más o menos largo, son retirados de este capital y colocados en el capital fijo o en el capital destinado al consumo inmediato.

Todo capital fijo se origina en y exige ser permanentemente sostenido por un capital circulante. Todas las máquinas útiles y los instrumentos de producción derivan originalmente de un capital circulante, que provee los materiales con los que están hechos y la manutención de los trabajadores que los fabrican. Requieren asimismo un capital del mismo tipo para mantenerlos en buen estado.

Ningún capital fijo puede rendir ingreso alguno sino a través de un capital circulante. Las máquinas más útiles y los medios de trabajo no producen nada sin el capital

1. De la división del capital

circulante que les suministra los materiales que necesitan y la manutención de los trabajadores que los manejan. La tierra, por más mejorada que esté, no generará ingreso alguno sin un capital circulante que mantenga a los trabajadores que cultivan y recogen su producción.

El único fin y propósito de los capitales fijos y circulantes es conservar y aumentar el capital reservado para el consumo inmediato. Este es el capital que alimenta, viste y aloja al pueblo, cuya riqueza o pobreza depende de lo mucho o poco que esos capitales puedan aportar al fondo destinado al consumo inmediato.

Es tan abultada la parte del capital circulante que se retira continuamente para ser colocada en las otras dos ramas del capital general de la sociedad, que requiere a su vez permanentes aportaciones, sin las cuales pronto dejaría de existir. Estas aportaciones provienen principalmente de tres fuentes: el producto de la tierra, de las minas y de la pesca. Ellas proporcionan constantemente provisiones y materiales, parte de los cuales es después incorporada en productos terminados con el fin de reponer los alimentos, materiales y artículos terminados que son constantemente retirados del capital circulante. De las minas se obtiene lo necesario para conservar e incrementar la parte del mismo que consiste en dinero. Aunque en el curso normal de los negocios, esta parte no es, como las otras tres, inevitablemente retirada del mismo para dirigirse a las otras dos ramas del capital general de la sociedad, deberá sin embargo, como todas las cosas, al final desgastarse y consumirse, y en ocasiones también perderse o enviarse al extranjero; por lo tanto, requerirá reposiciones permanentes, aunque sin duda mucho más reducidas.

La explotación de la tierra, las minas y la pesca necesita tanto capital fijo como capital circulante, y su producción repone con un beneficio no sólo estos capitales sino todos los demás de la sociedad. Así, el agricultor anualmente reembolsa al industrial las provisiones que éste consumió y los materiales con los que trabajó el año anterior; y el industrial repone al granjero los productos terminados que éste ha desgastado y consumido durante el mismo lapso. Tal el intercambio efectivo que se lleva a cabo todos los años entre esas dos clases de personas, aunque rara vez sucede que el producto bruto de una se trueque directamente por el producto manufacturado de la otra, puesto que pocas veces ocurre que el granjero venda su cereal y su ganado, su lino y su lana, precisamente a la misma persona de la cual compra los vestidos, muebles e instrumentos de trabajo que necesita. El granjero vende su producción a cambio de dinero, con el que adquiere, en cualquier parte, los productos manufacturados que necesita. La tierra incluso repone al menos en parte los capitales que explotan las minas y la pesca. Es el producto de la tierra el que pesca a los peces de las aguas; y el producto de la superficie de la tierra es el que extrae los minerales de sus entrañas.

La producción de la tierra, las minas y la pesca, cuando su fertilidad natural es la misma, está en proporción a la magnitud y a la correcta utilización de los capitales empleados en esas actividades. Cuando los capitales son iguales y están igualmente bien utilizados, está en proporción a su fertilidad natural.

En todos los países donde existe una seguridad aceptable, cada hombre con sentido común intentará invertir todo el capital de que pueda disponer con objeto de procurarse o un disfrute presente o un beneficio futuro. Si lo destina a obtener un disfrute presente, es un capital reservado para su consumo inmediato. Si lo destina a conseguir un beneficio futuro, obtendrá ese beneficio bien conservando ese capital o bien desprendiéndose de él; en un caso es un capital fijo y en el otro un capital circulante.

1. De la división del capital

Donde haya una seguridad razonable, un hombre que no invierta todo el capital que controla, sea suyo o tomado en préstamo de otras personas, en alguna de esas tres formas deberá estar completamente loco.

Es verdad que en los infortunados países donde los hombres están siempre temerosos de la violencia de sus superiores, con frecuencia entierran y ocultan la mayor parte de su capitales, para tenerlos siempre a mano y poder llevarlos a algún lugar seguro en caso de verse amenazados por cualquiera de esos desastres a los que siempre están expuestos. Se dice que esta práctica es común en Turquía, Indostán y, según creo, en la mayoría de los demás estados de Asia. Parece que fue habitual entre nuestros antepasados durante la violencia del sistema feudal. Los tesoros descubiertos eran considerados entonces una parte no despreciable del ingreso de los principales soberanos de Europa. Eran tesoros hallados ocultos en la tierra, y sobre los que nadie podía demostrar derecho alguno. Eran vistos entonces como algo tan importante que se aceptaban siempre como pertenecientes al soberano, y nunca ni al descubridor ni al propietario de la tierra, salvo que éste tuviese un derecho sobre ellos concedido mediante cláusula contractual expresa. Se los situaba el mismo nivel que las minas de oro y plata que, salvo cláusula específica en el título de propiedad, se suponía que jamás se hallaban comprendidas dentro de la propiedad de la tierra, algo que sí ocurría con minas de menor importancia, como las de plomo, estaño, cobre y carbón.

2. Del dinero, considerado como una rama especial del capital general de la sociedad o del gasto de mantenimiento del capital nacional

En el Libro Primero se ha demostrado que el precio de la mayor parte de las mercancías se resuelve en tres partes empleadas en producirlas y traerlas al mercado, y que pagan los salarios del trabajo, los beneficios del capital y la renta de la tierra; que existen, desde luego, algunas mercancías cuyo precio se compone de sólo dos de esas partes, los salarios y los beneficios; que hay muy pocas cuyo precio sólo consiste en una: los salarios; y que el precio de toda mercancía forzosamente se resuelve en una u otra de esas partes, o en las tres: toda fracción del mismo que no vaya a parar a renta ni a salarios, necesariamente constituirá un beneficio para alguien.

Al suceder esto, como se ha demostrado, con respecto a cada mercancía individual, también debe suceder lo propio con respecto a todas las mercancías que integran el producto total de la tierra y el capital de cualquier país tomado en su conjunto. El precio o valor de cambio total de ese producto anual debe dividirse en las mismas tres partes, y distribuirse entre los diferentes habitantes del país en forma de salarios de su trabajo, beneficios de su capital o renta de su tierra.

Pero aunque el valor total del producto anual de la tierra y el trabajo de cualquier país se divide así entre sus habitantes, y constituye un ingreso para ellos, así como distinguimos en una finca privada entre renta bruta y neta, establecemos idéntica distinción en el ingreso de todos los habitantes de un gran país.

La renta bruta de una finca particular comprende todo lo que paga el granjero; la renta neta, lo que le queda en limpio al terrateniente después de deducir los gastos de administración, reparaciones y todas las demás cargas inevitables; o lo que puede permitirse asignar a su capital reservado para consumo inmediato sin perjudicar a su propiedad, o gastar en su mesa, equipamiento, adornos para su casa y muebles, y sus placeres y diversiones personales. Su riqueza real está en proporción a su renta neta, no bruta.

El ingreso real de los habitantes de un gran país comprende todo el producto anual de su tierra y su trabajo; su ingreso neto, lo que les queda en limpio después de deducir los gastos de mantener, primero, su capital fijo y, segundo, su capital circulante; o lo que, sin reducir su capital, pueden asignar al fondo reservado para el consumo inmediato, o gastar en su subsistencia, en comodidades y diversiones. Su riqueza real, asimismo, está en proporción a su ingreso neto, no bruto. Es evidente que los gastos de mantenimiento del capital fijo deben quedar excluidos del ingreso neto de la sociedad. Ni los materiales necesarios para el mantenimiento de sus máquinas útiles e instrumentos de producción, sus beneficios rentables, etc., ni el producto del trabajo necesario para elaborar esos materiales en su forma adecuada, pueden nunca formar parte de él. El precio de dicho trabajo ciertamente puede hacerlo, ya que los trabajadores así ocupados pueden asignar todo el valor de sus salarios a su capital reservado para consumo inmediato. Pero en otros tipos de trabajo tanto el precio como el producto se integran en ese capital: el precio al de los trabajadores, y el producto al de otras personas, cuya subsistencia, conveniencias y diversiones resultan incrementadas gracias a la labor de esos trabajadores.

El objetivo del capital fijo es aumentar las capacidades productivas del trabajo, o permitir que un mismo número de trabajadores obtenga una producción mucho mayor. En una granja donde todas las edificaciones necesarias, cercas, drenajes, comunicaciones, etc., están en perfecto orden, el mismo número de trabajadores y cabezas de ganado de labranza recogerán una producción muy superior a otra de la misma extensión e idéntica calidad de tierra, pero no provista de las mismas comodidades. En la industria un mismo número de personas, auxiliadas por la mejor maquinaria, fabricarán una cantidad muy superior de bienes que si tuviesen medios de producción más imperfectos. La suma adecuadamente invertida en un capital fijo de ese tipo resulta siempre reembolsada con un beneficio copioso, e incrementa el producto anual en un valor muy superior al requerido para obtener esos adelantos. Sin embargo, esos adelantos siempre exigen una sección determinada de la producción. Una cierta cantidad de materiales, y el trabajo de un cierto número de personas, que podían ser ambos empleados inmediatamente para aumentar la comida, el vestido y el alojamiento, la subsistencia y las comodidades de las sociedad, son así desviadas a otro empleo, sin duda muy provechoso, pero de todas maneras diferente. Por esta razón todos los adelantos mecánicos que permiten a un mismo número de personas realizar la misma cantidad de trabajo con una maquinaria más barata y sencilla que antes son considerados siempre como provechosos para cualquier sociedad. Una cierta cantidad de materiales, y el trabajo de un cierto número de operarios, que antes eran empleados en manejar una maquinaria más compleja y cara, pueden ser destinados después a aumentar la cantidad de trabajo para el cual sirva esa o cualquier otra maquinaria. Si el empresario de una gran industria que dedica mil libras por año a mantener su maquinaria puede reducir su gasto en quinientas, destinará naturalmente las otras quinientas a la compra de materiales adicionales que serán elaborados por un número adicional de trabajadores. En consecuencia, la cantidad del trabajo que su maquinaria podía realizar resultará naturalmente incrementada, y con ella todas las ventajas y comodidades que la sociedad deriva de dicho trabajo.

El gasto en el mantenimiento del capital fijo en un país grande puede adecuadamente ser comparado con las reparaciones en una finca particular. El gasto en reparaciones puede ser con frecuencia necesario para sostener la producción de la finca, y consiguientemente tanto la renta bruta del propietario como su renta neta. Cuando gracias a una mejor administración puede ser reducido sin provocar ninguna disminución en la producción, la renta bruta permanece igual que antes, y la renta neta es necesariamente incrementada.

Pero aunque todo el gasto para mantener el capital fijo debe ser así forzosamente excluido del ingreso neto de la sociedad, no ocurre lo mismo con el gasto para mantener el capital circulante. De las cuatro categorías que componen este último capital —dinero, provisiones, materiales y productos acabados— las tres últimas, como ya ha sido destacado, son regularmente separadas del mismo y ubicadas en el capital fijo de la sociedad o en el fondo reservado para el consumo inmediato. Cualquier parte de esos bienes consumibles que no se utilice para mantener al primero va a parar al segundo y forma parte del ingreso neto de la sociedad. El mantenimiento de estas tres partes del capital circulante, por lo tanto, no retira fracción alguna del ingreso neto de la sociedad, aparte de la necesaria para conservar el capital fijo.

El capital circulante de una sociedad es a este respecto diferente del de una persona. El de una persona no integra en absoluto su ingreso neto, que debe consistir sólo en sus beneficios. Pero aunque el capital circulante de cada individuo es parte del de la sociedad a la que pertenece, no es por ello totalmente excluido del ingreso neto de la misma. Aunque todos los bienes de la tienda de un comerciante en ningún caso pueden ubicarse en su propio fondo reservado para el consumo inmediato, sí pueden estar en el de otras personas quienes, a partir de un ingreso derivado de otras fuentes, pueden reembolsarle regularmente su valor, junto con los beneficios, sin ocasionas disminución alguna ni en su capital ni en el de ellos.

Por lo tanto, el dinero es la única parte del capital circulante de la sociedad cuyo mantenimiento puede ocasionar alguna disminución en su ingreso neto.

El capital fijo y esa parte del capital circulante que consiste en dinero, en la medida en que afectan el ingreso de la sociedad, guardan entre sí un notable parecido.

Primero, las máquinas, instrumentos de trabajo, etc., exigen un cierto gasto, ante todo para construirlos y después para mantenerlos, y aunque los dos gastos integran el ingreso bruto de la sociedad, son deducciones del neto. El fondo de dinero que circula en cualquier país requiere un cierto gasto, primero para reunirlo y después para mantenerlo, y aunque ambos gastos forman parte del ingreso bruto de la sociedad, son de la misma forma deducciones del neto. Una cierta cantidad de materiales muy valiosos, oro y plata, y de trabajo muy delicado, en vez de aumentar el fondo reservado para el consumo inmediato, subsistencias, conveniencias y diversiones de las personas,

2. Del dinero, considerado como una rama especial del capital...

resulta empleado en mantener un grandioso pero costoso instrumento del comercio, a través del cual cada persona de la sociedad, a la que se asigna de la debida proporción, consigue sus subsistencias, comodidades y diversiones.

Segundo, las máquinas e instrumentos de trabajo, etc., que componen el capital fijo sea de un individuo o de una sociedad, no integran el ingreso bruto ni el neto de ninguno de ellos. El dinero, a través del cual todo el ingreso de la sociedad se distribuye regularmente entre sus diversos miembros, tampoco integra dicho ingreso. La vasta rueda de la circulación es por completo diferente de los bienes que hace circular. El ingreso de la sociedad consiste en todos esos bienes, pero no en la rueda que los circula. Al calcular el ingreso bruto o neto de cualquier sociedad debemos siempre deducir, de la circulación anual total de dinero y bienes, el valor total del dinero, de los que ni siquiera un cuarto de penique forma parte.

Si esta proposición se presenta como dudosa o paradójica es sólo por la ambigüedad del lenguaje. Cuando se explica en la forma adecuada y se comprende debidamente casi resulta evidente por sí misma.

Cuando se habla de una suma concreta de dinero a veces se quiere indicar nada más que las piezas de metal de las que se compone; y a veces se incluye alguna oscura referencia a los bienes que pueden obtenerse a cambio de ella, o al poder de compra que su posesión comporta. Así, cuando se dice que la circulación monetaria en Inglaterra ha sido calculada en dieciocho millones, sólo se quiere expresar la cantidad de piezas de metal que según han calculado, o más bien supuesto, algunos autores, circula en ese país. Pero cuando afirmamos que una persona dispone de cincuenta o cien libras por año, normalmente expresamos no sólo la cantidad de piezas de metal que se le entregan anualmente sino el valor de los bienes que puede comprar o consumir en un año. Habitualmente queremos referirnos a lo que es o debería ser su nivel de vida, o la cantidad y calidad de cosas necesarias y convenientes para la vida que puede permitirse comprar.

Cuando por una suma concreta queremos manifestar no sólo la cantidad de piezas de metal de las que se compone, sino también incluir en su significado alguna oscura referencia a los bienes que se pueden comprar con ella, la riqueza o ingreso que en tal caso denota es igual sólo a uno de los dos valores confundidos ambiguamente por la misma palabra, y más adecuadamente al segundo que al primero, más a lo que el dinero vale que al dinero en sí.

Si una persona tuviese una pensión de semanal de una guinea, puede en el curso de una semana comprar con ella una cantidad determinada de subsistencias, comodidades y diversiones. En la medida en que esa cantidad sea grande o pequeña lo serán sus riquezas reales, su ingreso semanal real. Su ingreso semanal ciertamente no es igual a la guinea y a lo que pueda comprar con ella, sino sólo a uno u otro de esos dos valores iguales, y más precisamente al segundo que al primero, a lo que la guinea vale más que a la guinea misma.

Si a esa persona la pensión le fuese pagada no en oro sino en una letra semanal de una guinea, su ingreso ciertamente no consistiría en un trozo de papel, sino en lo que podría obtener a cambio de él. Una guinea puede ser considerada como una letra por una cierta cantidad de necesidades y comodidades, negociable en todas las tiendas de la vecindad. El ingreso de la persona que recibe la letra no consiste en una pieza de oro sino en el valor de aquélla, en lo que obtiene a cambio de ella. Si no pudiese cambiarse por nada, como una letra sobre un quebrado, entonces no valdría más que el más inútil trozo de papel.

Aunque de la misma forma el ingreso semanal o anual de todos los diversos habitantes de cualquier país puede ser y con frecuencia en realidad es pagado en dinero, sus riquezas reales, el ingreso semanal o anual real de todos ellos en conjunto, debe ser mayor o menor en proporción a la cantidad de bienes de consumo que puedan comprar con ese dinero. El ingreso total del conjunto evidentemente no es igual a la suma del dinero y los bienes, sino sólo a uno de esos dos valores, y más correctamente al segundo que al primero.

Si con frecuencia expresamos el ingreso de una persona en las piezas de metal que recibe anualmente, es porque el número de esas piezas regula la dimensión de su poder de compra, o el valor de los bienes que anualmente puede permitirse consumir. Seguimos pensando que su ingreso consiste en este poder de compra o de consumo y no en las piezas que lo otorgan.

Esto es suficientemente evidente con respecto a un individuo, pero lo es más aún con respecto a la sociedad. El número de piezas de metal pagadas anualmente a una persona es con frecuencia exactamente igual a su ingreso, y por ello resulta la expresión más adecuada y sintética de su valor. Pero las piezas de metal que circulan en una sociedad nunca pueden ser iguales al ingreso de todos sus miembros. Como la misma guinea que paga la pensión semanal de una persona hoy, puede pagar la de otra mañana, y la de una tercera pasado mañana, el número de piezas de metal que circula por año en cualquier país debe siempre ser de un valor muy inferior al total de las pensiones monetarias pagadas con ellas. Pero el poder de compra, o los bienes que pueden sucesivamente ser adquiridos con el total de esas pensiones monetarias a medida que son pagadas, debe ser siempre exactamente igual al valor de esas pensiones, y lo mismo debe ocurrir con el ingreso de las diferentes personas a quienes les son entregadas. Ese ingreso, por lo tanto, no puede consistir en esas piezas de metal, cuya cantidad es tan inferior a su valor, sino en el poder de compra, en los bienes que pueden ser comprados sucesivamente a medida que circulan de mano en mano.

El dinero, entonces, la amplia rueda de la circulación, el gran instrumento del comercio, como todos los demás medios de producción, aunque forma parte, y una parte muy importante, del capital, no integra el ingreso de la sociedad a la que pertenece; y aunque las piezas de metal de las que se compone distribuyen en el transcurso de su circulación anual el ingreso que debidamente corresponde a cada persona, ellas mismas no forman parte de ese ingreso.

Tercero y último, las máquinas e instrumentos de trabajo que forman el capital fijo guardan un parecido adicional con esa sección del capital circulante que es el dinero: así como todo ahorro en el coste de construir y mantener esas máquinas, siempre que no disminuya la capacidad productiva del trabajo, es una mejora en el ingreso neto de la sociedad, de la misma forma todo ahorro en el coste de recolectar y conservar esa parte del capital circulante consistente en dinero es una mejora exactamente de la misma clase.

De qué manera todo ahorro en el gasto de mantenimiento del capital fijo mejora el ingreso neto de la sociedad es algo bastante claro, y en parte ha sido ya explicado. El capital total de todo empresario está necesariamente dividido entre su capital fijo y su capital circulante. Mientras su capital monetario permanezca igual, cuanto menor sea una parte, mayor será inevitablemente la otra. El capital circulante es el que suministra los materiales, paga los salarios y pone a la actividad en movimiento. Todo ahorro, por tanto, en el coste de mantener el capital fijo, que no reduzca las capacidades productivas del trabajo, debe incrementar el fondo que pone a las actividades económicas en marcha, y consecuentemente al producto anual de la tierra y el trabajo, al ingreso real de cualquier sociedad.

2. Del dinero, considerado como una rama especial del capital...

La sustitución de la moneda de oro y plata por el papel moneda equivale a reemplazar un instrumento de trabajo muy costoso por uno muy barato, y a veces igualmente útil. La circulación se lleva a cabo mediante una nueva rueda, cuya construcción y mantenimiento cuesta menos que la anterior. Sin embargo, la forma en que esta operación es realizada y la manera en que tiende a incrementar el ingreso bruto o neto de la sociedad no resulta tan evidente, y puede por ello requerir una explicación adicional.

Hay muchas clases de papel moneda, pero los billetes de bancos y banqueros son la más conocida y la que cumple mejor ese cometido.

Cuando las personas de cualquier país tienen tanta confianza en la fortuna, honradez y prudencia de un banquero como para creer que siempre pagará cualquier cantidad de sus pagarés que se le pueda presentar, esos documentos llegan a tener la misma aceptación que la moneda de oro y plata, porque se confía que esta moneda puede ser en cualquier momento obtenida a cambio de ellos.

Supongamos que un banquero presta sus pagarés a sus clientes por una suma de cien mil libras. Como esos papeles cumplen todas las funciones del dinero, sus deudores le pagan el mismo interés que si les hubiese prestado una cantidad igual en moneda. Ese interés es la fuente de su ganancia. Aunque una parte de esos papeles vuelve continuamente hacia él para ser pagada, otra parte sigue circulando durante meses e incluso años. Así, aunque tiene en circulación pagarés por importe de cien mil libras, le será normalmente suficiente mantener una provisión de veinte mil libras de oro y plata para hacer frente a las demandas eventuales de reembolso. Mediante esta operación, entonces, veinte mil libras en oro y plata cumplen todas las funciones que en otro caso habrían cumplido cien mil. Se pueden realizar los mismos intercambios, la misma cantidad de bienes pueden circular y ser distribuidos a sus consumidores respectivos mediante sus pagarés por valor de cien mil libras que por un valor igual en monedas de oro y plata. De esta forma, se pueden ahorrar de la circulación del país ochenta mil libras en oro y plata; y si al mismo tiempo otra operaciones de este tipo son realizadas por numerosos bancos y banqueros diferentes, toda la circulación puede mantenerse con sólo la quinta parte del oro y la plata que se necesitaría en otro caso.

Supongamos, por ejemplo, que en un país la circulación monetaria total es en un momento dado de un millón de libras esterlinas, y que esta suma es suficiente para hacer circular todo el producto anual de su tierra y trabajo. Supongamos también que algún tiempo después diversos bancos y banqueros emiten pagarés al portador por importe de un millón de libras, y reservan en sus cajas doscientas mil libras para hacer frente a las demandas eventuales. Habría entonces en circulación ochocientas mil libras en oro y plata y un millón en papel, o un total de un millón ochocientas mil libras. Pero el producto anual de la tierra y el trabajo del país requería antes sólo un millón para circular y distribuirse entre sus consumidores, y ese producto anual no puede ser inmediatamente aumentado por esas operaciones bancarias. Después de ellas, entonces, bastará un millón de libras para la circulación. Los bienes comprados y vendidos son exactamente los mismos que antes, y basta la misma cantidad de dinero para comprarlos y venderlos. El canal de la circulación, si se me permite la expresión, permanece inalterado. Hemos supuesto que un millón es suficiente para llenar ese canal. Por lo tanto, todo lo que se derrame en él por encima de esa suma, no puede fluir y se desbordará. Al verter en él un millón ochocientas mil libras habrá un desborde de ochocientas mil, puesto que esa suma está por encima de lo que puede ser empleado en la circulación del país. Pero aunque esta suma no puede ser empleada localmente, es demasiado valiosa para que se la deje permanecer inactiva. En consecuencia, será remitida al exterior para que encuentre allí el empleo rentable que no puede hallar en el país. El papel, empero, no puede remitirse al extranjero; al estar lejos de los bancos que lo emiten, y del país donde su pago puede ser legalmente exigido, no será aceptado en los pagos ordinarios. Por lo tanto, lo que será remitido al extranjero serán ochocientas mil libras en oro y plata, y el canal de la circulación permanecerá lleno con un millón en papel, en lugar del millón en aquellos metales que había antes.

No es concebible que esa copiosa cantidad de oro y plata que es enviada al exterior lo sea sin motivo alguno, ni que sus propietarios pretendan regalarla a países extranjeros. Lo que harán será intercambiarla por bienes extranjeros de algún tipo, para satisfacer el consumo de algún otro país extranjero o el suyo propio.

Si emplean el dinero en comprar bienes en un país para abastecer el consumo de otro, lo que se llama comercio de tránsito, todo beneficio que obtengan será una adición al ingreso neto de su propio país. Es como un fondo nuevo, creado para poner en marcha una nueva labor; las actividades locales se llevan ahora a cabo mediante el papel, y el oro y la plata se convierten en el capital de esa nueva labor.

Si destinan el dinero a comprar bienes extranjeros para su consumo local pueden, en primer lugar, comprar aquellos bienes que serán probablemente consumidos por personas ociosas que nada producen, tales como vinos extranjeros, sedas, etc; o, en segundo lugar, pueden adquirir un fondo adicional de materiales, herramientas y provisiones, con objeto de mantener y emplear un número adicional de personas laboriosas, que reproducen el valor de su consumo anual, con un beneficio.

En tanto es empleado de la primera forma, promueve la prodigalidad, incrementa el gasto y el consumo sin aumentar la producción o sin establecer ningún fondo permanente para sostener ese gasto, y resulta en todos los aspectos perjudicial para la sociedad.

En tanto es empleado de la segunda forma, promueve la actividad; y aunque incrementa el consumo de la sociedad, aporta un fondo permanente para sostener ese consumo, porque las personas que consumen reproducen, con un beneficio, el valor total de su consumo anual. El ingreso bruto de la sociedad, el producto anual de su tierra y su trabajo, es incrementado por el valor que el trabajo de dichas personas añade a los materiales con los que operan; y el ingreso neto por lo que permanece de ese valor después de deducir lo que sea necesario para mantener las herramientas e instrumentos de la producción.

Parece no sólo probable sino casi inevitable que el grueso del oro y la plata expulsados al exterior por esas medidas bancarias que se utilice en la compra de bienes extranjeros para el consumo local deberá ser empleado en la compra de los bienes de esta segunda clase. Aunque algunas personas individuales a veces aumentan muy considerablemente sus gastos sin que lo hagan sus ingresos, podemos estar seguros de que no lo hará ninguna clase o estamento de personas; aunque los principios normales de prudencia no siempre orientan la conducta de cada individuo, siempre influyen sobre la de la mayoría de cualquier clase social. Pero el ingreso de las gentes ociosas, consideradas como una clase, no puede ser aumentado ni en lo más mínimo por esas operaciones bancarias. Su gasto general, entonces, no puede ser incrementado apreciablemente gracias a ellas, aunque ello sí puede ocurrir y ocurre en realidad con unos pocos individuos dentro del grupo. Al ser igual o casi igual la demanda de bienes extranjeros por las gentes ociosas, es probable que sea muy

2. Del dinero, considerado como una rama especial del capital...

pequeña la parte del dinero expulsado al exterior por dichas operaciones bancarias que se emplee en la compra de esos bienes para su uso. La mayor parte se destinará naturalmente al empleo de trabajo y no al sostenimiento de la ociosidad.

Cuando se estima la cantidad de trabajo que puede emplear el capital circulante de cualquier sociedad, hay que considerar tan sólo aquellas partes que consisten en provisiones, materiales y artículos terminados; la otra, que consiste en dinero, y que sirve sólo para hacer circular a las otras tres, siempre debe ser deducida. Para poner en marcha una actividad se necesitan tres cosas: materiales para elaborar, herramientas para el trabajo y salarios o retribución por la cual se hace el trabajo. El dinero no es un material ni una herramienta; y aunque el salario del trabajador se paga habitualmente en dinero, su ingreso real, igual que el de cualquier otra persona, no consiste en dinero sino en lo que el dinero vale; no en las piezas de metal sino en lo que se puede comprar con ellas.

La magnitud de la actividad que cualquier capital puede poner en movimiento debe ser evidentemente igual al número de trabajadores a los que puede suministrar materiales, herramientas y una manutención adecuadas a la naturaleza de la labor. El dinero puede ser necesario para adquirir los materiales y las herramientas, así como para la manutención de la mano de obra. Pero la cantidad de actividad que pone en funcionamiento el capital ciertamente no es igual a la suma de ese dinero y los materiales, herramientas y subsistencias que con él se compran, sino sólo a uno de esos dos valores, y más precisamente al segundo que al primero.

Cuando el papel moneda reemplaza al oro y la plata, la cantidad de materiales, herramientas y subsistencias que puede suministrar todo el capital circulante puede aumentar por el valor total del oro y la plata que antes se empleaban en su compra. El valor de la gran rueda de la circulación y distribución se añade a los bienes que circulan y son distribuidos a través suyo. La operación se parece en alguna medida a la del empresario de una gran fábrica que, como consecuencia de alguna innovación mecánica, retira su vieja maquinaria y suma la diferencia entre su precio y el de la nueva a su capital circulante, al fondo del que provee a sus trabajadores con materiales y salarios.

Es probablemente imposible determinar cuál es la proporción entre el dinero que circula en un país y el valor total del producto anual que gracias a él circula. Diversos autores la han estimado en un quinto, un décimo, un vigésimo y un trigésimo de ese valor. Pero por pequeña que sea la proporción entre el dinero circulante y el valor total del producto anual, como sólo una parte de ese producto, y con frecuencia una parte pequeña, se destina al mantenimiento de la actividad económica, siempre guardará una proporción muy considerable con respecto a esa parte. Por lo tanto, cuando merced al papel el oro y la plata necesarios para la circulación quedan reducidos quizás a un quinto de su cantidad anterior, si el valor de la mayor parte de los restantes cuatro quintos se añade a los fondos destinados al mantenimiento de la actividad, ello debe representar un caudaloso añadido al volumen de esa actividad, y consecuentemente al valor del producto anual de la tierra y el trabajo.

Una operación de este tipo se ha desarrollado en Escocia durante los últimos veinticinco o treinta años, con el establecimiento de nuevos bancos en casi todas las ciudades importantes, e incluso en algunas poblaciones rurales. Los efectos han sido precisamente los descritos antes. Los negocios del país son casi completamente realizados con los billetes de esos bancos, con los que habitualmente se hacen las compras y los pagos de todo tipo. La plata aparece muy pocas veces, salvo en el cambio de un billete de veinte chelines, y el oro aparece todavía menos. Y aunque no todas esas empresas han mostrado una conducta intachable, y ello ha requerido una ley del parlamento para regularlas, a pesar de ello el país ha obtenido evidentemente un gran beneficio gracias a su labor. He oído decir que el comercio de la ciudad de Glasgow se duplicó en unos quince años, después de la primera instalación de los bancos allí; y que el comercio de Escocia se ha más que cuadruplicado desde el establecimiento de los dos bancos públicos de Edimburgo, uno de los cuales, llamado el Banco de Escocia, fue creado por ley del parlamento en 1695; el otro, denominado Banco Real, por concesión real en 1727. No pretendo saber si el comercio de Escocia en general o de la ciudad de Glasgow en particular se ha incrementado efectivamente en una proporción tan abultada durante un lapso tan breve. Si alguno de ellos ha crecido así, ello parece algo demasiado grande como para responder a la acción exclusiva de esta causa. Sin embargo, lo que en ningún caso puede dudarse es de que el comercio y la industria de Escocia se han expandido muy considerablemente en ese período, y que los bancos han contribuido significativamente a esa expansión.

El valor de la moneda de plata que circulaba en Escocia antes de la Unión, en 1707, y que inmediatamente después de ella fue llevada al Banco de Escocia para ser reacuñada, era de 411.117 libras 10 chelines 9 peniques esterlinos. No hay cifras sobre las monedas de oro, pero parece por la antigua contabilidad de la casa de la moneda de Escocia que el valor del oro acuñado anualmente era algo superior al de la plata. Hubo también en esa ocasión numerosas personas que, al desconfiar que se les fuese a devolver el dinero, no llevaron su plata al Banco de Escocia, y hubo además monedas inglesas que no fueron reclamadas. En consecuencia, el valor total del oro y la plata que circulaba en Escocia antes de la Unión no puede ser calculado en menos de un millón de libras esterlinas. Constituía casi toda la circulación de ese país, porque aunque el circulante del Banco de Escocia, que entonces carecía de competidores, era considerable, parece que sólo representaba una fracción muy pequeña del total. En la actualidad la circulación de Escocia no puede ser menor a dos millones, y no es probable que la parte consistente en oro y plata llegue a medio millón. Pero aunque el oro y la plata que circulan en Escocia han experimentado tan brusca reducción en este período, sus riquezas reales y su prosperidad no sufrieron nada parecido. Por el contrario, su agricultura, industria y comercio, el producto anual de su tierra y su trabajo, indiscutiblemente han aumentado.

La mayor parte de los bancos y banqueros emiten sus billetes o pagarés mediante el descuento de letras de cambio, es decir, adelantando el dinero sobre ellas antes de su vencimiento. Sobre cualquier suma que adelanten, siempre descuentan el interés legal hasta el vencimiento de la letra. El pago de la letra, a su vencimiento, reembolsa al banco el valor del dinero adelantado, con un beneficio neto en intereses. El banquero no adelanta oro y plata al comerciante cuya letra descuenta, sino sus propios pagarés o billetes y tiene la ventaja de poder descontar por una suma mayor, por el valor total de sus billetes que él sabe por experiencia que circulan normalmente. Está así en condiciones de recoger una ganancia neta en intereses sobre una suma muchísimo mayor.

El comercio de Escocia, que hoy no es muy grande, lo era aún menos cuando se establecieron los dos primeros bancos, y estas empresas habrían tenido muy poca actividad si se hubiesen limitado al descuento de letras de cambio. Inventaron por ello otro método para emitir sus billetes o pagarés: la concesión de lo que llamaron cuentas de caja, por las que otorgaban crédito hasta un monto determinado (por ejemplo, dos o tres mil libras) a cualquier individuo que presentase dos personas de indudable solvencia y que poseyeran buenas propiedades rústicas, que garantizasen en su nombre que sería reembolsada cuando fuese requerida cualquier suma que le hubiese sido prestada, dentro de los límites del crédito, junto con el interés legal. Creo que es habitual conceder créditos de este tipo en todo el mundo. Pero las condiciones tan fáciles que aceptan los bancos escoceses para el reembolso de los créditos son cosa característica suya, y probablemente han sido la causa principal tanto de la intensa actividad de esas empresas como del beneficio que la sociedad ha recibido de ella.

Todo aquel que consigue un crédito de este tipo en alguna de esas compañías, y pide prestadas mil libras, por ejemplo, puede devolver esta suma en pequeñas cuotas, de veinte o treinta libras cada una, y el banco le descuenta una parte proporcional del interés del principal desde el día en que paga la primera cuota hasta que de esa forma repone el total. En consecuencia, a todos los comerciantes y a casi todos los empresarios les conviene mantener esas cuentas de caja y están por ello interesados en promover la labor de esas compañías aceptando sus billetes en todos los pagos y alentando a todos sobre los que puedan influir para que hagan lo mismo. Los bancos, cuando sus clientes les piden dinero, en general lo adelantan bajo la forma de sus propios billetes. Los comerciantes los entregan a los industriales a cambio de bienes, los industriales a los granjeros a cambio de materiales y provisiones, los granjeros a los terratenientes como renta, los terratenientes los vuelven a pagar a los comerciantes por las comodidades y lujos con que los abastecen, y los comerciantes los devuelven a los bancos para cancelar sus cuentas de caja, o reembolsar lo que podrían haberles pedido en préstamo; y así mediante ellos se efectúan las transacciones de casi todo el negocio monetario del país. De ahí la vasta actividad de esas compañías.

Por medio de esas cuentas de caja todo comerciante pueden llevar a cabo sin imprudencia un negocio mucho más vasto que el que podrían desarrollar de otro modo. Si hay dos comerciantes, uno en Londres y el otro en Edimburgo, que emplean el mismo capital en la misma labor, el de Edimburgo puede sin imprudencia ampliar su actividad y dar empleo a más personas que el de Londres. El comerciante de Londres deberá siempre mantener una considerable suma de dinero, en su caja fuerte o en la de su banquero, que no le pagará interés por ella, para hacer frente a los requerimientos que continuamente se le harán para que pague los bienes que compra a crédito. Supongamos que el monto normal de esa suma sea de quinientas libras. El valor de los bienes en su almacén deberá ser siempre de quinientas libras menos de lo que podría haber sido si no hubiese estado él obligado a mantener esa suma inactiva. Supongamos que mueve todo su capital, o bienes por el valor de todo su capital, una vez al año. Al verse forzado a mantener inactiva una suma tan abultada, debe vender en un año un valor en bienes quinientas libras menor a lo que habría ocurrido en otro caso. Sus beneficios anuales quedarán rebajados en lo que habría podido ganar con quinientas libras más de bienes; y el número de personas empleadas en elaborar tales mercancías será inferior en el número que hubiese podido contratar un capital de quinientas libras más. El comerciante de Edimburgo, por su parte, no mantiene nada de dinero para responder a demandas eventuales. Cuando éstas se producen, les hace frente con su cuenta de caja en el banco, y gradualmente repone la suma pedida en préstamos con el dinero o billetes que obtiene de la venta de sus bienes. Así, con el mismo capital, puede, sin imprudencia, tener siempre en su almacén una mayor cantidad de artículos que el comerciante londinense, y por ello puede tanto obtener un mayor beneficio para sí mismo como ofrecer empleo permanente a un número mayor de personas laboriosas que preparan esos artículos para el mercado. De ahí el copioso beneficio que el país recibe de esta actividad.

Podría pensarse que el descuento de letras de cambio representa para los comerciantes ingleses una facilidad equivalente a las cuentas de caja de los comerciantes escoceses. Ha de recordarse, sin embargo, que los escoceses pueden descontar sus letras de cambio tan cómodamente como los ingleses, y cuentan además con la facilidad adicional de sus cuentas de caja.

Todo el papel moneda que puede circular en cualquier país nunca puede exceder el valor del oro y la plata que reemplaza o que (suponiendo que el comercio sea el mismo) circularía allí si no hubiese billetes. Si el billete más pequeño de Escocia es el de veinte chelines, la totalidad de los mismos que puede circular no superará la suma de oro y plata que sería necesaria para efectuar las transacciones anuales que por valor de veinte chelines o más se realizan en ese país. Si los billetes exceden esa suma, como el sobrante no podría ser remitido al extranjero ni utilizado en la circulación del país, se produciría un inmediato reflujo de dicho sobrante a los bancos, para ser intercambiado por oro y plata. Muchas personas percibirían que tienen más billetes que los necesarios para sus transacciones locales, y como no podrían enviarlo al extranjero, exigirían inmediatamente su reintegro a los bancos. Una vez que este papel superfluo fuese convertido en oro y plata, sería fácil para esas personas encontrar un uso para el mismo, remitiéndolo al exterior, pero sería imposible encontrarlo mientras conservase la forma de papel. Por lo tanto, se produciría una carrera contra los bancos con todos esos billetes superfluos, y si hubiese la más mínima dificultad o retraso en los pagos sería mayor: la alarma que ello ocasionaría necesariamente intensificaría la carrera.

Más allá de los gastos comunes a cualquier sector, como el coste del alquiler, los salarios de los sirvientes, empleados, contables, etc., los costes específicos de los bancos caen fundamentalmente en dos capítulos: primero, el coste de mantener siempre en sus cajas fuerte, para responder a las demandas eventuales de los tenedores de sus billetes, una vasta suma de dinero, cuyos intereses pierden; y segundo, el coste de reponer el dinero que sale de esas cajas en la medida que se vacían al hacer frente a esas demandas ocasionales.

Un banco que emite más papel que el que puede ser utilizado en la circulación del país, y cuyo exceso está retornando continuamente al banco para su reembolso, debe incrementar la cantidad de oro y plata de sus cofres no en proporción a esta emisión excesiva de su circulante sino en una proporción mucho mayor, porque sus billetes refluirán al banco mucho más rápido de lo que correspondería según el exceso de su cantidad. Por lo tanto, ese banco deberá expandir el primer capítulo de sus costes no proporcionalmente a este aumento artificial de su actividad, sino mucho más que proporcionalmente.

Además, aunque las arcas de tales compañías se llenan con mayor abundancia, también se vacían mucho más velozmente que si sus negocios se mantuviesen en límites más razonables, y su rellenado debe comportar no sólo un coste más abultado sino también más constante e ininterrumpido. La moneda retirada sin cesar de sus cajas fuertes en tan vastas sumas tampoco puede ser empleada en la circulación del país. Se obtiene a cambio de un papel que ha sido emitido en exceso sobre lo que podría ser utilizado en la circulación, con lo que ese dinero amonedado

2. Del dinero, considerado como una rama especial del capital...

también está por encima de lo que da de sí esa misma circulación. Pero como no se permitirá a esa moneda permanecer inactiva, será en alguna forma remitida al exterior para que encuentre allí ese empleo rentable que no encuentra en el interior; y esta exportación incesante de oro y plata, al aumentar las dificultades debe también aumentar aún más los gastos del banco para hacerse con más oro y plata con objeto de rellenar esas cajas fuertes que se vacían tan vertiginosamente. De ahí que esa expansión artificial de su labor obligue al banco a elevar el segundo capítulo de sus costes incluso más que el primero.

Supongamos que los billetes de un banco que la circulación del país puede fácilmente absorber y emplear sumen exactamente cuarenta mil libras, y que el banco se ve obligado a mantener siempre en sus cajas diez mil libras en oro y plata para responder ante demandas eventuales. Si este banco intenta emitir cuarenta y cuatro mil libras, las cuatro mil que superan lo que la circulación puede absorber refluirán al banco casi tan rápidamente como sean emitidas. Para hacer frente a las demandas, entonces, este banco deberá conservar en sus arcas no once mil libras sino catorce mil. No ganaría interés alguno por las cuatro mil libras emitidas en exceso y perdería el coste de acumular cuatro mil libras en oro y plata que saldrían de sus cajas tan pronto entraran en ellas.

Si todos los bancos comprendiesen y obedeciesen siempre a su propio interés, nunca habría sobreabundancia de papel moneda en la circulación. Pero no todos los bancos han entendido ni obedecido siempre a su propio interés, con lo que la circulación a menudo se ha visto saturada de papel moneda.

Por emitir billetes en exceso, un exceso que siempre refluía para ser cambiado por oro y plata, el Banco de Inglaterra se vio durante muchos años obligado a acuñar oro por una suma de entre ochocientas mil y un millón de libras por año, o una media cercana a las ochocientas cincuenta mil libras anuales. Para esta cuantiosa acuñación, el banco se veía a menudo forzado (debido al desgaste y degradación que caracterizaban al oro hace algunos años) a comprar oro en lingotes al elevado precio de cuatro libras la onza, que acuñaba poco después a 3 libras 17 chelines 10 1/2 peniques la onza, perdiendo así entre el dos y medio y el tres por ciento sobre la acuñación de una suma tan enorme. Aunque el banco no pagase el señoreaje y el gobierno se hiciese cargo del coste de acuñación, esta generosidad estatal no evitó gastos al banco.

Los bancos escoceses, debido a un exceso del mismo tipo, se veían todos obligados a contratar agentes permanentes en Londres para obtener el dinero que necesitaban, a un coste que rara vez era inferior al uno y medio o dos por ciento. El dinero era enviado en carretas, y era asegurado por los transportistas al coste adicional del tres por ciento, o quince chelines por cada cien libras. Esos agentes no siempre conseguían rellenar las cajas fuerte de sus empleadores tan rápidamente como se vaciaban. En este caso el recurso de los bancos era librar sobre sus corresponsales en Londres letras de cambio por la suma que necesitaban. Cuando esos corresponsales más tarde giraban contra los bancos para reembolsarse el dinero, más el interés y una comisión, algunos de esos bancos, merced a la penuria causada por su propia emisión excesiva, a veces no tenían otra alternativa que librar una nueva serie de letras sobre los mismos u otros corresponsales en Londres; de esta manera, una misma suma, o letras por una misma suma, recorrían más de dos o tres veces el mismo camino, y el banco deudor siempre pagaba el interés y la comisión sobre el total acumulado. Incluso los bancos escoceses que jamás se distinguieron por su extrema imprudencia eran forzados en ocasiones a echar mano de este ruinoso recurso.

2. Del dinero, considerado como una rama especial del capital...

La moneda de oro pagada por el Banco de Inglaterra o por los bancos escoceses a cambio de aquella fracción de sus billetes que excedía lo que podía ser empleado en la circulación del país, al estar también ella por encima de lo que podía absorber la circulación, era a veces remitida al exterior en la forma de moneda, a veces fundida y enviada bajo la forma de lingotes, y a veces fundida y vendida al Banco de Inglaterra al elevado precio de cuatro libras la onza. Las piezas que eran transferidas al exterior o fundidas eran cuidadosamente seleccionadas sólo entre las más nuevas, más pesadas y mejores. En el interior, y mientras mantuviesen la forma de moneda, esas piezas pesadas no valían más que las livianas, pero valían más en el extranjero, o cuando eran fundidas en lingotes en el interior. El Banco de Inglaterra, a pesar de su enorme acuñación anual, comprobó ante su estupefacción que cada año había la misma escasez de moneda que el año anterior, y que a pesar del caudal de nuevas y buenas monedas que el banco emitía cada año, el estado de las monedas, en vez de mejorar cada año más, empeoraba sin cesar. Cada año se veía en la necesidad de acuñar casi la misma cantidad de oro que había acuñado el año anterior, y debido al aumento continuo en el precio del oro en lingotes, ocasionado por el incesante desgaste y tijereteo, el coste de esta gran acuñación anual subía todos los años. El Banco de Inglaterra, al abastecer a sus propias cajas con moneda metálica, está indirectamente obligado a hacerlo con todo el reino, al cual está fluyendo permanentemente moneda desde esas cajas en las formas más variadas. Por lo tanto, toda la moneda que fuese necesaria para sostener esa circulación excesiva de billetes escoceses e ingleses, toda deficiencia ocasionada por esa circulación excesiva en la moneda necesaria para el reino, debía ser proporcionada por el Banco de Inglaterra. Es indudable que los bancos escoceses pagaron muy caro su imprudencia y negligencia. Pero el Banco de Inglaterra pagó muy caro no sólo su propia imprudencia sino también la imprudencia mucho más acusada de casi todos los bancos escoceses.

La causa original de esta emisión excesiva de billetes fue la actividad exagerada de algunos especuladores temerarios en ambas partes del Reino Unido.

La cantidad que es adecuado que un banco adelante a un comerciante o empresario de cualquier tipo no es todo el capital que necesita, y ni siquiera una parte considerable del mismo, sino sólo aquella parte que en caso contrario se vería forzado a conservar inactiva en efectivo, para hacer frente a demandas eventuales. Si los billetes que el banco le adelanta nunca superan este valor, jamás podrán superar el valor del oro y la plata que necesariamente circularían en el país si no hubiese billetes; jamás podrán superar la cantidad que la circulación del país puede cómodamente absorber y emplear.

Cuando un banco descuenta un letra de cambio real a un comerciante, girada por un auténtico acreedor sobre un auténtico deudor, y que al momento de su vencimiento es realmente pagada por dicho deudor, sólo le adelanta una parte del valor que en otro caso debería mantener inactivo, para hacer frente a pagos ocasionales. El reembolso de la letra, a su vencimiento, repone al banco el valor que había adelantado más el interés. Las cajas fuerte del banco que negocie así con sus clientes se parecen a un estanque de agua del que mana continuamente un chorro pero al que llega al mismo tiempo otro chorro igualmente caudaloso que el primero; y así, sin necesidad de cuidados y atenciones, el estanque se mantiene siempre al mismo o casi al mismo nivel. El rellenado de las cajas de un banco que opere de ese modo apenas demandará gasto alguno.

Aunque un comerciante no se exceda en sus negocios, puede con frecuencia necesitar sumas de efectivo aunque no tenga letras para descontar. Cuando un banco, aparte de descontar sus letras, le adelanta en tales ocasiones esas sumas contra su cuenta de caja y acepta la devolución en cuotas a medida que vaya entrando el dinero por la venta de sus bienes, con las facilidades que otorgan los bancos escoceses, lo libera por completo de la necesidad de mantener ninguna parte de su capital inactiva y en efectivo para responder a demandas ocasionales. Cuando esas demandas aparecen, puede hacerles frente con suficiencia mediante su cuenta de caja. Pero el banco, al negociar con tales clientes, debe observar con mucha atención si en el curso de un período breve (por ejemplo, de cuatro, cinco, seis y ocho meses) el monto de las devoluciones que recibe normalmente de ellos es o no plenamente coincidente con lo que habitualmente les adelanta. Si en el curso de tales períodos cortos las devoluciones de ciertos clientes son en la mayoría de los casos iguales a los adelantos, puede proseguir tranquilamente negociando con ellos. En tales casos, aunque el flujo que sale de sus cajas puede ser muy caudaloso, el flujo que entra continuamente será al menos tan caudaloso; con lo que sin vigilancia ni precaución ulterior esas cajas se mantendrán probablemente al mismo o casi al mismo nivel, y casi nunca requerirán coste extraordinario alguno para ser rellenadas. Por el contrario, si la suma de las devoluciones de algunos clientes normalmente resulta mucho menor que los adelantos, no puede con seguridad seguir tratando con ellos, al menos mientras sigan actuando de esa manera. En tal caso, el flujo que sale continuamente de sus cajas es necesariamente mucho más caudaloso que el flujo que entra; y así, esas cajas pronto deberán quedar totalmente exhaustas, salvo que sean rellenadas mediante un gasto abultado y permanente.

Por eso, los bancos de Escocia tuvieron durante un largo tiempo mucho cuidado en requerir devoluciones frecuentes y regulares a todos sus clientes, y no trataban con persona alguna, cualquiera que fuese su fortuna o crédito, que no realizase con ellos lo que denominaban operaciones frecuentes y regulares. Con esta estrategia, además de ahorrarse casi por completo los gastos extraordinarios de reposición de sus cajas, cosecharon otras dos ventajas muy importantes.

Primero, su cautela les permitió formarse juicios bastante precisos sobre las circunstancias prósperas o decadentes de sus deudores, sin verse obligados a investigar en busca de más pruebas de las que suministraba su propia contabilidad; porque las personas son por regla general cumplidores o incumplidores en sus pagos según pasen por una situación próspera o declinante. Un ciudadano particular que presta dinero a media docena o una docena de deudores puede, por sí mismo o a través de sus agentes, observar y analizar de forma constante y cuidadosa la conducta y situación de cada uno. Pero un banco, que quizás preste dinero a quinientas personas diferentes, y cuya atención está ocupada permanentemente por asuntos de la índole más variada, no puede contar con información regular sobre la conducta y condición de la mayoría de sus deudores más allá de la que aportan sus propios libros. Es probable que los bancos de Escocia hayan tenido esta ventaja en la mente al requerir reintegros frecuentes y regulares a todos sus clientes.

Segundo, con esa precaución evitaron el riesgo de emitir más billetes de los que la circulación del país podía absorber y emplear sin dificultad. Cuando observaban que en lapsos breves los reembolsos de un cliente en particular eran casi siempre iguales a los adelantos que le habían hecho, podían estar seguros de que los billetes que le habían prestado no habían superado la cantidad de oro y plata que en otro caso él habría debido conservar para responder a demandas eventuales; y que, consiguientemente, el papel moneda que habían hecho circular a través suyo no había superado la cantidad de oro y plata que habría circulado en el país de no existir billetes. La frecuencia, regularidad y monto de sus devoluciones demostraban suficientemente que el monto de los adelantos no había excedido aquella parte de su capital que en otro caso él se habría visto forzado a conservar inactivo y en efectivo para hacer frente a demandas ocasionales, es decir, para mantener al resto de su capital en constante ocupación. Esa parte del capital es lo único que en períodos moderados regresa continuamente a cualquier hombre de negocios en la forma de dinero, sea billetes o monedas, y continuamente se aleja de él en la misma forma. Si los adelantos del banco exceden sistemáticamente esa parte de su capital, el monto normal de sus reembolsos no podría en un lapso moderado igualar al monto normal de los adelantos. El flujo que gracias a sus negocios continuamente iría hacia el banco no equivaldría al flujo que, debido a esos mismos negocios, saldría continuamente del banco. Los adelantos de billetes, al ser superiores a la cantidad de oro y plata que habría debido conservar para afrontar demandas eventuales en caso de no existir tales adelantos, pronto excederían al total de oro y plata (suponemos que el comercio sigue igual) necesarios para la circulación del país si no hubiese billetes; y en consecuencia excederían la cantidad que la circulación del país podría absorber y emplear con facilidad; y se produciría un inmediato reflujo de esos billetes sobrantes a los bancos para ser cambiados por oro y plata. Los diversos bancos de Escocia no ponderaron esta segunda ventaja tan bien como la primera.

Cuando gracias en parte a la facilidad del descuento de letras y en parte a la de las cuentas de caja los comerciantes solventes de cualquier país se ven liberados de la obligación de mantener consigo parte alguna de su capital inactiva y en efectivo para responder a pagos eventuales, no pueden razonablemente esperar una ayuda ulterior de los bancos que, llegados a ese punto, no deben prestarla si actúan de forma coherente con su propio interés. Si un banco respeta su propio interés, no puede adelantar a un empresario ni todo ni gran parte del capital circulante con el que opera; porque aunque ese capital está continuamente regresando a sus manos en la forma de dinero, y alejándose de ellas en la misma forma, las entradas están demasiado apartadas de las salidas, y la suma de los reembolsos del empresario no podrá igualar a la suma de los adelantos en los períodos moderados que resultarán convenientes para el banco. Todavía menos podrá el banco adelantarle cualquier parte considerable de su capital fijo; del capital que el empresario de una fundición, por ejemplo, emplea en construir la forja, el horno, talleres y depósitos, casas para sus trabajadores, etc.; del capital que el empresario de una mina emplea en perforar sus pozos, en construir máquinas para drenar agua, en hacer caminos y carriles para las vagonetas, etc.; del capital que la persona que emprende mejoras en la tierra utiliza para roturar, desecar, cercar, abonar y arar los campos eriales y sin cultivar, para edificar casas de labranza con todos los accesorios necesarios, establos, graneros, etc. Los rendimientos del capital fijo son en casi todos los casos mucho más lentos que los del capital circulante, y esos gastos, incluso cuando se realizan con la máxima prudencia y buen juicio, rara vez regresan al empresario antes de un período de varios años, un lapso demasiado extenso para que resulte conveniente a un banco. Negociantes y otros empresarios pueden, indudablemente y con toda corrección, llevar adelante una parte muy considerable de sus operaciones con dinero prestado. Sin embargo, para ser justos con sus acreedores, su propio capital debería en estos casos ser suficiente para asegurar, si se me permite la

2. Del dinero, considerado como una rama especial del capital...

expresión, el capital de estos acreedores, o para volver extremadamente improbable el que esos acreedores padezcan pérdidas, incluso si el éxito de sus empresas resulta muy inferior al que esperaban. Incluso con esta precaución, el dinero que es pedido en préstamo y que no se va a devolver hasta después de varios años no se debería pedir a un banco sino que debería ser obtenido mediante un título o una hipoteca de aquellas personas que se proponen vivir del interés de su dinero, sin tomarse la molestia de invertir su capital ellas mismas, y que por ello están dispuestas a prestar ese capital a personas solventes que lo requieren durante varios años. Es evidente que un banco, que presta su dinero sin el coste del papel sellado, ni minutas de notarios por la formalización de los títulos y las hipotecas y que acepta la devolución con tantas facilidades como los bancos de Escocia, será un acreedor muy cómodo para esos negociantes y empresarios. Pero también está claro que tales negociantes y empresarios serán deudores muy incómodos para ese banco.

Han pasado más de veinticinco años desde que el papel moneda emitido por los diversos bancos de Escocia llegó a ser igual, o acaso ligeramente superior, a lo que la circulación del país podía absorber y emplear con comodidad. Esas compañías habían brindado ya entonces toda la asistencia a los empresarios de Escocia que los bancos y banqueros pueden brindar de forma coherente con su propio interés. Habían hecho incluso algo más. Habían exagerado sus negocios un poco y habían incurrido en esa pérdida, o al menos esa disminución del beneficio que dicho negocio sistemáticamente recoge del más pequeño grado de exceso en su actividad. Los empresarios, al obtener tanta ayuda de los bancos, aspiraron a tener todavía más. Parecían creer que los bancos podían extender sus créditos hasta cualquier suma que se les demandase sin incurrir en coste alguno, aparte de unas pocas resmas de papel. Se quejaron de la estrechez de miras y actitud pusilánime de los directivos de los bancos que, según decían, no ampliaban sus créditos en proporción a la extensión de la economía del país; sin duda, cuando hablaban de extensión de la economía del país se referían a la extensión de sus propios negocios más allá de lo que era posible con su propio capital o con los créditos que obtuviesen de personas individuales en la forma usual de títulos e hipotecas. Parecen haber pensado que los bancos tenían la obligación moral de suplir esa deficiencia y suministrarles todo el capital que necesitaban. Los bancos, sin embargo, sostenían una opinión diferente, y cuando rehusaron ampliar sus créditos algunos empresarios recurrieron a un expediente que durante un tiempo satisfizo sus demandas, a un coste mucho mayor pero de forma tan efectiva como podría haber resultado de una ampliación ilimitada del crédito bancario. El expediente era el bien conocido del «peloteo» de letras, de girarse letras recíprocamente, algo a lo que empresarios infelices han recurrido a veces cuando están al borde de la bancarrota. La práctica de conseguir dinero de esta forma es conocida desde hace mucho tiempo en Inglaterra, y se dice que durante la última guerra, cuando los exorbitantes beneficios del comercio supusieron una acusada tentación a las actividades exageradas, estuvo vastamente extendida. Desde Inglaterra fue llevada a Escocia y allí, en proporción al escaso comercio y el muy moderado capital del país, pronto adquirió mucha mayor extensión que la que nunca conoció en Inglaterra.

La estrategia del peloteo de letras es tan conocida por todos los empresarios que podría pensarse que explicarla resultará inútil. Pero como este libro puede llegar a las manos de quienes no son hombres de negocios, y como los efectos de esta costumbre sobre el sector bancario no son probablemente bien comprendidos ni siquiera por los propios hombres de negocios, intentaré explicarla tan claramente como pueda.

Las costumbres de los comerciantes, establecidas cuando las bárbaras leyes de Europa no garantizaban el cumplimiento de sus contratos, y que han sido incorporadas durante el curso de los dos últimos siglos en la legislación de todas las naciones europeas, han concedido privilegios tan extraordinarios a las letras de cambio que se adelanta dinero sobre ellas con más facilidad que sobre cualquier otra obligación, especialmente cuando su plazo de vencimiento es tan breve como de dos o tres meses. Si cuando la letra vence el librado no la paga en el momento en que se le presenta, es declarado en ese mismo instante quebrado. La letra es protestada y regresa al librado quien, si no la paga de inmediato, es declarado asimismo en quiebra. Si antes de llegar a la persona que la presenta al librado para su pago ha pasado por las manos de varias otras personas, que sucesivamente se adelantaron una a otra su valor en dinero o mercancías, y que para certificar que habían recibido ese valor, todas la han endosado por turno, es decir, han firmado al dorso de la letra, cada endosante resulta responsable ante el tenedor de la letra por ese valor y si no lo paga es igualmente declarado en quiebra. Aunque el librador, el librado y los endosantes de la letra fueran personas de dudosa solvencia, la brevedad del plazo de vencimiento daba alguna seguridad al tenedor de la letra. Aunque es probable que todos ellos quiebren, es dudoso que caigan en la bancarrota todos en un lapso tan corto. Esta casa es una ruina, se dice el fatigado viajero a sí mismo, y no tardará mucho en venirse abajo, pero como no es probable que se derrumbe esta noche, me arriesgaré a dormir en ella hoy.

Supongamos que el comerciante *A* de Edimburgo libra una letra de cambio sobre *B* en Londres, pagadera a dos meses. En realidad, *B* en Londres no le debe nada a *A* en

Edimburgo, pero acuerda aceptar la letra de *A*, con la condición de que antes de que venza su plazo regirará sobre *A* en Edimburgo, por la misma suma más el interés y la comisión, otra letra, asimismo pagadera a dos meses. Y así *B*, antes de que transcurran los primeros dos meses, libra otra vez esta letra sobre *A* en Edimburgo quien, a su vez, antes de que pasen los segundos dos meses, libra una segunda letra sobre *B* en Londres, también a dos meses. Antes de que venzan los terceros dos meses, *B* en Londres relibra sobre *A* en Edimburgo otra letra, siempre a dos meses. En algunas ocasiones esta práctica ha durado meses e incluso años enteros, y la letra siempre regresa a *A* en Edimburgo con las comisiones e intereses acumulados de todas las letras anteriores. El interés era del cinco por ciento anual, y la comisión nunca era inferior a medio por ciento por cada libramiento. Al repetirse esta comisión más de seis veces por año, cualquier dinero que *A* consiga por este expediente le costará necesariamente más del ocho por ciento al año, y a veces mucho más, si el precio de la comisión aumentaba o cuando se veía obligado a pagar interés compuesto sobre las comisiones y los intereses de las letras anteriores. A este expediente se lo denominaba financiación por circulación.

En un país donde los beneficios corrientes del capital en la mayor parte de los proyectos empresariales se supone que rondan entre el seis y el diez por ciento, sólo una especulación sumamente afortunada podía rendir lo suficiente para cubrir el enorme coste al que se tomaba dinero en préstamo para realizarla y recoger además un buen beneficio para el empresario. Sin embargo, se acometieron muchas y grandes empresas durante varios años sin ninguna otra financiación que la que podía obtenerse a un coste tan exorbitante. Los empresarios tenían sin duda, en sus sueños, una visión muy clara de copiosos beneficios. Cuando despertaban, sin embargo, sea al final de sus proyectos, sea cuando no eran capaces de hacerlos avanzar más, creo que muy pocas veces tenían la buena suerte de encontrarlos.

La letras que A en Edimburgo libraba sobre B en Londres las descontaba regularmente dos meses antes de su vencimiento en algún banco de Edimburgo; y las letras que B en Londres relibraba sobre A en Edimburgo, las descontaba con idéntica regularidad en el Banco de Inglaterra o en algún otro banco de Londres. Todo lo que era adelantado a cambio de esas letras circulantes era adelantado en Edimburgo en billetes de los bancos escoceses y en Londres, cuando se descontaban en el Banco de Inglaterra, en billetes de ese banco. Aunque las letras sobre las que se adelantaban los billetes eran todas pagadas puntualmente según vencían, el valor que realmente había sido adelantado sobre la primera letra nunca regresaba a los bancos, porque antes de que venciera cada letra se libraba otra por un monto ligeramente superior a la letra que estaba a punto de ser pagada, y el descuento de esa otra letra era condición necesaria para el pago de la que estaba próxima a vencer. Este pago, entonces, era totalmente ficticio. El flujo que a través de estas letras de cambio giratorias había salido de las cajas fuertes de los bancos nunca era compensado por ningún flujo que verdaderamente entrase en ellas.

Los billetes emitidos contra esas letras de peloteo alcanzaban en algunas ocasiones al fondo total necesario para poner en práctica extensos y grandiosos proyectos empresariales en la agricultura, el comercio o la industria, y no se limitaban a aquella fracción del mismo que de no haber habido billetes el empresario debía haber mantenido inactivo y en efectivo para responder a demandas ocasionales. Por lo tanto, el grueso de dichos billetes estaba por encima del valor del oro y la plata que habrían circulado en ausencia de papel moneda. Era por ello superior a lo que la circulación del país podía absorber y emplear con facilidad, y de ahí que retornase inmediatamente a los bancos para ser cambiado por oro y plata, que los bancos debían agenciarse de la mejor manera que pudiesen. Era un capital que esos empresarios habían obtenido astutamente de los bancos no sólo sin su conocimiento ni deliberada aceptación sino quizás, durante algún tiempo, sin que tuvieran la más mínima sospecha de que realmente lo habían adelantado.

Cuando dos personas que continuamente se giran y sobregiran recíprocamente descuentan sus letras en el mismo banco, el banquero descubrirá su estratagema de inmediato y verá claramente que no están negociando con su propio capital sino con el que él les está adelantando. Pero este descubrimiento no es tan sencillo cuando ellos descuentan sus letras a veces con un banquero y a veces con otro, y cuando las mismas dos personas no están de forma incesante peloteándose mutuamente sino que recorren un amplio círculo de empresarios, conscientes de su interés en asistirse recíprocamente en este método de obtener financiación, con lo que vuelven prácticamente imposible distinguir entre una letra de cambio real y una ficticia, entre una letra librada por un acreedor real sobre un deudor real y una letra en la que no hay propiamente un acreedor real sino un banco que la descuenta, y en la que no hay un deudor real sino el empresario que hace uso del dinero. Cuando un banquero llega a este descubrimiento, puede que lo haga demasiado tarde y compruebe que ya ha descontado las letras de esos empresarios en una suma tal que si interrumpe sus descuentos los arrastrará irremisiblemente a la quiebra y que, al arruinarlos, quizás se arruine él también. Por eso, y en aras de su propio interés y seguridad, puede concluir que en una situación tan peligrosa es necesario seguir adelante durante algún tiempo aunque procurando retirarse gradualmente e interponiendo por eso cada día dificultades mayores a los descuentos, con objeto de forzar paulatinamente a esos empresarios a recurrir a otros banqueros o a otros métodos para conseguir financiación, de forma de escapar él mismo del círculo lo más pronto que pueda. Las dificultades que por esa razón el Banco de Inglaterra, los principales banqueros de Londres y hasta los más prudentes bancos escoceses empezaron a poner a los descuentos después de un tiempo, y cuando todos ellos habían ido ya demasiado lejos, no sólo alarmaron a esos empresarios sino que los enfurecieron en grado sumo. Llamaron a sus problemas, cuya causa inmediata indudablemente fue esa prudente y necesaria cautela de los bancos, los problemas del país, y dijeron que esos problemas del país se debían exclusivamente a la ignorancia, pusilanimidad y mala gestión de los bancos, que se resistían a ayudar con la suficiente generosidad a los inspirados proyectos de quienes se afanaban para embellecer, mejorar y enriquecer al país. Parecían pensar que el deber de esos bancos era prestarles todo lo que pedían y por el tiempo en que lo pedían. Pero los bancos, al rehusar así seguir prestando a quienes en realidad ya habían prestado demasiado, escogieron el único método que tenían a mano para salvar su propio crédito o el crédito público del país.

En el medio del clamor y la angustia fue establecido un nuevo banco en Escocia, con el objetivo expreso de aliviar la penuria del país. El propósito era noble pero la ejecución fue imprudente, y la naturaleza y causas de los problemas que pretendía resolver no fueron quizás bien comprendidas. Este banco fue más abierto que ningún otro, tanto en la concesión de cuentas de caja como en el descuento de letras de cambio. Con respecto a estas últimas, casi parece no haber hecho distinción alguna entre letras reales y de peloteo, y las descontó a todas por igual. Era principio declarado de este banco el adelantar, si había una seguridad razonable, todo el capital a ser invertido en empresas cuyos rendimientos son los más lentos y lejanos, como ocurre con los de la tierra. Llegó a afirmarse incluso que la promoción de tales empresas era el primordial de entre los animosos objetivos por los que había sido constituido. Merced sin duda a su generosidad en la concesión de cuentas de caja y en el descuento de letras de cambio, emitió una caudalosa cantidad de sus billetes. Pero como el grueso de esos billetes estaba por encima de lo que la circulación del país podía absorber y emplear sin dificultades, hubo un reflujo de los mismos hacia el banco para ser cambiados por oro y plata tan rápido como eran emitidos. Sus cajas fuerte nunca estuvieron adecuadamente llenas. El capital del banco, suscrito en dos ocasiones distintas, llegó a ciento sesenta mil libras, de las que se exigió el desembolso del ochenta por ciento. Esta suma debía pagarse en una serie de plazos. Una gran parte de sus propietarios, cuando pagaron el primer plazo, abrieron una cuenta de caja en el banco; y los directivos, al creerse en la obligación de tratar a los propietarios con la misma generosidad con que trataban a todas las demás personas, autorizaron a muchos de ellos a pedir prestado de sus cuentas de caja lo que pagaron en los plazos siguientes. Por lo tanto, tales pagos sólo ponían en una caja lo que un momento antes había sido sacado de otra. Aunque las cajas de este banco hubiesen estado repletas, su emisión excesiva las habría vaciado más rápido de lo que habrían podido rellenarlas recurriendo a expedientes no tan ruinosos como el de girar sobre Londres y cuando la letra vencía la pagaban, con interés y comisiones, librando otra letra sobre la misma plaza. Al estar sus cajas tan poco llenas, se dice que fueron arrastrados hacia esa estrategia muy pocos meses después de empezar sus operaciones. Los patrimonios de los propietarios de este banco ascendían a varios millones, y al

2. Del dinero, considerado como una rama especial del capital...

suscribir el contrato fundacional del banco se comprometían realmente a responder a todas sus obligaciones. Debido al enorme crédito que tan cuantioso respaldo le confería pudo, a pesar de su exageradamente generosa administración, proseguir con el negocio durante más de dos años. Cuando se vio obligado a interrumpir sus operaciones, tenía en circulación billetes por unas doscientas mil libras. Para sostener la circulación de estos billetes, que refluían sin cesar tan pronto eran emitidos, recurrió continuamente al giro de letras de cambio sobre Londres, en número y valor siempre crecientes, y que cuando dejó de funcionar ascendían a más de seiscientas mil libras. Así, en poco más de dos años, el banco adelantó a diferentes personas más de ochocientas mil libras al cinco por ciento. Sobre las doscientas mil libras emitidas en billetes, este cinco por ciento quizás podría ser considerado como ganancia neta, sin deducción alguna salvo los gastos de administración. Pero por las más de seiscientas mil libras por las que libraba permanentemente letras de cambio sobre Londres debía pagar en interés y comisiones más del ocho por ciento; y consecuentemente perdía más del tres por ciento en más de las tres cuartas partes de su negocio.

Las operaciones de este banco parecen haber producido efectos opuestos a los perseguidos por las personas que lo proyectaron y dirigieron. Pretendieron apoyar las valientes empresas, pues por tales las tenían, que había entonces en diversos lugares del país; y al mismo tiempo, al atraer todo el negocio bancario, suplantar a los demás bancos escoceses, en especial los establecidos en Edimburgo, cuya reticencia en descontar letras había levantado algunas protestas. Es indudable que el banco proporcionó un alivio temporal a esos empresarios y les permitió continuar con sus negocios por dos años más de lo que hubiesen podido en otra circunstancia. Pero lo que hizo fue dejar que se endeudaran todavía más, y así cuando llegó la ruina, se desató con más violencia sobre ellos y sobre sus acreedores. En consecuencia, las operaciones de este banco, en lugar de aliviar, en última instancia realmente agravaron los problemas que esos empresarios se habían creado a sí mismos y a su país. Habría sido mucho mejor para ellos, sus acreedores y su país si la mayoría de ellos se hubiesen visto obligados a cerrar sus negocios dos años antes. Sin embargo, el desahogo temporal que este banco proporcionó a esos empresarios probó ser un alivio real y permanente para los demás bancos escoceses. Todos los que operaban con letras de peloteo, que los demás bancos se mostraban tan reacios a descontar, acudieron al nuevo banco, donde fueron recibidos con los brazos abiertos. Así, esos otros bancos consiguieron escapar muy sencillamente de ese círculo fatal, del que no habrían podido desembarazarse sin incurrir en abultadas pérdidas y acaso también en algún grado de descrédito.

A largo plazo, entonces, las operaciones de este banco incrementaron los problemas reales del país que pretendían resolver, y aliviaron de una gran dificultad a los competidores que pretendían desplazar.

Cuando el banco abrió sus puertas, algunos creyeron que por más rápido que se vaciaran sus cajas, siempre podría rellenarlas con dinero obtenido sobre los títulos de aquellos a quienes adelantaba sus billetes. La experiencia pronto los convenció de que este método era demasiado lento para satisfacer sus propósitos, y que las arcas mal llenadas inicialmente y que se vaciaban a tanta velocidad sólo podían ser repuestas mediante el ruinoso expediente de girar letras sobre Londres y cuando vencían pagarlas con nuevas letras sobre la misma plaza, con comisiones e intereses acumulados. Aunque pudieron de esta forma obtener dinero tan rápidamente como lo demandaban, cada operación no les supuso beneficio alguno sino una pérdida, de forma que a largo plazo siempre se habrían

2. Del dinero, considerado como una rama especial del capital...

arruinado como empresa mercantil, aunque no tan pronto gracias al costoso truco de las letras de peloteo. No podían conseguir nada con el interés de los billetes: al estar por encima de lo que la circulación del país podía sin dificultad absorber y emplear, había un reflujo de los mismos hacia el banco para ser cambiados por oro y plata en el momento en que eran emitidos; para reembolsar sus billetes el banco debía endeudarse permanentemente. Todo el coste de este endeudamiento, del empleo de agentes que buscaban personas con dinero para prestar, la negociación con estas personas, la redacción de los títulos o contratos correspondientes, debía recaer sobre el banco y constituir una pérdida neta en su balance. El plan de rellenar sus cajas de esta manera puede ser comparado con el de un hombre de cuyo estanque fluye sin cesar un chorro hacia el exterior, pero al que no entra chorro alguno, y que se propone mantener el nivel del estanque rellenándolo mediante el empleo de un cierto número de personas que fuesen y volviesen sin cesar con cubos a un pozo situado a algunas millas de distancia.

Pero aunque la estrategia hubiese probado ser no sólo factible sino también rentable para el banco como empresa, el país no hubiese derivado de ella beneficio alguno sino al contrario, una pérdida considerable. La operación no podía aumentar ni en lo más mínimo la cantidad de dinero a prestar: sólo podía lograr convertir a ese banco en una suerte de oficina general de préstamos para todo el país. Los que necesitasen un préstamo hubiesen debido solicitarlo a este banco en vez de a las personas particulares que habían prestado su dinero al banco. Pero un banco que presta dinero quizás a quinientas personas diferentes, en su mayoría casi desconocidas para sus directivos, no es probable que sea más prudente en la elección de sus deudores que una persona privada que presta su dinero a unas pocas personas que conoce y en cuya conducta sobria y frugal tiene razones para confiar. Los deudores de ese banco, cuya conducta he intentado describir, probablemente eran en su mayoría quiméricos proyectistas, que giraban y sobregiraban letras de cambio, e iban a emplear el dinero en empresas extravagantes que, a pesar de toda la ayuda que recibiesen, probablemente no llevarían jamás a buen término y que, si acaso eran completadas, jamás cubrirían lo que realmente habrían costado, jamás generarían un fondo capaz de mantener una cantidad de trabajo igual a la que se había invertido en ellas. Los sobrios y frugales deudores de las personas privadas, por el contrario, emplearían probablemente el dinero prestado en empresas prudentes, proporcionadas a sus capitales y que, aunque tendrían menos brillo y grandiosidad que las otras, tendrían más seguridad y rentabilidad, repondrían con un amplio beneficio todo lo que se hubiese invertido en ellas, y suministrarían así un fondo capaz de mantener una cantidad de trabajo muy superior a la invertida en ellas. El éxito de la mencionada estrategia, por lo tanto, sin incrementar en lo más mínimo el capital del país, sólo habría transferido la mayor parte del mismo desde empresas prudentes y rentables a empresas imprudentes y no rentables.

La opinión del famoso Sr. Law era que la economía escocesa languidecía por falta de dinero. Propuso remediar esta deficiencia mediante un banco especial, que emitiese billetes por un monto equivalente al valor de toda la tierra del país. Cuando planteó su propuesta por vez primera, el parlamento Escocés no juzgó adecuado adoptarla. Después sí lo hizo, con algunas variaciones, el duque de Orleans, entonces regente de Francia. La idea de que es posible multiplicar el papel moneda hasta cualquier límite fue la base real de lo que se conoce como el sistema del Mississippi, acaso el proyecto bancario y bursátil más extravagante que el mundo haya conocido. Las diversas operaciones del proyecto son explicadas de forma tan cabal, nítida y prolija por el Sr. Du Verney en su *Examen* de las reflexiones políticas sobre el comercio y las finanzas del Sr. Du Tot, que no daré aquí detalles sobre ellas. Sus principios fundamentales son explicados por el propio Sr. Law en su *Discurso* sobre el dinero y el comercio, que publicó en Escocia cuando presentó por primera vez su proyecto. Las espléndidas aunque visionarias ideas expuestas en esta y otras obras sobre los mismos principios todavía impresionan a mucha gente, y acaso en parte hayan contribuido al exceso de actividades bancarias que ha sido recientemente tan criticado en Escocia y otros lugares.

El Banco de Inglaterra es el mayor banco emisor de billetes de Europa. Fue constituido por una ley del Parlamento, mediante carta de privilegio concedida con el gran sello, con fecha 27 de julio de 1694. Adelantó entonces al gobierno la suma de un millón doscientas mil libras por una anualidad de cien mil libras, o 96.000 libras anuales de intereses al ocho por ciento, y 4.000 anuales en concepto de gastos de administración. Hay razones para pensar que el crédito del nuevo gobierno, establecido por la Revolución, era muy pobre, puesto que se vio obligado a pedir prestado a un tipo de interés tan elevado.

En 1697 se permitió al banco ampliar su capital mediante una aportación de 1.001.171 libras 10 chelines. Su capital total ascendía entonces a 2.201.171 libras 10 chelines. Se dijo que esa ampliación fue realizada para apoyar al crédito público. En 1696 los vales se cotizaban al cuarenta, cincuenta y sesenta por ciento de descuento, y los billetes de banco al veinte por ciento. Durante la gran reacuñación de la plata, que tuvo lugar en esa época, el banco decidió interrumpir el pago de sus billetes, lo que le ocasionó un inevitable descrédito.

Por la ley c.vii del séptimo año del reinado de Ana, el

banco adelantó y pagó al Tesoro la suma de 400.000 libras, con lo que llevaba adelantadas 1.600.000 libras por su anualidad original de 96.000 libras de intereses y 4.000 de gastos. En 1708, por lo tanto, el crédito del gobierno era tan bueno como en de los particulares, puesto que podía endeudarse al seis por ciento, la tasa legal común y de mercado en esos tiempos. Por la misma ley el banco canceló letras del Tesoro por 1.775.027 libras 17 chelines 10 1/2 peniques al seis por ciento de interés, y fue al mismo tiempo autorizado a tomar suscripciones para doblar su capital. Así, en 1708 el capital del banco era de 4.402.343 libras, y había adelantado al gobierno 3.375.027 libras 17 chelines 10 1/2 peniques.

Ofreciendo un quince por ciento consiguió 656.204 libras 1 chelín 9 peniques en 1709, y al diez por ciento 501.449 libras 12 chelines 11 peniques en 1710. Con esas dos suscripciones, el capital del banco ascendió a 5.559.995 libras 14 chelines 8 peniques.

Por ley c.8 del tercer año de Jorge I, el banco presentó dos millones de letras del Tesoro para ser canceladas. Había adelantado entonces al gobierno 5.375.027 libras 17 chelines 10 peniques. Por ley c.21 del octavo año de Jorge I el banco compró acciones de la Compañía de los Mares del Sur por valor de 4.000.000 libras; y en 1722, a raíz de las suscripciones realizadas para hacer frente a esta compra, su capital se incrementó en 3.400.000 libras. En ese momento, entonces, el banco había adelantado al estado 9.375.027 libras 17 chelines 10 1/2 peniques, y su capital era de sólo 8.959.995 libras 14 chelines 8 peniques. Fue entonces cuando la suma que el banco había dado al gobierno, y por la que cobraba interés, excedió por vez primera a su capital, o la suma por la que pagaba dividendos a los propietarios; en otras palabras, el banco empezó a tener un capital indiviso por encima del que tenía dividido, y así ha ocurrido desde entonces. En 1746 el banco había prestado al estado, en diferentes ocasiones, 11.686.800 libras, mientras que su capital dividido había sido ampliado a través de diversas suscripciones hasta 10.780.000 libras. La situación de esas dos sumas ha permanecido inalterada desde entonces. Por ley c.25 del cuarto año de Jorge III el banco aceptó pagar al estado por la renovación de su carta de constitución 110.000 libras sin intereses ni reembolsos. Esta suma, por lo tanto, no incrementó ninguna de las otras dos.

El dividendo del banco ha cambiado según las variaciones registradas en la tasa de interés que, en diversos momentos, ha cobrado por el dinero prestado al gobierno, así como por otras circunstancias. Esta tasa de interés ha sido gradualmente reducida desde el ocho al tres por ciento. En los últimos años el dividendo del banco ha sido del cinco y medio por ciento.

La estabilidad del Banco de Inglaterra es igual a la del estado británico. Para que sus acreedores llegaran a sufrir alguna pérdida tendría que perder todo lo que ha prestado a la nación. Ningún otro banco se puede establecer en Inglaterra por ley parlamentaria o tener más de seis miembros. No es simplemente un banco como los demás, sino un importante mecanismo del estado. Recibe y paga el grueso de las anualidades que se deben a los acreedores del estado, pone en circulación las letras del Tesoro y adelanta al gobierno el monto anual de los impuestos sobre la tierra y sobre la malta, que con frecuencia no son pagados sino con varios años de demora. En estas diferentes actuaciones, su deber para con el estado le ha obligado a abarrotar la circulación con billetes. También descuenta letras de comerciantes, y en diversas oportunidades ha defendido el crédito de las principales casas no sólo de Inglaterra sino de Hamburgo y Holanda. Se dice que en una ocasión, en 1763, prestó para este objetivo en una semana cerca de 1.600.000 libras, gran parte de ellas en oro; pero no puedo confirmar ni la magnitud de la suma ni la brevedad del plazo. En otros casos, esta gran compañía se vio forzada a pagar en monedas de seis peniques.

Las más prudentes operaciones de la banca no expanden la actividad del país al aumentar su capital sino al convertir en activa y productiva a una sección mayor de lo que ocurriría en otra circunstancia. Aquella parte del capital que un hombre de negocios debe mantener inactiva o en efectivo para hacer frente a demandas eventuales es un capital muerto: mientras permanezca en esas condiciones no produce nada, ni para él ni para su país. La juiciosa acción de los bancos le permiten convertir ese capital muerto en capital activo y productivo; en materiales para elaborar, en herramientas con las que trabajar, en provisiones y subsistencias a obtener por el trabajo; en capital que produce algo para él y para su país. Las monedas de oro y plata que circulan en cualquier país, y por las cuales el producto de su tierra y su trabajo circula anualmente y es distribuido a sus consumidores correspondientes es, igual que el efectivo del hombre de negocios, todo capital muerto. Es una fracción muy valiosa del capital del país, pero que no le produce nada. La prudente actividad bancaria, al sustituir por papel una gran parte del oro y la plata, permite al país convertir una amplia sección de su capital muerto en capital activo y productivo, en capital que produce algo para el país. El dinero de oro y plata que circula en cualquier país puede muy bien compararse con una carretera, que aunque permite la circulación y el transporte hacia el mercado de todos los pastos y cereales del país, no produce nada de ninguno de ellos. La juiciosa acción de los bancos proporciona, si puedo emplear una metáfora tan violenta, una especie de carretera aérea, y permite que el país convierta una gran parte de sus carreteras en buenos campos de pastos y ce-

2. Del dinero, considerado como una rama especial del capital...

reales, con lo que incrementa de forma muy considerable el producto anual de su tierra y su trabajo. Debe advertirse, sin embargo, que aunque el comercio y la industria del país puedan ser algo mayores, jamás estarán tan seguros cuando viajan, por así decirlo, suspendidos por las alas de Dédalo del papel moneda, como cuando viajan apoyados en el sólido suelo del oro y la plata. Además de los accidentes a los que se hallan expuestos por la torpeza de quienes dirigen los billetes, corren otros muchos riesgos, de los que ni la prudencia ni la destreza de tales directores los pueden librar.

Una guerra fracasada, por ejemplo, en la que el enemigo se apodera de la capital, y consecuentemente del tesoro en el que se apoya el crédito del papel moneda, ocasionaría una confusión mucho mayor en un país cuya circulación consta exclusivamente de billetes que en uno cuyo circulante se componga en su mayoría de oro y plata. Al perder valor el medio habitual del comercio, no habría intercambios sino por trueque o a crédito. Como todos los impuestos eran pagados en billetes, el soberano no podrá pagar a sus tropas ni abastecer sus almacenes, y la situación del país será mucho más irrecuperable que si el grueso de su circulación hubiese estado formada por oro y plata. Un soberano preocupado por mantener siempre a sus dominios en una condición en la que resulte más fácil defenderlos debería, en consecuencia, vigilar no sólo ante la multiplicación excesiva de billetes que arruina a los propios bancos que los emiten, sino incluso ante la multiplicación que les permite ocupar con ellos el grueso de la circulación del país.

La circulación de cualquier país se divide en dos ramas distintas: la de los comerciantes entre sí y la de los comerciantes con los consumidores. Aunque las mismas piezas monetarias, de papel o de metal, puedan ser empleadas a veces en una circulación y a veces en la otra, como ambas tienen lugar constantemente y al mismo tiempo, cada una requiere una determinada cantidad de dinero, de un tipo u otro, para ser llevada a cabo. El valor de los bienes que circulan entre los comerciantes nunca puede superar el valor de los que lo hacen entre los comerciantes y los consumidores, porque todo lo que compran los comerciantes está destinado en última instancia a ser vendido a los consumidores. La circulación entre los hombres de negocio, al ser al por mayor, requiere por regla general una suma abultada para cada transacción individual. La circulación entre los hombres de negocio y los consumidores, por el contrario, al ser normalmente al por menor, requiere frecuentemente sumas muy pequeñas, y a menudo basta con un chelín o incluso medio penique. Pero las sumas reducidas circulan mucho más rápido que las grandes. Un chelín cambia de manos más frecuentemente que una guinea, y medio penique más frecuentemente que un chelín. Así, aunque las compras anuales de todos los consumidores son de un valor al menos igual a las de todos los comerciantes, pueden ser realizadas con una cantidad de dinero muy inferior; las mismas piezas, al circular más velozmente, sirven para muchas más compras de una clase que de la otra.

El papel moneda puede ser regulado para limitarlo en especial a la circulación entre comerciantes, o para extenderlo a la mayor parte de la circulación entre comerciantes y consumidores. Cuando no circulan billetes inferiores a diez libras, como ocurre en Londres, el papel moneda se limita fundamentalmente a la circulación entre los comerciantes. Cuando un billete de diez libras llega a manos de un consumidor, éste se ve generalmente obligado a cambiarlo en la primera tienda en la que compre bienes por cinco chelines, y así a menudo retorna a las manos de un hombre de negocios antes de que el consumidor pueda gastar una cuadragésima parte del mismo.

2. Del dinero, considerado como una rama especial del capital...

Cuando los billetes son emitidos por sumas tan pequeñas como veinte chelines, como en Escocia, el papel moneda se extiende a una parte considerable de la circulación entre comerciantes y consumidores. Antes de la ley del Parlamento que puso fin a la circulación de los billetes de diez y cinco chelines, se extendía sobre una parte aún mayor. En los circulantes de América del Norte se emitía normalmente papel por valores tan reducidos como un chelín, y abarcaba casi toda la circulación. Algunos billetes en Yorkshire llegaron a emitirse por sumas tan insignificantes como seis peniques.

Cuando se autorizan y practican habitualmente emisiones de billetes por sumas tan pequeñas, se permite y estimula que mucha gente sin medios se conviertan en banqueros. Una persona cuyos pagarés por cinco libras, o incluso por veinte chelines, serían rechazados por todo el mundo, conseguiría que los aceptasen sin escrúpulos si los extendiese por seis peniques. Pero las frecuentes bancarrotas a las que tan menesterosos banqueros estarían seguramente expuestos podrían ocasionar notables dificultades y a veces incluso grandes calamidades a mucha gente pobre que hubiese recibido sus billetes como pago.

Lo mejor sería quizás que no se tolerase en parte alguna del reino la emisión de billetes de menos de cinco libras. En tal caso, el papel moneda probablemente se limitaría en todo el reino a la circulación entre comerciantes, tal como ocurre hoy en Londres, donde no se emiten billetes de menos diez libras; en la mayor parte del reino cinco libras es una suma que aunque quizás no compre más que la mitad de bienes, es tan estimada, y tan pocas veces gastada de golpe, como diez libras en el profuso dispendio de Londres.

Debe subrayarse que cuando el papel moneda es restringido a la circulación entre hombres de negocio, como en Londres, siempre hay abundancia de oro y plata.

Cuando se extiende al grueso de la circulación entre comerciantes y consumidores, como en Escocia e incluso más en Norteamérica, expulsa del país al oro y a la plata casi por completo, y todas las transacciones corrientes en el comercio interior pasan a efectuarse con billetes. La supresión de los billetes de diez y cinco chelines supuso un respiro ante la escasez de oro y plata en Escocia, que sería probablemente mayor si se eliminasen los de veinte chelines. Se dice que desde la supresión de algunos de sus billetes, esos metales se han vuelto más abundantes en América, y también se cuenta que eran más abundantes antes de que apareciesen esos billetes.

Aunque el papel moneda se restringiese a la circulación entre comerciantes, los bancos y los banqueros podrían brindar el mismo apoyo a la industria y el comercio del país que si los billetes cubriesen casi toda la circulación. El dinero en efectivo que un comerciante debe mantener para hacer frente a demandas ocasionales se destina a la circulación entre él y otros comerciantes, a quienes compra mercancías. No necesita tener nada para la circulación entre él y los consumidores, porque ellos son sus clientes y le entregan dinero en efectivo en lugar de pedírselo. Así, aunque la emisión de billetes fuese prohibida excepto en sumas que lo concentrasen en la circulación entre comerciantes, los bancos y los banqueros podrían evitar que los hombres de negocio reservasen para sí ninguna parte importante de su capital inactivo y en efectivo para pagos eventuales, en parte mediante descuentos de letras de cambio reales y en parte con préstamos sobre cuentas de caja. Incluso en ese caso podrían prestar la máxima ayuda que bancos y banqueros pueden facilitar adecuadamente a los empresarios de cualquier tipo.

Se podría argumentar que el impedir a personas privadas que acepten billetes de un banquero, por cualquier suma grande o pequeña, cuando ellas están dispuestas a hacerlo, o el impedir a un banquero que emita esos billetes cuando todos sus vecinos están dispuestos a aceptarlos, es una violación manifiesta de esa libertad natural que la ley debe apoyar, no infringir. Es indudable que tales reglamentaciones pueden ser consideradas en cierto modo como violaciones de la libertad natural. Ahora bien, todo ejercicio de la libertad natural de unos pocos individuos que pueda poner en peligro la seguridad de toda la sociedad es y debe ser restringido por las leyes de todos los estados, de los más libres y los más despóticos. La obligación de construir muros para evitar la propagación de incendios es una violación de la libertad natural, y exactamente de la misma clase que las reglamentaciones de la actividad bancaria que aquí se proponen.

Un papel moneda consistente en billetes de banco emitidos por personas de indiscutible solvencia, pagaderos incondicionalmente a la vista y que se paguen de hecho en el instante de ser presentados, es en todos los aspectos de igual valor que la moneda de oro y plata, puesto que a cambio de ellos se puede conseguir en cualquier momento oro y plata. Todo lo que sea comprado o vendido a cambio de ese papel debe necesariamente ser comprado y vendido tan barato como lo sería a cambio de oro y plata. Se ha dicho que el aumento del papel moneda, al elevar la cantidad y consiguientemente reducir el valor del total circulante, necesariamente incrementa el precio monetario de las mercancías. Pero como la cantidad de oro y plata retirada de la circulación es siempre igual a la cantidad de papel añadida a ella, el papel moneda no expande necesariamente la cantidad del circulante total. Desde comienzos del siglo pasado hasta hoy, las provisiones nunca fueron tan baratas en Escocia como en 1759 aunque entonces, merced a los billetes de diez y cinco chelines, había más papel moneda en el país que ahora. La relación entre el precio de los alimentos en Escocia y en

Inglaterra es la misma hoy que antes de la gran multiplicación de bancos en Escocia. En la mayoría de los casos el cereal es tan barato en Inglaterra como en Francia, aunque hay mucho papel moneda en Inglaterra y en Francia apenas circula. En 1751 y 1752, cuando el Sr. Hume publicó sus *Discursos políticos*, y un tiempo después de la vasta multiplicación de billetes en Escocia, se registró una acusada subida en el precio de los alimentos, debida probablemente a las inclemencias del tiempo y no a la multiplicación del papel moneda.

Ocurriría ciertamente lo contrario con un papel moneda consistente en billetes cuyo pago inmediato dependiese en algún respecto de la buena voluntad de los emisores o de alguna condición que el tenedor no siempre pudiese cumplir, o que no fuesen exigibles hasta después de un cierto número de años, y no rindieran entre tanto interés alguno. Es evidente que ese papel moneda caería más o menos por debajo del valor del oro y la plata, según que se supusiese que la dificultad o incertidumbre en su pago inmediato fuese mayor o menor, o según el período más o menos prolongado en el que dicho pago fuese exigible.

Hace algunos años los bancos escoceses acostumbraban a insertar en sus billetes lo que llamaban la Cláusula Opcional, mediante la cual se comprometían a pagar al portador o bien en el momento de presentar el billete o bien, y esto era opción de los directivos, seis meses después, con el añadido del interés legal. Los directivos de algunos de esos bancos se aprovecharon en ocasiones de tal cláusula, y amenazaban a quienes querían cambiar un número abultado de sus billetes por oro y plata con recurrir a ella si tales demandantes no se contentaban con sólo una fracción de lo que exigían. Los billetes de esos bancos formaban entonces el grueso del circulante en Escocia, y esta incertidumbre en el pago necesariamente degradó su valor por debajo del dinero de oro y plata. En el tiempo en que prosiguió este abuso (que prevaleció esencialmente en 1762, 1763 y 1764), mientras que el cambio entre Londres y Carlisle estaba a la par, entre Londres y Dumfries llegó a veces al cuatro por ciento contra Dumfries, aunque esta ciudad no dista ni treinta millas de Carlisle. Pero en Carlisle las cuentas eran pagadas en oro y plata, mientras que en Dumfries eran pagadas en billetes de los bancos escoceses, y la incertidumbre de obtener monedas de oro y plata a cambio de esos billetes deprimió su valor en un cuatro por ciento por debajo del de la moneda. La misma ley del Parlamento que eliminó los billetes de diez y cinco chelines suprimió esta cláusula opcional, y restauró así el cambio entre Inglaterra y Escocia a su tasa natural, es decir, a la que imponía el curso del comercio y las transferencias.

En el papel moneda de Yorkshire, el pago de una suma tan pequeña como seis peniques dependía a veces de la condición de que el portador del billete trajera el cambio de una guinea a la persona que lo había emitido, condición que los tenedores de esos billetes veían a menudo difícil de cumplir, y que debe haber devaluado ese circulante por debajo de la moneda de oro y plata. Una ley del Parlamento declaró ilegales todas esas cláusulas y suprimió, como en Escocia, todos los pagarés o billetes pagaderos al portador por debajo del valor de veinte chelines.

El papel moneda en América del Norte no consistía en billetes pagaderos al portador a la vista sino en títulos del gobierno, cuyo pago no era exigible hasta varios años después de la emisión. Y aunque los gobiernos de la colonia no pagaban interés a los tenedores de este papel, lo declararon y convirtieron en moneda de curso legal por el valor pleno al que había sido emitido. Pero suponiendo que la seguridad en la colonia fuese perfecta, cien libras pagaderas a un plazo de quince años, por ejemplo, en un lugar donde el interés está al seis por ciento, apenas valen más de cuarenta libras en dinero efectivo. Así, obligar a un acreedor a aceptar eso como reembolso pleno de una deuda de cien libras prestadas en efectivo constituía un acto de tan violenta injusticia como el que quizás jamás haya sido cometido por ningún otro país que pretendiese ser libre. Tiene las características evidentes de haber sido originalmente lo que el honesto y sincero Doctor Douglas nos asegura que fue: una estratagema de deudores fraudulentos para estafar a sus acreedores. Es verdad que el gobierno de Pensilvania pretendió, al emitir papel moneda por vez primera en 1722, hacer a ese papel de igual valor que el oro y la plata, estableciendo penas sobre todos aquellos que establecieran alguna diferencia en el precio de sus bienes al venderlos a cambio de papel del gobierno y a cambio de oro y plata; una regulación igualmente tiránica pero mucho menos eficaz que la que se proponía defender. El derecho positivo puede hacer que un chelín sea medio legal de pago de una guinea, porque puede hacer que los tribunales de justicia estimen liberado al deudor que haya pagado un chelín. Pero ninguna ley positiva puede obligar a una persona que vende bienes, y que tiene libertad de vender o no, a aceptar en su precio un chelín como equivalente a una guinea. A pesar de las reglamentaciones de este tipo, en el curso de los intercambios con Gran Bretaña se vio que cien libras esterlinas eran ocasionalmente consideradas equivalentes en algunas de las colonias a ciento treinta libras y en otras a una suma tan abultada como mil cien libras; estas diferencias en el valor surgían de la diferencia en la cantidad del papel emitido en las diversas colonias, y en el período y seguridad del plazo de su pago y redención finales.

Por lo tanto, ninguna ley fue tan justa como la del Parlamento, tan criticada sin razón en las colonias, que declaró que en adelante no se podría emitir allí papel moneda que fuese medio legal de pago.

Pensilvania fue siempre más moderada en sus emisiones de papel moneda que ninguna otra de nuestras colonias. Por eso se dice que el valor de sus billetes nunca se hundió por debajo del valor del oro y la plata existentes antes de la primera emisión de su papel moneda. Antes de esa emisión, la colonia había aumentado la denominación de su moneda y, mediante una ley de la Asamblea, ordenó que cinco chelines esterlinos valiesen en la colonia seis y tres peniques, y después seis y ocho peniques. Una libra en dinero de la colonia, entonces, incluso cuando ese dinero era de oro y plata, estaba más del treinta por ciento por debajo del valor de una libra esterlina, y bajó mucho más cuando el dinero fue convertido en papel. El objetivo de la elevación de la denominación fue impedir la exportación de oro y plata, al hacer que cantidades iguales de esos metales valiesen más en la colonia que en la metrópoli. Pudieron comprobar, sin embargo, que el precio de todos los bienes que procedían de la metrópoli subió exactamente en la misma proporción en la que subió la denominación de su moneda, con lo que su oro y plata se exportaron al mismo ritmo de siempre.

Al ser el papel moneda de cada colonia aceptado como pago de los impuestos provinciales, por el pleno valor al que había sido emitido, necesariamente derivó de este uso un valor adicional, por encima del que habría tenido según el plazo real o supuesto de su cobro y redención final. Este valor adicional era mayor o menor según que la cantidad de papel emitido hubiese estado más o menos por encima de lo que podría haberse empleado en el pago de los impuestos de la colonia que lo emitía. En todas las colonias era mucho mayor a lo que podría haberse utilizado de esa forma.

Un soberano que dispusiese que una cierta proporción

de sus impuestos debe ser pagada en papel moneda de un cierto tipo puede otorgar con ello un cierto valor a ese papel, incluso aunque el plazo de su pago y redención final dependa por completo de la voluntad del propio soberano. Si el banco que emite ese papel cuida que su cantidad siempre esté por debajo de lo que podría emplearse fácilmente de esa manera, la demanda del mismo sería tal que podría pagarse una prima por el mismo, o ser vendido en el mercado por algo más que la cantidad de oro y plata en lugar de la cual fue emitido. Algunos explican por esta razón lo que dio en llamarse el agio del Banco de Amsterdam, o la superioridad del dinero bancario sobre el dinero corriente, aunque los billetes del banco no puedan ser cobrados a voluntad de los tenedores. El grueso de las letras de cambio extranjeras deben ser pagadas en dinero bancario, es decir, mediante una transferencia en las cuentas del banco, y dicen que los directivos del banco son lo suficientemente prudentes como para mantener la cantidad total de papel moneda siempre por debajo de la demanda derivada de este uso. Por ello, afirman, el dinero bancario se cotiza con prima, o tiene un agio del cuatro o cinco por ciento sobre la misma suma nominal en la moneda de oro y plata del país. Veremos más tarde, sin embargo, que lo que se cuenta del Banco de Amsterdam es en buena medida una quimera.

Un papel moneda cuyo valor caiga por debajo del de la moneda de oro y plata no hunde por ello el valor de esos metales, ni ocasiona que una cantidad igual de los mismos se intercambie por una cantidad menor de bienes de cualquier otra clase. La proporción entre el valor del oro y la plata y el de los bienes de otro tipo no depende en ningún caso de la naturaleza o cantidad de un papel moneda concreto que pueda circular en un momento determinado, sino de la riqueza o pobreza de las minas que en ese momento abastezcan con esos metales al gran mercado del mundo comercial. Depende de la proporción entre la cantidad de trabajo necesaria para llevar una cierta cantidad de oro y plata al mercado y la necesaria para llevar allí una cierta cantidad de otros bienes.

Si se impide a los banqueros el emitir billetes o pagarés al portador inferiores a una denominación determinada, y si están sujetos a la obligación del pago inmediato e incondicional de esos billetes en el momento en que les sean presentados, sus actividades pueden ser dejadas en todos los demás aspectos en completa libertad, con total seguridad para el público. La reciente multiplicación de compañías bancarias en las dos partes del Reino Unido, un acontecimiento que ha alarmado a mucha gente, aumenta la seguridad de la nación en lugar de disminuirla. Obliga a todos los bancos a ser más circunspectos en su conducta, y al no expandir sus billetes más allá de su debida proporción con el efectivo, a protegerse frente a esas carreras maliciosas que la rivalidad de tantos competidores siempre puede suscitar entre ellos. Limita la circulación de cada banco a un círculo más estrecho y constriñe sus billetes a un número menor. Al dividir la circulación total entre más partes, la quiebra de una empresa, un accidente que inevitablemente ocurre en algunas ocasiones, resulta menos grave para el público. Esta libre competencia fuerza también a los banqueros a ser más generosos con sus clientes, porque de otro modo se los arrebatarán sus rivales. Por regla general, si cualquier rama de los negocios o cualquier división del trabajo es beneficiosa para la comunidad, lo será tanto más cuando más libre y más amplia sea la competencia.

3. De la acumulación del capital, o del trabajo productivo e improductivo

Hay un tipo de trabajo que aumenta el valor del objeto al que se incorpora, y hay otro tipo que no tiene ese efecto. En tanto produce valor, el primero puede ser llamado trabajo productivo; y el segundo, trabajo improductivo. El operario industrial añade generalmente al valor de los materiales con los que trabaja el de su propia manutención y el del beneficio de su patrono. Por el contrario, la labor de un sirviente no añade valor a nada. Aunque el obrero industrial recibe su salario del patrono, en realidad no le cuesta nada, porque el valor de ese salario resulta normalmente restaurado, junto con un beneficio, en el mayor valor del objeto sobre el que emplea su trabajo. La manutención de un sirviente, en cambio, nunca es repuesta. Un hombre se hace rico si contrata a una multitud de obreros, pero se hace pobre si mantiene a una multitud de sirvientes. El trabajo de estos últimos tiene valor y merece una remuneración tanto como el de los primeros. Pero el trabajo de un operario industrial se

3. De la acumulación del capital, o del trabajo productivo e improductivo

fija e incorpora en un objeto concreto o mercancía vendible, que perdura por algún tiempo después de finalizado el trabajo. Representa, por así decirlo, una cierta cantidad de trabajo acumulada y almacenada para ser empleada, si es necesario, en otra ocasión. El objeto, o lo que es lo mismo: el precio del objeto puede más tarde, si resulta necesario, poner en movimiento una cantidad de trabajo igual a la que originalmente lo produjo. Pero el trabajo de un sirviente, por el contrario, no se fija ni incorpora en ningún objeto concreto ni mercancía vendible. Normalmente sus servicios perecen el mismo momento de ser prestados, y rara vez dejan tras de sí rastro o valor alguno a cambio del cual pueda conseguirse después una cantidad igual de servicios.

Algunos de los trabajos más respetables de la sociedad son como el de los sirvientes: no producen valor alguno que se fije o incorpore en un objeto permanente o mercancía vendible, que perdure una vez realizado el trabajo, y a cambio del cual se pueda procurar después una misma cantidad de trabajo. El soberano, por ejemplo, y todos los altos cargos que lo sirven, tanto de justicia como militares, el ejército y la marina completos, son trabajadores improductivos. Son servidores públicos y son mantenidos con una fracción del producto anual del trabajo de otras personas. Sus servicios, por honorables, útiles o necesarios que sean, no producen nada a cambio de lo cual pueda conseguirse después igual cantidad de servicios. La protección, seguridad y defensa de la comunidad, que son el efecto de su trabajo este año, no comprará la protección, seguridad y defensa del año que viene. En la misma categoría hay que situar a algunas de las profesiones más serias e importantes y también a algunas de las más frívolas: sacerdotes, abogados, médicos, hombres de letras de todas las clases; actores, bufones, músicos, cantantes de ópera, bailarines, etc. El trabajo del más modesto de todos ellos tiene un valor, determinado según los mismos principios que regulan el de cualquier otra suerte de trabajo; y el del más noble y útil no produce nada que pueda después comprar o procurar una cantidad igual de trabajo. Como la declamación del actor, la arenga del orador y la melodía del músico, la labor de todos ellos perece en el mismo instante de su producción.

Los trabajadores productivos, los improductivos y los que no trabajan en absoluto, son todos ellos mantenidos con el producto anual de la tierra y el trabajo del país. Este producto puede ser muy grande, pero jamás será infinito, siempre tendrá unos límites. Por eso, según que la proporción destinada cada año a mantener brazos improductivos sea menor o mayor, quedará para los productivos más en un caso y menos en otro, y el producto anual del año siguiente será consecuentemente mayor o menor; si exceptuamos las producciones espontáneas de la tierra, todo el producto anual es el efecto del trabajo productivo.

Aunque todo el producto anual de la tierra y el trabajo de cualquier país está destinado indudablemente en última instancia a satisfacer el consumo de sus habitantes y procurarles un ingreso, cuando surge primero de la tierra o de las manos de los trabajadores productivos se divide naturalmente en dos partes. Una de ellas, a menudo la mayor, se dirige a reponer el capital o a renovar las provisiones, materiales y artículos terminados que han sido retirados del capital; la otra constituye el ingreso del propietario del capital, su beneficio, o el ingreso de alguna otra persona, como renta de su tierra. Así, del producto de la tierra una parte repone el capital del granjero y otra parte paga su beneficio y la renta del terrateniente, y constituye de tal manera un ingreso tanto para el propietario del capital, en carácter de beneficio, como para otra persona, en carácter de renta de su tierra. De la misma

3. De la acumulación del capital, o del trabajo productivo e improductivo

forma, del producto de una gran industria una parte, y siempre la mayor, repone el capital del empresario; y la otra parte paga su beneficio y representa así un ingreso para el propietario del capital.

La parte del producto anual de la tierra y el trabajo de cualquier país que repone el capital nunca se invierte en otra cosa que no sea mantener brazos productivos. Sólo paga salarios de trabajadores productivos. La parte que se destina al ingreso, como beneficio o como renta, puede sostener indistintamente brazos productivos e improductivos.

Cualquiera sea la parte de su fortuna que un hombre invierte como capital, siempre espera reponerla con un beneficio. Por eso la emplea en mantener manos productivas; tras servir como capital para él, representa un ingreso para ellas. Cuando invierte una parte en sostener manos improductivas de cualquier tipo, esa parte resulta desde ese mismo instante retirada de su capital y colocada en el fondo reservado para su consumo inmediato.

Los trabajadores improductivos y todos los que no trabajan en absoluto viven del ingreso; o bien, en primer lugar, de la parte del producto anual que se destina originalmente al ingreso de algunas personas, como renta de la tierra o beneficios del capital; o en segundo lugar, de la parte destinada originalmente sólo a la reposición del capital y manutención de trabajadores productivos, pero que una vez que llega a su poder, toda sección que supere la indispensable subsistencia puede ser gastada indistintamente en mantener brazos productivos o improductivos. Así, no sólo el gran señor o el comerciante acaudalado pueden tener sirvientes domésticos, sino también el trabajador común, si gana lo suficiente; también puede el trabajador común ir al teatro o a una función de marionetas y contribuir así al sostenimiento de un conjunto de trabajadores improductivos; o puede pagar impuestos y así colaborar en la manutención de otro conjunto, ciertamente más honorable y útil, pero igualmente improductivo. Pero ninguna sección del producto anual originalmente destinada a reponer el capital es dirigida jamás hacia el sostenimiento de mano de obra improductiva sino después de haber puesto en marcha su complemento íntegro de trabajo productivo, o todo el que podía movilizar dada la forma en que fue invertido. Antes de que pueda gastar una parte de su salario de esa manera, el trabajador debe haber recibido su paga por el trabajo realizado. Esa parte es además generalmente pequeña. Se trata del sobrante de su ingreso solamente, y a los trabajadores productivos rara vez les sobra mucho. Suelen tener algo, empero, y en el pago de impuestos puede que la amplitud de su número compense en alguna medida la pequeñez de sus contribuciones individuales. En todos los sitios, por tanto, las fuentes principales de las que obtiene su subsistencia la mano de obra improductiva son la renta de la tierra y los beneficios del capital. Se trata de los dos ingresos de los que los beneficiarios disfrutan de un sobrante mayor. Ambos pueden mantener indistintamente trabajo productivo o improductivo, aunque parecen sentir predilección por este último. El gasto de un gran señor alimenta por regla general a mucha más gente ociosa que trabajadora. El comerciante acaudalado, aunque mantiene con su capital sólo a gente laboriosa, cuando se trata de su gasto, es decir, del empleo de su ingreso, alimenta a la misma clase de personas que el gran aristócrata.

La proporción, en consecuencia, entre los brazos productivos e improductivos en cada país depende estrechamente de la relación entre esa parte del producto anual que tan pronto como surge de la tierra o de las manos de los trabajadores productivos se destina a reponer el capital, y la que adopta la forma de ingreso, sea como renta o

3. De la acumulación del capital, o del trabajo productivo e improductivo

como beneficio. Esta relación diverge mucho entre los países ricos y los pobres.

En la actualidad, y en los países opulentos de Europa, una parte muy grande, con frecuencia la más grande, del producto de la tierra es destinada a la reposición del capital del agricultor rico e independiente, y la otra al pago de sus beneficios y de la renta del terrateniente. Pero antiguamente, cuando prevalecía el sistema feudal, bastaba una fracción muy reducida del producto para reponer el capital invertido en los cultivos. Habitualmente consistía en unas pocas reses miserables, que se alimentaban sólo de la producción espontánea de las tierras eriales y que podían, en consecuencia, ser consideradas como integrantes de esa producción espontánea. Pertenecían por lo general al terrateniente y eran adelantadas por él a los ocupantes de la tierra. A él le pertenecía también todo el resto del producto, fuese como renta por su tierra o como beneficio por su escuálido capital. Los ocupantes de la tierra eran normalmente siervos, cuyas personas y efectos le pertenecían también. Los que no eran siervos eran arrendatarios voluntarios, y aunque la renta que pagaban era con frecuencia nominalmente muy pequeña, en realidad absorbía todo el producto de la tierra. El señor podía en cualquier momento reclamarles trabajo en tiempos de paz y servicio en tiempos de guerra. Aunque vivían alejados de su casa, eran tan dependientes de él como los sirvientes que habitaban en ella. El producto total de la tierra pertenecía al señor porque podía disponer del trabajo y el servicio de todos aquellos que dicho producto mantenía. En la situación actual de Europa, la cuota del terrateniente rara vez supera a un tercio, y en ocasiones no llega a un cuarto del producto total de la tierra. La renta de la tierra, sin embargo, en todas las zonas adelantadas, se ha triplicado y cuadruplicado desde aquellos tiempos antiguos; y así un tercio o un cuarto del producto anual es tres o cuatro veces más grande que lo que antes era el total. Con el desarrollo, aunque la renta sube en proporción a la superficie, baja en proporción al producto de la tierra.

En las naciones ricas de Europa se emplean hoy cuantiosos capitales en el comercio y la industria. En la antigüedad, el exiguo comercio y las escasas y toscas manufacturas requerían muy poco capital. Estos, no obstante, debieron rendir abultados beneficios. En ninguna parte el tipo de interés era inferior al diez por ciento y los beneficios debían ser suficientes para soportar un interés tan elevado. Hoy en los sitios avanzados de Europa la tasa de interés no es superior al seis por ciento, y en los más adelantados es del cuatro, tres y hasta del dos por ciento. Aunque aquella sección del ingreso de los habitantes derivada de los beneficios del capital siempre es mayor en los países ricos que en los pobres, ello se debe a que el capital es mucho más grande: vistos en proporción al capital, los beneficios son generalmente muy inferiores.

Por lo tanto, aquella parte del producto anual que según surge de la tierra o de las manos de los trabajadores productivos se destina a reponer el capital es no sólo mucho mayor en los países ricos que en los pobres, sino que guarda una proporción mucho más grande con respecto a la que se destina de inmediato a ingreso, sea como renta o como beneficio. Los fondos dedicados a la manutención de trabajo productivo no sólo son mayores en los primeros que en los segundos sino que guardan una proporción mucho mayor con respecto a aquellos que, aunque puedan ser invertidos en el sostenimiento de brazos productivos o improductivos, muestran generalmente una predilección por estos últimos.

La proporción entre esos diferentes fondos necesariamente determina en cualquier país el carácter general de sus habitantes en lo que respecta a la laboriosidad u ocio-

3. De la acumulación del capital, o del trabajo productivo e improductivo

sidad. Somos más trabajadores que nuestros antepasados porque hoy los fondos dedicados al sostenimiento del trabajo son proporcionalmente mucho mayores que los dedicados a sostener a los ociosos que lo que eran hace dos o tres siglos. Nuestros antepasados eran ociosos porque no había el suficiente estímulo al trabajo. Dice el refrán que es mejor jugar gratis que trabajar gratis. En ciudades comerciales e industriales, donde las clases más bajas del pueblo son mantenidas esencialmente por la inversión del capital, son en general laboriosas, sobrias y prósperas, como en muchas ciudades inglesas y en casi todas las holandesas. En las ciudades que viven básicamente de la residencia temporal o permanente de una corte, y en las que las gentes modestas son mantenidas por el gasto del ingreso, resultan por lo general perezosas, disolutas y pobres, como en Roma, Versalles, Compiègne y Fontainebleau. Salvo en Ruán y Burdeos, hay muy poco comercio o industria en las ciudades francesas llamadas parlamentarias; y el pueblo llano, sostenido fundamentalmente por el gasto de los miembros de las cortes de justicia y de quienes acuden a pleitear ante ellas, es normalmente perezoso y pobre. La intensa actividad de Ruán y Burdeos parece deberse exclusivamente a su localización. Ruán es necesariamente el centro comercial de casi todos los artículos que vienen de países extranjeros o de las provincias marítimas de Francia, y van a ser consumidos en la gran ciudad de París. Burdeos es el depósito de los vinos que se producen en las orillas del Garona y sus afluentes, una de las regiones vinícolas más ricas del mundo y que produce el vino más adecuado para la exportación y que mejor se adapta al paladar de los países extranjeros. Localizaciones tan ventajosas necesariamente atraen un copioso capital por el vasto empleo que le garantizan, y la inversión de este capital es la causa del dinamismo de esas dos ciudades. En las demás ciudades parlamentarias de Francia se emplea apenas más capital que el necesario para abastecer su propio consumo, es decir, apenas más que el mínimo que puede invertirse en ellas. Lo mismo puede decirse de París, Madrid y Viena. De estas tres ciudades, París es con diferencia la más laboriosa, pero París misma es el mercado principal de todas las industrias allí establecidas, y su propio consumo es el objeto principal de todas sus actividades. Londres, Lisboa y Copenhague son quizás las únicas tres ciudades de Europa que son a la vez residencia permanente de una corte y al mismo tiempo ciudades comerciales, o ciudades cuya actividad no se concentra sólo en su propio consumo sino que abarca también el de otras ciudades y países. La localización de las tres es extremadamente ventajosa y las adapta naturalmente para ser centros comerciales de una gran parte de los artículos destinados a ser consumidos en lugares lejanos. En una ciudad donde se gasta un ingreso muy considerable, el emplear provechosamente un capital para otro propósito que no sea satisfacer el consumo de la misma ciudad es probablemente más difícil que en otra donde las clases inferiores no tienen otro sostén que el que derivan de la inversión de ese capital. La ociosidad del grueso de las personas mantenidas a costa del ingreso probablemente corrompe la laboriosidad de aquellas que deberían ser mantenidas mediante la inversión de capital, y vuelve menos rentable el invertir capital allí que en otros lugares. Antes de la Unión había muy poco comercio e industria en Edimburgo. Una vez que el Parlamento escocés dejó de reunirse allí, y cuando dejó de ser la residencia obligada de la nobleza y los caballeros de Escocia, pasó a ser una ciudad con algo de comercio e industria. Sigue siendo aún la sede las principales cortes de justicia escocesas, de las oficinas de aduanas e impuestos, etc. Por tanto, se sigue gastando allí un ingreso apreciable. Es en comercio e industria muy inferior a Glasgow, cuyos ha-

3. De la acumulación del capital, o del trabajo productivo e improductivo

bitantes viven fundamentalmente de la inversión de capital. Se ha observado que los habitantes de una gran ciudad, tras haber alcanzado un notable progreso en las manufacturas, se han tornado perezosos y pobres debido a que un gran señor instaló su residencia en la vecindad.

La proporción entre capital e ingreso, entonces, parece determinar en todas partes la relación entre trabajo y ocio. Cuando predomina el capital, prevalece el trabajo; cuando lo hace el ingreso, se impone la pereza. Cada incremento o disminución del capital, por lo tanto, tiende naturalmente a incrementar o disminuir la cantidad real de trabajo, el número de brazos productivos y consiguientemente el valor de cambio del producto anual de la tierra y el trabajo del país, la riqueza real y el ingreso de todos sus habitantes.

Los capitales crecen con la frugalidad y disminuyen con la prodigalidad y el desorden.

Todo lo que una persona ahorre de su ingreso lo añade a su capital, y lo invierte ella misma en emplear un número adicional de brazos productivos o permite que lo haga otra persona, prestándoselo a cambio de un interés, es decir, una participación en los beneficios. Así como el capital de un individuo sólo puede expandirse merced a lo que ahorre de su ingreso anual o sus ganancias anuales, lo mismo sucede con el capital de una sociedad, que es lo mismo que el capital de todos los individuos que la componen y sólo puede crecer de la misma forma.

La causa inmediata del aumento del capital es la frugalidad, no el trabajo. El trabajo ciertamente suministra el objeto que la parsimonia acumula. Pero por mucho que consiga el trabajo, si la sobriedad no lo ahorra y acumula, el capital jamás podrá crecer.

La frugalidad, al incrementar el fondo destinado al sostenimiento de la mano de obra productiva, tiende a incrementar el número de esa mano de obra cuyo trabajo aumenta el valor del objeto al que se incorpora. Tiende así a aumentar el valor de cambio del producto anual de la tierra y el trabajo del país. Pone en marcha una cantidad adicional de trabajo, lo que otorga un valor adicional al producto anual.

El ahorro anual es consumido de forma tan regular como el gasto anual, y además casi en el mismo tiempo, pero es consumido por un conjunto diferente de personas. La fracción de su ingreso que un hombre rico gasta anualmente es en la mayoría de los casos consumida por invitados ociosos y sirvientes, que nada dejan tras de sí en compensación por su consumo. La fracción que ahorra anualmente, y que al buscar una rentabilidad la invertirá inmediatamente como capital, resulta igualmente consumida, y casi en el mismo tiempo, pero por otra clase de personas: trabajadores, operarios y artesanos que reproducen con un beneficio el valor de su consumo anual. Supongamos que recibe su ingreso en dinero. Si lo gasta completamente, los alimentos, vestidos y alojamiento que pueda comprar se distribuirán entre la primera clase de personas. Si ahorra una parte, al buscar una rentabilidad la invertirá de inmediato como capital para él mismo o para otro, y los alimentos, vestidos y alojamiento que con ella se puedan comprar quedarán reservados para la segunda clase de personas. El consumo es el mismo, pero los consumidores son distintos.

Con lo que un hombre frugal ahorra por año no sólo aporta el sostén de un número adicional de trabajadores productivos para ese año o el siguiente sino que, como el fundador de un hospicio, dota por así decirlo un fondo perpetuo para el sostén de un número igual en el futuro. La dotación y funcionamiento perpetuos de este fondo no están ciertamente garantizados por una ley, fideicomiso o escritura de manos muertas. Están siempre protegidos, empero, por un principio muy poderoso: el interés

3. De la acumulación del capital, o del trabajo productivo e improductivo

claro y evidente de cada individuo que pueda participar en el mismo. Ninguna sección del fondo podrá ser empleada después en algo distinto de mantener trabajo productivo sin una pérdida evidente para la persona que así la desvía del destino que le corresponde.

El pródigo la desvía de esa manera. Al no limitar su gasto a su ingreso, liquida su capital. Igual que quien pervierte los ingresos de una fundación religiosa y los gasta en objetivos profanos, él paga los salarios de la ociosidad con los fondos que la frugalidad de sus antepasados había, por así decirlo, consagrado al sostén de la laboriosidad. Al reducir los fondos dedicados al empleo de trabajo productivo, necesariamente disminuye, en lo que de él dependa, la cantidad de ese trabajo que añade valor al objeto al que se incorpora y, en consecuencia, el valor del producto anual de la tierra y el trabajo de todo el país, la riqueza e ingreso reales de sus habitantes. Si la prodigalidad de unos no fuese compensada por la frugalidad de otros, la conducta de cada pródigo, al alimentar al perezoso con el pan del trabajador, no sólo tiende a empobrecerlo a él sino también a su país.

Aunque el gasto del derrochador se concentrase en mercancías nacionales y no comprase ninguna extranjera, sus efectos sobre los fondos productivos de la sociedad serían los mismos. Cada año seguiría habiendo una cierta cantidad de alimentos y vestidos que deberían haber sostenido a trabajadores productivos y que sería empleada en sostener a trabajadores improductivos. Cada año, entonces, el valor del producto anual de la tierra y el trabajo del país seguiría siendo algo menos de lo que podría haber sido en otra circunstancia.

Se podría argumentar que si ese gasto no se vuelca en mercancías extranjeras, ni ocasiona exportación alguna de oro y plata, la cantidad de dinero que permanece en el país es la misma que antes. Pero si la cantidad de alimentos y vestidos consumidos por trabajadores improductivos hubiese sido asignada a trabajadores productivos, habría reproducido, con un beneficio, todo el valor de su consumo. En este caso también habría permanecido inalterada la cantidad de dinero del país, y además habría habido una reproducción de un valor igual en mercancías consumibles. Tendríamos dos valores en vez de uno.

Además, no puede mantenerse durante mucho tiempo la misma cantidad de dinero en un país donde disminuye el valor del producto anual. El único uso del dinero es la circulación de bienes. A través de él las provisiones, los materiales y los artículos terminados son comprados y vendidos y distribuidos entre sus correspondientes consumidores. Así, la cantidad de dinero que puede ser empleada anualmente en cualquier país debe estar determinada por el valor de los bienes consumibles que anualmente circulan en él. Estos deben consistir o bien en el producto inmediato de la tierra y el trabajo del país mismo o en lo que ha sido adquirido con alguna parte de este producto. Su valor, en consecuencia, debe disminuir cuando lo hace el valor de dicho producto, y al mismo tiempo la cantidad de dinero empleada en su circulación. Pero el dinero que esta disminución anual de la producción arroja fuera de la circulación nacional no permanecerá inactivo. El interés de cualquiera que lo posea exigirá que sea utilizado. Al carecer de empleo nacional será remitido al extranjero, a pesar de todas las leyes y prohibiciones, y dedicado allí a comprar bienes que puedan resultar útiles en el país. Su exportación anual proseguirá así durante algún tiempo añadiendo algo al consumo anual del país por encima del valor de su propio producto anual. Lo que fue ahorrado del producto anual durante la prosperidad, y utilizado en comprar oro y plata, contribuirá durante un breve lapso a sostener su consumo durante la adversidad. En este caso, la exportación de oro y

3. De la acumulación del capital, o del trabajo productivo e improductivo

plata no es la causa sino el efecto de la depresión, y puede incluso durante un corto espacio de tiempo aliviar la miseria de esa depresión.

Por otro lado, la cantidad de dinero en cualquier país debe naturalmente aumentar cuando lo hace el valor del producto anual. Al ser mayor el valor de los bienes que circulan cada año en la sociedad, ello requerirá una cantidad mayor de dinero para hacerlos circular. Una parte del mayor producto, por lo tanto, será naturalmente empleada en la compra, allí donde se pueda, de la cantidad adicional de oro y plata necesaria para que circule el resto. El aumento de esos metales no será en tal caso la causa de la prosperidad pública, sino su efecto. El oro y la plata son adquiridos en todas partes de la misma forma. El alimento, vestido y alojamiento, el ingreso y manutención de todos aquellos cuyo trabajo y capital se ha invertido en traerlos al mercado constituye el precio de los mismos, tanto en el Perú como en Inglaterra. El país que pueda pagar ese precio no permanecerá mucho tiempo sin la cantidad de esos metales que necesite, y ningún país podrá conservar durante mucho tiempo una cantidad que no necesite.

Cualquiera sea, entonces, lo que concibamos como la riqueza e ingreso reales de un país, sea el valor del producto anual de su tierra y trabajo, como dicta la razón, o la cantidad de metales preciosos que circulan en el mismo, como supone el prejuicio vulgar, en cualquiera de los dos casos todo pródigo es un enemigo público y todo hombre frugal un benefactor público.

Los efectos de la mala administración son a menudo iguales que los del despilfarro. Toda empresa disparatada y malograda en la agricultura, las minas, las pesquerías, el comercio o la industria tiende de la misma forma a disminuir los fondos destinados al sostenimiento del trabajo productivo. Aunque en todas esas empresas el capital es consumido sólo por brazos productivos, como es invertido de forma imprudente, esos brazos no reproducen el valor pleno de su consumo, y siempre habrá una disminución en lo que podrían haber sido los fondos productivos de la sociedad.

Es cierto que la prodigalidad o la mala administración de individuos rara vez afectan considerablemente a la situación de todo un gran país, porque el derroche o imprudencia de algunos siempre resultan más que compensados por la frugalidad y sobriedad de otros.

Con respecto al derroche, el principio que impulsa a gastar es la pasión por el placer presente, que aunque resulta a veces violenta y muy difícil de contener, es por lo general sólo momentánea y ocasional. Pero el principio que anima al ahorro es el deseo de mejorar nuestra condición, un deseo generalmente calmo y desapasionado que nos acompaña desde la cuna y no nos abandona hasta la tumba. En todo el intervalo que separa esos dos momentos es probable que no haya un sólo instante en que las personas se encuentren tan perfecta y plenamente satisfechas con su situación que no abriguen deseo alguno de cambio o mejora de ninguna clase. El medio a través del cual la mayoría de la gente aspira a mejorar su condición es el aumento de su fortuna. Se trata de una fórmula vulgar y evidente; y la forma en que más verosímilmente pueden incrementar su fortuna es ahorrar y acumular una parte de lo que obtengan, sea de forma regular y anual, o sea en algunas ocasiones extraordinarias. Aunque el principio del gasto prevalece en casi todos los hombres alguna vez, y en algunos hombres siempre, en la mayoría de ellos, tomando el promedio de todo el transcurso de su vida, el principio de frugalidad no sólo parece prevalecer sino predominar de manera aplastante. En lo que hace a la mala administración, el número de empresas prudentes y triunfantes es en todas partes muy superior al de em-

3. De la acumulación del capital, o del trabajo productivo e improductivo

presas imprudentes y malogradas. A pesar de todas nuestras quejas sobre la frecuencia de las quiebras, los infelices que padecen esta desgracia son una parte insignificante del total de quienes se dedican al comercio y otros negocios; acaso no representen más del uno por mil. La bancarrota acaso sea la calamidad más devastadora y humillante que pueda ocurrirle a una persona inocente. La mayor parte de la gente, en consecuencia, es lo suficientemente cuidadosa como para eludirla. Es verdad que algunos no lo logran, así como otros no escapan de la horca.

Las grandes naciones nunca se empobrecen por el despilfarro y la mala administración del sector privado, aunque a veces sí por el derroche y la mala gestión del sector público. Todo o casi todo el ingreso público en la mayoría de los países se dedica a mantener trabajadores improductivos. Así son los que componen una corte espléndida, un amplio cuerpo eclesiástico, grandes flotas y ejércitos, que nada producen en tiempos de paz, y que en tiempos de guerra nada consiguen que pueda compensar el coste de mantenerlos, ni siquiera mientras dura la guerra. Como esa gente no produce nada, vive sólo del producto del trabajo de otras personas. Si se multiplican en un número innecesario, puede que en un año concreto consuman una cuota tan abultada de ese producto que no dejen lo suficiente para mantener a los trabajadores productivos que deben reproducirlo el año siguiente. El producto del año siguiente, en tal caso, será inferior al del año anterior, y si el mismo desorden prosigue, el del tercer año será inferior al del segundo. Esos brazos improductivos, que deberían ser sostenidos sólo por una parte del excedente del ingreso del pueblo, pueden llegar a consumir una parte enorme del ingreso total, y obligar así a un número tan grande a liquidar sus capitales, a reducir los fondos destinados al mantenimiento del trabajo productivo, que toda la frugalidad y sobriedad de los individuos no sea capaz de compensar el despilfarro y degradación de la producción ocasionados por este forzado y violento saqueo del capital.

Sin embargo, la experiencia demuestra que la frugalidad y buena administración es en la mayoría de los casos suficiente para compensar no sólo la prodigalidad y desbarajuste de los individuos, sino el derroche del Estado. El esfuerzo uniforme, constante e ininterrumpido de cada persona en mejorar su condición, el principio del que originalmente se derivan tanto la riqueza pública como la privada, es con frecuencia tan poderoso como para mantener el rumbo natural de las cosas hacia el progreso, a pesar tanto del despilfarro del gobierno como de los mayores errores de administración. Actúa igual que ese principio desconocido de la vida animal que frecuentemente restaura la salud y el vigor del organismo no sólo a pesar de la enfermedad sino también de las absurdas recetas del médico.

El valor del producto anual de la tierra y el trabajo de cualquier nación sólo puede ser aumentado si crece el número de sus trabajadores productivos o la capacidad productiva de los trabajadores productivos que ya están empleados. Es evidente que el número de sus trabajadores productivos nunca puede ser incrementado considerablemente si no es como consecuencia de la expansión del capital, o de los fondos destinados a mantenerlos. La capacidad productiva del mismo número de trabajadores no puede aumentar sino como resultado de un añadido o mejora en las máquinas e instrumentos que facilitan y abrevian el trabajo, o de una mejor división y distribución del trabajo. En ambos casos se requiere casi siempre un capital mayor. Sólo con un capital adicional podrá un empresario cualquiera suministrar a sus trabajadores una maquinaria más adelantada u organizar mejor la distribución de la actividad entre ellos. Cuando la tarea a realizar

3. De la acumulación del capital, o del trabajo productivo e improductivo

consiste en una serie de partes, el mantener a todas las personas empleadas constantemente de una forma requiere un capital mucho mayor que cuando cada persona está ocasionalmente ocupada de cada una de las diversas partes de la tarea. Entonces, cuando comparamos la situación de un país en dos períodos diferentes y observamos que el producto anual de su tierra y su trabajo es manifiestamente mayor en el segundo que en el primero, que sus tierras están mejor cultivadas, sus industrias más numerosas y florecientes y su comercio más extendido, podemos estar seguros que su capital debe haber aumentado en el intervalo de los dos períodos, y que se debe haber añadido al mismo más por la buena administración de algunos que lo que ha sido retirado sea por el mal manejo de otros o por el despilfarro del gobierno. Comprobaremos que tal ha sido el caso en la mayoría de los países en todas las épocas razonablemente ordenadas y pacíficas, incluso en aquellos que no disfrutaron de los gobiernos más prudentes y parsimoniosos. Para formarnos un juicio correcto deberemos comparar el estado de la nación en períodos algo distantes entre sí. El desarrollo es con frecuencia algo tan gradual que en períodos próximos el progreso no sólo es imperceptible, sino que puede ocurrir que la decadencia de ciertas ramas de la economía o de ciertas zonas del país, algo que puede ocurrir aunque el país en general atraviese una intensa prosperidad, despierte frecuentemente la sospecha de que todas las riquezas y las actividades están decayendo.

El producto anual de la tierra y el trabajo de Inglaterra, por ejemplo, es ciertamente mucho mayor de lo que era hace poco más de un siglo, cuando la restauración de Carlos II. Aunque creo que pocas personas pondrían esto en duda, fue raro que pasaran cinco años a lo largo de todo este período sin que se publicara un libro o folleto, escrito con la habilidad suficiente como para causar alguna impresión en el gobierno, con la pretensión de demostrar que la riqueza de la nación se estaba hundiendo a pasos agigantados, que el país estaba despoblado, la agricultura olvidada, la industria languideciente y el comercio estancado. No todas esas publicaciones fueron panfletos partidistas, desdichados productos de la falsedad y la venalidad. Muchos de ellos fueron escritos por personas muy sinceras y muy inteligentes, que sólo escribían lo que pensaban y por ninguna otra razón sino porque así lo pensaban.

El producto anual de la tierra y el trabajo e Inglaterra, asimismo, fue mayor cuando la restauración que lo que podemos suponer que era cien años antes, cuando subió al trono la reina Isabel. Tenemos también razones para estimar que en ese momento el país estaba mucho más desarrollado que un siglo antes, cuando las disensiones entre las casas de York y Lancaster tocaban a su fin. Incluso entonces estaba probablemente en mejores condiciones que cuando la conquista normanda, y mejor durante ésta que en el confuso período de la heptarquía sajona. Y hasta en ese momento tan remoto el país se hallaba ciertamente más desarrollado que en tiempos de la invasión de Julio César, cuando sus habitantes estaban en una situación similar a la de los salvajes de América del Norte.

Sin embargo, en todos esos períodos hubo no sólo abundante derroche privado y público, varias guerras costosas e innecesarias, intensa desviación del producto anual de la manutención de brazos productivos hacia la de brazos improductivos, sino que en algunas ocasiones, en la confusión del conflicto civil, se produjo una liquidación y destrucción de capital de tal calibre que cualquiera supondría que no sólo retrasó la acumulación natural de riquezas, algo que ciertamente ocurrió, sino que dejó al país al final del período más pobre que al principio. En la

3. De la acumulación del capital, o del trabajo productivo e improductivo

etapa más feliz y afortunada de todas, la que ha transcurrido desde la restauración ¿cuántas perturbaciones y desgracias han sobrevenido que, de haber sido previstas, habrían hecho esperar no simplemente el empobrecimiento sino la ruina total del país? El incendio y la peste de Londres, las dos guerras con Holanda, los desórdenes de la revolución, la guerra en Irlanda, las cuatro costosas guerras con Francia de 1688, 1702, 1742 y 1756, además de las dos insurrecciones de 1715 y 1745. Durante las cuatro guerras con Francia la nación se endeudó en más de ciento cuarenta y cinco millones, además de todos los gastos anuales extraordinarios que ocasionaron, con lo que el total no puede ser estimado en menos de doscientos millones. Igualmente grande es la sección del producto anual de la tierra y el trabajo del país que ha sido en distintos momentos desde la revolución empleada en sostener un número extraordinario de trabajadores improductivos. Pero si esas guerras no hubiesen forzado a un capital tan grande en esa dirección, la mayoría del mismo habría sido naturalmente invertida en la manutención de brazos productivos, cuyo trabajo habría repuesto con un beneficio todo el valor de su consumo. El valor del producto anual de la tierra y el trabajo del país habría sido por ello incrementado notablemente en cada año, y el aumento de cada año habría aumentado todavía más el del año siguiente. Se habrían construido más casas, roturado más tierras, y las que se hubiesen roturado antes habrían sido mejor cultivadas, se habrían establecido más industrias, y las ya instaladas habrían progresado más; y no es fácil conjeturar el nivel al que podrían haber llegado en la actualidad la riqueza y el ingreso reales del país.

Aunque el derroche del gobierno indudablemente retrasó el desarrollo natural de Inglaterra hacia la riqueza y el progreso, no fue capaz de detenerlo. El producto anual de su tierra y su trabajo es evidentemente muy superior hoy que en la restauración o la revolución. Por lo tanto, el capital invertido anualmente en el cultivo de esa tierra y el mantenimiento de ese trabajo debe ser también muy superior. Frente a todas las exacciones del Estado, este capital ha sido silenciosa y paulatinamente acumulado por la frugalidad privada y el buen comportamiento de los individuos, por su esfuerzo universal, continuo e ininterrumpido en mejorar su propia condición. Este esfuerzo, protegido por la ley y que gracias a la libertad se ha ejercitado de la manera más provechosa, es lo que ha sostenido el desarrollo de Inglaterra hacia la riqueza y el progreso en casi todos los tiempos pasados, y es de esperar que lo siga haciendo en el futuro. Y así como Inglaterra nunca tuvo la suerte de contar con un gobierno parsimonioso, tampoco ha sido la frugalidad la virtud característica de sus habitantes. Resulta por ello una grandísima impertinencia y presunción de reyes y ministros el pretender vigilar la economía privada de los ciudadanos, y restringir sus gastos sea con leyes suntuarias o prohibiendo la importación de artículos extranjeros de lujo. Ellos son, siempre y sin ninguna excepción, los máximos dilapidadores de la sociedad. Que vigilen ellos sus gastos, y dejen confiadamente a los ciudadanos privados que cuiden de los suyos. Si su propio despilfarro no arruina al Estado, el de sus súbditos jamás lo hará.

Así como la frugalidad aumenta el capital público y el dispendio lo disminuye, la conducta de aquellos cuyo gasto coincide con su ingreso, al no acumularlo pero tampoco liquidarlo, ni lo aumenta ni lo disminuye. Sin embargo, algunas clases de gasto parecen contribuir más a la riqueza pública que otras.

El ingreso de un individuo puede ser gastado en objetos que son consumidos de inmediato y en los que el gasto de un día ni alivia ni sostiene al de otro, o puede ser gastado en objetos más durables, que pueden ser por ello

3. De la acumulación del capital, o del trabajo productivo e improductivo

acumulables, y en los que el gasto de un día puede, a su elección, aliviar o sostener e incrementar el efecto del gasto del día siguiente. Por ejemplo, un hombre con fortuna puede gastar su ingreso en comidas suntuosas y copiosas, en mantener un gran número de sirvientes domésticos, o en una multitud de perros y caballos; o se puede contentar con una mesa frugal y unos pocos servidores, y destinar el grueso de su gasto en adornar su casa o su residencia campestre, en edificios útiles u ornamentales, en muebles útiles o de adorno, en coleccionar libros, estatuas, cuadros; o en objetos más frívolos, joyas, cachivaches y chucherías ingeniosas de diversa suerte; o en la máxima fruslería: en reunir un vasto guardarropa de finos vestidos, como hizo el favorito y ministro de un gran príncipe que murió pocos años atrás. Si dos hombres de igual fortuna gastan su ingreso el uno fundamentalmente de una forma y el otro de la otra, la magnificencia de la persona cuyo gasto se destinó básicamente a mercancías durables sería cada día mayor, y el gasto de cada día contribuiría a mantener y realzar el efecto del gasto del día siguiente; la riqueza del otro, por el contrario, no sería mayor al final del período que al comienzo. El primero sería al final del período el más rico de los dos. Tendría una cantidad de bienes de diverso tipo, que aunque podría no valer todo lo que han costado, siempre valdrían algo. Pero en el caso del segundo no quedaría rastro ni vestigio de su gasto, y los efectos de diez o veinte años de derroche estarían tan aniquilados como si jamás hubiesen existido.

Así como una de las clases de gasto es más favorable que la otra para la riqueza de una persona, igual ocurre con la riqueza de una nación. Las casas, muebles e indumentaria de los ricos, al poco tiempo, se vuelven útiles para las clases bajas y medias del pueblo, que pueden comprarlos cuando sus superiores se cansan de ellos y así, cuando este tipo de gasto se extiende entre todas las personas de fortuna, mejoran las comodidades generales de toda la población. En países que han sido ricos durante mucho tiempo se puede ver a menudo a las clases inferiores en posesión tanto de casas como de muebles en perfecto estado, pero que no pudieron ser construidas ni fabricados para su uso. Lo que fue residencia de la familia Seymour es hoy una posada junto a la carretera de Bath. La cama de matrimonio de Jacobo I de Gran Bretaña, que su reina trajo consigo desde Dinamarca como regalo digno de ser presentado por un soberano a otro, decoraba hace unos años una taberna en Dunfermline. En algunas ciudades antiguas que o bien están estancadas o han sufrido cierta decadencia a veces no puede encontrarse ni una sola casa que haya sido edificada para sus habitantes actuales. Además, si se entra en alguna de esas casas, con frecuencia pueden verse muebles anticuados pero excelentes y muy bien conservados, que tampoco pudieron ser fabricados para ellos. Los palacios nobles, villas magníficas, grandes colecciones de libros, estatuas, cuadros y otras curiosidades son con frecuencia adorno y orgullo no sólo del vecindario sino de todo el país al que pertenecen. Versalles es un adorno y un honor para Francia; Stowe y Wilton para Inglaterra. Italia sigue suscitando una suerte de veneración por los monumentos de este tipo que posee, aunque la riqueza que los produjo y el genio que los proyectó parece haberse extinguido, quizás por no haber conservado la misma ocupación.

El gasto en mercancías durables, asimismo, es favorable no sólo a la acumulación sino también a la frugalidad. Si una persona en un momento dado se excede en el mismo, puede remediarlo fácilmente sin exponerse a la censura pública. Pero el reducir considerablemente el número de sirvientes, convertir la mesa de la profusión a la sobriedad, desmantelar todo su equipo una vez que lo ha mon-

3. De la acumulación del capital, o del trabajo productivo e improductivo

tado, son alteraciones que inevitablemente serán detectadas por los vecinos, y que se supone que implican alguna clase de reconocimiento de una mala conducta anterior. Por ello son pocos lo que habiendo sido tan desgraciados como para precipitarse excesivamente en esta clase de gasto tienen después el coraje de reformarse antes de que la ruina y la bancarrota los fuerzan a ello. Pero si en un momento determinado una persona ha gastado excesivamente en casas, muebles, libros o pinturas, ninguna imprudencia podrá inferirse de un cambio en su conducta. Esos son objetos en los que con frecuencia el gasto ulterior resulta innecesario gracias a un gasto anterior; cuando una persona deja de gastar, no parece que lo haya hecho porque haya sobrepasado sus medios de fortuna, sino porque ha satisfecho sus caprichos.

El gasto en mercancías durables proporciona además empleo a un número de personas mayor que si se destina a la hospitalidad más dispendiosa. De las doscientas o trescientas libras de peso en artículos alimenticios servidos en un gran festín, quizá la mitad es arrojada a la basura, y siempre hay una buena cantidad tirada y desperdiciada. Pero si el gasto de la fiesta se hubiese invertido en dar empleo a albañiles, carpinteros, tapiceros, mecánicos, etc., una cantidad de provisiones de igual valor habría sido distribuida entre un número mayor de personas, que las habrían adquirido en pequeñas cantidades y no habrían perdido ni malgastado una sola onza. El gasto de esta forma además mantiene brazos productivos, y en la otra, improductivos. Así, de una forma aumenta el valor de cambio del producto anual de la tierra y el trabajo del país, y de la otra lo disminuye.

No quiero decir con todo esto que una clase de gasto denota siempre un espíritu más abierto y generoso que la otra. Cuando un hombre rico gasta su ingreso esencialmente en hospitalidad, comparte la mayor parte con sus amigos y compañeros; pero cuando lo emplea en la compra de mercancías durables, a menudo gasta todo en su propia persona, y no da nada a nadie sin recibir a cambio un equivalente. Este último tipo de gasto, por lo tanto, especialmente cuando se dirige hacia objetos frívolos como pequeños adornos para vestidos y muebles, joyas, baratijas y chucherías, con frecuencia caracteriza a una personalidad no sólo superficial sino también mezquina y egoísta. Todo lo que quiero decir es que una clase de gasto, en la medida en que siempre ocasiona alguna acumulación de mercancías valiosas, al ser más favorable a la frugalidad privada y consecuentemente al incremento del capital público, y en tanto mantiene trabajadores productivos más que improductivos, contribuye más que la otra al crecimiento de la riqueza colectiva.

4. Del capital prestado con interés

El prestamista siempre considera que los fondos prestados con interés son capital. Espera que a su debido tiempo le serán devueltos y que en el ínterin el prestamista le pagará una cierta renta anual por el uso de los mismos. El prestamista los puede invertir como capital o emplearlos para su consumo inmediato. Si los invierte como capital, los emplea en la manutención de trabajadores productivos, que reproducen su valor con un beneficio. En tal caso puede reponer su capital y pagar el interés sin enajenar ni liquidar ninguna otra fuente de ingreso. Si los emplea para consumo inmediato asume el papel del pródigo y disipa en la manutención del perezoso lo que estaba destinado a sostener al trabajador. En este caso no puede reponer el capital ni pagar el interés sin enajenar o liquidar otra fuente de ingreso, como la propiedad o renta de la tierra.

El capital prestado con interés es sin duda empleado ocasionalmente de las dos formas, pero mucho más a menudo en la primera que en la segunda. Una persona que pide prestado para gastar se arruinará pronto, y el que le preste tendrá por lo general motivos para arrepentirse de su estupidez. Prestar o pedir prestado por ese motivo, en consecuencia, siempre que no haya una usura desmesurada, es en todos los casos contrario a los intereses de ambas partes; y aunque es indudable que en ocasiones la gente hace una cosa u otra podemos estar seguros, por la consideración que todas las personas tienen de lo que les conviene, de que no ocurre tan frecuentemente como a veces se piensa. Si se pregunta a cualquier persona rica a cuál de las dos clases de gente ha prestado el grueso de su capital, a las que piensa que lo emplearán de forma rentable o a los que lo gastarán ociosamente, se echará a reír ante la pregunta. Incluso entre los prestamistas, que no son personas famosas en el mundo por su frugalidad, el número de los moderados y laboriosos supera con mucho al de los derrochadores y perezosos.

Los únicos a quienes se presta habitualmente dinero sin esperar que hagan de él un uso muy rentable son los señores de la tierra que piden préstamos hipotecarios. Podría decirse que gastan lo que piden prestado antes de recibirlo. Normalmente han consumido tanta cantidad de bienes, adelantados a crédito por tenderos y comerciantes, que se ven obligados a pedir dinero a interés para poder pagar la deuda. El capital tomado a préstamo repone los capitales de esos tenderos y comerciantes, que los hidalgos rurales no habrían podido reponer con las rentas de sus fincas. No es en realidad tomado en préstamo para gastarlo sino para reembolsar un capital gastado con anterioridad.

Casi todos los préstamos con interés se concretan en dinero, sea en billetes, oro o plata. Pero lo que el prestamista en realidad desea, y lo que el prestatario en realidad le facilita, no es el dinero sino lo que el dinero vale, o los

4. Del capital prestado con interés

bienes que puede adquirir. Si lo desea como fondo para su consumo inmediato, son sólo esos bienes de consumo los que incluye en dicho fondo. Si lo desea como capital para emplear trabajo, incluye sólo los bienes que servirán a los trabajadores como herramientas, materiales y manutención necesarios para llevar a cabo su tarea. Mediante el préstamo el prestamista asigna al prestatario, por así decirlo, el derecho a una cierta porción del producto anual de la tierra y el trabajo del país, para ser empleada como el prestatario desee.

La cantidad de capital, o como es normalmente expresado: de dinero que puede ser en cualquier país prestada con interés no está determinada por el valor del dinero, sea billetes o monedas, que sirve como instrumento de los diferentes préstamos realizados en el país, sino por el valor de esa parte del producto anual que, tan pronto como surge de la tierra o de las manos de los trabajadores productivos, es destinada no simplemente a reponer un capital, sino un capital que el propietario no quiere invertir él mismo. Como esos capitales son habitualmente prestados y devueltos en dinero, dan lugar a lo que se llama fondo monetario; es distinto de los fondos de la tierra, el comercio y la industria, porque en éstos los dueños emplean sus propios capitales. Incluso como fondo monetario el dinero no es sino, por así decirlo, el medio que traspasa de mano en mano los capitales cuyos propietarios no deseen invertirlos ellos mismos. Esos capitales pueden ser indefinidamente mayores a la cantidad de dinero que les sirve como instrumento de traspaso, y las mismas piezas monetarias pueden servir sucesivamente para muchos préstamos diferentes, así como para muchas compras distintas. Por ejemplo, *A* le presta a *W* mil libras, con las que *W* inmediatamente compra bienes a *B* por mil libras. Al no necesitar *B* el dinero, se lo presta a *X*, e inmediatamente *X* compra a *C* otras mil libras de bienes. De la misma manera y por la misma razón, *C* las presta a *Y*, que nuevamente compra con ellas bienes a *D*. De tal forma las mismas piezas, sean de metal o de papel, pueden en pocos días servir como instrumento para tres préstamos diferentes y tres compras distintas, cada uno de ellos igual en valor a la cantidad total de esas piezas. Lo que los tres prestamistas *A*, *B* y *C* prestan a los tres prestatarios *W*, *X*, *Y*, es el poder para realizar tales compras. En dicho poder estriban tanto el valor como la utilidad de los préstamos. El capital prestado por los tres prestamistas es igual al valor de los bienes que pueden ser comprados con él, y es tres veces mayor que el del dinero con el que las compras son realizadas. Esos préstamos, no obstante, pueden estar perfectamente garantizados si los bienes adquiridos por los diversos deudores son asignados de forma tal de reponer con un beneficio un valor igual sea de metal o papel. Y como las mismas piezas monetarias pueden servir así como instrumento de distintos préstamos por tres, o por idéntica razón por treinta veces su valor, de la misma manera pueden servir sucesivamente como instrumento de devolución.

Un capital prestado con interés puede de esta forma ser considerado como un traspaso del prestamista al prestatario de una cierta porción del producto anual, con la condición de que el prestatario debe, mientras perdure el préstamo, transferir anualmente al prestamista una porción más pequeña, denominada interés, y al final del mismo una porción igual a la que le fue transferida inicialmente, denominada reembolso. Aunque el dinero, sea de papel o de metal, sirve generalmente como el medio de traspaso tanto de la suma mayor como de la menor, es en sí mismo algo totalmente distinto de la cosa transferida.

El fondo monetario en cada país naturalmente crece en proporción con la fracción del producto anual que una vez que surge de la tierra o de las manos de los trabajado-

4. Del capital prestado con interés

res productivos se destina a reponer un capital. El incremento de esos capitales especiales de los que los propietarios pretenden obtener un ingreso sin tener que invertirlos ellos mismos acompaña naturalmente al incremento general del capital; o en otras palabras: a medida que aumenta el capital, la cantidad del mismo que se presta a interés aumenta gradualmente también.

A medida que la cantidad de capital que se presta con interés aumenta, el interés o precio que debe ser pagado por el uso de ese capital necesariamente disminuye, no sólo por las causas generales que llevan a que el precio de mercado de las cosas habitualmente caiga cuando su cantidad sube, sino por otras causas peculiares y específicas de este caso. A medida que los capitales se expanden en cualquier país, los beneficios que pueden ser obtenidos invirtiéndolos inevitablemente disminuyen. Se vuelve paulatinamente más difícil encontrar en el país una inversión rentable para cualquier capital nuevo. Surge en consecuencia una competencia entre los diferentes capitales, y el dueño de uno se afanará en invertir su capital donde ya lo ha invertido otro. En la mayoría de las ocasiones no puede expulsar a este otro sin ofrecer condiciones más razonables. No sólo debe vender más barato lo que tenga, sino que además para conseguirlo debe además a veces comprarlo más caro. La demanda de trabajo productivo, merced al incremento de los fondos destinados a mantenerlo, crece cada día más. Los trabajadores encuentran empleo con facilidad, pero los propietarios de los capitales no encuentran fácilmente trabajadores para emplear. Su competencia eleva los salarios y deprime los beneficios. Pero cuando lo que puede obtenerse por el uso de un capital es de esta forma reducido, por así decirlo, desde ambos extremos, el precio que ha de pagarse por su uso, es decir, la tasa de interés, inevitablemente debe disminuir.

El Sr. Locke, el Sr. Law y el Sr. Montesquieu, así como muchos otros autores, conjeturaron que el incremento en la cantidad de oro y plata, como consecuencia de la Indias Occidentales españolas, fue la causa real de la disminución del tipo de interés en casi toda Europa. Según ellos, al haberse reducido el valor de esos metales, también debía haberlo hecho necesariamente el valor del empleo de cualquier porción de los mismos, y por ello el precio que debía pagarse por ese empleo. Esta idea, que parece a primera vista tan razonable, ha sido cabalmente expuesta por el Sr. Hume, con lo que quizás resulta innecesario abundar en ella. Sin embargo, la siguiente argumentación, breve y directa, quizás pueda servir para explicar más claramente la falacia que parece haber confundido a estos caballeros.

Antes del descubrimiento de las Indias Occidentales españolas, el tipo de interés habitual en Europa era del diez por ciento. Desde entonces ha bajado al seis, cinco, cuatro y tres por ciento. Supongamos que en cada país el valor de la plata cayó exactamente en la misma proporción que la tasa de interés; que en esos países, por ejemplo, cuando el interés bajó del diez al cinco por ciento, la misma cantidad de plata pudo comprar la mitad de los bienes que podía comprar antes. Creo que este supuesto no se cumple en ninguna parte, pero es el más favorable a la opinión que me propongo examinar: incluso bajo este supuesto es totalmente imposible que la reducción en el valor de la plata tenga la mas mínima tendencia a reducir el tipo de interés. Si en esos países cien libras no valen hoy más que cincuenta antes, diez libras no valdrán más que lo que antes valían cinco. Cualesquiera hayan sido las causas que rebajaron el valor del capital, también necesariamente habrán bajado el del interés, y exactamente en la misma proporción. La relación entre el valor del capital y el del interés debe haber permanecido constante, como si la tasa nunca se hubiese alterado. Y al contrario, si cambia

4. Del capital prestado con interés

la tasa, la relación entre esos valores cambia necesariamente. Si cien libras hoy no valen más que cincuenta antes, cinco libras hoy no pueden valen más que dos libras y diez chelines antes. Al reducir el tipo de interés del diez al cinco por ciento, estamos dando por el empleo de un capital que suponemos vale la mitad que antes, un interés igual sólo a un cuarto de lo que valía antes.

Todo aumento en la cantidad de plata, si la cantidad de mercancías que circula gracias a ella permanece constante, no puede tener otro efecto que el de disminuir el valor de dicho metal. El valor nominal de todos los bienes será mayor, pero su valor real será precisamente el mismo que antes. Serán intercambiados por un número mayor de piezas de plata, pero la cantidad de trabajo que representarán, el número de personas que podrán mantener y ocupar será exactamente igual. El capital del país será el mismo, aunque se requerirá un número mayor de piezas para transferir una porción igual del mismo de unas manos a otras. El medio de traspaso, como la escrituras de un notario verborreico, será más embarazoso, pero la cosa traspasada será la misma que antes y sólo podrá producir los mismos efectos. Los fondos para la manutención del trabajo productivo siguen inalterados, y la demanda del mismo también. Su precio o salarios, por tanto, aunque serán pagados en un número mayor de piezas de plata, comprarían la misma cantidad de bienes. Los beneficios del capital serían los mismos, nominal y realmente. Los salarios se computan normalmente según la cantidad de plata pagada al trabajador. Cuando ella aumenta, entonces, sus salarios puede parecer que lo hacen también. Pero los beneficios no son calculados por el número de piezas de plata pagadas sino por la proporción entre esas piezas y el total del capital invertido. Así, en un país concreto se dice que los salarios ordinarios del trabajo son cinco chelines a la semana, y los beneficios normales del capital son del diez por ciento. Pero como el capital total de la sociedad sería el mismo que antes, la competencia entre los diversos capitales individuales entre los que se divide sería también la misma. Todo el mundo negociaría con idénticas ventajas y desventajas. La proporción corriente entre capital y beneficio, por lo tanto, sería la misma y por consiguiente el interés normal sobre el dinero, dado que lo que normalmente ha de pagarse por el uso del dinero está necesariamente determinado por lo que normalmente se obtiene con él.

Todo incremento en la cantidad de mercancías que circulan anualmente en el país, si la cantidad de dinero que las hace circular no se modifica, produce, por el contrario, numerosos otros efectos importantes, además de incrementar el valor del dinero. El capital del país, aunque puede ser nominalmente el mismo, aumenta en realidad. Puede que siga siendo expresado en idéntica cantidad de moneda, pero comanda ahora una cantidad mayor de trabajo. La cantidad de trabajo productivo que puede mantener y emplear aumenta, y con ello la demanda de trabajo. Los salarios suben naturalmente con la demanda, aunque parezca que bajan. Puede que sean pagados con una cantidad menor de dinero, pero esa cantidad menor puede comprar más bienes que los que antes compraba una cantidad mayor. Los beneficios del capital serán menores en realidad y en apariencia. Al aumentar el capital total del país, la competencia entre los diversos capitales que lo integran aumenta con él. Los propietarios de esos capitales se ven forzados a contentarse con una proporción menor del producto del trabajo que respectivamente emplean. El interés del dinero, siempre siguiendo los pasos de los beneficios del capital, puede ser así acusadamente disminuido, aunque el valor del dinero, o la cantidad de bienes que cada suma concreta puede comprar, aumente considerablemente.

4. Del capital prestado con interés

En algunos países el interés del dinero ha sido prohibido por ley. Pero como siempre se puede hacer algo con el dinero, siempre se ha de pagar algo por su uso. Y la experiencia ha demostrado que esta reglamentación, en vez de impedir el mal de la usura, lo ha agudizado: el deudor se ha visto obligado a pagar no sólo por el uso del dinero sino por el riesgo que su acreedor corre por aceptar un pago por dicho uso. Podría decirse que se ha visto obligado a asegurar a su acreedor contra las sanciones de la usura.

En los países donde se permite el interés, la ley, con objeto de prevenir la extorsión de la usura, generalmente fija el tipo de interés máximo que se puede cobrar sin penalidad. Este tipo siempre debería estar algo por encima del precio de mercado mínimo, o el precio habitualmente pagado por aquellos que pueden garantizar la máxima seguridad. Si la tasa legal es fijada por debajo de la tasa mínima de mercado, sus efectos serán casi los mismos que los de una prohibición absoluta del interés. El acreedor no prestará su dinero por menos de lo que vale su uso, y el deudor deberá pagarle por el riesgo que afronta al aceptar el valor pleno de ese uso. Si resulta fijada exactamente al precio mínimo de mercado, entonces personas honradas que respetan las leyes de su país arruinarán el crédito de todos los que no puedan ofrecer la máxima seguridad, y que se verán obligados a recurrir a usureros exorbitantes. En un país como Gran Bretaña, donde se presta dinero al gobierno al tres por ciento y a ciudadanos privados muy seguros al cuatro y cuatro y medio, la tasa legal del cinco por ciento quizás sea la adecuada.

Ha de subrayarse que el tipo de interés legal debería estar por encima del mínimo de mercado, pero no muy por encima. Si el interés legal en Gran Bretaña, por ejemplo, fuese estipulado al ocho o diez por ciento, la mayor parte del dinero prestable sería prestado a pródigos y aventureros, porque sólo ellos estarían dispuestos a pagar un interés tan alto. Las personas moderadas, que no darán por el uso del dinero más que una fracción de lo que esperan obtener con su uso, no se aventurarán en esa competencia. Una gran parte del capital del país sería así apartado de las manos de quienes con más probabilidad podrían hacer un uso rentable y provechoso del mismo, e iría a parar a quienes probablemente lo desperdiciarían y destrozarían. Cuando el tipo legal de interés, por el contrario, es fijado un poco por encima del tipo mínimo de mercado, siempre serán preferidos como prestatarios los moderados, y no los pródigos y los aventureros. La persona que presta dinero obtiene virtualmente lo mismo de los primeros que de los segundos, y su dinero está mucho más seguro en manos de un grupo de personas que en manos del otro. Una gran parte del capital del país es así asignado a quienes con más probabilidad lo emplearán provechosamente.

Ninguna ley puede reducir el tipo de interés corriente por debajo del tipo mínimo de mercado cuando la ley es promulgada. A pesar del edicto de 1766, por el cual el rey de Francia intentó rebajar el tipo de interés del cinco al cuatro por ciento, el dinero siguió prestándose en Francia al cinco por ciento, y la ley fue burlada de varias maneras distintas.

Puede apuntarse que el precio de mercado corriente de la tierra depende en todas partes del tipo de interés corriente de mercado. La persona que posee un capital del que espera obtener un ingreso sin tomarse la molestia de invertirlo él mismo, ha de optar entre comprar tierra con él o prestarlo a interés. La mayor seguridad de la tierra, junto con otras ventajas que en casi todos los sitios tiene esa clase de propiedad lo dispondrán generalmente a aceptar un ingreso menor de la tierra que el que podría obtener prestando su dinero con interés. Esas ventajas son suficientes como para compensar una cierta diferencia de ingresos, pero no más que una cierta diferencia: si la renta de la tierra cae mucho por debajo del interés del dinero, nadie comprará tierra, cuyo precio corriente pronto disminuirá. Por el contrario, si las ventajas compensan con mucho esa diferencia, todo el mundo se lanzará a comprar tierras, cuyo precio subirá al poco tiempo. Cuando el interés era del diez por ciento, la tierra se vendía normalmente por las rentas de diez y doce años. A medida que el interés cayó al seis, cinco y cuatro por ciento, el precio de la tierra subió hasta las rentas de veinte, veinticinco y treinta años. El tipo de interés de mercado es mayor en Francia que en Inglaterra, y el precio normal de la tierra es menor. En Inglaterra se vende generalmente por treinta años de renta; en Francia por veinte años de renta.

5. De los distintos empleos de los capitales

Aunque todos los capitales están destinados sólo a mantener trabajo productivo, la cantidad de ese trabajo que los mismos capitales pueden poner en marcha varía inmensamente según sus empleos, y lo mismo ocurre con el valor que cada empleo apo rta al producto anual de la tierra y el trabajo del país.

Un capital puede ser invertido en cuatro formas diferentes: primero, en procurar los materiales en bruto anualmente demandados para uso y consumo de la sociedad; segundo, en elaborar y preparar esos materiales para su inmediato uso y consumo; tercero, en transportar los materiales en bruto o ya elaborados desde los lugares donde abundan hacia los lugares donde faltan; o, por último, en dividir esos productos en pequeñas porciones para que se adapten a las demandas ocasionales. En la primera forma se emplean los capitales de todos aquellos que emprenden la mejora o cultivo de tierras, minas o pesquerías; en la segunda, los de los fabricantes; en la ter-

5. De los distintos empleos de los capitales

cera, los de los comerciantes mayoristas; y en la cuarta, los de los minoristas. Es difícil concebir una forma de emplear un capital que no pueda ser clasificada en alguna u otra de estas cuatro. Cada uno de estos cuatro métodos de invertir un capital es fundamentalmente necesario para la existencia o extensión de los otros tres, o para la conveniencia general de la sociedad.

Si no se emplease un capital en suministrar materias primas en bruto con un cierto grado de abundancia, no podrían existir ni industria ni comercio.

Si no se emplease un capital para elaborar aquellos materiales en bruto que requieren mucha preparación antes de estar listos para su uso y consumo, o bien no serían producidos jamás, porque no habría demanda para ellos, o si se produjeran espontáneamente no tendrían ningún valor de cambio y no podrían añadir nada a la riqueza de la sociedad.

Si no se emplease un capital en el transporte, sea de materias primas o artículos elaborados, desde los lugares donde abundan hacia los lugares donde faltan, no se produciría de ellos más que lo necesario para el consumo en las proximidades de su lugar de producción. El capital del comerciante intercambia el exceso de producción en un sitio por el de otro, y así estimula la actividad y aumenta el bienestar en ambos.

Si no se emplease un capital en separar y dividir ciertas porciones de las materias primas o los artículos manufacturados en secciones pequeñas que se adapten a las demandas ocasionales de quienes los necesitan, cada persona se vería obligada a comprar una cantidad de bienes superior a lo que le exigen sus necesidades inmediatas. Si no existiese el oficio del carnicero, por ejemplo, cada persona debería comprar cada vez una res o una oveja entera. Esto sería en general incómodo para los ricos, y mucho más para los pobres. Si un artesano modesto fuese forzado a adquirir cada vez las provisiones de un mes o de seis meses, una gran parte de los fondos que emplea como capital en sus instrumentos de trabajo, o en el mobiliario de su tienda, y que le rinden un ingreso, debería emplearlos en aquella parte que reserva para su consumo inmediato, y que no le genera ingreso alguno. Para una persona en su condición, nada sería más conveniente que poder comprar sus alimentos cada día o incluso cada hora, según los necesite. Así podría emplear casi la totalidad de sus fondos como capital, y producir por ello un valor mayor; el beneficio que obtiene compensa con creces el precio adicional que el beneficio del minorista impone sobre los bienes. Los prejuicios de algunos escritores contra los tenderos y comerciantes carecen totalmente de fundamento. No sólo no es necesario gravarlos con impuestos o limitar su número, sino que jamás podrán dañar al público multiplicándose, aunque sí pueden dañarse mutuamente al hacerlo. La cantidad de comestibles que pueden ser vendidos en una ciudad determinada está limitada por la demanda de dicha ciudad y sus cercanías. El capital, entonces, que puede ser empleado en el negocio de las tiendas de comestibles no puede exceder el que sería suficiente para comprar dicha cantidad. Si ese capital se divide entre dos tenderos diferentes, su competencia hará que ambos vendan más barato que si estuviera en manos de uno solo; y si se divide entre veinte, su competencia sería mucho mayor, y la posibilidad de que se combinen para elevar el precio mucho menor. Es posible que la competencia arruine a algunos de ellos, pero ocuparse de este asunto concierne a las partes afectadas y debe ser dejado a su discreción. Nunca puede perjudicar al consumidor ni al productor; al contrario, tenderá a hacer que los minoristas vendan más barato y compren más caro que si toda la actividad estuviese monopolizada por una o dos personas. Es posible que algunos de ellos engañen a un cliente ingenuo para que compre lo que no necesite. Sin embargo, la importancia de este problema es demasiado pequeña como para merecer la atención pública, y tampoco se resolvería necesariamente reduciendo el número de comerciantes. Por poner el ejemplo que levanta más sospechas: no es la multitud de tabernas la causa de la disposición general al alcoholismo entre el pueblo llano, sino que esa disposición, originada en otras causas, necesariamente da pie a que haya una multitud de tabernas.

Las personas cuyos capitales son invertidos en cualquiera de esas cuatro maneras son ellas mismas trabajadores productivos. Su trabajo, cuando está bien orientado, se fija e incorpora en el objeto o mercancía vendible al que se aplica, y generalmente aumenta su precio en al menos el valor de su propia manutención y consumo. Los beneficios del granjero, del industrial, del comerciante y del tendero provienen todos del precio de los bienes que producen los dos primeros y que los dos últimos compran y venden. Ahora bien, capitales iguales invertidos en cada una de esas cuatro formas pondrán de inmediato en funcionamiento a cantidades de trabajo productivo muy diversas, y aumentarán en proporciones también diferentes el valor del producto anual de la tierra y el trabajo de la sociedad a la que pertenecen.

El capital del tendero repone, con sus beneficios, el del comerciante a quien le compra los bienes, y permite así que pueda continuar con su negocio. El tendero mismo es el único trabajador productivo que emplea inmediatamente. Sus beneficios constituyen el valor total que su empleo añade al producto anual de la tierra y el trabajo de la sociedad.

El capital del comerciante mayorista repone, con sus beneficios, los capitales de los agricultores e industriales a los que compra los materiales en bruto y elaborados con los que comercia, y así les permite a ellos continuar con sus respectivas actividades. Con ello contribuye indirectamente a mantener el trabajo productivo de la sociedad y a incrementar el valor de su producto anual. Su capital también emplea a los marineros y cargadores que transportan sus bienes de un sitio a otro, y aumenta el precio de esos bienes no sólo en el valor de sus beneficios, sino en el de los salarios de estos. Este es todo el trabajo productivo que pone inmediatamente en movimiento, y todo el valor que añade inmediatamente al producto anual. Su acción en ambos aspectos es mucho más importante que la del capital del tendero.

Una parte del capital del industrial se emplea como capital fijo en los medios de producción y repone junto con sus beneficios el capital de otro manufacturero a quien se los compra. Una parte de su capital circulante se invierte en la compra de materiales y repone con sus beneficios los capitales de los agricultores y mineros a quienes se los compra. Pero una gran parte del mismo es siempre, bien anualmente o en períodos más cortos, distribuida entre los trabajadores que contrata. Aumenta el valor de esos materiales a través de sus salarios y de los beneficios que los patronos obtienen sobre el fondo total de salarios, materiales e instrumentos de producción utilizados en su actividad. En consecuencia, pone de inmediato en funcionamiento una cantidad de trabajo productivo mucho mayor y añade al producto anual de la tierra y el trabajo de la sociedad un valor mucho mayor que el mismo capital en manos de cualquier comerciante mayorista.

En igualdad de circunstancias, ningún capital moviliza más cantidad de trabajo productivo que el capital del agricultor. No sólo son trabajadores productivos sus peones, sino también su ganado de labranza. Además, en la agricultura la naturaleza trabaja junto al hombre; y aunque su trabajo no cuesta nada, su producción tiene valor, tanto como el del trabajador mejor pagado. Las operacio-

5. De los distintos empleos de los capitales

nes más importantes de la agricultura parecen apuntar no tanto al incremento de la fertilidad de la tierra, aunque lo hacen, sino a la dirección de esa fertilidad hacia la producción de las plantas más convenientes para el hombre. Un campo cubierto de espinos y maleza puede a menudo producir tanta cantidad de vegetales como la mejor viña o el mejor campo cerealero. La plantación y el cultivo frecuentemente regulan más que animan la fertilidad activa de la naturaleza; y tras todo el trabajo, siempre resta una buena sección de la tarea a ser realizada por ella. Por lo tanto, los trabajadores y el ganado empleados en la agricultura no sólo dan lugar, como los obreros de la manufactura, a una reproducción igual a su propio consumo, o al capital que los emplea junto con los beneficios del dueño, sino a un valor muy superior. Además del capital del granjero y sus beneficios, dan lugar a la renta del terrateniente. Esta renta puede ser considerada como el producto de las fuerzas de la naturaleza cuyo uso cede el terrateniente al granjero. Será mayor o menor según lo sea la supuesta extensión de esas fuerzas, o en otras palabras: según la fertilidad natural o artificial de la tierra. Después de deducir o compensar todo que puede considerarse el trabajo de las personas, lo que queda es la labor de la naturaleza. Rara vez es menos que la cuarta parte del producto total y a menudo es más de un tercio. Una misma cantidad de trabajo productivo empleado en la manufactura jamás ocasionará una reproducción así. En la industria el hombre lo hace todo y la naturaleza nada, y la reproducción siempre deberá ser proporcional a la fuerza de los agentes que la determinan. Por lo tanto, el capital invertido en la agricultura no sólo pone en funcionamiento una cantidad de trabajo productivo mayor que el mismo capital invertido en la industria, sino que en proporción al trabajo productivo que emplea, añade al producto anual de la tierra y el trabajo del país, a la riqueza e ingreso reales de sus habitantes, un valor mucho mayor. De todas las formas en que un capital se puede invertir, es con diferencia la más beneficiosa para la sociedad.

Los capitales invertidos en la agricultura y en el comercio minorista en cualquier sociedad siempre deben residir dentro de esa sociedad. Su empleo está limitado a lugares concretos: una granja y una tienda. Y también, aunque haya excepciones, deben pertenecer a miembros residentes de dicha sociedad.

El capital de un comerciante mayorista, por el contrario, no tiene una residencia necesaria en ninguna parte, y puede vagar de lugar en lugar, según pueda comprar barato y vender caro.

El capital de un industrial evidentemente debe residir donde su manufactura se lleva a cabo, pero dónde deba tener lugar no está necesariamente determinado. Muchas veces puede hallarse localizado a gran distancia tanto del lugar donde surgen las materias primas como del lugar donde la manufactura elaborada es consumida. Lyon está muy lejos tanto de los sitios que le suministran los materiales para sus productos como de los que los consumen. Las personas elegantes de Sicilia visten sedas elaboradas en otros países con materiales que produce el suyo propio. Una parte de la lana de España es elaborada en Gran Bretaña, y parte de esos tejidos es después enviada nuevamente a España.

El que el comerciante cuyo capital exporta el producto excedente de una sociedad sea nativo o extranjero resulta de muy poca importancia. Si es un extranjero, el número de los trabajadores productivos es inferior apenas en uno a lo que sucedería si fuese un nativo; y el valor del producto anual de la sociedad inferior sólo en los beneficios de esa persona. Los marineros o cargadores que contrata pueden pertenecer indiferentemente a su país, al país de su patrono o algún tercer país, de igual forma que si fuese un nativo. El capital de un extranjero añade valor al producto excedente de la sociedad igual que el de un nativo, al intercambiarlo por algo para lo que exista una demanda local. Repone con la misma eficacia el capital de la persona que produce ese excedente y le permite que continúe con su negocio: es decir, el servicio mediante el cual el capital de un comerciante mayorista fundamentalmente contribuye a sostener el trabajo productivo y a incrementar el valor del producto anual de la sociedad en la que está.

Más importante resulta que el capital del industrial resida en el país. Necesariamente pone en marcha una cantidad de trabajo productivo mayor y añade un valor mayor al producto anual de la tierra y el trabajo de la sociedad. Puede, sin embargo, ser muy útil al país aunque no resida en él. Los capitales de los industriales británicos que elaboran el lino y el cáñamo importados anualmente desde las costas del Báltico son sin duda muy útiles para los países que los producen. Esos materiales son una parte de la producción excedente de esos países, que de no ser intercambiada anualmente por algo que tiene allí una demanda carecerían de valor y dejarían pronto de ser producidos. Los comerciantes que los exportan reponen los capitales de la gente que los producen y los estimulan así a continuar la producción; y los industriales británicos reponen los capitales de esos comerciantes.

De igual forma que una persona individual, un país individual puede no tener el capital suficiente para roturar y cultivar todas sus tierras, fabricar y preparar toda su producción en bruto para uso y consumo inmediato, y transportar el excedente tanto de las materias primas como de los artículos elaborados a esos mercados remotos donde pueden ser intercambiados por algo para lo que exista demanda en el país. Los habitantes de muchas partes de Gran Bretaña no tienen capital suficiente para roturar y cultivar todas sus tierras. Una buena parte de la lana de los condados del sur de Escocia, tras un extenso trayecto a lo largo de muy deficientes carreteras, es manufacturada en Yorkshire, a falta de capitales para elaborarla en la propia región. Hay bastantes ciudades industriales pequeñas en Gran Bretaña cuyos habitantes no poseen el capital suficiente para transportar el producto de su industria a esos mercados distantes donde hay demanda para él. Si existen comerciantes entre ellos, son sólo agentes de comerciantes más ricos que residen en las grandes ciudades.

Cuando el capital de un país no es suficiente para todos esos tres objetivos, la cantidad de trabajo productivo que ponga en funcionamiento dentro del país será mayor en proporción a la cuota del capital que sea invertida en la agricultura; y lo mismo sucederá con el valor que su inversión añada al producto anual de la tierra y el trabajo de la sociedad. Detrás de la agricultura, el capital invertido en la industria moviliza a una cantidad de trabajo productivo mayor y añade más valor al producto anual. El invertido en el comercio de exportación tiene el efecto menor de los tres.

El país que no cuenta con bastante capital para esos tres fines no ha llegado todavía al nivel de riqueza para el que está naturalmente destinado. Ahora bien, el intentar acometer los tres de forma prematura y sin capital suficiente no es ciertamente el camino más corto para que una sociedad adquiera el capital necesario, como tampoco lo es para un individuo. El capital de todos los individuos de una nación tiene límites, igual que los tiene el de un sólo individuo, y es capaz de abordar sólo algunos objetivos. El capital de todas las personas de una nación es incrementado igual que el de una sola persona: por la constante acumulación de todo lo que puedan ahorrar de su ingreso. Por lo tanto, es probable que aumente más rápidamente cuando es invertido de la forma que genere el máximo ingreso para todos los habitantes del país, puesto que así podrán ahorrar el máximo. Y el ingreso de los habitantes del país se halla necesariamente en proporción al valor del producto anual de su tierra y su trabajo.

La causa principal del veloz progreso de nuestras colonias americanas hacia la riqueza y el crecimiento es que hasta hoy han invertido casi todos sus capitales en la agricultura. No tienen industrias, con la excepción de esas rudas manufacturas domésticas que necesariamente acompañan al desarrollo agrícola, y que son obra de las mujeres y los niños de cada familia. La mayor parte tanto del comercio de exportación de América como de su comercio de cabotaje se realiza con capitales de comerciantes residentes en Gran Bretaña. Incluso los depósitos y almacenes desde donde se venden los bienes al por menor en algunas provincias, en especial en Virginia y Maryland, pertenecen en muchos casos a comerciantes que residen en la metrópoli, y representan uno de los pocos casos en los que el comercio minorista de una sociedad se desarrolla con los capitales de los que no son miembros de ella. Si los americanos, sea por presiones combinadas o cualquier otro medio coercitivo, interrumpen la importación de manufacturas europeas, y al entregar así el monopolio a sus compatriotas que pudiesen fabricar artículos similares desvían una fracción apreciable de su capital hacia esta actividad, en lugar de acelerar el crecimiento en el valor de su producto anual lo retardarían, y en lugar de promover el progreso de su país hacia la riqueza y el crecimiento reales lo obstruirían. Esto ocurriría incluso en mayor grado si intentaran, de la misma forma, monopolizar ellos mismos todo su comercio de exportación.

Es verdad que las etapas de la prosperidad humana no parecen haber sido jamás tan prolongadas como para permitir a un gran país adquirir el capital suficiente para los tres propósitos, salvo quizás si hemos de creer los extraordinarios relatos acerca de la riqueza y los cultivos en China, en el antiguo Egipto y el antiguo estado del Indostán. Incluso esos tres países, según todas las informaciones los más ricos que ha habido nunca sobre la tierra, son esencialmente célebres por su agricultura y su industria. No parecen haber sido eminentes por su comercio exterior. Los antiguos egipcios sentían una supersticiosa aversión hacia el mar; en la India prevalece una superstición análoga; y los chinos jamás se destacaron por su comercio exterior. El grueso de la producción excedente de esos tres países fue siempre exportada por extranjeros, que a cambio de ella entregaban alguna otra cosa que tuviese demanda allí, generalmente oro y plata.

Según, pues, las diferentes proporciones en que un mismo capital se emplee en la agricultura, la industria y el comercio mayorista, pondrá en movimiento a una cantidad mayor o menor de trabajo productivo, y añadirá un valor mayor o menor al producto anual de su tierra y su trabajo. La diferencia es también muy abultada según las distintas clases de comercio mayorista en las que se invierta cualquier sección del mismo.

Todo comercio mayorista, toda compra destinada a una venta al por mayor, es de tres clases: el comercio interior, el comercio exterior de consumo y el comercio de tránsito. El comercio interior es la compra de productos de un país y su venta en otra parte del mismo país. Abarca tanto el comercio terrestre como el de cabotaje. El comercio exterior de consumo adquiere bienes extranjeros para ser consumidos en el interior. El comercio de tránsito efectúa las transacciones del comercio de países extranjeros, o lleva la producción excedente de unos a otros.

El capital invertido en la compra de productos de un

5. De los distintos empleos de los capitales

país y su venta en otro lugar del mismo país generalmente repone en cada operación dos capitales distintos, invertidos en la agricultura o la industria de ese país, y les permite así continuar esa inversión. Cuando retira de la residencia de un comerciante mercancías por un cierto valor, generalmente entrega a cambio al menos un valor igual en otras mercancías. Cuando en ambos casos se trata de productos nacionales, necesariamente repone por cada operación dos capitales diferentes, que habían sido ambos empleados en mantener trabajo productivo, y les permite por ello que continúen haciéndolo. El capital que envía manufacturas escocesas a Londres y trae de vuelta cereales y manufacturas inglesas a Edimburgo, necesariamente repone en cada operación dos capitales británicos que estaban invertidos en la agricultura o la industria de Gran Bretaña.

El capital empleado en la compra de bienes extranjeros para ser consumidos localmente, cuando esta compra se efectúa con productos nacionales, también repone por cada operación dos capitales distintos, pero sólo uno está invertido en el mantenimiento de una actividad nacional. El capital que remite artículos británicos a Portugal y trae de vuelta bienes portugueses a Gran Bretaña, repone en cada operación un sólo capital británico. El otro es portugués. Aunque los rendimientos, entonces, del comercio exterior de consumo fueran tan rápidos como los del comercio interior, el capital empleado en él otorgará sólo la mitad de estímulos a la actividad o al trabajo productivo del país.

Pero muy rara vez giran los rendimientos del comercio exterior de consumo más velozmente que los del comercio interior. Los rendimientos del comercio interior se producen generalmente antes de que concluya el año, y en ocasiones tres o cuatro veces en el año. Los rendimientos del comercio exterior de consumo casi nunca se generan antes de finalizado un año, y en ocasiones no antes de dos o tres años. En consecuencia, un capital invertido en el comercio interior hará doce operaciones, o saldrá y volverá a entrar doce veces antes de que un capital empleado en el comercio exterior de consumo lo haga una vez. Si los capitales son iguales, uno brindará veinticuatro veces más estímulo y apoyo a la actividad del país que el otro.

Los bienes extranjeros para consumo nacional pueden a veces ser adquiridos no con productos nacionales sino con otros artículos extranjeros. Estos últimos, empero, deben haber sido comprados o inmediatamente con el producto de la actividad nacional o con algo que ha sido adquirido con él; puesto que si se exceptúa el caso de la guerra y la conquista, jamás se puede comprar bienes extranjeros sino a cambio de algo que ha sido producido en el país, bien inmediatamente antes, bien después de dos o más intercambios distintos. Los efectos, por tanto, de un capital invertido en un comercio exterior de consumo de tantos rodeos son en todos los aspectos los mismos que los del capital empleado en el comercio más directo del mismo tipo, salvo en que los rendimientos finales estarán probablemente más distantes, puesto que dependerán de los rendimientos de dos o tres intercambios exteriores diferentes. Si el lino y el cáñamo de Riga se compran con el tabaco de Virginia, que ha sido adquirido con manufacturas británicas, el comerciante debe aguardar a los giros de dos transacciones distintas antes de que pueda invertir el mismo capital en la recompra de una cantidad similar de manufacturas británicas. Si el tabaco de Virginia hubiese sido comprado no con manufacturas británicas sino con el azúcar y el ron de Jamaica, adquiridos con esas manufacturas, debería aguardar un giro más. Si esas dos o tres transacciones exteriores diferentes son llevadas a cabo por dos o tres comerciantes distintos, de los que el

5. De los distintos empleos de los capitales

segundo compra los bienes importados por el primero, y el tercero los importados por el segundo para exportarlos él a su vez, cada comerciante obtendrá en este caso los rendimientos de su capital más rápidamente, pero los rendimientos finales de todo el capital empleado en el comercio serán tan lentos como siempre. Si el capital total invertido en este comercio de tantos rodeos pertenece a un comerciante o a tres resulta igual para el país, aunque pueda no ser así para los comerciantes concretos. En ambos casos se habrá de emplear un capital tres veces mayor para intercambiar un cierto valor en manufacturas británicas por una cierta cantidad de lino y cáñamo que el que habría sido necesario si las manufacturas y el lino y el cáñamo se hubiesen intercambiado directamente. Por eso, el capital total invertido en un comercio exterior de consumo de tantos rodeos brindará generalmente menos estímulo y apoyo al trabajo productivo del país que un capital igual invertido en un comercio más directo de la misma clase.

Sea cual fuere la mercancía foránea con la que se puedan adquirir bienes extranjeros para consumo local, ello no suscitará ninguna divergencia esencial en la naturaleza del comercio ni en el estímulo y apoyo que podrá brindar al trabajo productivo del país del que se compra. Si se compran con oro del Brasil, por ejemplo, o con plata del Perú, este oro y esta plata, igual que el tabaco de Virginia, deben haber sido comprados con algo que o bien era el producto de la actividad del país o que fue adquirido con alguna otra cosa que sí lo era. En lo relativo al trabajo productivo del país, por tanto, el comercio exterior de consumo que es realizado con oro y plata tiene todas las ventajas y todos los inconvenientes de cualquier otro comercio exterior de consumo del mismo rodeo, y repondrá tan rápido o tan despacio el capital inmediatamente invertido en el sostén de ese trabajo productivo. Parece incluso tener una ventaja sobre otro comercio exterior similar. El transporte de esos metales de un sitio a otro, al ser de pequeño volumen y gran valor, es menos costoso que el de casi cualquier otro artículo extranjero del mismo valor. Su flete es más barato y su seguro igual de barato; y además, no hay bienes menos susceptibles de sufrir daños en su transporte. Por consiguiente, se podrá frecuentemente comprar una cantidad igual de bienes extranjeros con una cantidad menor del producto de una actividad nacional utilizando oro y plata que recurriendo a cualquier otra mercancía extranjeras. La demanda del país podrá así ser abastecida mejor y a un precio menor de esta forma que de ninguna otra. Más adelante tendré ocasión de estudiar con más detenimiento la posibilidad de que un comercio de esta clase, por la continua exportación de dichos metales, contribuya a empobrecer al país que lo practica.

La sección del capital de un país invertida en el comercio de tránsito es totalmente retirada del sostén del trabajo productivo de dicho país y se destina a mantener el de países extranjeros. Aunque en cada operación pueda reponer dos capitales, ninguno de ellos pertenecerá al país en cuestión. El capital de un comerciante holandés que lleva cereales de Polonia a Portugal y trae de vuelta a Polonia los frutos y los vinos de Portugal repone en cada operación dos capitales, ninguno de los cuales ha sido invertido en sostener el trabajo productivo de Holanda: uno lo apoya en Polonia y otro en Portugal. Lo único que retorna regularmente a Holanda son los beneficios, que constituyen la única adición que este comercio necesariamente aporta al producto anual de la tierra y el trabajo de dicho país. Es verdad que cuando el comercio de tránsito de un país determinado recurre a barcos y marineros de ese país, la parte del capital invertido que paga el flete se distribuye entre, y moviliza a un cierto número de

5. De los distintos empleos de los capitales

trabajadores productivos del país. Casi todas las naciones que han tenido una participación respetable en el comercio de tránsito lo han realizado de hecho de esa manera. El comercio mismo ha derivado su nombre de esa circunstancia, al ser las gentes de esos países los transportistas hacia otros países. Pero no es esencial a la naturaleza del comercio que sea así. Por ejemplo, un comerciante holandés puede invertir su capital en las transacciones del comercio entre Polonia y Portugal, y llevar las producciones excedentes respectivas no en barcos holandeses sino británicos. Puede suponerse que eso es lo que efectivamente hace. Es por eso que el comercio de tránsito ha sido considerado particularmente ventajoso para un país como Gran Bretaña, cuya defensa y seguridad dependen del número de sus marineros y de sus barcos. Pero el mismo capital puede emplear a tantos marineros y barcos en el comercio exterior de consumo, o incluso en el comercio interior, si se realiza con navegación de cabotaje, que en el comercio de tránsito. El número de marinos y navíos que un capital determinado puede emplear no depende de la naturaleza del comercio sino en parte de la proporción entre el volumen de los bienes y su valor, y en parte de la distancia entre los puertos que haya que tocar, y en especial de la primera de estas circunstancias. El comercio del carbón entre Newcastle y Londres, por ejemplo, emplea más barcos que todo el comercio de tránsito de Inglaterra, aunque esos puertos no se hallan muy alejados. Por lo tanto, el forzar mediante estímulos extraordinarios hacia el comercio de tránsito a una fracción mayor del capital de cualquier país que la que naturalmente se invertiría en el mismo no siempre expandirá la flota de ese país.

El capital, entonces, empleado en el comercio interior de cualquier país brindará generalmente estímulo y mantenimiento a una mayor cantidad de trabajo productivo de ese país, e incrementará el valor de su producto anual más que un mismo capital invertido en el comercio exterior de consumo; y el capital empleado en este último comercio en ambos aspectos tiene una ventaja incluso mayor sobre un capital igual empleado en el comercio de tránsito. La riqueza de todo país, y su poder en la medida en que el poder depende de la riqueza, estará siempre en proporción al valor de su producto anual, el fondo del cual se pagan todos los impuestos. Pero el gran objeto de la economía política de cualquier país es incrementar la riqueza y el poder de ese país. No debería, por tanto, otorgar preferencia o estímulo superior al comercio exterior de consumo sobre el comercio interior, ni al comercio de tránsito sobre ninguno de los otros dos. No debería ni forzar ni atraer hacia ninguno de esos dos canales una cuota mayor del capital del país de la que naturalmente fluiría hacia ellos espontáneamente.

Ahora bien, cuando el curso de las cosas, sin restricciones ni violencias, naturalmente da lugar a cada una de esas diversas ramas del comercio, entonces no sólo resultan ventajosas, sino necesarias e indispensables.

Cuando la producción de cualquier rama concreta de la economía supera a la demanda del país, el excedente debe remitirse al exterior, y ser intercambiado por algo para lo que exista una demanda en el país. Sin esa exportación, una parte del trabajo productivo del país deberá cesar y el valor de su producto anual disminuir. La tierra y el trabajo de Gran Bretaña producen más cereales, tejidos de lana y herramientas que lo que requiere la demanda nacional. Es sólo mediante esa exportación que este excedente puede adquirir un valor suficiente para compensar el trabajo y los gastos que comporta su producción. Las cercanías de la costa marítima o de las orillas de los ríos navegables resultan localizaciones ventajosas para la industria sólo porque facilitan la exportación e intercambio

5. De los distintos empleos de los capitales

de las producciones excedentes por otras cosas más demandadas allí.

Cuando los bienes extranjeros adquiridos así con la producción local excedentaria, son ellos mismos excedentarios con respecto a la demanda nacional, el sobrante de ellos debe ser enviado otra vez al exterior, e intercambiado por algo que tenga más demanda en el país. Unas noventa y seis mil barricas de tabaco se compran anualmente en Virginia y Maryland con parte de la producción excedente de Gran Bretaña. Pero la demanda de Gran Bretaña no absorbe quizás más de catorce mil. Si las ochenta y dos mil restantes, por tanto, no pudieran ser exportadas a cambio de algo que tuviese más demanda en el país, su importación deberá detenerse de inmediato, y con ella el trabajo productivo de todos aquellos habitantes de Gran Bretaña que en la actualidad están ocupados preparando los bienes con los que esas ochenta y dos mil barricas son adquiridas anualmente. Esos bienes, que son parte del producto de la tierra y el trabajo de Gran Bretaña, al no tener mercado nacional y al serles suprimido el que tenían en el exterior, deberán dejar de producirse. El comercio exterior de consumo con más rodeos, por lo tanto, puede en algunas ocasiones ser tan necesario como el más directo para mantener el trabajo productivo del país y el valor de su producto anual.

Cuando el capital de un país aumenta en tal grado que no puede ser todo invertido en abastecer el consumo y mantener el trabajo productivo de ese país, el excedente rebosa hacia el comercio de tránsito y es invertido en cumplir el mismo papel en otros países. El comercio de tránsito es el efecto natural y el síntoma de una copiosa riqueza nacional: pero no es una causa natural de la misma. Los hombres de estado que intentaron favorecerlo con estímulos especiales confundieron el efecto y el síntoma con la causa. En proporción a su superficie y población, Holanda es con diferencia el país más rico de Europa, y tiene por eso la cuota mayor de su comercio de tránsito. Inglaterra, quizás el segundo país más rico de Europa, posee también una participación relevante en el mismo; aunque lo que habitualmente se considera comercio de tránsito de Inglaterra es probablemente a menudo nada más que un comercio exterior de consumo con rodeos. Así son, en buena medida, los comercios por los que se llevan a los mercados europeos los bienes de las Indias Orientales y Occidentales, y de América. Esos bienes son generalmente adquiridos o bien inmediatamente con la producción británica o con alguna otra cosa que ha sido comprada con esa producción, y los rendimientos finales de esos comercios son habitualmente usados o consumidos en Gran Bretaña. El comercio realizado con buques británicos en los diversos puertos del Mediterráneo, y algún comercio similar llevado a cabo por mercaderes británicos entre puertos de la India, representan probablemente las ramas principales de lo que es en realidad el comercio de tránsito de Gran Bretaña.

La extensión del comercio interior y del capital que puede ser invertido en el mismo, se halla necesariamente limitada por el valor del producto excedente de todos esos lugares apartados del país que tienen la oportunidad de intercambiar sus producciones respectivas mutuamente. La del comercio exterior de consumo está limitada por el valor de la producción excedente del conjunto del país y de lo que pueda ser comprado con ella. La del comercio de tránsito está limitada por el valor de la producción excedente de todos los países del mundo. Su extensión posible, entonces, es en cierto modo infinita en comparación a la de los otros dos, y puede ser capaz de absorber los mayores capitales.

El motivo que determina que el propietario de un capital cualquiera lo invierta en la agricultura, o la industria, o en alguna rama particular del comercio mayorista o minorista, es exclusivamente la consideración de su propio beneficio privado. Las diferentes cantidades de trabajo productivo que puede poner en funcionamiento, y los distintos valores que puede añadir al producto anual de la tierra y el trabajo de la sociedad, según se emplee en una u otra actividad, jamás entran en sus pensamientos. En consecuencia, en países donde la agricultura es el quehacer más rentable, y la agricultura y la roturación las vías más directas hacia una espléndida fortuna, los capitales de los individuos serán naturalmente invertidos en la forma más provechosa para el conjunto de la sociedad. Sin embargo, los beneficios de la agricultura no parecen ser superiores a los de las demás actividades en ninguna parte de Europa. En cada rincón de Europa ha habido empresarios extravagantes en estos últimos años que han divertido al público con maravillosos relatos sobre los beneficios que pueden obtenerse del cultivo y la mejora de las tierras. Sin entrar a analizar en detalle sus cálculos, una observación muy simple nos demostrará que sus resultados deben ser falsos. Todos los días comprobamos que existen fortunas extraordinarias adquiridas en el transcurso de una vida en el comercio y en la industria, con frecuencia a partir de un capital muy pequeño, y en ocasiones inexistente. Es probable que en este siglo en Europa no se pueda encontrar ni un solo ejemplo de una fortuna similar acumulada en la agricultura en el mismo tiempo y con el mismo capital. Asimismo, en todos los grandes países de Europa hay mucha tierra buena todavía sin cultivar, y la mayor parte de la que está cultivada está lejos de haber sido mejorada todo lo que podría. La agricultura, en consecuencia, está en casi todas partes en condiciones de absorber un capital mucho mayor del que se ha invertido en ella hasta hoy. En los dos libros siguientes explicaré con detalle las circunstancias de la política de Europa que han otorgado a las actividades de las ciudades una ventaja sobre las del campo tan considerable que hacen que las personas particulares a menudo consideren más ventajoso emplear sus capitales en los más distantes comercios de tránsito de Asia y América que en mejorar y cultivar las tierras más fértiles de su propia región.

Libro III

De los diferentes progresos de la riqueza en distintas naciones

1. Del progreso natural de la riqueza

El comercio por excelencia de toda sociedad civilizada es el que se entabla entre los habitantes de la ciudad y los del campo. Consiste en el intercambio de productos primarios por productos manufacturados, sea directamente o a través de la moneda o de alguna clase de papel que la represente. El campo suministra a la ciudad los medios de subsistencia y las materias primas para la industria. La ciudad paga estos suministros con el envío a los habitantes del campo de una parte de los productos manufacturados. Puede apropiadamente decirse que la ciudad, donde ni hay ni puede haber reproducción de sustancia alguna, obtiene toda su riqueza y sus subsistencias del campo, pero no debemos por ello suponer que la ganancia de la ciudad es la pérdida del campo. Las ganancias de ambos son mutuas y recíprocas, y la división del trabajo resulta en este caso, como en todos los demás, ventajosa para todas las diversas personas empleadas en las distintas ocupaciones en las que se subdivide. Los habitantes del campo compran en la ciudad una cantidad mayor de bienes manufacturados, y con el producto de una cantidad mucho menor de su propio trabajo, que la que necesitarían si intentaran fabricarlos ellos mismos. La ciudad aporta un mercado para el producto excedente del campo, o lo que supera la manutención de los cultivadores, y los habitantes del campo lo intercambian allí por alguna otra cosa que necesitan. Cuando mayor es el número y el ingreso de los habitantes de la ciudad, más amplio es el mercado que proporciona a los del campo; y cuando más amplio es dicho mercado, resulta más ventajoso para un número mayor de personas. El cereal cultivado a una milla de la ciudad se vende al mismo precio que el que procede de una distancia de veinte millas. Pero el precio de éste último debe generalmente pagar no sólo el coste de cultivarlo y traerlo al mercado sino también proporcionar al granjero el beneficio corriente en la agricultura. Los propietarios y cultivadores de los campos próximos a la ciudad, en consecuencia, ganan en el precio de lo que venden, más allá de los beneficios ordinarios de la agricultura, todo el valor del transporte de la producción similar que proviene de lugares distantes, y además se ahorran el valor de este transporte en el precio de lo que compran. Si se compara el cultivo de las tierras cercanas a cualquier ciudad grande con el de las tierras más apartadas se comprende fácilmente en qué medida resulta el campo beneficiado por el comercio con la ciudad. Aunque se han lanzado ideas absurdas a propósito de la balanza comercial, jamás se ha pretendido que el campo pierde por su comercio con la ciudad, o la ciudad con el del campo.

Así como es natural que la subsistencia preceda a la comodidad o al lujo, el trabajo que produce la primera precede al que suministra los segundos. El cultivo y mejora del campo que suministra la subsistencia, entonces, debe

1. Del progreso natural de la riqueza

ser necesariamente anterior al crecimiento de la ciudad, que sólo suministra comodidades y lujos. Es sólo el producto excedente del campo, o lo que supera a la manutención de los cultivadores, lo que constituye la subsistencia de la ciudad, que sólo puede expandirse cuando lo haga ese producto excedente. Es cierto que la ciudad no siempre deriva toda su subsistencia de los campos vecinos, y a veces ni siquiera de todo el territorio al que pertenece; y aunque esto no representa una excepción a la regla general, ha dado lugar a grandes variaciones en el progreso de la riqueza en diferentes épocas y naciones.

El orden de cosas que la necesidad impone en general, aunque no en todos los países, resulta en cada país concreto promovido por las inclinaciones naturales de las personas. Si las instituciones humanas no hubiesen nunca torcido esas inclinaciones, las ciudades jamás habrían crecido más allá de lo que podía permitir la roturación y cultivo del territorio donde se hallaban situadas, al menos hasta que ese territorio hubiese estado completamente roturado y cultivado. Si los beneficios son iguales, o prácticamente iguales, la mayoría de los hombres preferirán invertir sus capitales en la mejora y cultivo de la tierra que en las manufacturas o el comercio exterior. El hombre que invierte su capital en la tierra lo tiene más a la vista y controlado, y su fortuna es menos susceptible de accidentes que la del comerciante, que con frecuencia se ve obligado a ponerla al albur no sólo de los vientos y las olas sino de elementos aún más inciertos: la insensatez y la injusticia humanas, al conceder cuantiosos créditos en países lejanos a individuos cuya personalidad y cuyas condiciones rara vez conoce cabalmente. El capital del terrateniente, por el contrario, ceñido a la mejora de su tierra, parece estar tan seguro como la naturaleza de los asuntos humanos pueda admitir. Además, la belleza del campo, los placeres de la vida rural, la paz de espíritu que depara y la independencia que efectivamente proporciona, siempre que la injusticia de las leyes humanas no lo perturbe, tienen un encanto que atrae en mayor o menor medida a todo el mundo; y como el cultivo de la tierra fue el destino original del hombre, en cada etapa de su existencia parece conservar una predilección por esta actividad primitiva. Está claro que sin la ayuda de algunos artesanos el cultivo de la tierra sólo puede realizarse con grandes incomodidades y continuas interrupciones. El granjero necesita a menudo los servicios de herreros, carpinteros, fabricantes de ruedas y arados, albañiles y fabricantes de ladrillos, curtidores, zapateros y sastres. Estos artesanos también se necesitan a veces mutuamente; y como su residencia, al revés que la del granjero, no está necesariamente ligada a un lugar concreto, se agrupan naturalmente cerca unos de otros, formando así una pequeña ciudad o pueblo. Pronto se les unen el carnicero, el cervecero, el panadero y otros muchos artesanos y comerciantes minoristas, necesarios o convenientes para satisfacer sus demandas ocasionales, y que contribuyen a expandir aún más la ciudad. Los habitantes de la ciudad y los del campo se prestan un servicio recíproco. La ciudad es un mercado o feria permanente, a donde acuden los habitantes del campo para cambiar sus productos primarios por productos manufacturados. Este es el comercio que provee a los habitantes de la ciudad tanto de los materiales para su trabajo como de los medios para su subsistencia. La cantidad de artículos terminados que venden a los habitantes del campo necesariamente regula la cantidad de materiales y provisiones que compran. Por lo tanto, ni su actividad ni su subsistencia pueden aumentar si no es en proporción al aumento de la demanda por el campo de artículos terminados; y esta demanda sólo puede aumentar en proporción a la extensión de la roturación y el cultivo. De ahí que si las instituciones huma-

1. Del progreso natural de la riqueza

nas no hubiesen perturbado el curso natural de las cosas, el desarrollo y enriquecimiento progresivo de las ciudades habría sido en toda sociedad política una consecuencia proporcionada a la mejora y cultivo de las tierras.

En nuestras colonias de América del Norte, donde todavía es fácil conseguir tierras sin roturar, no se han establecido aún en las ciudades industrias cuyos productos han de venderse muy lejos de ellas. Cuando un artesano en Norteamérica acumula un poco más de capital que lo que necesita para llevar a cabo su labor de abastecimiento de las regiones cercanas, nunca intenta utilizarlo para montar con él una industria para vender en mercados lejanos, sino que lo invierte en la compra y roturación de tierras incultas. Pasa de artesano a labrador, y ni los altos salarios ni la fácil subsistencia que ese país garantiza a los artesanos son capaces de seducirlo para que trabaje para otros en vez de para sí mismo. Siente que un artesano es un sirviente de sus clientes, de los que obtiene su subsistencia; pero que en cambio un cultivador que labra su propia tierra, y obtiene la subsistencia que necesita del trabajo de su propia familia, es en realidad un amo y señor, independiente del resto del mundo.

Por otro lado, en países donde no existe tierra inculta, o donde no se la puede conseguir fácilmente, todo artesano que acumule más capital del necesario para sus labores eventuales en las cercanías, trata de preparar artículos que puedan venderse más lejos. El herrero levanta una suerte de taller y el tejedor una industria de telas de hilo o paños de lana. Con el tiempo, estas manufacturas se van subdividiendo gradualmente, y así se mejoran y refinan de múltiples maneras fácilmente imaginables, y sobre las que por esa razón es innecesario abundar en explicaciones ulteriores.

En la búsqueda de empleo para un capital, y bajo condiciones de igualdad o práctica igualdad en los beneficios, la industria es naturalmente preferida al comercio exterior, por la misma razón que la agricultura es preferida a la industria. Igual que el capital del terrateniente o granjero está más seguro que el del industrial, así el capital del industrial, al estar siempre ante sus ojos y bajo su control, se halla más seguro que el del comerciante internacional. Es verdad que en cualquier etapa de cualquier sociedad, lo que sobre tanto de la producción bruta como de la elaborada debe ser remitida al extranjero para ser intercambiada por algo para lo que haya demanda en el país. Tiene muy poca importancia que el capital que transporta ese excedente al exterior sea nacional o extranjero. Si la sociedad no ha acumulado el capital suficiente para cultivar todas sus tierras y para manufacturar completamente todas sus materias primas, sería enormemente ventajoso que esas materias fuesen exportadas por un capital extranjero, para que todo el capital de la sociedad pueda ser invertido en actividades más útiles. La riqueza del antiguo Egipto, la de China y el Indostán demuestran claramente que una nación puede alcanzar un alto grado de opulencia aunque el grueso de su comercio de exportación sea realizado por extranjeros. El progreso de nuestras colonias de Norteamérica y las Indias Occidentales habría sido mucho menos rápido si en la exportación de su producción excedente no se hubiesen invertido otros capitales que los suyos propios.

Por lo tanto, según el curso natural de las cosas, la mayor parte del capital en toda sociedad que crece se dirige primero a la agricultura, después a la industria y por último al comercio exterior. Este orden es algo tan natural que se ha cumplido en cierto grado en todas las sociedades que han poseído algún territorio. Se debió cultivar una parte de sus tierras antes de que se pudieran establecer ciudades de alguna importancia, y se debió poner en marcha alguna clase de industria manufacturera rudimen-

1. Del progreso natural de la riqueza

taria antes de que pudieran empezar a pensar en dedicarse al comercio exterior.

Pero aunque este orden natural de las cosas debe haber regido en cierto grado en todas las sociedades, ha sido en muchos aspectos radicalmente invertido en los modernos estados de Europa. El comercio exterior de algunas de sus ciudades ha introducido todas sus manufacturas más refinadas, o que podían ser vendidas en lugares lejanos; y las industrias y el comercio exterior han ocasionado juntos las mejoras principales en la agricultura. Los usos y costumbres impuestos por la naturaleza de sus gobiernos primitivos, y que permanecieron cuando esos gobiernos fueron profundamente modificados, los forzaron necesariamente a seguir este orden antinatural y retrógrado.

2. Del desaliento de la agricultura en la antigua Europa tras la caída del Imperio Romano

Cuando las naciones germánicas y escitas invadieron las provincias occidentales del Imperio Romano, las perturbaciones que siguieron a tan profunda revolución duraron varios siglos. La rapiña y violencia que los bárbaros ejercieron contra los antiguos habitantes interrumpieron el comercio entre las ciudades y el campo. Las ciudades quedaron desiertas y el campo sin cultivar, y las provincias del oeste de Europa, que bajo el Imperio Romano habían disfrutado de un alto grado de riqueza, se hundieron en el estado más bajo de pobreza y barbarie. Mientras perduraron los desórdenes, los jefes y líderes principales de dichas naciones adquirieron o usurparon la mayor parte de las tierras de esas provincias. El grueso de las mismas estaba sin cultivar, pero ninguna fracción de ellas, cultivada o no, quedó sin propietario. Todas fueron apropiadas y la mayor parte por un puñado de grandes propietarios.

El acaparamiento de tierras incultas, aunque fue una

gran calamidad, pudo haber sido transitoria. Pudieron pronto haber sido divididas otra vez y separadas en pequeñas parcelas a través de herencias o ventas. La ley de la primogenitura impidió que fuesen divididas por herencias; y la introducción de las vinculaciones impidió que fuesen divididas por enajenación.

Cuando la tierra, igual que los bienes muebles, es considerada sólo como medio de subsistencia y placer, la ley natural de la herencia la divide, como hace con ellos, entre todos los hijos de la familia, entre todos cuya subsistencia y placer puede suponerse que tienen el mismo interés para el padre. Esta ley natural de la sucesión rigió entre los romanos, que no efectuaron más distinción entre el mayor y el menor ni entre el hombre y la mujer en la herencia de las tierras que nosotros en la distribución de los muebles. Pero cuando la tierra pasó a ser considerada no sólo meramente como medio de subsistencia sino también de poder y protección, se pensó que era mejor que fuese transmitida sin división a una sola persona. En aquellos tiempos convulsos, cada gran terrateniente era una especie de pequeño príncipe. Sus arrendatarios eran sus súbditos. Él era su juez, y en algunos aspectos su legislador en la paz y su jefe en la guerra. Guerreaba según su propia discreción, a menudo contra sus vecinos y a veces contra su soberano. La seguridad de una finca rústica, entonces, la protección que su propietario podía garantizar a quienes vivían en ella, dependía de su extensión. Dividirla era arruinarla, y exponer a cualquiera de sus partes a ser oprimida y engullida por las incursiones de los vecinos. Y así se impuso la ley de la primogenitura en las herencias de la propiedad de la tierra, no inmediatamente por cierto sino a lo largo de un proceso, por la misma razón por la que ha sido generalmente aplicada en la sucesión de las monarquías, aunque no se haya aplicado en su institución original. Para que el poder y consiguientemente la seguridad de la monarquía no se vea debilitado por la división, debe transmitirse de forma completa a un sólo hijo. Para determinar a qué hijo se ha de otorgar tan importante preferencia debe existir una ley general, basada no en las dudosas distinciones del mérito personal sino en alguna diferencia clara y evidente que no admita discusión. Entre los hijos de una misma familia no puede haber diferencias indisputables que no sean de sexo o de edad. El sexo masculino es universalmente preferido al femenino; y cuando las demás cosas son iguales, el de más edad va antes que el más joven. De ahí el origen del derecho de primogenitura y de lo que se llama línea sucesoria.

Con frecuencia las leyes continúan en vigor mucho después que hayan desaparecido las circunstancias que las provocaron y que eran las únicas que constituían su razón de ser. En la situación actual de Europa, el propietario de un acre de tierra está tan seguro de su posesión como el propietario de cien mil. El derecho de primogenitura, sin embargo, todavía sigue siendo respetado, y como es de entre todas las instituciones la más adecuada para mantener el orgullo de las distinciones familiares, es probable que perdure durante muchos siglos. En cualquier otro aspecto, nada puede ser más opuesto al interés real de una familia numerosa que el derecho que empobrece a todos los hijos para enriquecer a uno.

Las vinculaciones son consecuencia natural del derecho de primogenitura. Fueron establecidas para preservar la línea sucesoria, cuya primera idea fue el derecho de primogenitura, y para obstaculizar que cualquier fracción de la finca original abandonase la línea propuesta sea por donación, legado o enajenación, sea por la insensatez o la desgracia de alguno de los sucesivos propietarios. Las vinculaciones eran completamente desconocidas para los romanos. Ni las sustituciones ni los fideicomisos se les parecen en nada, a pesar de que algunos juristas franceses hayan considerado conveniente vestir a la institución moderna con el lenguaje y la indumentaria de esas más antiguas.

Cuando las vastas posesiones de tierras eran una suerte de principados, las vinculaciones pueden haber estado justificadas. Igual que las denominadas leyes fundamentales de algunas monarquías, podían con frecuencia impedir que el capricho o la extravagancia de un hombre pusiese en peligro la seguridad de miles. Pero en la situación presente de Europa, cuando las fincas grandes y pequeñas obtienen su seguridad de las leyes del país, nada puede ser más absurdo. Están basadas en el más infundado de los supuestos: el supuesto de que cada generación sucesiva de seres humanos no tiene el mismo derecho al planeta y a todo lo que encierra, y que la propiedad de la generación presente debe ser restringida y regulada según el capricho de quienes llevan quizás quinientos años muertos. Las vinculaciones, sin embargo, siguen en vigor en buena parte de Europa, en especial en aquellos países en donde una noble cuna es requisito necesario para disfrutar honores civiles o militares. Se pensó que las vinculaciones eran necesarias para mantener este privilegio exclusivo de la nobleza en los altos cargos y honores del país; y una vez que dicha clase usurpó injustamente una ventaja sobre el resto de sus conciudadanos, se pensó que era razonable que tuviera otra, para impedir que la pobreza la tornase en ridícula. Se dice que el derecho común de Inglaterra aborrece las perpetuidades y que por eso son allí más restringidas que en cualquier otra monarquía europea, pero siguen existiendo. Se estima que actualmente más de un quinto y quizás más de un tercio de las tierras de Escocia se encuentran bajo vinculación estricta.

De esta manera no sólo fueron acaparadas amplias extensiones de tierra inculta por algunas familias sino que la alternativa de que fuesen otra vez divididas fue en la medida de lo posible vedada para siempre. Rara vez ocurre, empero, que un gran propietario sea un excelente cultivador. En los caóticos tiempos que dieron lugar a esas instituciones bárbaras el gran propietario estaba ya bastante ocupado con defender sus propios territorios o con extender su jurisdicción y autoridad sobre los de sus vecinos. No tenía tiempo libre para vigilar el cultivo y mejora de los campos. Una vez que el establecimiento de la ley y el orden le dio ese tiempo, muchas veces no tenía la afición y casi siempre carecía de las habilidades necesarias. Si los gastos de su casa y su persona igualaban o superaban su ingreso, lo que ocurría con mucha frecuencia, no tenía capital para emplearlo de esa forma. Si era ahorrador, generalmente veía más rentable invertir sus ahorros anuales en nuevas compras más que en la mejora de su antigua propiedad. El cultivo rentable de la tierra, como cualquier otra empresa, exige prestar una atención minuciosa a los pequeños ahorros y pequeñas ganancias, algo de lo que rara vez es capaz una persona que ha nacido con una copiosa fortuna, aunque sea de naturaleza frugal. La condición de un hombre de esas características lo dispone naturalmente a atender más al ornato que satisface sus caprichos que a un beneficio que apenas necesita. Desde su infancia se ha acostumbrado a preocuparse por la elegancia de sus atavíos, su equipo, su casa y sus muebles. El tipo de mentalidad que este hábito naturalmente moldea sigue presente cuando él llega a pensar en la mejora de las tierras. Quizás embellezca cuatrocientos o quinientos acres en los alrededores de su casa, a un coste que supera diez veces lo que la tierra vale después de las mejoras; y comprobará que si se dedica a mejorar todas sus posesiones de la misma forma, y no está preparado para hacerlo de ninguna otra, estará en quiebra antes de haber completado la décima parte de la tarea. Todavía hay en las dos partes del Reino Unido grandes fincas que han permanecido sin interrupción en las manos de la misma familia desde la época de la anarquía feudal. Si se compara su situación con la de las posesiones de los pequeños propietarios de las cercanías no será necesario ningún otro argumento para convencerse de hasta qué punto esas propiedades tan extensas son contrarias al progreso de la agricultura.

Si eran pocas las mejoras que podían esperarse de dichos grandes propietarios, menos se podía esperar de aquellos que las ocupaban. En la antigua Europa los ocupantes de la tierra eran todos arrendatarios a voluntad del señor. Todos o casi todos eran esclavos, pero su esclavitud era más suave que la vigente entre los antiguos griegos o romanos, o incluso que la actual en nuestras colonias de las Indias Occidentales. Se suponía que pertenecían más directamente a la tierra que al señor; de ahí que pudiesen ser vendidos con ella, pero no separadamente. Podían casarse sólo con el consentimiento de su señor, quien no podía después disolver el matrimonio vendiendo al marido y la mujer a personas diferentes. Si mutilaba o asesinaba a alguno se exponía a una cierta pena, pero generalmente era pequeña. Los colonos por su parte no podían comprar propiedades: lo que adquirían lo compraban a su señor y él podía arrebatárselo a placer. Toda roturación y cultivo desarrollados a través de estos esclavos eran considerados como efectuados por el amo. Todo era a su costa. La semilla, el ganado y los aperos de labranza eran suyos. Todo redundaba en su beneficio y los esclavos no podían conseguir más que su subsistencia cotidiana. En este caso, por lo tanto, era el propietario el que realmente ocupaba su tierra y la cultivaba a través de sus siervos. Esta suerte de esclavitud perdura todavía en Rusia, Polonia, Hungría, Bohemia, Moravia y otras partes de Alemania. Sólo ha sido completamente abolida en las regiones del oeste y del sur de Europa.

Si rara vez pueden esperarse grandes mejoras de grandes propietarios, todavía menos pueden esperarse cuando emplean a esclavos como sus trabajadores. Creo que la experiencia de todos los tiempos y naciones demuestra que el trabajo de los esclavos, aunque parece costar sólo su manutención, es en última instancia el más caro de todos. Una persona que no puede adquirir propiedad alguna no puede tener otro interés que comer el máximo posible y trabajar el mínimo. Es sólo mediante la violencia, y nunca por su propio interés, que se puede extraer de esa persona un esfuerzo superior al suficiente para comprar su propia manutención. Plinio y Columela subrayan el grado en que degeneró el cultivo de los cereales en la antigua Italia, y hasta qué punto resultó poco rentable al patrono cuando fue realizado por esclavos. Tampoco era mejor en la antigua Grecia en tiempos de Aristóteles. Cuando Platón describe las leyes de la república ideal, sostiene que mantener cinco mil hombres ociosos (el número de guerreros necesarios para su defensa), con sus mujeres y sirvientes, requeriría un territorio de extensión y fertilidad ilimitadas, como las llanuras de Babilonia.

El orgullo del hombre hace que ame el dominio, y nada le mortifica más que el verse obligado a condescender a persuadir a sus inferiores. Siempre que la ley lo autorice y la naturaleza del trabajo lo permita, entonces, preferirá generalmente el servicio de esclavos que el de hombres libres. La plantación de azúcar o tabaco puede soportar el coste del cultivo con esclavos. Pero no parece que el cereal lo permita actualmente. En las colonias inglesas, cuya producción principal son los cereales, la mayor parte del trabajo es realizada por hombres libres. La reciente decisión de los cuáqueros de Pensilvania de liberar a todos sus esclavos negros induce a pensar que no pueden ser muchos: en caso contrario jamás habrían acordado esa medida. En nuestras colonias azucareras, por el contrario, todo el trabajo es hecho por esclavos, y en las tabaqueras la mayor parte. Los beneficios de una plantación de azúcar en cualquiera de nuestras colonias de las Indias Occidentales son normalmente muy superiores a los de cualquier otro cultivo en Europa o América. Y los beneficios de una plantación de tabaco, aunque menores que los del azúcar, son mayores que los del cereal, como ya ha sido apuntado. Ambos casos pueden soportar los costes del cultivo con esclavos, aunque el azúcar lo hace mejor que el tabaco. Por ello el número de negros en proporción al de blancos es mucho mayor en nuestras colonias azucareras que en las tabaqueras.

Al cultivo con esclavos de la antigüedad sucedió gradualmente una suerte de granjeros conocidos hoy en Francia con el nombre de *métayers*, y en latín *coloni partiarii*. Hace tanto tiempo que no existen en Inglaterra que no sé como llamarlos en inglés. El propietario les suministraba semillas, ganado e instrumentos de labranza, en suma, todo el capital necesario para cultivar la granja. El producto se dividía en partes iguales entre el propietario y el granjero, después de separar la parte considerada indispensable para mantener el capital, que era restituida al dueño cuando el granjero dejaba la tierra o era forzado a abandonarla.

La tierra ocupada por tales arrendatarios es cultivada en realidad a expensas del propietario tanto como la ocupada por esclavos. Hay sin embargo una diferencia absolutamente crucial entre ambos casos. Esos arrendatarios, al ser hombres libres, pueden adquirir propiedad, y al conservar una cierta fracción del producto de la tierra tienen un nítido interés en que el producto total sea el máximo posible, para que su proporción también lo sea. Un esclavo, por el contrario, que nada puede adquirir salvo su manutención, atiende a su propia comodidad y hace que la tierra produzca el mínimo posible sobre dicha manutención. Esta suerte de servidumbre llegó finalmente a ser un completo fastidio, y las posesiones con villanaje gradualmente desaparecieron en la mayor parte de Europa, probablemente en parte por esa ventaja y en parte por las intromisiones que el soberano, siempre celoso de los grandes señores, gradualmente estimuló entre sus vasallos para que se apartasen de la autoridad de éstos. No obstante, el momento y la forma en que tan importante revolución se llevó a cabo constituyen uno de los puntos más oscuros de la historia moderna. La iglesia de Roma reivindica una gran responsabilidad en ello; y es verdad que ya en el siglo XII Alejandro III promulgó en una bula la emancipación universal de los esclavos, pero parece haber sido más una exhortación piadosa que una ley que exigía la estricta obediencia de los fieles. La esclavitud continuó después en todo el mundo durante varios siglos, hasta que fue gradualmente abolida merced a los dos intereses mencionados, el del propietario por un lado y el del soberano por el otro. Un siervo emancipado, y que al mismo tiempo puede continuar en posesión de la tierra, sólo podía cultivarla mediante los adelantos del terrateniente, y por ello debe haber sido lo que los franceses llaman un *métayer*.

Pero a esta clase de cultivadores nunca les podría interesar invertir en mejoras adicionales de la tierra ninguna parte del pequeño capital que fuesen capaces de ahorrar de su cuota de la producción, puesto que el señor, que no invertía nada, habría de llevarse la mitad de lo producido. El diezmo, que es apenas la décima parte de la producción, es un grave obstáculo para las mejoras. Por tanto, un impuesto equivalente a la mitad de la producción debe haber sido una barrera frente a ellas igualmente eficaz. Puede que al *métayer* le interesara hacer que la tierra produjera el máximo con el capital suministrado por el propietario, pero jamás le interesará mezclar con él ninguna parte de su propio capital. En Francia, donde se dice que cinco sextas partes del reino se hallan aún ocupadas por ese tipo de cultivadores, los propietarios se quejan de que sus *métayers* aprovechan cualquier oportunidad para utilizar el ganado de sus amos en el transporte y no en el cultivo, puesto que en un caso recogen ellos todo el beneficio y en el otro lo comparten con el terrateniente. Esta suerte de arrendatarios todavía subsiste en algunos lugares de Escocia, donde se les llama *steel-bow*. Los antiguos arrendatarios ingleses, que según el barón Gilbert y el doctor Blackstone eran más bien administradores del señor que granjeros propiamente dichos, eran probablemente de esa misma clase.

Después de esta especie de arrendatarios vinieron, pero muy gradualmente, auténticos agricultores, que cultivaban la tierra con su propio capital, pagando una determinada renta al propietario. Cuando esos granjeros tienen un arrendamiento por un número dado de años, puede que en ocasiones les interese invertir una parte de su capital en mejoras ulteriores de la tierra, puesto que esperan recuperar su inversión, con un amplio beneficio, antes de que venza su contrato. Pero la posesión de estos granjeros fue durante mucho tiempo en extremo precaria, y aún lo es en muchas partes de Europa. Cualquiera que comprase la tierra podría legalmente desahuciarlos antes del vencimiento de su contrato; en Inglaterra podía hacerse incluso mediante la acción ficticia de una *common recovery*. Si eran ilegalmente expulsados por la violencia de su señor, la acción judicial reparadora era extremadamente imperfecta; no siempre los restauraba en la posesión de la tierra sino que les fijaba una indemnización que nunca equivalía a la pérdida real. Incluso en Inglaterra, el país de Europa donde quizás se ha respetado más al campesinado libre, no fue hasta el año catorce del reinado de Enrique VII cuando se inventó la acción de desahucio, por la cual el arrendatario recupera no sólo los daños sino la posesión, y su demanda no concluye con la incierta sentencia de un solo tribunal. Esta acción ha sido un remedio tan eficaz que en la actualidad, cuando el terrateniente litiga por la posesión de la tierra, rara vez recurre a las acciones que verdaderamente le corresponden en tanto que propietario, como las de dominio o entrada, sino que litiga en nombre de su arrendatario con la acción de desahucio. Por tanto, en Inglaterra la seguridad del arrendatario es la misma que la del propietario. Además, en Inglaterra un arrendamiento vitalicio de cuarenta chelines anuales es un dominio absoluto sobre una finca, y autoriza al arrendatario a votar por un miembro del Parlamento; y como el grueso de los campesinos libres tienen dominios de este tipo, toda su clase se vuelve respetable a los ojos de sus terratenientes, por la importancia política que ello les confiere. Pienso que, salvo Inglaterra, en ninguna parte de Europa puede el arrendatario construir sobre un terreno que no tiene contratado y confiar en que el dueño no se aprovechará de una mejora tan importante. Esas leyes y costumbres tan favorables al campesinado libre han contribuido a la grandeza actual de Inglaterra probablemente más que todas sus tan alabadas reglamentaciones comerciales.

La ley que protege a los arrendamientos más prolongados contra sucesores de cualquier tipo es, que yo sepa, privativa de Gran Bretaña. Fue establecida en Escocia ya en 1449, por ley de Jacobo II. Sin embargo, su benéfica influencia ha sido obstruida por las vinculaciones, porque los que heredaban propiedades vinculadas no podían arrendarlas por plazos muy largos, y frecuentemente no podían hacerlo por más de un año. Una ley posterior del Parlamento moderó algo los obstáculos, pero todavía siguen siendo demasiado estrictos. Además, como ningún arrendamiento en Escocia otorga derecho a votar por un miembro del Parlamento, los señores respetan a los campesinos menos que en Inglaterra.

Aunque en otras partes de Europa se creyó conveniente asegurar a los arrendatarios contra herederos y compradores, los plazos de esta protección se limitaron a períodos muy cortos; por ejemplo, en Francia fueron de nueve años desde el comienzo del arrendamiento. Es verdad que recientemente el plazo ha sido ampliado hasta veintisiete años, pero el lapso es aún demasiado breve para estimular al arrendatario a realizar las mejoras más importantes. Antiguamente, en toda Europa los propietarios de la tierra eran los legisladores. Por ello, las leyes referidas a la tierra eran redactadas según lo que ellos suponían que eran los intereses del propietario. Imaginaron que le convenía que ningún contrato firmado por sus predecesores le impidiese disfrutar por muchos años del valor pleno de su tierra. La avaricia y la injusticia son siempre miopes, y ellos no percibieron en qué medida esas reglamentaciones iban a obstruir las mejoras y a perjudicar por eso el interés verdadero del terrateniente a largo plazo.

Además de pagar la renta, en tiempos antiguos se suponía que los granjeros debían prestar al señor un gran número de servicios, que rara vez eran especificados en los contratos de arrendamiento ni regulados por ninguna norma precisa, sino que dependían de los usos y costumbres del feudo o baronía. En consecuencia, al ser estos servicios casi totalmente arbitrarios, sometían al arrendatario a múltiples vejaciones. La abolición en Escocia de todos los servicios que no estén precisamente estipulados en el contrato de arrendamiento ha mejorado mucho y en pocos años las condiciones de los campesinos en ese país.

Las prestaciones públicas a que estaba obligado el campesinado no eran menos arbitrarias que las privadas. La construcción y conservación de carreteras, una servidumbre que tengo entendido todavía subsiste en todas partes, aunque con distintos niveles de opresión según los países, no era la única. Cuando las tropas del rey, su séquito, familia o funcionarios de toda clase, cruzaban por cualquier parte del país, los campesinos estaban obligados a suministrarles caballos, carruajes y provisiones, a un precio regulado por quien recibía los bienes. Creo que Gran Bretaña es la única monarquía de Europa donde esta vejación ha sido abolida por completo. Todavía subsiste en Francia y Alemania.

Los impuestos que debían soportar eran tan irregulares y opresivos como las prestaciones. Los antiguos señores, aunque siempre eran muy reacios a brindar a su soberano ninguna ayuda pecuniaria, le permitían de buen grado que cobrase impuestos a sus granjeros, y no supieron ver en qué grado esto iba a afectar en última instancia a sus propios ingresos. La *taille*, que todavía existe en Francia, es un ejemplo de esos antiguos tributos. Es un gravamen sobre los beneficios supuestos del granjero, que allí estiman según el capital que haya invertido en la granja. Por lo tanto, su interés estará en tener el mínimo posible y emplear así el mínimo posible en su cultivo y nada en su mejora. Si algún capital se acumula en las manos de un granjero francés, la *taille* equivale casi a una prohibición de invertirlo en la tierra. Además, se supone que este impuesto deshonra a cualquiera que sea sometido al mismo, lo degrada no sólo por debajo del nivel de un caballero sino incluso del de un villano; y lo deben pagar todos los que arrienden tierras de otros. Ningún caballero, ni siquiera un villano con capital se expondrá a esa degradación. En consecuencia, el impuesto no sólo impide que el capital que se acumula gracias a la tierra sea invertido en su mejora, sino que además aleja de ella a todos los demás capitales. Los antiguos diezmos y decimoquintos, tan corrientes antaño en Inglaterra, fueron tributos de igual naturaleza que la *taille*, en la medida en que afectaban a la tierra.

Con todas estas trabas, eran pocas las mejoras que podían esperarse de los ocupantes de la tierra. Esa clase de personas, incluso con toda la libertad y la seguridad que proporciona la ley, siempre prospera sorteando grandes desventajas. En comparación con el propietario, el granjero es como el comerciante que negocia con dinero prestado frente al que lo hace con sus propios fondos. El capital de ambos puede progresar, pero si su conducta es la misma, el del primero debe evolucionar más lentamente que el del segundo, debido a la amplia sección de sus beneficios que es absorbida por los intereses del préstamo. Análogamente, las tierras cultivadas por el granjero, si la conducta es la misma, serán mejoradas más despacio que las cultivadas por el propietario, debido a la cuota del producto que se destina a la renta y que, si el granjero fuese el propietario, podría invertirse en una mejora adicional de la tierra. El status del granjero, asimismo, es por naturaleza inferior al del dueño. En la mayor parte de Europa los campesinos son considerados como una clase inferior al grueso de los comerciantes y artesanos, y en toda Europa como una clase inferior a los grandes mercaderes y los maestros artesanos. Rara vez sucederá que un hombre con algún capital abandone una clase superior para colocarse en una inferior. Por lo tanto, incluso en el estado actual de Europa, es probable que haya muy pocos capitales que se desplacen desde otras profesiones hacia la mejora y cultivo de la tierra. Esto ocurre quizás en mayor grado en Gran Bretaña que en ningún otro país, si bien incluso allí los grandes capitales que en algunos lugares se hallan invertidos en granjas han sido generalmente adquiridos en la agricultura, la actividad en la que acaso el capital se acumule más lentamente que en ninguna otra. Sin embargo, después de los pequeños propietarios, las principales mejoras en todos los países corren a cargo de los granjeros más ricos e importantes. Su número posiblemente sea mayor en Inglaterra que en cualquier otra monarquía europea. Parece que en las repúblicas de Holanda y de Berna, en Suiza, los granjeros no van a la zaga de los ingleses.

Además de todo lo dicho, la antigua política de Europa fue contraria a la mejora y cultivo de la tierra, fuese ésta explotada por el dueño o por el agricultor: primero, debido a la prohibición general de exportar cereales sin un permiso especial, una reglamentación que parece haber estado vastamente extendida; y segundo, por las restricciones impuestas al comercio interior, no sólo de cereales sino de casi cualquier otro producto agrícola, por las leyes absurdas contra los acaparadores, revendedores y especuladores, y por los privilegios otorgados a ferias y mercados. Ya se ha observado la forma en que la prohibición de exportar cereales, junto a algunos estímulos a su importación, obstruyó el cultivo en la antigua Italia, a pesar de ser por naturaleza el país más fértil de Europa, y en aquel entonces la sede del mayor imperio del mundo. No es fácil conjeturar hasta qué punto dichas restricciones al comercio interior de esta mercancía, junto con la prohibición de exportarla, pueden haber desanimado el cultivo en países menos fértiles y con circunstancias menos favorables.

3. De la aparición y desarrollo de ciudades y pueblos tras la caída del Imperio Romano

Tras la caída del Imperio Romano, los habitantes de ciudades y pueblos no se vieron en mejor situación que los del campo. Es verdad que se trataba de una clase de personas muy distinta de los primeros habitantes de las antiguas repúblicas de Grecia e Italia. En éstas últimas vivían los dueños de las tierras, entre los que inicialmente se dividió el territorio, y que creyeron conveniente construir sus casas cercanas unas de otras, y cercar el conjunto con una muralla, con objeto de tener una defensa común. Después del final del Imperio Romano, por el contrario, los propietarios de las tierras vivieron generalmente en castillos fortificados dentro de sus propios campos, rodeados por sus arrendatarios y servidores. Las ciudades fueron habitadas fundamentalmente por comerciantes y artesanos, que en esa época se hallaban en una condición servil o casi servil. Los privilegios concedidos por antiguos estatutos a los habitantes de algunas de las principales ciudades europeas muestran claramente cómo estarían antes de tales concesiones. Unas personas que recibieron como privilegio el derecho a dar a sus hijas en matrimonio sin el consenso del señor, el que a su muerte sus bienes pudiesen ser heredados por sus hijos y no por el señor, y el poder disponer de sus bienes mediante un testamento, debían estar con anterioridad a tales concesiones en una situación de servidumbre igual o casi igual a la de quienes vivían en el campo.

Debieron ser sin duda personas muy pobres, que solían deambular con sus mercancías de lugar en lugar y de feria en feria, como los buhoneros y chalanes de hoy en día. En todos los países de la Europa de entonces, de igual forma que en los estados tártaros de Asia actualmente, se aplicaban impuestos sobre los viajeros y sus bienes cuando cruzaban algunos feudos, pasaban por ciertos puentes, llevaban sus géneros de un lugar a otro en una feria, y cuando levantaban allí una caseta o tenderete para venderlos. En Inglaterra esos impuestos eran denominados peaje, pontazgo, estadaje y postazgo. En algunas ocasiones el rey, en otras un gran señor, tenía autoridad para declarar exentos de esos tributos a algunos comerciantes, en especial los que residían en sus dominios. Tales comerciantes, aunque en otros aspectos se hallaban en una condición servil o casi servil, eran por esa razón llamados comerciantes francos. En compensación, solían pagar a su protector una especie de impuesto anual de capitación. En esa época era raro otorgar protección sin que mediase alguna prenda de valor, y quizás este impuesto puede ser considerado como una compensación por lo que sus protectores perdían con la exención de los demás tributos. Los impuestos de capitación y las exenciones fueron al principio exclusivamente personales y afectaban sólo a algunas personas, bien durante toda su vida o como los protectores decidiesen. Los muy imperfectos catastros de varias ciudades de Inglaterra mencionan a menudo el im-

3. De la aparición y desarrollo de ciudades y pueblos...

puesto que algunos habitantes pagaban al rey o a algún otro gran señor por esta clase de protección, indicando lo que pagaba cada uno, y a veces registran sólo el monto total de dichos gravámenes.

Pero por servil que haya sido la condición original de los habitantes urbanos, es evidente que lograron la independencia y la libertad mucho antes que los campesinos. La parte de los ingresos reales que provenía de dichos impuestos de capitación en cualquier ciudad era normalmente arrendada durante un determinado número de años por un tanto alzado, a veces a la autoridad del condado, y a veces a otras personas. Frecuentemente los mismos ciudadanos gozaban del crédito suficiente como para arrendar los ingresos de ese tipo que se originaban en su propia ciudad, y se hacían responsables mancomunada e individualmente de la totalidad de la renta. Estos arrendamientos eran bastante convenientes para la hacienda de los soberanos de toda Europa, que solían arrendar feudos enteros a sus pobladores, que se hacían responsables de toda la renta, mancomunada y solidariamente; a cambio se les permitía recaudarla a su manera, y pagarla al Tesoro real a través de sus propios administradores, con lo que daban a resguardo de la insolencia de los funcionarios del rey, circunstancia considerada en esa época de la máxima importancia.

Al principio, esas rentas se arrendaron a los ciudadanos probablemente igual que a cualquier otro arrendatario, es decir, sólo por un número dado de años. Con el tiempo, no obstante, se generalizó la práctica de arrendarlas en feudo, es decir a perpetuidad, fijándose una renta que no podía aumentar después. Al convertirse el pago en perpetuo, se convirtieron naturalmente también en perpetuas las exenciones a cambio de las cuales era realizado. Así, dichas exenciones dejaron de ser personales y no pudieron ser consideradas después como pertenecientes a individuos en tanto individuos sino en tanto ciudadanos de determinadas villas en particular, que fueron por eso llamadas villas francas, por la misma razón por la que ellos fueron denominados ciudadanos francos o comerciantes francos.

Junto con esta concesión se otorgaba normalmente a los ciudadanos de la villa que la recibía los importantes privilegios antes mencionados: dar a sus hijas en matrimonio, que sus hijos fuesen sus herederos, y poder disponer de sus bienes mediante testamento. No sé si tales privilegios eran antes otorgados habitualmente a ciudadanos concretos, en tanto individuos, junto con la libertad de comerciar. No es improbable que así haya sido, pero no tengo datos fehacientes. En cualquier caso, al haber sido librados de los signos principales de la servidumbre y la esclavitud, se convirtieron en personas libres, en el sentido que damos hoy a la palabra libertad.

Esto no fue todo. Generalmente se integraron al mismo tiempo en comunidades o corporaciones, con el privilegio de contar con magistrados y ayuntamientos propios, dictar ordenanzas para su gobierno, levantar murallas para su propia defensa y someter a todos los habitantes a una suerte de disciplina militar, obligándolos como se decía antes a velar y custodiar, es decir, a guardar y defender esas murallas noche y día contra cualquier ataque e incidente. En Inglaterra se los eximió por regla general de ser llevados a los tribunales de ciento y de condado, y todos los litigios que se plantearan entre ellos, salvo los que afectaran a la corona, eran resueltos por sus propios magistrados. En otros países se les concedió a menudo una jurisdicción mayor y más extensa.

Posiblemente resultó necesario otorgar a las ciudades que arrendaban sus impuestos algún tipo de jurisdicción efectiva para que pudiesen obligar a sus ciudadanos a pagar. En aquellos tiempos de desorden habría sido extremadamente inconveniente el obligarlas a buscar esa clase de justicia en ningún otro tribunal. Pero lo que resulta extraordinario es que los soberanos de toda Europa hayan intercambiado de esa manera por una renta fija, que nunca podría aumentar, la rama de sus ingresos que era probablemente la más susceptible de aumentar con el curso natural de las cosas, sin requerir gasto ni atención por su parte; y que hayan, además, erigido así voluntariamente una especie de repúblicas independientes en el corazón mismo de sus dominios.

Para comprender esto es preciso recordar que en aquel entonces prácticamente ningún soberano de Europa era capaz de proteger en todo el ámbito de sus dominios a la parte más débil de sus súbditos contra la tiranía de los grandes señores. Aquellos a quienes la ley no podía amparar, y que no eran lo suficientemente fuertes como para defenderse por sí solos, se veían forzados o bien a solicitar la protección de algún gran señor, y a convertirse en sus esclavos o vasallos para conseguirla, o bien a agruparse en una liga de defensa mutua para la protección general de todos. Los habitantes de las ciudades y burgos, considerados individualmente, carecían del poder para defenderse, pero si se integraban con sus vecinos en una liga de defensa mutua, entonces podían ofrecer una resistencia nada desdeñable. Los señores despreciaban a los ciudadanos o burgueses, a los que contemplaban no sólo como miembros de una clase distinta sino como un grupo de esclavos emancipados, casi como seres de una especie diferente de la suya. La riqueza de los burgueses siempre provocaba su envidia e indignación, y los saqueaban cada vez que podían sin piedad ni remordimiento. Naturalmente, los ciudadanos odiaban y temían a los señores. Y el rey también los odiaba y temía, pero aunque quizás podía despreciar a los burgueses, no tenía motivos ni para odiarlos ni para temerlos. Por lo tanto, el interés común dispuso a los ciudadanos a apoyar al rey, y a éste a apoyarlos a ellos contra los señores. Los burgueses eran los enemigos de sus enemigos, y el interés del rey era darles tanta seguridad e independencia frente a esos enemigos como fuese posible. Al permitirles nombrar sus propios magistrados, dictar ordenanzas para su propio gobierno, construir murallas para su propia defensa y someter a los ciudadanos a una suerte de disciplina militar, el rey hizo todo lo que estaba en su mano para otorgar a las ciudades los medios de seguridad e independencia frente a los señores feudales. Sin la organización de un gobierno estable de ese tipo, sin la autoridad para obligar a los habitantes a actuar según un plan o sistema determinado, no habría sido posible una liga voluntaria de defensa mutua que les suministrara seguridad permanente alguna o que les permitiese brindar al rey un apoyo apreciable. Al otorgarles el arrendamiento de su propia ciudad a cambio de un tanto alzado eliminó de la mente de aquellos a quienes deseaba tener como amigos, y acaso podría decirse como aliados, todo fundamento de recelo o sospecha de que los iba a oprimir en el futuro, sea elevando la renta que debía pagar la ciudad, sea entregando el arrendamiento a algún otro.

De ahí que los príncipes que peores relaciones mantenían con sus señores feudales hayan sido los más generosos en las concesiones de esa clase que otorgaron a sus burgos. El rey Juan de Inglaterra, por ejemplo, fue un extremadamente munificente benefactor de sus ciudades. Felipe I de Francia perdió toda autoridad sobre sus nobles. Hacia el final de su reinado su hijo Luis, llamado después Luis el Gordo, consultó según refiere el padre Daniel a los obispos de los dominios reales sobre cuáles serían los medios más adecuados para poner coto a las tropelías de los grandes señores. El consejo que le dieron se dividió en dos propuestas. Una fue el establecimiento de un nuevo orden jurídico, mediante el nombramiento de magistrados y ayuntamientos en todas las ciudades importantes de sus dominios. La otra fue la formación de una milicia, para que los habitantes de esas ciudades, bajo el mando de sus propios magistrados, acudiesen cuando fuese necesario en ayuda del monarca. De esa época data, según los historiadores franceses, la institución de los magistrados y ayuntamientos urbanos en Francia. La mayor parte de las villas francas de Alemania recibieron sus primeras cartas de privilegios durante los desgraciados reinados de los príncipes de la casa de Suabia, y entonces empezó a tener un poder formidable la famosa Liga Hanseática.

La milicia urbana no parece haber sido entonces inferior a la rural, y como podía ser convocada más fácilmente cuando se presentaba súbitamente la ocasión, a menudo se hallaba en mejor posición en sus disputas con los señores vecinos. En países como Italia o Suiza, donde merced a su distancia de la sede principal del gobierno, o por la fuerza natural del propio país, o por cualquier otra razón, el soberano llegó a perder toda su autoridad, las ciudades se convirtieron en general en repúblicas independientes y conquistaron a todos los nobles de las cercanías, obligándolos a desmantelar sus castillos y a vivir en las ciudades, como otros tantos pacíficos habitantes. Esta es, en resumen, la historia de la república de Berna y de muchas otras ciudades suizas. Con la excepción de Venecia, cuyas circunstancias son algo distintas, también es la historia de todas las repúblicas italianas de importancia, que en un gran número nacieron y perecieron entre finales de siglo XII y comienzos del XVI.

En países como Francia e Inglaterra, donde la autoridad del soberano, aunque a menudo muy reducida, nunca resultó completamente destruida, las ciudades no tuvieron la oportunidad de llegar a ser plenamente independientes. Pero sí adquirieron una importancia tan considerable que el soberano no podía, sin su consentimiento, aplicarles más impuestos que la mencionada renta de la ciudad. Eran, por consiguiente, convocadas para enviar a sus diputados a la asamblea de los estados del reino, en donde podían, junto con el clero y la nobleza, otorgar en ocasiones críticas alguna ayuda extraordinaria al rey. Asimismo, como en general tendían a ser más favorables a su autoridad, a veces sus diputados eran utilizados por el rey en esas asambleas como contrapeso frente al poder de los grandes señores. Este es el origen de la representación de los burgos en los estados generales de todas las grandes monarquías de Europa.

Y así fue como se impuso en las ciudades el orden y el buen gobierno, y junto con ellos la libertad y la seguridad de las personas, en un tiempo en el que los campesinos estaban expuestos a toda clase de atropellos. Los hombres en esa situación de indefensión están satisfechos naturalmente con apenas lo necesario para subsistir, puesto que la adquisición de algo más sólo podría desatar la injusticia de sus opresores. Por el contrario, cuando las personas están seguras de disfrutar del producto de su trabajo, naturalmente se esfuerzan en mejorar su condición y adquirir no sólo cosas necesarias para la vida sino también cosas convenientes y elegantes. Por eso las actividades destinadas a producir más allá de la mera subsistencia se establecieron en las ciudades mucho antes de que se generalizasen en las comarcas rurales. Si un pequeño capital se acumulaba en las manos de un pobre agricultor oprimido por la servidumbre feudal, él naturalmente lo ocultaba con gran cuidado de la mirada de su patrono, al que en otro caso habría pertenecido, y aprovechaba la primera oportunidad para escapar a la ciudad. La ley era entonces tan indulgente con los habitantes de las ciudades, y se deseaba tanto disminuir el poder de los señores sobre los

3. De la aparición y desarrollo de ciudades y pueblos...

habitantes del campo, que si él era capaz de sustraerse allí de la persecución de su señor durante un año, ya era un hombre libre para siempre. Por lo tanto, todo el capital acumulado por la parte más laboriosa de los habitantes del campo se refugió naturalmente en las ciudades, los únicos santuarios donde las personas que lo habían adquirido podían sentirse seguras.

Es verdad que los habitantes de una ciudad siempre deben en última instancia obtener del campo su subsistencia y todos los materiales y medios para su trabajo. Pero los habitantes de una ciudad situada cerca del mar o de un río navegable no se ven necesariamente obligados a obtenerla en los campos vecinos. Sus posibilidades son mucho más amplias y pueden recurrir a los rincones más remotos del mundo, sea para conseguirla a cambio de sus productos manufacturados, sea actuando como transportistas entre países lejanos, e intercambiando sus productos. Una ciudad podía así alcanzar una gran riqueza y esplendor mientras que la pobreza y la miseria reinaban no sólo en sus campos vecinos sino en todos aquellos países con los que comerciaba. Cada uno de esos países, considerado individualmente, quizás podía suministrar sólo una pequeña parte de su subsistencia o su actividad, pero todos ellos en conjunto le aportaban una copiosa subsistencia y una gran actividad. Dentro del estrecho círculo del comercio de entonces, hubo algunos países ricos e industriosos. Tal fue el caso del imperio Griego a lo largo de toda su existencia, y el de los sarracenos durante los reinados de los Abasidas. También ocurrió lo mismo en Egipto hasta que fue conquistado por los turcos, en una parte de la costa de Berbería y en todas las provincias de España que estuvieron bajo el dominio de los moros.

Las primeras ciudades de Europa cuyo comercio las elevó a un nivel apreciable de opulencia fueron las italianas. Se hallaba entonces Italia en el centro de la parte desarrollada y civilizada del mundo. Las cruzadas favorecieron también extraordinariamente a algunas ciudades italianas, aunque forzosamente frenaron el progreso de la mayor parte de Europa, porque ocasionaron un gran despilfarro de capital y una aguda pérdida de habitantes. Los enormes ejércitos que marcharon desde todas partes hacia la conquista de Tierra Santa estimularon notablemente la navegación de Venecia, Génova y Pisa, a veces porque sus barcos las transportaban hasta allí, y constantemente porque les llevaban las provisiones. Dichas ciudades fueron, por así decirlo, la intendencia de esos ejércitos, y el frenesí más destructivo que jamás asoló a las naciones europeas fue para esas repúblicas una fuente de riqueza.

Los habitantes de las ciudades comerciales, al importar las manufacturas modernas y los onerosos lujos de los países ricos, alimentaron la vanidad de los grandes propietarios, que ansiosamente compraron esos bienes entregando a cambio grandes cantidades de la producción primaria de sus tierras. El comercio de la mayor parte de Europa en esa época, en consecuencia, consistía fundamentalmente en el intercambio de sus materias primas por los artículos manufacturados de las naciones más civilizadas. Así la lana de Inglaterra se cambiaba por los vinos de Francia y por los paños finos de Flandes, igual que se intercambian hoy los cereales de Polonia por los vinos y aguardientes de Francia y por las sedas y terciopelos de Francia e Italia.

De esta forma el comercio introdujo el gusto por las manufacturas más finas y modernas en países que no las producían. Pero cuando este gusto llegó a ser tan general que dio lugar a una demanda considerable, los mercaderes, con objeto de ahorrarse el coste del transporte, intentaron naturalmente establecer industrias del mismo tipo en su propio país. Así se originaron las primeras manufacturas para su venta en mercados lejanos en las provin-

3. De la aparición y desarrollo de ciudades y pueblos...

cias occidentales de Europa después de la caída del Imperio Romano.

Debe observarse que ningún país grande ha subsistido nunca ni podría subsistir sin ninguna industria, y cuando se dice que un país así no tiene industria, siempre se debe entender por ello a las manufacturas más finas y modernas, o las que son adecuadas para el comercio a grandes distancias. En todo país grande tanto los vestidos como los muebles de la abrumadora mayoría de la gente son el producto de su propia industria. Esto ocurre todavía en mayor grado en los países pobres, de los que comúnmente se dice que no tienen manufacturas, que en los ricos, donde se dice que abundan. En los segundos se ve que la proporción de productos extranjeros entre los vestidos y muebles de las clases más bajas del pueblo es mucho mayor que en los primeros.

Las manufacturas adecuadas para la venta en lugares lejanos fueron establecidas en los diversos países de dos formas distintas.

A veces, como se dijo antes, fueron introducidas por la acción abrupta, si puede emplearse esa expresión, de los capitales de algunos comerciantes y empresarios, que las establecieron imitando a industrias extranjeras similares. Tales manufacturas son, entonces, la criatura del comercio exterior, y tal fue el caso de las antiguas industrias de las sedas, los terciopelos y brocados que florecieron en Lucca durante el siglo XIII. Las arrojó de allí la tiranía de uno de los héroes de Maquiavelo, Castruccio Castracani. En 1310 novecientas familias fueron expulsadas de Lucca, treinta y una de las cuales se refugiaron en Venecia, donde se ofrecieron para instalar la industria de la seda. Su oferta fue aceptada, se les concedieron bastantes privilegios y comenzaron la manufactura con trescientos trabajadores. Ese fue también el origen de la industria de paños finos que floreció antiguamente en Flandes y que fue introducida en Inglaterra a comienzos del reinado de Isabel; y así sucede hoy con las manufacturas de seda de Lyon y Spitalfields. Al ser estas industrias una imitación de las extranjeras, generalmente utilizan materias primas extranjeras. Cuando surgió la industria de Venecia, sus materiales provenían todos de Sicilia y el Levante. La más antigua manufactura de Lucca operaba asimismo con materiales extranjeros. El cultivo de la morera y la cría del gusano de seda no parecen haberse generalizado en el norte de Italia antes del siglo XVI. Esas actividades no fueron implantadas en Francia hasta el reinado de Carlos IX. Las manufacturas de Flandes recurrirían básicamente a lanas españolas e inglesas. La lana española fue la materia empleada, no en la primera industria lanera de Inglaterra, pero sí en la primera capaz de vender en mercados lejanos. Al día de hoy más de la mitad de las materias primas de las manufacturas de Lyon son sedas extranjeras; en sus comienzos eran la totalidad o casi la totalidad. Es probable que prácticamente ninguno de los materiales de la industria de Spitalfields pueda jamás ser producido en Inglaterra. La sede de tales manufacturas, al ser generalmente proyectos empresariales de unos pocos individuos, es a veces una ciudad marítima y a veces una ciudad del interior, de acuerdo con lo que determine su interés, criterio o capricho.

Otras veces las industrias destinadas al comercio exterior crecen naturalmente, como si fuera de forma espontánea, a partir del gradual refinamiento de la industria popular y primitiva que siempre existe incluso en los países más pobres y atrasados. Estas manufacturas operan generalmente con los materiales que produce el país, y con frecuencia se las ve refinarse y progresar primero en aquellas regiones que no están extraordinariamente lejos aunque sí a una distancia apreciable del mar y a veces incluso de cualquier transporte por agua. Una región del

3. De la aparición y desarrollo de ciudades y pueblos...

interior, naturalmente fértil y fácil de cultivar, produce un abultado excedente de provisiones por encima de lo necesario para mantener a los cultivadores, y debido al coste del transporte terrestre y las incomodidades de la navegación fluvial a menudo puede ser difícil el envío de ese excedente al exterior. La abundancia, en consecuencia, abarata las provisiones y estimula a un amplio número de trabajadores a instalarse en la vecindad, al comprobar que su esfuerzo les procura allí más bienes necesarios y cómodos para la vida que en otro sitio. Elaboran los materiales que produce la tierra e intercambian sus productos terminados, o lo que es lo mismo: su precio, por más materias primas y provisiones. Añaden un nuevo valor al excedente de la producción bruta al ahorrar el gasto de su transporte hasta la costa o hasta un mercado distante; y entregan a los agricultores a cambio de esa producción algo que es útil o grato para ellos, y a un precio más atractivo que el que obtenían antes. Aparte de un mejor precio por su producción excedente, los cultivadores pueden comprar más baratos otros artículos que necesiten. Resulta así que tienen tanto el estímulo como la capacidad para incrementar esa producción excedente con una roturación ulterior y un mejor cultivo de la tierra; y de la misma forma como la fertilidad de la tierra hizo nacer a la industria, así el progreso de la industria reacciona sobre la tierra e incrementa aún más su fertilidad. Las manufacturas abastecen primero a las proximidades y después, cuando el trabajo progresa y se refina, a mercados más alejados. Ni los productos primarios ni las manufacturas más bastas pueden soportar sin una enorme dificultad el coste de un extenso viaje por tierra, pero en cambio las manufacturas más refinadas y modernas sí pueden. Con frecuencia encierran en un volumen pequeño el precio de una gruesa cantidad de materias primas. Una pieza de fino paño, por ejemplo, que sólo pesa ochenta libras, contiene el precio no sólo de ochenta libras de lana sino a veces el de varios miles de libras de peso de cereales, la manutención de los distintos trabajadores y sus empleadores inmediatos. El cereal, que difícilmente podría ser exportado en su propia forma, resulta así exportado como una manufactura terminada, y puede llegar hasta los rincones más remotos del mundo. De esta forma han surgido naturalmente, y se podría decir que por iniciativa propia, las manufacturas de Leeds, Halifax, Sheffield, Birmingham y Wolverhampton. Estas industrias son el fruto de la agricultura. En la historia moderna de Europa, su extensión y progreso ha sido generalmente posterior al de las industrias que fueron fruto del comercio exterior. Inglaterra era célebre por la industria de paños finos hechos con lana española un siglo antes de que pudiese venderse en el exterior el producto de las industrias que hoy florecen en los lugares antes mencionados. La ampliación y mejora de estas últimas no podía tener lugar sino como consecuencia de la extensión y progreso de la agricultura, el último y más importante efecto del comercio exterior, y de las industrias introducidas por éste de forma inmediata, como explicaré seguidamente.

4. De cómo el comercio de las ciudades contribuyó al progreso del campo

El crecimiento y las riquezas de las ciudades comerciales e industriales contribuyó al progreso y cultivo de los países donde se encontraban de tres formas diferentes.

En primer lugar, al proporcionar un mercado vasto y accesible para los productos del campo estimularon su cultivo y mejoramiento ulterior. Esta ventaja no se limitó a los países donde se hallaban situadas sino que se extendió en mayor o menor grado a todos aquellos con los que comerciaban. Proporcionaron a todos un mercado para una parte de su producción bruta o elaborada, y consecuentemente estimularon la actividad y el progreso de todos. Pero su propio país, por razones de distancia, obtuvo de dicho mercado el máximo beneficio. Al soportar sus productos primarios un coste menor por el transporte, los comerciantes pudieron pagar a los agricultores un mejor precio por ellos y al mismo tiempo venderlos a los consumidores tan baratos como los que procedían de países más lejanos.

En segundo lugar, la riqueza acumulada por los habitantes de las ciudades fue a menudo invertida en la compra de las tierras que se ponían a la venta, que en su mayoría se hallaban sin cultivar. La ambición común de los mercaderes es convertirse en hacendados, y cuando lo hacen resultan ser por regla general los que mejor cultivan la tierra. Un comerciante está acostumbrado a invertir su dinero esencialmente en empresas rentables, mientras que un caballero rural está habituado a emplearlo fundamentalmente en sus gastos. Uno contempla a menudo su dinero alejarse de él para retornar con un beneficio; el otro, una vez que se desprende de su dinero, rara vez espera volverlo a ver. Estos hábitos diferentes naturalmente afectan a su temperamento y disposición en cualquier labor. Un comerciante es normalmente un empresario audaz; un hacendado, un empresario tímido. El uno no titubea en invertir un amplio capital en la mejora de su tierra, cuando hay una perspectiva probable de incrementar su valor en proporción a la inversión. El otro, si tiene algún capital, lo que no siempre ocurre, rara vez se arriesga a invertirlo de esa forma. Si realiza una mejora, generalmente no es con un capital sino con lo que pueda ahorrar de su ingreso anual. Todo el que haya tenido la fortuna de vivir en una ciudad mercantil situada en un país atrasado habrá observado a menudo cuánto más animosas eran las iniciativas de ese tipo adoptadas por los comerciantes que las acometidas por los hacendados. Además, los hábitos de orden, economía y diligencia que la actividad mercantil naturalmente forma en un comerciante lo vuelven mucho más apto para ejecutar con rentabilidad y éxito cualquier empresa de mejoras en el campo.

En tercer y último lugar, el comercio y la industria establecieron gradualmente el orden y el buen gobierno, y con ellos la libertad y la seguridad de los individuos, entre unos habitantes del campo que antes habían vivido

4. De cómo el comercio de las ciudades contribuyó al progreso del campo

en un estado de guerra permanente con sus vecinos y de dependencia servil con sus superiores. De todos sus efectos éste ha sido el menos destacado, pero es con diferencia el más importante. El único autor que lo ha subrayado, que yo sepa, es el Sr. Hume.

En un país que no tenga comercio exterior ni una industria moderna, un gran propietario, al no poder intercambiar por nada la mayor parte de la producción de sus tierras que supere la manutención de sus cultivadores, consume la totalidad en la rústica hospitalidad de su casa. Si esa producción excedente alcanza para mantener cien o mil hombres, no puede hacer otro uso de ella aparte de mantener cien o mil hombres. Por eso, está constantemente rodeado de una multitud de dependientes y criados que carecen de un equivalente para darle a cambio de su manutención, y que al ser alimentados sólo por su generosidad le deben obediencia, por lo mismo que los soldados deben obediencia al príncipe que les paga. Ello explica que antes de la extensión del comercio y la industria en Europa, la hospitalidad de los ricos y los grandes, desde el soberano al menor de los señores feudales, sobrepasaba a cualquier cosa que podamos concebir hoy. El salón de Westminster era el comedor de Guillermo el Rojo, y es posible que frecuentemente no alcanzara para dar cabida a sus invitados. Se consideraba un rasgo de magnificencia de Tomás Becket el que revistiese el piso de su salón con heno limpio o juncos, para que los caballeros e hidalgos que no disponían de asientos no estropeasen sus elegantes vestidos cuando se sentaban en el piso para cenar. Se cuenta que el gran duque de Warwick agasajaba diariamente en sus diversos palacios campestres a treinta mil personas, y aunque este número bien puede ser exagerado, el verdadero debió ser muy grande como para dar pie a semejante exageración. Una hospitalidad análoga era desplegada no hace muchos años en diversas partes de las Tierras Altas de Escocia, y parece ser un fenómeno común a todas las naciones donde el comercio y la industria son poco conocidos. He visto, cuenta el Doctor Pocock, a un jefe árabe cenar en las calles de una ciudad adonde había llegado a vender su ganado, e invitar a todos los transeúntes, incluso a los mendigos, a sentarse con él y compartir su banquete.

Los ocupantes de la tierra eran en todos los aspectos tan dependientes de los grandes propietarios como sus sirvientes. Incluso aquellos que no eran siervos eran arrendatarios a voluntad y pagaban una renta desde cualquier punto de vista desproporcionada a los medios de subsistencia que la tierra les suministraba. Algunos años atrás, una renta corriente en las Tierras Altas de Escocia por tierras que mantenían a una familia era una corona, media corona, una oveja o un cordero. Todavía es así hoy en algunos sitios; y el dinero no compra actualmente más mercancías allí que en otros lugares. En un país donde la producción excedente de una gran finca debe ser consumida en la propia finca, a menudo le convendrá al propietario que una fracción sea consumida lejos de su casa, siempre que quienes la consuman sean tan dependientes de él como sus criados y sirvientes. Se evita así las molestias de una familia o un séquito demasiado numerosos. Un arrendatario a voluntad, que posee tierra suficiente para mantener a una familia a cambio de una renta ínfima es tan dependiente del propietario como cualquier criado o sirviente y debe obedecerlo de manera igualmente incondicional. Un propietario de esas características, igual que alimenta a sus criados y sirvientes en su casa, alimenta a sus arrendatarios en las suyas. La subsistencia de ambos deriva de su benevolencia y el que la sigan recibiendo depende de su buena voluntad.

El poder de los antiguos barones se basaba en la autoridad que en ese estado de cosas necesariamente ejercían

4. De cómo el comercio de las ciudades contribuyó al progreso del campo

los grandes propietarios sobre sus arrendatarios y sirvientes. Forzosamente acabaron siendo jueces de paz y jefes en la guerra de todos los que vivían en sus tierras. Eran capaces de mantener el orden y hacer cumplir la ley en sus dominios porque cada uno de ellos podía dirigir la fuerza de todos los habitantes contra las faltas de uno solo. Ninguna otra persona poseía autoridad suficiente para hacerlo; en especial, no la poseía el rey. En aquellos tiempos lejanos, el rey era apenas algo más que el mayor de los terratenientes, al que los demás propietarios guardaban una cierta consideración en aras de la defensa común frente a sus enemigos comunes. Si el rey hubiese intentado por su cuenta y riesgo, y contando sólo con su autoridad, obligar al pago de una pequeña suma en las tierras de un gran propietario, donde todos los habitantes estaban armados y acostumbrados a defenderse mutuamente, le habría costado el mismo esfuerzo que extinguir una guerra civil. En consecuencia, estaba forzado a dejar a la administración de justicia en la mayor parte del país en manos de los que podían administrarla; y por la misma razón a dejar el mando de la milicia campesina en manos de aquellos a quienes la milicia obedecía.

Es equivocado pensar que esas jurisdicciones territoriales provinieron del derecho feudal. Varios siglos antes de que el nombre de derecho feudal fuese conocido en Europa los grandes terratenientes gozaban del derecho alodial no sólo a ejercer la suprema jurisdicción civil y penal sino también a reclutar tropas, acuñar moneda e incluso promulgar ordenanzas para el gobierno de sus pueblos. La autoridad y jurisdicción de los lores sajones en Inglaterra fue tan grande antes de la conquista como la de cualquier lord normando después de ella, aunque el derecho feudal no se convirtió en derecho común en Inglaterra hasta después de la conquista. Es una cuestión de hecho e indiscutible que los grandes señores de Francia poseyeron alodialmente una amplia autoridad y jurisdicción mucho antes de que las leyes feudales se aplicasen en ese país. Esas autoridades y jurisdicciones necesariamente brotaban de la situación de la propiedad y las costumbres, tal como se acaba de exponer. Sin necesidad de remontarnos al pasado más remoto de las monarquías francesa o inglesa, tenemos en tiempos muy posteriores pruebas abundantes de que dichos efectos siempre deben derivarse de tales causas. Hace menos de treinta años el Sr. Cameron de Lochiel, un caballero de Lochabar, en Escocia, que no era ni juez de paz, ejercía la suprema jurisdicción penal sobre su pueblo, a pesar de no contar con derecho legal alguno, puesto que no era lo que se llamaba entonces un lord de regalía, ni siquiera un arrendatario importante, sino un mero vasallo del duque de Argyle. Se dice que lo hacía con la máxima equidad, aunque sin ningún formalismo procesal, y no es improbable que las condiciones de esa parte del país hiciesen entonces necesario que él asumiese esa autoridad para mantener la tranquilidad pública. Este caballero, cuya renta nunca superó las quinientas libras anuales, llevó a ochocientos hombres consigo a la rebelión de 1745.

La introducción del derecho feudal puede ser considerada como un intento de moderar la autoridad de los grandes lores alodiales, no de extenderla. Estableció una subordinación normal, acompañada de una larga lista de servicios y deberes, desde el rey hasta el más humilde de los propietarios. Durante la minoría de edad del terrateniente, la renta y la administración de sus tierras iban a parar a su superior inmediato, y por consiguiente las de los grandes propietarios a manos del rey, que quedaba a cargo de la manutención y educación del pupilo, y que en su calidad de tutor se suponía que tenía derecho a decidir con quién había de casarse éste, siempre que el matrimonio no desmereciese su rango. Pero aunque esta institu-

4. De cómo el comercio de las ciudades contribuyó al progreso del campo

ción tendía necesariamente a fortalecer la autoridad del rey y a debilitar la de los grandes propietarios, no podía hacer ni lo uno ni lo otro en un grado suficiente como para establecer el orden y el buen gobierno sobre todos los habitantes del país, porque no alteraba suficientemente la condición de la propiedad y las costumbres que originaban los desórdenes. La autoridad continuó siendo como antes: demasiado débil en la cabeza y demasiado fuerte en las extremidades, y la fuerza excesiva de los miembros inferiores era la causa de la debilidad de la cabeza. Después de instituirse la subordinación feudal, el rey fue tan impotente como antes para reprimir la violencia de los grandes lores. Ellos siguieron guerreando a discreción, de forma casi permanente unos contra otros, y a menudo contra el rey; y el campo abierto siguió siendo escenario de violencia, rapiña y desorden.

Pero lo que la violencia de las instituciones feudales jamás habría podido lograr lo consiguió gradualmente la acción silenciosa e imperceptible del comercio exterior y las manufacturas. Ellos proveyeron paulatinamente a los grandes propietarios con algo por lo que podían intercambiar todo el producto excedente de sus tierras, y que podían consumir ellos mismos sin compartirlo con arrendatarios ni sirvientes. La máxima vil de los poderosos parece haber sido siempre: todo para nosotros, nada para los demás. Así, tan pronto como descubrieron un método para consumir el valor total de sus rentas ellos mismos, no se mostraron dispuestos a compartirlo con otras personas. Por un par de hebillas de diamantes, o por otra cosa tan frívola e inútil, eran capaces de intercambiar la manutención, o lo que es lo mismo: el precio de la manutención de mil hombres durante un año, y con ello todo el poder y autoridad que así podrían haber conseguido. Pero esas hebillas serían de su uso exclusivo y ningún ser humano tendría la menor participación en ellas, mientras que con la vieja forma de gastar habrían participado en el gasto al menos mil personas. Este punto resultó completamente decisivo para orientar las preferencias de quienes tenían que optar por un método u otro. Y así, para satisfacer la más pueril, despreciable y sórdida de todas las vanidades, enajenaron gradualmente todo su poder y autoridad.

En un país donde no existe comercio exterior ni manufacturas finas, una persona que disponga de diez mil libras anuales no puede destinar sus ingresos a otra cosa que a mantener quizás a mil familias, que necesariamente estarán todas a sus órdenes. En la Europa de hoy un hombre con un ingreso de diez mil libras anuales puede gastarlo totalmente, y en general lo gasta, sin mantener directamente a veinte personas, ni mandar sobre más de diez lacayos, a los que no vale la pena dar órdenes. Es posible que indirectamente mantenga a un número de personas tan numeroso o incluso más numeroso que el que habría podido mantener con el antiguo sistema de gasto. Aunque la cantidad de productos valiosos por los que intercambia su ingreso total sea muy pequeña, el número de trabajadores empleados en recogerlos y elaborarlos debe necesariamente haber sido muy grande. El alto precio de esos productos deriva generalmente de los salarios de dichos trabajadores y los beneficios de todos sus empleadores inmediatos. Al pagar ese precio está pagando indirectamente todos esos salarios y beneficios, y contribuye así a mantener a esos trabajadores y sus patronos. Normalmente contribuye, empero, en una proporción muy reducida de cada uno, a la décima parte de la manutención anual de unos pocos, a la centésima de muchos, y a la milésima o incluso diezmilésima parte de algunos. Por lo tanto, aunque aporta a la manutención de todos, son todos más o menos independientes de él, porque por regla general todos pueden sobrevivir sin él.

4. De cómo el comercio de las ciudades contribuyó al progreso del campo

Cuando los grandes terratenientes gastan sus rentas en mantener a sus arrendatarios y sirvientes, cada uno de ellos mantiene a los suyos con exclusividad. Cuando las gastan en el sustento de comerciantes y artesanos pueden mantener en conjunto quizás al mismo número que antes o acaso a uno mayor, si se considera el despilfarro que suele caracterizar a la hospitalidad rústica. Pero cada uno de ellos individualmente representa una parte muy pequeña del sustento de cualquier individuo de ese gran número. Cada comerciante o artesano se gana la vida no gracias a un cliente sino gracias a cien o a mil. Aunque les esté reconocido a todos en alguna medida, no depende totalmente de ninguno de ellos.

Al incrementarse paulatinamente de esta manera los gastos personales de los grandes propietarios, era inevitable que el número de sus sirvientes disminuyera hasta que finalmente desaparecieron por completo. La misma causa llevó a que gradualmente se desprendieran de los arrendatarios que no necesitaban. Las haciendas se ampliaron y los ocupantes de la tierra, a pesar de las quejas sobre la despoblación, fueron reducidos al número necesario para cultivarla según el imperfecto estado de la roturación y las mejoras en esos tiempos. Al desprenderse de bocas innecesarias, y al extraer del granjero el valor pleno de la tierra arrendada, el propietario obtuvo un mayor excedente, o lo que es lo mismo: el precio de un mayor excedente, y los comerciantes e industriales pronto le facilitaron un método para que se lo gastase en sí mismo, igual que había hecho con el resto de su ingreso. Al continuar actuando la misma causa, estaba deseoso de elevar sus rentas por encima de lo que sus tierras podían proporcionar en las condiciones vigentes de roturación. Sus arrendatarios sólo podían aceptarlo con una condición: la seguridad de sus posesiones durante un número de años suficiente para que tuviesen tiempo de recuperar con un beneficio cualquier suma que hubiesen invertido en la mejora ulterior de la tierra. La onerosa vanidad del terrateniente lo dispuso a aceptar esa condición, y de ahí nacieron los arrendamientos a largo plazo.

Ni siquiera un arrendatario a voluntad, que paga el valor íntegro de la tierra, es absolutamente dependiente del terrateniente. Las ventajas pecuniarias que recibe el uno del otro son recíprocas y equivalentes, y ese arrendatario jamás expondrá ni su vida ni su fortuna en el servicio del propietario. Pero si tiene un contrato de larga duración, entonces es completamente independiente; y su propietario no puede esperar de él ni el más insignificante servicio más allá de lo que esté expresamente estipulado en el contrato o impuesto por las leyes corrientes y conocidas del país.

Al independizarse los arrendatarios de esta forma, y al haber sido despedidos los sirvientes, los grandes propietarios ya no fueron capaces de interrumpir la acción normal de la justicia ni de perturbar la paz del país. Vendieron su primogenitura, no por un plato de lentejas como Esaú, en un momento de hambre y necesidad, sino en el desenfreno de la abundancia, a cambio de baratijas y fruslerías propias para servir más como juguetes de niños que como objetivos serios de hombres, y se convirtieron en personas tan insignificantes como cualquier comerciante o burgués acomodado. Se estableció un gobierno normal tanto en el campo como en la ciudad, pues nadie tenía el poder suficiente como para perturbar su acción ni en un sitio ni en otro.

Quizá no tenga relación con este punto, pero no puedo evitar subrayar que las familias de rancia tradición, que poseen un gran patrimonio que ha pasado de padres a hijos a lo largo de muchas generaciones, son muy raras en los países comerciales. Por el contrario, en lugares donde hay poco comercio, como Gales o las Tierras Altas de

4. De cómo el comercio de las ciudades contribuyó al progreso del campo

Escocia, resultan muy comunes. Las historias árabes están llenas de genealogías y hay una, escrita por un kan tártaro, traducida a varias lenguas europeas, que prácticamente no contiene otra cosa; ello prueba que las familias antiguas son muy comunes en esas naciones. En lugares donde un hombre rico no puede gastar su ingreso sino en mantener tantas personas como pueda, no es fácil que gaste desmedidamente, y su benevolencia rara vez es tan impetuosa como para intentar mantener a más personas de las que puede. Pero cuando le es posible gastar el más copioso ingreso en su propia persona, con frecuencia su gasto no tiene límites, porque con frecuencia no los tiene su vanidad o su amor propio. Por eso es raro que las riquezas en los países ricos perduren mucho tiempo en el seno de una misma familia, a pesar de las reglas rigurosas que se imponen para impedir su disipación. En los países poco desarrollados, por el contrario, con frecuencia lo hacen sin necesidad de disposición legal alguna, puesto que en las naciones de pastores, como los tártaros y los árabes, la naturaleza perecedera de sus propiedades necesariamente hace que esas reglamentaciones no sean posibles. Y así tuvo lugar en el bienestar público una revolución de la máxima importancia, debida a dos clases muy distintas de personas que no tenían la menor intención de servir al público. El único objetivo de los grandes propietarios era gratificar la vanidad más pueril. Los comerciantes y artesanos, mucho menos ridículos, actuaron puramente según su propio interés y siguieron su propia regla de mercachifles de sacar un penique de allí donde se pueda sacar un penique. Nadie fue consciente ni pudo prever la profunda revolución que gradualmente derivó de la insensatez de unos y la laboriosidad de otros.

De esta manera el comercio y la industria de las ciudades en la mayor parte de Europa no fueron la consecuencia de la mejora y cultivo de los campos, sino su causa.

Pero como este orden es contrario al curso natural de las cosas, resulta necesariamente lento e incierto. Puede compararse el lento crecimiento de aquellos países europeos cuya riqueza depende sobre todo de su comercio e industria con los rápidos avances de nuestras colonias norteamericanas, cuya riqueza se basa exclusivamente en la agricultura. Se supone que la población no se duplica en Europa en menos de quinientos años, pero en varias de nuestras colonias de América del Norte lo ha hecho en veinte o veinticinco años. El derecho de mayorazgo y diversas vinculaciones impiden la división de las grandes fincas en Europa, lo que impide la multiplicación de pequeños propietarios. Pero un pequeño propietario, que conoce cada palmo de su reducido territorio, que lo contempla con el afecto que naturalmente inspira la propiedad, especialmente la pequeña propiedad, y que por eso disfruta no sólo al cultivarlo sino también al adornarlo, es por regla general el emprendedor más esforzado, el más inteligente y el que tiene más éxito. Además, las mismas reglamentaciones excluyen a tanta tierra del mercado que siempre hay más capitales para comprar que tierra para vender, con lo cual la que se vende lo hace siempre a un precio de monopolio. La renta nunca cubre el interés del dinero con el que se la adquiere, y resulta por añadidura cargada con reparaciones y otros pagos ocasionales a los que no está expuesto el interés del dinero. En toda Europa la compra de tierra es una inversión muy poco rentable para un capital modesto. Es verdad que algunas veces cuando un hombre de moderada fortuna se retira puede escoger invertir su pequeño capital en la tierra, en busca de una mayor seguridad. También un profesional, cuyos ingresos provengan de otra fuente, disfruta a menudo al conservar sus ahorros de esa manera. Pero un hombre joven que en lugar de dedicarse al comercio o a otra profesión invierta un capital de dos o tres mil libras

4. De cómo el comercio de las ciudades contribuyó al progreso del campo

en la compra y cultivo de un pequeño predio, aunque puede confiar en vivir feliz e independiente, debe despedirse para siempre de toda esperanza de alcanzar una gran fortuna o celebridad, algo que si emplease su capital de otra forma tendría las mismas posibilidades de conseguir que cualquier otra persona. Esa persona, además, si no puede aspirar a convertirse en propietario, a menudo desdeñará el ser un granjero. En consecuencia, la minúscula cantidad de tierra disponible en el mercado y su elevado precio impiden que se inviertan en su cultivo y mejora un gran número de capitales que lo habrían hecho en otras circunstancias. En América del Norte, por el contrario, un capital de cincuenta o sesenta libras es con frecuencia suficiente para poner en marcha una plantación. La compra y roturación de tierras incultas es allí la inversión más rentable de los capitales pequeños y grandes, y el camino más seguro hacia la riqueza y la fama que se pueden alcanzar en ese país. En realidad la tierra en Norteamérica se puede comprar prácticamente gratis, o a un precio muy por debajo del valor de su producción natural; esto es inconcebible en Europa y en cualquier país donde toda la tierra lleve mucho tiempo siendo propiedad privada. Pero si las fincas rústicas fuesen a la muerte de cualquier propietario con una familia numerosa divididas por partes iguales entre los hijos, lo normal sería que la finca fuese vendida: llegaría tanta tierra al mercado que ya no podría venderse a un precio de monopolio. La renta neta de la tierra se acercaría al interés del dinero invertido en su adquisición, y un capital reducido podría ser invertido en la compra de tierras con la misma rentabilidad que en cualquier otra cosa.

Debido a la fertilidad natural de su suelo, a la gran extensión de su costa marítima en proporción al territorio total, y a los muchos ríos navegables que fluyen en su interior y facilitan el transporte fluvial de las zonas más apartadas, Inglaterra está quizás mejor dotada por la naturaleza que ningún otro gran país de Europa para ser la sede del comercio exterior, de las industrias que venden en mercados lejanos y de todo el progreso que de ello puede derivarse. Además, desde comienzos del reinado de Isabel, la legislación inglesa ha prestado especial atención a los intereses del comercio y la industria, y en realidad no hay país en Europa, ni siquiera la propia Holanda, donde la ley es en términos generales tan propicia para esas actividades. De ahí que en todo este período el comercio y la industria se hayan desarrollado de forma sostenida. Es cierto que el cultivo y mejora del campo también ha progresado gradualmente, pero ha seguido lentamente y a distancia el progreso más dinámico del comercio y las manufacturas. El grueso del país ya debía estar cultivado antes del reinado de Isabel, pero una parte importante permanece aún inculta, y el cultivo de la mayor parte es muy inferior al que podría ser. La legislación inglesa, no obstante, favorece a la agricultura no sólo indirectamente mediante la protección comercial sino a través de varios estímulos directos. Salvo en tiempos de escasez, la exportación de cereales no sólo es libre sino que además es incentivada mediante una prima. En tiempos de moderada abundancia, la importación de cereales extranjeros resulta encarecida mediante aranceles que en la práctica equivalen a una prohibición. La importación de ganado en pie, salvo desde Irlanda, está siempre prohibida, y la excepción irlandesa es relativamente reciente. En consecuencia, los agricultores gozan de un monopolio frente a sus compatriotas en los dos principales artículos de la producción primaria, el pan y la carne. Aunque esos incentivos son en última instancia probablemente ilusorios, como demostraré más adelante, demuestran al menos suficientemente la buena intención del gobierno de apoyar a la agricultura. Pero mucho más importante que

4. De cómo el comercio de las ciudades contribuyó al progreso del campo

ellos es que los campesinos de Inglaterra disfrutan de toda la seguridad, independencia y respetabilidad que la ley puede proporcionar. Por lo tanto, ningún país en que existan los mayorazgos, se paguen diezmos y se admitan en algunos casos las vinculaciones, aunque sean opuestas al espíritu del derecho, puede fomentar la agricultura más que Inglaterra. Y sin embargo la condición de sus cultivos es la que ha sido antes mencionada. ¿Cuál podría ser si la ley no hubiese otorgado incentivos directos a la agricultura, aparte de los que surgen indirectamente del desarrollo del comercio, y hubiese mantenido a los campesinos en la misma condición en que se halla en la mayoría de los otros países de Europa? Han pasado ya más de doscientos años desde el inicio del reinado de Isabel, un período muy largo con relación a lo que suele durar la prosperidad humana.

Francia tuvo una importante participación en el comercio exterior casi un siglo antes de que Inglaterra se destacase como país comercial. La marina de Francia era considerable, según los cánones del momento, antes de la expedición de Carlos VIII a Nápoles. Pero el cultivo y la roturación de Francia es en conjunto inferior al de Inglaterra. La legislación del país nunca ha otorgado los mismos incentivos directos a la agricultura.

El comercio exterior de España y Portugal con las demás partes de Europa es muy importante, aunque se lleve a cabo en barcos extranjeros. El comercio con sus colonias es realizado con sus propios barcos y es mucho mayor, debido a la gran extensión y riqueza de esas colonias. Pero ese comercio no ha dado lugar en ninguno de los dos países a una industria importante para la venta en mercados lejanos, y la mayor parte del territorio de ambos se halla todavía sin cultivar. El comercio exterior de Portugal es el más antiguo de Europa, con la excepción de Italia.

Italia es el único país de Europa que se roturó y cultivó completamente gracias al comercio exterior y las manufacturas fabricadas para su venta en mercados distantes. Según Guicciardini, antes de la invasión de Carlos VIII, Italia se hallaba cultivada tanto en sus partes más montañosas y yermas como en las llanuras más fértiles. Es probable que la ventajosa localización del país y el gran número de estados independientes que había entonces hayan contribuido significativamente a este cultivo generalizado. Sin embargo, y a pesar de la opinión de este historiador, uno de los más juiciosos y prudentes de los tiempos modernos, es posible que Italia no estuviese entonces mejor cultivada que la Inglaterra de hoy.

El capital que cualquier país adquiere a través del comercio y la industria es una posesión completamente precaria e incierta hasta que una parte se vincula con el cultivo y mejora de sus tierras. Se ha dicho con toda corrección que un mercader no es necesariamente ciudadano de país alguno. En buena medida le resulta indiferente dónde desarrolla su negocio; y un insignificante inconveniente hará que retire su capital, y toda la actividad que pone en movimiento, de un país y lo destine a otro. No se puede sostener que parte alguna del mismo pertenezca a un país en particular hasta que se derrame, por así decirlo, sobre su faz, sea en la forma de construcciones o de mejoras duraderas en sus tierras. No queda hoy ningún vestigio de la copiosa riqueza que se dice poseyeron la mayoría de las ciudades hanseáticas, salvo en oscuros relatos de los siglos XIII y XIV. No está claro ni siquiera dónde estaban algunas de ellas ni a qué ciudades europeas corresponden los nombres latinos de algunas. Pero aunque las desgracias de Italia a finales del siglo XV y comienzos del XVI redujeron apreciablemente el comercio y la industria de las ciudades de Lombardía y Toscana, esas regiones están todavía entre las más pobladas y mejor

4. De cómo el comercio de las ciudades contribuyó al progreso del campo

cultivadas de Europa. Las guerras civiles de Flandes y el gobierno español que las sucedió liquidaron el abundante comercio de Amberes, Gante y Brujas; pero Flandes es todavía una de las provincias más ricas, mejor cultivadas y más pobladas de Europa. Los trastornos habituales debidos a las guerras y los gobiernos agotan fácilmente las fuentes de aquella riqueza que surge sólo del comercio. La que proviene del más sólido progreso agrícola es mucho más perdurable y no puede ser destruida, salvo por las convulsiones más violentas ocasionadas por las depredaciones de naciones hostiles y bárbaras que se prolongan durante un siglo o dos, como las que tuvieron lugar antes y después de la caída del Imperio Romano en las provincias occidentales de Europa.

Libro IV

De los sistemas de economía política[1]

---

1. De este libro se incluye una selección que representa aproximadamente la mitad del original. Con objeto de facilitar la localización se señala el número del capítulo correspondiente. Tres puntos suspensivos indican la existencia de texto no recogido.

La economía política, considerada como una rama de la ciencia del hombre de estado o legislador, se plantea dos objetivos distintos: en primer lugar, conseguir un ingreso o una subsistencia abundantes para el pueblo, o más precisamente que el pueblo pueda conseguir ese ingreso o esa subsistencia por sí mismo; y en segundo lugar, proporcionar al estado o comunidad un ingreso suficiente para pagar los servicios públicos.

La diferente evolución de la riqueza en distintas épocas y naciones ha dado lugar a dos sistemas de economía política con relación al enriquecimiento de los pueblos. Un sistema puede ser denominado comercial y el otro agrícola. Procuraré analizar ambos de la forma más completa y clara que pueda, y empezaré por el sistema mercantil, que es el moderno y el mejor conocido en nuestro país y nuestro tiempo.

Libro IV

I

...Se supone que un país rico, igual que una persona rica, es un país donde abunda el dinero; y se supone que acopiar oro y plata en cualquier país es el medio más sencillo de enriquecerlo. ...El Sr. Locke observa...que el oro y la plata constituyen la parte más sólida y sustancial de la riqueza mueble de una nación, y piensa por ello que la multiplicación de esos metales debe ser el objetivo principal de su política económica.

Otros creen que si una nación pudiese separarse del resto del mundo, poco importaría si el dinero que circulase en ella fuese abundante o escaso. ...Pero piensan que ocurre lo contrario cuando los países tienen conexiones con naciones soberanas, y están obligados a entablar guerras en el exterior y a mantener flotas y ejércitos en lugares distantes. Esto no puede hacerse, sostienen, sin remitir dinero para pagarlos, y una nación no puede remitir mucho dinero al exterior si no cuenta con bastante en el interior. ...

Como consecuencia de estas nociones populares, todas las naciones de Europa han estudiado, aunque con poco fruto, cualquier medio posible para acumular oro y plata. España y Portugal, propietarias de las principales minas que suministran esos metales a Europa, han prohibido su exportación bajo severísimas penas o la han sometido a elevados aranceles. Prohibiciones análogas formaron parte antiguamente de la política de la mayor parte de las otras naciones europeas. ...

Cuando esos países se hicieron comerciales, los mercaderes comprobaron que dicha prohibición resultaba en muchas ocasiones extremadamente inconveniente...y por ello protestaron ante esa medida debido a que perjudicaba al comercio.

Argumentaron primero que la exportación de oro y

plata para adquirir bienes extranjeros no siempre disminuía la cantidad de esos metales en el reino. Al contrario, con frecuencia la aumentaba porque...esos bienes podían ser re-exportados a países extranjeros y, al ser vendidos allí con un amplio margen de beneficio, hacían entrar al país un tesoro muy superior al que había sido originalmente retirado para adquirirlas. El Sr. Mun compara esta acción del comercio exterior con la siembra y la cosecha en la agricultura. ...

Afirmaron en segundo lugar que esa prohibición no era capaz de impedir la exportación de oro y plata, porque debido a su reducido volumen en proporción a su valor podían ser fácilmente contrabandeados. Dicha exportación sólo podía ser evitada prestando atención a lo que llamaban balanza comercial. Cuando un país exporta más valor del que importa queda un saldo a su favor a cargo de países extranjeros, que necesariamente es pagado con oro y plata, lo que incrementa la cantidad de esos metales en el reino. Pero cuando importa por más valor del que exporta el saldo es en contra del país, que lo ha de pagar de la misma manera, con lo que esa cantidad disminuye. Prohibir en tal caso la exportación de esos metales no impediría que se produjese, sino que sólo la encarecería, al hacerla más peligrosa. ...

Esos argumentos eran en parte correctos y en parte sofismas. Eran correctos cuando sostenían que la exportación de oro y plata en el comercio podía ser a menudo ventajosa para el país, y que ninguna prohibición impediría esa exportación si las personas veían que les convenía. Pero eran sofismas cuando suponían que la preservación o el aumento en la cantidad de dichos metales requerían más atención por el gobierno que la preservación o aumento en la cantidad de cualquier otra mercancía útil, que la libertad de comercio siempre consigue suministrar adecuadamente, sin ninguna atención de ese tipo. También eran sofismas, quizás, al subrayar que el precio del cambio elevado necesariamente aumentaba lo que llamaban la balanza comercial desfavorable, o que ocasionaba la exportación de una cantidad mayor de oro y plata. Es evidente que ese precio alto era extremadamente perjudicial para los comerciantes que tenían que pagar sumas en países extranjeros. Debían entregar más dinero para comprar las letras de cambio que sus banqueros les giraban sobre esos países. Pero aunque el riesgo derivado de la prohibición puede ocasionar gastos extraordinarios a los banqueros, no necesariamente extrae más dinero del país. Este gasto sería generalmente desembolsado en el país, en el contrabando de dinero hacia el exterior, y rara vez ocasionaría la exportación de seis peniques más de lo necesario para pagar la letra. Además, el alto precio de los cambios dispondría naturalmente a los comerciantes a equilibrar lo más posible sus exportaciones y sus importaciones, para que ese alto precio fuese pagado sobre una suma tan pequeña como resultase posible. Asimismo, si el precio de los cambios es elevado, ello opera necesariamente como un impuesto, al elevar el precio de los bienes importados y disminuir por ello su consumo, lo que tiende no a aumentar sino a disminuir lo que denominaban la balanza comercial desfavorable, y consiguientemente la exportación de oro y plata.

En cualquier caso, esos argumentos convencieron a la gente hacia la que fueron dirigidos. Los comerciantes los dirigieron a los parlamentos, a los consejos de los príncipes, a los nobles y caballeros. Fueron argumentos lanzados por quienes supuestamente entendían el comercio hacia quienes sabían que de eso no sabían nada. La experiencia demostraba a los nobles y a los caballeros, tanto como a los mercaderes, que el comercio exterior enriquecía al país; pero ninguno sabía cómo o de qué manera. Lo que los comerciantes sabían perfectamente era cómo los enriquecía a ellos. Era su oficio saberlo. Pero conocer de qué manera enriquecía al país caía fuera de su competencia. No consideraban nunca la cuestión, salvo cuando solicitaban alguna modificación en las leyes relativas al comercio exterior. Entonces resultaba necesario decir alguna cosa sobre los efectos benéficos del comercio exterior y sobre la manera en que esos efectos eran obstaculizados por la legislación vigente. A las personas que debían decidir sobre las medidas a adoptar, el argumento de que el comercio exterior traía dinero al país, y que las leyes en cuestión impedían que entrase tanto como entraría en otro caso, les parecía plenamente satisfactorio. Y el argumento producía el resultado deseado. ...La atención de los gobiernos se desplazó de la vigilancia contra la exportación de oro y plata a la vigilancia de la balanza comercial, única causa que podía aumentar o disminuir esos metales. De una preocupación estéril se pasó a otra mucho más intrincada y embarazosa, pero igualmente estéril. El título del libro de Mun, *La riqueza de Inglaterra por el comercio exterior,* se convirtió en la máxima fundamental de la economía política... El comercio interior o local, que es el más importante de todos, el comercio que con un mismo capital genera el mayor ingreso y crea el máximo empleo para la población del país, fue considerado como mero subsidiario del comercio exterior. ...

Un país sin minas propias debe indudablemente obtener su oro y plata en el exterior, igual que obtiene sus vinos un país sin viñedos. No es necesario que el Estado atienda más a uno de estos objetos que al otro. ...Podemos confiar con total seguridad en que el comercio libre nos proveerá del vino que necesitamos, y con la misma seguridad en que siempre nos suministrará todo el oro y toda la plata que podamos comprar o emplear en la circulación de nuestras mercancías o en otros usos.

La cantidad de cualquier mercancía que el trabajo humano puede comprar o producir se regula naturalmente en cualquier país por la demanda efectiva, o la demanda de aquellos que están dispuestos a pagar el total de la renta, el trabajo y los beneficios que hay que pagar para prepararla y traerla al mercado. Pero ninguna mercancía se regula más fácil y precisamente según esa demanda efectiva que el oro y la plata, porque debido a su pequeño volumen y gran valor, ninguna mercancía puede ser transportada de un sitio a otro más fácilmente. ...

Cuando la cantidad de oro y plata importada en un país supera a la demanda efectiva, ninguna vigilancia estatal impedirá su exportación. Todas las sanguinarias leyes de España y Portugal no son capaces de conservar el oro y la plata en esos países. ...

Si el oro y la plata escasean en un país que tiene medios para comprarlos, hay más expedientes para sustituirlos que si se trata de casi cualquier otra mercancía. Si faltan las materias primas de las manufacturas, la industria se detiene. Si faltan alimentos, la gente pasa hambre. Pero si falta dinero, el trueque puede reemplazarlo, aunque con muchos inconvenientes. La compraventa a crédito, y la cancelación recíproca de los créditos de los comerciantes, una vez por mes o por año, puede reemplazarlo con menos inconvenientes. Un papel moneda bien regulado puede suministrarlo no sólo sin ningún problema, sino en ocasiones con algunas ventajas. Desde cualquier punto de vista, entonces, nunca se emplea más innecesariamente la acción del gobierno que cuando se dirige a vigilar la preservación o el aumento de la cantidad de dinero de un país.

Y sin embargo, no hay queja más extendida que la de la escasez de dinero. El dinero, como el vino, siempre será escaso para los que no tienen medios para comprarlo ni crédito para tomarlo prestado. Los que tienen cualquiera de ellos rara vez echarán en falta el dinero o el vino que necesiten. ...Sería ridículo proceder seriamente a demostrar que la riqueza no consiste en dinero ni en oro ni plata sino en lo que el dinero puede comprar, y sólo vale porque lo puede comprar. Es evidente que el dinero siempre forma parte del capital nacional, pero ya ha sido explicado que generalmente esa parte es pequeña y siempre es la menos rentable del mismo.

El comerciante sabe que es más fácil comprar bienes con dinero que dinero con bienes, pero ello no es así porque la riqueza consista esencialmente en dinero, sino porque el dinero es el instrumento del comercio reconocido y establecido, a cambio del cual todas las cosas se entregan sin problemas, pero que no siempre resulta igualmente sencillo obtener a cambio de cualquier cosa. ...Pero aunque un comerciante en concreto, con abundancia de artículos en su almacén, puede a veces arruinarse al no conseguir venderlos a tiempo, la nación o el país no están expuestos al mismo accidente. ...Si el oro y la plata no pudiesen ser obtenidos a cambio de los bienes destinados a comprarlos, la nación no se arruinaría. Sin duda sufriría pérdidas e inconvenientes, y se vería forzada a recurrir a los expedientes necesarios para reemplazar a la moneda. Pero el producto anual de su tierra y su trabajo seguiría siendo el mismo o casi el mismo... Y aunque los bienes no siempre obtienen dinero con la misma facilidad con la que el dinero obtiene bienes, a largo plazo ocurre lo contrario: éstos lo consiguen a aquél más fácilmente que a la inversa. Los bienes sirven para muchas cosas aparte de adquirir dinero, pero el dinero sólo sirve para comprar bienes. Por lo tanto, el dinero necesariamente corre tras los bienes pero los bienes no siempre ni necesariamente corren tras el dinero. ...

Se dice que los bienes de consumo son perecederos mientras que el oro y la plata perduran, y que si no fuera por su exportación podrían ser acumulados durante muchos años, lo que incrementaría espectacularmente la riqueza del país. Se concluye de ahí que nada es más perjudicial para la nación que el comercio que entrega una mercancía tan duradera a cambio de otras tan efímeras. Sin embargo, no pensamos que es desventajoso el comercio de artículos ingleses de ferretería por vinos de Francia, y eso que los utensilios de ferretería son muy duraderos: si no fuese por su exportación podrían ser acumulados durante largos años, lo que incrementaría espectacularmente la cantidad de ollas y sartenes del país. Fácilmente se comprende, sin embargo, que el número de estos utensilios está limitado en cualquier lugar por el uso que se pueda hacer de ellos, que sería absurdo tener más ollas y sartenes de las necesarias para cocinar los alimentos que habitualmente se consumen allí, y que si la cantidad de vituallas aumenta, el número de ollas y sartenes aumentaría rápidamente también, y una parte de la cantidad incrementada de vituallas se invertiría en su compra o en la manutención de un número adicional de los trabajadores que las fabrican. Debería comprenderse de forma igualmente inmediata que la cantidad de oro y plata está limitada en cualquier país por el uso que se pueda hacer de ellos; que su uso consiste en la circulación de mercancías, como moneda, y el suministro de una especie de mobiliario doméstico, como la vajilla; que la cantidad de dinero en cualquier país está regulada por el valor de las mercancías que circulan gracias a ella: si aumenta ese valor, una fracción del mismo será inmediatamente remitida al exterior para comprar, en cualquier parte, la cantidad adicional de moneda necesaria para hacerlo circular; que la cantidad de vajilla está regulada por el número y riqueza de las familias privadas que se permiten esa clase de magnificencias: si aumenta el número y la riqueza de esas familias, es probable que una sección de esta riqueza incrementada se destine a la compra, en cualquier parte, de una cantidad adicional de vajilla; que intentar aumentar la riqueza de cualquier país introduciendo o bloqueando en él a una cantidad innecesaria de oro y plata es tan absurdo como intentar aumentar el bienestar de las familias obligándolas a tener un número innecesario de utensilios de cocina. ...

No siempre es necesario acumular oro y plata para que un país pueda entablar guerras en el exterior y mantener flotas y ejércitos en países lejanos. Las flotas y los ejércitos no son mantenidos con oro y plata sino con bienes de consumo. La nación que tenga, gracias al producto anual de su actividad local, gracias al ingreso anual proveniente de su tierra, trabajo y capital, los medios para comprar esos bienes en países distantes, puede financiar guerras en el exterior. ...

Las mercancías más adecuadas para ser transportadas a lugares lejanos con objeto de adquirir allí la paga o las provisiones de un ejército...son las manufacturas más finas y modernas, que contienen un alto valor en un reducido volumen, y que por ello pueden ser exportadas a grandes distancias con un coste pequeño. Un país cuya industria produzca un amplio excedente anual de tales manufacturas, que normalmente son exportadas a países extranjeros, puede sostener durante muchos años una onerosa guerra en el exterior no sólo sin exportar ninguna cantidad importante de oro o plata, sino incluso sin tener ninguna cantidad para exportar. ...

La importación de oro y plata no es el principal ni mucho menos el único beneficio que una nación deriva de su comercio exterior. Cualesquiera sean los sitios que entablan dicho comercio, todos ellos obtiene del mismo dos tipos de ventajas. El comercio exterior retira la parte excedente del producto de su tierra y su trabajo, para la que no existe demanda en el país, y trae de vuelta a cambio de ella otra cosa para la que sí hay demanda. ...Así, la estrechez del mercado local no impide que la división del trabajo en ninguna rama de las artes o las manufacturas alcance el grado más alto de perfección. Al abrir un mercado más amplio para cualquier parte del producto de su trabajo que pueda exceder el consumo del país, lo estimula a mejorar sus capacidades productivas y a expandir su producto anual al máximo, y de esta manera a incrementar el ingreso y la riqueza reales de la sociedad. ...La importación del oro y la plata que sean necesarios en los países que carecen de minas es indudablemente una parte del comercio exterior, pero una parte sumamente insignificante. Si un país se lanza al comercio exterior sólo por esa razón, apenas necesitará fletar un barco por siglo.

No ha sido gracias a la importación de oro y plata que el descubrimiento de América ha enriquecido a Europa. La abundancia de las minas americanas ha vuelto a esos metales más baratos. Una vajilla de plata puede comprarse hoy con la tercera parte del cereal, o la tercera parte del trabajo que habría costado en el siglo XV. ...Pero cuando una mercancía pasa a venderse por la tercera parte de su precio habitual, no sólo sucede que los que la compraban antes pueden comprar tres veces más, sino que la mercancía desciende a un nivel donde aparecen muchos otros compradores, quizás diez o veinte veces más que antes. Así, en Europa puede haber hoy no sólo tres sino veinte o treinta veces la cantidad de artículos de oro y plata que habría, incluso en su estadio actual de desarrollo, si las minas de América nunca hubiesen sido descubiertas. En esa medida Europa ha cosechado sin duda una ventaja real, pero seguramente insignificante. ...El descubrimiento de América, no obstante, dio lugar a un cambio mucho más fundamental. Al abrir un nuevo e inagotable mercado para todas las mercancías de Europa dio lugar a nuevas divisiones del trabajo y progresos en las artes que jamás habrían tenido lugar en el estrecho círculo del antiguo comercio, por falta de un mercado que comprase la mayor parte de la producción. La capacidad productiva del trabajo mejoró, la producción aumentó en todos los países europeos y con ella el ingreso y la riqueza reales de sus habitantes. Las mercancías de Europa era casi todas desconocidas en América, y muchas de América lo eran en Europa. Por ello se estableció un nuevo conjunto de intercambios, que antes habría sido inconcebible, y que por naturaleza debía resultar tan provechoso para el nuevo continente como ciertamente lo fue para el viejo. La salvaje injusticia de los europeos hizo que un acontecimiento que debería haber sido beneficioso para todos resultase ruinoso y destructivo para varios de esos infortunados países.

El descubrimiento del paso a las Indias Orientales por el Cabo de Buena Esperanza, que ocurrió casi al mismo tiempo, abrió un campo para el comercio exterior quizás más extenso que el descubrimiento de América, a pesar de la mayor distancia. Sólo había dos naciones en América que superaban el nivel de salvajismo, y fueron destruidas casi al mismo tiempo que descubiertas. El resto eran salvajes. Pero los imperios de China, Indostán, Japón y varios otros de las Indias Orientales, aunque no tenían minas ricas en oro y plata, eran mucho más ricos en todos los demás aspectos, mejor cultivados y más adelantados en todas las artes y manufacturas que México o Perú, incluso aunque demos crédito —y claramente no lo merecen— a los exagerados relatos de los escritores españoles sobre la antigua condición de esos imperios. Las naciones ricas y civilizadas siempre pueden comerciar entre sí por un valor muy superior al de su comercio con salvajes y bárbaros. Sin embargo, Europa ha obtenido hasta el presente muchas menos ventajas de su comercio con las Indias Orientas que con el de América. Los portugueses monopolizaron para sí mismos el comercio con las Indias

Orientales durante casi un siglo, y las otras naciones europeas sólo podían enviar o recibir bienes de allí indirectamente, a través de ellos. Cuando los holandeses empezaron a ganarles terreno a principios del siglo pasado, privilegiaron a una compañía con la exclusividad de todo su comercio con las Indias Orientales. Ingleses, franceses, suecos y daneses siguieron su ejemplo, con lo que ninguna nación de Europa se ha beneficiado aún del comercio libre con las Indias Orientales. No es necesario buscar ningún otro motivo para explicar por qué nunca ha sido tan provechoso como el comercio con América que está, entre casi todas las naciones de Europa y sus propias colonias, abierto a todos sus súbditos. ...

El dinero en el lenguaje popular significa riqueza, y esta noción tan ambigua se ha vuelto tan familiar entre nosotros que incluso aquellos que saben que es absurda olvidan sus propios principios y en su argumentación la dan por supuesta como si fuera una verdad cierta e innegable. Algunos de los mejores autores ingleses que han escrito sobre el comercio afirman inicialmente que la riqueza de un país no consiste en su oro ni su plata sino en sus tierras, casas y bienes de todo tipo. Pero en el curso de su análisis, las tierras, casas y bienes parecen escapar de su memoria, y la fuerza de su argumentación recae a menudo en el supuesto de que toda la riqueza consiste en oro y plata, y que la multiplicación de esos metales es el gran objetivo de la industria y el comercio de la nación.

Una vez establecidos los dos principios, a saber, que la riqueza consiste en oro y plata, y que esos metales pueden ser adquiridos por los países que no tienen minas sólo mediante la balanza comercial, o exportando más de lo que se importa, el propósito principal de la política económica necesariamente pasó a ser el disminuir todo lo posible la importación de bienes extranjeros para consumo local y el aumentar todo lo posible la exportación de la producción nacional. Sus dos máquinas para enriquecer al país, en consecuencia, fueron las restricciones a la importación y los estímulos a la exportación.

Las restricciones a la importación fueron de dos clases.

Primero, restricciones a la importación desde cualquier país de aquellos bienes extranjeros consumidos localmente y que podían ser producidos localmente.

Segundo, restricciones a la importación de bienes de casi cualquier tipo desde aquellos países con los que se suponía que la balanza comercial era desfavorable.

Estas restricciones consistían a veces en aranceles elevados y a veces en absolutas prohibiciones.

La exportación se estimulaba unas veces con reembolsos, otras con primas, otras con ventajosos tratados de comercio con estados extranjeros, y otras mediante el establecimiento de colonias en países lejanos. ...Los dos clases de restricciones a la importación antes mencionadas y los cuatro estímulos a la exportación son los seis principales medios mediante los cuales el sistema mercantil propone incrementar la cantidad de oro y plata en cualquier país, al inclinar en su favor a la balanza comercial. Abordaré a cada uno en un capítulo, y sin preocuparme demasiado de su supuesta tendencia a introducir dinero en el país, estudiaré esencialmente cuáles son los efectos probables de cada uno sobre el producto anual de la actividad nacional. En la medida en que tiendan a aumentar o disminuir el valor de ese producto anual, es evidente que tenderán a aumentar o disminuir la riqueza y el ingreso real del país.

II

Al restringir la importación de bienes extranjeros que podrían ser producidos en el país, sea mediante aranceles elevados o prohibiciones, se asegura en cierto grado un monopolio para la industria nacional que los produce. ...

Es indudable que este monopolio del mercado local frecuentemente estimula mucho a aquella actividad concreta que lo disfruta, y a menudo desplaza hacia esa actividad una cuota mayor del trabajo y el capital de la sociedad que lo que sucedería en otro caso. Lo que no es tan evidente es que tienda a aumentar el nivel de actividad de la sociedad ni a orientarlo en la dirección más conveniente.

La actividad de una sociedad nunca puede superar lo que el capital de la sociedad es capaz de poner en movimiento. Así como el número de trabajadores que puede emplear una persona debe guardar una cierta proporción con su capital, el número de los que pueden estar continuamente empleados por todos los miembros de una sociedad debe estar en proporción al capital total de la sociedad. Ninguna reglamentación del comercio es capaz de elevar la actividad de ninguna sociedad más allá de lo que permita su capital. Sólo puede desviar una parte del mismo en una dirección que en otro caso no habría tomado; y no está nada claro que esta dirección artificial vaya a ser más provechosa para la sociedad que aquélla que habría seguido espontáneamente.

Cada individuo está siempre esforzándose para encontrar la inversión más beneficiosa para cualquier capital que tenga. Es evidente que lo mueve su propio beneficio y no el de la sociedad. Sin embargo, la persecución de su propio interés lo conduce natural o mejor dicho necesariamente a preferir la inversión que resulta más beneficiosa para la sociedad.

En primer lugar, cada individuo procura emplear su capital lo más cerca de casa que sea posible, y por ello en la medida de lo posible apoya a la actividad nacional, siempre que así pueda obtener el beneficio corriente del capital, o al menos uno que no esté muy por debajo del corriente.

Así, si los beneficios son aproximadamente iguales, todo comerciante mayorista prefiere naturalmente el comercio local al comercio exterior, y el comercio exterior al comercio de tránsito. En el comercio local nunca pierde de vista a su capital, algo que ocurre a menudo en el comercio exterior. Conoce mejor la personalidad y condiciones de las personas en las que debe confiar, y si alguien le engaña está más familiarizado con las leyes del país para resarcirse del daño sufrido. En el comercio de tránsito el capital del mercader está por así decirlo dividido entre dos países extranjeros, y ni una fracción del mismo es remitida necesariamente a su residencia ni colocada ante su vista y control. ...De ahí que el propio país sea, si se me permite decirlo, el centro en torno al cual giran continuamente los capitales de los habitantes, y hacia el que siempre tienden, aunque sean por causas particulares algunas veces desviados y repelidos hacia inversiones más apartadas. Ahora bien, un capital invertido en el comercio interior, como ya ha sido explicado, necesariamente pone en movimiento una actividad mayor, y proporciona ingreso y empleo a un número de habitantes mayor que un mismo capital invertido en el comercio exterior; y uno invertido en el comercio exterior posee una ventaja análoga sobre uno invertido en el comercio de tránsito. En consecuencia, dada una rentabilidad igual o casi igual, todas las personas se inclinan naturalmente a invertir su capital en la forma que probablemente da el máximo apoyo a la actividad nacional y asegura ingreso y empleo al máximo número de personas de su propio país.

En segundo lugar, cada individuo que invierte su capital en la actividad nacional, necesariamente procura dirigir la actividad para que la producción alcance el máximo valor posible. ...

El ingreso anual de cualquier sociedad es siempre exactamente igual al valor de cambio del producto anual total de su actividad, o más bien es precisamente lo mismo que ese valor de cambio. En la medida en que todo individuo procura en lo posible invertir su capital en la actividad nacional y orientar esa actividad para que su producción alcance el máximo valor, todo individuo necesariamente trabaja para hacer que el ingreso anual de la sociedad sea el máximo posible. Es verdad que por regla general él ni intenta promover el interés general ni sabe en qué medida lo está promoviendo. Al preferir dedicarse a la actividad nacional más que a la extranjera él sólo persigue su propia seguridad; y al orientar esa actividad de manera de producir un valor máximo él busca sólo su propio beneficio, pero en este caso como en otros una mano invisible lo conduce a promover un objetivo que no entraba en sus propósitos. El que sea así no es necesariamente malo para la sociedad. Al perseguir su propio interés frecuentemente fomentará el de la sociedad mucho más eficazmente que si de hecho intentase fomentarlo. Nunca he visto muchas cosas buenas hechas por los que pretenden actuar en bien del pueblo. ...

Cuál será el tipo de actividad local en donde su capital se puede invertir y cuya producción pueda ser de un valor máximo es algo que cada persona, dadas sus circunstancias, puede evidentemente juzgar mucho mejor que cualquier político o legislador. El político que pretenda dirigir a las personas privadas sobre la forma en que deben invertir sus capitales no sólo se carga a sí mismo con la preocupación más innecesaria sino que asume una autoridad que no debería ser delegada con seguridad en ninguna persona, en ningún consejo o senado, y que en ningún sitio es más peligrosa que cuando está en las manos de un hombre tan insensato y presuntuoso como para fantasear que es realmente capaz de ejercerla.

Selección: II

El conceder el monopolio del mercado nacional a la producción nacional, en cualquier arte o industria, equivale en alguna medida a dictar a los ciudadanos particulares la manera en que deberían emplear sus capitales, y en todos los casos resulta una intervención inútil o perjudicial. Si la producción nacional puede llegar al mercado tan barata como la extranjera, es evidente que la intervención es inútil. Si no puede hacerlo, será generalmente perjudicial. La máxima de cualquier prudente padre de familia es nunca intentar hacer en casa lo que le costaría más hacer que comprar. El sastre no fabrica sus zapatos sino que se los compra al zapatero. El zapatero no se hace sus vestidos sino que recurre al sastre. El granjero no intenta hacer ni unos ni otros sino que acude a esos artesanos. Todos ellos comprenden que les resulta más conveniente emplear su esfuerzo de forma de tener alguna ventaja sobre sus vecinos, y comprar lo que necesitan con una parte del producto de su esfuerzo, o lo que es lo mismo: con el precio de una parte.

Lo que es prudente en la conducta de una familia nunca será una locura en la de un gran reino. Si un país extranjero nos puede suministrar una mercancía a un precio menor que el que nos costaría fabricarla, será mejor comprársela con el producto de nuestro trabajo, dirigido en la forma que nos resulte más ventajosa. Ciertamente no es ventajoso cuando se lo dirige hacia un objeto que es más barato comprar que fabricar. El valor del producto anual es evidentemente disminuido en un cierto grado cuando resulta así desviado de la producción de mercancías que claramente tienen más valor hacia la de mercancías que tienen menos. Si suponemos que la mercancía podía ser adquirida en el exterior más barata que si se produjera en el país, podría ser comprada con sólo una parte de las mercancías, o lo que es lo mismo: con sólo una parte del precio de las mercancías que la actividad puesta en marcha por el mismo capital habría producido en el país si se la dejara seguir su curso natural. La actividad nacional, por tanto, es desplazada desde un empleo ventajoso a uno menos ventajoso, y el valor de cambio de su producto anual, en vez de aumentar como pretendía el legislador, necesariamente disminuirá con cualquier intervención de ese tipo.

Es verdad que con esas medidas se puede establecer una industria en concreto antes de lo que sucedería en otro caso, y después de un tiempo quizás suceda que su producción sea tanto o más barata que la extranjera. Pero aunque la actividad de la sociedad pueda ser así orientada provechosamente hacia un canal específico antes de lo que ocurriría en otra circunstancia, ello no quiere decir que el conjunto de su actividad o de su ingreso resulten incrementados por esa regulación. La actividad de la sociedad sólo puede aumentar en proporción a su capital, y su capital sólo puede aumentar en proporción a lo que pueda ahorrarse de su ingreso. Ahora bien, el efecto inmediato de cualquier reglamentación de esa clase es disminuir su ingreso, y todo lo que reduzca su ingreso no es desde luego muy probable que incremente su capital más rápido de lo que podría aumentar espontáneamente si tanto el capital como la actividad fuesen dejados en libertad para que encontrasen sus empleos naturales.

Aunque la ausencia de esas intervenciones cause que la sociedad nunca tenga esa industria, ello no significa necesariamente que será más pobre en cualquier período de su existencia. En cada etapa de su desarrollo su capital total y su actividad serán siempre empleados en la manera en que resulte más ventajosa en cada momento, aunque sobre objetos distintos. En cada etapa su ingreso puede ser el máximo que permita su capital, y tanto el capital como el ingreso pueden evolucionar a la tasa más rápida posible. ...

Los comerciantes y los industriales son las personas

que obtienen el mayor beneficio del monopolio del mercado nacional. ...Los hacendados y los granjeros son las personas menos sujetas al miserable espíritu del monopolio, lo que los honra. ...Los hacendados y granjeros, dispersos a lo largo del país, no se combinan con tanta facilidad como los mercaderes y los fabricantes, que al estar agrupados en ciudades y acostumbrados al espíritu corporativo monopólico que prevalece entre ellos, procuran naturalmente obtener contra sus compatriotas los mismos privilegios exclusivos que habitualmente poseen contra los habitantes de sus ciudades respectivas. Ellos fueron los inventores originales de esas restricciones a la importación de bienes extranjeros que les garantizan el monopolio del mercado nacional. ...

Parece haber, sin embargo, dos casos en los que resultará por regla general beneficioso imponer alguna carga sobre la actividad extranjera para estimular la nacional.

El primero es cuando una actividad en concreto es necesaria para la defensa del país. Por ejemplo, la defensa de Gran Bretaña depende en gran medida del número sus marineros y sus barcos. Por eso la ley de Navegación acertadamente procura conceder a los marineros y navegantes británicos el monopolio del comercio con su propio país, en algunos casos mediante prohibiciones y en otros mediante altos gravámenes sobre los barcos de bandera extranjera. ...

La ley de Navegación no favorece al comercio exterior ni al crecimiento de la riqueza que puede derivarse de él. El interés de una nación en sus relaciones comerciales con otras naciones es igual al del mercader con respecto a las diversas personas con las que negocia: comprar lo más barato y vender lo más caro posible. Pero con toda probabilidad se podrá comprar más barato cuando la más perfecta libertad de comercio estimula a todas las naciones a traer al país los bienes que éste pueda comprar; y por la misma razón se podrá vender caro cuando sus mercados están así repletos de un vasto número de compradores. ...Al contraer el número de vendedores, por tanto, necesariamente disminuimos el de los compradores, y así es probable no sólo que compremos los bienes extranjeros más caros sino que vendamos los nuestros más baratos que si hubiera libertad total de comercio. Sin embargo, como la defensa es mucho más importante que la opulencia, la ley de Navegación es quizás la reglamentación comercial más sabia de Inglaterra.

El segundo caso en el que será conveniente imponer cargas sobre la actividad extranjera para incentivar la nacional es cuando se impone una tasa local sobre esta segunda producción, un caso en el que parece razonable imponer un gravamen igual sobre la primera. ...

Hay también dos casos en los que el imponer alguna carga sobre la actividad exterior para estimular la interior es cuestión discutible. ...

Es discutible continuar con la libre importación de ciertos bienes extranjeros cuando en el exterior se restringe la importación de algunas de nuestras manufacturas mediante aranceles elevados o prohibiciones. La venganza en esta caso dicta naturalmente represalias, es decir, que impongamos aranceles y prohibiciones similares sobre la importación de algunos o todos sus productos en nuestro país. Y las naciones casi siempre toman represalias de ese tipo. ...

Esa reacción puede constituir una política acertada cuando existe la probabilidad de que contribuya a eliminar los altos aranceles o las prohibiciones que la originaron. La recuperación de un vasto mercado extranjero generalmente compensará con creces el inconveniente transitorio de tener que pagar algunos bienes más caros durante un breve período. El juzgar si las represalias tendrán o no ese efecto no pertenece quizás tanto a la ciencia del legislador, cuyas deliberaciones deberían estar gobernadas por principios generales que se mantienen siempre, como a la destreza de ese animal insidioso y astuto llamado estadista o político, cuyas recomendaciones se orientan por las fluctuaciones momentáneas de la realidad. Cuando no es probable que tenga lugar esa eliminación de aranceles o prohibiciones, parece un mal método para compensar el daño causado a algunas clases de nuestro pueblo el que nos inflijamos otro daño, no sólo sobre esas clases sino sobre virtualmente todas las clases del pueblo. Cuando nuestros vecinos cierran el paso de alguna de nuestras manufacturas nosotros prohibimos por lo general no esa manufactura en concreto, puesto que ello rara vez les afectará mucho, sino alguna otra manufactura suya. Esto indudablemente incentivará a algún grupo de nuestros trabajadores, y el excluir a alguno de sus competidores podrá permitirles subir sus precios en el mercado local. Pero los trabajadores que sufrieron por la prohibición de nuestros vecinos no saldrán beneficiados merced a nuestra prohibición. Por el contrario, ellos y casi todas las demás clases de nuestros ciudadanos se verán obligados a pagar por algunos bienes más que antes. En consecuencia, toda medida de ese tipo impone un tributo real sobre todo el país, y no favorece a los trabajadores perjudicados por la prohibición de nuestros vecinos sino a otros.

Un caso discutible sobre hasta qué punto o de qué manera resulta correcto restaurar la libre importación de bienes extranjeros, después de haber sido interrumpida durante algún tiempo, ocurre cuando una industria específica, gracias a los altos aranceles o a las prohibiciones que afectan a los bienes extranjeros que compiten con su producción, se ha desarrollado y emplea a un gran número de trabajadores. Un sentido de humanidad puede en este caso exigir que la libertad de comercio sea restaurada sólo gradualmente, y con mucha reserva y circunspección. Si esos elevados aranceles y prohibiciones fueran suprimidos abruptamente, los bienes extranjeros similares entrarían tan rápidamente al mercado local que arrebatarían de inmediato su puesto de trabajo y sus medios de subsistencia a varios miles de personas. Es claro que ello ocasionaría una perturbación considerable. Sin embargo, sería probablemente mucho menor de lo que normalmente se piensa, por las dos razones siguientes:

Primero, todas las manufacturas que en alguna medida se exportan habitualmente a otros países europeos sin prima alguna casi no se verían afectadas por la libre importación de bienes extranjeros. ...

Segundo, aunque el restablecimiento de la libertad de comercio dejaría sin su trabajo habitual y sin sus medios normales de subsistencia a un gran número de personas, ello en absoluto quiere decir que les privaría de todo empleo y toda subsistencia. ...Gran parte de las manufacturas tienen industrias colaterales de naturaleza tan similar que un trabajador puede fácilmente transferir su labor de una a otra. ...Como el capital del país será el mismo, la demanda de trabajo será también la misma o casi la misma, aunque podrá aplicarse en lugares y ocupaciones diferentes. ...Si se restaura la libertad natural para ejercitar su laboriosidad de la forma que deseen todos los súbditos de su majestad...es decir, si se quiebran los privilegios exclusivos de las corporaciones y deroga el estatuto de los aprendices, dos grandes usurpaciones de la libertad natural, y se añade la abolición de la ley de residencia, para que los trabajadores que pierdan su empleo en un oficio o en un lugar lo puedan encontrar en otro oficio o en otro lugar sin temer ni la persecución ni la expulsión, entonces ni la comunidad ni las personas sufrirán mucho cuando quiebran algunas industrias. ...

Está claro que esperar que algún día se restaure completamente en Gran Bretaña la libertad de comercio es tan absurdo como esperar que se establezca en ella una Oceana o Utopía. Se oponen a ella de manera irresistible no sólo los prejuicios del público sino los intereses privados de numerosos individuos, lo que resulta algo mucho más difícil de vencer. Si los oficiales del ejército se opusieran a cualquier reducción en el número de efectivos con el mismo celo y unanimidad con que los fabricantes se oponen a cualquier medida que pueda incrementar el número de sus competidores en el mercado nacional...intentar disminuir el ejército sería tan peligroso como se ha convertido hoy intentar reducir en cualquier aspecto el monopolio que nuestros industriales han conseguido contra nosotros. Este monopolio ha ampliado de tal forma el número de algunas de sus tribus que se han vuelto, igual que un ejército excesivamente numeroso, algo temible para el gobierno, y en muchas ocasiones intimidan a los legisladores. El miembro del Parlamento que apoya las propuestas para fortalecer dicho monopolio puede estar seguro de adquirir no sólo la reputación de ser un experto en economía política sino también popularidad e influencia entre una clase de personas cuyo número y riqueza les proporcionan una enorme importancia. Por el contrario, si se les opone, y aún más si tiene suficiente poder como para desbaratar sus planes, entonces ni la honradez más acrisolada, ni el rango más prominente, ni los más grandes servicios a la comunidad podrán protegerlo de las agresiones y los ataques más infames, los insultos a su persona y en ocasiones hasta los verdaderos peligros derivados de la ira insolente de monopolistas furiosos y frustrados.

El empresario de una gran industria que se vea forzado a abandonar su negocio por la apertura súbita de los mercados a la competencia extranjera sufrirá sin duda considerablemente. La parte de su capital habitualmente invertida en la compra de materiales y pago de sus trabajadores podrá quizás sin mucha dificultad ser empleada de otra forma. Pero la parte que está fija en talleres y medios de trabajo difícilmente podrá ser liquidada sin una abultada pérdida. Una consideración equitativa de sus intereses, en consecuencia, requiere que todo cambio de este tipo nunca sea impuesto de golpe sino de forma lenta y gradual, y tras un largo plazo de advertencia. Los legisladores, si fuera concebible que sus deliberaciones estuviesen siempre guiadas por una amplia visión del bien común y no por la inoportunidad vocinglera de los intereses privados, deberían por ello ser particularmente cautos y no establecer nuevos monopolios de este tipo ni extender más lo que ya existen. Cualquier medida de esa clase genera desórdenes en la constitución del estado, que resultará difícil remediar después sin ocasionar un nuevo desorden. ...

III

...En primer lugar, aunque fuera cierto que con el libre comercio entre Francia e Inglaterra el saldo estaría a favor de Francia, ello en ningún caso significaría que ese comercio sería perjudicial para Inglaterra, o que su balanza comercial total se inclinaría por ello todavía más en su contra. Si los vinos y lienzos de Francia fueran mejores y más baratos que los de Portugal y Alemania, le convendría a Gran Bretaña comprar todo el vino y el lienzo que necesita en Francia, y no en Portugal y Alemania. Aunque el valor de las importaciones anuales desde Francia aumentaría por esa causa considerablemente, el valor de la importación total anual disminuiría en la proporción en la que los bienes franceses de la misma calidad fuesen más baratos que los de los otros dos países. Tal sería el caso incluso bajo el supuesto de que todo lo importado de Francia fuese consumido en Gran Bretaña.

Sin embargo, en segundo lugar, una buena parte de lo que llegue podrá ser re-exportado a otros países, donde será vendido con un beneficio, y reportará un rendimiento quizás equivalente al coste original de todos los bienes importados de Francia. ...

En tercer y último lugar, no existe ningún criterio seguro para determinar hacia qué lado se inclina la llamada balanza entre dos países, o cuál de ellos exporta por un valor mayor. En general, los principios que orientan nuestras opiniones en estos asuntos son el prejuicio y la rivalidad nacionales, siempre agitados por el interés privado de los hombres de negocio. ...

En el fondo, no hay nada más absurdo que toda esta doctrina de la balanza comercial, sobre la que se basan todas las restricciones y reglamentaciones que afectan al comercio. Esta doctrina supone que cuando dos lugares comercian y el saldo está equilibrado, entonces nadie gana ni pierde, pero si se inclina hacia un lado entonces uno gana y el otro pierde en proporción a esa desviación del equilibrio. Los dos supuestos son falsos. Un comercio estimulado forzadamente mediante primas y monopolios puede ser, y normalmente es, perjudicial para el país en cuyo beneficio se establece, como demostraré después. Pero el comercio que se entabla de forma natural y regular entre dos lugares, sin coerción ni restricción, es siempre ventajoso para ambos, aunque no siempre en idéntica proporción.

Por ventaja o beneficio entiendo no el incremento en la cantidad de oro y plata sino en el valor de cambio del producto anual de la tierra y el trabajo del país, es decir: el aumento en el ingreso anual de sus habitantes.

Si la balanza está en equilibrio y si el comercio entre ambos lugares consiste exclusivamente en el intercambio de mercancías locales, en la mayoría de los casos no sólo ganarán ambos sino que lo harán casi en la misma medida.

...Si su comercio fuese tal que uno exportase sólo mercancías locales mientras que el otro exportase sólo mercancías extranjeras, la balanza seguiría estando en equilibrio, puesto que las mercancías serían pagadas con mercancías. También en este caso ganarían ambos, pero no en idéntica medida: los habitantes del país que exporta sólo mercancías locales derivarían del comercio la mayor ventaja. ...

Se ha pretendido enseñar a las naciones que su interés consiste en arruinar a todos sus vecinos. Se ha intentado que cada nación contemple con envidia la prosperidad de cualquiera de las naciones con las que comercia, y que considere a ese beneficio como su propia pérdida. El comercio, que debería ser entre las naciones como entre los individuos, es decir: un lazo de unión y amistad, se ha vuelto un campo fértil para el desacuerdo y la animosidad. Durante el último siglo, ni la caprichosa ambición de reyes y ministros ha sido tan devastadora para la paz de Europa como el recelo impertinente de los comerciantes y los fabricantes. La violencia e injusticia de los gobernantes de la humanidad es un mal muy antiguo, y mucho me temo que apenas tenga remedio en la naturaleza de los asuntos humanos. Pero la mezquina rapacidad y el espíritu monopolista de los comerciantes y los industriales, que no son ni deben ser los gobernantes de la humanidad, es algo que aunque acaso no pueda corregirse, sí puede fácilmente conseguirse que no perturbe la tranquilidad de nadie salvo la de ellos mismos.

Esta doctrina fue sin duda originalmente inventada y propagada por el espíritu monopolista, y quienes la enseñaron no fueron en absoluto tan insensatos como quienes la creyeron. En cualquier país, el interés de la mayor parte de la gente es y debe ser el comprar todo lo que necesitan a aquellos que lo venden más barato. Esto es tan evidente que parece ridículo molestarse en demostrarlo, y jamás habría sido puesto en cuestión si no fuera porque la sofistería interesada de los mercaderes y fabricantes confundió el sentido común de las personas. En este sentido, su interés es directamente opuesto al de la mayoría del pueblo. Así como interesa a los miembros de un gremio el impedir al resto de la población que contrate a otros trabajadores aparte de ellos mismos, el interés de los comerciantes e industriales de cualquier país es asegurarse el monopolio del mercado nacional. Ello explica por qué hay en Gran Bretaña, y en la mayor parte de los otros países europeos, barreras extraordinarias frente a casi todos los bienes importados por comerciantes extranjeros. De ahí los altos aranceles y las prohibiciones sobre todas las manufacturas foráneas que puedan competir con las nuestras. De ahí también las notables restricciones sobre las importaciones de casi cualquier tipo de bien procedente de los países con los que se supone que la balanza comercial está en desventaja, aquellos contra los que se inflama más violentamente la animosidad nacional.

Sin embargo, la riqueza de una nación vecina, aunque pueda ser un peligro en la guerra, es ciertamente una ventaja en el comercio. En un marco de hostilidades puede permitir a nuestros enemigos mantener flotas y ejércitos mejores que los nuestros, pero en un marco de paz y comercio les permitirá intercambiar con nosotros un valor mayor y suministrarnos un mercado más amplio para el producto inmediato de nuestras actividades o para lo que se pueda comprar con ese producto. Un hombre rico será probablemente un cliente mejor que un hombre pobre para la gente laboriosa de su vecindad, y otro tanto ocurre con una nación rica. Es cierto que un hombre rico que además es un industrial resulta un vecino muy peligroso para todos los que se dedican al mismo ramo. Pero todos los demás vecinos, y representan sin duda un número mucho mayor, se benefician del amplio mercado que su gasto les aporta. Se benefician incluso cuando vende más barato que los pobres artesanos que fabrican lo mismo que él. De la misma forma, los fabricantes de una nación rica pueden ser rivales muy peligrosos para los fabricantes de las naciones vecinas. No obstante, esta competencia es beneficiosa para la mayoría de la población, que además se aprovecha del extenso mercado que en todos los aspectos le proporciona el gasto de una nación de esa clase. A las personas que quieren amasar una fortuna ni se les ocurre retirarse a las provincias más remotas y pobres del país, sino que acuden a la capital o a alguna de las grandes ciudades comerciales. Saben que donde circula poca riqueza, poca se puede obtener, pero donde se pone en marcha un volumen colosal, bien les puede tocar una parte del mismo. Las mismas máximas que de esta forma dirigirían el sentido común de uno, diez o veinte individuos, debería regular el juicio de uno, diez o veinte millones, y hacer que toda la nación viese a las riquezas de las vecinas como una causa y ocasión probable para acumular riquezas ella misma. Una nación que puede enriquecerse con el comercio exterior es mucho más probable que lo consiga cuando sus vecinas son naciones comerciales, ricas y laboriosas. Una gran nación rodeada por todas partes de salvajes trashumantes y bárbaros paupérrimos podrá evidentemente acumular riquezas mediante el cultivo de sus propias tierras y su comercio interior, pero nunca a través del comercio exterior. Fue así como adquirieron su gran riqueza los antiguos egipcios y los modernos chinos. Se dice que los antiguos egipcios descuidaban el comercio exterior, y se sabe que los modernos chinos lo desprecian totalmente y apenas lo consideran suficientemente digno como para concederle una razonable protección legal. Al aspirar al empobrecimiento de todos nuestros vecinos, las máximas actuales del comercio exterior, en tanto consigan ese objetivo que pretenden, lo que hacen es reducir a dicho comercio a algo insignificante y despreciable.

Como consecuencia de estas máximas el comercio entre Francia e Inglaterra ha sido desde ambos lados sometido a numerosas trabas y restricciones. Si esos países cuidasen sus verdaderos intereses, desprovistos del recelo mercantil o la animosidad nacional, el comercio de Francia sería más provechoso para Gran Bretaña que el de cualquier otro país, y por la misma razón el comercio de Gran Bretaña para Francia. ...

No hay país comercial en Europa cuya ruina inminente a causa de una balanza comercial desfavorable no haya sido augurada por los supuestos expertos en este sistema. Sin embargo, después de toda la inquietud que ellos han suscitado, después de todos los vanos intentos de prácticamente la totalidad de las naciones comerciales para volver esa balanza en su favor y en contra de sus vecinas, no parece que ni un sólo país europeo se haya empobrecido por esa causa. Al contrario, cada ciudad y país, en la medida en que abrió sus puertos a todo el mundo se enriqueció en lugar de arruinarse por el libre comercio, tal como los principios del sistema mercantil pronosticaban. ...

IV

Los comerciantes e industriales, no satisfechos con el monopolio del mercado nacional, también aspiran a una gran venta exterior de sus bienes. Su país carece de jurisdicción sobre naciones extranjeras y por ello rara vez les puede asegurar allí un monopolio. Por ello deben contentarse generalmente con solicitar algunos incentivos para la exportación.

Los más razonables de esos estímulos son los llamados reembolsos. El permitir que los comerciantes se reembolsen cuando exportan el total o parte de los impuestos que gravan a la actividad local nunca ocasionará la exportación de una cantidad mayor de bienes de la que habría sido exportada si no hubiese impuestos. Esos estímulos no desvían hacia una inversión concreta una fracción mayor del capital del país que la que se habría dirigido a esa inversión espontáneamente, sino que sólo impiden que el impuesto desvíe parte alguna de esa fracción a otros empleos. No tienden a perturbar el equilibrio que naturalmente se establece entre las diversas actividades de la sociedad, sino a evitar que sea perturbado por los impuestos. No tienden a destruir sino a preservar lo que en la mayor parte de los casos conviene preservar: la división y distribución natural del trabajo en la sociedad.

Lo mismo puede decirse de los reembolsos sobre la re-exportación de bienes extranjeros que han sido importados. ...

Pero la justificación de los reembolsos sólo vale cuando se trata de exportar bienes a aquellos países totalmente foráneos e independientes, no a los lugares donde nuestros mercaderes y fabricantes gozan de un monopolio..., por ejemplo, nuestras colonias americanas. ...Siempre debe tenerse en cuenta que los reembolsos son útiles sólo cuando los bienes por cuya exportación se conceden son efectivamente exportados, y no cuando son clandestinamente re-importados a nuestro país. Es bien conocido que algunos reembolsos, en particular los del tabaco, han sido frecuentemente objeto de abusos de este tipo, dando lugar a numerosos fraudes perjudiciales tanto para la hacienda pública como para los comerciantes honrados.

V

En Gran Bretaña a menudo se solicitan, y a veces se otorgan, primas o subvenciones a la exportación de algunas ramas concretas de la actividad local. Se supone que mediante estas ayudas nuestros comerciantes e industriales podrán vender sus bienes en el mercado internacional tan baratos o más que los de sus competidores, y que al exportar una cantidad mayor la balanza comercial se volverá más en nuestro favor. No podemos conceder a nuestros productores un monopolio en el mercado exterior como hemos hecho en el interior, y tampoco podemos obligar a los extranjeros a que compren sus bienes, igual que hemos hecho con nuestros propios conciudadanos. Se ha pensado por ello que la siguiente mejor solución es pagarles para que los compren. De esta forma el sistema mercantil propone enriquecer a todo el país y llenar de dinero todos los bolsillos mediante la balanza comercial.

Se reconoce que hay que subsidiar sólo a aquellas actividades que no podrían existir de otro modo. Toda actividad en la que el empresario vende sus bienes a un precio que le repone, con los beneficios corrientes, todo el capital invertido en prepararlos y llevarlos al mercado, puede desarrollarse sin primas. Es evidente que toda actividad de ese tipo está en pie de igualdad con cualquier otra actividad desarrollada sin subvenciones, y no requiere consiguientemente nada más que ellas. Sólo necesitan subsidios aquellos negocios en donde el empresario debe vender sus bienes a un precio que no le repone el capital junto con los beneficios ordinarios, o donde se ve obligado a venderlos por menos de lo que en realidad le cuesta llevarlos al mercado. La prima es concedida para cubrir esa pérdida y para animarlo a continuar, o quizás a comenzar, un negocio cuyos costes se estiman superiores a sus rendimientos, cada una de cuyas operaciones destruye una parte del capital invertido, y que es de una naturaleza tal que si todas las demás actividades se le parecieran, entonces pronto no habría ni restos de capital en el país. Debe subrayarse que el comercio desarrollado gracias a las primas es el único que puede entablarse entre dos naciones durante un tiempo considerable y de manera que una de ellas pierda de forma constante y sistemática, o venda sus bienes por menos de lo que verdaderamente le cuesta llevarlos al mercado. Pero si el subsidio no le reembolsase al empresario lo que en otro caso perdería dado el precio de sus bienes, su propio interés pronto lo forzaría a invertir su capital de otra forma, o a encontrar un negocio en el que el precio de los bienes le reponga, con un beneficio normal, el capital invertido en traerlos al mercado. El efecto de las subvenciones, como ocurre con todos los demás arbitrios del sistema mercantil, sólo equivale a forzar la actividad de un país hacia un canal mucho menos útil que aquel hacia el que naturalmente fluiría de manera espontánea.

El inteligente y bien informado autor de los breves tratados sobre el comercio cerealero ha demostrado muy claramente que desde que se estableció la prima a la exportación de cereales, el precio de éstos, calculado con bastante moderación, ha excedido al del cereal importado, calculado generosamente, en un monto muy superior a la suma total de las primas pagadas desde entonces. De acuerdo con los principios del sistema mercantil, él piensa que esto constituye una prueba irrefutable de que el comercio forzado de cereales resulta beneficioso para la nación, dado que el valor de la exportación supera al de la importación por mucho más que el gasto extraordinario que la hacienda pública ha soportado para conseguir dicha exportación. No considera que la prima, o el gasto extraordinario, es la parte más pequeña del gasto que la exportación del cereal realmente le cuesta a la sociedad. Hay que tener en cuenta también al capital que el granjero invirtió en su cultivo. Salvo que el precio del cereal al ser vendido en los mercados exteriores reponga no sólo la prima sino ese capital junto con los beneficios corrientes, la sociedad sufre una pérdida igual a la diferencia, y el capital nacional se reduce en esa proporción. Pero la razón por la cual se pensó que era necesario conceder la subvención fue precisamente la supuesta insuficiencia del precio para cubrir esos gastos. ...

Debe observarse que todo subsidio a la exportación hace pagar al pueblo dos impuestos distintos; primero, debe pagar impuestos para sufragar la subvención; y segundo, debe pagar un gravamen derivado del aumento del precio de la mercancía en el mercado nacional. ...

Las primas a la exportación de cualquier mercancía doméstica están expuestas en primer lugar a la objeción general que puede plantearse ante todos los diversos métodos del sistema mercantil, la objeción de que fuerzan a una parte de la actividad del país a un canal menos útil que aquel al que fluirían de forma espontánea; pero además, en segundo lugar, a una objeción particular por forzarla a un canal que no sólo es menos ventajoso sino a uno que de hecho es desventajoso, puesto que una actividad que no puede desarrollarse si no es con una subvención es una actividad con pérdidas. ...

Si una industria en concreto fuese realmente necesaria para la defensa de la sociedad, entonces puede que no sea siempre prudente que el abastecimiento de sus productos dependa de nuestros vecinos; y si una industria de esa clase no puede mantenerse localmente por sus propios medios, puede que sea razonable el cobrar impuestos a las demás actividades para sostenerla. Las primas a la exportación de lona para velas y de pólvora de fabricación británica acaso puedan ser defendidas según este principio.

Aunque muy pocas veces sea conveniente cobrar impuestos sobre el trabajo de la mayoría del pueblo para proteger a una clase particular de manufacturas, sin embargo cuando existe una caudalosa prosperidad, cuando la hacienda pública tiene más dinero del que sabe hacer un buen uso, entonces quizás el otorgar primas a ciertas industrias favorecidas puede resultar tan natural como el incurrir en cualquier otro gasto ocioso. En el gasto público, igual que en el privado, una gran riqueza puede con frecuencia servir de excusa para una gran locura. Pero el persistir en esa prodigalidad en momentos de dificultad y depresión supera indudablemente los límites del disparate corriente. ...

No tengo mucha confianza en la aritmética política. ... Cito los datos sólo para probar que... el comercio exterior de cereales es mucho menos importante que el interior. ...

Si todas las naciones practicasen el sistema liberal de la exportación e importación sin trabas, los diferentes estados en los que se divide un gran continente se parecerían a las provincias de un vasto imperio. Así como en las provincias de un imperio la razón y la experiencia demuestran que el comercio interior libre es no sólo el mejor paliativo de la escasez sino el preventivo más eficaz contra el hambre, otro tanto sucedería con la libertad de exportar e importar entre los diversos estados de un continente. Cuando más grande fuese el continente y más sencilla su comunicación interior por tierra y por agua, menos estaría cualquier parte del mismo expuesta a cualquiera de esas calamidades, porque la escasez de cualquier país podría ser aliviada por la abundancia de otro. Sin embargo, muy pocos países han adoptado plenamente ese sistema liberal. En casi todas partes el comercio de cereales está más o menos restringido, y en muchos países está encorsetado por reglamentaciones tan absurdas que frecuentemente agravan la desgracia inevitable de una escasez y la transforman en la terrible catástrofe del hambre. La demanda de cereales en esos países puede a menudo volverse tan cuantiosa y tan urgente que un pequeño estado vecino que también sufra escasez no se aventurará a abastecerlos sin exponerse él mismo a una calamidad igualmente tremenda. La mala política de un país puede así volver en cierto grado imprudente o arriesgado el establecer en otro país una política buena. Sin embargo, la libertad ilimitada de exportación sería mucho menos peligrosa en estados extensos: como los cultivos son mucho mayores, su oferta rara vez se vería muy afectada por la exportación de cualquier cantidad de cereales. En un cantón suizo o en alguno de los pequeños estados de Italia puede que algunas veces resulte necesario el restringir la exportación de granos, pero casi nunca lo será en países grandes como Francia o Inglaterra. Además, el impedir que el granjero envíe sus bienes en todo momento al mejor mercado es evidentemente sacrificar las leyes normales de la justicia a una idea de utilidad pública, a una especie de razón de estado; y esto es un acto de autoridad legislativa que sólo puede ejercerse, que sólo puede perdonarse en casos de la más urgente necesidad. El precio al que se prohíba la exportación de cereales, si es que alguna vez ha de prohibirse, debería ser siempre un precio muy elevado.

Las leyes relativas a los granos pueden compararse en todas partes con las referidas a la religión. La gente se interesa tanto por lo que concierne a su subsistencia en esta vida y a su felicidad en la próxima, que el gobierno cede ante sus prejuicios y, con objeto de preservar la tranquilidad pública, establece un sistema que la población aprueba. Quizás sea por esto que rara vez vemos que se aplica con respecto a ninguno de esos dos objetivos tan fundamentales un sistema razonable. ...

VI

Cuando una nación se compromete mediante un tratado a permitir que entren de un país extranjero ciertos bienes que prohíbe cuando los exportan otros, o a eximir a los bienes de un país de los aranceles que impone a los de los demás países, el país o al menos los comerciantes e industriales del país cuyo comercio resulta así favorecido obtienen necesariamente un gran beneficio gracias al tratado. Esos mercaderes y fabricantes disfrutan de una suerte de monopolio en el país que tan indulgente se muestra con ellos. Dicho país se vuelve un mercado para sus bienes a la vez más extenso y más provechoso; más extenso porque absorbe una buena cantidad de sus bienes, dado que los bienes de las demás naciones están o bien prohibidos o bien sometidos a elevados aranceles; y más ventajoso porque los mercaderes de la nación favorecida, al gozar de una especie de monopolio, venderán sus mercancías más caras que si estuviesen expuestos a la competencia de todas las demás naciones. Pero aunque esos tratados puedan ser muy convenientes para los comerciantes e industriales del país favorecido, son necesariamente inconvenientes para los del país favorecedor. Se concede contra ellos un monopolio a una nación extranjera; y a menudo deberán adquirir los bienes extranjeros que necesitan a un precio mayor que si se permitiera la libre competencia de otras naciones. La parte de su propia producción con la que ese país compra bienes extranjeros deberá consecuentemente ser vendida más barata, puesto que cuando dos cosas se intercambian, la baratura de una es una consecuencia necesaria, o más bien es la misma cosa que la carestía de la otra. El valor de cambio de su producto anual, por lo tanto, será probablemente disminuido con cualquier tratado de esa clase. Esa disminución, empero, difícilmente represente una pérdida efectiva sino sólo una reducción de la ganancia que podría haber obtenido en otro caso. Aunque venda sus bienes más barato de lo que podría, no es probable que los venda por debajo de su coste, ni tampoco —como sucede con las subvenciones— que el precio no reponga el capital invertido en traerlos al mercado, junto con el beneficio normal. Si así ocurriese el comercio no podría durar mucho. Por lo tanto, incluso el país favorecedor puede ganar a través del comercio, aunque menos de lo que sucedería si hubiese libre competencia. ...

VII

... Aunque la utilidad derivada de las colonias europeas en América y las Indias Occidentales ha sido muy grande, no resulta nítida ni evidente. No fue comprendida en el momento de su fundación, no era el motivo ni de su fundación ni de los descubrimientos a que dieron lugar, y es probable que ni siquiera hoy se entiendan correctamente la naturaleza, extensión y límites de esa utilidad. ...

A partir de las informaciones de Colón, el Consejo de Castilla decidió tomar posesión de unos países cuyos habitantes eran manifiestamente incapaces de defenderse. El piadoso propósito de convertirlos al cristianismo santificó a un proyecto injusto, cuyo único objetivo era la esperanza de encontrar oro. ...

De todas las empresas costosas e inciertas que desatan la bancarrota sobre la mayor parte de las personas que las acometen, quizás la más absolutamente ruinosa es la búsqueda de nuevas minas de plata y oro. Es quizás la lotería más desventajosa del mundo, aquella en la que la ganancia de quienes obtienen los premios guarda la menor proporción con la pérdida de quienes no obtienen nada. Los premios son pocos, los billetes sin premio son muchos, y el precio normal de un billete es toda la fortuna de un hombre considerablemente rico. Las empresas mineras, en vez de reponer el capital invertido en ellas, junto con los beneficios corrientes, generalmente absorben tanto el capital como los beneficios. En consecuencia, son unas empresas que el legislador prudente que desea incrementar el capital de su país nunca seleccionará para concederles ningún estímulo extraordinario o para desviar hacia ellas una cuota mayor de capital que la que naturalmente recibirían de forma espontánea. En realidad, la absurda confianza que casi todas las personas tienen en su buena suerte es tal que toda vez que exista la más mínima probabilidad de éxito es probable que acuda a ellas espontáneamente un capital de todas formas excesivo.

Pero aunque los juicios fundados en el razonamiento sereno y en la experiencia han sido siempre extremadamente desfavorables hacia tales empresas, los basados en la avidez humana han sido por regla general exactamente opuestos. La misma pasión que ha sugerido a tantas personas la idea absurda de la piedra filosofal, ha sugerido a otras la idea igualmente absurda de unas minas de oro y plata infinitamente ricas. No prestaron atención al hecho de que el valor de esos metales, en todos los tiempos y todas las naciones, deriva esencialmente de su escasez, y que su escasez deriva de las muy pequeñas cantidades que la naturaleza ha depositado en un solo lugar, de los cuerpos duros e intratables con que cubrió en casi todas partes a esas pequeñas cantidades, y consecuentemente del trabajo y del gasto que en todo lugar resultan indispensables para penetrar hasta esos metales y extraerlos. Fantasearon con la ilusión de que los filones de dichos metales podían ser en muchos lugares tan gruesos y abundantes como los de plomo, cobre, estaño o hierro. El sueño de Sir Walter Raleigh de hallar la áurea ciudad y país de El Dorado demuestra que ni siquiera los hombres sabios se libran siempre de esos extraños espejismos.

...

Toda colonia fundada por una nación civilizada, que toma posesión de un país deshabitado o tan poco habitado que los nativos dejan fácilmente sitio a los nuevos pobladores, evoluciona hacia la riqueza y el desarrollo más rápidamente que ninguna otra sociedad humana.

Los colonos llevan consigo unos conocimientos sobre

agricultura y otros oficios útiles superiores a los que espontáneamente tardarían muchos siglos en acumularse en naciones salvajes y bárbaras. También llevan el hábito de la subordinación, una idea de gobierno estable como el que existe en su país de origen, del sistema de leyes que lo sostiene y de una administración regular de justicia, y naturalmente establecen algo similar en la nueva colonia. Pero entre naciones salvajes y bárbaras, el desarrollo natural de la ley y el gobierno es incluso más lento que el progreso natural de las artes, después de establecidos la ley y el gobierno que requieren para su protección. Cada colono consigue más tierra de la que es capaz de cultivar. No debe pagar renta, ni apenas impuestos. Ningún terrateniente comparte con él la producción, y la cuota del Estado es normalmente insignificante. Como la producción va a ser de esta manera casi completamente suya, tiene todos los motivos para lograr que sea la máxima posible. Su tierra, sin embargo, es habitualmente tan extensa que con todo su trabajo y con todo el trabajo de las personas que pueda contratar rara vez podrá hacer que produzca ni la décima parte de lo que podría producir. Estará por ello muy dispuesto a emplear a trabajadores de todas partes y a pagarles los salarios más altos. Pero dichos salarios generosos, junto con la abundancia y baratura de la tierra, pronto hacen que los trabajadores lo abandonen y se vuelvan ellos mismos terratenientes, que remuneren con idéntica amplitud a otros trabajadores, que a su vez pronto los abandonan por la misma razón que los llevó a ellos a abandonar a sus primeros patronos. La alta remuneración del trabajo alienta los matrimonios. Durante los tiernos años de la infancia, los niños son bien alimentados y adecuadamente cuidados, y cuando crecen el valor de su trabajo compensa con creces el coste de su manutención. Cuando llegan a la madurez, el elevado precio del trabajo y el reducido precio de la tierra les permiten establecerse de la misma forma en que lo hicieron antes sus padres. ...

Por la abundancia de buena tierra, las colonias europeas en América y las Indias Occidentales se parecen y aún superan a las de la antigua Grecia. En su dependencia de la madre patria se parecen a las de la antigua Roma, pero la vasta distancia que las separa de Europa ha aliviado en un cierto grado en todas ellas los efectos de esta dependencia. Su localización las ha situado lejos de la vista y el poder de la metrópoli. Su conducta al perseguir su propio interés no ha sido objeto de atención en Europa, sea por ignorancia o porque no era entendida; y en algunas ocasiones fue tolerada porque la distancia hacía difícil su represión. Incluso el violento y arbitrario gobierno de España ha debido muchas veces revocar o suavizar las órdenes que dictaba para la administración de sus colonias, por temor a una insurrección general. Y por ello el progreso de todas las colonias europeas en cuanto a riqueza, población y mejoras ha sido muy intenso. ...

No hay colonias que se hayan desarrollado más rápido que las inglesas de América del Norte.

Las dos grandes causas de la prosperidad de toda nueva colonia son la abundancia de buena tierra y la libertad para administrar sus asuntos a su manera.

Aunque la buena tierra en las colonias inglesas de Norteamérica es sin duda muy abundante, están en ese aspecto por debajo de los españoles y portugueses, y no por encima de lo que poseían los franceses antes de la última guerra. Pero las instituciones políticas de las colonias inglesas han sido más favorables a la mejora y cultivo de la tierra que las de cualquiera de las otras tres naciones.

Primero, aunque la acumulación de tierra sin cultivar no ha sido impedida totalmente en las colonias inglesas, sí ha sido más restringida allí que en ninguna otra parte. La legislación colonial que impone a todo propietario la obligación de roturar y cultivar una cierta proporción de sus tierras en un período determinado, y que en caso de incumplimiento estipula el traspaso de esas tierras no cultivadas a cualquier otra persona, aunque quizás no haya sido aplicada estrictamente, sin duda ha ejercido alguna influencia.

Segundo, en Pensilvania no existe el derecho de mayorazgo, y tanto las tierras como los bienes muebles se dividen en partes iguales entre todos los hijos de la familia. ...En las colonias inglesas el régimen de tenencia de la tierra, que se recibe siempre en libre disposición, facilita su venta, y quien tiene una extensión de tierra muy amplia generalmente comprende que le resulta más conveniente vender la mayor parte lo más rápido que pueda, reservándose sólo una pequeña renta. ...El trabajo de los colonos ingleses, por lo tanto, al estar más empleado en la roturación y cultivo de la tierra, es probable que dé lugar a un producto mayor y más valioso que el de cualquiera de las otras tres naciones, donde la acumulación de tierras desvía en cierta medida al trabajo hacia otros empleos.

Tercero, no sólo es probable que el trabajo de los colonos ingleses proporcione una producción mayor y más valiosa sino que además, como consecuencia de la moderación de sus impuestos, les queda para ellos una proporción mayor de esa producción, que pueden almacenar y emplear para poner en movimiento a una cantidad de trabajo aún más grande. Los colonos ingleses no han contribuido nunca a la defensa de la metrópoli ni al sostenimiento de su gobierno civil. Y ellos mismos, en cambio, han sido hasta hoy defendidos a expensas casi totalmente de la madre patria. Pero el gasto que suponen las flotas y los ejércitos es sin comparación muy superior al necesario para el gobierno civil, y el gasto de su propio gobierno civil ha sido siempre muy moderado. ...

Cuarto, a la hora de dar salida a su producción excedente, o que supera a su propio consumo, las colonias inglesas han sido más favorecidas y han contado con un mercado más extenso que las de cualquier otra nación europea. Todos los países de Europa han intentado en mayor o menor grado monopolizar para sí mismos el comercio con sus colonias, y por ello han prohibido que barcos de naciones extranjeras comercien con ellas, y les han prohibido a ellas que importen bienes europeos desde cualquier país extranjero. Pero la forma en que ese monopolio ha sido llevado a la práctica ha variado mucho según los países.

Algunas naciones han entregado todo su comercio colonial a una compañía exclusiva, a la que los colonos eran obligados a comprar todos los bienes europeos que necesitaran y a vender toda su producción excedente. El interés de la compañía, en consecuencia, era no sólo vender los primeros al precio más alto y comprar la segunda al precio más bajo posible, sino comprar la segunda, incluso a ese precio mínimo, sólo en la cantidad que pudiesen vender en Europa al máximo precio. Su interés era no sólo degradar en todos los casos el valor del producto excedente de la colonia sino en muchos casos desanimar y reducir el incremento natural en su cantidad. De cuantos expedientes puedan concebirse para bloquear el desarrollo natural de una nueva colonia, el más eficaz indudablemente es una compañía exclusiva. ...

Otras naciones, sin establecer una compañía exclusiva, han restringido el comercio con sus colonias a un puerto determinado de la metrópoli, de donde no se permitía zarpar a ningún barco salvo que estuviese integrado en una flota y en una estación dada del año; si zarpaba en solitario, debía pagar una licencia especial, que casi siempre era muy cara. Esta política evidentemente abría el comercio colonial a todos los nativos de la metrópoli, pero siempre que comerciaran en el puerto debido, en el momento debido y en los barcos debidos. Pero todos los comerciantes que asociaban sus capitales para fletar esos barcos autorizados veían que les convenía actuar en concertación, con lo que el comercio realizado de esta manera confluía hacia los mismos principios que el de una compañía exclusiva. El beneficio de esos comerciantes resultaba igualmente exorbitante y opresivo. Las colonias eran mal abastecidas y obligadas a comprar muy caro y vender muy barato. Esta ha sido hasta hace poco la política de España y por eso se dice que el precio de todos los artículos europeos en las Indias Occidentales españolas ha sido enorme. ...

Otras naciones dejan al comercio con sus colonias libre para todos sus súbditos, que pueden realizarlo desde todos los distintos puertos de la metrópoli, sin necesitar otra licencia que los despachos normales de las aduanas. En este caso el número y dispersión de los comerciantes hace imposible que entren en concertación, y la competencia es suficiente para impedir que obtengan beneficios demasiado exorbitantes. Con una política tan liberal las colonias pueden vender su producción y comprar los artículos europeos a precios razonables. Esta ha sido, desde la disolución de la compañía de Plymouth, cuando nuestras colonias apenas estaban en su infancia, la política de Inglaterra; también ha sido por regla general la de Francia, y lo ha sido sistemáticamente desde la disolución de la que en Inglaterra es habitualmente conocida con el nombre de compañía del Mississippi. En consecuencia, el beneficio en el comercio que Francia e Inglaterra entablan con sus colonias, aunque sin duda es algo superior al que se obtendría si el mercado fuese libre para todas las demás naciones, no es en modo alguno exorbitante, y por ello el precio de los bienes europeos no es extravagantemente alto en casi ningún lugar de las colonias de ambas naciones. ...

El liberalismo de Inglaterra con respecto al comercio de sus colonias se ha limitado al mercado para sus productos en bruto o en una primera etapa de su elaboración. Pero los comerciantes e industriales de Gran Bretaña se han reservado para sí mismos el mercado colonial de las manufacturas más avanzadas y refinadas, y han presionado sobre los legisladores para impedir que se desarrollen en las colonias, a veces mediante aranceles y otras veces mediante prohibiciones absolutas. ...

El prohibir a un pueblo que saque el máximo partido a su producción, o que invierta su capital y su trabajo en la forma que juzgue más conveniente, es una violación manifiesta de los derechos humanos más sagrados. No obstante, por injustas que sean esas prohibiciones, hasta ahora no han resultado particularmente dañinas para las colonias. La tierra es tan barata, y en consecuencia el trabajo tan caro, que pueden importar de la metrópoli casi todas las manufacturas más finas y avanzadas más baratas que si las fabricaran allí. Así, aunque esas industrias no estuviesen prohibidas, la consideración a su propio interés les habría impedido probablemente acometerlas en la etapa actual de su desarrollo. Esas prohibiciones en la actualidad no coartan su actividad ni la restringen de ningún empleo al que se habría dirigido espontáneamente: son sólo marcas impertinentes de esclavitud que sin razón suficiente les impone el recelo infundado de los comerciantes e industriales metropolitanos. Pero en una etapa más avanzada pueden transformarse realmente en opresivas e insoportables. ...

Debe observarse que los principales consejeros detrás de casi todas las reglamentaciones del comercio colonial han sido los comerciantes que lo llevan a cabo. No debe sorprendernos, por tanto, que en la mayor parte de ellas se haya prestado más atención a su interés que al de las colonias o al de la metrópoli. ...Pero aunque la política de

Gran Bretaña con relación al comercio de sus colonias ha sido dictada por el mismo espíritu mercantil que la de otras naciones, ha resultado en conjunto menos antiliberal y opresiva que la de ninguna otra.

A excepción de su comercio exterior, la libertad de los colonos ingleses para administrar sus asuntos a su manera es total. En todo respecto es igual a la de sus conciudadanos de la madre patria, y está igualmente garantizada por una asamblea de representantes del pueblo que reivindican en exclusiva el derecho de establecer impuestos para sostener al gobierno colonial. ...Antes de que comenzaran los disturbios actuales, las asambleas coloniales gozaban de poder legislativo y de parte del ejecutivo. En Connecticut y Rhode Island elegían al gobernador. En las otras colonias designaban a los funcionarios que recaudaban los impuestos establecidos por las asambleas respectivas, ante las que esos funcionarios respondían directamente. Existe por tanto más igualdad entre los colonos ingleses que entre los habitantes de la madre patria. Sus hábitos son más republicanos y también lo son sus gobiernos, en particular los de tres provincias de Nueva Inglaterra.

Los gobiernos absolutos de España, Portugal y Francia, por el contrario, rigen también en sus colonias, y el poder discrecional que esos gobiernos habitualmente delegan en todos sus funcionarios de menor rango es ejercido naturalmente allí, debido a la enorme distancia, con una violencia extraordinaria. Bajo todo gobierno absoluto hay más libertad en la capital que en ningún otro lugar del país. Al propio soberano no le interesa ni prefiere pervertir el orden de la justicia ni oprimir a la mayoría de la gente. En la capital su presencia se impone más o menos sobre sus funcionarios inferiores que, en las provincias más remotas donde es menos probable que las quejas del pueblo lleguen hasta el monarca, pueden ejercer su tiranía con mucha más seguridad. Y las colonias europeas en América son más remotas que las más apartadas provincias de los mayores imperios conocidos hasta hoy. ...

La política europea tiene poco de que vanagloriarse en la fundación o, por lo que respecta a su administración interior, en la subsiguiente prosperidad de las colonias americanas.

La insensatez y la injusticia fueron los principios que inspiraron y dirigieron el proyecto original de fundar esas colonias; la insensatez de buscar minas de oro y plata, y la injusticia de anhelar la posesión de países cuyos inofensivos aborígenes, lejos de hacer daño a las gentes europeas, recibieron a los primeros conquistadores con toda clase de muestras de amabilidad y hospitalidad.

Es cierto que los aventureros que formaron algunos de los establecimientos ulteriores tenía otras motivaciones más razonables y loables, aparte de la quimérica empresa de descubrir minas de oro y plata; pero incluso esas motivaciones honraban muy poco a la política de Europa.

Los puritanos ingleses, sojuzgados en su país, volaron hacia la libertad en América, y establecieron allí las cuatro administraciones de Nueva Inglaterra. Los católicos ingleses, tratados mucho más injustamente, formaron la de Maryland; los cuáqueros, la de Pensilvania. Los judíos portugueses, perseguidos por la Inquisición, despojados de sus fortunas y desterrados al Brasil, introdujeron mediante su ejemplo algo de orden y laboriosidad entre los criminales y las prostitutas deportados, que eran la población original de la colonia, y les enseñaron a cultivar la caña de azúcar. En todos estos casos lo que pobló y cultivó a América no fue la sabiduría y el buen hacer sino el desorden y la injusticia de los gobiernos europeos.

Las diversas administraciones de Europa tuvieron tan poco mérito en la ejecución de algunos de los establecimientos coloniales más importantes como el que habían tenido al proyectarlos. La conquista de México no provino del consejo de España sino de un gobernador de Cuba; y fue llevada a cabo gracias al tesón del osado aventurero a quien fue confiada, a pesar de todo lo que dicho gobernador, que pronto se arrepintió de haber confiado en una persona así, hizo para impedirlo. Los conquistadores de Chile y Perú, y de casi todos los asentamientos españoles en el continente americano, no recibieron más estímulo oficial que un permiso general de colonizar y conquistar en nombre del rey de España. Esas aventuras constituyeron todas un riesgo y gasto privado de los aventureros. El estado español apenas contribuyó a ninguna de ellas. El inglés contribuyó igualmente poco al establecimiento de algunas de sus más importantes colonias en América del Norte.

Una vez realizados esos asentamientos, y cuando crecieron lo suficiente como para atraer la atención de la metrópoli, las primeras reglamentaciones que ésta dictó con respecto a aquéllos apuntaron a asegurarse para ella misma el monopolio de su comercio, a limitar su mercado y a extender el de ella a su costa, y consecuentemente más bien a frenar y desanimar el curso de su prosperidad, nunca a acelerarlo y desarrollarlo. Las diversas maneras en las que este monopolio ha sido ejecutado marcan las diferencias más fundamentales en la política de las naciones europeas con respecto a sus colonias. La mejor de ellas, la de Inglaterra, es sólo un poco menos antiliberal y opresiva que la de cualquiera de la otras.

Entonces ¿de qué forma ha contribuido la política de Europa a la fundación o a la grandeza actual de las colonias de América? De una forma, pero sólo de una forma, ha contribuido mucho. *Magna virum Mater!* En Europa nacieron y crecieron los hombres que fueron capaces de tan grandes hazañas y de sentar las bases de imperios tan vastos; y no hay rincón del mundo cuya política pueda formar o haya formado de hecho jamás hombres seme-

jantes. Las colonias deben a la política de Europa la educación y amplios horizontes de sus activos y emprendedores fundadores; pero en lo que se refiere a su gobierno interior, algunas de las colonias más grandes e importantes no le deben a Europa prácticamente nada más.
...

El comercio exclusivo de las metrópolis tiende a disminuir o al menos a mantener por debajo de lo que podrían ser en otro caso tanto las comodidades y la actividad de esas naciones en general como las de las colonias americanas en particular. Es un peso muerto sobre la acción de uno de los principales resortes que pone en marcha el grueso de los asuntos humanos. Al hacer que los productos coloniales sean más caros en todos los demás países reduce su consumo, y estorba así la economía de las colonias y también las comodidades y el trabajo de todos los demás países, que tienen menos comodidades y pagan más por ellas, y producen menos cuando obtienen menos a cambio de su producción. Al hacer que la producción de todos los otros países sea más cara en las colonias estorba análogamente el trabajo de todos los demás países, y las comodidades y la actividad en las colonias. Es un obstáculo que limita los disfrutes y dificulta el trabajo de todos los demás países, pero de las colonias más que nadie, por el presunto beneficio de algunos países en particular. No sólo excluye en todo lo que sea posible a los demás países de un mercado particular, sino que limita en todo lo posible a las colonias a un mercado particular; y hay una gran diferencia entre ser excluido de un mercado cuando todos los demás están abiertos y ser limitado a un mercado particular cuando todos los demás están cerrados. El producto excedente de las colonias es la fuente original de todo el incremento en las comodidades y en la actividad que derivó Europa del descubrimiento y colonización de América, pero el comercio exclusivo con las metrópolis hace que esta fuente sea menos abundante de lo que podría ser.

Las ventajas concretas que cada país colonizador obtiene de sus colonias son de dos tipos distintos: primero, las ventajas normales que todo imperio recoge de las provincias sujetas a su dominación; y segundo, las ventajas especiales que se supone derivan de provincias de naturaleza tan peculiar como las colonias europeas en América. Las ventajas normales que todo imperio obtiene de las provincias sometidas a su dominio consisten por un lado en la fuerza militar que suministran para su defensa, y por otro lado en el ingreso que proporcionan para sostener su gobierno civil. Las colonias romanas aportaron ocasionalmente tanto la una como el otro. Las colonias griegas proporcionaron a veces una fuerza militar, pero rara vez un ingreso. No se reconocían como sujetas a la dominación de la metrópoli. Eran sus aliadas en la guerra, pero raramente sus súbditas en la paz.

Las colonias europeas de América no han contribuido hasta hoy con ninguna fuerza militar para la defensa de la madre patria. Su fuerza militar no ha sido suficiente aún ni para su propia defensa; y en las diversas guerras que han entablado las metrópolis, la defensa de sus colonias ha representado una considerable distracción de efectivos militares. En este aspecto, por lo tanto, todas las colonias europeas sin excepción han sido causa más de debilidad que de fortaleza para sus respectivas metrópolis.

Sólo las colonias de España y Portugal han contribuido con algún ingreso a la defensa de la madre patria o al sostenimiento de su gobierno civil. Los impuestos aplicados sobre las de otras naciones europeas, en particular sobre las de Inglaterra, muy pocas veces han cubierto el gasto desembolsado en ellas en tiempos de paz, y jamás lo han hecho en tiempos de guerra. Esas colonias, entonces, han sido para sus metrópolis respectivas una fuente de gasto y no de ingreso.

Las ventajas de esas colonias para sus metrópolis estriban sólo en los beneficios especiales que presuntamente derivan de la peculiar naturaleza de las colonias europeas en América; y es sabido que el comercio exclusivo es la única fuente de esos beneficios especiales.

Como consecuencia de dicho comercio exclusivo, por ejemplo, toda la parte del producto excedente de las colonias inglesas que consiste en las llamadas mercancías enumeradas no puede ser enviada a ningún otro país que no sea Inglaterra. Los demás países deben comprarle después a Inglaterra. Esas mercancías deben ser por tanto más baratas en Inglaterra que en cualquier otro lugar y deben contribuir a incrementar las comodidades de Inglaterra más que las de cualquier otro país. ...

Pero es posible que esta ventaja sea más relativa que absoluta, y otorgue al país que la disfruta una superioridad originada en la depresión de la actividad y producción de otros, y no en el aumento de las de ese país por encima de lo que naturalmente sucedería si el comercio fuese libre.

El tabaco de Maryland y Virginia, por ejemplo, merced al monopolio que Inglaterra tiene sobre él, resulta evidentemente más barato en Inglaterra que en Francia, donde Inglaterra vende una parte muy considerable. Pero si Francia y los demás países europeos hubiesen podido siempre comerciar libremente con Maryland y Virginia, el tabaco de esas colonias podría ser hoy más barato de lo que es, no sólo en todos esos países sino también en Inglaterra. La producción de tabaco, como consecuencia de un mercado mucho más amplio del que ha disfrutado hasta hoy se habría incrementado probablemente en tal grado como para reducir los beneficios de una plantación de tabaco hasta su nivel natural como los de una plantación de cereales. ...El precio del tabaco probablemente habría caído por debajo de su nivel actual. La misma cantidad de mercancías de Inglaterra o de esos otros países compraría en Maryland y Virginia una cantidad mayor de tabaco que hoy. ...Es cierto que Inglaterra no tendría en ese caso ventaja alguna sobre los demás países. Podría comprar el tabaco de sus colonias algo más barato y por ello vender algunas de sus propias mercancías más caro que ahora. Pero no podría ni comprar el primero más barato ni vender las segundas más caras que ningún otro país. Podría ganar una ventaja absoluta pero ciertamente perdería una ventaja relativa.

Hay razones muy fundadas para creer que Inglaterra, con objeto de recoger esa ventaja relativa en el comercio colonial, para ejecutar el envidioso y maligno proyecto de excluir del mismo a otras naciones en todo lo posible, no sólo ha sacrificado una parte de la ventaja absoluta que ella, igual que cualquier otra nación, podría haber obtenido gracias a ese comercio, sino que se ha sometido ella misma a una desventaja absoluta y relativa en casi cualquier otra rama del comercio.

Cuando a través de la ley de Navegación Inglaterra asumió el monopolio del comercio colonial, los capitales extranjeros que antes se habían invertido en él fueron necesariamente retirados. El capital inglés, que antes realizaba una parte del mismo, pasó a realizar todo. El capital que antes suministraba a las colonias sólo una fracción de las mercancías europeas que demandaban pasó a ser el único invertido en suministrarles todas. Pero no pudo abastecerlas por completo y los bienes que les llevaba se vendieron necesariamente a un precio mucho más elevado. El capital que antes compraba una sección del producto excedente de las colonias pasó a ser el único invertido en comprarles todo ese producto, pero no pudo hacerlo al precio antiguo, así que lo que les compró debió hacerlo muy barato. Pero en la inversión de un capital en la que el comerciante vendía muy caro y compraba muy barato el beneficio debió ser muy abultado y estar muy por encima del beneficio en otras ramas del comercio. Esta superioridad del beneficio en el comercio colonial indefectiblemente debía desviar de otras ramas una parte del capital antes invertido en ellas. Esta revulsión del capital, así como intensificó gradualmente la competencia en el comercio colonial, atenuó paulatinamente esa competencia en las demás ramas; así como fue reduciendo los beneficios de aquél, debió ir aumentando los de éstas, hasta que todos los beneficios arribaron a un nuevo equilibrio, distinto y algo más elevado que el que existía antes.

Este doble efecto de desviar capital de otras ramas y de subir la tasa de beneficio algo por encima del que habría regido en todas las actividades en otro caso, no sólo se derivó de ese monopolio cuando fue instaurado por vez primera sino que ha continuado desde entonces.

En primer lugar, dicho monopolio ha estado permanentemente drenando capitales de todas las demás actividades hacia el comercio colonial.

...El capital comercial de Gran Bretaña es muy considerable pero no es infinito; ha crecido mucho desde la ley de Navegación, pero como no lo ha hecho tanto como el comercio colonial, ese comercio no habría podido proseguir sin la retirada de una parte del capital de otras ramas del comercio, ramas que consiguientemente han sufrido una cierta decadencia.

...Si el creciente comercio de las colonias hubiese sido liberado para todas las naciones, cualquier fracción del mismo que hubiese correspondido a Gran Bretaña —y probablemente le habría correspondido una fracción muy considerable— habría representado una adición al intenso comercio que desarrollaba con anterioridad. Pero como resultado del monopolio, el incremento del comercio colonial no suscitó tanto una adición al comercio anterior de Gran Bretaña sino más bien un cambio total en su dirección.

En segundo lugar, el monopolio ha contribuido necesariamente a mantener a la tasa de beneficio en todas las ramas del comercio británico por encima de la que naturalmente habría existido si se hubiese permitido a todas las naciones comerciar libremente con las colonias británicas.

El monopolio del comercio colonial, así como desvió hacia esa actividad una proporción mayor del capital de Gran Bretaña del que habría acudido a ella espontáneamente, también redujo merced a la expulsión de los capitales extranjeros la cantidad total de capital invertido en esa actividad por debajo de lo que naturalmente habría sido el caso con el libre comercio. Pero al reducir la competencia de los capitales en esa rama, necesariamente elevó la tasa de beneficio. Y al reducir también la competencia de los capitales británicos en las demás ramas, necesariamente aumentó la tasa de beneficio británica en todas ellas. ...

Ahora bien, todo lo que incremente en cualquier país la tasa de beneficio normal por encima que lo que sería en otra circunstancia, necesariamente inflige a ese país tanto una desventaja absoluta como una relativa en todas las actividades donde no tiene monopolio.

La desventaja absoluta se debe a que en esas ramas sus empresarios no pueden obtener dicho beneficio extraordinario sin vender los bienes de países extranjeros que importan y los bienes locales que exportan al extranjero a un precio mayor que en otro caso. Su propio país deberá comprar más caro y vender más caro, comprar menos y vender menos, disfrutar menos y producir menos de lo que podría en otras circunstancias.

La desventaja relativa se debe a que en esas ramas el

país sitúa a otros países no sometidos a la misma desventaja absoluta en una posición más alta o no tan baja con respecto a la suya como la que tendrían en otro caso. Les permite disfrutar más y producir más en proporción a lo que él disfruta y produce. Vuelve a su superioridad mayor o a su inferioridad menor de lo que podría ser. Al elevar el precio de su producción por encima del que sería en otro caso, permite a los empresarios extranjeros vender más barato en los mercados exteriores, con lo que el país queda desplazado virtualmente de todas las ramas del comercio sobre las que no tenga el monopolio.

Nuestros empresarios se quejan con frecuencia de los altos salarios de los trabajadores británicos como causa de que sus manufacturas no sean competitivas en los mercados exteriores; pero nada dicen de los beneficios elevados. Lamentan las extravagantes ganancias de otras personas, pero nada dicen de las propias. En cualquier caso, los altos beneficios del capital británico pueden contribuir a la elevación del precio de las manufacturas británicas en muchos casos tanto como los altos salarios de los trabajadores británicos, y en algunos casos probablemente más.

De esta forma puede afirmarse con justicia que el capital de Gran Bretaña ha sido en parte retirado y en parte desplazado de todas las diversas ramas del comercio en donde no tiene monopolio; en particular del comercio de Europa y de las naciones que se ubican en torno al mar Mediterráneo.

Ha sido en parte retirado de esas ramas por la atracción del beneficio mayor del comercio colonial, como consecuencia del aumento incesante de ese comercio y de la constante insuficiencia del capital que lo sostenía un año para sostenerlo en el siguiente.

En parte ha sido desplazado de ellas por la ventaja que la alta tasa de beneficio de Gran Bretaña otorga a otros países en todas las ramas donde Gran Bretaña no tiene monopolio.

El monopolio del comercio colonial ha retirado de esas otras ramas una parte del capital británico que habría sido invertido en ellas de otro modo, y ha forzado hacia ellas a muchos capitales extranjeros que jamás habrían acudido de no haber sido expulsados del comercio colonial. En esas ramas ha disminuido la competencia de los capitales británicos y aumentado así la tasa de beneficio británica por encima de la que se establecería en otro caso. Por otro lado ha acentuado la competencia de los capitales extranjeros y deprimido por ello la tasa de beneficio extranjero por debajo de lo que podría haber sido. Tanto en un caso como en otro ha infligido a Gran Bretaña una desventaja relativa en todas esas otras ramas.

Se podría argumentar que el comercio colonial es más ventajoso para Gran Bretaña que cualquier otro, y que el monopolio, al forzar hacia esa actividad una mayor proporción del capital de Gran Bretaña de la que habría acudido hacia ella en otro caso, ha desviado ese capital hacia una inversión mucho más ventajosa para el país que cualquier otra.

La inversión de cualquier capital más conveniente para el país al que pertenece es la que sostiene a una cantidad mayor de trabajo productivo e incrementa al máximo el producto anual de la tierra y el trabajo del país. Pero la cantidad de trabajo productivo que puede mantener cualquier capital invertido en el comercio exterior de consumo está en exacta proporción, como fue demostrado en el libro segundo, con la frecuencia de sus rendimientos. Un capital de mil libras, por ejemplo, invertido en un comercio exterior de consumo cuyos rendimientos se generan regularmente una vez por año puede mantener en empleo constante en el país a una cantidad de trabajo productivo igual a lo que mil libras puedan mantener allí durante un año. Si los rendimientos se producen dos o tres veces por año, puede mantener en empleo constante a una cantidad de trabajo productivo equivalente a lo que se pueda mantener con dos o tres mil libras anuales. Un comercio exterior de consumo entablado con un país vecino es por eso más ventajoso que uno entablado con un país distante; y por la misma razón, como también se explicó en el libro segundo, un comercio exterior directo de consumo es más ventajoso por regla general que uno indirecto.

Pero el monopolio del comercio colonial, en la medida en que ha actuado sobre la inversión del capital de Gran Bretaña, ha forzado en todos los casos a una parte del mismo desde un comercio exterior de consumo con un país vecino a uno con un país más lejano, y en muchos casos de un comercio exterior de consumo directo a uno indirecto. ...

Asimismo, el monopolio del comercio colonial ha forzado a una parte del capital de Gran Bretaña desde un comercio exterior de consumo a uno de tránsito y consecuentemente del mantenimiento en cierto grado de la actividad de Gran Bretaña al mantenimiento en parte de la actividad de las colonias y en parte de la de otros países. ...

Al dirigir hacia el comercio colonial una fracción mayor del capital de Gran Bretaña de la que habría acudido a él naturalmente, el monopolio ha quebrado profundamente el equilibrio natural que habría tenido lugar de otro modo entre las diferentes ramas de la actividad británica. En lugar de ajustarse a un gran número de mercados pequeños, la actividad de Gran Bretaña se ha adecuado principalmente a un solo gran mercado. Su comercio, en vez de fluir a lo largo de numerosos canales, ha sido obligado a fluir sólo por un gran canal. De esta forma todo su sistema industrial y comercial se ha vuelto menos seguro y todo el estado de su cuerpo político menos saludable de lo que habría sido en otro caso. En su situación actual, Gran Bretaña se parece a uno de esos cuerpos enfermos, algunas de cuyas partes vitales han crecido exageradamente, y que por ello están más expuestos a muchos desórdenes peligrosos que apenas tienen incidencia sobre organismos cuyas partes están más adecuadamente proporcionadas. Una pequeña interrupción en un gran vaso sanguíneo, que ha sido artificialmente dilatado por encima de sus dimensiones naturales y hacia el que ha sido forzada la circulación de una proporción antinatural de la actividad y el comercio del país, es muy probable que desencadene las más peligrosas perturbaciones en el conjunto del cuerpo político. De ahí que el temor a un ruptura con las colonias haya impactado sobre el pueblo de Gran Bretaña suscitando más terror que el que jamás sintió hacia una armada española o una invasión francesa. Fue ese terror, bien o mal fundado, el que hizo que la derogación de la ley del Timbre fuese una medida popular, al menos entre los comerciantes. Ante la eventual exclusión del comercio colonial, aunque fuese por unos pocos años, el grueso de nuestros comerciantes creyó ver la completa interrupción de su negocio; el grueso de nuestros industriales, la ruina total de su negocio; y el grueso de nuestros trabajadores, la desaparición de sus empleos. Una posible ruptura con cualquiera de nuestros vecinos, aunque probablemente también daría lugar a algún freno o interrupción de las actividades de alguna de esas clases de personas o de todas, jamás es contemplada con una inquietud semejante. Cuando se interrumpe la circulación en algunas venas pequeñas, la sangre desemboca fácilmente en una más grande sin ocasionar desorden grave alguno; pero cuando se bloquea en alguna vena grande, las consecuencias inmediatas e inevitables son convulsiones, apoplejía o muerte. Ante una pequeña parada o interrupción en una sola de las industrias artificialmente expandidas gracias a primas o a monopolios en el mercado nacional o colonial se desatan a menudo motines y perturbaciones que alarman a los gobiernos y hasta impiden las deliberaciones de las cámaras legisladoras: ¿Cuál, se pensó, no sería la zozobra y el desconcierto suscitados necesariamente por una ruptura súbita y completa de la actividad de una proporción tan notable de nuestros principales industriales?

Una moderada y gradual relajación de las leyes que otorgan a Gran Bretaña el comercio colonial en exclusiva, hasta que sea en buena medida un comercio libre, parece ser la única forma de librar a Gran Bretaña de ese peligro, de permitirle o incluso forzarla a retirar una parte de su capital desde este empleo hipertrofiado e invertirlo en otras actividades, aunque con un beneficio menor. Al reducir gradualmente una rama de su actividad e incrementar gradualmente todas las otras, eso puede paulatinamente restaurar en todas las ramas ese equilibrio natural, saludable y adecuado que la perfecta libertad necesariamente establece y que sólo ella puede preservar. El abrir completamente el comercio colonial de un golpe y a todas las naciones puede descargar no sólo inconvenientes transitorios sino una pérdida abultada y permanente sobre la mayoría de aquellos cuyo trabajo y capital están hoy ocupados en él. ... ¡Así son de desgraciados los efectos de todas las reglamentaciones del sistema mercantil! No sólo introducen desórdenes muy peligrosos en el estado del cuerpo político, sino que son desórdenes con frecuencia difíciles de remediar sin ocasionar, al menos durante un tiempo, desórdenes todavía mayores. La forma, entonces, en que el comercio colonial debe ser gradualmente abierto, cuáles deben ser las restricciones a suprimir antes y cuáles después, o la forma concreta en que el sistema natural de perfecta libertad y justicia debe ser gradualmente restaurado, es algo que debemos dejar que determine la sabiduría de los políticos y legisladores del futuro.

Cinco acontecimientos distintos, imprevistos e impensados, han concurrido afortunadamente para evitar que Gran Bretaña sufriese tanto como se había pronosticado a partir de la exclusión total que ya hace más de un año (desde el primero de diciembre de 1774) tuvo lugar en una rama importante del comercio colonial, la de las doce provincias asociadas de América del Norte. Primero, esas colonias, al prepararse para el compromiso de no importar agotaron a Gran Bretaña por completo de todas las mercancías adecuadas para su mercado; segundo, la demanda extraordinaria de la flota española absorbió muchas mercancías de Alemania y del Norte, en particular tejidos de hilo, que solían competir con las manufacturas de Gran Bretaña incluso en el mercado británico; tercero, la paz entre Rusia y Turquía suscitó una demanda notable en el mercado turco, que había sido pobremente abastecido durante la depresión del país, cuando la flota rusa surcaba el Archipiélago; cuarto, la demanda de manufacturas de Gran Bretaña en el norte de Europa ha venido creciendo en los últimos años; y quinto, la reciente partición y consiguiente pacificación de Polonia, al abrir el mercado de ese gran país, ha supuesto este año una demanda extraordinaria añadida desde allí a la creciente demanda desde el Norte. Salvo el cuarto, todos estos acontecimientos son por naturaleza transitorios y accidentales, y la exclusión de una parte tan importante del comercio colonial, si por desgracia se mantiene durante mucho tiempo más, puede de todas maneras ocasionar una cierta penuria. No obstante, como esta penuria sobrevendrá gradualmente, será padecida menos severamente que si se hubiera desencadenado de golpe; y entre tanto la actividad y el capital del país podrán encontrar un nuevo empleo y una nueva dirección, lo que podrá impedir que la penuria alcance un nivel considerable. ...

Debemos distinguir cuidadosamente entre los efectos del comercio colonial y los del monopolio de dicho comercio. Los primeros son siempre y necesariamente beneficiosos; los segundos son siempre y necesariamente perjudiciales. Ahora bien, los primeros son tan beneficiosos que el comercio colonial, aunque esté sometido a un monopolio y a pesar de las consecuencias dañinas del mismo, es a pesar de todo beneficioso en su conjunto, aunque mucho menos de lo que podría ser.

El efecto del comercio colonial en su estado natural y libre es abrir un vasto aunque distante mercado para aquellas partes de la producción británica que puedan exceder a la demanda de los mercados más cercanos, los de Europa y los países que se hallan en torno al mar Mediterráneo. En su estado natural y libre, el comercio colonial, sin retirar de esos mercados ninguna parte de la producción que antes se les remitía, estimula a Gran Bretaña a incrementar el excedente sin cesar, al presentarle continuamente nuevos equivalentes para ser intercambiados por él. En su estado natural y libre el comercio colonial tiende a incrementar la cantidad de trabajo productivo en Gran Bretaña pero sin alterar en modo alguno la dirección que había adoptado el trabajo productivo empleado allí antes. En el estado natural y libre del comercio colonial la competencia de todas las demás naciones impide que la tasa de beneficio suba por encima del nivel normal, ni en el nuevo mercado ni en los nuevos empleos. Sin retirar nada del antiguo, el mercado nuevo crea, por así decirlo, una producción nueva para su abastecimiento; y esa nueva producción constituye un nuevo capital para desarrollar los nuevos empleos, que de la misma forma nada retiran de los antiguos. Por el contrario, el monopolio del comercio colonial, al excluir la competencia de otras naciones y aumentar así la tasa de beneficio tanto en el nuevo mercado como en el nuevo empleo, desvía la producción desde el mercado viejo y el capital de las inversiones antiguas. El propósito declarado del monopolio es aumentar nuestra participación en el comercio colonial por encima de lo que sucedería en otro caso. Si nuestra participación fuese la misma con o sin el monopolio, no habría razón alguna para establecerlo. Pero todo lo que fuerce hacia una rama cuyos rendimientos son más lentos y distantes que los del grueso de las demás a una proporción mayor del capital de cualquier país de la que acudiría hacia ella espontáneamente, necesariamente hace que la cantidad total de trabajo productivo mantenida allí anualmente, que el producto anual total de la tierra y el trabajo de ese país, sea menor que el que sería de otro modo. Reduce el ingreso de los habitantes del país por debajo del que podría ser naturalmente, y disminuye por ello su capacidad de acumulación. No sólo impide siempre que su capital sostenga a una cantidad de trabajo productivo mayor, sino que evita también que crezca tan rápidamente como podría, y consiguientemente que pueda mantener una cantidad de trabajo productivo aún mayor.

Sin embargo, los buenos efectos naturales del comercio colonial compensan con creces a Gran Bretaña por los malos efectos del monopolio, con lo cual, a pesar del monopolio, ese comercio en sus condiciones actuales no sólo resulta ventajoso sino muy ventajoso. Los nuevos mercados y nuevas inversiones abiertos por el comercio colonial son mucho más amplios que la porción del viejo mercado y las viejas inversiones que se pierde con el monopolio. La nueva producción y los nuevos capitales que son, por así decirlo, creados por el comercio colonial mantienen en Gran Bretaña a una cantidad mayor de trabajo productivo del que puede haber sido destruido por la revulsión del capital desde otras actividades cuyos rendimientos son más frecuentes. Pero si el comercio colonial, incluso bajo su forma actual, es ventajoso para Gran Bretaña, no lo es gracias al monopolio sino a pesar del monopolio.

El comercio colonial abre un nuevo mercado más bien para la industria que para la producción primaria. La agricultura es la actividad más adecuada para todas las colonias nuevas, una actividad que la baratura de la tierra vuelve más ventajosa que cualquier otra. Tienen por eso una abundante producción de la tierra, y en vez de importarla de otros países cuentan habitualmente con un copioso excedente para exportar. En las nuevas colonias la agricultura atrae mano de obra de todas las demás actividades o impide que se dirija hacia ellas. Hay poca mano de obra disponible para las industrias necesarias y ninguna para las ornamentales. Es más barato comprar el grueso de ambas clases de manufacturas en otros países que fabricarlas localmente. Y es fundamentalmente mediante el estímulo de la industria europea que el comercio colonial incentiva indirectamente su agricultura. Los industriales europeos a los que dicho comercio brinda una actividad constituyen un nuevo mercado para los productos de la tierra, y el mercado más ventajoso de todos —el mercado local para cereales y ganado, para el pan y la carne de Europa— es así notablemente extendido gracias al comercio con América.

Los ejemplos de España y Portugal demuestran claramente que el monopolio del comercio de las colonias pobladas y prósperas no es suficiente ni para crear ni para mantener industrias en cualquier país. España y Portugal eran países manufactureros antes de tener colonias importantes, y ambos han dejado de serlo desde que poseen las más ricas y fértiles del mundo.

En España y Portugal los malos efectos del monopolio, agravados por otras causas, probablemente han casi compensado los buenos efectos naturales del comercio colonial. Esas causas fueron: otros monopolios de diverso tipo; la degradación del valor del oro y la plata por debajo del que rige en la mayoría de los demás países; la exclusión de mercados extranjeros debido a inadecuados impuestos a la exportación y la estrechez del mercado local debido a impuestos incluso más inadecuados sobre el transporte de bienes de una parte del país a otra; pero sobre todo esa administración de justicia irregular y parcial que con frecuencia protege al deudor rico y poderoso frente a la demanda del acreedor lesionado, y que hace que la sección laboriosa de la nación tema elaborar bienes para el consumo de personajes grandes y altaneros, ante quienes no se atreven a rehusar vender a crédito, y de quienes no tienen la más mínima seguridad de que les paguen.

En Inglaterra, por el contrario, los buenos efectos naturales del comercio colonial, auxiliados por otras causas, han superado en buena medida a los malos efectos del monopolio. Estas causas han sido: la libertad general de comercio que a pesar de algunas restricciones es al menos la misma y probablemente mayor que la de cualquier otro país; la libertad de exportar sin aranceles a cualquier país extranjero prácticamente cualquiera de los bienes producidos localmente; y lo que quizás es más importante: la libertad de transportarlos de una parte a otra de nuestro país sin la obligación de informar a ninguna oficina pública, y sin estar expuestos a cuestionamiento o investigación alguna; pero sobre todo esa administración equitativa e imparcial de la justicia, que hace que los derechos del más modesto súbdito británico deban ser respetados por el más encumbrado y que, al asegurar a cada persona el fruto de su trabajo, brinda el estímulo mayor y más efectivo a toda clase de actividades.

Pero si la industria de Gran Bretaña se ha desarrollado,

y sin duda lo ha hecho, a través del comercio colonial, no lo ha hecho gracias al monopolio de dicho comercio sino a pesar del monopolio. El efecto del monopolio no ha sido aumentar la cantidad sino cambiar la forma de una parte de la industria de Gran Bretaña, y ajustar a un mercado cuyos rendimientos son lentos y distantes lo que de otro modo se habría ajustado a uno cuyos retornos habrían sido más frecuentes y cercanos. Su efecto ha sido en consecuencia desviar una parte del capital de Gran Bretaña de una inversión en la que habría mantenido a una cantidad mayor de trabajo industrial a uno donde mantiene una cantidad menor, con lo que no ha incrementado la cantidad total de la industria manufacturera de Gran Bretaña sino que la ha disminuido.

El monopolio del comercio colonial, por lo tanto, igual que todos los demás expedientes mezquinos y malignos del sistema mercantil, deprime la actividad de todos los demás países, pero especialmente la de las colonias, sin aumentar en lo más mínimo, sino por el contrario disminuyendo la actividad del país en cuyo beneficio fue impuesto.

El monopolio impide que el capital del país, cualquiera sea en cada momento dado el nivel de ese capital, mantenga a una cantidad de trabajo productivo tan grande como podría en otro caso, y de suministrar a los habitantes laboriosos un ingreso tan caudaloso como podría. Pero como el capital sólo puede crecer mediante ahorros de un ingreso, al impedir el monopolio que genere un ingreso tan elevado como podría, necesariamente impide que crezca tan velozmente como podría, y por consiguiente que mantenga una cantidad de trabajo productivo incluso mayor y que dé lugar a un ingreso todavía mayor para los habitantes laboriosos del país. Por lo tanto, el monopolio en todo momento necesariamente hace que una de las grandes fuentes originales del ingreso, los salarios del trabajo, sea menor de lo que podría ser de otro modo.

Al elevar la tasa de beneficio mercantil, el monopolio desalienta las mejoras de la tierra. El beneficio de la mejora depende de la diferencia entre lo que la tierra de hecho produce y lo que podría producir con la inversión de un determinado capital. Si esta diferencia da lugar a un beneficio mayor que el que puede obtenerse con un capital igual en otra inversión mercantil, la roturación de tierras retirará capitales de todas las inversiones comerciales. Si el beneficio es menor, las inversiones mercantiles atraerán capitales de la mejora de la tierra. Todo lo que eleve la tasa de beneficio comercial, entonces, modera la superioridad o acentúa la inferioridad del beneficio de la roturación; en un caso impide que el capital acuda a la tierra y en el otro retira capital de la misma. Pero al desanimar las mejoras, el monopolio necesariamente retarda el incremento natural de otra de las grandes fuentes primitivas del ingreso: la renta de la tierra. Al elevar la tasa de beneficio el monopolio asimismo necesariamente empuja al tipo de interés de mercado por encima de lo que sería en otra circunstancia. Pero el precio de la tierra en proporción a la renta que genera, el número de años de renta que habitualmente se paga por ella, necesariamente cae cuando el tipo de interés sube, y sube cuando el tipo de interés cae. El monopolio, por lo tanto, perjudica al terrateniente por dos vías distintas, puesto que retarda el incremento natural, primero, de su renta, y segundo, del precio que puede obtener por su tierra en proporción a la renta que le proporciona.

Es cierto que el monopolio eleva la tasa de beneficio mercantil, y así aumenta las ganancias de nuestros comerciantes. Pero como obstruye el crecimiento natural del capital, tiende no a aumentar sino a disminuir la suma total del ingreso que los habitantes del país derivan de los beneficios del capital, puesto que por regla general un pequeño beneficio sobre un gran capital genera un ingreso mayor que un gran beneficio sobre un capital pequeño. El monopolio incrementa la tasa de beneficio pero impide que el total del beneficio aumente todo lo que podría.

El monopolio vuelve menos abundantes a todas la fuentes primitivas del ingreso: los salarios del trabajo, la renta de la tierra y los beneficios del capital. Con objeto de fomentar el pequeño interés de una pequeña clase de personas en un país perjudica los intereses de todas las otras clases de personas en el país y de todas las personas de todos los demás países.

El monopolio se ha mostrado o puede mostrarse ventajoso para una clase particular sólo mediante la elevación de la tasa normal de beneficios. Pero aparte de todos los efectos perjudiciales para el país en general, que ya han sido mencionados como resultante necesaria de una alta tasa de beneficios hay uno que acaso sea más desastroso que todos ellos juntos, y que la experiencia demuestra que se halla inseparablemente conectado con dicha tasa. En todas partes una tasa de beneficio elevada destruye la parsimonia que en otras circunstancias es algo natural en la personalidad de los empresarios. Cuando los beneficios son abultados, esa sobria virtud semeja superflua y el lujo oneroso más adecuado a la opulencia de su situación. Pero los propietarios de los grandes capitales mercantiles son necesariamente los líderes y conductores de toda la economía de cualquier nación, y su ejemplo ejerce una influencia sobre las costumbres de la parte laboriosa de la misma mucho más aguda que la de cualquier otra clase de personas. Si su empleador es vigilante y frugal, el trabajador muy probablemente lo será también; pero si el patrono es disoluto y desordenado, el trabajador que orienta su labor según el modelo que su patrono le prescribe también orientará su vida según el ejemplo que aquél le presta. La acumulación resulta así obstaculizada en las manos de quienes están naturalmente más dispuestos a acumular; y los fondos destinados a la manutención del trabajo productivo no derivan aumento alguno del ingreso de aquellos que naturalmente más deberían aumentarlo. El capital del país, en vez de aumentar, desaparece gradualmente y la cantidad de trabajo productivo que mantiene es cada día menor. ¿Es que los exorbitantes beneficios de los comerciantes de Cádiz o Lisboa han expandido el capital de España y Portugal? ¿Es que han aliviado la pobreza o promovido la economía de esos dos países tan miserables? El tono del gasto mercantil en esas dos ciudades comerciales ha sido tal que esos exorbitantes beneficios no sólo no han aumentado el capital general del país sino que apenas han resultado suficientes para mantener los capitales que los originaron. Todo los días los capitales extranjeros se entremeten, por así decirlo, más y más en el comercio de Cádiz y Lisboa. Los españoles y los portugueses procuran tensar cada día los irritantes lazos de su absurdo monopolio para expulsar a esos capitales extranjeros de un comercio que sus propios capitales se revelan también cada día más incapaces de desarrollar. Si se comparan los usos comerciales de Cádiz y Lisboa con los de Amsterdam se observa cuán diversa es la reacción de la conducta y personalidad de los comerciantes ante los beneficios del capital elevados y reducidos. Los comerciantes de Londres no se han vuelto ciertamente unos señores tan magníficos como los de Cádiz o Lisboa, pero tampoco son burgueses tan cuidadosos y frugales como los de Amsterdam. Se supone, no obstante, que son mucho más ricos que los primeros y no tan ricos como muchos de los segundos. Pero su tasa de beneficio es normalmente mucho más baja que la de los primeros y bastante más alta que la de los segundos. Lo que llega con facilidad, con facilidad se va, reza el proverbio; y el estilo general del gasto es en todas partes determinado no por la capacidad efectiva para gastar sino por la supuesta facilidad para conseguir dinero para gastar.

Y así sucede que la única ventaja que el monopolio procura para una clase particular de personas es de muchas maneras dañina para el interés general del país.

Fundar un vasto imperio con el único objetivo de crear un pueblo de clientes puede parecer a primera vista un proyecto acertado sólo para una nación de tenderos. En realidad, es un proyecto totalmente incorrecto para una nación de tenderos, aunque extremadamente conveniente para una nación cuyo gobierno está influido por tenderos. Esos políticos, y sólo ellos, son capaces de fantasear con la idea de emplear la sangre y la fortuna de sus conciudadanos en fundar y mantener un imperio de ese tipo. Si usted le asegura a un tendero: «Cómpreme una buena finca y yo siempre compraré mi ropa en su tienda, aunque deba pagar algo más que en otras tiendas», no es probable que esté muy dispuesto a secundar la propuesta. Pero si alguna otra persona le compra a usted una finca, el tendero quedará muy agradecido a su benefactor si éste le impone a usted la condición de comprar toda su vestimenta en su tienda. Inglaterra compró para algunos de sus súbditos que vivían con dificultad en la madre patria una extensa finca en un país distante. El precio fue ciertamente muy barato, y en vez de la renta de treinta años —el precio corriente de la tierra en la actualidad— representó poco más que el gasto de los diversos grupos que efectuaron el primer descubrimiento, reconocieron la costa y tomaron ficticia posesión del país. La tierra era buena y muy abundante, y al contar los cultivadores con mucho y buen suelo para trabajar, y durante un tiempo con libertad para vender su producción donde quisieran, llegaron a ser en el curso de poco más de treinta o cuarenta años (entre 1620 y 1660) un pueblo tan numeroso y próspero que los tenderos y otros empresarios de Inglaterra pretendieron asegurarse el monopolio de su mercado. Sin alegar que habían pagado parte alguna del precio de compra original ni del gasto subsiguiente en la roturación, presionaron al parlamento para que los cultivadores de América fuesen en el futuro restringidos a su tienda, primero para comprar los bienes que demandasen de Europa y segundo para vender aquellas partes de su propia producción que esos empresarios juzgasen conveniente comprar. No juzgaron conveniente comprarla toda, puesto que la importación de algunas partes habría interferido con las actividades que ellos desarrollaban en su país. Ellos preferirían entonces que esas partes fuesen vendidas por los colonos donde ellos pudieran hacerlo, y cuanto más lejos mejor; y por ello propusieron que su mercado estuviese limitado a los países situados al sur del cabo Finisterre. Una cláusula de la famosa ley de Navegación otorgó rango legal a esta auténtica propuesta de tenderos.

El mantenimiento del monopolio ha sido hasta hoy el principal objetivo, o más bien el único objetivo y fin del dominio de Gran Bretaña sobre sus colonias. Se supone que el comercio exclusivo es la gran ventaja que proporcionan unas provincias que nunca han aportado ni ingresos ni fuerza militar para el sostén del gobierno civil ni para la defensa de la madre patria. El monopolio es la principal marca de su dependencia y es el único fruto que ha sido hasta hoy obtenido gracias a esa dependencia. Todo el gasto que Gran Bretaña ha desembolsado para mantener esa dependencia ha sido en realidad sufragado para mantener ese monopolio. El gasto para mantener la paz en las colonias representó, hasta el estallido de los disturbios actuales, la paga de veinte regimientos de infantería, el coste de la artillería, víveres y provisiones extraordinarias necesarias para abastecerlos, y el coste de una muy considerable fuerza naval que debía ser mantenida permanentemente para vigilar el contrabando de barcos de otras naciones en la inmensa costa de América del Norte y de nuestras islas en las Indias Orientales. Todo el gasto en tiempo de paz era una carga sobre el ingreso de Gran Bretaña y era al mismo tiempo la más pequeña fracción del coste que el dominio sobre las colonias ha representado a la madre patria. Para llegar al total hay que añadir al gasto anual de tiempos de paz el interés de las sumas que Gran Bretaña ha desembolsado en diversas ocasiones en defensa de las colonias, al considerarlas como provincias sujetas a su soberanía. En particular hay que añadir todo el coste de la última guerra y de buena parte de la guerra que la precedió. La última guerra fue un puro conflicto colonial, y todo su coste, en cualquier parte que haya sido desembolsado, sea en Alemania o en las Indias Orientales, debería incluirse en la cuenta de las colonias. Ascendió a más de noventa millones de libras esterlinas, incluyendo no sólo la nueva deuda contraída sino también el impuesto añadido sobre la tierra de dos chelines por libra y las sumas tomadas cada año en préstamo del fondo de amortización. La guerra española que comenzó en 1739 fue básicamente una disputa colonial. Su objetivo principal fue impedir la inspección de barcos coloniales que realizaban un comercio de contrabando con el territorio español del continente americano junto al mar Caribe. Todo este gasto en realidad es una subvención concedida para mantener un monopolio. Su objetivo supuesto fue el incentivo de la industria y la expansión del comercio de Gran Bretaña. Su efecto real fue aumentar la tasa de beneficio mercantil y permitir que nuestros empresarios desviaran hacia una rama cuyos rendimientos eran más lentos y más lejanos que los del grueso de las otras ramas una proporción de su capital mayor de la que habrían invertido de otro modo; fueron dos acontecimientos que de haber podido ser evitados mediante un subsidio, quizás habría valido la pena concederlo.

Por lo tanto, bajo el presente sistema de administración, Gran Bretaña no obtiene más que pérdidas del dominio que ejerce sobre sus colonias. Proponer que Gran Bretaña renuncie voluntariamente a la soberanía sobre sus colonias y deje que elijan a sus propios magistrados, promulguen sus propias leyes y declaren la paz o la guerra según lo juzguen conveniente, equivaldría a proponer una clase de medida que jamás ha sido y jamás será adoptada por ninguna nación del mundo. Ninguna nación ha renunciado nunca voluntariamente a la soberanía sobre provincia alguna, por más complicado que haya resultado su gobierno y por más pequeño que resulte el ingreso que genera en proporción al gasto que ocasiona. Aunque tales renuncias pueden ser a menudo compatibles con el interés de cualquier nación, son siempre mortificantes para su orgullo y, lo que es quizás más importante, siempre contrarían al interés privado de sus gobernantes, que se verían privados de disponer de muchos puestos de confianza y provecho, de numerosas oportunidades para adquirir riqueza y distinción, que rara vez deja de suministrar la posesión de la más turbulenta y, para la mayoría del pueblo, la menos rentable de las provincias. Ni el más entusiasta visionario sería capaz de sugerir una medida así con alguna fundada esperanza de que alguna vez iba a ser adoptada. Pero si fuese adoptada Gran Bretaña no sólo se libraría de inmediato de todo el gasto anual del mantenimiento de la paz en las colonias sino que podría firmar con ellas un tratado comercial que le asegurase eficazmente un comercio libre, más ventajoso para la mayoría del pueblo —aunque menos para los comerciantes— que el monopolio de que disfruta en la actualidad. Al separarnos así como buenos amigos, el afecto natural de las colonias hacia la madre patria, que acaso se haya extinguido por nuestras recientes disensiones, podría revivir rápidamente. Las dispondría no solamente a respetar durante siglos enteros el tratado comercial acordado con nosotros al separarnos, sino a apoyarnos tanto en la guerra como en el comercio, y a convertirse en los aliados más fieles, afectuosos y generosos, en vez de súbditos turbulentos y facciosos; y quizás pueda renacer entre Gran Bretaña y sus colonias el mismo tipo de afecto paternal de una parte, y de respeto filial de la otra, como el que solía existir entre las de la antigua Grecia y la metrópoli de la que descendían.

Para que una provincia resulte ventajosa para el imperio al que pertenece debería aportar en tiempos de paz un ingreso a la hacienda pública suficiente no sólo para sufragar todo el coste de su gobierno en tiempos de paz sino para contribuir proporcionalmente al sostén del gobierno general del imperio. Cada provincia ocasiona, en mayor o menor medida, un incremento en el gasto de ese gobierno general. Si una provincia en particular, entonces, no aporta su cuota para hacer frente a ese gasto, se arroja una carga injusta sobre alguna otra parte del imperio. Por la misma razón, el ingreso extraordinario con que toda provincia concurre al erario público en tiempos de guerra debería guardar la misma proporción con el ingreso extraordinario de todo el imperio como ocurre con su ingreso normal en tiempos de paz. Cualquiera reconocerá que ni el ingreso ordinario ni el extraordinario que Gran Bretaña deriva de sus colonias guarda esa proporción con el ingreso total del imperio británico. Es verdad que se ha supuesto que el monopolio, al incrementar el ingreso privado de los ciudadanos de Gran Bretaña y al permitirles por ello pagar más impuestos, compensa la deficiencia en los ingresos públicos de las colonias. Pero este monopolio, como he intentado demostrar, aunque es un gravoso tributo sobre las colonias y aunque pueda aumentar el ingreso de una clase particular de personas en Gran Bretaña, no aumenta sino que disminuye el ingreso de la mayoría de la población; y en consecuencia no aumenta sino que disminuye la capacidad de la mayoría de los ciudadanos para pagar impuestos. Además, las personas cuyo ingreso es expandido por el monopolio son una clase especial, a la que no se puede gravar en mayor proporción que a otras, y a las que sería políticamente muy peligroso intentar cobrarles proporcionalmente más impuestos, como procuraré demostrar en el libro siguiente. De esta clase especial, entonces, no se podrán obtener recursos especiales.

Las colonias pueden ser sometidas al pago de impuestos por sus propias asambleas o por el Parlamento de Gran Bretaña.

No parece demasiado probable que las asambleas coloniales vayan nunca a imponer a sus electores un ingreso público suficiente no sólo para mantener en todo momento su gobierno civil y militar sino para pagar su parte proporcional en el gasto del gobierno general del imperio británico. Tuvo incluso que pasar mucho tiempo hasta que el propio parlamento inglés, pese a estar bajo la mirada directa del soberano, pudo adoptar esas medidas, o llegó a ser suficientemente generoso en sus concesiones en pro del mantenimiento del gobierno civil y militar de su propio país. Este sistema administrativo pudo ser llevado a la práctica por el Parlamento de Inglaterra sólo cuando se distribuyeron entre los propios parlamentarios una buena parte de los cargos —o del control sobre los cargos— que surgían en dicho gobierno civil y militar. Pero la distancia entre las asambleas coloniales y la vista del soberano, su número, dispersión, y variedad de constituciones hacen muy difícil que puedan ser administradas de la misma forma, incluso aunque el soberano tuviera —que no los tiene— los medios para hacerlo. Sería completamente imposible distribuir entre todos los miembros principales de todas las asambleas coloniales una cuota de los cargos, o del control sobre los cargos derivados del gobierno general del imperio británico suficientemente atractiva como para predisponerlos a renunciar a su popularidad en su país y a obligar a sus electores a pagar impuestos para sostener a ese gobierno general, casi todos de cuyos emolumentos irían a parar a personas totalmente extrañas para ellos. Por otra parte, la inevitable ignorancia de la administración acerca de la importancia relativa de los diversos miembros de dichas asambleas, los agravios que a menudo se cometerían y los desatinos en que permanentemente se caería al intentar manejarlas de esa forma, hacen que ese sistema administrativo resulte con ellas completamente impracticable.

Además, no puede suponerse que las asambleas coloniales sea jueces adecuados sobre lo que es necesario para defender y mantener todo el imperio. La labor de esa defensa y ese mantenimiento no es responsabilidad suya, no les incumbe ni tienen medios de información sobre ella. Igual que el consejo de una parroquia, la asamblea de una provincia puede actuar muy correctamente con relación a los asuntos de su propio y particular distrito, pero carece de los adecuados elementos de juicio para los asuntos de todo el imperio. Ni siquiera puede juzgar correctamente sobre la proporción que guarda su propia provincia con el imperio en su conjunto, o sobre el grado relativo de su riqueza e importancia en comparación con las demás provincias, porque esas provincias no se hallan bajo la inspección y supervisión de la asamblea de ninguna provincia. Lo que sea necesario para la defensa y preservación de todo el imperio, y en qué proporción deben contribuir sus diversas partes, es algo que sólo puede ser juzgado por la asamblea que inspecciona y supervisa los asuntos de todo el imperio.

De ahí que se haya propuesto que las colonias sean gravadas por requerimiento: que el Parlamento de Gran Bretaña determine la suma que cada colonia debe pagar y que la asamblea provincial después la estudie y la recaude de la forma más adecuada a las circunstancias de la provincia. De esta forma, los asuntos de todo el imperio serían determinados por la asamblea que los inspecciona y supervisa, mientras que las cuestiones provinciales de cada colonia podrían seguir siendo reguladas por su propia asamblea. Aunque en este caso las colonias no tendrían representantes en el Parlamento británico, la experiencia sugiere que no es probable que la requisitoria parlamentaria fuese irrazonable. El Parlamento de Inglaterra jamás ha mostrado la más mínima inclinación a gravar en exceso a aquellas partes del imperio que no están representadas en él. Las islas de Guernsey y Jersey, que no tienen ningún medio para resistirse a la autoridad del Parlamento, pagan impuestos más bajos que ninguna otra parte de Gran Bretaña. Al aplicar su supuesto derecho, sea fundado o infundado, a cobrar impuestos a las colonias, el Parlamento nunca les ha pedido hasta hoy nada que se parezca a una justa proporción con lo que pagan en la metrópoli los otros súbditos de la misma corona. Además, si la contribución de las colonias aumentase o disminuyese en proporción a la subida o bajada del impuesto sobre la tierra, el Parlamento no podría gravarlas sin al mismo tiempo gravar a sus propios electores, con lo que en este caso cabría considerar a las colonias como virtualmente representadas en el Parlamento.

No faltan ejemplos de imperios en donde las provincias no son gravadas, si me permite decirlo, como si fueran una sola masa, sino donde el soberano determina la suma que cada provincia debe pagar, y en algunas provincias la evalúa y recauda él mismo, y en otras deja que sea impuesta y recaudada de la forma en que los gobiernos respectivos determinen. En algunas provincias de Francia el rey no sólo estipula los impuestos que cree convenientes sino que los evalúa y recauda en la forma que cree más adecuada. De otras provincias él demanda una cierta suma pero deja a las administraciones provinciales la tarea de imponer y recaudar como ellas juzguen conveniente. Según el proyecto de imposición por requisitoria, el Parlamento de Gran Bretaña se hallaría frente a las colonias prácticamente en la misma posición como el rey de Francia se halla frente a los gobiernos de aquellas provincias que aún disfrutan del privilegio de tener estados propios, y que se supone son las provincias mejor gobernadas de Francia.

Pero aunque con este sistema las colonias no tendrían razones para temer que su cuota en las cargas públicas excediese jamás la proporción adecuada con la que soportan sus conciudadanos en la madre patria, Gran Bretaña sí tendría motivos para temer que jamás alcanzase esa proporción adecuada. El Parlamento de Gran Bretaña no ha tenido desde hace algún tiempo la misma autoridad en las colonias que el rey de Francia ostenta en aquellas provincias que aún disfrutan del privilegio de contar con estados propios. Las asambleas coloniales, si no estuviesen dispuestas (y no es probable que lo estén si no resultan más hábilmente administradas que nunca lo han sido hasta hoy), siempre podrían encontrar muchas excusas para evadir o rechazar las más razonables requisitorias parlamentarias. Supongamos que estalla una guerra con Francia. Para defender la sede del imperio habría que recaudar inmediatamente diez millones de libras. Esta suma debería ser tomada en préstamo sobre el crédito hipotecario de algún fondo del Parlamento que permitiese pagar el interés. Supongamos que el Parlamento propone obtener parte de ese fondo mediante un impuesto en Gran Bretaña y parte mediante un requerimiento a todas las asambleas coloniales de América y las Indias Orientales. ¿Adelantaría de inmediato el pueblo su dinero con la garantía de un fondo que dependiese en parte de la buena disposición de dichas asambleas, tan apartadas del teatro de la guerra y que quizás a veces se considerasen poco concernidas acerca de su desenlace? Contra ese fondo probablemente no se podría adelantar más dinero que el que se recaudase con el impuesto de Gran Bretaña. Toda la carga de la deuda contraída a causa de la guerra recaería así, como ha sucedido siempre hasta hoy, sobre Gran Bretaña, sobre una parte del imperio, no sobre su totalidad. Desde los comienzos de la historia, Gran Bretaña es quizás el único estado que, a medida que fue extendiendo su imperio, sólo aumentó sus gastos, sin aumentar jamás sus ingresos. En general, los otros estados han descargado el grueso del gasto de la defensa del imperio sobre las provincias que son sus súbditas y subordinadas. Hasta hoy Gran Bretaña se ha sacrificado para que sus provincias súbditas y subordinadas se descargasen de casi todo ese gasto. Con objeto de situar a Gran Bretaña en pie de igualdad con sus colonias, a quienes la ley ha supuesto hasta ahora sus súbditas y subordinadas, sería necesario con el sistema de imposición mediante requerimiento parlamentario que hubiese medios para que el Parlamento hiciese inmediatamente efectivas a sus requisitorias, en el caso de que las asambleas coloniales intentaran evadirlas o rechazarlas; aunque no es fácil concebir qué medios son esos, y nadie los ha explicado todavía.

Si al mismo tiempo el Parlamento de Gran Bretaña tuviese plenos derechos para gravar a las colonias, incluso por encima del consentimiento de sus propias asambleas, entonces la importancia de esas asambleas desaparecería, y con ella también la importancia de todos los líderes de la América británica. Los hombres desean participar en la administración de los asuntos públicos básicamente por la importancia que ello les confiere. La estabilidad y permanencia de cualquier sistema de gobierno liberal depende de la capacidad del grueso de los dirigentes, la aristocracia natural de todo país, para preservar y defender su respectiva relevancia. Todo el juego de las facciones y ambiciones domésticas estriba en los ataques que esos líderes están continuamente lanzando sobre la significación de los otros, y en la defensa que realizan de la suya. Los dirigentes de América, igual que los de cualquier otro país, desean preservar su propia importancia. Sienten o imaginan que si sus asambleas —a las que gustan denominar parlamentos y considerar con la misma autoridad que el de Gran Bretaña— son alguna vez tan degradadas como para que ellos se conviertan en modestos ministros y funcionarios ejecutivos del Parlamento británico, ello significaría la desaparición de la mayor parte de su propia jerarquía. Por eso han rechazado la propuesta de ser gravados mediante requisitoria parlamentaria y, como otros hombres ambiciosos y gallardos, han optado por desenvainar la espada en defensa de su posición.

Cuando se aproximaba la caída del Imperio Romano, los aliados de Roma que habían soportado el peso principal de la defensa del estado y la extensión del imperio exigieron todos los privilegios de los ciudadanos romanos. Cuando les fueron negados estalló la guerra civil. En el transcurso de esa guerra Roma confirió esos privilegios a la mayor parte de ellos, de a uno y a medida en que se fueron separando de la confederación general. El Parlamento de Gran Bretaña insiste en gravar a las colonias y éstas se niegan a ser gravadas por un parlamento en donde no están representadas. Si a medida que cada colonia se separase de la confederación general Gran Bretaña aceptase un número de representantes suyos en proporción a lo que contribuyesen a las arcas públicas del imperio, como resultado de ser gravadas con los mismos impuestos, y en compensación les permitiese el mismo libre comercio que el de sus conciudadanos en la madre patria, y si el número de sus representantes pudiese aumentar en proporción a su contribución, entonces se presentaría a los dirigentes de cada colonia un nuevo método de adquirir importancia, una nueva y más deslumbrante meta para sus ambiciones. En vez de disputas triviales por los minúsculos premios que pueden salir en lo que cabría denominar la modesta lotería del partidismo colonial, ahora podrían confiar —según la natural presunción de los hombres en sus habilidades y su fortuna— en obtener algunos de los suculentos premios que en ocasiones salen del bombo de la gran lotería estatal de la política británica. Salvo que se encuentre algún medio como este o algún otro —y no parece haber ninguno más obvio que éste— para preservar la importancia y gratificar la ambición de los dirigentes de América, no es muy probable que alguna vez se sometan voluntariamente a nosotros; y deberíamos tener en cuenta que cada gota de la sangre que debe ser derramada para forzarlos a hacerlo pertenece a la sangre de quienes son nuestros conciudadanos o de quienes deseamos que lo sean. Son muy poco perspicaces quienes disfrutan pensando que en el actual estado de cosas es muy sencillo conquistar a nuestras colonias sólo mediante la fuerza. Las personas que gobiernan lo que llaman su congreso continental sienten en ellas mismas una jerarquía que acaso no sientan los súbditos más importantes en Europa. Han pasado de ser tenderos, artesanos y procuradores a ser estadistas y legisladores, y se dedican a concebir una nueva forma de administración de un vasto imperio que gustan pronosticar que se convertirá, y que en verdad es muy probable que se convierta en uno de los más poderosos y formidables que jamás haya existido en el mundo. Puede haber quizás quinientas personas participando de diversas formas en el congreso continental, y quinientas mil que actúan bajo esas quinientas: todas ellas tienen un mismo sentimiento de elevación proporcional de su importancia. Casi todos los miembros del partido gobernante en América ocupan, por el momento sólo en su fantasía, una posición superior no sólo a la que nunca han ocupado hasta hoy sino a la que nunca soñaron ocupar; y salvo que se les presente a ellos o sus líderes un nuevo objetivo para su ambición, morirán en la defensa de esa posición.

Leemos ahora con deleite los relatos sobre muchas pequeñas negociaciones de la Liga que, como observa el presidente Hénault, cuando tuvieron lugar no fueron probablemente consideradas noticias muy significativas. Pero él sostiene que todo hombre fantaseaba con ser una persona importante; y las innumerables memorias que nos han llegado de esa época fueron en su mayoría redactadas por individuos que disfrutaron registrando y magnificando acontecimientos de los que se enorgullecían de haber sido protagonistas principales. Es bien conocida la obstinación con que se defendió la ciudad de París entonces y la terrible hambruna que soportó antes de someterse al mejor y después al más querido de todos los reyes de Francia. El grueso de los ciudadanos, o los que gobernaban a la mayor parte de ellos, lucharon por defender su posición, que preveían perder si el antiguo gobierno era restablecido. Salvo que se induzca a nuestras colonias a consentir una unión, es muy probable que se defiendan contra la mejor de todas las metrópolis tan obstinadamente como la ciudad de París se defendió contra el mejor de los reyes.

En la antigüedad la idea de representación era desconocida. Cuando se admitía a las personas de un estado como ciudadanos de otro, no tenían otro medio de ejercer ese derecho sino era ingresando en un cuerpo para votar y deliberar junto a las personas de ese otro estado. La concesión a la mayor parte de los habitantes de Italia de los privilegios reservados a los ciudadanos romanos fue la ruina completa de la república de Roma. Dejó de ser posible distinguir entre los que eran y no eran ciudadanos romanos. Ninguna tribu podía detectar a sus propios miembros. Cualquier gentuza podía irrumpir en las asambleas del pueblo, expulsar a los verdaderos ciudadanos y decidir sobre los asuntos de la república como si ellos lo fueran. Pero aunque América enviase cincuenta o sesenta nuevos representantes al Parlamento, el portero de la Cámara de los Comunes no tendría ninguna dificultad para distinguir entre los miembros y los que no lo son. Así, aunque la constitución romana fue necesariamente arruinada por la unión de Roma con los estados aliados de Italia, no existe la más mínima probabilidad de que la constitución británica resulte dañada por una unión entre Gran Bretaña y sus colonias. Por el contrario, esa constitución sería perfeccionada por esa unión, y parece imperfecta sin ella. Para que la asamblea que delibera y decide sobre los asuntos de todas las partes del imperio sea adecuadamente informada, es evidente que debería contar con representantes de cada una de esas partes. No quiero decir que esa unión puede alcanzarse fácilmente, ni que no puedan ocurrir en su ejecución dificultades, incluso muy agudas. Pero no sé de ninguna que parezca insuperable. Las principales no surgen acaso de la naturaleza de las cosas sino de los prejuicios y opiniones de la gente a este y al otro lado del Atlántico.

Nosotros, de este lado, tememos que la multitud de representantes americanos rompa el equilibrio de la constitución e incremente exageradamente la influencia de la corona por un lado, o la fuerza de la democracia por el otro. Pero si el número de los representantes americanos está en proporción a la tributación americana, el número de personas a administrar aumentaría en exactamente la misma proporción que los medios para administrarlas, y esos medios en la misma proporción que esas personas. Las partes monárquica y democrática de la constitución quedarían después de la unión con el mismo grado de poder relativo que antes. Las gentes del otro lado del mar temen que la distancia que las separa de la sede del gobierno las exponga a muchas opresiones. Pero sus representantes parlamentarios, que desde el primer momento sería numerosos, podrían fácilmente protegerlas ante cualquier opresión. La distancia no podría atenuar mucho la dependencia entre el representante y sus electores, y aquél seguiría siendo consciente de que debe a la buena voluntad de éstos su escaño en el Parlamento, y todo lo que de allí se deriva. Sería su interés, en consecuencia, cultivar esa buena voluntad quejándose, con toda la autoridad de un miembro de la legislatura, ante cualquier ultraje que cualquier funcionario civil o militar pudiese perpetrar en esos remotos rincones del imperio. Además, los nativos de América podrán enorgullecerse ante la idea, bastante razonable, de que su distancia de la sede del gobierno puede no tener larga vida. El rápido desarrollo de ese país en riqueza, población y adelantos ha sido tal que es posible que en el curso de poco más de un siglo el producto de los impuestos americanos exceda al de los impuestos británicos. Entonces la sede del imperio naturalmente se trasladaría a aquella parte del imperio que contribuye más a la defensa general y mantenimiento del conjunto.

El descubrimiento de América y el del paso a las Indias Orientales por el cabo de Buena Esperanza son los dos acontecimientos más importantes que registra la historia de la humanidad. Sus consecuencias han sido muy profundas pero en el breve período de entre dos y tres siglos que ha transcurrido desde que esos descubrimientos fueron realizados no es posible que todas sus consecuencias hayan salido a la luz. Los beneficios o desdichas que puedan caer sobre la humanidad merced a esos magnos acontecimientos son algo que ninguna sabiduría humana es capaz de prever. Al unir en cierta medida las partes más distantes del mundo, al permitirles aliviar sus necesidades recíprocas, incrementar sus comodidades y estimular sus economías, parece que su tendencia general es beneficiosa. Pero para los nativos de las Indias Orientales y Occidentales, todos los beneficios comerciales que han derivado de esos acontecimientos se han hundido y perdido en las tremendas desgracias que han ocasionado. Estas desgracias, sin embargo, parecen haberse producido más por accidente que por nada que radique en la naturaleza misma de esos acontecimientos. En el momento en que dichos descubrimientos tuvieron lugar, la superioridad de fuerzas resultó ser tan grande en el lado de los europeos que fueron capaces de cometer impunemente en esos remotos parajes toda clase de injusticias. Es posible que de aquí en adelante los nativos de esos países se fortalezcan y los de Europa se debiliten, y los habitantes de todo el mundo arriben a ese equilibrio de fuerza y valor que, al inspirar el temor recíproco, es lo único que puede abrumar la injusticia de las naciones independientes y conducirlas a alguna clase de respeto por los derechos de las demás. Y nada puede lograr ese equilibrio de fuerzas mejor que la mutua comunicación de conocimientos y de toda clase de mejoras que naturalmente se genera mediante un intenso comercio entre todas las naciones.

Mientras tanto, uno de los efectos principales de esos descubrimientos ha sido elevar al sistema mercantil hasta un grado de esplendor y gloria que jamás habría alcanzado en otro caso. El objetivo de ese sistema es enriquecer cualquier una gran nación mediante el comercio y la industria, más que mediante la roturación y cultivo de la tierra, más mediante la actividad de las ciudades que mediante la del campo. Sin embargo, como consecuencia de esos descubrimientos, en lugar de ser las ciudades comerciales de Europa las fabricantes y transportistas de una muy reducida fracción del mundo (la parte de Europa bañada por el Océano Atlántico y los países ubicados en torno a los mares Báltico y Mediterráneo), han pasado a ser fabricantes para los numerosos y prósperos cultivadores de América, y los transportistas —y en algunos casos también fabricantes— para casi todas las naciones de Asia, África y América. Ante su actividad se han abierto dos nuevos mundos, cada uno de ellos mucho más grande y extenso que el viejo, y el mercado de uno de ellos en incesante crecimiento.

Es evidente que los países que poseen colonias en América y que comercian directamente con las Indias Orientales disfrutan la magnificencia y esplendor de este intenso comercio. Pero otros países, a pesar de todas las envidiosas restricciones con que se los procura excluir, con frecuencia recogen la mayor parte de sus beneficios reales. Las colonias de España y Portugal, por ejemplo, estimulan más la actividad de otros países que la de España y Portugal. Se dice, y no pretendo asegurar que sea cierto, que sólo en el capítulo de los tejidos de hilo el consumo de esas colonias representa más de tres millones de libras esterlinas por año. Pero este amplio consumo es casi completamente abastecido por Francia, Flandes, Holanda y Alemania. España y Portugal no suministran más que una pequeña parte. El capital que abastece a las colonias con esta gran cantidad de tejidos se distribuye anualmente entre los habitantes de esos otros países y les suministra un ingreso. En España y Portugal se gastan sólo los beneficios, que ayudan a sostener el derroche suntuoso de los mercaderes de Cádiz y Lisboa.

Las reglamentaciones mediante las que cada nación

procura asegurarse el comercio exclusivo con sus colonias son con frecuencia más dañinas para los países en cuyo favor se aplican que para aquellos que pretenden perjudicar. La injusta opresión del trabajo de otros países rebota, si se me permite la expresión, contra la cabeza de los opresores, y destroza su propia economía más que la de esos otros países. Debido a esas reglamentaciones, por ejemplo, el comerciante de Hamburgo debe remitir los tejidos de hilo que destina al mercado americano a Londres, y debe traer desde allí el tabaco que destina al mercado alemán, porque no puede ni llevar directamente a América los primeros ni traer directamente de allí el segundo. Esa restricción hace probablemente que tenga que vender los tejidos más baratos y comprar el tabaco más caro que de otro modo, y sus beneficios son por ello probablemente reducidos. Pero en el comercio entre Hamburgo y Londres él ciertamente recibe los rendimientos de su capital mucho más rápido que si comerciara directamente con América incluso aunque supusiésemos que los pagos de América son tan puntuales como los de Londres, lo que es mucho suponer. Por tanto, en el comercio al que esas reglamentaciones constriñen al comerciante de Hamburgo su capital puede mantener en constante empleo a una cantidad de actividad alemana mucho mayor que la que podría mantener en el comercio del que queda excluido. Así, aunque una inversión le resulte a él menos rentable que la otra, no puede ser menos ventajosa para su país. Lo contrario sucede con la inversión hacia la cual el monopolio naturalmente, si puedo expresarme así, atrae al capital del comerciante de Londres. Esa inversión puede quizás ser más rentable para él que la mayor parte de las otras inversiones, pero debido a la lentitud de sus rendimientos no podrá ser más ventajosa para su país.

Después de todos los injustos intentos de todos los países de Europa para encerrar en sí mismos todo el beneficio del comercio con sus colonias ningún país ha sido hasta ahora capaz de reservar para sí más que el gasto de mantener en la paz y defender en la guerra la tiránica autoridad que ejercen sobre ellas. Cada país ha acaparado en exclusiva los inconvenientes derivados de la posesión de sus colonias, pero ha sido forzado a compartir con muchos otros países las ventajas derivadas del comercio colonial.

Es evidente que a primera vista el monopolio del enorme comercio de América parece naturalmente una conquista del máximo valor. Ante los ojos miopes de la necia ambición parece un objetivo deslumbrante por el cual luchar entre la confusa arrebatiña de la política y la guerra. Pero precisamente el rutilante esplendor del objetivo, la inmensa grandeza del comercio, es lo que hace que su monopolio resulte perjudicial, lo que hace que una inversión, por naturaleza necesariamente menos ventajosa para el país que el grueso de las demás, absorba una proporción del capital del país mucho mayor de lo que sucedería en otra circunstancia.

Se ha demostrado en el segundo libro que el capital mercantil de cualquier país busca naturalmente, por así decirlo, la inversión más conveniente para ese país. Si es invertido en el comercio de tránsito el país al que pertenece se vuelve el emporio de los bienes de todos los países cuyo comercio es desarrollado por ese capital. Pero el propietario de dicho capital aspira a vender la mayor parte de esos bienes en su país. Se ahorra así la dificultad, el riesgo y el coste de la exportación y estará por ello encantado de venderlos en su país no sólo por un precio mucho menor sino a cambio de un beneficio menor que el que podría esperar conseguir si los remitiese al extranjero. Por eso procura naturalmente reorientar su comercio de tránsito hacia un comercio exterior de consumo. Si su capital está invertido en un comercio exterior de consumo, estará por la misma razón feliz de vender en su país la mayor parte de los bienes que recoge para exportar a mercados extranjeros, y por ello procurará cambiar su comercio exterior de consumo en comercio interior. El capital mercantil de cualquier país prefiere así la inversión cercana y se aparta de la inversión lejana, prefiere la inversión donde los rendimientos son frecuentes a aquella donde son distantes y lentos, prefiere la inversión en donde puede mantener una cantidad mayor de trabajo productivo del país al que pertenece, o donde reside el propietario, y se aparta de aquella donde puede mantener una cantidad menor. Prefiere naturalmente la inversión que en circunstancias normales es más ventajosa para el país, y se aparta de la que en condiciones normales es la menos ventajosa.

Pero si en cualquiera de esas inversiones distantes, que en una situación normal son menos convenientes para el país, el beneficio aumenta lo suficiente como para compensar la preferencia natural hacia inversiones más cercanas, esta superioridad en el beneficio desviará capital de estos empleos cercanos hasta que todos los beneficios recuperen el equilibrio adecuado. Pero esa superioridad en el beneficio es una prueba de que en tales condiciones sociales esas inversiones distantes tienen relativamente poco capital en proporción a las otras, y de que el capital de la sociedad no está distribuido entre las diversas inversiones de la forma más adecuada. Es una prueba de que algo está siendo o bien comprado más barato o bien vendido más caro de lo que debería, y que una clase particular de ciudadanos está más o menos oprimida, sea porque paga más o porque obtiene menos de lo que correspondería al equilibrio que debe existir y que naturalmente existe entre todas las clases. Aunque un mismo capital nunca empleará la misma cantidad de trabajo productivo en una inversión distante que en una cercana, sin embargo una inversión distante puede ser tan necesaria para el bienestar de la sociedad como una cercana; puesto que probablemente los bienes negociados en la inversión distante sean necesarios para el desarrollo de muchas de las inversiones más cercanas. Pero si el beneficio de los que negocian con dichos bienes supera su nivel adecuado, esos bienes serán vendidos más caros de lo que deberían, o por más de su precio natural, y todos aquellos ocupados en las inversiones más cercanas se verán más o menos oprimidos por ese precio elevado. Su interés, entonces, requerirá en este caso que algún capital sea retirado de las inversiones cercanas y destinado a las lejanas, para reducir sus beneficios al nivel adecuado, y el precio de los bienes negociados a su nivel natural. En este caso extraordinario, el interés público requiere que algún capital sea retirado de las inversiones que en circunstancias normales son más ventajosas y dirigido hacia las que en circunstancias normales son menos ventajosas para el público; y en este caso extraordinario los intereses e inclinaciones naturales de los hombres coinciden con el interés público tan exactamente como en todos los demás casos ordinarios, y los conducen a retirar capital del empleo cercano y desviarlo hacia el empleo distante. Así sucede que los intereses y las pasiones de los individuos naturalmente los disponen a orientar su capital hacia las inversiones que en circunstancias ordinarias resultan más ventajosas para la sociedad. Pero si por esta preferencia natural desvían demasiado hacia esas inversiones, la caída del beneficio en ellas y el aumento en otras inmediatamente los disponen a corregir esa distribución defectuosa. En consecuencia, y sin ninguna intervención de la ley, los intereses y pasiones privados de los hombres naturalmente los inducen a dividir y distribuir el capital de cualquier sociedad entre sus diversas inversiones de la forma más ajustada posible a la proporción que resulta más adecuada al interés de la sociedad en su conjunto.

Todas las reglamentaciones del sistema mercantil necesariamente distorsionan en mayor o menor medida esta natural y más conveniente asignación del capital. Pero las relativas al comercio con América y las Indias Orientales acaso la perturban más que ninguna otra, porque el comercio con esos dos vastos continentes absorbe una cantidad de capital mayor que otras dos ramas cualesquiera del comercio. Ahora bien, las reglamentaciones que ocasionan esa perturbación en dichas ramas del comercio no son iguales. El gran motor de ambas es el monopolio, aunque no el mismo tipo de monopolio. En cualquier caso, es evidente que el monopolio es el único motor del sistema mercantil.

En el comercio con América cada nación procura acaparar lo más posible todo el mercado de sus colonias mediante la exclusión de todas las demás naciones del comercio directo con ellas. Durante buena parte del siglo XVI los portugueses intentaron manejar el comercio con las Indias Orientales de esa forma, reivindicando el derecho exclusivo de navegar por los mares de la India sobre la base de haber sido los primeros en descubrir el paso hacia ellos. Los holandeses aún excluyen a todas las otras naciones europeas del comercio directo con sus islas de las especias. Los monopolios de esta suerte son evidentemente impuestos contra todas las demás naciones europeas, que resultan así no sólo excluidas de un comercio hacia el que les convendría asignar una parte de su capital, sino también obligadas a comprar los bienes implicados en ese comercio a un precio algo mayor que el que pagarían si pudiesen importarlos directamente de los países que los producen.

Pero después de la decadencia del poderío de Portugal ninguna nación europea ha reclamado el derecho exclusivo a navegar por los mares de la India, cuyos puertos principales están hoy abiertos a los barcos de todas las naciones europeas. Sin embargo, salvo en Portugal, y desde hace algunos años en Francia, el comercio con las Indias Orientales ha estado en todos los países de Europa en manos de una compañía exclusiva. Los monopolios de este tipo son verdaderamente establecidos contra la misma nación que los impone. La mayor parte de esa nación queda excluida de un comercio al que le convendría asignar una parte de su capital, y obligada a comprar los bienes que dicho comercio negocia a un precio superior al que podría comprar si estuviese abierto y libre a todos los ciudadanos. Desde el establecimiento de la Compañía Inglesa de las Indias Orientales, por ejemplo, los habitantes de Inglaterra no sólo han quedado apartados de ese comercio sino que debieron pagar en el precio de los bienes de la compañía que consumían no sólo los beneficios extraordinarios que la empresa cosechaba como consecuencia de su monopolio, sino todo el derroche extraordinario que el fraude y el abuso, inseparables del manejo de los negocios de una compañía tan grande, debieron necesariamente ocasionar. El absurdo de este segundo tipo de monopolio es, por lo tanto, todavía más manifiesto que el del primero.

Ambas clases de monopolio distorsionan más o menos la asignación natural del capital de la sociedad, pero no siempre lo hacen de la misma manera.

Los monopolios del primer tipo siempre atraen hacia la actividad concreta sobre la que se establecen una proporción del capital de la sociedad mayor de la que se dirigiría hacia ella espontáneamente.

Los monopolios del segundo tipo pueden a veces atraer capital hacia la actividad sobre la que se imponen, y según las circunstancias pueden a veces repelerlo. En los países pobres naturalmente atraen hacia esa actividad más capital del que se habría dirigido hacia allí en otro caso. En los países ricos naturalmente repelen de la misma una buena parte del capital que habría sido asignado a ella en otra circunstancia.

Es probable que países pobres como Suecia y Dinamarca, por ejemplo, nunca hubiesen podido fletar un solo barco hacia las Indias Orientales si el comercio no hubiese sido reservado a una compañía exclusiva. El establecimiento de una compañía de esa clase necesariamente anima a los empresarios. El monopolio los asegura contra todos los competidores en el mercado nacional, y tienen en los mercados extranjeros las mismas posibilidades que los comerciantes de otras naciones. El monopolio les otorga la certeza de un gran beneficio sobre una cantidad considerable de bienes y la posibilidad de un beneficio amplio sobre una cantidad apreciable de ellos. Sin este incentivo extraordinario los comerciantes de esos países tan pobres probablemente nunca pensarían siquiera en arriesgar sus minúsculos capitales en una empresa tan distante y tan incierta como les resultaría naturalmente el comercio con las Indias Orientales.

Un país tan rico como Holanda, por el contrario, probablemente enviaría a las Indias Orientales si el comercio fuese libre tantos barcos como envía ahora. El capital limitado de la Compañía Holandesa de las Indias Orientales probablemente repele de ese comercio a muchos grandes capitales que entrarían en él en otro caso. El capital mercantil de Holanda es tan copioso que está, por así decirlo, rebosando sin cesar, a veces hacia la deuda pública de países extranjeros, a veces hacia préstamos a comerciantes y empresarios privados del exterior, a veces hacia el comercio exterior de consumo más indirecto, y a veces hacia el comercio de tránsito. Al estar todas las inversiones cercanas totalmente cubiertas, e invertido en ellas todo el capital que puede serlo con un beneficio razonable, el capital de Holanda necesariamente fluye hacia los empleos más apartados. El comercio con las Indias Orientales, si fuese absolutamente libre, probablemente absorbería la mayor parte de este capital redundante. Las Indias Orientales ofrecen a las manufacturas de Europa y para el oro y la plata y numerosas otras producciones de América un mercado mucho mayor y más amplio que el de Europa y América juntas.

Toda perturbación en la asignación natural del capital es necesariamente perjudicial para la sociedad en donde tiene lugar, sea que repela de una actividad particular al capital que de otro modo se invertiría en ella, sea que atraiga hacia un negocio concreto al capital que de otro modo no acudiría al mismo. Si en ausencia de una compañía monopólica el comercio de Holanda con las Indias Orientales sería mayor del que es, ese país debe sufrir una pérdida considerable al quedar parte de su capital excluido de su empleo más conveniente. De la misma manera, si en ausencia de una compañía exclusiva el comercio de Suecia y Dinamarca con las Indias Orientales sería menor del que es, o lo que resulta más verosímil: no existiría en absoluto, esos dos países deben análogamente sufrir una pérdida considerable al resultar una parte de su capital desviada hacia una inversión que debe ser en cierto grado inadecuada en sus actuales circunstancias. Es posible que hoy les convenga comprar los bienes de otras naciones a la Compañía Inglesa de las Indias Orientales, aunque deban pagar algo más por ellas, y no desviar una gran parte de su pequeño capital a un comercio tan distante, cuyos rendimientos son tan lentos, donde el capital puede mantener una cantidad tan pequeña de trabajo productivo del país —un país donde hay tanta falta de trabajo productivo, donde se hace tan poco y hay tanto por hacer.

En consecuencia, y aunque un país no pueda entablar

un comercio directo con las Indias Orientales sin una compañía exclusiva, no se deriva de ello la necesidad de fundar allí una compañía semejante, sino solamente que ese país no debería en tales circunstancias comerciar directamente con las Indias Orientales. El que esas compañías en general no son indispensables para el comercio con las Indias Orientales queda bien demostrado por la experiencia de los portugueses, que lo disfrutaron casi en su totalidad durante más de un siglo sin compañía monopólica alguna.

Se ha alegado que ningún comerciante privado podrá tener el capital suficiente para mantener a comisionistas y a agentes en los distintos puertos de las Indias Orientales, que puedan proporcionar bienes a los barcos que ocasionalmente envíe allí; y al no poder hacerlo, la dificultad de encontrar un cargamento podrá ocasionar a menudo que esos barcos pierdan la estación del año propicia para el regreso, y el gasto de una demora tan prolongada no sólo liquidaría todo el beneficio de la empresa sino que con frecuencia dará lugar a una pérdida muy considerable. Pero este argumento, si es que prueba algo, prueba que ninguna rama del comercio puede ser desarrollada sin una compañía exclusiva, lo que es contrario a la experiencia de todas las naciones. No existe ninguna gran rama del comercio en donde el capital de un sólo negociante privado sea suficiente para poner en marcha a todas las ramas subordinadas que deben ser desarrolladas para que la principal lo haga. Pero cuando una nación está preparada para cualquier gran rama del comercio, algunos empresarios naturalmente dirigirán sus capitales hacia la rama principal y otros hacia las subordinadas; y aunque de esta forma se desarrollarían todas las ramas al tiempo, rara vez sucederá que todas serán puestas en marcha por el capital de un solo empresario privado. En consecuencia, si una nación está madura para el comercio con las Indias

Orientales, una determinada porción de su capital se dividirá naturalmente entre las diversas ramas de esa actividad. Algunos comerciantes comprobarán que les conviene residir en las Indias Orientales e invertir allí sus capitales para suministrar bienes a los barcos fletados por otros comerciantes que residen en Europa. Si los asentamientos que las naciones europeas han establecido en las Indias Orientales fuesen retirados de las compañías monopólicas a las que pertenecen hoy y colocados bajo la inmediata protección de la corona, ello volvería a la residencia allí segura y sencilla, al menos para los comerciantes de las naciones a las que esos asentamientos pertenecen. Si en un momento dado esa parte del capital que en cualquier país espontáneamente tendería y se inclinaría, si se me permite la expresión, hacia el comercio con las Indias Orientales, no fuese suficiente para poner en movimiento a todas las ramas del mismo, ello demostraría que en ese momento el país no está maduro para ese comercio, y que le convendría durante algún tiempo comprar los bienes de las Indias Orientales que necesita a otras naciones europeas, aunque sea a un precio más elevado, antes que importarlos directamente de las Indias Orientales. Lo que perdería por el elevado precio de esos bienes casi nunca será igual a la pérdida que experimentaría por el desvío de una amplia fracción de su capital de otras inversiones más necesarias o más útiles o más ajustadas a sus circunstancias y su situación que el comercio directo con las Indias Orientales.

Aunque los europeos poseen muchos asentamientos importantes en la costa de África y en las Indias Orientales, todavía no han establecido en esos países unas colonias tan numerosas y prósperas como las de las islas y el continente americano. África y varios de los países que caen bajo la denominación genérica de Indias Orientales están habitados por naciones bárbaras. Pero esas naciones en absoluto eran tan débiles e indefensas como las miserables y desvalidas naciones americanas; y en proporción a la fertilidad natural de los países donde vivían eran además mucho más populosas. Las naciones más bárbaras de África o las Indias Orientales eran pastores; hasta los hotentotes lo eran. Pero los nativos de toda América, salvo en México y Perú, eran meros cazadores; y la diferencia entre el número de pastores y el número de cazadores que una misma extensión de suelo igualmente fértil puede mantener es muy grande. En África y las Indias Orientales, así, resultó más difícil desplazar a los nativos y extender las plantaciones europeas sobre buena parte de las tierras de los pobladores originales. Ya ha sido apuntado, además, que el espíritu de las compañías exclusivas no es favorable al desarrollo de las nuevas colonias y ha sido probablemente la causa principal del escaso progreso que han registrado en las Indias Orientales. Los portugueses llevaron adelante el comercio con África y las Indias Orientales sin ninguna compañía monopólica, y sus asentamientos en el Congo, Angola y Benguela, en la costa de África, y en Goa en las Indias Orientales, aunque deprimidos por la superstición y todo tipo de malos gobiernos, guardan algún parecido con las colonias de América y están parcialmente poblados por portugueses, que se han establecido allí durante varias generaciones. Los asentamientos holandeses en el cabo de Buena Esperanza y Batavia son actualmente las colonias más importantes creadas por los europeos en África o las Indias Orientales y ambos asentamientos gozan de una situación particularmente afortunada. El cabo de Buena Esperanza estaba habitado por una raza de personas casi tan bárbaras e incapaces de defenderse como los nativos de América. Es además la casa de medio camino, por así decirlo, entre Europa y las Indias Orientales, donde recalan casi todos los barcos europeos tanto a la ida como a la vuelta. Sólo el suministrar a esos barcos provisiones frescas, frutas y a veces vino proporciona un amplio mercado para la producción excedente de los colonos. Lo que el cabo de Buena Esperanza es entre Europa y las Indias Orientales, Batavia es entre los principales países de las Indias Orientales. Se ubica en la vía más frecuentada entre el Indostán y China y Japón, aproximadamente a mitad de camino. Casi todos los barcos que navegan entre Europa y China entran en Batavia; y es además el centro y emporio principal de lo que se denomina comercio local de las Indias Orientales, no sólo de la parte del mismo que es realizada por europeos sino de la que llevan a cabo los indios nativos; y es frecuente ver en su puerto a barcos tripulados por habitantes de China y Japón, de Tonquín, Malaca, Cochinchina y la isla de Célebes. Su localización tan ventajosa ha permitido a ambas colonias superar todos los obstáculos que la naturaleza opresiva de una compañía exclusiva colocó frente a su crecimiento; ha permitido a Batavia superar la desventaja adicional de contar con lo que acaso sea el peor clima del mundo.

Aunque las compañías inglesa y holandesa no han fundado colonias importantes, excepto las dos mencionadas, sí realizaron grandes conquistas en las Indias Orientales. Y el espíritu natural de las compañías monopólicas se ha revelado nítidamente en la forma en que han gobernado a sus súbditos. Se dice que en las islas holandesas de las especias queman todos aquellos frutos que una estación fértil produce por encima de lo que ellas estiman poder vender en Europa con un beneficio suficiente. En las islas donde carecen de asentamientos ofrecen primas para que se arranquen las flores y hojas verdes de los árboles del clavo y la nuez moscada, que crecen allí naturalmente pero que con esta salvaje política se dice que casi han sido totalmente extirpados. Parece que esos árboles se han reducido mucho incluso en las islas donde poseen asentamientos. Ellas sospechan que si la producción de sus islas fuese mucho mayor que lo que su mercado demanda, los nativos encontraría la forma de desviar parte de la misma a otras naciones; y piensan que la mejor forma de asegurar su monopolio es vigilar que no se produzca nada más que lo que ellas solas son capaces de llevar al mercado. Con diversas muestras de opresión han reducido la población de varias de las Molucas prácticamente al número suficiente para proporcionar provisiones frescas y otros artículos necesarios para sus insignificantes guarniciones y para sus barcos que llegan allí a cargar especias. Se dice, sin embargo, que cuando estaban gobernadas por los portugueses esas islas se hallaban razonablemente bien pobladas. La compañía inglesa todavía no ha tenido tiempo como para establecer en Bengala un sistema tan perfectamente destructivo, pero su plan de gobierno presenta exactamente la misma tendencia. Me han asegurado que no es extraño que un jefe, es decir, el funcionario principal de una delegación, ordene a un campesino meter el arado en un rico campo de adormideras y sembrar allí arroz o algún otro grano. La excusa es prevenir una escasez de alimentos, pero la razón real es dar al jefe la oportunidad de vender a mejor precio una gran cantidad de opio que tiene disponible en ese momento. En otros casos la orden es la opuesta, y se ara un rico campo de arroz o cereales para plantarlo con adormideras: esto sucede cuando el jefe prevé que el opio probablemente producirá un beneficio extraordinario. Los funcionarios de la compañía han intentado en varias ocasiones imponer en su favor el monopolio de las ramas más importantes no sólo del comercio exterior sino también del comercio interior del país. Si lo hubiesen conseguido, inevitablemente habrían en algún momento procurado restringir la producción de los artículos sobre los que usurparon el monopolio no sólo hasta la cantidad que ellos mismos podrían comprar sino hasta la que esperasen vender a un beneficio que juzgasen suficiente. En el transcurso de un siglo o dos, la política de la compañía inglesa habría resultado probablemente tan completamente devastadora como la de la holandesa.

En realidad, nada es más directamente contrario a los intereses verdaderos de esas compañías, consideradas como soberanas de los países que han conquistado, que dicho plan destructivo. En casi todos los países el ingreso del soberano proviene del ingreso del pueblo. Cuando mayor sea el ingreso del pueblo, entonces, cuanto mayor sea el producto anual de su tierra y su trabajo, más podrán entregar al soberano. El interés de éste, en consecuencia, es incrementar ese producto anual lo más posible. Pero si tal es el interés del soberano, lo es todavía más si el soberano obtiene su ingreso fundamentalmente de la renta de la tierra, como el soberano de Bengala. Dicha renta estará necesariamente en proporción a la cantidad y valor de la producción, y tanto la una como el otro dependerán de la extensión del mercado. La cantidad se ajustará siempre más o menos exactamente al consumo de aquellos que puedan pagarla, y el precio que pagarán estará siempre en proporción a la intensidad de su competencia. De ahí que el interés de un soberano en tales condiciones es abrir el mercado más amplio para la producción de su país, permitir la más perfecta libertad de comercio, para poder incrementar en todo lo posible el número y la competencia de los compradores; y por eso mismo abolir no sólo todos los monopolios sino todas las restricciones sobre el transporte de la producción local de un sitio a otro, sobre su exportación a países extranjeros, o sobre la importación de bienes de cualquier tipo por los que pueda ser intercambiada. De esta forma es muy probable que incremente tanto la cantidad como el valor de la producción y consiguientemente su cuota de la misma, o su ingreso.

Sin embargo, parece que unos comerciantes agrupados en una compañía son incapaces de considerarse soberanos, ni siquiera después de haberse transformado en tales. Siguen creyendo que su actividad principal es el comercio, o comprar para vender, y de forma absurdamente incomprensible conciben que el carácter de soberano es un mero apéndice al de comerciante, que debe subordinarse a éste, que es un medio que les permite comprar más barato en la India y conseguir así un beneficio más suculento en Europa. Procuran con este objetivo marginar en todo lo posible a los competidores del mercado de los países sometidos a su gobierno, y reducir así al menos una parte de la producción excedente de esos países a lo que es apenas suficiente para abastecer su propia demanda, o lo que esperan vender en Europa con un beneficio que estiman razonable. Sus hábitos mercantiles los arrastran de esta manera, casi inevitable aunque quizás imperceptiblemente, a preferir en casi cualquier circunstancia el beneficio pequeño y transitorio del monopolista al ingreso copioso y permanente del soberano, y los inducirán gradualmente a tratar a los países súbditos de su gobierno como los holandeses tratan a las Molucas. El interés de la Compañía Inglesa de las Indias Orientales, considerada como soberana, es que los bienes europeos llevados a sus dominios en la India sean vendidos allí lo más barato posible, y que los bienes de la India consigan el precio más elevado posible. Su interés como empresa es exactamente el contrario. Como soberana, su interés es precisamente el mismo que el del país que gobierna. Como empresa, su interés es directamente el opuesto de ese interés.

Pero si la índole de un gobierno de ese tipo, incluso en lo que se refiere a su dirección en Europa, resulta de esta forma esencial y acaso incurablemente defectuosa, la de su administración en la India lo es todavía más. Dicha administración se compone necesariamente de un consejo de comerciantes, una profesión sin duda muy respetable pero que en ninguna parte del mundo lleva consigo ese tipo de autoridad que se impone naturalmente a los ciudadanos y que sin necesidad de fuerza reclama su voluntaria obediencia. Un consejo de esa clase sólo puede reclamar obediencia mediante la fuerza militar que lo acompaña y por eso su gobierno es necesariamente militar y despótico. Su actividad más adecuada es el comercio: deben vender, por cuenta de sus patronos, los bienes europeos que tienen en consignación y comprar a cambio de ellos bienes de la India para el mercado europeo; deben vender los primeros al mayor precio y comprar los segundos al menor precio posible, y por eso excluyen en todo lo que pueden a los posibles competidores de los mercados donde tienen abiertas sus tiendas. El espíritu de la administración, por lo tanto, en lo que se refiere al comercio de la compañía, es el mismo que el de su dirección. Tiende a subordinar al gobierno a los intereses del monopolio y consiguientemente a atrofiar el crecimiento natural al menos de algunas partes del producto excedente del país y reducirlo a lo que apenas es suficiente para hacer frente a las demandas de la compañía.

Todos los miembros de la administración, además, comercian en cierto grado por su cuenta, y es inútil prohibirles que lo hagan. Nada puede ser tan completamente disparatado como el pretender que los funcionarios de una grandes oficinas situados a diez mil millas de distancia, y por tanto casi completamente fuera de su vigilancia, ante una simple orden de sus patronos dejen inmediatamente de realizar cualquier negocio por su cuenta, abandonen para siempre toda esperanza de acumular una fortuna cuando tienen a mano los medios para lograrlo, y se contenten con los moderados salarios que les pagan sus patronos y que, aunque son moderados, rara vez pueden aumentar porque normalmente son tan altos como lo permiten los beneficios reales de la compañía. En tales circunstancias, el prohibir a los trabajadores de la empresa el comerciar por su cuenta no puede tener otro efecto que el autorizar a los empleados de mayor categoría para que, con el pretexto de cumplir las órdenes de la dirección, opriman a aquellos de las categorías inferiores que hayan tenido la desgracia de incurrir en su desagrado. Los empleados tratan naturalmente de establecer en favor de su comercio particular el mismo monopolio que tiene la compañía en el comercio general. Dejados a su libre albedrío, impondrían este monopolio de forma abierta y directa, y prohibirían claramente a los demás que comerciaran en los artículos que ellos eligiesen; y quizás esta sea la forma mejor y menos opresiva de imponerlo. Pero si por una orden desde Europa se les prohíbe hacerlo, procurarán de todas maneras establecer el mismo monopolio secreta e indirectamente, con resultados mucho más destructivos para el país. Emplearán toda la autoridad del gobierno y pervertirán la administración de la justicia para acosar y arruinar a los se les interpongan en cualquier rama del comercio en la que ellos decidan estar mediante agentes ocultos o al menos no públicamente declarados como tales. Pero el comercio privado de los empleados se extenderá naturalmente a una variedad de artículos mucho mayor que el comercio público de la compañía. Éste último no se extiende más allá del comercio con Europa y comprende sólo una parte del comercio exterior del país. Pero el comercio privado de los empleados se puede extender a todas las ramas de su comercio interior y exterior. El monopolio de la compañía sólo puede coartar el desarrollo natural de la parte del producto excedente que, si hubiese libre comercio, sería exportada a Europa. El monopolio de los empleados tiende a atrofiar el desarrollo natural de todas las partes de la producción en donde decidan comerciar, la destinada al consumo interno y la destinada a la exportación; con lo que degrada el cultivo en todo el país y reduce el número de sus habitantes. Tiende a disminuir la cantidad producida de todas las cosas, incluso de las necesarias para la vida si los funcionarios de la compañía deciden comerciar con ellas, hasta lo que esos funcionarios sean capaces de comprar y estimen vender con un precio que juzguen satisfactorio.

Asimismo, por la naturaleza de su situación los empleados estarán más propensos que sus patronos a apoyar con rigurosa severidad sus intereses frente a los del país que gobiernan. El país pertenece a sus patronos, que inevitablemente brindarán alguna consideración al interés de lo que poseen. Pero no pertenece a los empleados. El interés real de sus patronos, si fueran capaces de percibirlo, coincide con el del país, y si lo oprimen es fundamentalmente por ignorancia y por la mezquindad de los prejuicios mercantiles. Pero el interés real de los empleados no es en absoluto el mismo que el del país, y la información más completa no pondrá necesariamente fin a su opresión. Las reglamentaciones que han sido dictadas en Europa, aunque poco eficaces, han sido en general bienintencionadas. Las dictadas por los funcionarios en la India han mostrado a veces más inteligencia y peores intenciones. Un gobierno en el que cada miembro de la administración aspira a dejar el país, y consiguientemente a acabar con el gobierno tan pronto como pueda, y cuyos intereses le resultarán el día en que lo abandone y se lleve consigo toda su fortuna perfectamente indiferentes aunque todo el país resulte devorado por un terremoto, es decididamente un gobierno muy singular.

No pretendo con todo lo que he dicho hasta aquí arrojar ninguna imputación odiosa sobre el carácter general de los funcionarios de la Compañía de las Indias Orientales, y mucho menos sobre ninguna persona en concreto. Pretendo censurar el sistema de gobierno, la situación en que se encuentra y no las personas que allí actúan. Ellas actuaron según las direcciones naturales de su situación, y aquellos que más airadamente han protestado en su contra no habrían actuado mejor. En la guerra y en la política, los consejos de Madras y Calcuta se han comportado en varias ocasiones con una resolución y sabiduría de decisión que habrían honrado al senado de Roma en los mejores días de esa república. Los integrantes de esos consejos fueron educados para profesiones muy distintas de la guerra y la política. Pero sólo a partir de su situación, sin educación, experiencia ni ejemplos, parece que han surgido en ellos de pronto capacidades y virtudes que ni ellos mismos soñaban poseer. Si en algunas ocasiones, entonces, han sido animados a actuar magnánimamente, algo que no podía esperarse de ellos, no deberíamos asombrarnos si en otras ocasiones resultaron empujados hacia hazañas de distinta naturaleza.

Por lo tanto, esas compañías monopólicas son nocivas desde todo punto de vista, son en cierta medida siempre inconvenientes para los países que las establecen y devastadoras para los que tienen la desgracia de caer bajo su férula.

VIII

Aunque el estímulo a las exportaciones y el desaliento a las importaciones son los dos grandes motores mediante los cuales el sistema mercantil asegura que puede enriquecer a cualquier país, en algunas mercancías parece seguir una estrategia opuesta: desanimar su exportación y estimular su importación. Pretende sin embargo que su objetivo en última instancia es el mismo: enriquecer al país mediante una balanza comercial favorable. Desalienta la exportación de materias primas para la industria y de instrumentos de trabajo para conceder a nuestros artesanos una ventaja y permitirles vender en los mercados extranjeros más barato que los de otras naciones; al restringir la exportación de algunas mercancías, cuyo precio no es muy elevado, aspira a ocasionar una exportación mucho mayor y más valiosa de otras mercancías. Estimula la importación de materiales para la industria para que nuestro pueblo los pueda elaborar más baratos e impide así una importación mayor y más valiosa de productos manufacturados. No he visto, al menos en nuestros registros legales, ningún estímulo a la importación de herramientas. Una vez que la industria se desarrolla hasta un determinado nivel, la fabricación de herramientas se vuelve por sí misma el objeto de una gran cantidad de manufacturas muy importantes. El brindar un incentivo especial a la importación de esas herramientas interferiría demasiado con el interés de esas manufacturas y, por lo tanto, en lugar de ser estimulada, dicha importación ha sido a menudo prohibida. ...

Nuestros empresarios laneros han tenido más éxito que nadie en persuadir a los legisladores de que la prosperidad de la nación dependía de la rentabilidad y extensión de su negocio particular. No sólo obtuvieron un monopolio contra los consumidores gracias a la prohibición absoluta de importar tejidos de lana de cualquier país extranjero, sino que además consiguieron otro monopolio contra los granjeros ovejeros y laneros gracias a una prohibición similar de exportar ovejas y lana. La severidad de muchas de las leyes que han sido promulgadas para asegurar los ingresos públicos ha sido justamente condenada porque impone duras penas sobre acciones que con anterioridad a los estatutos que las declaraban delitos habían sido desde siempre consideradas inocentes.

Pues bien, me atrevo a afirmar que nuestras leyes tributarias más crueles son suaves y gentiles en comparación con las que el clamor de nuestros comerciantes y fabricantes ha arrancado a los legisladores en defensa de sus propios monopolios absurdos y opresivos. Igual que las leyes de Dracón, puede decirse que todas estas leyes están escritas con sangre.

...En lo relativo a la exportación de herramientas o instrumentos de los oficios propiamente dichos, lo normal es que esté restringida no mediante elevados aranceles sino a través de prohibiciones absolutas. ...Y cuando se aplican castigos tan elevados ante la exportación de instrumentos de trabajo muertos, no puede esperarse que el instrumento vivo, es decir, el artesano, sea dejado en libertad. De ahí que por estatuto 5 de Jorge I, cap. 27, si alguien fuese culpable de incitar a algún artesano de cualquiera de las manufacturas de Gran Bretaña a emigrar al extranjero a practicar o a enseñar su oficio, debe por la primera ofensa pagar una multa no superior a cien libras y cumplir tres meses de prisión o más, hasta que pague la multa; y por la segunda ofensa debe pagar una multa a la discreción del tribunal y cumplir en prisión doce meses o más, hasta pagar la multa. ...Si era probado que una persona había conseguido atraer a un artesano, o que cualquier artesano se había comprometido a emigrar al extranjero con los objetivos mencionados, ese artesano debía dar una garantía de que no marcharía allende los mares, y podía ser encarcelado hasta que la presentase.

Si un artesano parte hacia ultramar y ejerce o enseña su oficio en algún país extranjero, tras ser requerido por algún ministro o cónsul de Su Majestad en el exterior, o por cualquiera de los secretarios de Estado de Su Majestad, no regresa en seis meses al reino y se domicilia y reside continuadamente en el mismo, será declarado incapaz de recibir herencia alguna en este reino, o de ser representante o administrador de persona alguna, o de poseer en el reino tierra alguna por sucesión, donación o compra. Se le embargarán asimismo todas sus tierras y bienes muebles e inmuebles, será declarado extranjero con todas sus consecuencias y perderá la protección del rey.

Supongo que no es necesario subrayar hasta qué punto estas reglamentaciones son contrarias a la tan pregonada libertad individual, de la que tan celosos guardianes simulamos ser, y que en este caso es manifiestamente sacrificada ante los fútiles intereses de nuestros comerciantes e industriales.

La encomiable razón de todas estas regulaciones es extender nuestras propias manufacturas, pero no por su prosperidad sino por la depresión de las de todos nuestros vecinos, y mediante la liquidación, en todo lo que sea posible, de la incómoda competencia de esos rivales tan odiosos y desagradables. Nuestros patronos industriales piensan que es razonable que ellos mismos tengan el monopolio del ingenio de todos sus compatriotas, aunque al restringir en algunos oficios el número de aprendices que pueden ser empleados en cualquier momento dado, y al imponer el requisito de un extenso aprendizaje en todos los oficios, intentan limitar el conocimiento de los diversos oficios al mínimo número posible de personas, y se oponen a que ninguna de ellas se marche a instruir a extranjeros.

El consumo es el único fin y objetivo de toda producción, y el interés del productor merece ser atendido sólo en la medida en que sea necesario para promover el del consumidor. Este aforismo es tan evidente que sería absurdo molestarse en demostrarlo. Sin embargo, en el sistema mercantil el interés del consumidor es casi constantemente sacrificado frente al del productor, porque parece considerarse que la finalidad y propósito últimos de cualquier actividad y comercio es la producción y no el consumo.

En las restricciones sobre las importaciones de todas las mercancías extranjeras que pueden competir con nuestros cultivos o manufacturas es evidente que el interés del consumidor local se sacrifica ante el del productor. Es sólo para beneficiar a éste que aquél es obligado a pagar el sobreprecio a que dicho monopolio da lugar virtualmente siempre.

Las subvenciones a la exportación de algunos productos se conceden sólo para beneficiar al productor. El consumidor es forzado a pagar, primero, el impuesto necesario para sufragar el subsidio, y segundo, el gravamen todavía mayor que deriva necesariamente del aumento del precio de la mercancía en el mercado nacional.

Mediante el célebre tratado comercial con Portugal, se impide al consumidor a través de altos aranceles el comprar en un país vecino una mercancía que su propio clima no permite producir, y se lo obliga a adquirirla en un país más lejano, aunque se sabe que la mercancía del país lejano es de peor calidad que la del país más próximo. El consumidor nacional es forzado a someterse a este inconveniente para que el productor pueda exportar al país distante algunos de sus productos en términos más ventajosos que los que conseguiría en otro caso. Asimismo, el consumidor debe pagar cualquier incremento en el precio de esos productos que dicha exportación forzada suscite en el mercado local.

En el sistema de leyes que ha sido establecido para el gobierno de nuestras colonias americanas y de las Indias Occidentales el interés del consumidor ha sido sacrificado al del productor con una prodigalidad aún más extravagante que en todas nuestras otras reglamentaciones mercantiles. Se ha fundado un vasto imperio con el único propósito de crear una nación de clientes compelidos a comprar en las tiendas de nuestros distintos productores todos los bienes que puedan suministrarles. Para conseguir el pequeño incremento en el precio que este monopolio pueda asegurar a nuestros productores, los consumidores han sido gravados con todo el gasto de mantener y defender dicho imperio. Con este fin, y sólo con este fin, en las dos últimas guerras se han gastado más de doscientos millones de libras y se ha contraído una deuda nueva superior a los ciento setenta millones, por encima de lo que ya se había gastado en guerras anteriores con idéntico propósito. Sólo el interés de esta deuda resulta no simplemente mayor que el conjunto de los beneficios extraordinarios que podría pretenderse derivaron del monopolio del comercio colonial, sino también mayor al valor total de dicho comercio o el valor total de los bienes que como media han sido exportados anualmente a las colonias.

No es muy difícil señalar a quienes maquinaron todo este sistema mercantil. No fueron desde luego los consumidores, cuyos intereses han sido completamente olvidados. Fueron los productores, cuyos intereses siempre han sido cuidadosamente atendidos, y entre ellos los arquitectos principales fueron con diferencia los comerciantes y los industriales. ...

IX

Los sistemas agrícolas de economía política no exigirán una explicación tan amplia como la que he juzgado necesario dedicar al sistema mercantil o comercial.

El sistema que presenta al producto de la tierra como la única fuente de ingreso y riqueza para cualquier país no ha sido adoptado que yo sepa por nación alguna, y en la actualidad sólo reside en las especulaciones de un puñado de hombres en Francia, muy eruditos e inteligentes. Está claro que no vale la pena examinar con prolijo detalle los errores de un sistema no ha hecho ni probablemente hará nunca daño en ninguna parte del mundo. Trataré sin embargo de exponer de la forma más clara que pueda las líneas generales de este ingeniosísimo sistema.

El Sr. Colbert, ministro de Luis XIV, fue un hombre honrado, muy trabajador y minuciosamente informado, de gran experiencia y agudeza en el examen de las cuentas públicas, y en suma con capacidades en todo sentido adecuadas para implantar método y orden en la recaudación y gasto de los ingresos públicos. Por desgracia, este ministro abrazó todos los prejuicios del sistema mercantil, por naturaleza y esencia un sistema de restricción y regulación, y que por ello tenía que resultar atractivo para un hombre laborioso y emprendedor, acostumbrado a manejar los distintos departamentos de la administración pública y a establecer los controles y comprobaciones necesarios para situar a cada uno en su correspondiente esfera. Intentó regular la industria y el comercio de un gran país según el mismo modelo de las secciones de una oficina pública; y en vez de permitir que cada persona persiguiera su propio interés a su manera —según la norma liberal de igualdad, libertad y justicia— otorgó a determinadas ramas de la actividad unos privilegios extraordinarios y sometió a otras a notables restricciones. No sólo estaba dispuesto, como otros ministros europeos, a estimular más la actividad de las ciudades que la del campo, sino que para sostener a la actividad urbana estaba dispuesto a deprimir y hundir a la rural. Con objeto de abaratar los alimentos para los habitantes de las ciudades, e incentivar así la industria y el comercio exterior, prohibió totalmente la exportación de cereales, y así excluyó a los habitantes del campo de todo mercado exterior para la parte de lejos más importante de su producción. Esta prohibición, junto con las limitaciones impuestas por las antiguas leyes provinciales de Francia sobre el transporte de cereales entre provincias, y los arbitrarios y degradantes tributos cobrados a los agricultores en casi todas las provincias, desanimó y deprimió a la agricultura del país hasta un nivel muy por debajo del que naturalmente habría alcanzado dado su suelo tan fértil y su clima tan bonancible. Esta situación de desaliento y penuria existía más o menos en todo el país, y numerosas investigaciones fueron llevadas a cabo acerca de sus posibles causas. Una de esas causas resultó ser la preferencia otorgada por las instituciones del Sr. Colbert a la actividad de las ciudades sobre la del campo.

Según reza el proverbio, cuando la vara se tuerce demasiado hacia un lado, para enderezarla es menester torcerla también demasiado hacia el otro. Los filósofos franceses que han propuesto el sistema que presenta a la agricultura como la única fuente de ingreso y riqueza de cualquier país parecen haber adoptado ese aforismo proverbial, y así como en el esquema del Sr. Colbert la actividad urbana era indudablemente sobrevalorada con relación a la rural, en su sistema resulta subvalorada de forma igualmente indudable.

Dividen a las diversas personas que se supone contribuyen al producto anual de la tierra y el trabajo del país en tres clases. La primera es la clase de los propietarios de las tierras. La segunda es la clase de los cultivadores, granjeros y trabajadores del campo, a quienes honran con el apelativo peculiar de clase productiva. La tercera es la clase de los artesanos, industriales y comerciantes, a quienes procuran degradar mediante el humillante calificativo de clase estéril o improductiva.

La clase de los propietarios contribuye al producto anual a través del gasto que ocasionalmente realizan en la mejora de la tierra, edificios, drenajes, cercas y otros adelantos...mediante los cuales los cultivadores pueden con un mismo capital recoger un producto mayor y consecuentemente pagar una renta mayor. Esta renta incrementada puede ser considerada como el interés o beneficio correspondiente al propietario por el gasto o capital que invierte en la mejora de su tierra. Dicho desembolso recibe en este sistema el nombre de gastos territoriales (*dépenses foncières*).

Los cultivadores o granjeros contribuyen al producto anual mediante lo que en este sistema se denomina gastos originales y anuales (*dépenses primitives et dépenses annuelles*) realizados en el cultivo de la tierra. Los gastos originales consisten en instrumentos de labranza, ganado, semillas y en la manutención de la familia del granjero, sus sirvientes y su ganado, durante al menos la mayor parte del primer año de su arrendamiento o hasta que obtenga algún rendimiento de su tierra. Los gastos anuales consisten en semillas, en reparar el desgaste de los instrumentos de labranza y en la manutención anual de los sirvientes y el ganado del granjero, y también de su familia, en la medida en que cualquier parte de ella pueda ser considerada como servidores empleados en el cultivo. La parte del producto de la tierra que le queda después de pagar la renta debe ser suficiente para, primero, reponerle en un plazo razonable, inferior al plazo de su arrendamiento, todos sus gastos originales junto con los beneficios ordinarios del capital; y segundo, reembolsarle anualmente todos sus gastos anuales, también junto con los beneficios corrientes del capital. Estos dos gastos son dos capitales que el granjero invierte en el cultivo, y si no le son regularmente repuestos, con un beneficio razonable, no puede desarrollar su negocio a la par con los demás; si atiende a su propio interés, deberá abandonarlo tan pronto pueda y dedicarse a otra cosa. La parte del producto de la tierra que es de esta forma necesaria para permitirle al granjero continuar con su actividad debe ser considerada como un fondo sagrado para el cultivo, y si el terrateniente lo viola, necesariamente reduce el producto de su propia tierra, y en pocos años no sólo impide que el granjero pague esa renta arrancada a la fuerza sino incluso que pague la renta razonable que en otro caso habría podido obtener de su tierra. La renta que en justicia corresponde al terrateniente no es más que el producto neto que queda después de pagar completamente todos los gastos necesarios que hay que desembolsar previamente para obtener el producto bruto, o total. Debido a que el trabajo de los cultivadores, por encima y después de pagar totalmente esos gastos necesarios, rinde un producto neto de ese tipo, dicha clase es específicamente distinguida en este sistema con el honroso apelativo de clase productiva. Sus gastos originales y anuales son por la misma razón llamados gastos productivos puesto que dan lugar a la reproducción anual del producto neto, por encima de la reposición de su propio valor. ...

Los gastos territoriales del propietario, junto con los gastos originales y anuales del granjero, son los únicos tres gastos que en este sistema son considerados productivos. Todos los demás gastos de todas las demás personas, incluso aquellos que la opinión generalizada de las personas califica como sumamente productivos, son en este modelo presentados como absolutamente estériles e improductivos.

Los artesanos e industriales en particular...son una clase improductiva. Se dice que su trabajo repone sólo el capital que los sostiene, junto con los beneficios normales. ...

El capital comercial es tan estéril e improductivo como el capital industrial. Sólo mantiene la existencia de su propio valor, sin producir valor nuevo alguno.

...El trabajo de los artesanos y manufactureros nunca

añade nada al valor del producto total anual de la tierra. Añade evidentemente mucho al valor de algunas de sus partes. Pero el consumo de otras partes que ocasiona en el ínterin es precisamente igual al valor que incorpora en aquéllas, con lo que el valor de la cantidad total no aumenta en lo más mínimo. ...

Los artesanos, industriales y comerciantes pueden aumentar el ingreso de la sociedad sólo a través de la frugalidad o, como se expresa en este sistema, la privación, es decir, privándose de una parte de los fondos destinados para su propia subsistencia. Ellos reproducen anualmente sólo esos fondos. Por lo tanto, si no ahorran anualmente una parte, si no se privan anualmente del disfrute de una parte, el ingreso y riqueza de la sociedad nunca podrá aumentar nada gracias a su trabajo. Los granjeros y trabajadores del campo, por el contrario, pueden disfrutar plenamente de los fondos destinados a su propia subsistencia, y sin embargo al mismo tiempo incrementar el ingreso y la riqueza de su sociedad. Por encima de lo que se destina a su propia subsistencia, su trabajo proporciona anualmente un producto neto, suyo aumento necesariamente eleva el ingreso y la riqueza de la sociedad. En consecuencia, naciones como Francia e Inglaterra, pobladas en gran medida por terratenientes y cultivadores, pueden enriquecerse con trabajo y placer. Pero naciones como Holanda y Hamburgo, habitadas fundamentalmente por comerciantes, artesanos e industriales, sólo pueden enriquecerse mediante la frugalidad y la privación. ...

La clase improductiva...es mantenida y empleada totalmente a expensas de las dos otras clases, los propietarios y los cultivadores. Le suministran tanto los materiales para su trabajo como el fondo para su subsistencia... En última instancia los propietarios y cultivadores pagan tanto los salarios de todos los trabajadores de la clase improductiva como los beneficios de todos sus empleadores. Estos trabajadores y sus patronos son propiamente servidores de los propietarios y cultivadores, aunque servidores que trabajan fuera de casa, al revés que los sirvientes domésticos. Sin embargo, unos y otros son igualmente mantenidos a expensas de los mismos amos. El trabajo de ambos es igualmente improductivo. ...

Pero la clase improductiva no sólo es útil sino muy útil para las otras dos. ...Nunca será el interés de los propietarios y cultivadores el restringir o desalentar en ningún aspecto el trabajo de los comerciantes, artesanos e industriales. Cuanta más libertad disfrute esta clase improductiva, mayor será la competencia de los diversos oficios que la componen, y más baratos los suministros de las otras dos clases, tanto en lo que se refiere a bienes extranjeros como a los productos manufacturados en su propio país.

Nunca será el interés de la clase improductiva el oprimir a las otras dos. El producto excedente de la tierra...es lo que mantiene y emplea a la clase improductiva. Cuanto más grande sea dicho excedente, mayor será la manutención y el empleo de esa clase. El establecimiento de la justicia, la libertad y la igualdad más perfectas es el muy sencillo secreto que asegura eficazmente la máxima prosperidad para las tres clases.

Los mercaderes, artesanos y manufactureros de esos estados comerciales que como Holanda y Hamburgo consisten básicamente en esa clase improductiva son análogamente mantenidos y empleados a expensas de los propietarios y cultivadores de la tierra. La única diferencia estriba en que esos propietarios y cultivadores se hallan en su mayor parte situados a una distancia sumamente inconveniente de dichos comerciantes, artífices y manufactureros a quienes suministran las materias primas para su labor y el fondo para su subsistencia; son habitantes de otros países y súbditos de otros estados.

Selección: IX

Esos estados comerciales no sólo son útiles sino muy útiles para los habitantes de los otros países. En cierta medida llenan un vacío muy importante y ocupan el lugar de los mercaderes, artífices e industriales que los habitantes de esos países deberían encontrar localmente pero no pueden hacerlo debido a alguna deficiencia en sus políticas.

Nunca puede ser el interés de las naciones terratenientes, si puedo llamarlas así, el desalentar o arruinar la actividad de los estados comerciales, imponiendo altos aranceles a su comercio o sobre las mercancías que suministran. Esos aranceles, al encarecer dichas mercancías, sólo sirven para reducir el valor real del producto excedente de su propia tierra con el cual, o lo que es lo mismo: con el precio del cual esas mercancías son compradas. Tales aranceles sólo servirían para desanimar el incremento de dicho producto excedente, y consiguientemente de la roturación y cultivo de su propia tierra. Por el contrario, el expediente más eficaz para elevar el valor de ese producto excedente, para incentivar su incremento, y por ello la mejora y cultivo de su propia tierra, sería permitir la más perfecta libertad de comercio con todas esas naciones comerciales.

Tal perfecta libertad de comercio sería incluso la mejor manera de abastecerlos, a su debido tiempo, con todos los artesanos, industriales y comerciantes que necesitan localmente, y para llenar de la mejor y más ventajosa manera ese muy importante vacío que su falta comporta. ...

Cuando una nación terrateniente, por el contrario, oprime mediante altos aranceles o prohibiciones el comercio de naciones extranjeras, necesariamente perjudica sus propios intereses por dos vías distintas. Primero, al aumentar el precio de todos los bienes extranjeros y toda suerte de manufacturas, necesariamente reduce el valor real del producto excedente de su propia tierra. ...Segundo, al conceder una especie de monopolio del mercado nacional a sus propios mercaderes, artesanos y manufactureros, eleva la tasa de beneficio comercial e industrial relativamente al beneficio agrícola, lo que o bien desvía de la agricultura una parte del capital que antes era invertido en ella, o impide que acuda a ella una parte del que habría acudido en otro caso. ...La agricultura se vuelve menos rentable y el comercio y la industria más rentables de lo que serían en otra circunstancia, y el interés de toda persona la llevará en todo lo que pueda a desviar su capital y su trabajo desde el primer empleo hacia los segundos.

Pero aunque una nación terrateniente sea capaz mediante esa política opresiva de crear artesanos, comerciantes e industriales propios antes de lo que sucedería con el comercio libre —algo que resulta en cualquier caso bastante dudoso— lo haría, por así decirlo, prematuramente, antes del momento más adecuado. Al estimular con excesiva rapidez una actividad, deprimiría otra actividad más valiosa. ...

La forma en que según este sistema el producto anual total de la tierra se distribuye entre las tres clases mencionadas, y la forma en que el trabajo de la clase improductiva meramente repone el valor de su propio consumo sin incrementar en nada el valor de ese total, es expresada por el Sr. Quesnay, el muy ingenioso y profundo autor de este sistema, mediante unas fórmulas aritméticas. La primera de estas formulaciones, que él destaca de forma especial con el nombre de Cuadro Económico, representa la manera en que él supone que tiene lugar esa distribución en un estado de la más perfecta libertad y por tanto de la máxima prosperidad. ...En fórmulas ulteriores presenta el modo en que supone que esa distribución se lleva a cabo en diversos contextos de restricción y regulación. ...Cada usurpación, cada violación de la distribución natural que establecería la libertad más perfecta debe según este sistema necesariamente degradar en cierta medida, año a año, el valor y suma total del producto anual, y debe inevitablemente ocasionar una depresión paulatina de la riqueza e ingreso reales de la sociedad.

Algunos teóricos de la medicina han concebido que la salud de cuerpo humano sólo puede ser preservada mediante un régimen preciso de dieta y ejercicio, y que la más mínima violación del mismo forzosamente desencadena una cierta enfermedad o perturbación proporcional al grado de la violación. Sin embargo, la experiencia muestra que el cuerpo humano puede conservar, al menos en apariencia, el más perfecto estado de salud bajo una amplia variedad de regímenes diferentes, incluso bajo algunos generalmente considerados como lejos de ser perfectamente saludables. Parece que el cuerpo humano sano contiene un principio desconocido de preservación, capaz de prevenir o de corregir en muchos aspectos las consecuencias perniciosas de un régimen muy deficiente. El Sr. Quesnay, él mismo un médico muy estudioso, parece haber abrigado una noción similar con respecto al cuerpo político, y haber conjeturado que podría desarrollarse y prosperar sólo bajo un régimen especial, el régimen preciso de la libertad y justicia perfectas. No parece haber percibido que en el cuerpo político el esfuerzo natural que toda persona realiza continuamente para mejorar su propia condición es un principio de preservación capaz de prevenir y corregir en muchos aspectos las consecuencias dañinas de una economía política en cierto grado sesgada y opresiva. Una economía política de esa clase puede sin duda retrasar más o menos el desarrollo natural de una nación hacia la riqueza y la prosperidad, pero no lo puede detener, y menos aún hacerlo retroceder. Si ninguna nación pudiese desarrollarse salvo con el disfrute de una libertad y una justicia perfectas, entonces en el mundo ninguna nación podría haberse desarrollado jamás. Sin embargo, la sabiduría de la naturaleza ha hecho amplia provisión en el cuerpo político para remediar muchos de los efectos perjudiciales derivados de la insensatez e injusticia de los seres humanos, de la misma forma que lo ha hecho en el cuerpo natural para remediar los de su pereza e intemperancia.

El error capital de este sistema, de todos modos, parece estribar en presentar a la clase de los artesanos, industriales y comerciantes como absolutamente estériles e improductivos. ...

Primero, se admite que esta clase reproduce anualmente el valor de su consumo anual, y al menos mantiene la existencia del capital que la mantiene y emplea. Esto sólo basta para refutar la denominación de estéril o improductiva. No llamamos estéril ni improductivo a un matrimonio que tiene sólo un hijo y una hija, que reemplazan al padre y a la madre, aunque no incrementan el número de la especie humana. ...

Segundo, no es correcto identificar a los artífices, manufactureros y mercaderes con los sirvientes domésticos. El trabajo de éstos no conserva la existencia del fondo que los mantiene y emplea. ...

Tercero, desde cualquier punto de vista es inadecuado afirmar que el trabajo de los artesanos, industriales y comerciantes no expande el ingreso real de la sociedad. Aunque supongamos, por ejemplo, como parece hacer este sistema, que el valor del consumo diario, mensual y anual de esta clase fuese exactamente igual a su producción diaria, mensual y anual, no se derivaría de ello que su trabajo nada añade al ingreso real, al valor real del producto anual de la tierra y el trabajo de la sociedad. Un artesano que en los primeros seis meses después de la cosecha ejecuta un trabajo por valor de diez libras, aunque en el mismo período consuma un valor de diez libras en ce-

reales otros bienes, en realidad añade el valor de diez libras al producto anual de la tierra y el trabajo de la sociedad. Mientras consumía un ingreso de medio año de diez libras en cereales y otras cosas necesarias, ha producido un valor equivalente capaz de comprar, para él o para otra persona, un ingreso de medio año equivalente. El valor, entonces, de lo que ha sido consumido y producido durante esos seis meses no es igual a diez libras sino a veinte.
...

Cuarto, los granjeros y trabajadores del campo no pueden aumentar sin frugalidad el ingreso real, el producto anual de la tierra y el trabajo de su sociedad; exactamente igual que los artesanos, industriales y comerciantes. ...

Quinto y último, aunque el ingreso de los habitantes de cualquier país consista sólo en la cantidad de artículos de subsistencia que su trabajo puede procurarles, como este sistema supone, incluso bajo este criterio el ingreso de un país comerciante e industrial deberá ser siempre, si las demás condiciones no cambian, muy superior que el que tendría sin comercio ni industria. Mediante el comercio y las manufacturas se puede importar en un país una cantidad de bienes de subsistencia mayor que la que podría proporcionar su propia tierra. ...Los habitantes de una ciudad, aunque a menudo no poseen tierra alguna, pueden conseguir a través de su trabajo una cantidad del producto de las tierras de otras personas para abastecerse no sólo de las materias primas para sus actividades sino también del fondo para su subsistencia. Y lo que una ciudad es con respecto a los campos vecinos, un país o estado independiente es con respecto a otros. ...

Pero con todas sus imperfecciones, este sistema es probablemente la aproximación más cercana a la verdad dentro de lo que ha sido publicado sobre economía política. ...Al sostener que el trabajo de la tierra es el único productivo, sus ideas son demasiado limitadas y estrechas; pero al afirmar que la riqueza de las naciones no consiste en las riquezas del dinero que no se pueden consumir sino en los bienes de consumo que se reproducen anualmente gracias al trabajo de la sociedad; y al declarar que la perfecta libertad es el único método eficaz para hacer que esa reproducción anual resulte la máxima posible, su doctrina es en todo respecto tan acertada como es generosa y liberal. Sus seguidores son numerosos, y como los hombres son aficionados a las paradojas, y a aparentar que entienden lo que sobrepasa la comprensión de la gente corriente, es posible que la paradoja que defiende con relación a la naturaleza improductiva de la industria haya contribuido bastante a expandir el número de sus admiradores. Durante los últimos años han llegado a ser una escuela de mucho relieve, distinguida en la república de las letras de Francia con el nombre de Los Economistas. Sus obras han rendido un evidente servicio a su país, no sólo por atraer la discusión pública sobre cuestiones que nunca habían sido bien estudiadas con anterioridad, sino por influir en alguna medida sobre la administración pública en favor de la agricultura. Como consecuencia de sus estudios, la agricultura francesa ha sido liberada de bastantes obstáculos que padecía. ...Ya ha sido observado que la rama principal y más importante del comercio de cualquier nación es la que se entabla entre los habitantes de la ciudad y los del campo. Los habitantes de la ciudad obtienen del campo la producción primaria que constituye tanto las materias primas para su trabajo como el fondo para su subsistencia; y pagan por esa producción primaria enviando al campo una cierta fracción de la misma ya manufacturada y preparada para su uso inmediato. El comercio que se desarrolla entre estos dos conjuntos de personas consiste en última instancia en una cierta cantidad de producción primaria intercambiada por una cierta cantidad de producción manufacturada. En consecuencia, cuanto más cara sea ésta última, más barata será aquélla; todo lo que tienda en cualquier país a elevar el precio de la producción manufacturada tiende a disminuir el de la producción primaria de la tierra, y a desalentar por ello a la agricultura. ...

Por lo tanto, todos aquellos sistemas que prefieren a la agricultura sobre los demás sectores y que para promoverla imponen restricciones a la industria y al comercio exterior, actúan en contra de su propio objetivo, e indirectamente desalientan la actividad que pretenden fomentar. Son en tal sentido quizás hasta más incoherentes incluso que el sistema mercantil. Dicho sistema, al incentivar a la industria y el comercio exterior más que a la agricultura, desvía una cierta porción del capital de la sociedad desde el apoyo de una actividad más ventajosa hacia el apoyo de una menos ventajosa. Pero de todas formas y en última instancia fomenta la actividad que pretende estimular. Esos sistemas agrícolas, por el contrario, realmente y en última instancia desalientan su actividad favorita.

Es así como todo sistema que procure a través de incentivos extraordinarios dirigir hacia un sector especial una cuota del capital de la sociedad mayor de la que naturalmente fluiría hacia él, o a través de restricciones extraordinarias retirar de un sector especial una sección del capital que en otro caso se invertiría en él, resulta en realidad subversivo para el propósito principal que desea promover. En lugar de acelerar retrasa el desarrollo de la sociedad hacia la riqueza y grandeza verdaderas, y en lugar de aumentar disminuye el valor real del producto anual de su tierra y su trabajo.

Al quedar en consecuencia descalificados todos los sistemas de preferencia o restricción, el sencillo y obvio sistema de la libertad natural se impone por sus propios méritos. Toda persona, en tanto no viole las leyes de la justicia, queda en perfecta libertad para perseguir su propio interés a su manera y para conducir a su trabajo y su capital hacia la competencia con toda otra persona o clase de personas. El soberano queda absolutamente exento de un deber tal que al intentar cumplirlo se expondría a innumerables confusiones, y para cuyo correcto cumplimiento ninguna sabiduría o conocimiento humano podrá jamás ser suficiente: el deber de vigilar la actividad de los individuos y dirigirla hacia las labores que más convienen al interés de la sociedad. Según el sistema de la libertad natural, el soberano sólo tiene tres deberes que cumplir, tres deberes de sobresaliente importancia pero que están al alcance y comprensión de una inteligencia corriente. Primero, el deber de proteger a la sociedad de la violencia e invasión de otras sociedades independientes. Segundo, el deber de proteger, en cuanto sea posible, a cada miembro de la sociedad frente a la injusticia y opresión de cualquier otro miembro de la misma, o el deber de establecer una exacta administración de la justicia. Y tercero, el deber de edificar y mantener ciertas obras públicas y ciertas instituciones públicas que jamás será del interés de ningún individuo o pequeño número de individuos el edificar y mantener, puesto que el beneficio nunca podría reponer el coste que representarían para una persona o un reducido número de personas, aunque frecuentemente lo reponen con creces para una gran sociedad.

El adecuado cumplimiento de esos deberes del soberano necesariamente supone un gasto, y este gasto a su vez necesariamente requiere un ingreso. En consecuencia, en el libro siguiente procuro explicar: primero, cuáles son los gastos indispensables del soberano o del estado, cuáles de estos gastos deben ser sufragados por la contribución general de toda la sociedad y cuáles deben serlo por sólo una parte, o por algunos miembros de la sociedad; segundo, cuáles son los diversos métodos a través de los cuales puede hacerse que toda la sociedad contribuya a sufragar los gastos imputables a toda la sociedad y cuáles son las principales ventajas e inconvenientes de dichos métodos; y tercero, cuáles son las razones y causas que han inducido a casi todos los estados modernos a hipotecar una parte de este ingreso, o a contraer deudas, y cuáles han sido los efectos de esas deudas sobre la riqueza real, sobre el producto anual de la tierra y el trabajo de la sociedad. El siguiente libro, por tanto, estará dividido naturalmente en tres capítulos.

Libro V

De los ingresos del soberano o del Estado[1]

---

1. De este libro se incluye una selección que representa aproximadamente la mitad del original. Con objeto de facilitar la localización se señala el número del capítulo correspondiente. Tres puntos suspensivos indican la existencia de texto no recogido.

I

El primer deber del soberano, el de proteger a la sociedad de la violencia e invasión de otras sociedades independientes, sólo puede ser cumplido mediante una fuerza militar. Pero el gasto que comporta la preparación de esta fuerza militar en tiempo de paz y el empleo de la misma en tiempo de guerra es muy diferente en los diversos estadios de la sociedad, en las distintas etapas de su desarrollo. ...

En una fase adelantada de la sociedad hay dos causas que coadyuvan a volver totalmente imposible que quienes marchen a la guerra puedan mantenerse a sí mismos. Esas causas son el progreso de la industria y el perfeccionamiento del arte de la guerra.

Aunque un labrador salga en campaña, la interrupción de su trabajo no siempre ocasionará una disminución apreciable en sus ingresos, si la campaña se inicia después de la siembra y culmina antes de la cosecha. Sin la intervención de la mano del hombre, la naturaleza hace buena parte del trabajo que queda por hacer. Pero cuando un artesano, un herrero, un carpintero o un tejedor deja su taller, se agota por completo la fuente de sus ingresos. Por lo tanto, cuando acude al campo de batalla en defensa del estado, como carece de ingresos para mantenerse, debe ser mantenido por el estado. Y en un país en el que el grueso de los habitantes son artesanos y manufactureros, buena parte de los reclutados para la guerra provendrán de esas clases y deberán en consecuencia ser mantenidos por el erario público mientras dure su servicio al país.

Asimismo, cuando el arte de la guerra evoluciona hasta convertirse en una ciencia harto intrincada y compleja, cuando el desenlace de la guerra deja de ser determinado, como en los albores de la sociedad, por una sola escaramuza o batalla aislada, sino que se va desarrollando a lo largo de varias campañas que duran cada una buena parte del año, entonces se hace necesario que el estado mantenga a quienes lo sirven en la guerra, al menos mientras estén empleados en ese servicio. ...

El número de los que pueden ir a la guerra, en proporción al total de la población es inevitablemente mucho menor en una sociedad civilizada que en una primitiva. Como en una sociedad civilizada los soldados son mantenidos sólo con el trabajo de quienes no lo son, el número de aquéllos nunca podrá exceder al que puedan mantener éstos, por encima de su propia manutención y de la de los demás funcionarios del estado y la legislatura, a los que deben sostener en una forma adecuada al nivel de cada uno. En los reducidos estados agrícolas de la antigua Grecia, una cuarta o una quinta parte de la población se consideraban soldados, y se dice que en ocasiones marchaban en campaña. Habitualmente se estima que en las naciones civilizadas de la Europa moderna no se puede emplear como soldados más que al uno por ciento de la población: cualquier cifra superior arruinaría al país que paga el coste de su servicio. ...

Así como es indudable que el arte de la guerra es el más noble de todos, también sucede que en la evolución del desarrollo económico se transforma necesariamente en uno de los más complicados de todos. La situación de las artes mecánicas y otras con que está vinculado determina el grado de perfección que puede alcanzar en cada momento dado. Pero para llevarlo a ese grado de perfección es necesario que se convierta en la ocupación única o principal de una clase particular de ciudadanos, y la división del trabajo es tan necesaria para el progreso de este oficio como para el de cualquier otro. En otros campos la división del trabajo es naturalmente introducida por la prudencia de los individuos, que ven que promueven su interés privado al limitarse a ese campo concreto más que abordando un gran número de campos diferentes. Pero el convertir al oficio de soldado en un oficio particular y diferente de todos los demás es algo que sólo puede provenir de la sabiduría del estado. Si un ciudadano particular en tiempos de paz duradera y sin estímulo público alguno asigna la mayor parte de su tiempo a ejercicios militares, es evidente que podrá llegar a ser muy diestro en ellos y que además se divertirá mucho; pero ciertamente no fomentará su propio interés. Sólo la sabiduría del estado podrá hacer que sea de su interés el asignar el grueso de su tiempo a esa ocupación específica: y los estados no siempre han tenido tal sabiduría, ni siquiera bajo circunstancias en las que su propia supervivencia dependía de que la tuviesen.

Un pastor dispone de mucho tiempo libre; un labrador, en una etapa primitiva, tiene un poco; un artesano o manufacturero no tiene ninguno. El primero puede emplear una buena parte de su tiempo en ejercicios marciales sin pérdida alguna; el segundo puede emplear una parte de su tiempo; pero el tercero no puede emplear ni una hora en ellos sin pérdida, y la atención a sus propios intereses lo conduce naturalmente a dejarlos por completo de lado. El progreso en la labranza, además, que necesariamente deriva del desarrollo de las artes y la industria, va dejando al labrador con tan poco tiempo libre como el artesano. Los ejercicios militares llegan a ser tan ajenos a los habitantes del campo como a los de la ciudad, y la mayoría de la población llega a carecer por completo de preparación para la guerra. Al mismo tiempo, la riqueza que siempre sigue al desarrollo de la agricultura y la industria, y que en realidad no es más que el producto acumulado de ese desarrollo, provoca la invasión de sus vecinos. Una nación laboriosa, y por eso rica, es la que tiene más probabilidades de ser atacada; y salvo que el estado adopte algunas medidas novedosas para la defensa pública, los hábitos naturales de la población la tornan absolutamente incapaz de defenderse a sí misma.

En estas circunstancias, hay solo dos métodos mediante los cuales el estado puede suministrar una defensa pública aceptable.

En primer lugar, a través de una política rigurosa que pueda, a pesar de todo el peso del interés, naturaleza e inclinaciones de la gente, obligar a la práctica de ejercicios militares, y forzar a todos los ciudadanos en edad militar, o a un cierto número de ellos, a añadir en cierto grado el oficio de soldado al oficio o profesión que ejerzan.

O en segundo lugar, mediante la manutención y empleo de un cierto número de ciudadanos en la práctica constante de ejercicios militares, puede hacer que el oficio de soldado sea un oficio particular, separado y diferente de todos los demás.

Si el estado recurre al primero de estos expedientes, se

dice que su fuerza militar es una milicia; si recurre al segundo, se dice que consiste en un ejército permanente. ...

Antes de la invención de las armas de fuego, la superioridad de un ejército dependía de que los soldados, cada uno de ellos individualmente, tuvieran la máxima habilidad y destreza en el manejo de sus armas. ...Desde la invención de las armas de fuego la fortaleza o agilidad, y hasta la destreza o habilidad extraordinarias en el uso de las armas, aunque sin duda tienen alguna importancia, se trata sin embargo de una importancia menor. La naturaleza del arma acerca más que nunca antes al torpe y al diestro, aunque por supuesto no los coloca exactamente al mismo nivel. Y se supone que todos los conocimientos para saber utilizarlas pueden ser adquiridos mediante prácticas en colectivos numerosos.

En los ejércitos modernos la regularidad, el orden y la obediencia rápida a los mandos son más importantes para determinar la suerte de las batallas que la destreza y pericia de los soldados en el manejo de sus armas. El estruendo de las armas de fuego, sin embargo, el humo y la muerte invisible a que todo hombre se siente permanentemente expuesto tan pronto entra en el radio de fuego del cañón, algo que frecuentemente ocurre mucho tiempo antes de entrar propiamente en batalla, deben volver muy difícil el establecimiento en un grado apreciable de esa regularidad, ese orden y esa obediencia rápida, ni siquiera al comienzo de una batalla moderna. En los combates antiguos no había otro ruido que el que brotaba de las gargantas humanas; no había humo, no había una causa invisible de heridas o muerte. Hasta que un arma mortal no se aproximaba efectivamente hacia él, todo hombre sabía perfectamente que no se estaba aproximando. En esas circunstancias, y entre tropas que tenían alguna confianza en su propia habilidad y destreza para manejar sus armas, debe haber sido mucho menos difícil preservar un grado de regularidad y de orden, no sólo al comienzo sino durante todo el desarrollo de las batallas antiguas, hasta que uno de los dos ejércitos era claramente derrotado. Pero los hábitos de regularidad, orden y rápida obediencia sólo pueden ser adquiridos por tropas que se ejercitan en grandes grupos.

Una milicia, no importa de qué manera haya sido disciplinada y adiestrada, siempre resultará muy inferior a un ejército permanente bien disciplinado y entrenado. ...

En lo que se denomina disciplina, o en el hábito de la obediencia inmediata, una milicia es aún más inferior a un ejército permanente que en lo que se llama el ejercicio manual, o el manejo y uso de las armas. Pero en la guerra moderna el hábito de la obediencia presta e instantánea es mucho más importante que una amplia superioridad en el manejo de las armas. ...

Ha de observarse, sin embargo, que una milicia de cualquier clase que haya pasado por varias campañas bélicas sucesivas, se transforma en todos los aspectos en un ejército regular. Los soldados se ejercitan cada día en el uso de sus armas, y al estar constantemente bajo el mando de sus oficiales, se habitúan a la misma pronta obediencia característica de los ejércitos permanentes. Poca importancia tiene lo que eran antes de entrar en la milicia: después de pasar unas pocas campañas en ella se vuelven necesariamente como un ejército regular. Si la guerra en América se prolonga una campaña más, la milicia americana podrá equipararse en cualquier faceta a ese ejército permanente cuyo valor en la última guerra resultó al menos no inferior al de los duros veteranos de Francia y España. ...

Cuando la defensa de una nación civilizada depende de una milicia, está permanentemente expuesta a ser conquistada por cualquier nación bárbara vecina. Las frecuentes conquistas de todos los países civilizados de Asia por los tártaros demuestra palpablemente la superioridad natural de la milicia de una nación bárbara sobre la de una nación civilizada. Un ejército permanente bien reglamentado es superior a cualquier milicia. Un ejército tal, así como puede ser mantenido mejor por una nación opulenta y civilizada, también es lo único que puede defender a esa nación contra la invasión de un vecino pobre y bárbaro. En consecuencia, la civilización de cualquier país puede ser perpetuada o incluso preservada durante cualquier período considerable sólo por medio de un ejército permanente.

Y así como un ejército regular bien administrado es el único medio de defensa para un país civilizado, también es el único medio para civilizar de forma veloz y tolerable a un país bárbaro. Un ejército permanente impone con fuerza irresistible la ley del soberano hasta las provincias más remotas del imperio, y mantiene un cierto grado de gobierno regular en países que en otro caso no admitirían ninguno. Todo el que investigue atentamente los progreso que Pedro el Grande introdujo en el imperio ruso comprobará que casi todos ellos se resuelven en el establecimiento de un ejército permanente bien organizado. Es el instrumento que ejecuta y mantiene todas sus otras reglamentaciones. El orden y la paz interior que ese imperio ha disfrutado desde entonces se debe totalmente a la influencia de dicho ejército.

Las personas de principios republicanos han mostrado recelo frente a un ejército regular, en tanto peligroso para la libertad. Y ciertamente lo es, siempre que el interés del general y los más altos oficiales no esté íntimamente conectado con el apoyo a la constitución del estado. El ejército de César destruyó a la república romana. El ejército de Cromwell arrojó a la calle al Parlamento Largo. Pero cuando el soberano mismo es el general, y los principales miembros de la aristocracia y la nobleza campesina los altos oficiales, cuando la fuerza militar es colocada bajo el mando de aquellos que tienen el máximo interés en apoyar a la autoridad civil, porque ostentan ellos mismos la cuota más grande de dicha autoridad, entonces un ejército permanente jamás puede ser un peligro para la libertad. Por el contrario, en algunos casos puede resultar hasta muy favorable para ella. La seguridad que confiere al soberano vuelve innecesaria toda esa molesta suspicacia que en alguna repúblicas modernas parece presidir sobre las acciones más nimias y que en cualquier momento puede perturbar el sosiego de cualquier ciudadano. Cuando la seguridad de los magistrados, aunque esté apoyada por los elementos más destacados del país, corre riesgos ante cualquier descontento popular, cuando un pequeño tumulto es capaz de desencadenar en pocas horas una amplia revolución, toda la autoridad del gobierno debe emplearse en la supresión y castigo de cualquier murmuración y queja contra ella. Por el contrario, a un soberano que se siente apoyado no sólo por la aristocracia natural del país sino por un ejército regular bien organizado, las quejas más brutales, más infundadas y más desenfrenadas apenas lo perturbarán. La libertad que se aproxima al libertinaje sólo puede ser tolerada en países donde el soberano está protegido por un ejército permanente y disciplinado. Sólo en esos países la seguridad pública no requiere dotar al soberano con poder discrecional alguno para suprimir la temeridad impertinente de esa licenciosa libertad.

El primer deber del soberano, entonces, el de defender a la sociedad de la violencia y la injusticia de otras sociedades independientes, se vuelve más y más oneroso a medida que progresa la civilización de la sociedad. La fuerza militar de la sociedad, que originalmente podía no costar nada al soberano ni en la paz ni en la guerra debe ser en el curso del desarrollo mantenida por él en tiempos de guerra primero, y más tarde incluso en tiempos de paz.

Selección: I

El profundo cambio introducido en el arte de la guerra por la invención de las armas de fuego ha incrementado aún más el gasto de entrenar y disciplinar a cualquier número de soldados en la paz y de utilizarlos en la guerra. Tanto sus armas como sus municiones se han vuelto más caras. Un mosquete es más caro que una jabalina o que un arco y unas flechas; un cañón o mortero es más caro que una ballesta o una catapulta. La pólvora gastada en unas maniobras modernas se pierde de forma irrecuperable y ocasiona un gasto muy abultado. En las maniobras antiguas las jabalinas y las flechas lanzadas podían ser recogidas después, y además eran de muy escaso valor. El cañón y el mortero no sólo son artefactos mucho más caros que la ballesta o la catapulta, sino que requieren un gasto mayor para prepararlos para la batalla y para transportarlos a ella. Así como la superioridad de la artillería moderna sobre la antigua es muy apreciable, también se ha vuelto mucho más difícil y consecuentemente mucho más caro el fortificar una ciudad para resistir incluso unas pocas semanas de ataque por esa artillería superior. Muchas causas diferentes coadyuvan para hacer que la defensa de la sociedad en los tiempos modernos resulte más cara. Los efectos inevitables de la evolución natural del progreso han sido en este aspecto muy extendidos por la profunda revolución que ha ocasionado en el arte de la guerra un mero accidente: la invención de la pólvora.

En la guerra moderna el alto coste de las armas de fuego confiere una evidente ventaja a la nación que esté en mejores condiciones de sufragar ese coste, y en consecuencia a una nación rica y civilizada frente a una pobre y bárbara. En la antigüedad las naciones opulentas y civilizadas se veían en dificultades para defenderse contra las miserables y bárbaras. En los tiempos modernos son éstas últimas las que tienen dificultades para defenderse contra las ricas y civilizadas. La invención de las armas de fuego, algo que a primera vista parece tan pernicioso, es claramente favorable tanto a la permanencia como a la extensión de la civilización.

...

El segundo deber del soberano, el de proteger en cuanto le sea posible a cada miembro de la sociedad contra la injusticia y opresión de cualquier otro miembro de la misma, o el deber de establecer una administración exacta de la justicia, también requiere un gasto muy distinto en los diversos estadios de la sociedad.

En las naciones de cazadores casi no hay propiedad, o como máximo no hay ninguna que supere el valor de dos o tres días de trabajo; y por eso no hay un magistrado permanente ni una administración regular de la justicia. Las personas que carecen de propiedad pueden dañar a sus semejantes sólo en sus personas o sus reputaciones. Pero cuando un hombre mata, hiere, golpea o difama a otro, aunque el que recibe el daño sufre, el que lo produce no obtiene beneficio alguno. La situación cambia cuando se trata de daños a la propiedad. El beneficio de la persona que produce el perjuicio es a menudo igual a la pérdida de quien lo sufre. Las únicas pasiones que pueden impulsar a un hombre a dañar a otro en su persona o su reputación son la envidia, la malicia o el resentimiento. Pero la mayor parte de las personas no se hallan de forma sistemática bajo el influjo de esas pasiones, y las peores personas lo están sólo ocasionalmente. En la medida en que su gratificación, aunque pueda ser atractiva para ciertas personalidades, no viene acompañada de ventajas reales y permanentes, resulta en la mayor parte de las personas restringida por razones de prudencia. Los seres humanos pueden vivir en sociedad con un grado aceptable de seguridad aunque no haya un magistrado civil que los proteja de la injusticia derivada de esas pasiones. Pero la avaricia y la ambición en los ricos, y el odio al trabajo y el amor a la tranquilidad y los goces del momento en los pobres, son pasiones que impulsan a invadir la propiedad, y son pasiones mucho más firmes en su actuación y mucho más universales en su influencia. Cuando hay grandes propiedades hay grandes desigualdades. Por cada hombre muy rico debe haber al menos quinientos pobres, y la opulencia de unos pocos supone la indigencia de muchos. La abundancia de los ricos aviva la indignación de los pobres, que son conducidos por la necesidad y alentados por la envidia a atropellar sus posesiones. El dueño de una propiedad valiosa no puede dormir seguro ni una sola noche si no se halla bajo la protección de un magistrado civil. Todo el tiempo se ve rodeado por enemigos desconocidos a quienes nunca ha provocado pero a quienes tampoco puede apaciguar jamás, y de cuya injusticia sólo puede ser protegido mediante el brazo poderoso del magistrado civil, siempre en alto para castigarla. La adquisición de propiedades valiosas y extensas, por lo tanto, inevitablemente requiere el establecimiento de un gobierno civil. Cuando no hay propiedad, o al menos ninguna cuyo valor supere el de dos o tres días de trabajo, el gobierno civil no es tan necesario.

El gobierno civil presupone una cierta subordinación. Pero así como la necesidad del gobierno civil se desarrolla gradualmente con la adquisición de propiedades valiosas, así una de las causas principales que naturalmente introducen la subordinación paulatinamente crece a medida que lo hacen dichas propiedades.

Son cuatro las causas o circunstancias que introducen naturalmente la subordinación o que naturalmente, y antes de cualquier institución civil, confieren a algunas personas una superioridad sobre la mayor parte de sus semejantes.

La primera de dichas causas o circunstancias es la superioridad de las cualidades personales, de fuerza, belleza y agilidad en el cuerpo; de sabiduría, virtud, prudencia, ecuanimidad, fortaleza y templanza en la mente. Las cualidades del cuerpo, si no están apoyadas en las de la mente, confieren escasa autoridad en cualquier etapa de la sociedad. Forzudo ha de ser el hombre que pueda obligar a dos débiles a obedecerle sólo gracias a la energía de su cuerpo. Una autoridad muy grande sólo puede derivarse de las cualidades de la mente. Son, sin embargo, cualidades invisibles, siempre discutibles y generalmente discutidas. Ninguna sociedad, bárbara o civilizada, ha optado nunca por establecer las reglas jerárquicas de rango y subordinación según esas cualidades invisibles, sino de acuerdo a otras más claras y palpables.

La segunda de dichas causas o circunstancias es la superioridad en años. Un anciano, siempre que su edad no sea tan avanzada como para alentar sospechas de senilidad, es en todas partes más respetado que un hombre joven del mismo rango, fortuna y capacidad. En las naciones de cazadores, como las tribus indígenas de América del Norte, la única base del rango y la jerarquía es la edad. Entre ellas se llama padre a un superior, hermano a un igual, e hijo a un inferior. En las naciones más desarrolladas y civilizadas la edad determina el rango entre aquellos que son iguales en todos los demás aspectos y entre los que no existe, por tanto, otra forma de determinarlo. Entre hermanos y hermanas el primer lugar lo ocupa siempre el mayor; y en la herencia del patrimonio del padre, todo lo que no pueda ser dividido y que deba ir completo a una sola persona, como un título de nobleza, se entrega en casi todos los casos al primogénito. La edad es una cualidad nítida y palpable que no admite discusión.

La tercera de dichas causas o circunstancias es la superioridad de fortuna. La autoridad de las riquezas es siempre grande en cualquier etapa de la sociedad, pero quizás es más sobresaliente en el estadio más primitivo de la sociedad que admita desigualdades apreciables de fortuna. Si el incremento de las manadas y rebaños de un jefe tártaro puede alimentar a mil hombres, es difícil que él pueda emplear dicho incremento en otra cosa que no sea mantener a mil hombres. La etapa primitiva de su sociedad no le suministra manufactura alguna, ni joyas ni chucherías de ninguna clase, a cambio de las cuales podría entregar esa parte de su producción primaria que excede a su propio consumo. Esos mil hombres que mantiene de esa forma, al depender completamente de él para su sustento, deberán obedecer sus órdenes en la guerra y someterse a su jurisdicción en la paz. Por necesidad él es su general y su juez, y su liderazgo es el efecto inevitable de la superioridad de su fortuna. En una sociedad rica y civilizada, un hombre puede poseer una fortuna mucho mayor y sin embargo no controlar ni a doce personas. Aunque el producto de su finca sea capaz de mantener, y quizás de hecho mantenga, a más de mil personas, como esas personas pagan por todo lo que obtienen de él, como él sólo entrega cosas a cambio de un equivalente, nadie se considera completamente dependiente de él, y su autoridad no se extiende más allá de un puñado de sirvientes domésticos. Pero la autoridad de la fortuna es sólida incluso en una sociedad civilizada y rica. En toda la historia de las sociedades que permitieron desigualdades considerables en las fortunas ha habido una queja constante porque dicha autoridad resultaba mayor que la de la edad o las cualidades personales. El primer estadio de la sociedad, el de los cazadores, no permite esas desigualdades. Allí la pobreza generalizada impone una igualdad universal, y la superioridad de edad o de cualidades personales es la única y endeble base para la autoridad y la subordinación. En este período de la sociedad, por tanto, hay muy poca o ninguna autoridad o subordinación. La segunda etapa de la sociedad, la de los pastores, permite muy amplias desigualdades de fortuna, y no hay otro período en el que la superioridad de fortuna adjudique tanta autoridad a quienes la poseen. Por eso en ningún otro período existe una imposición tan perfecta de autoridad y subordinación. La autoridad de un jeque árabe es muy grande; la de un kan tártaro es completamente despótica.

La cuarta de dichas causas o circunstancias es la superioridad de cuna. Esta superioridad de nacimiento supone a su vez una superioridad anterior de fortuna en la familia de la persona que la reivindica. Todas las familias tienen la misma edad, y los antepasados del príncipe, aunque puedan ser mejor conocidos, nunca podrán ser más numerosos que los antepasados del pordiosero. En todas partes la antigüedad de la familia significa antigüedad de riqueza o de la grandeza que normalmente o se funda en la riqueza o viene acompañada por ella. La grandeza reciente es siempre menos respetada que la antigua. El odio a los usurpadores, el cariño hacia la familia de un monarca antiguo, se basan en buena medida en el desprecio que las personas naturalmente sienten hacia los primeros y la veneración que sienten hacia los segundos. Así como un oficial del ejército se somete sin resistencia al mando de un superior del que siempre ha recibido órdenes, pero no puede soportar que un inferior sea elevado por encima de él, así los hombres se someten fácilmente a la familia a la que ellos y sus antepasados han estado sometidos siempre, pero arden de indignación si asume un dominio sobre ellos alguna otra familia, a la que jamás reconocieron una superioridad similar.

La distinción de cuna, al derivar de la desigualdad de fortuna, no puede existir en una nación de cazadores, porque en ella todas las personas son iguales en fortuna y por tanto deben ser también virtualmente iguales en nacimiento. El hijo de un hombre sabio y valiente puede ser respetado entre ellas quizás algo por encima de un hombre del mismo mérito pero que haya padecido la desgracia de ser hijo de un necio o un cobarde. Pero la diferencia nunca podrá ser muy abultada; y me parece que nunca ha existido en el mundo una gran familia cuya celebridad haya provenido exclusivamente de haber heredado sabiduría y virtud.

En las naciones de pastores la distinción de cuna no sólo puede existir sino que de hecho existe. Estas naciones son ajenas por completo a cualquier clase de lujo, y una gran riqueza casi nunca puede disiparse entre ellas merced a una imprudente prodigalidad. Por eso no hay naciones en las que abunden tanto las familias reverenciadas y honradas por provenir de un extenso linaje de ancestros ilustres, porque no hay naciones en las que es tan probable que la riqueza continúe durante tanto tiempo en las mismas familias.

Es evidentemente que la cuna y la fortuna son las dos principales circunstancias que elevan a unas personas sobre otras. Son las dos grandes fuentes de distinción y son por ello las causas principales que establecen naturalmente entre las personas autoridad y subordinación. En las naciones de pastores ambas causas operan con la máxima plenitud. El gran pastor o ganadero, respetado por su caudalosa riqueza y por el vasto número de quienes de él dependen para su sustento, y reverenciado por la nobleza de su linaje y por la antigüedad inmemorial de su ilustre familia, ejerce una autoridad natural sobre todos los pastores o ganaderos inferiores de su horda o clan. Puede reunir bajo su mando a un número mayor de personas que cualquiera de ellos. Su poder militar es mayor que el de cualquiera de ellos. En tiempos de guerra todos ellos están naturalmente dispuestos a agruparse bajo su estandarte más que bajo el de cualquier otra persona, y así su cuna y su fortuna le confieren naturalmente una suerte de poder ejecutivo. Al mandar sobre más personas que cualquier otro, él está además en mejores condiciones de compeler a cualquiera de ellos que haya dañado a otro a que compense el mal realizado. Por lo tanto, él es la persona a la que naturalmente acuden para su protección todos aquellos que son demasiado débiles para defenderse por sí mismos. Ante él se quejan por cualquier perjuicio que imaginen haber padecido y todos se someten más fácilmente a él, incluso las personas contra las que se dirigen las quejas, que a cualquier otro. Así, su nacimiento y su fortuna le confieren naturalmente una suerte de poder judicial.

En la etapa de los pastores, el segundo período de la sociedad, se inicia la desigualdad de fortuna, que introduce entre las personas un grado de autoridad y subordinación que no podía existir con anterioridad. Introduce así un grado de gobierno civil que es indispensable para su propia conservación; y parecer hacerlo naturalmente e incluso de forma independiente de la consciencia de dicha necesidad. Indudablemente, la consideración de esa necesidad contribuye después muy considerablemente a mantener y afianzar esa autoridad y subordinación. En especial los ricos están necesariamente interesados en conservar un estado de cosas que pueda asegurarles la posesión de sus propias ventajas. Las personas menos ricas se combinan para defender a las más ricas en la posesión de su propiedad con objeto de que las más ricas se combinen para defenderlas a ellas en sus posesiones. Todos los pastores y ganaderos inferiores sienten que la seguridad de sus propias manadas y rebaños depende de la seguridad de las del pastor y ganadero más importante; que la preservación de su autoridad menor depende de la de su autoridad mayor, y que de su subordinación a él depende su poder para subordinar a los que son inferiores a ellos. Constituyen una suerte de pequeña nobleza, interesada en la defensa de la propiedad y en el apoyo a la autoridad de su pequeño soberano propio, para que él sea capaz de defender la propiedad de ellos y de apoyar su autoridad. El gobierno civil, en la medida en que es instituido en aras de la seguridad de la propiedad, es en realidad instituido para defender a los ricos contra los pobres, o a aquellos que tienen alguna propiedad contra los que no tienen ninguna.

La autoridad judicial de un soberano de esa clase, en vez de ser causa de gasto, durante mucho tiempo fue una fuente de ingreso para él. Las personas que recurrían a él para obtener justicia estaban siempre dispuestas a pagar por ello, y toda petición venía siempre acompañada de un regalo. Después que la autoridad del soberano quedó firmemente afianzada, los culpables, además de la indemnización que debía pagar a la parte agraviada, era obligado a pagar una multa al soberano. Había causado problemas, había perturbado o roto la paz del rey su señor, y por esas ofensas debía pagar una multa. En los gobiernos tártaros de Asia, en los gobiernos de Europa fundados por las naciones germanas y escitas que derribaron al Imperio Romano, la administración de justicia constituyó una copiosa fuente de ingresos tanto para el soberano como para todos aquellos jefes y señores menores que ejercían cualquier jurisdicción particular bajo su mando, sea sobre alguna tribu o clan individual, o sobre algún territorio o distrito específico. Originalmente tanto el soberano como los jefes inferiores solían ejercer esa jurisdicción de forma personal, pero con el tiempo vieron que les convenía delegarla en algún sustituto, alguacil o juez. Pero este sustituto estaba obligado a rendir cuentas ante su principal o mandatario de los beneficios de su jurisdicción. Quien lea las instrucciones cursadas a los jueces de circuito en la época de Enrique II comprobará claramente que esos jueces era una especie de representantes ambulantes que recorrían el país con objeto de recaudar ciertas ramas de las contribuciones reales. En aquellos tiempos la administración de justicia no sólo aportaba un cierto ingreso al soberano sino que uno de los principales beneficios que él se proponía obtener a través de la administración de justicia era precisamente el cosechar ese ingreso.

Era inevitable que este sistema de subordinar la administración de justicia a la obtención de ingresos produjese abundantes y gruesos abusos. ...

Pero cuando por diversas circunstancias, en especial el continuo incremento en el gasto de defensa de la nación contra la invasión de otras naciones, el patrimonio privado del soberano resultó completamente insuficiente para sufragar los gastos del estado; y cuando llegó a ser necesario que la gente, por su propia seguridad, contribuyese a ese gasto a través de impuestos de diverso tipo, fue generalmente estipulado que ni el soberano ni sus alguaciles y sustitutos, los jueces, pudiesen recibir regalo alguno en ningún caso a cambio de la administración de justicia. Se pensó que era mejor abolir esos regalos por completo antes que regularlos y determinarlos. Se fijaron unos salarios para los jueces que debían supuestamente compensarlos por la pérdida de lo que hubiese sido su cuota en los antiguos emolumentos de la justicia, mientras que los impuestos compensaban con creces la pérdida sufrida por el soberano por este concepto. Se dijo entonces que la justicia era administrada gratuitamente.

Pero en realidad la justicia jamás ha sido gratis en ningún país. Las partes deben al menos pagar a los abogados y procuradores, que en caso contrario harían su trabajo todavía peor que como lo hacen ahora. Los honorarios que reciben anualmente los abogados y procuradores son en cualquier tribunal muy superiores a los salarios de los jueces. El hecho de que esos salarios sean pagados por la corona en ninguna parte puede reducir apreciablemente los gastos necesarios de un pleito. Pero se prohibió a los jueces el recibir regalos u honorarios de las partes no para disminuir los gastos sino para impedir la corrupción de la justicia.

El cargo de juez es por sí mismo tan honorable que las personas están dispuestas a aceptarlo aunque comporte emolumentos sumamente reducidos. El puesto inferior de juez de paz, aunque comporta numerosos inconvenientes y en muchos casos no cuenta con emolumento alguno, es algo codiciado por el grueso de nuestra nobleza del campo. En todo país civilizado, los salarios de los distintos jueces, de mayor o menor jerarquía, junto con el coste total de la administración y ejecución de la justicia, incluso cuando no es gestionada de forma muy eficiente, representan una fracción muy pequeña del gasto público total.

El conjunto del gasto de la justicia podría ser fácilmente sufragado mediante tasas judiciales; y sin exponer a la administración de justicia a ningún riesgo real de corrupción se podría aliviar al erario público totalmente de este gasto cierto, aunque sea pequeño. Es difícil regular las tasas judiciales eficientemente cuando una persona tan poderosa como el soberano posee una cuota de las mismas y obtiene de ellas una parte importante de su ingreso. Pero es fácil cuando el juez es la principal persona que puede cosechar algún beneficio de ellas. La ley podría sin dificultad obligar al juez a respetar la regulación, aunque no siempre podría obligar al soberano a respetarla. Cuando las tasas judiciales son reguladas y determinadas con precisión, cuando se pagan de una sola vez en un momento dado del proceso a un cajero, que las distribuye en ciertas proporciones conocidas a cada juez después del proceso, y nunca antes que termine, no parece haber más peligro de corrupción que cuando esas tasas están directamente prohibidas. ... En tribunales con numerosos jueces, al estar la cuota de cada uno en proporción al número de horas y días que empleó en examinar el pleito...esas tasas podrían estimular la diligencia de cada juez. Los servicios públicos nunca son mejor prestados que cuando su pago sólo deriva de su prestación, y está en proporción a la diligencia mostrada en su prestación. ...De la misma forma, un impuesto de timbre sobre los trámites judiciales de cada tribunal, a ser cobrado por este mismo tribunal, y dirigido a la manutención de sus jueces y otros funcionarios, podría proporcionar un ingreso suficiente para afrontar el gasto de la administración de justicia sin hacerlo recaer sobre el ingreso general de la sociedad. Es verdad que en este caso los jueces sentirían la tentación de multiplicar innecesariamente las diligencias en cada proceso, para incrementar en todo lo posible el producto de un impuesto de timbre de esta naturaleza. En la Europa moderna la costumbre ha sido en la mayoría de los casos regular el pago de los abogados y empleados de la justicia según el número de páginas que escribiesen; y el tribunal determinaba que cada página debía contener tantas líneas y cada línea tantas palabras. Para aumentar su retribución, los abogados y funcionarios judiciales han procurado multiplicar las palabras por encima de cualquier necesidad, y han corrompido así el lenguaje legal de todos los tribunales de justicia de Europa. Una tentación análoga puede haber ocasionado la misma corrupción en los formulismos de los procedimientos judiciales.

Pero sea que la administración de justicia se mantenga a sí misma o sea que los jueces resulten mantenidos gracias a salarios fijos pagados de algún otro fondo, no parece necesario que la persona o las personas que ostenten el poder ejecutivo se encarguen de gestionar ese fondo o pagar esos salarios. El fondo podría derivarse de la renta de propiedades, que serían cada una de ellas gestionadas por el tribunal concreto que mantendrían. ...

Cuando el poder judicial está unido al poder ejecutivo, es casi imposible que la justicia no resulte sistemáticamente sacrificada en aras de lo que vulgarmente se denomina la política. Las personas a quienes se confían los más altos intereses del estado, incluso aunque no tenga una mentalidad corrupta, podrán en ocasiones imaginar que los derechos de un ciudadano privado deben ser sacrificados ante esos intereses. La libertad de cada individuo, la sensación que tiene de su propia seguridad, depende de una administración imparcial de la justicia. Para que cada persona se sienta plenamente segura de la posesión de cualquier derecho que le corresponda no sólo es necesario que el poder judicial esté separado del ejecutivo, sino que además debe tener con respecto a este poder la máxima independencia. El juez no debería estar expuesto a ser destituido según el capricho del poder ejecutivo. El pago regular de su salario no debería depender de la buena voluntad y ni siquiera de la buena gestión económica de ese poder.

...

El tercer y último deber del soberano o el estado es el de construir y mantener esas instituciones y obras públicas que aunque sean enormemente ventajosas para una gran sociedad son sin embargo de tal naturaleza que el beneficio jamás reembolsaría el coste en el caso de ningún individuo o número pequeño de individuos y que, por lo tanto, no puede esperarse que ningún individuo o grupo reducido de individuos vayan a construir o mantener. El cumplimiento de este deber también requiere un gasto muy diferente en las diversas etapas de la sociedad.

Después de las obras e instituciones públicas necesarias para la defensa de la sociedad y la administración de la justicia, ya mencionadas, las demás obras e instituciones de esta clase son fundamentalmente las que facilitan el comercio de la sociedad y las que promueven la instrucción del pueblo. Las instituciones docentes son de dos clases: las destinadas a la educación de la juventud y las destinadas a la instrucción de las personas de todas las edades.

...

Resulta evidente y no necesita prueba alguna el hecho de que la realización y conservación de las obras públicas que facilitan el comercio de cualquier país —como caminos, puentes, canales navegables, puertos, etc.— requieren un gasto muy diverso en las diferentes etapas de la sociedad. ... No parece necesario que el coste de esas obras públicas sea sufragado a partir de los denominados ingresos públicos, cuya recaudación y asignación corresponde en la mayor parte de los países al poder ejecutivo. El grueso de esas obras públicas puede ser fácilmente gestionado para que suministren un ingreso específico suficiente para hacer frente a su propio coste, sin hacer recaer carga alguna sobre el ingreso general de la sociedad.

Una carretera, un puente, un canal navegable, por ejemplo, pueden ser en la mayoría de los casos construidos y conservados mediante un pequeño peaje sobre los vehículos que los utilizan; y un puerto mediante una reducida tasa portuaria sobre el tonelaje de los barcos que en el cargan o descargan. La acuñación de moneda, otra institución que facilita el comercio, en numerosos países no sólo cubre su coste sino que aporta al soberano un pequeño ingreso o señoreaje. El correo, otra institución con el mismo objetivo, compensa su coste y suministra en casi todos los países un considerable ingreso al soberano.

Cuando los vehículos que pasan por una carretera o un puente y las embarcaciones que navegan por un canal pagan un peaje en proporción a su peso o su tonelaje, pagan la conservación de esas obras públicas exactamente en proporción al desgaste que les ocasionan. Casi parece imposible concebir una forma más equitativa para mantener esas obras públicas. Este impuesto o peaje, aunque es adelantado por el transportista, es finalmente pagado por el consumidor, al que siempre le es cargado en el precio de los bienes. Pero como el gasto del transporte es notablemente disminuido gracias a esas obras públicas, los bienes llegan al consumidor a pesar del peaje más baratos que en otras circunstancias, puesto que su precio no es tan incrementado por el peaje como reducido por la baratura del transporte. La persona que finalmente paga este impuesto, por consiguiente, gana gracias a él más de lo que pierde al pagarlo. ... Parece imposible imaginar un método más equitativo de cobrar un impuesto.

Cuando el peaje sobre vehículos de lujo, carruajes, sillas de posta, etc., es algo más elevado en proporción a su peso que el aplicado a los vehículos necesarios como carros, carretas, etc., la indolencia y vanidad de los ricos contribuye por una vía muy sencilla a ayudar a los pobres, al volver más barato el transporte de mercancías pesadas a todos los rincones del país.

Cuando las carreteras, los puentes, los canales, etc., son de esta forma construidos y mantenidos por el comercio desarrollado gracias a ellos, sólo pueden realizarse cuando el comercio lo requiera, y se harán en consecuencia sólo donde haga falta. Además, su coste, su grandeza y magnificencia deberán ser acordes con lo que ese comercio sea capaz de pagar. Por eso se harán de la forma adecuada. No puede construirse una carretera magnífica a través de un desierto donde hay poco o ningún comercio, o meramente porque permite llegar a la residencia campestre del intendente de la provincia o de algún gran señor a quien el intendente desee complacer. No se puede tender un puente sobre un río en un punto en donde nadie lo cruce, o sólo para embellecer la vista desde las ventanas de un palacio vecino: esto sucede a veces en países donde las obras de este tipo son financiadas por otros ingresos y no por lo que ellas mismas son capaces de generar.

En diversas partes de Europa el peaje o derecho de esclusa sobre un canal es propiedad de personas particulares, cuyo propio interés les obliga a mantener el canal. Si no lo hacen, la navegación necesariamente se interrumpe por completo y con ello todo el beneficio que podrían obtener a través de los peajes. Si dichos peajes fuesen cobrados por comisionados, que no tuviesen interés alguno en ellos, podrían vigilar menos la conservación de las obras que los producen. ...

El peaje para mantener una carretera no puede ser sin riesgo la propiedad de ciudadanos privados. Una carretera, aunque sea notablemente descuidada, no se vuelve por completo intransitable, pero un canal sí. Los propietarios del peaje de una carretera, entonces, podrán olvidarse totalmente de repararla y sin embargo seguir recaudando casi la misma suma por peaje. Por ello es mejor que los peajes para la conservación de una obra de ese tipo sean gestionados por comisionados o agentes.

En Gran Bretaña, los abusos cometidos por esos agentes en la gestión de los peajes han sido frecuente y justamente denunciados. Se ha dicho que en numerosos puestos de peaje el dinero que se paga es más del doble de lo que sería necesario para ejecutar un trabajo que a menudo es ejecutado con enorme negligencia y a veces no se realiza en absoluto. El sistema de reparación de carreteras mediante peajes de esta clase, nótese, no es de vieja data. No deberíamos asombrarnos, por tanto, de que todavía no haya alcanzado el grado de perfección de que es capaz. Si se designan como agentes a personas ruines o ineptas, y si no se han establecido todavía los tribunales de inspección y de intervención para controlar su comportamiento y para reducir los peajes justo a lo suficiente para que realicen su trabajo, entonces lo reciente de la institución explica y disculpa estas deficiencias, que con el tiempo y gradualmente la sabiduría del parlamento podrá remediar en su mayor parte.

Se supone que el dinero recaudado en los diversos puestos de peaje en Gran Bretaña está tan por encima de lo necesario para reparar los caminos que se ha considerado, incluso por algunos ministros, que el ahorro que se podría lograr con una gestión eficiente podría constituir un recurso muy rico que en alguna circunstancia podría ser destinado a satisfacer las necesidades del estado. Se ha sostenido que si el gobierno se ocupara directamente de la gestión de los peajes y empleara a los soldados, que trabajarían a cambio de una muy pequeña adición a su paga, podría mantener a las carreteras en buenas condiciones a un coste muy inferior al de los agentes, que no contratan sino a trabajadores que derivan todo su sustento de sus salarios. Se ha afirmado que se podría ganar así un copioso ingreso, quizás un millón de libras, sin ningún recargo sobre la población; y las carreteras de peaje podrían contribuir al gasto general del estado de la misma forma en que lo hace el correo.

No tengo ninguna duda de que se podría obtener un ingreso notable de esa manera, aunque quizás no tan abultado como los elaboradores de este proyecto han supuesto. Sin embargo, el proyecto mismo es susceptible de varias e importantes críticas.

Primero, si los peajes recaudados llegan a ser considerados alguna vez como recursos para satisfacer las necesidades del estado, entonces con toda seguridad serían incrementados en la medida en que dichas necesidades supuestamente lo requiriesen. ...Unos peajes continuamente crecientes, en vez de facilitar el comercio interior del país, como sucede ahora, pronto se volverían una muy pesada carga para el mismo. ...

Segundo, un impuesto sobre vehículos en proporción a

su peso, aunque es un gravamen muy equitativo cuando es destinado al único objetivo de reparar los caminos, resulta muy injusto cuando se destina a otro objetivo, o a satisfacer las necesidades corrientes del estado. ... Como el peaje eleva el precio de los bienes en proporción a su peso, no a su valor, resulta pagado esencialmente por los consumidores de las mercancías más rústicas y voluminosas, no ligeras y preciosas. Así, cualquiera sea la necesidad del estado que este impuesto deba satisfacer, lo hará a expensas de los pobres, no de los ricos. ...

Tercero, si en algún momento el gobierno descuida la reparación de las carreteras, entonces el obligar a que cualquier parte de la suma recaudada por peajes se dirija hacia su destino adecuado será todavía más difícil que ahora. ...

Incluso aquellas obras públicas que por su naturaleza no pueden generar ingreso alguna para mantenerse por sí mismas, y cuya conveniencia se limita prácticamente a un lugar o distrito particular, son siempre mejor conservadas por un ingreso local o provincial que por el ingreso general del estado, cuya administración siempre recae en el poder ejecutivo. Si las calles de Londres fuesen iluminadas y pavimentadas con cargo al tesoro ¿habría alguna probabilidad de que estuviesen tan bien iluminadas y pavimentadas como lo están y a un coste tan reducido? El gasto en ese caso, además, en vez de ser sufragado por un tributo local sobre los habitantes de cada calle, parroquia o distrito londinense, provendría del ingreso global del estado, y sería por consiguiente recaudado mediante un impuesto sobre todos los habitantes del reino, que en su mayor parte no derivan beneficio alguno de la iluminación y pavimentación de las calles de Londres.

Los abusos que en ocasiones se cometen subrepticiamente en la gestión local y provincial de las rentas locales y provinciales, por enormes que parezcan, son en realidad in-

significantes en comparación con los que habitualmente tienen lugar en la administración y gasto del ingreso de un gran imperio. Y además, son mucho más fáciles de corregir.
...
El objeto de las obras e instituciones públicas mencionadas es facilitar el comercio en general. Pero para facilitar alguna rama concreta se necesitan instituciones específicas, que también requieren un gasto particular y extraordinario.

Algunas ramas especiales del comercio, que se desarrollan con naciones bárbaras e incivilizadas, exigen una protección extraordinaria. Un almacén u oficina corriente daría poca seguridad a los bienes de los comerciantes que negocian en la costa occidental de África. Para defenderlos contra los nativos bárbaros, es necesario que el sitio donde se depositan se halle en cierta medida fortificado.
...Los intereses del comercio han hecho a menudo necesario el mantener a ministros en países extranjeros, donde no habrían sido indispensables por razones de guerra o alianza. ...

No parece absurdo que el gasto extraordinario que ocasione la protección de una rama especial del comercio sea sufragado por un impuesto moderado sobre dicha rama; por un derecho moderado, por ejemplo, a pagar por los comerciantes cuando entran a la misma o, lo que resulta más equitativo, por un impuesto especial de un tanto por ciento sobre los bienes que importan o exportan a los países con los que negocian. Se dice que la protección del comercio en general frente a los piratas y filibusteros dio lugar al primer establecimiento de los aranceles de aduanas. Pero si fue razonable imponer una contribución general sobre el comercio para hacer frente al gasto de proteger al comercio en general, será igualmente razonable fijar un impuesto especial sobre una rama especial del comercio para sufragar el coste extraordinario de proteger a dicha rama. La protección del comercio en general siempre ha sido considerada esencial para la defensa de la comunidad, y por ello una parte necesaria de la labor del poder ejecutivo. Por eso se ha dejado a dicho poder la recaudación y asignación de los aranceles generales de aduanas. Pero la protección de una rama especial del comercio es parte de la protección general al comercio, una parte por consiguiente de la labor de ese poder; y si las naciones actuaran de forma coherente, los tributos particulares recaudados con el objetivo de esa protección especial deberían haber sido dejados bajo su administración. Pero en este aspecto como en tantos otros las naciones no siempre han actuado de forma coherente; y en la mayor parte de los estados comerciales de Europa unas compañías de comerciantes privados han podido persuadir a los legisladores para que les confíen esa parte de la labor del soberano, junto con todos los poderes necesariamente vinculados a la misma.

Aunque esas empresas pueden haber sido útiles para el primer establecimiento de algunas ramas del comercio, al abordar por su cuenta un experimento que el estado no creía prudente acometer, han probado ser a largo plazo, todas ellas, onerosas o inútiles, y han manejado mal o han restringido el comercio.

Cuando esas compañías no operan con un capital conjunto sino que deben admitir a cualquier persona, con la necesaria calificación, que pague una suma determinada y acuerde someterse a las reglamentaciones de la compañía; cuando cada miembro comercia con su propio capital y a su propio riesgo, se las denomina compañías reguladas. Cuando operan con un capital conjunto, y cada miembro participa en las ganancias o pérdidas en proporción a la cuota de su capital, se las denomina compañías por acciones. Estas empresas, reguladas o por acciones, tienen a veces privilegios exclusivos y a veces no.

Las compañías reguladas se parecen en todo a los gremios, tan comunes en las ciudades y pueblos de todos los países de Europa; y son una especie de monopolios ampliados del mismo tipo. Así como ningún habitante de la ciudad puede ejercer un oficio gremial sin haber obtenido antes licencia del gremio, así en la mayoría de los casos ningún súbdito del estado puede dedicarse legalmente a ninguna rama del comercio exterior en la que exista una compañía regulada sin convertirse antes en miembro de dicha compañía. ...El espíritu corporativo prevalece en todas las compañías reguladas siempre que la ley no lo restrinja. Cuando se las ha dejado actuar según su tendencia natural, han procurado siempre someter al comercio a toda clase de incómodas reglamentaciones, para reducir la competencia al mínimo número de personas posible. Cuando la ley les ha impedido hacerlo, se han vuelto absolutamente inútiles e insignificantes. ...En verdad, el de inútil es quizás el máximo elogio que puede con justicia hacerse de una compañía regulada. ...

El objetivo incesante de esas empresas es siempre el de elevar la tasa de su propio beneficio tanto como puedan; el de mantener al mercado, tanto de los bienes que exportan como de los que importan, tan desabastecido como puedan, algo que sólo puede lograrse mediante la restricción de la competencia, o desalentando a los nuevos empresarios que desearían entrar en su actividad. ...

...En 1750 se estableció una compañía regulada, la actual compañía de comerciantes con África, que en un principio estaba expresamente obligada a mantener todos los fuertes y guarniciones británicas entre el Cabo Blanco y el Cabo de Buena Esperanza, y después sólo los situados entre el Cabo Rojo y el de Buena Esperanza. La ley que instituyó dicha compañía (en el año 23 de Jorge II, c.31) tenía dos objetivos: primero, restringir eficazmente el espíritu tiránico y monopolizador que es consustancial a los directivos de una compañía regulada; y segundo, forzarlos en la medida de lo posible a prestar atención a la conservación de fuertes y guarniciones, algo que no es natural en ellos. ...Los fuertes y guarniciones situados al norte del Cabo Rojo no sólo son mantenidos a expensas del estado sino que se halla bajo el control directo del poder ejecutivo; y no es fácil concebir una buena razón por la cual los que están al sur de dicho cabo, y que al menos en parte también son mantenidos a cargo del estado, deban caer bajo una administración diferente. El propósito o pretexto original de las guarniciones de Gibraltar y Menorca fue la protección del comercio en el Mediterráneo, y el mantenimiento y gobierno de dichas guarniciones ha sido encomendado muy acertadamente al poder ejecutivo, y no a la Compañía de Turquía. El orgullo y la dignidad de ese poder radican en buena medida en la extensión de sus dominios, y no es probable que flaquee su atención a lo que resulta necesario para la defensa de dichos dominios. Por ello las guarniciones de Gibraltar y Menorca nunca han sido descuidadas; aunque Menorca ha sido conquistada en dos oportunidades, y hoy es probable que esté perdida para siempre, este desastre nunca ha podido ser atribuido a ninguna negligencia del poder ejecutivo. Con esto dicho, sin embargo, no pretendo insinuar que ninguna de esas costosas guarniciones fue nunca, ni en lo más mínimo, necesaria para el objetivo por el cual fueron originalmente separadas de la monarquía española. Es posible que esa separación nunca haya servido más que para apartar de Inglaterra a su aliado natural, el rey de España, y para unir a las dos ramas principales de la casa de Borbón en una alianza mucho más estrecha y permanente que la que jamás habrían podido forjar los lazos de sangre.

Las compañías por acciones, establecidas por carta real o ley del Parlamento, difieren en varios puntos no sólo de las compañías reguladas sino de las sociedades particulares.

Primero, en una empresa particular ningún socio puede transferir su participación a otra persona ni introducir un nuevo miembro en la compañía sin el consenso de la misma. Cada socio, no obstante, puede previo aviso abandonar la empresa y reclamar de los otros socios el pago de su cuota del capital común. En una compañía por acciones, por el contrario, ningún socio puede exigirle a la empresa el pago de su cuota en la misma; pero cada socio puede sin el consentimiento de la compañía transferir su participación a otra persona, e introducir así un nuevo miembro. El valor de una acción en una empresa de este tipo siempre es el precio que pueda conseguir en el mercado, y este precio puede ser en cualquier proporción mayor o menor que la suma que su propietario tiene acreditada en el capital de la compañía.

Segundo, en una sociedad particular cada socio responde por las deudas contraídas por la empresa con la totalidad de sus bienes. En una compañía por acciones, al contrario, cada socio responde exclusivamente por el importe de su participación.

La actividad de una sociedad por acciones es siempre dirigida por un consejo de administración. Es verdad que este consejo está a menudo sometido en numerosos aspectos al control de una junta general de accionistas. Pero la mayor parte de estos accionistas rara vez pretenden comprender los negocios de la compañía, y cuando el espíritu faccioso no prevalece entre ellos, no se interesan en sus asuntos y están satisfecho con recibir el dividendo semestral o anual que los directivos consideran conveniente pagarles. Esta ausencia total de inconvenientes y riesgos, más allá de una suma muy limitada, anima a muchas personas a volverse empresarios en una sociedad por acciones, personas que en ningún caso arriesgarían su fortuna en ninguna sociedad particular. Por eso las compañías por acciones normalmente reúnen más capital del que podría jactarse de poseer ninguna empresa particular. El capital comercial de la Compañía de los Mares del Sur llegó a ser en un momento dado superior a treinta y tres millones ochocientas mil libras. El capital del Banco de Inglaterra es hoy de diez millones setecientas ochenta mil libras. Ahora bien, no es razonable esperar que los directivos de estas compañías, al manejar mucho más dinero de otras personas que de ellos mismos, lo vigilen con el mismo ansioso cuidado con el que frecuentemente vigilan el suyo los socios de una empresa particular. Igual que los asistentes de un potentado, esos directivos tienden a pensar que la atención a los pequeños detalles desmerece el honor de su señor, y fácilmente se consideran dispensados de la obligación de vigilarlos. En consecuencia, el manejo de los negocios de esas compañías siempre está caracterizado en alguna medida por la negligencia y la prodigalidad. De ahí que las compañías por acciones dedicadas al comercio exterior rara vez hayan podido superar la competencia de empresarios particulares. Y de ahí que rara vez hayan tenido éxito sin un privilegio exclusivo, y que con frecuencia hayan fracasado incluso teniendo uno. Sin un privilegio exclusivo han gestionado habitualmente mal sus negocios. Con un privilegio exclusivo los gestionaron mal y además los restringieron. ...

Una sociedad por acciones que cuente con un reducido número de propietarios, con un capital moderado, se aproxima bastante a la naturaleza de una empresa particular, y puede ser capaz casi de su misma vigilancia y atención. ...La Compañía de los Mares del Sur nunca debió mantener fuertes ni guarniciones, con lo que se hallaba totalmente exenta de un copioso gasto al que están sometidas otras compañías por acciones en el comercio exterior. Pero tenía un inmenso capital dividido entre un inmenso número de propietarios. Era por lo tanto natural esperar que en todo el manejo de sus negocios prevalecieran la insensatez, la negligencia y el derroche. La bellaquería y extravagancia de sus artimañas bursátiles son suficientemente conocidas.

...

En una ocasión, en 1730, cuando se propuso al Parlamento que el comercio se desarrollase bajo una compañía regulada, lo que equivalía en cierta medida a una apertura del mismo, la Compañía de las Indias Orientales se opuso y alegó de forma vehemente que la competencia había tenido efectos deplorables. Afirmó que en la India había elevado tanto el precio de los bienes que ya no valía la pena comprarlos; y que en Inglaterra, al sobreabastecer el mercado, había hundido tanto el precio que ya no podía obtenerse beneficio alguno. No puede dudarse que una oferta mayor debe haber reducido considerablemente el precio de los artículos de la India en el mercado inglés, algo sumamente ventajoso y conveniente para el público; pero no parece probable que el precio en el mercado indio subiera mucho, puesto que la demanda extraordinaria ocasionada por la mayor competencia no debió ser más que una gota en el inmenso océano del comercio de la India. Además, el incremento de la demanda, aunque al principio puede aumentar algo el precio de los bienes, siempre tiende a reducirlo en el largo plazo. Estimula la producción y aviva la competencia de los productores que, para vender más barato, recurren a nuevas divisiones del trabajo y nuevos adelantos en su técnica, que jamás habrían existido en otro caso. Los tremendos efectos de los que la compañía se lamentaba eran la baratura del consumo y el incentivo a la producción, es decir, precisamente los dos efectos cuya promoción constituye el principal objetivo de la economía política. ...

Parece imposible que ninguna reforma de su consejo de

administración pueda convertirlo en adecuado para gobernar ni para participar en el gobierno de un gran imperio, porque la mayor parte de sus miembros siempre tendrán muy poco interés en la prosperidad de ese imperio ni en atender seriamente a la forma de promoverla. Con frecuencia un hombre de gran fortuna, y a veces uno de pequeña fortuna, está dispuesto a comprar una participación de mil libras en el capital de la Compañía de las Indias sólo por la influencia que espera conseguir mediante su voto en la junta de propietarios. Adquiere no una cuota en el saqueo sino en el nombramiento de los saqueadores de la India. ...Si puede disfrutar de su influencia durante algunos años, y aprovecharla en beneficio de sus amigos, a menudo le importa muy poco el dividendo y ni siquiera el valor del capital sobre el que se basa su voto. Y es muy raro que se preocupe en lo más mínimo de la prosperidad de ese vasto imperio en cuyo gobierno participa a través de ese voto. Nunca ha habido soberanos, y no puede haberlos por la naturaleza de las cosas, tan completamente indiferentes ante la felicidad o desgracia de sus súbditos, el desarrollo o ruina de sus dominios, la gloria o vergüenza de su gobierno, como necesariamente y por causas morales irresistibles deben ser la mayoría de los propietarios de una compañía mercantil de esta clase. ...

El derecho a poseer fuertes y guarniciones en países lejanos y bárbaros se halla necesariamente vinculado al derecho de hacer la guerra y la paz en esos países. Las compañías que han ostentado un derecho han ejercido sistemáticamente el otro, y con frecuencia han conseguido que les fuese conferido expresamente. La experiencia reciente ha mostrado claramente la forma tan injusta, caprichosa y cruel en que lo han ejercido.

Cuando un grupo de comerciantes decide por su cuenta y riesgo abrir un nuevo comercio con una nación remota y bárbara, puede ser razonable hacer que se incorporen en una sociedad por acciones, y si tienen éxito concederles durante un cierto número de años un monopolio sobre ese comercio. Es la forma más sencilla y natural en que el estado puede recompensarlos por arriesgarse a una empresa peligrosa y cara, de la que la población puede beneficiarse después. Un monopolio temporal de esta guisa puede ser reivindicado sobre los mismos principios a partir de los cuales se concede un monopolio similar de una nueva máquina a su inventor, o de un nuevo libro a su autor. Pero una vez vencido el plazo el monopolio debe evidentemente extinguirse; los fuertes y guarniciones, si fue necesario levantarlos, deben pasar a manos del estado, su valor deberá ser pagado a la compañía y el comercio debe ser abierto a todos los súbditos de dicho estado. Si el monopolio se vuelve perpetuo, todos los demás súbditos del estado resultan muy absurdamente gravados por dos vías diferentes: primero, por el alto precio de los bienes, que en el caso del libre comercio podrían comprar mucho más baratos; y segundo, por su completa exclusión de una rama de los negocios en la que podría ser conveniente y rentable que muchos de ellos participaran. Por añadidura, son gravados con el menos valioso de los objetivos: meramente para permitir que la compañía sostenga la negligencia, prodigalidad y malversación de sus propios empleados, cuya conducta desordenada pocas veces permite al dividendo de la compañía superar la tasa de beneficio corriente en actividades completamente libres, y muy a menudo hace que sea bastante inferior a dicha tasa. Ahora bien, la experiencia revela que sin un monopolio una compañía por acciones no puede llevar adelante durante mucho tiempo ninguna clase de comercio exterior. Comprar en un mercado para vender con un beneficio en otro cuando hay otros muchos competidores en ambos; vigilar no sólo las ocasionales variaciones de la demanda sino las mucho más intensas y frecuentes variaciones en la competencia, o en la oferta de otras personas que es probable que acudan a satisfacer la demanda; y ajustar con destreza y buen criterio tanto la cantidad como la calidad de cada surtido de artículos a todas estas circunstancias, equivale a una especie de guerra cuyas operaciones están cambiando continuamente y que no puede ser conducida con éxito sino mediante un ejercicio incansable de vigilancia y atención, algo que no puede esperarse que hagan durante mucho tiempo los directivos de una sociedad por acciones. ...

Los únicos negocios que puede llevar a cabo con éxito una compañía por acciones, sin un privilegio exclusivo, son aquellos cuyos procedimientos son susceptibles de ser reducidos a lo que se llama una rutina, es decir, a una uniformidad de método tal que admita pocas variaciones o ninguna. De este tipo son, primero, la banca; segundo, los seguros contra incendios, riesgos marítimos y capturas en tiempo de guerra; tercero, la construcción y conservación de una acequia o canal navegable; y cuarto, la actividad, similar a la anterior, dirigida al suministro de agua para una gran ciudad. ...

No sería razonable establecer una compañía por acciones, en ninguna actividad, sólo porque dicha compañía podría ser capaz de desarrollarla con éxito, ni eximir a un grupo especial de empresarios de las leyes que obligan a todos sus vecinos sólo porque serían capaces de prosperar si gozasen de dicha exención. Para que dicho establecimiento fuese perfectamente razonable, además de que fuese reducible a reglas y métodos precisos, deberían concurrir otras dos circunstancias. Primero, debería ser meridianamente evidente que la empresa es de una utilidad mayor y más extendida que la de la mayoría de los negocios corrientes; y segundo, que requiere mayor capital del que podría reunir fácilmente una empresa particular.

Si bastase un capital moderado, la gran utilidad de la empresa no sería razón suficiente para establecer una compañía por acciones, porque en tal caso la demanda por lo que podría producir sería rápida y fácilmente satisfecha por empresarios particulares. Estas dos circunstancias concurren en los cuatro negocios antes mencionados. ...

Con la excepción de esas cuatro actividades, no he podido encontrar ninguna otra en la que concurran los tres requisitos necesarios para volver razonable el establecimiento de una sociedad por acciones. La compañía inglesa del cobre, en Londres, la compañía de fundición de plomo, la compañía pulidora de cristales, ni siquiera pueden alegar ninguna utilidad considerable o especial en su razón social, y la consecución de sus objetivos no exige ningún gasto desproporcionado para las fortunas de numerosos ciudadanos privados. No pretendo saber si la actividad de esas compañías es reducible a las reglas y métodos precisos que las convertirían en adecuadas para la administración de una sociedad por acciones, ni si tienen motivo alguno para ufanarse por sus caudalosos beneficios. La compañía de buscadores de minas está en quiebra desde hace mucho tiempo. Las acciones de la Compañía Británica de Telas de Hilo de Edimburgo se venden hoy muy por debajo de la par, aunque en menor medida que hace algunos años. Las sociedades por acciones, fundadas con la patriótica finalidad de promover alguna industria concreta, no sólo manejan sus negocios mal, con lo que disminuyen el capital global de la sociedad, sino que en otros aspectos casi nunca fallan en hacer más mal que bien. A pesar de las más nobles intenciones, la parcialidad inevitable de sus directivos por algunas ramas de la industria, hacia las que los propietarios los orientan mal y los engañan, es un desaliento efectivo para las otras, y necesariamente perturba en mayor o menor medida la proporción natural que en otro caso se impondría entre los negocios prudentes y los beneficios, y que es el mayor y más eficaz estímulo para la economía general del país.

...

Las instituciones para la educación de los jóvenes pueden, de la misma forma, proporcionar un ingreso suficiente para sufragar sus gastos. Las tasas u honorarios que el estudiante paga al maestro constituyen un ingreso de este tipo. ...

El esfuerzo de la mayor parte de quienes ejercen cualquier profesión está siempre en proporción a la necesidad que tienen de esforzarse. Esta necesidad es máxima en el caso de aquellos cuyos emolumentos profesionales son la única fuente de la que obtienen su fortuna, o su ingreso ordinario y su sustento. Para obtener esa fortuna o ese sustento deben ejecutar en el transcurso de un año una cierta cantidad de trabajo de un valor determinado; y cuando la competencia es libre, la rivalidad de los competidores que se empeñan en desalojarse mutuamente del mercado los obliga a realizar su trabajo con un cierto grado de precisión. La altura de los objetivos a alcanzar con el éxito en algunas profesiones indudablemente fomenta a veces el afán de algunas personas de ambición y ánimo extraordinarios. Pero es evidente que para dar lugar a los máximos bríos no son necesarios grandes objetivos. Incluso en las profesiones más modestas sucede que la rivalidad y la emulación hacen que la excelencia se vuelva un objeto a ambicionar y dan lugar a menudo a los más infatigables esfuerzos. Por el contrario, si los grandes objetivos son aislados y no vienen sostenidos por la necesidad de la dedicación, rara vez bastarán para producir un ahínco muy considerable. El éxito en la profesión de las leyes permite alcanzar en Inglaterra objetivos de la máxima ambición y sin embargo han sido poquísimos los hombres cuya fortuna les vino por nacimiento y que hayan sido capaces en este país de sobresalir en dicha profesión.

Las dotaciones de las escuelas y colegios han disminuido necesariamente en alguna medida la necesidad de aplicación de los profesores. En la medida en que su sustento deriva de su salario, es evidente que deriva de un fondo por completo independiente de su éxito y reputación en sus respectivas profesiones.

En algunas universidades el salario es una parte, pero con frecuencia una parte pequeña de los emolumentos del profesor, que obtiene el grueso de los mismos a partir de los honorarios o tasas de sus alumnos. En este caso la necesidad de esforzarse, aunque siempre resulta más o menos reducida, no es completamente eliminada. La reputación en su profesión es todavía de alguna importancia para él, y aún depende de alguna forma del afecto, gratitud e informes favorables de quienes han seguido sus enseñanzas; y la mejor manera en que puede ganarse esos sentimientos favorables es sólo siendo merecedor de ellos, es decir, mediante la capacidad y diligencia con que cumpla todas sus obligaciones.

En otras universidades se prohíbe al profesor recibir honorario o tasa alguna de sus alumnos, y el salario constituye el único ingreso que deriva de su trabajo. En este caso su interés no puede hallarse más directamente opuesto a su deber. El interés de cualquier persona es vivir lo más cómodamente que pueda; y si su remuneración va a ser siempre la misma haga o no haga una tarea particularmente laboriosa, entonces su interés —al menos en la acepción vulgar del término— será desatenderla por completo o, si se halla sometido a una autoridad que nunca le permitirá que lo haga, cumplirla de la forma más descuidada y negligente que dicha autoridad permita. Si es por naturaleza una persona activa y amante del trabajo, su interés será el emplear esa actividad de forma de obtener alguna ventaja y no en cumplir una obligación de la que no obtendrá ninguna.

Si la autoridad de la que depende el profesor reside en una corporación, colegio o universidad, de la que él mismo forma parte, y en la que la mayoría de los miembros son como él, personas que son profesores o deberían serlo, entonces probablemente harán causa común para ser sumamente indulgentes unos con otros, y cada hombre consentirá que su vecino descuide sus obligaciones siempre que se le permita a él descuidar las suyas. En la universidad de Oxford la mayor parte de los profesores oficiales hace mucho que han renunciado incluso a simular que enseñan.

Si la autoridad a la que está sometido no reside en una corporación en la que él está integrado sino en otras personas, por ejemplo el obispo de la diócesis, el gobernador de la provincia o quizás un ministro, en este caso no es probable que pueda abandonar por completo sus obligaciones. Sin embargo, estos superiores no pueden forzarlo más que a atender a sus alumnos durante un cierto número de horas, es decir, a dar una cierta cantidad de clases a la semana o al año. La forma de esas clases seguirá dependiendo de la diligencia del profesor, y dicha diligencia guardará probablemente una proporción con los motivos que tenga para ejercerla. Además, una jurisdicción foránea de esta clase es susceptible de ser practicada de forma ignorante y caprichosa. Es por naturaleza arbitraria y discrecional, y las personas que la aplican, al no asistir a las clases del profesor y quizás al no comprender las ciencias que debe enseñar, rara vez son capaces de hacerlo con buen criterio. Por la insolencia de su cargo, además, a menudo le es indiferente la forma en que lo ejercen, y son muy capaces de censurar al profesor o quitarle su puesto de forma temeraria y sin causa justificada. La persona sometida a una jurisdicción de este tipo es necesariamente degradada y en vez de volverse una de las personas más respetables de la sociedad se vuelve una de las más ruines y despreciables. La única forma que tiene de evitar eficazmente el trato desconsiderado al que siempre está expuesto es buscar una protección poderosa; y es probable que pueda ganarse esta protección no tanto por la capacidad o diligencia en su trabajo sino por el servilismo hacia la voluntad de sus superiores y por su disposición permanente a sacrificar ante esa voluntad los derechos, el interés y el honor de la corporación que integra. Cualquiera que haya visto funcionar durante un tiempo a la administración de una universidad francesa habrá podido comprobar los efectos que naturalmente se derivan de una jurisdicción arbitraria y foránea de esta clase.

Todo lo que fuerce a un cierto número de estudiantes a dirigirse hacia un colegio o universidad determinada, de forma independiente del mérito o reputación de sus profesores, tiende en alguna medida a disminuir la necesidad de ese mérito o esa reputación.

Cuando se puede acceder a los privilegios de los graduados en artes, leyes, medicina y teología sólo residiendo un cierto número de años en ciertas universidades, ello fuerza necesariamente a una cantidad de estudiantes a esas universidades independientemente de los méritos o reputación de los profesores. Los privilegios de los graduados son una suerte de estatutos de aprendizaje, y su contribución al progreso de la educación ha sido análoga a la contribución de los otros estatutos de aprendizaje al progreso de las artes y manufacturas.

Las fundaciones caritativas de becas, pensiones, bolsas, etc., necesariamente adscriben a unos estudiantes a ciertos colegios de forma totalmente independiente de los méritos de esos colegios. Si los estudiantes que recibiesen esas donaciones caritativas tuviesen plena libertad de elegir el colegio que les pareciese mejor, esa libertad podría incentivar la emulación entre los diversos colegios. Por el contrario, una reglamentación que prohibiese incluso a los miembros independientes de un colegio el dejarlo e ingresar en otro sin haber obtenido antes la autorización del primero tendería muy eficazmente a extinguir dicha emulación.

Si en cada colegio el tutor o profesor que va a instruir al estudiante en todas las artes y las ciencias no puede ser elegido voluntariamente por el estudiante sino que es designado por el director; y si en caso de negligencia, incapacidad o mal trato el estudiante no puede cambiar de profesor sin permiso previo; este sistema no sólo tendería a extinguir toda emulación entre los diferentes tutores del mismo colegio sino a disminuir en todos ellos considerablemente la necesidad de diligencia y atención a sus respectivos alumnos. Aunque estos profesores fueran muy bien pagados por sus estudiantes, estarán tan poco propensos a atenderlos como los que no son pagados por ellos y no tienen otra retribución que su salario.

Si el profesor es hombre sensato, deberá resultarle desagradable el ser consciente de que en sus clases dice o lee a sus estudiantes cosas absurdas o poco menos que absurdas. También le resultará ingrato observar cómo sus estudiantes desertan sus clases o las atienden con muestras evidentes de negligencia, desprecio y burla. Entonces, si debe dar un cierto número de clases, estos solos motivos bastarán sin ningún otro interés para disponerlo a esforzarse y conseguir que sus lecciones sean razonablemente buenas. Sin embargo, hay diversas estratagemas a las que se puede recurrir y que efectivamente moderarán el filo de esos incentivos a la diligencia. En vez de explicar él mismo a sus alumnos la ciencia en la que se propone instruirlos, puede leerles algún libro; y si este libro está escrito en una lengua extranjera y muerta puede traducirlo a sus alumnos o, lo que le causaría menos problemas, puede hacer que se lo traduzcan ellos, y al dejar caer algún comentario aquí y allá puede fantasear con la idea de que está dando una lección. Podrá hacerlo con un mínimo de conocimientos y esfuerzo, y no se expondrá al menosprecio y la mofa, ni a decir nada que sea verdaderamente tonto, absurdo o ridículo. La disciplina del colegio, al mismo tiempo, le permitirá obligar a todos sus alumnos a que asistan regularmente a sus seudolecciones, y a que se comporten con la máxima decencia y respeto mientras dure su actuación.

La disciplina de los colegios y universidades es algo que se concibe no para el beneficio de los estudiantes sino para el interés, o mejor dicho para la tranquilidad de los profesores. Su objetivo en todos los casos en mantener la autoridad del profesor, y sea que cumpla sus obligaciones o no, obligar a los estudiantes a comportarse ante él siempre como si las cumpliese con la máxima diligencia y capacidad. Presupone sabiduría y virtud perfectas en un lado, y falta de juicio e insensatez máximas en el otro. Sin embargo, creo que no hay ejemplos de profesores que verdaderamente cumplan con sus obligaciones sin que la mayoría de los estudiantes cumplan con las suyas. Nunca se requiere disciplina para forzar la asistencia a lecciones que merecen ser atendidas, algo que es notorio en cualquier lugar donde esas lecciones se impartan. Es evidente que se necesita algún grado de fuerza y restricción para obligar a los niños, o a los muy jóvenes, a recibir la educación que se concibe necesaria para ellos durante ese período temprano de su vida; pero después de los doce o trece años, siempre que el profesor haga bien su trabajo, ninguna parte de la educación necesita de la fuerza o la coacción. La mayor parte de los jóvenes son tan generosos que, lejos de ser propensos a descuidar o menospreciar las enseñanzas de su profesor, siempre que muestre intenciones serias de serles útil, se inclinan generalmente a perdonar hasta una gran incorrección en el cumplimiento de su deber, y a veces incluso a ocultar a la opinión pública una buena parte de las negligencias de grueso calibre.

Hay que subrayar que aquellas partes de la educación para las que no existen instituciones públicas son generalmente mejor enseñadas. Cuando un joven acude a una escuela de esgrima o baile, no siempre aprende a esgrimir o bailar a la perfección, pero es raro que no aprenda a hacerlo. Los buenos efectos de las escuelas de equitación no son tan evidentes. El gasto de una escuela de equitación es tan abultado que en la mayoría de los sitios es una institución pública. Las tres secciones más fundamentales de la educación literaria —leer, escribir y contar— siguen siendo impartidas más bien por escuelas privadas y no públicas; y pocas veces ocurre que alguien deje de aprenderlas en el grado en que necesita conocerlas.

En Inglaterra las escuelas públicas están mucho menos corrompidas que la universidades. En las escuelas se enseña a los jóvenes, o al menos se les puede enseñar griego y latín, es decir, lo que los maestros pretenden enseñar y lo que se espera que enseñen. Pero en las universidades a los jóvenes no se les enseña y no siempre hay medios adecuados para que se les pueda enseñar las ciencias que estas corporaciones tienen como objetivo enseñar. La remuneración del maestro depende en la mayoría de los casos principalmente, y en algunos casos totalmente de las tasas u honorarios que pagan sus alumnos. Las escuelas no tienen privilegios exclusivos. Para que una persona alcance los honores de la graduación no es necesario que aporte un certificado de haber estudiado un cierto número de años en una escuela pública. Si se le examina y se comprueba que entiende lo que allí se enseña, no se le hace ninguna pregunta sobre el lugar donde lo aprendió.

Puede afirmarse que las partes de la educación que son

habitualmente enseñadas en las universidades no son enseñadas demasiado bien. Sin embargo, de no haber sido por estas instituciones no habrían sido enseñadas en absoluto, con lo que tanto el individuo como la sociedad habrían sufrido mucho por la falta de esas partes tan importantes de la educación.

...

En la filosofía antigua cualquier enseñanza sobre la naturaleza de la mente humana o la divinidad estaba integrada en la física. Estas entidades, en cualquier cosa que se pueda suponer que consiste su esencia, eran parte del amplio sistema del universo, y partes que generaban efectos de la máxima importancia. Todo lo que la razón humana pudiese concluir o conjeturar acerca de ellas formaba dos capítulos, aunque indudablemente dos capítulos singularmente relevantes, de la ciencia que procuraba explicar el origen y la evolución del gran sistema del universo. Pero en la universidades de Europa, cuando la filosofía pasó a ser enseñada en subordinación a la teología, resultó natural que estos dos capítulos fuesen abordados con más atención que ningún otro de la ciencia. Fueron paulatinamente extendidos más y más, y subdivididos en numerosos capítulos menores, hasta que al final la doctrina del espíritu, sobre la que tan poco se puede conocer, llegó a ocupar en el sistema de la filosofía tanto lugar como la doctrina de los cuerpos, de la que tanto se puede conocer. Las doctrinas que se ocupan de esos dos campos fueron consideradas como dos ciencias distintas. La llamada metafísica o neumática fue colocada en contraposición a la física, y cultivada no sólo como la más sublime de las dos sino también la más útil para los objetivos de una profesión concreta. La experimentación y la observación, a partir de las cuales una atención cuidadosa es capaz de realizar tantos descubrimientos útiles, fueron prácticamente abandonadas por completo. Y se prestó una gran atención a una materia en la que el estudio más cuidadoso, tras un puñado de verdades muy sencillas y casi evidentes, no puede descubrir sino oscuridad e incertidumbre.

Cuando esas dos ciencias fueron contrapuestas, la comparación entre ambas dio lugar naturalmente a una tercera, llamada ontología, o ciencia que se ocupa de las cualidades y atributos comunes a las materias de las otras dos. Pero si la mayor parte de la metafísica o neumática en las escuelas eran puras sutilezas y sofismas, ellas eran todo lo que había en la telaraña científica de la ontología, a la que a veces también se llamaba metafísica.

El objeto que se proponía investigar la antigua filosofía moral eran las razones de la felicidad y la perfección del hombre, considerado no sólo como individuo sino como miembro de una familia, de un estado y de la gran sociedad de la humanidad. En esa filosofía los deberes de la vida humana eran considerados en subordinación a la felicidad y perfección de la misma. Pero cuando la filosofía moral, igual que la natural, pasó a ser enseñada sólo como servidora de la teología, los deberes de la vida humana pasaron a ser considerados esencialmente como subordinados a la felicidad de una vida futura. En la filosofía antigua la perfección de la virtud era presentada para la persona que la poseía como necesariamente productiva de la más perfecta felicidad en esta vida. En la filosofía moderna resultó frecuentemente presentada como generalmente, o más bien como casi siempre incompatible con ningún grado de felicidad en esta vida; y se podía alcanzar el cielo sólo mediante la penitencia y la mortificación, por la austeridad y la humildad del monje, no por la conducta liberal, entusiasta y generosa del hombre. La filosofía moral en la mayor parte de las escuelas se reducía en muchos casos sólo a la casuística y a una moral ascética. Y así la más importante de todas las ramas de la filosofía se transformó en la más corrompida.

De esta forma, el curso normal de la educación filosófica en el grueso de las universidades de Europa fue el siguiente. Se enseñaba primero Lógica y después Ontología. En tercer lugar venía la Neumatología, que comprendía la doctrina de la naturaleza del alma humana y la divinidad. En cuarto lugar venía un sistema degradado de filosofía moral, que se se consideraba directamente conectado con las doctrinas de la neumatología, con la inmortalidad del alma humana y con los premios y castigos que cabía esperar de la justicia divina para una vida futura. Las enseñanzas concluía con un sistema breve y superficial de física.

Las modificaciones practicadas en los cursos antiguos de filosofía en las universidades europeas tenían como objetivo la educación de los eclesiásticos, y pretendían que fuese una introducción más adecuada para el estudio de la teología. Pero la cantidad adicional de sutileza y sofistería, la casuística y la moral ascética que esas modificaciones plantearon no la volvieron ciertamente más adecuada para la educación de caballeros y personas de mundo, ni más indicada para fomentar la inteligencia o mejorar los sentimientos.

Este curso de filosofía es lo que todavía se dicta en el grueso de las universidades de Europa, con más o menos diligencia según que la constitución de cada universidad haga que la diligencia sea más o menos necesaria para los profesores. En algunas de las universidades más ricas y mejor dotadas los tutores se contentan con enseñar un puñado de rasgos y fragmentos inconexos de ese curso corrupto, e incluso eso lo enseñan de forma muy negligente y superficial.

La mayor parte de los adelantos que en los tiempos modernos se han hecho en las diversas ramas de la filosofía han tenido lugar en la mayor parte de los casos fuera de las universidades, aunque es indudable que algunos han sucedido dentro de ellas. El grueso de las universidades no han sido muy propensas a adoptar esos adelantos, una vez que fueron realizados; y bastantes de esas sociedades eruditas han elegido seguir siendo durante mucho tiempo los santuarios donde buscaron protección las doctrinas derrumbadas y los prejuicios obsoletos, tras haber sido desalojados de todos los demás rincones del planeta. Por regla general las universidades más ricas y mejor dotadas han sido las más lentas en la adopción de esas mejoras y las más reacias a permitir cambios profundos en los planes de estudio establecidos. Dichas mejoras fueron introducidas con más facilidad en algunas de las universidades más pobres, cuyos profesores, al derivar de su reputación buena parte de su sustento, estaban obligados a prestar más atención a las nuevas corrientes de opinión en el mundo.

Pero aunque las escuelas públicas y universidades de Europa fueron en un principio pensadas para la instrucción de una profesión concreta, la de los clérigos, y aunque no siempre fueron muy diligentes en enseñar a sus alumnos ni siquiera las ciencias que se suponía eran necesarias para dicha profesión, paulatinamente atrajeron hacia sí mismas la educación de buena parte de las demás personas, en especial la de casi todos los caballeros y personas de fortuna. No parecía haber un método mejor para invertir con ventaja el largo intervalo que media entre la infancia y ese período de la vida en que las personas empiezan a dedicarse con seriedad a las actividades reales del mundo, las actividades en las que trabajarán hasta el fin de sus días. Sin embargo, la mayor parte de lo que se enseña en las escuelas y universidades no parece constituir la mejor preparación para esas actividades.

Se extiende más y más en Inglaterra la costumbre de enviar a los jóvenes a viajar por países extranjeros nada más acabar el colegio, sin enviarlos a universidad alguna. Se dice que nuestros jóvenes suelen regresar de sus viajes muy mejorados. Un joven que se marcha al extranjero a los diecisiete o dieciocho años y que vuelve a casa a los veintiuno, lo hace con tres o cuatro años más a sus espaldas y en una etapa en la que es muy difícil dejar de mejorar mucho en tres o cuatro años. En sus viajes habitualmente adquiere algún conocimiento de una o dos lenguas extranjeras, aunque un conocimiento que rara vez es suficiente para permitirle hablarlas o escribirlas correctamente. Por lo demás, normalmente vuelve a casa más engreído, menos escrupuloso, más libertino y menos capaz de dedicarse seriamente al estudio o al trabajo que lo que estaría si hubiese pasado ese período breve en su propio país. Al viajar tan joven, al despilfarrar en la disipación más frívola los años más preciosos de su vida, lejos de la vigilancia y control de sus padres y familiares, en lugar de consolidar y confirmar cualquier costumbre útil que su educación anterior haya podido suscitar en él, necesariamente la debilita o liquida. Sólo el descrédito en que están sumiéndose las universidades pudo popularizar una práctica tan absurda como la de viajar a una edad tan temprana. Al enviar a su hijo al extranjero, un padre se libera al menos de algo tan desagradable como que su hijo holgazanee, sea desatendido y se arruine ante sus propios ojos.

...

Cuando...la filosofía y la retórica se pusieron de moda, las clases más altas solían enviar a sus hijos a las escuelas de los filósofos y retóricos para que recibieran instrucción en esas ciencias. Pero esas escuelas no eran financiadas por el estado. Durante mucho tiempo apenas fueron toleradas por él. La demanda de filosofía y retórica fue durante mucho tiempo tan pequeña que sus primeros profesores no podían encontrar un empleo permanente en ninguna ciudad, y se veían obligados a viajar de un lugar a otro. Así vivieron Zenón de Elea, Protágoras, Gorgias,

Hipias y muchos otros. Cuando la demanda aumentó, las escuelas de filosofía y retórica se volvieron sedentarias, primero en Atenas y después en otras ciudades. El estado, sin embargo, nunca las incentivó más allá de asignarles un lugar especial para sus actividades, algo que a veces también hacían donantes privados. El estado asignó la Academia a Platón, el Liceo a Aristóteles y el Pórtico a Zenón de Citia, el fundador de los estoicos. Pero Epicuro legó sus jardines a su escuela. Y hasta los tiempos de Marco Antonio ningún profesor recibió salario alguno del estado, ni tuvo otros emolumentos salvo los honorarios o tasas de sus alumnos. El subsidio que ese emperador filósofo concedió a uno de sus maestros de filosofía, según nos cuenta Luciano, probablemente no sobrevivió al emperador. No había nada parecido a los privilegios de la graduación, y no era necesario asistir a ninguna de esas escuelas para poder practicar un oficio o una profesión. Si la opinión establecida sobre su utilidad no podía atraer alumnos hacia ellas, la ley no obligaba a nadie a que fuese ni retribuía a nadie por el hecho de ir. Los maestros no tenían jurisdicción alguna sobre sus estudiantes, ni ninguna autoridad salvo esa autoridad natural que la virtud y las capacidades superiores nunca dejan de suscitar entre los jóvenes con respecto a aquellos a quienes se confía cualquier parte de su educación.

En Roma el estudio del derecho civil formaba parte de la educación de algunas familias, aunque no de la mayoría de los ciudadanos. Ahora bien, los jóvenes que deseaban adquirir conocimientos legales no tenían ninguna escuela pública a la cual asistir, y no tenían otro método de estudio que no fuese la compañía de los parientes y amigos que se suponía eran versados en esa materia. ...

Se admitirá fácilmente que las habilidades civiles y militares de los griegos y los romanos fueron al menos equivalentes a las de cualquier nación moderna. Quizás nuestro prejuicio sea el sobrevalorar esas habilidades. Pero en cualquier caso, y salvo en lo relativo a los ejercicios militares, el estado no parece haberse tomado muchas molestias en desarrollar esas habilidades. ...Sin embargo, hubo maestros para instruir a las clases altas de esas naciones en todas las artes y las ciencias que según las circunstancias de su sociedad era necesario que conocieran. La demanda de dicha instrucción produjo lo que produce siempre: el talento para satisfacerla, y la emulación que sistemáticamente ocasiona la libre competencia condujo a ese talento hasta un muy elevado grado de perfección. En la atención que despertaban, en la influencia que tenían sobre las opiniones y principios de sus oyentes, en su facultad para dar determinado tono y carácter a la conducta y conversación de dichos oyentes, los filósofos antiguos estuvieron muy por encima de cualquier profesor de hoy. En los tiempos modernos, la diligencia de los maestros públicos está más o menos corrompida por las circunstancias, que la vuelven más o menos independiente de su éxito y reputación en sus respectivas profesiones. Además, sus salarios sitúan al maestro particular que pretenda competir con ellos en la misma posición que un mercader que pretenda comerciar sin subvenciones en competencia con los que comercian con un copioso subsidio. Si vende sus bienes casi al mismo precio no podrá obtener el mismo beneficio, y su destino irremediable será la pobreza y la miseria, si no la quiebra y la ruina. Si trata de venderlos a un precio bastante mayor, tendrá probablemente tan pocos clientes que sus circunstancias no serán mucho mejores. Asimismo, los privilegios de la graduación son en muchos países necesarios o al menos sumamente convenientes para la mayoría de las personas en las profesiones eruditas, es decir, para el grueso de los que necesitan una educación avanzada. Pero esos privilegios sólo pueden ser obtenidos asistiendo a las clases de los profesores públicos. La asistencia más atenta a las mejores clases de un profesor privado no siempre dan derecho a exigirlos. Por todas estas causas el profesor privado de cualquiera de las ciencias que habitualmente se enseñan en las universidades es en los tiempos modernos por regla general considerado como perteneciente a la clase más baja de los hombres de letras: un hombre que tenga verdaderamente capacidades no podrá encontrar para ellas una aplicación más humillante y menos rentable. Así, las dotaciones de escuelas y colegios no sólo han corrompido la diligencia de los profesores públicos sino que han vuelto casi imposible que haya buenos profesores particulares.

Si no hubiera instituciones educativas públicas no se enseñaría ninguna doctrina ni ninguna ciencia para las que no existiese alguna demanda; o que las circunstancias del momento no volviesen necesario, o conveniente o al menos elegante aprender. A un profesor particular nunca le interesaría enseñar ni un sistema periclitado y obsoleto de una ciencia reconocida como útil, ni una ciencia ampliamente considerada como una inútil y pedante sarta de sofismas y absurdos. Esos sistemas, esas ciencias, sólo pueden subsistir en corporaciones educativas cuya prosperidad y cuyos ingresos son en gran medida independientes de su reputación, y absolutamente independientes de su laboriosidad. Si no hubiera instituciones educativas públicas, un caballero que con aplicación e inteligencia pasara por un curso completo con arreglo a las circunstancias de su tiempo, no saldría después en la más completa ignorancia de todo lo que forma parte habitual de la conversación de los caballeros y personas de mundo.

No hay instituciones públicas para la educación de las mujeres, y en consecuencia en su instrucción habitual no hay nada inútil, ni absurdo, ni fantástico. ...

Podría preguntarse entonces: ¿debería el estado prestar alguna atención a la educación del pueblo? ...

En algunos casos las condiciones de la sociedad necesariamente colocan a la mayor parte de las personas en una situación tal que naturalmente forma en ellas, sin ninguna intervención del estado, casi todas las capacidades y virtudes que esas condiciones requieren, o quizás admiten. En otros casos las condiciones de la sociedad no colocan al grueso de los individuos en esa situación, y se necesita alguna intervención del estado para impedir la corrupción y degeneración casi total de la gran masa de la población.

Con el desarrollo de la división del trabajo, el empleo de la mayor parte de quienes viven de su trabajo, es decir, de la mayoría del pueblo, llega a estar limitado a un puñado de operaciones muy simples, con frecuencia sólo a una o dos. Ahora bien, la inteligencia de la mayoría de las personas se conforma necesariamente a través de sus actividades habituales. Un hombre que dedica toda su vida a ejecutar unas pocas operaciones sencillas, cuyos efectos son quizás siempre o casi siempre los mismos, no tiene ocasión de ejercitar su inteligencia o movilizar su inventiva para descubrir formas de eludir dificultades que nunca enfrenta. Por ello pierde naturalmente el hábito de ejercitarlas y en general se vuelve tan estúpido e ignorante como pueda volverse una criatura humana. La torpeza de su mente lo torna no sólo incapaz de disfrutar o soportar una fracción de cualquier conversación racional, sino también de abrigar cualquier sentimiento generoso, noble o tierno, y en consecuencia de formarse un criterio justo incluso sobre muchos de los deberes normales de la vida privada. No puede emitir juicio alguno acerca de los grandes intereses de su país; y salvo que se tomen medidas muy concretas para evitarlo, es igualmente incapaz de defender a su país en la guerra. La uniformidad de su vida estacionaria naturalmente corrompe el coraje de su espíritu, y le hace aborrecer la irregular, incierta y aventurera vida de un soldado. Llega incluso a corromper la actividad de su cuerpo y lo convierte en incapaz de ejercer su fortaleza con vigor y perseverancia en ningún trabajo diferente del habitual. De esta forma, parece que su destreza en su propio oficio es adquirida a expensas de sus virtudes intelectuales, sociales y marciales. Y en cualquier sociedad desarrollada y civilizada este es el cuadro en que los trabajadores pobres, es decir, la gran masa del pueblo, deben necesariamente caer, salvo que el estado tome medidas para evitarlo.

Lo contrario sucede en las sociedades llamadas bárbaras, de cazadores, pastores e incluso labradores en esa etapa rudimentaria de la agricultura que precede al progreso industrial y a la extensión del comercio exterior. En esas sociedades las diversas ocupaciones de cada hombre lo fuerzan a ejercitar sus capacidades y a inventar expedientes para salvar dificultades que aparecen constantemente. La inventiva está siempre alerta y la mente no llega a caer en la aletargada idiotez que en las sociedades civilizadas parece entumecer la inteligencia de casi todas las clases bajas de la población. ...Aunque en una sociedad primitiva existe mucha variedad en las ocupaciones de cada persona, no hay tanta en las de la sociedad en su conjunto. Cada persona hace o es capaz de hacer casi cualquier cosa que otra persona haga o sea capaz de hacer. ...En una sociedad civilizada, por el contrario, aunque hay poca variedad en las ocupaciones de la mayoría de los individuos, hay una variedad casi infinita en las del conjunto de la sociedad. Esta multiplicidad de ocupaciones presenta una variedad casi ilimitada de objetos para la contemplación de los pocos que, al no estar atados a ninguna ocupación particular, tienen el ocio y la inquietud necesarias para estudiar lo que hacen los demás. La contemplación de esa variedad tan amplia necesariamente ejercita sus mentes en comparaciones y combinaciones continuas, y hace que sus inteligencias sean en grado extraordinario agudas y comprensivas. Sin embargo, si estos pocos no están ubicados en unas situaciones muy especiales, sus grandes habilidades podrán honrarles a ellos pero contribuirán muy poco al buen gobierno o felicidad de su sociedad. Pese a las notables aptitudes de esos pocos, todas las partes más nobles de la naturaleza humana pueden en buena medida embotarse y extinguirse en la gran masa de la gente.

La educación del pueblo llano requiere quizás más la atención del estado en una sociedad civilizada y comercial que la de las personas de rango y fortuna. Las gentes de rango y fortuna tienen normalmente dieciocho o diecinueve años cuando ingresan en el negocio, profesión u oficio en el que se proponen destacar. Antes de ese momento cuentan con mucho tiempo para adquirir, o para prepararse para adquirir más tarde, todos los conocimientos que pueden granjearles la estima pública o hacerlas merecedoras de ellas. Sus padres o tutores suelen preocuparse de que así ocurra y en la mayoría de los casos están plenamente dispuestos a pagar lo que sea necesario para conseguir ese objetivo. Si no siempre están esas personas bien educadas, rara vez se debe a la falta de dinero gastado en su educación sino a la mala utilización de ese dinero. ...

Con el pueblo llano ocurre lo contrario. Dispone de poco tiempo para dedicarlo a la educación. Los padres apenas pueden mantener a los hijos, y apenas puedan éstos trabajar deben aplicarse a algún oficio con el que puedan ganarse la vida. Este oficio será normalmente tan simple y uniforme que ejercitará poco la inteligencia; al mismo tiempo, el trabajo será tan constante y severo que dejará poco tiempo de ocio y menos inquietud para hacer y ni siquiera para pensar en ninguna otra cosa.

Pero aunque el pueblo llano en una sociedad civilizada no pueda tener tanta educación como la gente de rango y fortuna, las partes más fundamentales de la educación —leer, escribir y contar— pueden ser adquiridas en una etapa tan temprana de la vida que la mayoría de quienes se dedican a las ocupaciones más modestas tienen tiempo de aprenderlas antes de poder ser empleados en esas ocupaciones. Con un gasto muy pequeño el estado puede facilitar, estimular e incluso imponer sobre la gran masa del pueblo la necesidad de adquirir esos elementos esenciales de la educación.

El estado puede facilitar esa adquisición estableciendo en todas las parroquias o distritos una pequeña escuela donde los niños puedan estudiar pagando una tasa tan moderada que incluso un trabajador común sea capaz de pagarla; el maestro sería pagado por el estado en parte pero no totalmente, porque si fuera totalmente, o incluso principalmente pagado por el estado, pronto se acostumbraría a desatender su trabajo. ...

El estado puede incentivar la adquisición de esos conocimientos muy fundamentales mediante la concesión de pequeños premios y distintivos honoríficos a los niños de familias humildes que sobresalgan en ellos.

El estado puede obligar a casi todo el pueblo a conocer esos elementos fundamentales de la educación estableciendo un examen obligatorio sobre ellos para ingresar en una corporación o ejercer un oficio en un pueblo o ciudad corporativa.

...

Un cobarde, un hombre incapaz de defenderse o de vengarse, evidentemente carece de una de las partes más fundamentales de la personalidad humana. Es tan mutilado y deforme en su mente como otro pueda serlo en su cuerpo al no tener o no poder usar sus miembros más esenciales. Es evidentemente el más desdichado y miserable de los dos, porque la felicidad y la desgracia residen siempre en la mente y dependen mucho más de que la mente esté sana o enferma, entera o mutilada, que de que lo esté el cuerpo. Incluso aunque el espíritu marcial del pueblo no fuera empleado en la defensa de la sociedad, el evitar que esa suerte de mutilación, deformidad y miseria mental que inevitablemente acarrea la cobardía se extienda por toda la sociedad bien merece la más seria atención del gobierno; y de manera análoga a como la merecería la prevención de la propagación de la lepra o cualquier otra enfermedad repugnante y odiosa, aunque no fuese mortal ni peligrosa, y aunque no se derivase de su intervención otro bien público que la prevención de una calamidad de tamaña dimensión.

Lo mismo puede decirse de la grosera ignorancia y estupidez que en una sociedad civilizada parecen tan frecuentemente entumecer la inteligencia de todas las clases inferiores del pueblo. Una persona que no esté en el uso de las facultades intelectuales de un ser humano es si cabe más despreciable que un cobarde y parece estar mutilada y deformada en una parte del carácter de la naturaleza humana incluso más esencial. Aunque el estado no obtuviese ventaja alguna de la educación de las clases inferiores del pueblo, igual debería cuidar que no quedasen completamente sin instrucción. Ahora bien, el estado deriva una ventaja considerable de esa educación. Cuando más instruida está la gente menos es engañada por los espejismos del fanatismo y la superstición, que con frecuencia dan lugar a terribles perturbaciones entre las naciones ignorantes. Un pueblo educado e inteligente, además, siempre es más decente y ordenado que uno ignorante y estúpido. Cada persona se siente individualmente más respetable, y más susceptible de obtener el respeto de quienes son legalmente sus superiores, con lo que está más dispuesta a respetar a estos superiores. El pueblo está más preparado para investigar y es más capaz de descubrir las protestas interesadas de la facción y la sedición, y por eso está menos expuesto a dejarse arrastrar a una oposición injustificada e innecesaria frente a las medidas del gobierno. En los países libres, donde la seguridad del gobierno depende considerablemente del juicio favorable que el pueblo se forme de su conducta, debe ser evidentemente de la máxima importancia el que el pueblo no la enjuicie de forma precipitada o caprichosa.

...

Las instituciones destinadas a la instrucción de personas de todas las edades son principalmente las que se ocupan de la educación religiosa. Esta es una clase de instrucción cuyo objetivo no es preparar a los seres humanos para ser buenos ciudadanos en este mundo sino prepararlos para un mundo distinto y mejor en una vida futura. Los maestros que enseñan la doctrina que comprende esta educación, igual que todos los maestros, pueden depender completamente para su sustento de las contribuciones voluntarias de sus auditorios o pueden obtenerlo a través de algún otro fondo que la legislación de su país les asigne, tal como una finca rústica, un diezmo o impuesto territorial, un salario determinado o estipendio. Su esfuerzo, su celo y laboriosidad serán probablemente mucho mayores en el primer caso que en el segundo. En este sentido los maestros de las nuevas religiones siempre han gozado de una considerable ventaja al atacar las creencias antiguas y establecidas, cuyos clérigos, al disfrutar reposadamente de sus beneficios, descuidan el mantener vivo el fervor de la fe y la devoción en la gran masa del pueblo; y al entregarse a la indolencia llegan a ser totalmente incapaces de acometer una reacción vigorosa en defensa de su propia posición. Los clérigos de una religión oficial y bien dotada a menudo se convierten en hombres de erudición y elegancia, que poseen todas las virtudes de los caballeros o las que atraen la estima de los caballeros; sin embargo, tienden gradualmente a perder las cualidades, buenas y malas, que les proporcionaron autoridad e influencia sobre las clases inferiores de la población, y que quizás fueron las causas originales del éxito y consolidación de su religión. Tales clérigos, al ser atacados por un grupo de iluminados populares y audaces, aunque sean estúpidos e ignorantes, se sienten absolutamente indefensos, igual que las indolentes, afeminadas y bien comidas naciones del sur de Asia cuando fueron invadidas por los activos, curtidos y hambrientos tártaros del norte. Ante una emergencia de ese tipo un clero en tales condiciones no tiene habitualmente otra alternativa que acudir al magistrado civil para que persiga, aniquile o expulse a sus adversarios, en tanto perturbadores de la tranquilidad pública. Así fue como la iglesia católica romana requirió al poder civil para que persiguiese a los protestantes; y la iglesia de Inglaterra para que persiguiese a los disidentes; y así lo hacen en general todas las religiones cuando han disfrutado durante uno o dos siglos de la seguridad de una institucionalización legal y se ven imposibilitadas para oponer una resistencia enérgica frente a cualquier nueva secta que pretenda atacar su doctrina o disciplina. En estas ocasiones la ventaja en cuanto a la sabiduría y la buena escritura puede a veces estar en manos de la iglesia oficial. Pero las artes de la popularidad, todas las artes de ganar prosélitos están siempre en el lado de sus adversarios. Esas artes han sido desde hace mucho tiempo desatendidas por el bien financiado clero de la religión oficial, y en la actualidad son cultivadas esencialmente por los disidentes y metodistas. ...

En la iglesia de Roma la laboriosidad y el celo del clero inferior se mantienen vivos gracias al poderoso motivo del propio interés en mayor grado que en ninguna religión protestante oficial. Buena parte del clero parroquial deriva una fracción muy considerable de su sustento de los donativos voluntarios de los fieles, una fuente de ingresos que la confesión les brinda muchas oportunidades de incrementar. Las órdenes mendicantes obtiene la totalidad de su subsistencia de dichos donativos. A ellos les ocurre lo mismo que a los húsares y a la infantería ligera de algunos ejércitos: si no hay botín, no hay paga. El clero parroquial es como los profesores cuya remuneración depende en parte de su salario y en parte de las tasas u honorarios que obtienen de sus alumnos; y estos últimos deben en alguna medida depender siempre de su laboriosidad y reputación. Las órdenes mendicantes son como los profesores cuya subsistencia depende exclusivamente de su esfuerzo. Por ello se ven forzadas a emplear cualquier medio para animar la devoción del pueblo llano. Maquiavelo observa que la fundación de las dos grandes órdenes mendicantes de Santo Domingo y San Francisco en los siglos XIII y XIV reavivó la fe y devoción languidecientes de la Iglesia católica. En los países católicos romanos el espíritu devoto se debe sólo a los monjes y al clero parroquial más pobre. Los grandes dignatarios de la iglesia, con todas las características de los caballeros y hombres de mundo, y a veces con las de los eruditos, se cuidan bien de mantener la disciplina necesaria sobre sus subordinados, pero rara vez se preocupan de la educación del pueblo. ...Pero cualesquiera que hayan sido los efectos buenos o malos de la financiación independiente del clero, rara vez la obtuvieron gracias a alguna consideración de estos efectos. Las épocas de violenta controversia religiosa han sido en general épocas de conflictos políticos igualmente violentos. En tales ocasiones, cada partido político vio o creyó que le interesaba aliarse con uno u otro de los contendientes religiosos, algo que sólo podía hacerse adoptando o al menos apoyando los dogmas de dicha secta. La religión que tenía la buena fortuna de aliarse con el vencedor, necesariamente compartía la victoria de su aliado, con cuyo favor y protección pronto podía en alguna medida silenciar y someter a todas sus adversarias. ...

Si la política nunca hubiese reclamado la ayuda de la religión, si los vencedores jamás hubiesen abrazado en la victoria los dogmas de una secta con preferencia sobre los de otra, entonces se podría haber tratado a todas las religiones de forma imparcial y haber permitido a todas las personas que eligiesen el sacerdote y la religión que prefiriesen. En tal caso habría habido sin duda una gran multitud de creencias religiosas. Es probable que casi todas las diferentes congregaciones hubiesen formado una pequeña secta por sí mismas, o cultivado algunos dogmas particulares. Cada predicador se habría sentido en la obligación de realizar el máximo esfuerzo y de emplear todas las artes para preservar e incrementar el número de sus discípulos. Pero como todos los demás maestros habrían sentido la misma necesidad, ningún predicador o secta de predicadores habría alcanzado un éxito demasiado arrollador. El celo interesado y activo de los maestros religiosos sólo puede ser peligroso y problemático cuando hay nada más que una secta socialmente tolerada, o cuando toda una gran sociedad está divida en dos o tres grandes religiones, y los predicadores de cada una actúan en concierto y bajo una disciplina y jerarquía regulares. Pero ese celo debe ser totalmente inocuo cuando la sociedad se divide en doscientas o trescientas o quizás en miles de minúsculas sectas, ninguna de las cuales es lo suficientemente importante como para perturbar la tranquilidad pública. Los predicadores de cada creencia, al verse rodeados por doquier por más adversarios que partidarios, se verían forzados a aprender ese candor y moderación que rara vez se observan en los maestros de las amplias religiones cuyos dogmas, al ser apoyados por el magistrado civil, son venerados por casi todos los habitantes de vastos reinos e imperios, y que por tanto no ven en torno suyo más que seguidores, discípulos y humildes admiradores. Los predicadores de cada pequeña religión, al encontrarse prácticamente aislados, estarían obligados a respetar a los de casi todas las demás, y las concesiones mutuas que descubrirían que les es conveniente y cómodo hacerse unos a otros podrán con el tiempo quizás reducir las doctrinas de la mayoría de ellas a esa religión racional y pura, libre de toda dosis de absurdo, impostura o fanatismo, que los hombres sabios de todas las épocas anhelaron ver establecida. Esa religión, sin embargo, es algo que la legislación nunca ha podido establecer hasta hoy y quizás nunca pueda hacerlo en país alguno, porque en lo relativo a la religión la legislación positiva siempre ha sido y acaso siempre será en cierta medida influida por la superstición y fanatismo del pueblo. Este proyecto de gobierno eclesiástico, o más adecuadamente de ausencia de gobierno eclesiástico es lo que la secta llamada de los Independientes, sin duda una secta de impetuosos iluminados, pretendió fundar en Inglaterra hacia el final de la Guerra Civil. De haber sido establecida, aunque sus orígenes eran muy poco filosóficos, probablemente habría producido actualmente la buena voluntad y la moderación más filosóficas con respecto a toda clase de principios religiosos. El proyecto arraigó en Pensilvania, y aunque allí los cuáqueros son los más numerosos, la ley en verdad no favorece a ninguna creencia sobre las demás, y se dice que allí ha generado esa templanza y moderación filosóficas. ...

En toda sociedad civilizada, en toda sociedad donde se ha afianzado completamente la jerarquía de rangos, hay siempre dos esquemas o sistemas morales distintos vigentes al mismo tiempo: uno puede ser denominado el estricto o austero, y el otro el liberal o si se prefiere el relajado. El primero es generalmente admirado y reverenciado por el pueblo llano; el segundo es habitualmente más estimado y adoptado por lo que se llama la gente distinguida. La principal diferencia entre estos dos esquemas o sistemas opuestos es el grado de desaprobación que deberían merecernos los vicios de la liviandad, los vicios que surgen de la copiosa prosperidad y del exceso de alegría y buen humor. En el sistema liberal o relajado el lujo, la profusión y hasta el regocijo desordenado, la búsqueda del placer hasta un cierto grado de intemperancia, el quebrantamiento de la castidad, al menos en uno de los dos sexos, etc., siempre que no vengan acompañados de una grosera falta de decoro y que no conduzcan a la falsedad o la injusticia, son tratados por regla general con mucha indulgencia y son con facilidad justificados o perdonados totalmente. En el sistema austero, por el contrario, esos excesos son contemplados con el máximo aborrecimiento y repugnancia. Los vicios frívolos son siempre ruinosos para el pueblo llano, y una sola semana de imprudencia y disipación a menudo basta para destruir a un pobre trabajador para siempre, y a que la desesperación lo arrastre a cometer los delitos más terribles. Las personas mejores y más sabias del pueblo llano, por ello, siempre aborrecen y detestan dichos excesos, que la experiencia les demuestra resultan inmediatamente fatales para la gente de su condición. Por el contrario, el desorden y la extravagancia de muchos años no siempre arruinarán a un hombre distinguido y la gente de esa categoría suele creer que la capacidad de permitirse un cierto grado de excesos es una de las ventajas de su fortuna, y la libertad de hacerlo sin censura o reproche es uno de los privilegios propios de su clase. En consecuencia, los miembros de su rango contemplan a dichos excesos con escasa desaprobación, y los censuran muy poco o nada en absoluto.

Casi todas las creencias religiosas nacieron entre el pueblo llano y de allí obtuvieron generalmente sus primeros y más numerosos prosélitos. Por eso es casi una regla invariable que esas religiones adopten el sistema de moral austero. ...

Un hombre de rango y fortuna es por su situación un miembro distinguido de una gran sociedad, que se fija en todos sus actos y le obliga por ello a que él haga otro tanto. Su autoridad y categoría dependen mucho del respeto que le tenga la sociedad. Él no osará hacer nada que lo desacredite o deshonre ante la sociedad, y se verá obligado a la estricta observancia de las reglas morales, liberales o austeras, que el amplio consenso social prescriba para las personas de su rango y fortuna. Un hombre de baja condición, por el contrario, estará lejos de ser un miembro distinguido de ninguna gran sociedad. Mientras permanezca en un pueblo rural su comportamiento puede ser vigilado y él puede ser obligado a cuidarlo. Pero tan pronto como llega a una gran ciudad se hunde en la oscuridad y el anonimato. Nadie observa ni vigila su conducta, y de ahí que sea muy susceptible de descuidarla él mismo y de abandonarse a toda clase de vicios y despilfarros inmorales. Y nunca será tan eficaz su salida de esa oscuridad, nunca atraerá su conducta más atención de la sociedad respetable, como cuando ingresa en una pequeña secta religiosa. ...De ahí que en las religiones pequeñas la moral de la gente humilde haya sido casi siempre notablemente regular y ordenada, por lo general mucho más que en la iglesia oficial. Las normas morales de esas religiones pequeñas, en realidad, han sido con frecuencia desagradablemente rigurosas y antisociales.

Sin embargo, hay dos remedios muy sencillos y eficaces mediante cuya acción conjunta el estado puede corregir, sin violencias, todo lo que sea antisocial o desagradablemente estricto en la moral de las pequeñas religiones en que puede dividirse el país.

El primero de esos remedios es el estudio de la ciencia y la filosofía, que el estado puede volver prácticamente universal entre las personas de rango y fortuna medios o altos; y no pagando salarios a profesores que los vuelvan negligentes y ociosos sino instituyendo una suerte de prueba, incluso sobre las ciencias más elevadas y difíciles, a ser tomada a todas las personas antes de permitirles ejercer una profesión liberal, o antes de que puedan presentarse como candidatas a un puesto honorable, de confianza y provecho. Si el estado impusiese a estas clases de hombres la necesidad de estudiar, no debería preocuparse en absoluto de suministrarles los profesores adecuados. Pronto hallarían ellos mismos mejores profesores que ninguno que podría proporcionarles el estado. La ciencia es el gran antídoto contra el veneno del fanatismo y la superstición, y allí donde todas las clases superiores estén libres del mismo, las clases inferiores no podrán estar muy expuestas a él.

El segundo de los remedios es la frecuencia y alegría de las diversiones públicas. Si el estado las estimula, es decir, si garantiza la completa libertad a todos aquellos que por su propio interés procuren sin escándalo ni indecencia entretener y divertir al público con pinturas, poesía, música, baile, con toda clase de representaciones y exhibiciones teatrales, entonces podría conseguir disipar fácilmente en la mayoría del pueblo ese humor melancólico y apagado que casi siempre es el caldo de cultivo de la superstición y el fanatismo. Las diversiones públicas siempre han sido objeto del temor y odio de todos los iluminados promotores de esos extravíos populares. La alegría y el buen humor que esas diversiones inspiran son totalmente incompatibles con el estado de ánimo más adecuado para sus objetivos y sobre el que más eficazmente pueden actuar. Las representaciones teatrales, además, al exponer frecuentemente sus estratagemas al ridículo público, y a veces hasta a la execración pública, son más aborrecidas por ellos que ninguna otra diversión.

En un país donde la ley no favorece a los maestros de una religión más que a los de otra, no es necesario que ninguno de ellos tenga una dependencia especial o inmediata del soberano o poder ejecutivo, ni que el soberano tenga ningún papel en designarlos o destituirlos de sus cargos. En tal situación no tendría que ocuparse de ellos para nada, salvo para mantenerlos en paz, igual que al resto de sus súbditos, es decir, impedirles que se persigan, abusen u opriman mutuamente. En países donde hay una religión establecida u oficial ocurre todo lo contrario. En este caso el soberano nunca está seguro salvo que tenga los medios para influir en un grado considerable sobre la mayor parte de los maestros de esa religión.

...

El clero de todos los diferentes países de Europa llegó a convertirse en una suerte de ejército espiritual, ciertamente disperso en multitud de cuarteles, pero cuyos movimientos y operaciones podían ser dirigidos por una sola cabeza y ordenados con arreglo a un plan uniforme. El clero de cada país podía ser considerado como un destacamento particular de ese ejército, cuyas operaciones podían ser fácilmente apoyadas y secundadas por los demás destacamentos acuartelados en los diversos países de alrededor. Cada destacamento no sólo era independiente del soberano del país donde se hallaba acuartelado, y del que se mantenía, sino que además dependía de un soberano extranjero, que en cualquier momento podía dirigir sus armas hacia el soberano de ese país en particular, y apoyarlas con las armas de todos los otros destacamentos.

Esas armas eran las más formidables que se puedan concebir. En la antigua Europa, antes del desarrollo de las artes y las manufacturas, la riqueza del clero le otorgaba la misma clase de influencia sobre el pueblo llano que la que la riqueza de los grandes barones les otorgaba sobre sus respectivos vasallos, arrendatarios y servidores. En las vastas propiedades territoriales que la equivocada piedad tanto de los príncipes como de los particulares concedió a la Iglesia, se establecieron jurisdicciones de igual naturaleza que la de los grandes señores, y por la misma razón. ...Igual que los grandes barones, el clero no podía obtener ninguna ventaja de su copioso excedente sobre sus ingresos salvo que lo empleara en la profusa hospitalidad y en la más amplia caridad. ...La hospitalidad y la caridad de los clérigos no sólo les concedieron el control sobre una gran fuerza temporal sino que también incrementaron el peso de sus armas espirituales. Esas virtudes les atrajeron el máximo respeto y veneración de las clases bajas del pueblo, porque muchas eran alimentadas por ellos de forma permanente y casi todas lo eran de forma ocasional. Todo lo que perteneciese a un estamento tan popular, sus posesiones, privilegios, doctrinas, aparecía ante los ojos del pueblo llano como sagrado, y cualquier violación de ellos, real o pretendida, era visto como un acto de la máxima perversión y profanación sacrílega. En tal estado de cosas, si el soberano con frecuencia se veía en dificultades para resistir a la confederación de un puñado de grandes nobles, no es sorprendente que enfrentase dificultades aún mayores para resistir a la fuerza unida del clero de sus propios dominios, sostenida por la del clero de todos los dominios vecinos. En dichas circunstancias lo asombroso no es que fuese en algunas ocasiones obligado a ceder, sino que haya sido capaz de oponer alguna resistencia. ...

En el estado de cosas de la mayor parte de Europa en los siglos X, XI, XII y XIII, y durante algún tiempo antes y después de ese período, la constitución de la Iglesia de Roma puede ser considerada como la coalición más formidable que nunca se formó contra la autoridad y seguridad del gobierno civil, e igualmente contra la libertad, la razón y la felicidad de la humanidad, que sólo pueden florecer cuando el gobierno civil es capaz de protegerlas. En esa constitución, los más groseros espejismos de la superstición contaron con el apoyo de los intereses privados de un número tal de personas que los colocaron al abrigo de cualquier asalto del raciocinio humano; porque aunque la razón humana quizás hubiese podido desvelar, incluso ante los ojos del pueblo llano, algunos de los engaños de la superstición, jamás habría podido disolver la red de los intereses particulares. Si esta constitución hubiese sido atacada sólo por los endebles esfuerzos del razonamiento humano, habría perdurado para siempre. Pero esa inmensa y bien tupida trama, que ni toda la sabiduría ni toda la virtud de los hombres podrían haber sacudido, y mucho menos quebrado, fue por el desarrollo natural de las cosas primero debilitada, después parcialmente destruida y quizás en el curso de unos pocos siglos se desmorone hasta su ruina total.

El progreso paulatino de las artes, la industria y el comercio, las mismas causas que aniquilaron el poder de los grandes señores, destruyeron de la misma forma todo el poder temporal del clero en la mayor parte de Europa. En la producción de las artes, la industria y el comercio los clérigos, como los grandes barones, vieron algo por lo que podían intercambiar sus productos primarios, y descubrieron así el medio para gastar todos sus ingresos en sus personas, sin hacer partícipes de ellos a otra gente. Su caridad devino gradualmente menos generalizada, y su hospitalidad menos liberal y menos profusa. Sus dependientes se volvieron por ello menos numerosos y de a poco fueron desapareciendo por completo. Los clérigos, además, igual que los nobles, anhelaban obtener una renta más elevada de sus propiedades, para poder gastarla de igual forma en la gratificación de su propia vanidad y extravagancia. Pero esta renta incrementada sólo podía obtenerse firmando contratos con sus arrendatarios, que se volvieron así en buena medida independientes de ellos. La trama de intereses que vinculaba a las clases bajas del pueblo y al clero se fue de esta manera aflojando y disolviendo. ...Y el poder de la Iglesia llegó a ser reducido en casi toda Europa al derivado de su autoridad espiritual, e incluso esa autoridad espiritual resultó muy debilitada al dejar de ser apoyada por la caridad y la hospitalidad del clero. Las clases inferiores de la población dejaron de mirar a este estamento como consuelo de sus aflicciones y alivio de su indigencia. Al contrario, les irritaba y disgustaba la vanidad, lujo y dispendio de los clérigos más opulentos, que parecían gastarse en sus propios placeres lo que siempre había sido considerado patrimonio de los pobres. ...A medida que el clero tenía menos influencia sobre el pueblo, el estado tenía más sobre el clero, con lo que éste tenía menos poder y menos inclinación a perturbar al estado.

La autoridad de la Iglesia de Roma se hallaba en esa situación de decadencia cuando las disputas de las que surgió la Reforma comenzaron en Alemania y se extendieron muy pronto a toda Europa. Las nuevas doctrinas fueron acogidas por doquier con un intenso fervor popular. Fueron propagadas con el celo entusiasta que habitualmente anima al espíritu partidista cuando ataca a la autoridad establecida. Los maestros en esas doctrinas, aunque en otros aspectos no eran más ilustrados que muchos de los teólogos que defendían a la Iglesia oficial, parecían en general más versados en historia eclesiástica y en el origen y evolución del sistema de opiniones sobre el que se basaba la autoridad de la iglesia, con lo que gozaban de alguna ventaja en casi todos los debates. La austeridad de sus costumbres les confirió autoridad sobre el pueblo llano, que contrastó la estricta regularidad de su conducta con la existencia desordenada de la mayor parte de su propio clero. Aventajaban además en un grado todavía mayor a sus adversarios en todas las artes de la popularidad y el reclutamiento de prosélitos, artes que los altaneros y pomposos hijos de la Iglesia habían descuidado desde hacía mucho, porque para ellos eran en buena medida inútiles. Las razones de las nuevas doctrinas eran algo atractivo para algunos, su novedad lo era para muchos, y el odio y desprecio hacia el clero oficial las volvían atractivas para un número todavía mayor; pero con diferencia el máximo número se vio atraído por la elocuencia fervorosa, apasionada y fanática, aunque con frecuencia basta y rústica, con que fueron predicadas en casi todas partes.

El éxito de las nuevas doctrinas fue tan generalizado y arrollador que los príncipes que en ese momento tenían malas relaciones con la corte de Roma pudieron gracias a ellas derrocar fácilmente a la iglesia en sus propios dominios, porque había perdido el respeto y la veneración de las clases humildes del pueblo y apenas podía oponer resistencia. ...

En esta crítica situación la corte papal con dificultad pudo fomentar la amistad de los poderosos soberanos de Francia y España, y el de España era entonces emperador de Alemania. Con su ayuda fue capaz, aunque no sin agudos problemas y caudalosos derramamientos de sangre, de suprimir u obstruir significativamente el progreso de la Reforma en sus dominios. También estaba dispuesta a complacer al rey de Inglaterra. Pero en las circunstancias de la época no podía hacerlo sin ofender a un soberano aún más importante: Carlos V, rey de España y emperador de Alemania. De ahí que Enrique VIII, aunque no abrazó él mismo la mayor parte de las doctrinas de la Reforma, se apoyó en su difusión y pudo suprimir todos los monasterios y abolir la autoridad de la Iglesia de Roma en sus dominios. ...

Entre los seguidores de la Reforma, dispersos a lo largo y ancho de Europa, no había un tribunal general que, como el de la corte de Roma o un concilio ecuménico pudiese zanjar todas sus disputas y prescribir a todos con irresistible autoridad los límites exactos de la ortodoxia. Por lo tanto, cuando los partidarios de la Reforma en un país diferían de sus correligionarios en otro, como carecían de un juez común al que apelar, la cuestión nunca podía ser zanjada; y hubo entre ellos muchas controversias de esta naturaleza. Las más interesantes para la paz y el bienestar de la sociedad civil fueron las relativas al gobierno de la iglesia y al derecho a conferir beneficios eclesiásticos, que dieron lugar a las dos partes o creencias principales entre los reformadores: los luteranos y los calvinistas, las únicas cuya doctrina y disciplina han adquirido rango legal en algún lugar de Europa.

Los partidarios de Lutero, junto a lo que se denomina la Iglesia de Inglaterra, conservaron en mayor o menor medida la administración episcopal, establecieron la jerarquía en el clero, concedieron al soberano el derecho a disponer sobre los obispados y otros beneficios consistoriales en sus dominios, y lo convirtieron así en la verdadera cabeza de la iglesia. ...Este sistema de gobierno fue desde el principio favorable a la paz, el orden y la sumisión al soberano civil. Nunca ha dado lugar a ningún tumulto o conmoción civil en los países donde ha llegado a establecerse. ...

Por el contrario, los secuaces de Zuinglio, o más exactamente los de Calvino, confirieron a los fieles de cada parroquia el derecho a elegir su propio pastor cuando la iglesia quedara vacante, y decretaron al mismo tiempo la más absoluta igualdad entre el clero. Mientras que la primera de estas medidas estuvo en vigor no produjo más que desorden y confusión, y tendió a corromper la moral tanto del clero como de los fieles. La segunda medida no parece haber tenido más que efectos beneficiosos.

Mientras los fieles de cada parroquia mantuvieron el derecho de elegir a sus propios pastores, actuaron casi siempre bajo la influencia del clero, y en general de sus miembros más facciosos y fanáticos. Con objeto de preservar su influencia en esas elecciones populares muchos clérigos se volvieron o pretendieron volverse ellos mismos fanáticos, incentivaron el fanatismo entre los fieles y apoyaron casi siempre al candidato más fanático. ...

La igualdad que la forma presbiteriana de administración eclesiástica impone entre el clero consiste, primero, en la igualdad de autoridad o jurisdicción eclesiástica; y segundo, en la igualdad de beneficios. En todas las iglesias presbiterianas la igualdad de autoridad es perfecta, pero la de beneficios no. Sin embargo, la diferencia entre un beneficio y otro rara vez es tan considerable como para tentar ni siquiera al poseedor de uno muy reducido a hacer la corte a su patrono para conseguir uno más elevado mediante las artes viles de la adulación y la obsecuencia. ...

Cuando todos los beneficios de la iglesia son iguales ninguno puede ser muy abultado, y esta mediocridad, aunque evidentemente puede ser llevada demasiado lejos, tiene efectos muy convenientes. Sólo una moral ejemplar puede dar dignidad a un hombre de pequeña fortuna. Los vicios de la frivolidad y la vanidad necesariamente lo vuelven ridículo, y además son tan ruinosos para él como para el pueblo llano. En consecuencia, se ve obligado a seguir en su conducta el sistema moral que el pueblo humilde más respeta. Consigue su estima y afecto mediante el plan de vida que su propio interés y posición le haría seguir. El pueblo llano lo ve con esa amabilidad con que habitualmente consideramos a la persona que se aproxima a nuestra condición pero que pensamos debería ocupar una mejor. La amabilidad de las gentes naturalmente suscita la suya. Llega a preocuparse de su instrucción y a vigilar que sean ayudadas y aliviadas. Ni siquiera desprecia los prejuicios de unas personas tan favorablemente dispuestas hacia él, y jamás las trata con ese aire despreciativo y arrogante tan habitual en los orgullosos dignatarios de las iglesias opulentas y bien financiadas. De ahí que el clero presbiteriano tenga quizás más influencia sobre las mentes del pueblo llano que el clero de cualquier otra religión oficial. Y por eso sólo en los países presbiterianos se asiste sin persecución a la conversión completa del pueblo, casi como un solo hombre, a la iglesia oficial.

En los países donde los beneficios eclesiásticos son en su mayoría sumamente moderados, una cátedra universitaria es por regla general un cargo mejor que cualquier beneficio. En este caso, las universidades pueden seleccionar y escoger para su claustro entre todos los clérigos del país, que en casi todas partes forman de lejos el grupo más numeroso de hombres de letras. Por el contrario, cuando los beneficios eclesiásticos son en muchos casos muy copiosos, la iglesia naturalmente recluta de las universidades a la mayoría de sus hombres de letras eminentes, que suelen encontrar algún patrono que se honra al procurarles un beneficio eclesiástico. En el primer caso es probable que veamos a las universidades repletas de los hombres de letras más eminentes que pueda haber en el país. En el segundo caso veremos a pocos hombres sobresalientes en ellas, y esos pocos serán jóvenes, que probablemente serán apartadas de ellas antes de hacer acumulado la experiencia y conocimientos suficientes como para serles útiles. El Sr. de Voltaire subraya que el padre Porrée, un jesuita de no mucha importancia en la república de las letras, era el único profesor que habían tenido en Francia cuyas obras valía la pena leer. Debe sin duda llamar la atención el que en un país que ha producido tantos hombres de letras sobresalientes, casi ninguno haya sido profesor universitario. ...Creo que la observación del Sr. de Voltaire no es sólo valida en Francia sino en todos los demás países católicos romanos. Es raro encontrar en ellos a un hombre de letras relevante que sea profesor en alguna universidad, salvo quizás en las profesiones de derecho y medicina, profesiones de las que no es probable que la iglesia vaya a sacarlos para sí. Después de la iglesia de Roma, la más rica y mejor financiada de la cristiandad es la iglesia de Inglaterra. De ahí que en Inglaterra la iglesia esté continuamente drenando a las universidades sus miembros mejores y más capaces, y es tan difícil como en cualquier país católico romano encontrar allí a un hombre de letras importante que sea conocido y apreciado en Europa. Por el contrario, en Ginebra, en los cantones protestantes suizos, en los países protestantes de Alemania, Holanda, Escocia, Suecia y Dinamarca, los más sobresalientes hombres de letras que han producido han sido —no todos, ciertamente, pero la gran mayoría— profesores universitarios. En esos países las universidades arrebatan incesantemente a la iglesia casi todos sus hombres de letras de mayor peso.

Acaso valga la pena destacar que con la excepción de los poetas, unos pocos oradores y un puñado de historiadores, la inmensa mayoría de los otros hombres de letras importantes tanto de Grecia como de Roma fueron profesores, públicos o particulares; y en general de filosofía o retórica. Esto fue así desde los tiempos de Lisias e Isócrates, de Platón y Aristóteles, hasta los de Plutarco y Epicteto, de Suetonio y Quintiliano. El imponer sobre cualquier hombre la necesidad de enseñar, año tras año, una rama concreta de la ciencia parece ser realmente el método más eficaz para convertirlo en un maestro de la misma. Al verse obligado a recorrer cada año el mismo camino, si no es un incapaz, es inevitable que en unos pocos años acabe profundamente familiarizado con todos sus aspectos, y si sobre un punto en particular se forma un juicio precipitado es muy probable que lo corrija cuando el año próximo vuelva en sus lecciones a reconsiderar la misma cuestión. Así como el ser profesor de ciencia es claramente el empleo natural de un hombre de letras, también es quizás la educación más adecuada para transformarlo en un hombre de sabiduría y conocimientos sólidos. La mediocridad de los beneficios eclesiásticos tiende naturalmente a orientar al grueso de los hombres de letras del país hacia la ocupación donde al mismo tiempo pueden ser más útiles al público y pueden recibir la mejor educación posible. Tiende a hacer que sus conocimientos sean tan sólidos y tan útiles como sea posible.

Nótese que el ingreso de cualquier religión oficial, con la excepción del derivado de la propiedad de tierras o fincas, es una rama del ingreso general del estado, que se desvía de esta forma hacia un objetivo muy diferente de la defensa del estado. El diezmo, por ejemplo, es en realidad un impuesto territorial, que impide que los propietarios de tierras puedan contribuir a la defensa del país como lo harían en otra circunstancia. La renta de la tierra, asimismo, es según algunos el único fondo, y según otros el fondo principal que en todas las monarquías satisface en última instancia las necesidades del estado. Cuanto mayor sea la sección de este fondo que se entregue a la iglesia, es evidente que quedará menos para el estado. Se puede aceptar como máxima evidente que, si todas las demás cosas no cambian, cuanto más rica sea la iglesia más pobre deberá ser necesariamente el soberano, por un lado, o el pueblo, por el otro; y en cualquier caso menor será la capacidad del estado para defenderse. En varios países protestantes, en particular en todos los cantones protestantes de Suiza, el ingreso que antes pertenecía la iglesia católica romana, los diezmos y las tierras eclesiásticas, ha probado ser un fondo suficiente no sólo para pagar salarios adecuados al clero oficial sino para sufragar con pocos o ningún añadido todos los demás gastos públicos. ...La más opulenta iglesia de la cristiandad no mantiene mejor la uniformidad de la fe, el fervor de la devoción, el espíritu de orden, regularidad y moral austera en la gran masa del pueblo que la pobremente dotada iglesia de Escocia. Todos los buenos efectos civiles y religiosos que una religión oficial presuntamente general son producidos por ella tan cabalmente como por cualquier otra. La mayoría de las iglesias protestantes de Suiza, que por regla general tienen menos recursos que la iglesia de Escocia, producen esos efectos en un grado todavía mayor.

...

Además del gasto necesario para que el soberano pueda cumplir sus deberes, se requiere un cierto desembolso para el sostén de su dignidad. Este gasto varía tanto con las diferentes etapas del desarrollo como con las diversas formas de gobierno.

En una sociedad desarrollada y rica, donde todas las clases del pueblo gastan cada día más en sus casas, sus muebles, sus mesas, sus vestidos y sus equipos, no puede esperarse que el soberano sea la única persona que vaya contra la corriente. En consecuencia, de forma natural o más bien necesaria, él procede también a gastar más en todas esas cosas. Parece como si su propia dignidad así lo exigiese.

En lo relativo a la dignidad, un rey está más por encima de sus súbditos que lo que puede suponerse que está el primer magistrado de una república sobre sus conciudadanos, con lo que se necesitará un gasto mayor para sostener esa dignidad mayor. Es natural que esperemos más esplendor en la corte de un rey que en la residencia de un dux o burgomaestre.

...

Los gastos de defensa de la sociedad y de mantenimiento de la dignidad del magistrado supremo se realizan en beneficio de toda la sociedad. Es por ello razonable que sean sufragados por la contribución general de toda la sociedad, y que todos sus miembros contribuyan de la forma más aproximada posible en proporción a sus capacidades respectivas.

También puede indudablemente afirmarse que el gasto de la administración de justicia es desembolsado en beneficio de la sociedad en su conjunto. No es por ello inadecuado que sea sufragado por la contribución general de toda la sociedad. Pero las personas que ocasionan este gasto son aquellas que por haber sido injustas en alguna forma u otra hacen necesario la búsqueda de compensación o protección de los tribunales de justicia. Y las personas más inmediatamente beneficiadas por ese gasto son aquellas a las que los tribunales restauran en sus derechos o mantienen en los mismos. El gasto de la administración de justicia, en consecuencia, puede muy adecuadamente ser sufragado por la contribución particular de alguno de estos grupos de personas o por ambos, según demande la ocasión, es decir, mediante las tasas judiciales. No debería ser necesario recurrir a la contribución general de toda la sociedad, salvo para las condenas de aquellos delincuentes que no tengan ingreso ni patrimonio alguno suficiente para pagar esas tasas.

Los gastos locales o provinciales cuyo beneficio es local o provincial (por ejemplo el coste de la policía de una ciudad o distrito) deberían ser pagados por un ingreso local o provincial, y nunca representar una carga sobre el ingreso general de la sociedad. Es injusto que el conjunto de la sociedad financie un gasto que beneficia sólo a una parte de la misma.

El gasto en la conservación de buenas carreteras y vías de comunicación es indudablemente beneficioso para toda la sociedad, y puede por ello sin injusticia alguna ser financiado mediante la aportación general del conjunto de la sociedad. Sin embargo, este gasto es más inmediata y directamente beneficioso para los que viajan o transportan bienes de un sitio a otro, y a los que consumen dichos bienes. Los derechos de portazgo y los peajes en Inglaterra y otros países hacen recaer el gasto completamente sobre esos grupos de personas, y liberan así de una pesada carga al ingreso general de la sociedad.

De la misma forma, el gasto de las instituciones educativas y de instrucción religiosa es evidentemente beneficioso para el conjunto de la sociedad y por ello podría sin ninguna injusticia ser sufragado por la contribución general de toda la sociedad. Sin embargo, este gasto podría ser totalmente financiado, quizás con igual propiedad e incluso con alguna ventaja, por aquellos que reciben el beneficio inmediato de esa educación y esa instrucción, o por la contribución voluntaria de aquellos que piensan que las necesitan.

Cuando las obras o instituciones públicas beneficiosas para toda la sociedad no pueden ser mantenidas o de hecho no son mantenidas por la contribución de aquellos de sus miembros que resultan más directamente beneficiados por ellas, entonces esta deficiencia debe ser cubierta por la contribución general de toda la sociedad. ...

II

El ingreso que debe sufragar no sólo los gastos de defensa de la sociedad y de sostén de la dignidad del primer magistrado sino todos los otros gastos necesarios del gobierno para los que la constitución del estado no ha provisto ningún ingreso específico debe provenir, primero, de algún fondo que pertenezca al soberano o al estado, y

que es independiente del ingreso de la población o, segundo, de los ingresos de la población.
...

Los fondos o fuentes de ingreso que pertenezcan especialmente al soberano o al estado deben consistir en capital o en tierra.

El soberano, como cualquier otro propietario de capital, puede derivar del mismo un ingreso, sea empleándolo él mismo, sea prestándolo. En un caso su ingreso es un beneficio, y en el otro un interés.

El ingreso de un jefe tártaro o árabe consiste en beneficios. Surge principalmente de la leche y de las crías de sus propias manadas y rebaños, cuya administración es supervisada por él mismo, al ser el principal pastor o ganadero de su horda o tribu. Sin embargo, es sólo en esta etapa temprana y primitiva del gobierno civil que el beneficio puede representar la parte principal del ingreso público de un estado monárquico.

En algunas ocasiones las pequeñas repúblicas han derivado un ingreso copioso del beneficio de empresas mercantiles. Se dice que la república de Hamburgo lo ha obtenido de los beneficios de una bodega pública y una farmacia. No puede ser muy grande el estado cuyo soberano tiene tanto tiempo libre como para convertirse en comerciante de vinos o farmacéutico. En estados más importantes el beneficio de un banco público ha constituido una fuente de ingresos. Así ha ocurrido no sólo en Hamburgo sino en Venecia y Amsterdam. Algunas personas han sugerido que se podría pensar en un ingreso de este tipo en un imperio tan vasto como el de Gran Bretaña. ...La experiencia parece probar que la administración ordenada, atenta y austera de aristocracias como las de Venecia y Amsterdam resulta extremadamente adecuada para la conducción de empresas de este tipo. Pero como mínimo resulta mucho más dudoso que se pueda confiar con alguna seguridad la gestión de una empresa similar a un gobierno como el de Inglaterra que, cualesquiera puedan ser sus virtudes, jamás ha alcanzado fama de administrador eficiente; que en tiempo de paz generalmente se ha conducido con el derroche indolente y negligente que quizás sea natural en las monarquías; y que en tiempos de guerra ha actuado sistemáticamente con la imprudente extravagancia en que suelen caer las democracias.

El correo es propiamente una empresa mercantil. El estado adelanta los gastos para establecer las diferentes oficinas y comprar o alquilar los caballos y carruajes necesarios, y los recupera con un suculento beneficio mediante las tarifas pagadas por la correspondencia. Creo que es la única empresa que ha sido gestionada con éxito por cualquier tipo de gobierno. El capital a adelantar no es muy considerable. El negocio no tiene misterio alguno. Y los rendimientos no sólo son ciertos sino inmediatos.

Pero los príncipes se han lanzado con frecuencia a muchas otras empresas y han aspirado, igual que las personas privadas, a amasar fortunas convirtiéndose en empresarios de los negocios corrientes. Casi nunca lo han conseguido, porque el derroche que siempre caracteriza a los asuntos de los príncipes lo hacía prácticamente imposible. Los funcionarios de un príncipe consideran que la riqueza de su patrono es inagotable; no se preocupan de a qué precio compran, a qué precio venden, ni cuánto cuesta el transporte de sus bienes de un sitio a otro. Estos agentes viven con frecuencia con el boato de los príncipes y a veces también, a pesar de esa profusión, manipulando adecuadamente sus cuentas acumulan fortunas principescas. ...

No hay dos naturalezas más incompatibles que las de empresario y soberano. Si el espíritu comercial de la Compañía Inglesa de las Indias Orientales la convierte en pésima soberana, el espíritu de soberanía la convierte en pésima comerciante. ...Un estado puede a veces derivar parte de sus ingresos públicos del interés del dinero, igual que de los beneficios del capital. Si ha acumulado un tesoro, puede prestar parte a estados extranjeros o a sus propios súbditos. ...Pero la inestable y perecedera naturaleza del capital y el crédito los vuelve poco confiables para nutrir los fondos principales de ese ingreso seguro, estable y permanente que es lo único que puede dar seguridad y dignidad a un estado. ...La tierra es un fondo de naturaleza más estable y permanente; y por eso la renta de las tierras públicas fue la principal fuente de ingresos públicos de numerosas grandes naciones. ...

En las antiguas monarquías de Europa...la renta de una gran finca rústica bastaba, en circunstancias normales, para hacer frente a todos los gastos necesarios del gobierno.

En la situación presente de la mayor parte de las monarquías civilizadas de Europa, la renta de todas las tierras...apenas igualaría a los ingresos que obtienen del pueblo en tiempos de paz. ...

Aunque no existe en Europa hoy ningún estado civilizado que obtenga una parte apreciable de sus ingresos públicos de la renta de tierras estatales, todavía hay vastas extensiones de tierra que pertenecen a las coronas. Se trata en general de montes, pero a veces montes en los que se puede recorrer bastantes millas sin ver un sólo árbol. ...En todas las grandes monarquías europeas la venta de las tierras reales podría generar una gran suma de dinero que, aplicada al pago de la deuda pública, dejaría deshipotecados a unos ingresos mucho mayores que los que nunca han producido esas tierras a las coronas. ...Si las tierras reales se vuelven propiedad privada, en pocos años estarían bien roturadas y bien cultivadas. ...

El ingreso que en cualquier monarquía civilizada obtiene la corona de las tierras reales, aunque parece no costar nada a los ciudadanos, en realidad cuesta más a la sociedad que probablemente cualquier otro ingreso similar de la corona. En todos los casos sería del interés de la sociedad el reemplazar este ingreso real por otro similar y repartir las tierras entre la población, y quizás la mejor forma de hacerlo sea mediante su pública subasta. ...

En consecuencia, las dos fuentes de ingreso que pueden pertenecer particularmente al soberano o al estado, el capital público y las tierras públicas, resultan ser fondos inadecuados e insuficientes para sufragar los gastos necesarios de cualquier estado grande y civilizado. La mayor parte de este gasto debe ser financiado mediante impuestos de alguna clase: el pueblo aporta una fracción de su ingreso privado para constituir el ingreso público del soberano o el estado.

...El ingreso privado de las personas, tal como se demostró en el primer libro de esta investigación, proviene en última instancia de tres fuentes: renta, beneficio y salario. Todo impuesto debe ser finalmente pagado a partir de alguna o algunas de estas tres clases de ingresos. ...Se verá seguidamente que muchos impuestos no son pagados al final por el fondo o la fuente de ingreso sobre la que se pretende que recaigan.

Pero antes de examinar los impuestos en detalle, es necesario establecer los siguientes cuatro cánones de la tributación en general.

I. Los súbditos de cualquier estado deben contribuir al sostenimiento del gobierno en la medida de lo posible en proporción a sus respectivas capacidades; es decir, en proporción al ingreso del que respectivamente disfrutan bajo la protección del estado. El gasto del gobierno en los individuos de una gran nación es como el gasto de la administración de una gran finca para los copropietarios, que están obligados a contribuir en proporción a sus intereses respectivos en dicha finca. La igualdad o desigualdad de la tributación consiste en la observación o incumplimiento de esta regla. De una vez y para siempre ha de notarse que todo impuesto que finalmente incida sobre sólo una de las tres fuentes de ingreso antes mencionadas es un impuesto necesariamente desigual porque no afecta a las otras dos. En el siguiente análisis de los impuestos casi no prestaré atención a esta clase de desigualdad, y en la mayor parte de los casos me concentraré en el examen de la desigualdad que surge cuando un impuesto en particular incide desigualmente sobre el ingreso privado particular que grava.

II. El impuesto que cada individuo debe pagar debe ser cierto y no arbitrario. El momento del pago, la forma del mismo, la cantidad a pagar, todos deben resultar meridianamente claros para el contribuyente y para cualquier otra persona. Cuando esto no sucede así, cada persona sujeta al impuesto se halla en cierta medida en manos del recaudador, que puede aumentar el impuesto sobre algún contribuyente molesto o arrancarle, por su terror ante tal incremento, alguna propina o regalo. La incertidumbre en la tributación estimula la insolencia y favorece la corrupción de una clase de personas naturalmente impopulares, incluso allí donde no son insolentes ni corruptas. La certidumbre sobre lo que cada individuo debe pagar es algo tan importante en la imposición que pienso que la experiencia de todas las naciones demuestra que un alto grado de desigualdad no es un mal tan considerable como un pequeño grado de incertidumbre.

III. Todos los impuestos deben ser recaudados en el momento y la forma que probablemente resulten más convenientes para el contribuyente. Un impuesto sobre la renta de la tierra o de las casas que se pague al mismo tiempo que habitualmente se pagan esas rentas es recaudado en el momento probablemente más conveniente para el contribuyente. Los impuestos sobre bienes de lujo son todos finalmente pagados por el consumidor, y generalmente en una forma que le resulta muy conveniente. Los paga de a poco, según compra esos bienes. Como tiene además la libertad de comprar o no comprar, si alguna vez sufre un perjuicio considerable debido a esos impuestos, será por su culpa.

IV. Todos los impuestos deben estar diseñados para extraer de los bolsillos de los contribuyentes o para impedir que entre en ellos la menor suma posible más allá de lo que ingresan en el tesoro público del estado. Un impuesto puede extraer o impedir que entre a los bolsillos de la gente mucho más de lo que ingresa en el tesoro público de las cuatro formas siguientes. Primero, su recaudación puede requerir un gran número de funcionarios, cuyos salarios pueden absorber una gran parte del producto del impuesto y cuyas sisas pueden imponer a la población un tributo adicional. Segundo, puede obstruir el trabajo del pueblo y desanimarlo a ingresar en ciertas ramas de actividad que podrían dar sustento y empleo a grandes multitudes. Al obligar a la gente a pagarlo se puede disminuir de esa forma o quizás destruir algunos de los fondos que les permitirían pagarlo más fácilmente. Tercero, por las confiscaciones y otras penas en las que pueden incurrir los desgraciados que intentan evadir el impuesto sin éxito, puede a menudo arruinarlos y liquidar así el beneficio que la sociedad podría haber recibido gracias a la inversión de sus capitales. Un impuesto excesivo genera una gran tentación de evadirlo. Pero las penas por la evasión aumentan en proporción a la tentación. La ley, en oposición a todos los principios normales de la justicia, crea primero la tentación y castiga después a los que ceden ante ella; y normalmente además amplía el castigo en proporción a la misma circunstancia que debería contribuir a aligerarlo: la tentación de cometer el delito. Cuarto, al someter al pueblo a la frecuente visita y la odiosa inspección de los recaudadores, lo expone innecesariamente a muchos inconvenientes, vejaciones y opresiones; y aunque la vejación no es estrictamente hablando un gasto, es ciertamente equivalente al gasto que cada persona estaría dispuesta a pagar para librarse de ella. A través de alguna u otra de estas cuatro vías, los impuestos resultan frecuentemente más gravosos para los ciudadanos que beneficiosos para el soberano.

...

Un impuesto sobre la renta de la tierra puede ser establecido según una cantidad fija...o variable con la renta efectiva de la tierra. ...

Un impuesto territorial como el británico, fijado en cada distrito según una regla determinada, aunque pueda ser equitativo al principio, se vuelve necesariamente desigual con el tiempo, según los grados distintos de progreso y descuido del cultivo en las diferentes partes del país. ...Este impuesto es así contrario al primero de los cánones mencionados, pero perfectamente coherente con los otros tres. ...

La ventaja que el terrateniente ha obtenido por la constancia de la valoración de todas las tierras británicas en el impuesto territorial se ha debido principalmente a otras circunstancias ajenas por completo a la naturaleza del impuesto. En parte se ha debido a la gran prosperidad de casi todo el país, con lo que las rentas en casi todas las fincas de Gran Bretaña...han aumentado sin cesar. ...La valoración de la tierra está expresada en dinero, y...el valor de la plata ha sido bastante uniforme y el patrón monetario no ha cambiado ni en peso ni en ley. ...

Por lo tanto, en circunstancias diferentes de las que efectivamente tuvieron lugar, esta valoración constante podría haberse vuelto un agudo inconveniente para los contribuyentes o para el estado. Y en el curso del tiempo esas circunstancias inevitablemente, tarde o temprano, se producirán. Pero aunque los imperios, como todas las obras humanas, han probado ser hasta hoy mortales, a pesar de ello todos los imperios aspiran a la inmortalidad. Toda constitución, entonces, que pretenda ser tan permanente como el imperio, debería ajustarse no a algunas circunstancias concretas sino a todas; no debería adecuarse a las circunstancias transitorias, ocasionales o accidentales sino a las necesarias y por eso inmutables.

Un impuesto sobre la renta de la tierra variable ante cualquier cambio en la renta, o que suba o baje según el progreso o desatención del cultivo, es lo que recomienda como el más equitativo de todos los impuestos esa escuela de hombres de letras franceses que se llaman a sí mismos Economistas. Sostienen que todos los impuestos inciden en última instancia sobre la renta de la tierra y deben por lo tanto ser establecidos equitativamente sobre el fondo que finalmente ha de pagarlos. Es evidentemente correcto que todos los impuestos recaigan con equidad sobre el fondo que en última instancia los paga. Pero sin entrar en la incómoda discusión de los argumentos metafísicos con los que sostienen su ingeniosa teoría, aparecerá claramente en el análisis siguiente qué impuestos inciden finalmente sobre la renta de la tierra y cuáles recaen sobre algún otro fondo. ...

La objeción más grave que puede plantearse frente a un impuesto territorial variable de este tipo es que puede ir en contra de las mejoras de la tierra. Es claro que el propietario estará menos dispuesto a realizar mejoras si el soberano, que nada ayuda en el gasto, va a compartir el beneficio de esas mejoras. ...En todas las variaciones de la situación de la sociedad, en el progreso y decadencia de la agricultura, en todos los cambios en el valor de la plata y en los del patrón monetario, un impuesto de esta naturaleza se ajustaría a las circunstancias espontáneamente, y sin ninguna acción del gobierno. Será en consecuencia más adecuado establecerlo como una disposición perpetua e inmutable...más que como un impuesto que se recauda según una valoración determinada. ...

Un impuesto sobre la tierra establecido según una valoración y un registro general, por más equitativo que sea inicialmente, se convertirá en desigual en el transcurso de un período de tiempo muy breve. Para impedir que eso ocurra se necesitaría la intervención continua y minuciosa del estado sobre la situación y la producción de todas las granjas del país...una atención tan incompatible con la naturaleza del estado que es improbable que tenga lugar durante un tiempo prolongado, y si efectivamente tiene lugar es probable que a largo plazo ocasione a los contribuyentes mucho más inconvenientes y vejaciones que alivio.
...

Los impuestos sobre la producción de la tierra son en realidad impuestos sobre la renta; y aunque originalmente son adelantados por el agricultor, al final los paga el terrateniente. Cuando una cierta porción de la producción ha de ser pagada como impuesto, el granjero procura calcular lo mejor que pueda cuál será el valor probable de esta porción, un año con otro, y efectúa una deducción proporcional en la renta que acuerda pagar al propietario. ...

Los diezmos y cualquier otro impuesto similar sobre la tierra, aunque aparentan ser perfectamente equitativos, en realidad son sumamente desiguales, porque una fracción determinada de la producción equivaldrá en situaciones diferentes a una fracción muy distinta de la renta. ...Un diezmo sobre la renta de tierras ricas puede ser un impuesto no superior a un quinto, o cuatro chelines por libra; mientras que en tierras pobres puede a veces equivaler a un impuesto de la mitad, o de diez chelines por libra.

Así como el diezmo es a menudo un tributo muy desigual sobre la renta, también es un agudo desaliento para las mejoras del terrateniente y el cultivo del agricultor. Si la iglesia ha de llevarse una cuota tan abultada del beneficio, el uno no se arriesgará a acometer las mejoras más importantes, que generalmente son las más caras; ni el otro a cultivar las especies más valiosas, que también suelen ser las que más cuestan. ...

Cuando en vez de una porción determinada del producto de la tierra, o del precio de una cierta porción, el impuesto o diezmo requiere el pago de una cierta suma de dinero, entonces ese gravamen es de idéntica naturaleza al impuesto inglés sobre la tierra. Ni aumenta ni disminuye con la renta de la tierra. Ni anima ni desanima a las mejoras.

...

La renta de una casa puede dividirse en dos partes: se podría llamar con propiedad a una renta del edificio; a la otra se la denomina normalmente renta del solar.

La renta del edificio es el interés o beneficio del capital invertido en la construcción de la casa. ...

Toda la parte de la renta de una casa que exceda lo suficiente para pagar ese beneficio razonable es naturalmente la renta del solar, y allí donde el propietario del solar y el del edificio son personas diferentes, es en la mayoría de los casos pagada completamente al primero. Esta renta excedente es el precio que el ocupante de la casa paga por alguna ventaja real o supuesta derivada de su situación. En las casas de campo, alejadas de las grandes ciudades, donde existe abundante suelo donde elegir, la renta del solar es prácticamente cero, o no más que lo que la tierra sobre la que se levanta la casa podría rendir si fuese empleada en la agricultura. ...Las rentas del solar son generalmente máximas en la capital, y en aquellas partes especiales de la misma donde la demanda de casas sea más intensa, sea cual fuere la razón de dicha demanda: comercio y negocios, placer y sociedad, o simple vanidad y moda.

Un impuesto sobre la renta de las casas, a pagar por el arrendatario y proporcional a la renta total de cada casa, no podría afectar a la renta del edificio, al menos durante mucho tiempo. Si el constructor no obtuviese su beneficio razonable, dejaría el negocio; esto aumentaría la demanda de edificios, lo que al poco tiempo restauraría su beneficio al equilibrio con el de las demás actividades. Tampoco podría un impuesto de esta clase incidir totalmente sobre la renta del solar, sino que se dividiría y recaería en parte sobre el ocupante de la casa y en parte sobre el propietario del suelo. ...La división sería probablemente muy diversa según las circunstancias y un impuesto de este tipo afectará por ello de forma muy desigual al ocupante de la casa y al dueño del solar.

La desigualdad con la que el impuesto incidiría sobre los dueños de los diversos solares provendría totalmente de la desigualdad accidental de esta división. Pero la desigualdad con la que incidiría sobre los ocupantes de las casas no se debería a esta causa sino a otra. La proporción del alquiler de la casa con respecto a los gastos necesarios para vivir cambia según los diferentes niveles de fortuna. Es probablemente más elevada en los niveles más altos y disminuye gradualmente, de forma que en general es la mínima en el nivel mínimo. Las necesidades de la vida representan el mayor gasto de los pobres. Les es difícil conseguir comida y gasta el grueso de sus reducidos ingresos en comprarla. Los lujos y vanidades representan el principal gasto de los ricos; y una mansión magnífica embellece y realza todos los demás lujos y adornos que poseen. Así, un impuesto sobre la renta de las casas recaerá en general más sobre los ricos, y esta clase de desigualdad no es disparatada. Resulta razonable que los ricos financien el gasto público no sólo en proporción a su ingreso, sino en una cantidad más que proporcional. ...

Las rentas solariegas son todavía más adecuadas para la

imposición que las rentas de las casas. Un impuesto sobre las rentas de los solares no elevaría la renta de las casas. Incidiría totalmente sobre el propietario, que siempre actúa como un monopolista y extrae la renta máxima que puede obtenerse por el uso de su suelo. Se obtendrá por él más o menos según los competidores sean ricos o pobres,...el máximo número de competidores ricos está en la capital y allí es donde se registran las rentas solariegas más elevadas. ...

Tanto las rentas de los solares como las rentas normales de la tierra son una especie de ingreso que el propietario en muchos casos disfruta sin ningún esfuerzo o cuidado por su parte. Aunque se le quite una fracción de ese ingreso para financiar los gastos del estado no se desanima por ello a ninguna actividad. El producto anual de la tierra y el trabajo de la sociedad, la riqueza e ingreso real del grueso de la población, podrá ser después del impuesto igual que antes. Probablemente es por esto que las rentas solariegas y las rentas ordinarias de la tierra son la suerte de ingreso más adecuada para soportar un impuesto específico.

En este sentido las rentas de los solares son incluso más adecuadas para impuestos particulares que la renta normal de la tierra. Ésta última se origina en muchos casos al menos en parte por el cuidado y buena administración del propietario. Un impuesto muy gravoso podría desanimar excesivamente dicho cuidado y buena administración. Las rentas solariegas, en tanto excedan a la renta corriente de la tierra, provienen exclusivamente de la buena administración del soberano que al proteger la actividad de toda la población o la de los habitantes de un lugar concreto les permite pagar por el suelo donde edifican sus casas más que su valor real, o compensar a su propietario por más de la pérdida que podría sufrir debido a este uso de la misma. Nada es más razonable que un fondo que debe su existencia al buen gobierno del estado soporte un impuesto específico, o contribuya al sostenimiento de dicho gobierno más que el grueso de los demás fondos.

Aunque en muchos países de Europa hay impuestos sobre la renta de las casas no sé de ninguno donde las rentas de los solares sean objeto de tributación separada. Es probable que los diseñadores de los impuestos hayan encontrado dificultades en discernir la parte de la renta que debe ser considerada renta del solar y la parte que debe ser considerada renta del edificio. No obstante, no parece muy complicado distinguir entre esas dos partes. ...

En Inglaterra se han regulado los impuestos sobre las casas según alguna circunstancia obvia que se pensó guardaba alguna proporción con la renta.

El primer impuesto de este tipo fue el llamado «dinero del hogar», un tributo de dos chelines por hogar. Para averiguar cuántos hogares había en cada casa era necesario que los recaudadores entraran en cada una de sus habitaciones. Esta odiosa visita hizo odioso al impuesto. Poco después de la revolución fue abolido como un signo de esclavitud. ...Más tarde se estableció un impuesto sobre las ventanas. ...

La principal objeción frente a estos tributos es su desigualdad, una desigualdad de la peor especie porque a menudo inciden más sobre los pobres que sobre los ricos. Una casa de diez libras de alquiler en una población rural puede tener más ventanas que una casa de quinientas libras de alquiler en Londres. ...Son impuestos, por tanto, directamente opuestos al primero de los cuatro cánones mencionados, aunque no son contrarios a los otros tres.

La tendencia natural del impuesto sobre las ventanas y de todos los demás tributos sobre las casas es reducir las rentas. Evidentemente, cuanto más pague una persona por el impuesto, menos podrá pagar por la renta. Desde el establecimiento del impuesto sobre las ventanas, empero, las rentas de las casas han subido en mayor o menor medida en casi todas las ciudades y pueblos de Gran Bretaña que conozco. El incremento generalizado en la demanda de casas ha sido tal que ha elevado las rentas más de lo que el impuesto sobre las ventanas las ha podido bajar: es una de las numerosas pruebas de la gran prosperidad del país y del creciente ingreso de sus habitantes. De no haber sido por el impuesto, las rentas probablemente habrían crecido más.

...

El ingreso o beneficio que procede del capital se divide naturalmente en dos partes: la que paga el interés y pertenece al dueño del capital, y la parte excedente por encima de lo necesario para pagar el interés.

Es evidente que ésta última parte del beneficio no puede ser gravada directamente. Es la compensación, y en la mayoría de los casos apenas una compensación moderada, por el riesgo y problemas de la inversión del capital. El empresario debe tener esta compensación, porque en caso contrario no podría, si actuase de forma coherente con su propio interés, continuar con su inversión. Si fuese por tanto gravado directamente en proporción a la totalidad de su beneficio se vería obligado a elevar su tasa de beneficio o a cargar el impuesto sobre el interés del dinero, es decir, a pagar menos interés. Si eleva la tasa de su beneficio en proporción al impuesto, aunque él lo adelanta, el impuesto es en última instancia pagado por dos grupos diferentes de personas según la forma en que invierta su capital. Si lo invierte como un capital agrícola en el cultivo de la tierra, puede elevar su tasa de beneficio sólo reteniendo una porción mayor, o lo que es lo mismo: el precio de una porción mayor del producto de la tierra; y como esto solo puede hacerse reduciendo la renta, la incidencia final del impuesto es sobre el terrateniente. Si lo invierte como un capital comercial o industrial, sólo puede elevar su tasa de beneficio elevando el precio de sus bienes, en cuyo caso el impuesto recae finalmente sobre los consumidores de esos bienes. Si no eleva su tasa de beneficio, debe cargar todo el impuesto sobre la parte del mismo asignada al interés del dinero. Puede pagar menos interés por cualquier capital que tome prestado, y en tal caso todo el peso del impuesto recae en última instancia sobre el interés del dinero. ...A primera vista parece que el interés del dinero es igualmente susceptible de tributación que la renta de la tierra. Igual que la renta de la tierra, es un producto neto que permanece después de compensar completamente el riesgo y el inconveniente de invertir el capital. Un impuesto sobre la renta de la tierra no puede elevar las rentas, porque el producto neto que queda después de reponer el capital del granjero, junto con su beneficio razonable, no puede ser mayor después del impuesto que antes. Por la misma razón, un impuesto sobre el interés del dinero no puede aumentar el tipo de interés, porque se supone que la cantidad de capital o dinero del país, como la cantidad de tierra, es la misma después y antes del impuesto. ...

Pero hay dos circunstancias diferentes que hacen que el interés del dinero sea un objeto imponible mucho más inadecuado que la renta de la tierra.

Primero, la cantidad y valor de la tierra que posee cualquier persona nunca puede ser un secreto. ...Pero la cantidad de capital que posee es casi siempre un secreto...y además cambia continuamente. Una inspección de la vida privada de las personas, y una inspección que para ajustar el impuesto vigilase todas las fluctuaciones de sus fortunas, sería una fuente de vejaciones tan continuas e interminables que ningún pueblo sería capaz de soportar.

Segundo, la tierra no se puede mover, mientras que el capital lo puede hacer con facilidad. El propietario de tierra es necesariamente un ciudadano de un país concreto donde se ubica su finca. El propietario de capital es un ciudadano del mundo y no está necesariamente atado a ningún país. Si se le expone a una inspección vejatoria para someterlo a un impuesto gravoso abandonará el país y se llevará su capital a otro lugar donde pueda hacer negocios o disfrutar de su fortuna con más tranquilidad. ...El capital cultiva la tierra y emplea al trabajo. Un impuesto que expulse al capital de un país tiende a drenar todas las fuentes de ingreso, tanto del soberano como de la sociedad. Su expulsión necesariamente disminuye en mayor o menor grado no sólo los beneficios del capital sino también la renta de la tierra y los salarios del trabajo.

De ahí que las naciones que han intentado gravar el ingreso derivado del capital se hayan limitado a una estimación muy superficial y más o menos arbitraria, en vez de recurrir a inspecciones severas de ese tipo. La extrema desigualdad e incertidumbre de un impuesto evaluado de esa manera sólo pueden ser compensadas por una extrema moderación, de resultas de la cual cualquier hombre se vea gravado tan por debajo de su ingreso real que no se moleste porque su vecino pague aún menos. ...

En algunos países se establecen impuestos extraordinarios sobre los beneficios del capital, a veces cuando se invierte en algunas ramas especiales de la economía, y a veces cuando se invierte en la agricultura. ...

Ahora bien, un impuesto sobre los beneficios del capital invertido en una rama concreta de la economía nunca recae en última instancia sobre los empresarios (que normalmente deben conseguir un beneficio razonable, y que bajo la libre competencia rara vez pueden conseguir más que dicho beneficio), sino que lo hace siempre sobre los consumidores, que son obligados a pagar a través del precio de los bienes el impuesto adelantado por el empresario, y por regla general con algún recargo.

Cuando un impuesto de esta clase es proporcional a la

actividad del empresario, resulta finalmente pagado por el consumidor y no ocasiona ningún problema al empresario. Cuando no es proporcional sino que es el mismo para todos los empresarios, resulta también pagado al final por el consumidor, pero favorece al gran empresario y perjudica al pequeño. ...

Cuando se establece un impuesto sobre los beneficios de un capital invertido en una rama específica de la economía, los empresarios se cuidan de no traer al mercado más bienes de los que puedan vender a un precio suficiente para reembolsarse lo que adelantaron en concepto del impuesto. Algunos retiran parte de sus capitales de la actividad, y el mercado resulta menos abastecido que antes. El precio de los bienes aumenta y el pago final del impuesto corresponde al consumidor. Pero cuando un impuesto así se aplica a los beneficios del capital invertido en la agricultura, a los granjeros no les interesa retirar ninguna parte de su capital de esa inversión. Cada granjero ocupa una cantidad determinada de tierra, por la que paga renta. Para cultivar adecuadamente esa renta se necesita una cierta cantidad de capital, y si el granjero retira cualquier fracción de ese capital necesario, no es probable que tenga por ello más capacidad para pagar la renta o el impuesto. Con objeto de pagar el impuesto jamás resultará de su interés el disminuir la cantidad producida, ni por lo tanto el abastecer al mercado más escasamente que antes. El impuesto, en consecuencia, nunca le permitirá elevar el precio de sus productos y reembolsarse descargando sobre el consumidor el pago final. Ahora bien, el granjero debe obtener un beneficio razonable, igual que cualquier otro empresario, porque en caso contrario abandonará su negocio. Una vez establecido un impuesto de estas características, la única forma que tiene de conseguir ese beneficio razonable es pagar menos renta al terrateniente. Cuanto más sea forzado a pagar por el impuesto, menos podrá pagar en concepto de renta. Es indudable que si se aplica el impuesto durante la vigencia de un arrendamiento, puede agobiar o arruinar al granjero. Pero una vez renovado el contrato deberá recaer siempre sobre el propietario. ...

Los impuestos que gravan en Holanda a los sirvientes domésticos no gravan el capital sino el gasto, y en esa medida se parecen a los tributos sobre los bienes de consumo. El impuesto de una guinea por cada sirviente, que se acaba de aprobar en Gran Bretaña, es de este tipo. Afecta principalmente a los sectores medios. Una persona con doscientas libras al año podrá tener un sirviente, pero una persona con diez mil libras no tendrá cincuenta. Este impuesto no afecta a los pobres.

Los impuestos sobre los beneficios del capital en inversiones particulares nunca pueden afectar al interés del dinero. Nadie prestará su dinero a menos interés a los que ejercen las actividades gravadas que a los que ejercen las exentas. Pero los impuestos sobre los ingresos derivados del capital en todas las inversiones, si el Gobierno los recauda con alguna eficacia, recaerán en muchos casos sobre el interés del dinero. ...

Mientras la propiedad permanezca bajo la posesión de una misma persona, los impuestos que se hayan aplicado sobre ella nunca han pretendido disminuir o arrebatar parte alguna de su valor capital, sino sólo una parte del ingreso que deriva de ese valor. Pero cuando la propiedad cambia de manos, cuando es transmitida de los muertos a los vivos, o de los vivos a los vivos, con frecuencia se le aplican impuestos que necesariamente le quitan una parte de su valor capital.

Las transferencias de cualquier clase de propiedad de los muertos a los vivos, y las de propiedades inmuebles —tierras y casas— entre los vivos, son transacciones que en su naturaleza son o públicas y notorias, o no pueden ser ocultadas durante mucho tiempo. Por tanto, tales transacciones pueden ser gravadas directamente. Las transferencias de capital o propiedades muebles entre vivos mediante préstamos monetarios son a menudo transacciones secretas, y siempre puede conseguirse que lo sean. Por ello, es difícil gravarlas directamente. Se las ha gravado indirectamente de dos maneras distintas; primero, al requerir que la escritura en la que consta la obligación del pago sea redactada en un papel o pergamino que haya pagado un cierto impuesto de timbre, o en caso contrario no tiene validez; segundo, al exigir, bajo la misma pena de invalidación, que sea anotada en un registro, público o secreto, y que deba pagar unos derechos de registro. De la misma forma, se han aplicado frecuentemente impuestos de timbre y derechos de registro sobre los documentos de transferencia de propiedades de cualquier tipo de los muertos a los vivos, y sobre los de transferencia de propiedades inmuebles entre vivos, transacciones que es fácil gravar directamente. ...

Estas formas tributarias de timbres y registros son una invención muy moderna. En el transcurso de poco más de un siglo los impuestos de timbre se han vuelto prácticamente universales en Europa, y los derechos de registro son algo muy común. No hay arte que los gobiernos aprendan uno de otro con tanta presteza como el de arrebatar el dinero de los bolsillos del pueblo. ...

Todos los impuestos sobre la transferencia de propiedad de cualquier clase, en la medida en que disminuyen el valor capital de esa propiedad, tienden a disminuir los fondos destinados al mantenimiento de trabajo productivo. En mayor o menor medida, son todos impuestos contrarios al ahorro y que elevan el ingreso del soberano, que rara vez mantiene otra cosa que no sean trabajadores improductivos, a expensas del capital de la gente, que mantiene sólo trabajadores productivos. ...

El registro de las hipotecas y en general de todos los títulos sobre la propiedad inmueble, en tanto proporcionan una mayor seguridad tanto a los acreedores como a los compradores, resultan extremadamente beneficiosos para la comunidad. El registro de la mayor parte de los otros contratos es a menudo inconveniente e incluso peligroso para las personas sin que la sociedad obtenga ventaja alguna. Todos los registros que deban mantenerse en secreto no deberían existir. El crédito de las personas ciertamente no debería depender de una seguridad tan endeble como la probidad y religión de los funcionarios menores de la hacienda pública. Pero cuando los derechos de registro se han convertido en una fuente de ingresos para el soberano, los funcionarios de los registros se han multiplicado sin fin, tanto para los documentos que deberían registrarse como para los que no deberían hacerlo. En Francia existen registros secretos de varias clases. Estos abusos son el efecto natural, aunque quizás no necesario, de dichos impuestos.

...

Mientras no cambien la demanda de trabajo y el precio de las provisiones, un impuesto directo sobre los salarios del trabajo no puede tener otro efecto que el de elevarlos en algo más que el impuesto. Supongamos, por ejemplo, que en un lugar determinado la demanda de trabajo y el precio de los alimentos sean tales que el salario normal resultase de diez chelines a la semana, y que se establece un impuesto sobre los salarios de un quinto, o de cuatro chelines por libra. Si la demanda de trabajo y el precio de las provisiones no cambian, seguiría siendo necesario que el trabajador pudiese adquirir subsistencias por diez chelines a la semana, es decir, que tuviese después del impuesto un salario de diez chelines. Pero para que tenga esos diez chelines después del impuesto, el precio del trabajo en ese lugar deberá aumentar, y no hasta doce chelines sino hasta doce chelines y seis peniques. Es decir, para permitirle pagar un impuesto de un quinto, su salario deberá pronto necesariamente aumentar no sólo en un quinto sino en un cuarto. Cualquiera sea la proporción del impuesto, los salarios deberán en todos los casos subir no en esa proporción sino en una más elevada. ...

Un impuesto directo sobre los salarios, entonces, aunque quizás lo pueda pagar el trabajador de su bolsillo, no es en realidad adelantado por él, al menos si la demanda de trabajo y el precio medio de los alimentos resultan idénticos antes y después del impuesto. En todos estos casos no sólo el impuesto sino algo más que el impuesto será adelantado por la persona que es su inmediato empleador. La incidencia final será distinta según las distintas personas. El aumento que un impuesto así ocasiona en el salario del trabajador industrial será adelantado por el empresario, que podrá y deberá cargarlo, junto con un beneficio, en el precio de sus bienes. El pago final de este incremento en los salarios, por lo tanto, junto con el beneficio adicional del empresario, recae en el consumidor. El aumento que un impuesto así ocasiona en los salarios del trabajo rural será adelantado por el granjero, que para mantener al mismo número de trabajadores que antes deberá invertir un capital mayor. Con objeto de recuperar este capital mayor junto con los beneficios normales, será necesario que retenga una porción mayor, o lo que es lo mismo: el precio de una porción mayor del producto de la tierra, y en consecuencia que pague menos renta al propietario. La incidencia final de este aumento de salarios, por consiguiente, recae sobre el terrateniente, junto con el beneficio adicional del granjero que lo adelanta. En todos los casos, un impuesto directo sobre los salarios debe, a largo plazo, ocasionar tanto una reducción mayor de la renta de la tierra como un incremento mayor en el precio de los bienes manufacturados que el que se habría producido de haberse recaudado la misma suma por un impuesto en parte sobre la renta de la tierra y en parte sobre los bienes de consumo.

Si los impuestos directos sobre los salarios no siempre ocasionan una elevación proporcional en dichos salarios es porque generalmente dan lugar a una caída considerable en la demanda de trabajo. Los efectos habituales de tales impuestos han sido la depresión de la actividad económica, la disminución del empleo de los pobres y la caída en el producto anual de la tierra y el trabajo del país. ...Un impuesto sobre los salarios rurales no aumenta el precio de los productos primarios en proporción al impuesto, por la misma razón de que un impuesto sobre el beneficio de los granjeros tampoco lo hace en dicha proporción.

Aunque estos impuestos son absurdos y destructivos, han sido adoptados por muchos países. ...

He demostrado en el Libro Primero que la remuneración de los artistas talentosos y los profesionales liberales guarda una cierta proporción con los emolumentos de los oficios más modestos. En consecuencia, un impuesto sobre esa remuneración sólo podría elevarla en una proporción algo superior al impuesto. Si así no sucediera, al no quedar las artes y las profesiones equilibradas con las demás actividades, serían abandonadas de forma tal que pronto recuperarían ese equilibrio.

Las remuneraciones de los funcionarios no están reguladas por la libre competencia en el mercado, como las de los oficios y las profesiones, y por ello no siempre guardan una justa proporción con lo que requiere la naturaleza de su trabajo. Es posible que en la mayoría de los países sean más altas de lo que debieran ser, porque las personas que manejan la administración pública están normalmente dispuestas a remunerarse a sí mismas y a remunerar a sus inferiores inmediatos con más que suficiente generosidad. Por lo tanto, los emolumentos de los funcionarios en la mayor parte de los casos pueden ser perfectamente susceptibles de ser gravados. Además, las personas que disfrutan de puestos en la administración pública, especialmente los más lucrativos, son en todos los países objeto de envidia generalizada; y un impuesto sobre sus remuneraciones, incluso aunque resulte mayor que sobre cualquier otra clase de ingreso, es siempre un impuesto muy popular.

...

Los impuestos que se pretende que incidan de forma indiferente sobre las distintas clases de ingreso son los impuestos de capitación y los impuestos sobre los bienes de consumo. Deben ser pagados de forma independiente del ingreso que el contribuyente pueda poseer. ...

Si se intenta que los impuestos de capitación sean proporcionales a la fortuna o ingreso de cada contribuyente, se convierten en totalmente arbitrarios. El estado de la fortuna de una persona varía diariamente y sólo puede ser estimado mediante una inquisición más intolerable que ningún impuesto y que además se renovase al menos una vez cada año. Su valoración, entonces, dependerá en la mayoría de las circunstancias del buen o mal humor de los tasadores, y será por ello completamente arbitraria e incierta.

Si los impuestos de capitación son proporcionales no a la supuesta fortuna sino al rango del contribuyente, se convierten en totalmente desiguales, puesto que las fortunas son a menudo desiguales dentro de un mismo rango.

En consecuencia, si se pretende que estos impuestos sean equitativos, resultan por completo arbitrarios e inciertos; y si se pretende que sean ciertos y no arbitrarios, resultan totalmente desiguales. Ya sea el impuesto bajo o alto, la incertidumbre es siempre una gran incomodidad. Si el impuesto es bajo, se puede soportar un grado considerable de desigualdad, pero si es alto se vuelve completamente intolerable.

...

La imposibilidad de gravar a las personas por capitación en proporción a su ingreso parece haber ocasionado la invención de los impuestos sobre los bienes de consumo. Al no saber el Estado cómo gravar al ingreso de sus súbditos directa y proporcionalmente, lo intenta gravar indirectamente con impuestos sobre sus gastos, que se supone que en la mayor parte de los casos estarán casi en proporción con sus ingresos. ...

Como los salarios están siempre regulados en parte por la demanda de trabajo y en parte por el precio medio de los artículos necesarios para la subsistencia, todo lo que aumente ese precio medio necesariamente aumentará los salarios, para que el trabajador pueda seguir comprando esos artículos necesarios determinados por la demanda de trabajo —sea creciente, estacionaria o decreciente. Un impuesto sobre esos artículos necesariamente eleva su precio en algo más que el monto del impuesto porque el empresario, que adelanta el impuesto, debe generalmente reembolsárselo con un beneficio. Un impuesto de esta naturaleza, en consecuencia, ocasiona un aumento en los salarios proporcional a ese aumento de precios.

De esta manera un impuesto sobre las cosas necesarias para la vida opera exactamente igual que un impuesto directo sobre los salarios del trabajo. ...

No sucede lo mismo con los impuestos de los bienes de lujo, incluso aquellos que consumen los pobres. El aumento en el precio de las mercancías gravadas no necesariamente producirá un aumento en los salarios. ...El alto precio de estos artículos no disminuye necesariamente la capacidad de las clases inferiores del pueblo de sacar adelante a sus familias... Todo incremento en el precio de las cosas necesarias, salvo que sea compensado por un aumento proporcional en los salarios, necesariamente disminuye en algún grado la capacidad de los pobres para mantener a familias numerosas, y consiguientemente para satisfacer la demanda de trabajo útil. ...

Los impuestos sobre los bienes de lujo no tienden a incrementar el precio de ninguna mercancía aparte de las gravadas. Los impuestos sobre los bienes necesarios, al elevar los salarios, necesariamente tienden a aumentar el precio de todas las manufacturas, y en consecuencia a disminuir la extensión de su venta y consumo. Los impuestos sobre los bienes de lujo son pagados en última instancia por quienes los consumen, sin compensación alguna. Recaen indiferentemente sobre todas las clases de ingreso, los salarios, los beneficios y las rentas. Los impuestos sobre los bienes necesarios, en tanto afectan a los trabajadores pobres, son finalmente pagados en parte por los terratenientes, a través de la menor renta de sus propiedades, y en parte por los consumidores ricos, terratenientes u otros, a través del mayor precio de los bienes manufacturados; y siempre con un notable recargo. El precio más alto de las manufacturas que son realmente necesarias para la vida y que integran el consumo de los pobres, como los tejidos de lana más toscos, debe ser compensado a los pobres con un aumento adicional en sus salarios. Si las clases medias y altas comprendieran mejor sus intereses, deberían oponerse sistemáticamente a cualquier impuesto sobre los bienes necesarios para la vida, y a cualquier impuesto directo sobre los salarios del trabajo. El pago final tanto de uno como de otro recae siempre sobre esas clases, y siempre con un abultado recargo. Incide más duramente sobre los terratenientes, que siempre pagan por dos conceptos: en tanto propietarios, porque cae su renta, y en tanto consumidores ricos, porque aumenta su gasto. ...

En un país cuyos inviernos son tan fríos como los de

Gran Bretaña, el combustible es durante esa estación estrictamente un bien necesario para la vida, no sólo para cocinar los alimentos sino para la subsistencia confortable de los muchos tipos de trabajadores que trabajan en sus casas. El carbón es el combustible más barato. El precio del combustible ha ejercido una influencia tan intensa sobre el del trabajo que en toda Gran Bretaña las industrias se han concentrado principalmente en las regiones carboníferas, puesto que otras partes del país no resultaban competitivas debido al elevado precio de este artículo. Asimismo, en algunas industrias el carbón es un instrumento de trabajo indispensable, como en las del vidrio, hierro y otros metales. Si un subsidio es razonable, quizás sea el subsidio al transporte de carbón de las partes del país donde abunda a las partes donde escasea. Pero los legisladores, en lugar de un subsidio, han aplicado allí un impuesto. ...

Esta clase de tributos, aunque suben el precio de la subsistencia, y por ello los salarios, proporcionan al Estado un copioso ingreso, que quizás no podría obtener fácilmente por ninguna otra vía. Pueden existir, en consecuencia, buenas razones para mantenerlos. La prima a la exportación de cereales, en la medida en que en el actual estado de los cultivos tiende a incrementar el precio de ese artículo necesario, produce los mismos efectos perniciosos, y en vez de suministrar un ingreso al gobierno, con frecuencia le ocasiona un gran gasto. Los altos aranceles a la importación de cereales extranjeros, que en años de abundancia moderada equivalen a una prohibición, y la prohibición absoluta de la importación de ganado en pie o alimentos en salazón...tienen todos los malos efectos de los impuestos sobre los artículos necesarios, pero no producen ningún ingreso para el Estado. ...

Los impuestos sobre los bienes necesarios son mucho más altos en otros países que en Gran Bretaña. ...Se dice que estos impuestos y otros parecidos, al aumentar el coste del trabajo, han arruinado a buena parte de la industria holandesa.

...

En el Libro Cuarto de esta investigación he demostrado que el sistema mercantil no ha sido muy favorable al ingreso de la gran mayoría de la población, al producto anual de la tierra y el trabajo del país. Pero tampoco parece haber sido muy favorable al ingreso del soberano, al menos en lo que depende de los aranceles de aduanas.

Como resultado de dicho sistema, la importación de varias clases de bienes ha sido radicalmente prohibida. Esta prohibición ha impedido por completo en algunos casos, y en otros ha reducido marcadamente la importación de esas mercancías, obligando a los importadores a recurrir al contrabando. Ha impedido totalmente la importación de tejidos de lana extranjeros, y ha disminuido considerablemente la de tejidos de seda y terciopelo. En ambos casos ha aniquilado por completo los ingresos de aduanas que podrían haberse recaudado con esa importación.

Los altos aranceles impuestos a la importación de muchas clases de bienes extranjeros, con objeto de desalentar su consumo en Gran Bretaña no han servido en muchos casos más que para avivar el contrabando, y en todos los casos han rebajado los ingresos aduaneros con respecto a los que podrían haber generado unos aranceles más moderados. El dicho del Dr. Swift, según el cual en la aritmética de las aduanas dos y dos no suman cuatro sino que a veces suman sólo uno, es perfectamente válido con relación a esos aranceles tan elevados, que jamás se habrían impuesto si el sistema mercantil no nos hubiese enseñado en muchos casos a emplear la imposición no como instrumento para conseguir ingresos sino para conseguir el monopolio. Los subsidios que en ocasiones se conceden a la exportación de productos y manufacturas locales, y los reembolsos que se pagan a la reexportación del grueso de los artículos extranjeros, han dado lugar a numerosos fraudes y a una suerte de contrabando más destructivo para la hacienda pública que ningún otro. Para conseguir el subsidio o el reembolso, es bien conocido que en algunas ocasiones las mercancías son fletadas y se hacen a la mar, sólo para ser después clandestinamente desembarcadas en algún otro lugar del país. ...

Como se cobran altos aranceles sobre casi todos los bienes importados, nuestros comerciantes importadores procuran contrabandear el máximo y declarar el mínimo posible. Nuestros comerciantes exportadores, por el contrario, declaran más de lo que exportan, a veces por vanidad...y a veces para obtener un subsidio o un reembolso. Como consecuencia de todos estos fraudes, nuestras exportaciones son según los registros de aduanas mucho mayores que nuestras importaciones, para indecible regocijo de los políticos que miden la prosperidad nacional por lo que llaman la balanza comercial.

Todos los bienes importados, salvo exenciones especiales y nada numerosas, deben pagar derechos de aduanas. El registro del arancel es sumamente prolijo...

Para que la mayor parte de los miembros de una sociedad contribuyan a la hacienda pública en proporción a su gasto respectivo no es necesario gravar a todos y cada uno de los artículos que integran dicho gasto. Se supone que los ingresos derivados de los derechos de sisa o sobre consumos específicos son tan igualitarios con respecto a los contribuyentes como los derivados de los aranceles de aduanas; y los impuestos de sisa se establecen sólo sobre unos pocos artículos de consumo muy generalizado. Son muchos los que piensan que con una buena gestión los derechos de aduanas podían limitarse a unos pocos artículos sin pérdida alguna para el erario público y con gran ventaja para el comercio exterior.

...

Los impuestos altos con frecuencia producen un ingreso público menor que el que se obtendría con impuestos más moderados, a veces porque disminuyen el consumo de las mercancías gravadas y a veces porque estimulan el contrabando.

Cuando la disminución del ingreso es el efecto de la disminución del consumo sólo hay un remedio: rebajar el impuesto.

Cuando la disminución del ingreso es el efecto del estímulo al contrabando, hay quizás dos remedios: reducir la tentación del contrabando o aumentar la dificultad del contrabando. La tentación del contrabando puede ser reducida sólo si se rebaja el impuesto; y la dificultad del contrabando puede ser incrementada sólo mediante el establecimiento de un sistema de administración más adecuado para prevenirlo.

...

Si con el nuevo sistema la hacienda pública no sufriese pérdida alguna, el comercio y la industria del país obtendrían un enorme beneficio. El comercio de las mercancías libres de aranceles sería de lejos el más importante, y perfectamente libre... Entre esas mercancías estarían todos los bienes necesarios y todas las materias primas para la industria. En la medida en que la libre importación de cosas necesarias reduciría su precio monetario medio en el mercado local, reduciría el precio monetario del trabajo, pero sin reducir en absoluto su retribución real. El valor del dinero está en proporción a la cantidad de artículos necesarios para la vida que puede comprar. Y el de las cosas necesarias para la vida es por completo independiente de la cantidad de dinero que puede obtenerse a cambio de ellas. La reducción en el precio monetario del trabajo se vería necesariamente acompañado por una reducción proporcional en el precio de las manufacturas nacionales, que se volverían así más competitivas en los mercados extranjeros. El precio de algunas manufacturas se reduciría en una proporción incluso mayor, gracias a la libre importación de materias primas.

...

Cuando se ha propuesto cualquier nuevo impuesto sobre el azúcar, nuestros plantadores se han quejado a menudo de que todo el peso de tales tributos recae sobre los productores, no sobre los consumidores; y alegan que ellos nunca pueden subir el precio del azúcar después del impuesto por encima de lo que era antes. Ello indica que el precio antes del impuesto era un precio de monopolio, y el argumento presentado para demostrar que el azúcar era un objeto inadecuado para la imposición en realidad probaba que era quizás un objeto adecuado, porque los beneficios de los monopolistas, cuando se los puede gravar, son ciertamente los objetos más adecuados para la imposición.

...

Aunque los impuestos sobre los bienes de lujo, al igual que el grueso de los derechos de aduana y de sisa, recaen indistintamente sobre todas las diversas clases de ingreso, y son pagados en última instancia o sin compensación alguna por los que consumen las mercancías gravadas, no siempre recaen de forma equitativa o proporcional sobre el ingreso de cada persona. Como el gusto de cada hombre determina el grado de su consumo, cada uno contribuye más en proporción a su gusto que a su ingreso; el pródigo contribuye más, el frugal menos. ...Los que viven en otro país no contribuyen nada, a través de su consumo, al sostén del estado del país donde se sitúa la fuente de sus ingresos. Si en este país no hubiese impuesto sobre la tierra ni derechos elevados sobre la transferencia de propiedades muebles o inmuebles, como ocurre en Irlanda, esos absentistas podrían cosechar un suculento ingreso gracias a la protección de un estado a cuyo sostenimiento no aportan ni un chelín. ...No resulta por tanto asombroso que la idea de un impuesto sobre los absentistas sea tan vastamente popular en ese país. ...Pero con la excepción de estos casos tan peculiares, toda desigualdad en la contribución individual derivada de esos impuestos es mucho más que compensada por la circunstancia misma que da lugar a esa desigualdad, la circunstancia de que la contribución de cada persona es totalmente voluntaria, puesto que está completamente en su mano el consumir la mercancía gravada o no. De ahí que cuando estos impuestos son correctamente estipulados y sobre las mercancías adecuadas, se los paga con menos refunfuños que cualquier otro. Cuando son adelantados por el comerciante o el industrial, el consumidor que en última instancia los paga pronto los confunde en el precio de las mercancías, y casi se olvida de que está pagando un impuesto. ...

Los impuestos sobre los bienes de lujo son y siempre pueden ser pagados gradualmente, o en la medida en que los contribuyentes necesiten comprar los bienes sobre los que se aplican. En cuanto al tiempo y modo de pago son o pueden ser los más convenientes de todos los impuestos. En líneas generales, entonces, esos impuestos se ajustan mejor que cualquier otro a los primeros tres cánones de la tributación, pero vulneran desde cualquier punto de vista al cuarto.

En proporción a lo que ingresan en el tesoro público del estado, dichos impuestos siempre detraen de o impiden que entre en los bolsillos de la población una cantidad mayor que prácticamente ningún otro impuesto. Y lo hacen por las cuatro diferentes vías en que es posible hacerlo.

Primero, la recaudación de esos tributos, incluso cuando se establecen de la forma más juiciosa, requiere un gran número de funcionarios de aduanas y de la sisa, cuyos salarios y gratificaciones equivalen a un impuesto real sobre el pueblo pero que nada ingresa en el tesoro público. ...

Segundo, esos impuestos necesariamente dan lugar a alguna obstrucción o desánimo en ciertas ramas de la economía. Como siempre elevan el precio de la mercancía gravada, en esa medida desalientan su consumo y en consecuencia su producción. Si es una mercancía producida o elaborada en el país, se invertirá menos trabajo en su cultivo o producción. Si es una mercancía extranjera, cuyo precio es de esa forma elevado a través del impuesto, las mercancías similares producidas localmente pueden obtener alguna ventaja en el mercado nacional, y una cantidad mayor de actividad local puede dirigirse hacia su producción. Pero aunque ese aumento en el precio de una mercancía foránea pueda estimular la actividad local en una rama concreta, necesariamente desalienta la actividad en casi todas las demás. Cuanto más caro compre el industrial de Birmingham el vino extranjero, más barato deberá vender aquella fracción de su producción, o lo que es lo mismo: el precio de aquella fracción con la cual compra ese vino. Esa fracción adquiere menos valor para él y tiene por ello menos incentivos para producirla. ...Todos los impuestos sobre los bienes de consumo tienden a reducir la cantidad de trabajo productivo por debajo de lo que podría ser, sea en la elaboración de las mercancías gravadas, si son nacionales, o en la elaboración de las mercancías con las que ella se compran, si son extranjeras. Esos impuestos además siempre perturban en algún grado la asignación natural de la actividad nacional, y la dirigen hacia un canal diferente y por regla general menos ventajoso que el que seguiría espontáneamente.

Tercero, la esperanza de evadir esos impuestos mediante el contrabando ocasiona con frecuencia confiscaciones y otros castigos que arruinan por completo al contrabandista, una persona que aunque indudablemente tiene toda la culpa por violar las leyes de su país, a menudo no viola las de la justicia natural, y podría haber sido en todos los aspectos un ciudadano ejemplar si las leyes de su país no hubiesen convertido en delito algo que la naturaleza jamás pretendió que lo fuera. En esos gobiernos corruptos donde existe como mínimo la sospecha generalizada de que hay muchos gastos innecesarios y un pésimo empleo de los ingresos públicos, las leyes que los guardan son poco respetadas. No hay muchas personas con escrúpulos frente a la defraudación cuando pueden realizarla sin perjurio y tienen una oportunidad sencilla y segura de hacerlo. El afectar que se sienten escrúpulos por comprar artículos de contrabando, aunque es un incentivo manifiesto a la violación de las leyes fiscales y al perjurio que casi siempre la acompaña, sería en la mayoría de los países considerado como una muestra de pedante hipocresía, algo que en vez de aumentar el prestigio de una persona, sólo sirve para exponerla a la sospecha de ser incluso un granuja mayor que el grueso de sus vecinos. Mediante esta indulgencia del público, el defraudador es a menudo estimulado a continuar con un trabajo al que de ese modo le enseñan a considerar en alguna medida como inocente; y cuando la severidad de las leyes fiscales está a punto de caer sobre él, a menudo está dispuesto a defender con violencia aquello que se ha acostumbrado a concebir como su justa propiedad. De ser inicialmente quizás más imprudente que delincuente, termina por convertirse en uno de los más implacables y decididos violadores de las leyes de la sociedad. Con la ruina del contrabandista, su capital, antes invertido en el mantenimiento de trabajo productivo, resulta absorbido por el ingreso del estado o por el del funcionario de hacienda, e invertido en mantener trabajo improductivo, lo que disminuye el capital general de la sociedad y el de la actividad útil que de otro modo habría podido mantener.

Cuarto, esos impuestos, al someter a los que negocian con los bienes gravados a visitas frecuentes e inspecciones odiosas de los recaudadores, los exponen a veces sin duda a cierto grado de opresión, y siempre a muchas incomodidades y vejaciones; y aunque la vejación, como ya se ha apuntado, no en sentido estricto un gasto, es ciertamente equivalente a lo que cualquier hombre estaría dispuesto a pagar para librarse de ella. ...

No obstante, los inconvenientes que acaso sean en algún grado inseparables de los impuestos sobre los bienes de consumo resultan menores para el pueblo de Gran Bretaña que para el de cualquier otro país cuyo estado sea igualmente costoso. Nuestro estado no es perfecto y puede ser corregido, pero es tan bueno o mejor que el de la mayoría de nuestros vecinos.

Como consecuencia de la idea de que los derechos sobre los bienes de consumo eran impuestos sobre los beneficios de los empresarios, esos derechos en algunos países han sido repetidos en cada venta sucesiva de los bienes. Si se gravaban los beneficios del comerciante importador o empresario industrial, la equidad parecía exigir que se hiciera lo propio con los de todos los comerciantes intermedios situados entre ellos y el consumidor. La famosa alcabala de España fue establecida según este principio. ...La recaudación de este impuesto requiere una multitud de funcionarios de hacienda para vigilar el transporte de mercancías, no sólo de una provincia a otra sino de una tienda a otra. ...En la mayor parte de un país donde se imponga un gravamen de estas características no se producirá nada para su venta en mercados lejanos. ...De ahí que Uztáriz impute a la alcabala la ruina de la industria española. Podría de igual forma haberle atribuido la decadencia de la agricultura, puesto que no sólo grava las manufacturas sino también los productos primarios. ...

El sistema impositivo uniforme que con pocas excepciones de escasa significación existe en todas las partes del Reino Unido de Gran Bretaña hace que el comercio interior del país y el de cabotaje resulten casi totalmente libres. ...Esta libertad de comercio interior, consecuencia de un sistema fiscal uniforme, es quizás una de las causas principales de la prosperidad de Gran Bretaña, porque cada gran país es necesariamente el mercado mejor y más amplio para el grueso de su propia producción. Si la misma libertad, consecuencia de la misma uniformidad, pudiese ser extendida a Irlanda y las plantaciones, tanto la grandeza del estado como la prosperidad de todos los rincones del imperio serían probablemente mayores de lo que son hoy. ...

Los impuestos sobre los artículos de consumo pueden ser recaudados por una administración cuyos funcionarios son designados por el estado y son directamente responsables ante él, y en tal caso la recaudación variará de año en año, o bien pueden concederse en arriendo a cambio de una renta fija; en este caso el arrendatario nombra a sus propios agentes que, aunque están obligados a recaudar el impuesto en la manera que marque la ley, se hallan bajo su inmediata supervisión y son directamente responsables ante él. El arrendamiento de los impuestos nunca puede ser la mejor y más eficiente manera de recaudarlos. Por encima de lo necesario para pagar la renta estipulada, los salarios de los agentes y todo el gasto de su administración, el arrendatario debe siempre retirar de lo que recauda un cierto beneficio, al menos proporcional al adelanto que haya realizado, al riesgo que corre, a los problemas que afronta, y al conocimiento y habilidad que requiere el manejo de una empresa tan sumamente complicada. Si el estado monta una administración bajo su propia y directa inspección, de la misma naturaleza que la organizada por el arrendatario, al menos se podrá ahorrar ese beneficio, que casi siempre es exorbitante. El arrendar cualquier rama importante de los ingresos públicos exige un gran capital o un gran crédito, circunstancias que por sí solas limitan la competencia en este negocio a un número de personas muy reducido. De los pocos que tienen este capital o crédito, los que cuentan con la experiencia y el conocimiento necesarios son todavía menos, otra circunstancia que restringe la competencia aún más. Los muy pocos que pueden competir verán que les interesa más combinarse y llegar a ser socios en vez de competidores; y cuando el arrendamiento sale a subasta, sólo ofrecen una renta que está muy por debajo de su valor real. En los países donde se arriendan los ingresos públicos, los arrendatarios son generalmente las personas más opulentas. Su riqueza suscitaría la indignación pública en cualquier caso, pero lo hace aún más por la vanidad que casi siempre acompaña a las fortunas recientes y la frívola ostentación con que son habitualmente exhibidas. ...

A veces no sólo se arrienda un impuesto a cambio de una renta fija sino que el arrendatario posee además el monopolio de la mercancía gravada. Así sucede en Francia con el tabaco y la sal. En tales casos el arrendatario no sólo impone un exorbitante beneficio a la población sino dos: el beneficio del arrendatario y el todavía más exorbitante beneficio del monopolista. ...

III

En el estado rudo de la sociedad que precede a la extensión del comercio y al progreso de la industria, cuando los costosos lujos que sólo pueden proporcionar el comercio y la industria son completamente desconocidos, una persona que posea un gran ingreso sólo puede gastarlo o disfrutarlo manteniendo a toda la gente que ese ingreso sea capaz de mantener, tal como he procurado demostrar en el Libro Tercero de esta investigación. ...En tal estado de cosas los grandes y los ricos gastan en una hospitalidad sin lujo y una liberalidad sin ostentación. Pero estos son, como he explicado en ese mismo libro, unos gastos por los cuales no es probable que la gente se arruine. ...El extenso período durante el cual las fincas proseguían bajo la misma familia entre nuestros antepasados feudales demuestra claramente la disposición general de la gente a ajustar sus gastos a sus ingresos. ...En realidad, casi no podían hacer otra cosa que atesorar cualquier dinero que ahorrasen. El comercio no era una actividad bien vista en un caballero y todavía menos el prestar dinero a interés, algo que entonces estaba considerado usura y prohibido por la ley. ...

La misma disposición a ahorrar y atesorar que mostraban los súbditos la tenía el soberano. ...

En un país comercial donde abunden lujos costosos de todo tipo el soberano, igual que casi todos los grandes propietarios de sus dominios, gasta naturalmente buena parte de su ingreso en la adquisición de esos lujos. ...Su gasto normal llega a ser igual que su ingreso normal, y será una suerte si no lo supera frecuentemente. La acumulación de tesoros deja de ser posible y cuando exigencias extraordinarias reclaman gastos extraordinarios, deberá necesariamente acudir a sus súbditos en busca de ayuda. El actual y el último rey de Prusia son los únicos grandes príncipes de Europa que desde la muerte de Enrique IV de Francia se supone que han amasado una fortuna considerable. La frugalidad que conduce a la acumulación ha llegado a ser tan rara en los estados republicanos como en los monárquicos. Las repúblicas italianas, las provincias unidas de Holanda, todas están endeudadas. El cantón de Berna es la única república de Europa que ha acumulado un tesoro apreciable; las otras repúblicas suizas no lo han hecho. El apego por alguna suerte de pompa, o al menos por edificios espléndidos y otros adornos públicos, prevalece a menudo tanto en la aparente sobriedad de la cámara de senadores de una pequeña república como en la corte disipada del más grande de los reyes.

La falta de frugalidad en tiempos de paz impone la necesidad de contraer deudas en tiempos de guerra. Cuando estalla la guerra no hay en el tesoro más dinero que el requerido para hacer frente al gasto normal del gobierno durante la paz. En la guerra la defensa del estado exige un gasto tres o cuatro veces superior, y por tanto un ingreso tres o cuatro veces superior al ingreso en tiempos de paz. Aun suponiendo que el soberano tuviese los medios, que casi nunca los tiene, para aumentar su ingreso en proporción al aumento del gasto, la recaudación impositiva que daría lugar a este ingreso incrementado no ingresará en el tesoro hasta diez meses o un año después de establecidos los impuestos. ...Ante un peligro inmediato se debe incurrir en un gasto inmediato y enorme, que no puede esperar a los rendimientos lentos y graduales de los nuevos impuestos. En tal situación el estado no tiene más recurso que el endeudamiento.

La misma etapa comercial de la sociedad que por acción de causas morales lleva así al estado a la necesidad de endeudarse, genera en los súbditos tanto la capacidad como la inclinación a prestarle. ...

En un país donde abundan los comerciantes y los industriales necesariamente abundan las personas que en cualquier momento tienen el poder de adelantar una caudalosa suma de dinero al gobierno, si así lo deciden. De ahí la capacidad de prestar que tienen los súbditos de un estado comercial.

Selección: III

El comercio y la industria rara vez florecen durante mucho tiempo en un estado que no disfruta de una administración regular de la justicia, donde el pueblo no se siente seguro en la posesión de sus propiedades, donde el cumplimiento de los contratos no está amparado por la ley, y donde la autoridad del estado no se ocupa regularmente de obligar a que paguen sus deudas todos aquellos que pueden pagarlas. En suma, el comercio y la industria no pueden progresar en ningún estado donde no haya un cierto grado de confianza en la justicia. La misma confianza que predispone a los grandes comerciantes e industriales en condiciones normales a confiar sus propiedades a la protección del estado, los predispone en circunstancias extraordinarias a confiarle al estado el uso de sus propiedades. Al prestar dinero al gobierno ni por un momento disminuyen su capacidad de llevar adelante su comercio o su industria. Al contrario, habitualmente la aumentan. La necesidad hace que el estado en la mayoría de las ocasiones esté dispuesto a pedir prestado en términos sumamente ventajosos para el prestamista. La seguridad que otorga al acreedor original es transferible a cualquier otro acreedor, y a partir de la confianza universal en la justicia estatal los títulos generalmente se venden en el mercado por más que su valor de emisión. El comerciante o persona acaudalada gana dinero cuanto le presta al estado, y en vez de disminuir su capital de giro lo aumenta. ...De ahí la inclinación o disposición a prestar de los súbditos de un estado comercial.

El gobierno de un estado de esa clase confía en esta capacidad y disposición de sus súbditos a prestarle dinero en coyunturas extraordinarias. Sabe que puede contar con la posibilidad de endeudarse, y por tanto se considera libre del deber de ahorrar.

En una etapa ruda de la sociedad no hay grandes capitales comerciales e industriales. Los individuos que atesoran todo el dinero que ahorran y que ocultan su tesoro lo hacen porque desconfían en la justicia del gobierno... En tal estado de cosas habrá muy pocas personas capaces de prestar dinero al gobierno ante necesidades extraordinarias, y ninguna dispuesta a hacerlo. El soberano percibe que deberá hacer frente a esas exigencias mediante el ahorro, puesto que el endeudamiento le resultará absolutamente imposible. Esta percepción estimula aún más su disposición natural a ahorrar.

La evolución de las enormes deudas que oprimen hoy a todas las grandes naciones de Europa, y que a largo plazo probablemente las arruinen, ha sido bastante uniforme. Las naciones, como las personas privadas, han empezado a pedir prestado generalmente contra lo que podría llamarse el crédito personal, sin garantizar o hipotecar ningún fondo específico para el pago de la deuda; cuando este recurso ha fallado, han procedido a endeudarse contra la garantía o hipoteca de fondos determinados.

La llamada deuda flotante o no consolidada de Gran Bretaña se contrajo por la primera de esas vías. Consiste en parte en una deuda que no paga o se supone que no paga interés, y que se parece a las deudas de un ciudadano privado que toma dinero a cuenta; y en parte en una deuda que paga interés, y que se parece a la que contrae un particular que firma una letra o pagaré. ...Las letras del Tesoro...son deudas de este segundo tipo. ...El Banco de Inglaterra, sea porque voluntariamente descuenta esas letras a su valor de mercado o porque acuerda con el gobierno el hacer circular letras de Tesoro, es decir, rescatarlas a la par y pagar el interés correspondiente, sostiene su valor y facilita su circulación, y por eso permite con frecuencia al gobierno incurrir en una muy cuantiosa deuda de este tipo. ...

Cuando se agota esta fuente y la obtención de dinero requiere garantizar o hipotecar una rama concreta del ingreso público para pagar la deuda, el gobierno lo ha hecho de dos forma distintas. A veces ha estipulado esta vinculación o hipoteca sólo por un período breve de tiempo, un año o dos, por ejemplo; y a veces lo ha hecho a perpetuidad. En un caso se suponía que el fondo era suficiente para pagar en ese plazo limitado tanto el principal como el interés de la deuda. En el otro se suponía que era suficiente sólo para pagar el interés, o una anualidad perpetua equivalente al interés, y el gobierno tenía la opción libre de amortizar esta anualidad en cualquier momento, pagando el principal de la deuda. Cuando se consigue dinero por la primera vía se dice que es un anticipo; y cuando se consigue por la segunda, que es una deuda perpetua.

En Gran Bretaña los impuestos anuales sobre la malta y sobre la tierra se anticipan regularmente todos los años en virtud de una cláusula de préstamos que se incluye siempre en las leyes que los establecen. El Banco de Inglaterra generalmente adelanta las sumas que se esperan recaudar con esos impuestos, a un interés que desde la Revolución ha oscilado entre el ocho y el tres por ciento, y cobra gradualmente conforme se van recaudando. Si existe un déficit, lo que siempre ocurre, se financia con los ingresos del año siguiente. Así, la única rama importante de los ingresos públicos que no está hipotecada se gasta regularmente antes de ser recaudada. Igual que un despilfarrador irresponsable, cuyas necesidades imperiosas no permiten que aguarde hasta el pago regular de su ingreso, la práctica habitual del estado es pedir prestado a sus propios representantes y agentes, y pagar interés por el uso de su propio dinero.

En el reinado del rey Guillermo y durante buena parte del de la reina Ana, antes de que nos hubiésemos familiarizado tanto como ahora con el recurso de la deuda perpetua, el grueso de los nuevos impuestos se establecían sólo durante un breve período de tiempo (no más de cuatro, cinco, seis o siete años), y una gran parte de los créditos concedidos cada año consistía en préstamos sobre anticipos de la recaudación de esos impuestos. Como la recaudación resultó con frecuencia insuficiente para pagar en el plazo estipulado el principal y el interés del dinero pedido en préstamo, surgieron los déficits, y fue necesario prolongar el plazo para enjugarlos. ...

Como consecuencia de diversas leyes, la mayoría de los impuestos que antes habían sido establecidos sólo durante unos pocos años se convirtieron en permanentes, con objeto de pagar no el capital sino sólo el interés del dinero que había sido tomado en préstamo sobre los mismos en diversos anticipos sucesivos.

Si el dinero no hubiese sido obtenido más que mediante anticipos, el transcurso de pocos años habría bastado para liberar a los ingresos públicos, sin necesidad de ninguna atención del gobierno, salvo la de no sobrecargar el fondo con más deuda de la que podía pagar en el plazo fijado, y la de no pedir un segundo anticipo antes de que hubiese vencido el primero. Pero casi todos los gobiernos europeos han sido incapaces de estas atenciones. A menudo han sobrecargado el fondo incluso con el primer anticipo; y cuando esto no sucedió, en general se ocuparon de sobrecargarlo mediante un segundo y un tercer anticipo formalizados antes del vencimiento del primero. De esta manera, el fondo llegó a ser totalmente insuficiente para pagar el principal y el interés del dinero tomado en préstamo sobre el mismo, con lo que fue necesario cargarlo sólo con el pago de los intereses, o de una anualidad perpetua equivalente al interés, y esos imprevisores anticipos dieron lugar a la más ruinosa práctica de la financiación perpetua. Pero aunque esta práctica traslada el rescate de los ingresos públicos desde una fecha fija a una tan indefinida que probablemente no llegue jamás,

como a través de ella se puede obtener una suma mayor que mediante la vieja estrategia de los anticipos, una vez que los hombres se familiarizaron con la deuda perpetua, ella ha sido universalmente preferida cuando se plantean agudas exigencias al estado. El interés principal de los que se ocupan de la administración pública siempre es resolver los problemas del presente: la solución futura de la hacienda pública es algo que dejan para la posteridad.
...Dado que los gastos normales de la mayor parte de los estados modernos en tiempos de paz son iguales o casi iguales a sus ingresos normales, cuando estalla la guerra ni quieren ni pueden incrementar sus ingresos en proporción al incremento de sus gastos. No quieren hacerlo por temor a la reacción del pueblo, que puede sentir pronto aversión hacia la guerra si se produce un aumento de impuestos abultado y súbito; y no pueden porque no saben qué impuestos serán suficientes para recaudar el ingreso que necesitan. La facilidad del endeudamiento los libera de la incómoda situación a que esa falta de capacidad y de voluntad conduciría en otro caso. El endeudamiento les permite, con un aumento muy moderado en los impuestos, recaudar de año a año el dinero suficiente para financiar la guerra, y mediante la práctica de la deuda perpetua pueden obtener anualmente la máxima suma posible de dinero con el mínimo aumento posible de impuestos. En los grandes imperios hay mucha gente que vive en la capital y las provincias alejadas del campo de batalla para la que la guerra no representa molestia alguna; están tranquilos y disfrutan leyendo en los periódicos sobre las hazañas de sus flotas y ejércitos. Para ellos esta diversión compensa la pequeña diferencia entre los impuestos que pagan a causa de la guerra y los impuestos a que estaban acostumbrados en tiempos de paz. Es normal que se disgusten cuanto llega la paz, porque acaba con su diversión y con mil visionarias esperanzas de conquistas y glorias

nacionales a cosechar si la guerra se hubiese prolongado más.

El advenimiento de la paz rara vez les aligera de la mayor parte de los impuestos establecidos durante la guerra. Estos han quedado hipotecados para pagar el interés de la deuda contraída para financiarla. Si el antiguo ingreso más los nuevos impuestos produce un superávit, después de pagar el interés de dicha deuda y los gastos públicos corrientes, quizás se pueda convertir en un fondo de amortización para liquidar la deuda. Pero en primer lugar este fondo de amortización, incluso suponiendo que no se destine a ningún otro objetivo, es totalmente insuficiente para pagar toda la deuda contraída durante la guerra en el transcurso de ningún período durante el cual puede razonablemente esperarse que dure la paz; y en segundo lugar, el fondo es casi siempre empleado para otros objetivos. ...

Incluso en la paz más absoluta tienen lugar acontecimientos que exigen un gasto extraordinario, y al gobierno siempre le convendrá sufragar este gasto desviando de su finalidad al fondo de amortización que imponiendo nuevos tributos. El pueblo siente inmediatamente, en mayor o menor medida, el efecto de cualquier nuevo impuesto. Siempre levanta murmuraciones y suscita críticas. Cuanto más se multiplican los impuestos, cuanto mayores sean las cuotas que pagan los diversos objetos imponibles, más agudas son las protestas populares ante cualquier nuevo impuesto, y más difícil resulta tanto el encontrar objetos imponibles nuevos como el elevar mucho las tarifas que ya pagan los antiguos. Pero una suspensión momentánea del pago de la deuda no es percibida inmediatamente por el pueblo, y no da lugar a murmuraciones ni críticas. El tomar en préstamo del fondo de amortización es siempre una medida obvia y sencilla para salir de un apuro. Cuanto más se han acumulado las deudas públicas, cuanto más urgente resulta el estudiar la forma de reducirlas, cuanto más peligroso y ruinoso es el desvío de cualquier fracción del fondo de amortización, menos probable resulta que la deuda pública sea reducida en un grado significativo, y más probable y más inevitable resulta que el fondo de amortización sea desviado para financiar los gastos públicos extraordinarios que tienen lugar en tiempos de paz. Cuando una nación ya está sobrecargada con impuestos, lo único que puede inducir al pueblo a someterse con tolerante paciencia a un nuevo impuesto son las necesidades derivadas de una nueva guerra, la animosidad de la venganza nacional o la inquietud por la seguridad nacional. De ahí el habitual desvío del fondo de amortización.

En Gran Bretaña, desde el momento en que recurrimos por vez primera al ruinoso expediente de la deuda perpetua, la reducción de la deuda pública en tiempos de paz jamás ha guardado ninguna proporción con su acumulación en tiempos de guerra. ...

La nueva deuda que probablemente será contraída antes del final de la próxima campaña puede que sea casi igual al conjunto de toda la vieja deuda que ha podido ser liquidada mediante el ahorro del ingreso corriente del estado. Por lo tanto, el suponer que la deuda pública puede ser amortizada por completo a través del ahorro que se pueda realizar con los actuales ingresos públicos es una absoluta quimera.

Un autor ha planteado que los fondos públicos de las diversas naciones endeudadas de Europa son la acumulación de un gran capital añadido al capital restante del país, con lo que el comercio se extiende, la industria se multiplica y las tierras se cultivan y mejoran mucho más que lo que sería posible sólo con este capital restante. Él no se da cuenta de que el capital que los primeros acreedores públicos adelantaron al gobierno fue desde el momento mismo en que lo adelantaron equivalente a una cierta porción del producto anual desviado desde la función de capital hacia la función de ingreso, desde el mantenimiento de trabajadores productivos hacia el de trabajadores improductivos, y destinado a ser gastado y despilfarrado sin esperanza alguna de reproducción futura. Es verdad que a cambio del capital que adelantaron obtuvieron una anualidad en los fondos públicos que en la mayoría de los casos fue de un valor superior. Es indudable que esta anualidad les repuso su capital y permitió que desarrollaran sus actividades y negocios en el mismo nivel que antes o quizás en uno más alto; es decir, pudieron pedir prestado a otras personas un capital nuevo contra el crédito de esa anualidad, o pudieron comprar un nuevo capital propio vendiendo esa anualidad a otras personas, un capital igual o mayor que el que habían adelantado al gobierno. Ahora bien, este nuevo capital que ellos compraron o pidieron prestado debía estar ya en el país, y estaría invertido como todos los capitales en el mantenimiento de trabajo productivo. Cuando llegó a las manos de aquellos que habían adelantado su dinero al gobierno, aunque en algún aspecto era para ellos un capital nuevo, no lo era para el país: era sólo un capital retirado de ciertas inversiones para ser destinado a otras. Aunque les repuso lo que habían adelantado al gobierno, no se lo repuso al país. Si no se lo hubiesen prestado al gobierno, habría habido en el país dos capitales, dos porciones del producto anual invertidas en sostener trabajo productivo, y no una.

Cuando para pagar el gasto público se recauda un ingreso durante el año a partir de impuestos no hipotecados, una cierta fracción del ingreso de los particulares se desvía del mantenimiento de una clase de trabajo improductivo al mantenimiento de otra. Es claro que una parte de lo que pagan por esos impuestos podría haber sido acumulada en un capital y consiguientemente invertida en el sostén de trabajo productivo, pero la mayor parte probablemente se habría gastado y habría sido así invertida en el mantenimiento de trabajo improductivo. Cuando el gasto público es financiado de esta forma, ello indudablemente impide en cierto grado la acumulación ulterior de nuevo capital, pero no ocasiona necesariamente la destrucción de ningún capital existente.

Cuando el gasto público es financiado mediante deuda perpetua, es sufragado mediante la destrucción anual de algún capital que existía antes en el país, por la desviación dañina de una fracción del producto anual que se destinaba con anterioridad a la manutención de trabajo productivo hacia la de trabajo improductivo. Pero como en este caso los impuestos son más moderados que lo que habrían sido si se hubiese recaudado en el año el ingreso necesario para hacer frente al mismo gasto, el ingreso privado de las personas es por necesidad menos gravado y en consecuencia su capacidad de ahorrar y acumular una parte de dicho ingreso en un capital es mucho menos obstruida. Si la deuda perpetua destruye más capital existente, al mismo tiempo es un obstáculo menor para la acumulación o adquisición de un capital nuevo que el que representa la financiación del gasto público mediante un ingreso recaudado durante el año. Con el sistema de la deuda, la frugalidad y el esfuerzo de los ciudadanos pueden reparar más fácilmente las brechas que el despilfarro y la extravagancia del gobierno puedan producir en el capital general de la sociedad.

Ahora bien, el sistema de endeudamiento tiene esta ventaja con respecto al otro sólo mientras dure la guerra. Si el gasto de la guerra fuese sufragado siempre mediante un ingreso recaudado durante el año, los impuestos de los que provendría ese ingreso extraordinario no durarían más que la guerra. La capacidad de los ciudadanos para acumular, aunque sería menor durante la guerra, sería mayor durante la paz que bajo el sistema del endeudamiento. La guerra no daría lugar necesariamente a la destrucción de ningún capital antiguo y la paz ocasionaría la acumulación de mucho más capital nuevo. Las guerras serían en general concluidas más rápidamente y se declararían con menos facilidad. ...

Además, cuando el endeudamiento adquiere cierto desarrollo, la multiplicación de impuestos que acarrea a veces menoscaba la capacidad de los ciudadanos para acumular incluso en tiempos de paz tanto como el otro sistema lo hace en tiempos de guerra. ...El ingreso privado de los ciudadanos de Gran Bretaña está tan sobrecargado en épocas de paz y su capacidad de acumulación tan obstruida como lo estarían en tiempos de la más costosa de las guerras, si nunca se hubiese adoptado el funesto sistema del endeudamiento.

Se ha dicho que el pago del interés de la deuda pública es como si la mano derecha le pagara a la izquierda. El dinero no sale del país. Es sólo una parte del ingreso de un conjunto de habitantes que se transfiere a otro, y la nación no resulta con ello empobrecida ni en un cuarto de penique. Esta apología se basa totalmente en la sofistería del sistema mercantil. ...Supone que toda la deuda pública está en manos de los habitantes del país, lo que no es cierto...pero aunque lo fuera no sería por ello menos perniciosa.

Las dos fuentes originales del ingreso público y privado son la tierra y el capital. ...

El propietario de tierra está interesado, en aras de sus propios ingresos, en mantener su finca en la mejores condiciones. ...Pero debido a los diversos impuestos sobre la tierra el ingreso del terrateniente puede ser tan disminuido, y debido a diversos aranceles sobre los bienes necesarios y convenientes para la vida su ingreso disminuido puede tener un valor real tan pequeño que puede verse imposibilitado de acometer o mantener costosas mejoras...y la agricultura del país deberá inevitablemente decaer.

Cuando debido a los distintos impuestos sobre las cosas necesarias y convenientes para la vida los dueños e inversores del capital comprueban en un país determinado que cualquier ingreso que de él derivan no compra la misma cantidad de esos bienes que un mismo ingreso puede comprar en otros países, estarán dispuestos a trasladarse a algún otro lugar. Y cuando para recaudar esos impuestos la mayoría de los comerciantes e industriales, es decir, todos o la mayoría de los inversores de los grandes capitales, resultan expuestos a las mortificantes y vejatorias inspecciones de los recaudadores, esta disposición a marcharse se transformará pronto en una marcha efectiva. La actividad del país necesariamente se resentirá con la pérdida del capital que la sostenía, y la ruina del comercio y la industria seguirá a la decadencia de la agricultura.

La transferencia desde los propietarios de esas dos grandes fuentes del ingreso, la tierra y el capital, desde las personas directamente interesadas en las buenas condiciones de cada porción concreta de tierra, y en la buena administración de cada porción concreta de capital, hasta otro conjunto de personas (los acreedores públicos, que no tienen esos intereses concretos), de la mayor parte de sus ingresos debe ocasionar a largo plazo tanto el abandono de la tierra como la liquidación o fuga del capital. ...

La práctica del endeudamiento ha debilitado gradualmente a todos los estados que la han adoptado. Las precursoras fueron las repúblicas italianas. Génova y Venecia, las únicas dos que tienen pretensiones de una existencia independiente, se han visto debilitadas por ella. España parece haber aprendido el sistema de las repúblicas italianas y (sus impuestos son probablemente menos sensatos que los de ellas) ha sido aún más debilitada, en proporción a su fuerza natural. Las deudas de España son muy antiguas. El país se hallaba profundamente endeudado antes de finalizar el siglo XVII, unos cien años antes de que Inglaterra debiese un sólo chelín. Francia, a pesar de sus recursos naturales, languidece bajo una pesada carga de similares características. La república de las Provincias Unidas está tan debilitada por sus deudas como Génova o Venecia. ¿Puede ser totalmente inocua para Gran Bretaña una política que ha arrastrado a todos los demás países a la debilidad o la desolación?

Podría argumentarse que los sistemas fiscales de esos países son peores que el inglés. Así lo creo. Pero hay que recordar que cuando el gobierno más sabio agota todos los objetos imponibles correctos, en casos de apremiante necesidad deberá recurrir a los incorrectos. La sabia república de Holanda ha echado mano en ocasiones de impuestos tan inconvenientes como la mayoría de los españoles. Ha comenzado otra guerra antes de que se pudiese rescatar de manera apreciable el ingreso público, y al llegar a ser tan costosa como la última guerra, puede desembocar por necesidad irresistible en un sistema fiscal británico tan opresivo como el de Holanda, o incluso como el de España. Es verdad y honra a nuestro actual sistema impositivo el que hasta ahora haya provocado tan pocos problemas a la actividad económica que durante el transcurso de las guerras más costosas la frugalidad y buena conducta individuales han sido capaces, mediante el ahorro y la acumulación, de reparar todas las brechas que el derroche y la profusión del gobierno ha ocasionado en el capital general de la sociedad. ...Gran Bretaña parece soportar con facilidad una presión fiscal que nadie habría predicho que podría soportar hace medio siglo. Pero no vayamos por ello a concluir apresuradamente que es capaz de soportar cualquier carga, y ni siquiera confiemos demasiado en que pueda aguantar sin una notable penuria una presión ligeramente superior a la que ya tiene sobre sí.

Una vez que las deudas públicas han alcanzado un cierto nivel, creo que no hay ni un sólo caso en que hayan sido pagadas de forma honesta y completa. La liberación de los ingresos públicos, si es que se ha producido, siempre ha ocurrido mediante una quiebra, a veces declarada y siempre efectiva, aunque frecuentemente mediante un pago simulado.

La medida más habitual para disfrazar la quiebra de la hacienda pública a través de un pago simulado ha sido la elevación de la denominación de la moneda. Por ejemplo, si por ley del parlamento o proclama real el valor nominal de seis peniques se eleva a un chelín, y el de veinte piezas de seis peniques a una libra esterlina, la persona que bajo la antigua denominación había pedido prestados veinte chelines, o casi cuatro onzas de plata, puede con la nueva denominación pagarlos con veinte monedas de seis peniques, o algo menos de dos onzas. Una deuda pública de unos ciento veintiocho millones, más o menos el capital de la deuda consolidada y no consolidada de Gran Bretaña, podría de esta forma ser pagada con unos sesenta y cuatro millones de nuestra moneda actual. Sería evidentemente sólo un pago simulado, y los acreedores del estado serían en realidad estafados en diez chelines por cada libra que se les debía. ...Un pago simulado de esta clase ...extiende la calamidad a un notable número de otras personas inocentes. Da lugar a una subversión generalizada y sumamente perniciosa de las fortunas privadas; en la mayoría de los casos enriquece al deudor ocioso y despilfarrador a expensas del acreedor trabajador y frugal, y transfiere una gran parte del capital nacional desde las manos que probablemente lo acrecentarían y mejorarían hacia las que probablemente lo disiparán y destruirán. Cuando llega a ser necesario que un estado se declare en quiebra, exactamente igual que cuando ocurre lo mismo con una persona, lo que resulta menos deshonroso para el deudor y menos perjudicial para el acreedor es una quiebra honesta, abierta y declarada. Se protege muy poco el honor del estado cuando para tapar la desgracia de una quiebra real se recurre a un truco de prestidigitación como ese, que se descubre tan fácilmente y resulta tan extremadamente pernicioso.

Pero todos los estados, antiguos y modernos, cuando se han visto ante esa necesidad, han recurrido en alguna ocasión a dicha estratagema. ...

Con medidas como esa creo que las monedas de todas las naciones han visto su valor original gradualmente reducido cada vez más y la misma suma nominal ha pasado paulatinamente a contener una cantidad de plata cada vez menor.

Con el mismo objetivo, las naciones han adulterado en ocasiones la ley de sus monedas, es decir han introducido una cantidad mayor de aleación. ...

Una elevación directa de la denominación de la moneda siempre es, y por su naturaleza debe ser, una operación abierta y declarada. Con ella se denomina a piezas de un peso y volumen menor como antes se llamaba a piezas de un peso y volumen mayor. La adulteración de la ley, por el contrario, ha sido por regla general una operación disimulada. ...Ambas medidas son injustas. Pero un aumento en el valor nominal es una injusticia manifiesta, mientras que una adulteración es una injusticia traicionera y fraudulenta. Por eso esta última operación, tan pronto como es descubierta, y jamás puede ser disimulada durante mucho tiempo, siempre ha suscitado más indignación que la primera. Después de haberse aumentado considerablemente su valor nominal, rara vez la moneda vuelve a su peso anterior; pero después de las más grandes adulteraciones casi siempre ha sido restaurada a su ley anterior. Casi nunca hubo otra forma de aplacar la furia y la indignación del pueblo. ...

Parece completamente inútil esperar que el ingreso público de Gran Bretaña pueda ser completamente liberado, o que se avance notablemente en su liberación, mientras el superávit del ingreso sobre el gasto anual en tiempos de paz sea tan pequeño. Es evidente que esa liberación jamás tendrá lugar si no se produce un aumento muy considerable en el ingreso público o una disminución igualmente considerable en el gasto público.

Un impuesto sobre la tierra más equitativo, un impuesto más equitativo sobre la renta de las casas, y las reformas sugeridas en el capítulo anterior en el sistema actual de aduanas y sisas quizás puedan, sin incrementar la presión fiscal sobre la mayoría de la población sino sólo distribuyendo las cargas más equitativamente sobre el conjunto, generar un aumento considerable en los ingresos. Pero ni el más iluso de los proyectistas fantasearía con que un aumento de esta naturaleza podría permitir abrigar esperanzas razonables de liberar completamente a los ingresos públicos, y ni siquiera de avanzar tanto en su liberación en tiempos de paz como para prevenir o compensar la ulterior acumulación de deuda pública en la próxima guerra.

Se podría conseguir un incremento mucho mayor en el ingreso mediante la extensión del sistema fiscal británico a todas las diversas provincias del imperio pobladas por gente de origen británico o europeo. Pero es posible que esto no pueda lograrse de forma coherente con los principios de la constitución británica sin admitir en el Parlamento británico, o si se quiere en los estados generales del imperio británico, a una representación justa y equitativa de todas esas provincias, y que la de cada provincia guarde la misma proporción con el producto de sus impuestos como la representación de Gran Bretaña guarda con el producto de los impuestos recaudados en Gran Bretaña. Los intereses privados de muchos individuos poderosos, los prejuicios arraigados en grandes núcleos de la población parecen por el momento constituir obstáculos tan agudos para un cambio tan profundo que parecen difíciles y quizás totalmente imposibles de salvar. Sin pretender determinar si una unión de ese tipo es practicable o no, quizás no resulte fuera de lugar en una obra especulativa como esta el considerar en qué medida el sistema fiscal británico podría ser aplicable a todas las distintas provincias del imperio, qué ingresos podrían esperarse si se aplicara, y de qué manera una unión general de esa naturaleza podría afectar la felicidad y prosperidad de las diversas provincias que la integrasen. Esta especulación podría en el peor de los casos ser considerada como una nueva Utopía, ciertamente menos entretenida pero no más inútil ni quimérica que la antigua.

Las cuatro ramas principales de la fiscalidad británica son el impuesto sobre la tierra, los impuestos de timbre y los distintos derechos de aduana y sisa.

Irlanda es ciertamente tan capaz como Gran Bretaña de pagar un impuesto sobre la tierra y nuestras plantaciones de América y las Indias Occidentales lo son todavía más. ...

Es claro que los impuestos de timbre podrían ser aplicados sin variación alguna en todos los países con los mismos o casi los mismos procedimientos legales y contratos de transferencia de propiedades reales y personales.

La extensión de la legislación aduanera británica a Irlanda y las plantaciones, siempre que fuese acompañada, como en justicia debería ser, por una extensión de la libertad de comercio, sería enormemente ventajosa para ambas. Todas las envidiosas restricciones que hoy oprimen al comercio de Irlanda, y la distinción entre mercancías enumeradas y no enumeradas de América, desaparecerían por completo. Los países al norte del Cabo

Finisterre estarían tan abiertos para cualquier fracción de la producción de América como hoy lo están para algunas partes de la misma los países a sur de dicho cabo. El comercio entre todas las diversas partes del imperio británico llegarían a ser como consecuencia de la uniformidad en la legislación aduanera tan libres como actualmente es el comercio de cabotaje de Gran Bretaña. El imperio británico sería en sí mismo un inmenso mercado interno para cualquier parte de la producción de todas sus provincias. Una extensión del mercado tan vasta pronto compensaría a Irlanda y a las plantaciones de todo lo que pudiesen sufrir por el incremento de los aranceles de aduanas.

Los derechos de sisa son la única parte del sistema fiscal británico que debería ser modificada en algún aspecto para ser aplicada a las diferentes provincias del imperio. Se podrían aplicar a Irlanda sin cambio alguno: la producción y el consumo de ese reino son exactamente de la misma naturaleza que los de Gran Bretaña. Pero alguna modificación sería necesaria en su aplicación a América y las Indias Occidentales, cuya producción y consumo son tan diferentes de las británicas. ...

Sería completamente imposible calcular con una precisión razonable cuál podría ser el ingreso que este sistema impositivo podría generar si se extendiese a todas las provincias del imperio. En Gran Bretaña, el sistema recauda anualmente más de diez millones sobre menos de ocho millones de personas. Irlanda tiene dos millones de habitantes y según las informaciones presentadas al congreso las doce provincias asociadas de América tienen más de tres. Pero esos datos pueden haber sido exagerados, quizás para animar a su propia población o para intimidar a la nuestra, con lo que supondremos que nuestras colonias de América del Norte y las Indias Occidentales en conjunto no cuentan con más de tres millones de habitantes;

así, el imperio británico como un todo, en Europa y América, no tiene más de trece millones de habitantes. Si sobre una población de menos de ocho millones este sistema impositivo recauda más de diez millones de libras esterlinas, sobre trece millones debería recaudar más de dieciséis millones doscientas cincuenta mil libras esterlinas. De este ingreso, suponiendo que el sistema pudiese conseguirlo, habría que deducir el ingreso normalmente recaudado en Irlanda y las plantaciones para sufragar el gasto de sus respectivos gobiernos civiles. El gasto del gobierno civil y militar de Irlanda junto con el interés de la deuda pública suma, como media de los dos años anteriores a marzo de 1775, algo menos de setecientas cincuenta mil libras por año. Según una contabilidad muy precisa, el ingreso de las principales colonias de América y las Indias Occidentales alcanzaba, antes del comienzo de los disturbios actuales, las ciento cuarenta y un mil ochocientas libras. Estas cuentas omiten, sin embargo, el ingreso de Maryland, de Carolina del Norte, y de todas nuestras conquistas recientes en el continente y las islas, lo que quizás represente treinta o cuarenta mil libras. Por lo tanto, en números redondos, podemos suponer que el ingreso necesario para mantener los gobiernos civiles de Irlanda y las plantaciones es de un millón de libras. Quedaría en consecuencia un ingreso de quince millones doscientas cincuenta mil libras, a ser destinadas a sufragar el gasto general del imperio y el pago de la deuda pública. Pero si del ingreso actual de Gran Bretaña se puede apartar en tiempos de paz un millón para pagar dicha deuda, de ese ingreso aumentado se podrían apartar seis millones doscientas cincuenta mil. Este copioso fondo de amortización, asimismo, podría ser expandido cada año por el interés de la deuda cancelada el año anterior, y así podría crecer tan rápidamente como para poder en pocos años liquidar la totalidad de la deuda, y restaurar así completamente el vigor del imperio, actualmente debilitado y languideciente. Al mismo tiempo el pueblo podría ser aligerado de algunos de los impuestos más gravosos, aplicados sobre los bienes necesarios para la vida o sobre las materias primas para la industria. Los trabajadores pobres vivirían mejor, trabajarían más barato y enviarían sus bienes al mercado a un precio menor. La baratura de sus bienes incrementaría la demanda de los mismos y en consecuencia la demanda del trabajo de los que los producen. Este aumento en la demanda de trabajo elevaría el número y mejoraría las condiciones de vida de los trabajadores pobres. Su consumo aumentaría y con él el ingreso derivado de todos aquellos artículos que consumen y sobre los que aún recayesen impuestos. ...

No es contrario a la justicia que tanto Irlanda como América contribuyan a pagar la deuda pública de Gran Bretaña. Dicha deuda ha sido contraída en apoyo del gobierno establecido por la Revolución, un gobierno al que los protestantes de Irlanda deben no sólo la autoridad que hoy ostentan en su propio país sino toda la seguridad que poseen del respeto a su libertad, sus propiedades y su religión; un gobierno al que varias de las colonias de América deben sus actuales estatutos y por consiguiente su actual constitución, y al que todas las colonias de América deben la libertad, seguridad y propiedades que han disfrutado desde entonces. La deuda pública no ha sido contraída sólo para la defensa de Gran Bretaña sino para la de todas las provincias del imperio; en particular, la inmensa deuda contraída en la última guerra, y una buena parte de la que se contrajo en la guerra anterior, derivaron ambas, hablando propiamente, de la defensa de América.

Por la unión con Gran Bretaña, además del libre comercio, Irlanda obtendría otras ventajas mucho más importantes y que compensarían con creces cualquier aumento de impuestos que pudiese acompañar a dicha unión. Mediante la unión con Inglaterra las clases medias y bajas de Irlanda se libraron totalmente del poder de una aristocracia que antes siempre las había oprimido. Gracias a una unión con Gran Bretaña la mayoría del pueblo de todas las clases de Irlanda se libraría de forma igualmente completa de una aristocracia mucho más opresiva, una aristocracia no basada, como la de Escocia, en diferencias naturales y respetables de cuna y fortuna sino en las más odiosas de todas las diferencias, las de los prejuicios religiosos y políticos; estas diferencias, más que ninguna otra, estimulan tanto la insolencia de los opresores como el odio y la indignación de los oprimidos, y normalmente hacen que los habitantes de un mismo país sean más hostiles entre sí que lo que nunca son los pueblos de países distintos. Sin una unión con Gran Bretaña es probable que durante muchas generaciones los habitantes de Irlanda no se consideren un solo pueblo.

Ninguna aristocracia opresiva ha prevalecido jamás en las colonias. Pero incluso ellas ganarían considerablemente en bienestar y tranquilidad si se unen a Gran Bretaña. Al menos se verían libres de esas facciones rencorosas y virulentas que son inseparables de las democracias pequeñas, y que con tanta frecuencia dividen los sentimientos de sus pueblos y perturban la paz de sus gobiernos, que formalmente son casi democráticos. En el caso de una separación total de Gran Bretaña —algo que si no es prevenido por una unión de esta clase es muy probable que ocurra— esas facciones serán diez veces más virulentas que nunca lo han sido. Antes de estallar los disturbios actuales el poder coercitivo de la metrópoli siempre fue capaz de impedir que tales banderías desembocasen en nada peor que la brutalidad y los insultos más groseros. Si ese poder coercitivo desaparece por completo, pronto llegará la violencia abierta y el derramamiento de sangre.

En los grandes países unidos bajo un gobierno uniforme, el espíritu partidista normalmente prevalece menos en las provincias remotas que en el centro del imperio. La distancia entre esas provincias y la capital, la sede principal de la ambición y los conflictos partidistas, hace que las partes en pugna las tengan menos presentes, y las vuelve a ellas espectadoras más indiferentes e imparciales de la conducta de todos. El espíritu de partido prevalece menos en Escocia que en Inglaterra. En el caso de una unión prevalecería probablemente menos en Irlanda que en Escocia, y las colonias probablemente disfrutarían en poco tiempo un grado de concordia y unanimidad desconocido hoy en parte alguna del imperio británico. Es verdad que Irlanda y las colonias se verían sometidas a impuestos mayores que en la actualidad. Pero como consecuencia de una diligente y honrada aplicación de los ingresos públicos al pago de la deuda pública, la mayor parte de esos impuestos no perdurarían mucho tiempo, y el ingreso público de Gran Bretaña sería pronto reducido a lo necesario para mantener una moderada administración en tiempos de paz.

Las adquisiciones territoriales de la Compañía de las Indias Orientales, que pertenecen por derecho a la corona, es decir, al estado y al pueblo de Gran Bretaña, podrían llegar a ser otra fuente de ingresos quizás más abundante que todas las mencionadas hasta aquí. Se afirma que esos países son más fértiles, más extensos y en proporción a su extensión más ricos y más poblados que Gran Bretaña. Para conseguir de ellos un ingreso mayor es probable que no sea necesario implantar ningún sistema fiscal nuevo en países que ya están gravados suficientemente y más que suficientemente. Quizás sea más correcto aligerar y no intensificar la presión fiscal de esas infelices regiones, y procurar obtener ingresos de ellas no a través de nuevos impuestos sino impidiendo el fraude y la mala gestión de la mayor parte de los que pagan actualmente.

Si se comprobase que es impracticable para Gran Bretaña el conseguir un aumento apreciable de los ingresos a partir de ninguno de los recursos antes mencionados, entonces la única alternativa que le queda es disminuir sus gastos. En la forma de recaudar y en la de gastar el ingreso público, aunque ambas pueden ser mejoradas, Gran Bretaña es al menos tan eficiente como cualquiera de las naciones vecinas. La administración militar que mantiene para su propia defensa en tiempos de paz es más modesta que la de ningún otro estado europeo que pueda pretender rivalizar con ella en riqueza o poder. Ninguno de esos campos, por lo tanto, admite una reducción considerable del gasto. El gasto de la administración de las colonias en tiempos de paz era, antes del inicio de los presentes disturbios, muy notable y es un gasto que ciertamente debería ser eliminado totalmente si no se puede obtener de ellas ingreso alguno. Este gasto permanente en épocas de paz, aunque es muy abultado, es insignificante en comparación con lo que nos ha costado la defensa de las colonias en épocas de guerra. La última guerra, acometida exclusivamente a causa de las colonias, costó a Gran Bretaña más de noventa millones, como ya ha sido indicado. La guerra con España de 1739 fue emprendida principalmente a causa de las colonias; en ella y en la guerra con Francia, que fue su consecuencia, Gran Bretaña gastó más de cuarenta millones, una gran parte de las cuales sería justo cargar a las colonias. En esas dos guerras las colonias costaron a Gran Bretaña mucho más del doble de lo que era la deuda pública al comienzo de la primera de ellas. De no haber sido por dichas guerras la deuda podría haber estado y probablemente de hecho estaría hoy completamente pagada; y de no haber sido por las colonias la primera de esas guerras podría no haber sido declarada y la segunda con toda seguridad no lo habría sido. Todo este gasto fue desembolsado porque se suponía que las colonias eran provincias del imperio británico. Pero unas regiones que no aportan ni ingresos ni fuerza militar para apoyar al imperio no pueden ser consideradas como provincias. Quizás puedan ser consideradas como apéndices, como una suerte de equipo imperial, espléndido y ostentoso. Pero si el imperio no puede hacer frente al gasto de mantener ese equipo debería prescindir de él; y si no puede aumentar su ingreso en proporción a su gasto, al menos debería ajustar su gasto a su ingreso. Si las colonias, a pesar de su rechazo a someterse a los impuestos británicos, han de seguir siendo consideradas como provincias del imperio británico, su defensa en una guerra futura podrá costarle a Gran Bretaña tanto como jamás le costó en guerra alguna en el pasado. Durante más de un siglo, los gobernantes de Gran Bretaña han entretenido al pueblo con la fantasía de que poseía un vasto imperio en la orilla oeste del Atlántico. Pero este imperio ha existido hasta hoy sólo en la imaginación. Hasta hoy no ha sido un imperio sino un proyecto de imperio; no una mina de oro sino el proyecto de una mina de oro; un proyecto que ha costado, cuesta, y si continúa como hasta ahora probablemente costará una suma inmensa sin probabilidad alguna de generar ningún beneficio, porque los efectos del monopolio del comercio colonial, como se ha demostrado, son para el grueso de la población una pura pérdida en vez de un beneficio. Evidentemente ya es hora de que nuestros gobernantes hagan realidad ese sueño dorado al que quizás se han entregado tanto como el pueblo, o que despierten del sueño ellos mismos y procuren despertar al pueblo. Si el proyecto no puede ser llevado a cabo, entonces debe ser abandonado. Si no se puede lograr que cualquier provincia del imperio británico contribuya al sostenimiento de todo el imperio, está claro que ha llegado el momento de que Gran Bretaña se libere del gasto de defender a esas provincias en tiempos de guerra y de sostener cualquier parte de sus gobiernos civiles o militares en tiempos de paz, y que en el futuro procure ajustar sus ideas y sus planes a la mediocridad real de sus circunstancias.

Índice de nombres y materias

Abasidas, 513
Abisinia, 56
abogados, 159-61, 185, 682, 702-3
Abraham, 59
Academia, 714
Acapulco, 285, 288, 291
actividad, 29, 49, 187, 264, 377-82, 552-7
actores, 161
acumulación, 86, 108, 356, 424-48, 605, 779
  véase también capital
Adriático, 54
aduanas, *véase* aranceles
África, 43, 53-4, 622, 632-3, 691, 693
agricultura, 35-7, 93-4, 143-4, 188-9, 210, 215-7, 221-4, 303-15, 332-3, 360-1, 429, 464-6, 468, 479, 484-7, 490-1, 504, 529-35, 600, 791
  véase también sistemas agrícolas
Agripina, 302
agua y diamantes, valor, 62
ahorro, 434
  véase también frugalidad
alcabala, 776
alcoholismo, 463
Alejandro III, papa, 498
Alejandro Magno, 197
Alemania, 282, 495, 502, 511, 562, 733-4, 738
alimentos, 213-6, 219, 232-7, 249
alfileres, 34-5
Amberes, 535
América, 52, 67, 69, 93, 115-6, 119, 128, 143, 145, 227, 233-4, 257, 263, 270-1, 275, 278, 281-5, 291-2, 296-8, 307-8, 316-7, 325-8, 415-6, 419, 442, 480, 487-8, 530-1, 548-50, 575, 578, 584-5, 588, 597, 607-8, 616-7,

620, 623-4, 627, 630, 670, 796-9
Amsterdam, 268, 605, 743
Angola, 633
aprendizaje, 155-6, 178-84
　Estatuto, 180, 198, 560
Arabia, 54, 743
aranceles, 189, 565, 653, 691-2, 769-70
Argyle, duque de, 524
Aristóteles, 197, 496, 714, 738
aritmética política, 124, 572
armas de fuego, 673-4
arroz, 230-1, 286
Asia, 53-4, 289, 367, 480, 506, 622, 723
Asinio Celere, 302
Atenas, 197-8
asociaciones de patronos y obreros, 110-2
Atlántico, 619, 622, 803
Austria, 54
Ayrshire, 123
azúcar, 56, 226, 497

Babilonia, 496
bacalao, 56
balanza comercial, 484, 563-567, 642, 770
Báltico, 54, 235, 467
bancarrota, 167, 439
Banco de Amsterdam, 422
Banco de Escocia, 383-4
Banco de Inglaterra, 389, 391-2, 401, 403, 409, 411, 696
Banco Real, 383
bancos, 82, 141, 377-423, 700, 743
　véase también papel moneda
Batavia, 633-4
Baviera, 54
Becket, Tomás, 521
beneficios, 138-209, 213-4, 340-3, 463, 479, 603
benevolencia, 46
Bengala, 53-4, 119, 146, 150, 286, 293, 635-6
Benguela, 633
Berbería, 513
Berna, 504, 511, 780
Birmingham, 181, 289, 291, 334, 518, 774
Birch, Dr. Thomas, 219
Blackstone, 70, 499
Bohemia, 495
Borbón, casa de, 694
Borgoña, 224
Born, Ralph de, 253
Boston, 129
boticarios, 168
Brasil, 283, 290, 296, 473, 584
Brujas, 535
Bruto, 146
Buenos Aires, 216, 263, 317
Buffon, 311
Burcester, 319
Burdeos, 431
Burn, Dr., 201, 204-5
Byron, Hon. John, 263

Cabo de Buena Esperanza, 549, 620, 633-4, 693
Cabo Finisterre, 607, 797
Cabo Rojo, 693-4
Cádiz, 289-91, 605, 622
Calcuta, 51, 293, 641
Calvino, 735
Cameron de Lochiel, 524
campo, 485
canales, 215, 686-8, 700
Cantillon, Richard, 113
Cantón, 73-4, 117
capital, 87-90, 138-40, 145, 163, 169, 228, 238, 358-72, 376, 381, 395, 424-80, 485, 487-8, 534, 552-6
carbón, 238-41, 768

Índice de nombres y materias

Caribe, 608
Carlisle, 419
Carlos II, 273
Carlos V, 282, 734
Carlos VIII, 533-4
carne, 219-21
Carneades, 198
Carolina, 230, 798
carreteras, 215, 686-90
Carron, 123
carruajes, 98, 122
casas, 177, 235, 361-3
Caspio, 53
Castilla, Consejo de, 575
Castracani, Castruccio, 515
Catón el Censor, 218
caza y pesca, 154
Célebes, 634
cereales, 36-7, 70-5, 90, 122-3, 215-29, 256-64, 277-9, 344-52, 497, 504, 532, 570, 573, 647, 768
cercados, 219
Champaña, 60
Chile, 241, 245, 263, 284, 317, 585
China, 53, 73, 117-8, 128, 147, 189, 241-2, 267, 286-8, 293, 325, 327, 470, 488, 549, 634
Chipre, 146
Cicerón, 146, 218
ciudades, 185-7, 505-35
clero, *véase* religión
cobre, 57, 60, 75-6
Cochinchina, 226, 634
Colbert, C., 647-8
colegios, 70, 703-9
Colón, Cristóbal, 575
colonias, 52, 115, 143, 227, 291, 307, 421, 469, 487-8, 530-1, 575-641, 645-6, 777, 795-804
Columela, 222-3, 309, 496
comerciantes, 55, 84, 151, 185, 190, 343, 359, 387, 392-5, 399, 462, 529, 542-3, 564, 605, 643, 646, 781
comercio, 55-7, 61, 463, 466, 519-35, 553, 564
  de tránsito, 379, 473-5, 477-8, 553
  interior y exterior, 470-80, 543, 553
  libre, 541, 543, 559-61, 572, 609, 653, 771-2, 777
  mayorista, 463
  minorista, 469
  restricciones, 557-60
  véase también sistema mercantil
Compañía Británica de Telas de Hilo, 701
Compañía de las Indias Orientales, 119, 150, 285-6, 628, 637-41, 697-8, 744, 800
Compañía de los Mares del Sur, 696
Compañía de Plymouth, 581
Compañía de Turquía, 694
Compañía del Mississippi, 581
Compañía Francesa de las Indias Orientales, 286
Compañía Holandesa de las Indias Orientales, 629
compañías, 692-702
  exclusivas, 580, 641
  particulares, 695-6
  por acciones, 694-7, 699-702
  reguladas, 693-4, 697
competencia, 97-9, 138, 178, 192, 215, 192, 423, 462
Congo, 633
contrabando, 167, 286, 769-71, 774-5
Copenhague, 432
Compiègne, 431
Connecticut, 583
Cornualles, 242-4
corona, tierras, 645-6

corporaciones clandestinas, 185
correo, 686, 744
coste real, 97
cottagers, 175-6, 311
crédito, 159-60, 544
   véase también papel moneda
Cromwell, 671
cruzadas, 514
Cuadro Económico, 654
cuáqueros, 496, 584, 726
Cuba, 242, 249, 585
cuentas de caja en bancos escoceses, 384-5
cuerpo humano y político, 655

Daniel, padre Gabriel, 510
Danubio, 54
Danzig, 268
Davenant, C., 124
deberes del soberano, 660
decimoquintos, 502
Dédalo, alas de, 413
defensa, 557-8, 665-674
demanda, 98-100, 113-4, 127, 544, 697
Demócrito, 222
derecho alodial, 523-4
derechos de autor, 699
derroche público y privado, 439-44
deuda pública, 61, 778-804
diezmo, 498, 502, 739, 751
   véase también impuestos
Dinamarca, 282, 446, 629, 738
dinero, 55-64, 368-423, 434-7, 545, 550
   véase también moneda
Diógenes, 198
Diomedes, 56
distribución, 28, 92, 341
diversiones públicas, 729
división del trabajo, 33-55, 108, 136, 334, 355-6, 483, 667, 697

defectos, 717-8
Douglas, Dr., 228, 420
Dracón, 643
Drummond, 77
Dumfries, 419
Dunfermline, 446
Dupré de St. Maur, F., 256, 262, 277, 330
Du Tot, 409
Du Verney, 409

economía política, 29, 327, 476, 539, 543, 561, 646, 697
Edimburgo, 50, 121, 123, 141, 166, 177, 383, 386, 399-401, 405, 432, 471, 701
educación, 47, 155, 192, 702-722, 742
Efrón, 59
Egipto, 53, 470, 488, 513
ejército, 165, 669-72
Elbeuf, 133
El Dorado, 576
empleos, 152-77
empresarios, 191, 343, 398, 551, 604, 642-4, 758-9
   véase también comerciantes
enfermedades, 130
Enrique, príncipe, 220
Enrique II, 681
Enrique IV de Francia, 779
Enrique VIII, 734
Epicteto, 738
Epicuro, 714
esclavos, 128-9, 495-7
Escocia, 50, 61, 91, 121-3, 126, 129, 133, 141-2, 175-7, 181-2, 211, 214, 217, 227, 232, 234-5, 258, 265, 267-8, 304, 306-8, 313, 320, 322, 382-7, 330, 384, 393, 397, 416-8, 468, 500-1, 522, 529, 738, 740, 801
España, 241-2, 281-2, 284, 290,

Índice de nombres y materias

296, 316-7, 328-9, 337, 466, 516, 533, 540, 544, 578, 583, 585, 587, 595, 605, 622, 670, 694, 734, 776, 791-2, 802
Española, 317
especulación, 171
Estado, 440, 444
estaño, 242-3
estoicos, 714
Eton, 270, 274, 279
Europa, 29, 54, 60, 67-9, 76, 110, 115-7, 128, 142, 152-5, 175, 178-209, 222, 226-9, 231, 241-2, 247-8, 263, 267-9, 272, 284-8, 292-3, 299, 301, 304, 307-9, 322, 327-344, 337-9, 399, 430, 454, 478-9, 489, 495, 499, 501-4, 506, 509, 512, 515, 518, 521, 526, 529-5, 540, 548-50, 567, 580, 584-7, 617, 622, 630-37, 684, 688, 692, 711-2, 730-1, 735, 738, 745, 779-80, 782
exportaciones, 476-7, 488, 551, 567-8

Felipe I de Francia, 510
feudalismo, 429, 509, 521-8
Filadelfia, 129
Filipo, 197
filosofía, 40-1, 47, 709-11
fisiocracia, *véase* sistemas agrícolas
Flandes, 125, 234, 339, 514-6, 535, 622
Fleetwood, obispo, 258, 261-2, 319
Fontainebleau, 431
Francia, 37, 60-1, 83, 123, 133, 141-3, 177, 181, 223-4, 228-9, 252, 265, 277, 282, 285-6, 295, 310-11, 330, 408, 418, 431-2, 443, 446, 458-9, 502, 511, 514, 516, 533, 562-3, 567, 581, 583, 588, 614, 618, 622, 647, 651, 670, 734, 737-8, 802
Frézier, A.F., 242, 244, 284
frugalidad, 433-46, 604, 657, 779-80

Gales, 234, 528
ganado, 56-7, 216, 219, 303-14, 317, 360, 532
Ganges, 53
Gante, 535
Garona, 431
gasto privado, 444-8
gasto público, 665-742
   dignidad del soberano, 740
Génova, 268, 514, 791-2
Gibraltar, 52, 694
Gilbert, barón, 499
Ginebra, 738
Glasgow, 123, 383, 432
Glauco, 56
gobierno civil, 442-4, 675, 680-1, 761
   véase también Estados políticos
Golconda, 247
Gorgias, 197
Goteburgo, 286
Gran Bretaña, 78, 115, 119-25, 145, 150, 154, 166, 190, 211, 217, 222, 228-9, 235, 239, 252, 269, 280, 309, 311, 321-2, 420, 423, 446, 457, 468-9, 471, 475-6, 494, 500-3, 562, 565, 567-8, 582-3, 590-602, 608-16, 688-9, 743, 749, 768-9, 777, 782-3, 790, 792-3, 795-804
Grecia, 496, 505, 513, 578, 610, 738
gremios, 105, 178-98, 508, 560, 565
guerra, 665-74, 780, 785-6
guerra Púnica, 75
Guernsey, 613
Guicciardini, F., 534

Guillermo el Rojo, 521
Guyena, 224

Hales, Lord, 124
Halifax, 518
Hamburgo, 411, 623, 651-2, 743
Hénault, C.J.F., presidente, 618
Hipias, 197, 714
Hobbes, 65
Holanda, 142, 149, 218, 268, 282, 286, 411, 443, 474, 478, 504, 532, 622, 629, 651-2, 738, 779, 792
hombres de letras, 195
Homero, 56
hospitalidad, 521
huertos, 94, 221-2
Hume, David, 316, 418, 454, 521
Hungría, 54, 495

iglesia de Inglaterra, 723, 735, 738
iglesia de Roma, 195, 498, 515, 723-4, 730-4, 738, 740
iglesias protestantes, 195, 740
imperio, 750
  véase también colonias
Imperio Romano, 29, 75, 148, 490, 505, 535, 681
importaciones, 551, 558-9, 641-2
impuestos, 502, 742-778
  arrendamiento de, 777-8
  cánones de la tributación, 746-9
  de capitación, 506, 765-6
  elevados reducen la recaudación, 771
  evasión, 748
  inspección, 757, 776, 778
  sobre bienes de consumo, 766-9, 777
  sobre bienes de lujo, 766-7, 772-3
  sobre la producción, 751
  sobre la renta de la tierra, 749-51, 795
  sobre la renta de las casas, 752-6
  sobre los beneficios del capital, 756-60
  sobre los beneficios monopolistas, 772
  sobre los salarios, 762-5
  véase también aranceles, diezmo
India, 54, 287-8, 293, 628, 637, 698
Indias Occidentales, 93, 143, 145, 226, 248, 454, 478, 488, 495, 497, 575, 581, 621, 645, 796-8
Indias Orientales, 53, 119, 146, 285-6, 293, 478, 549-50, 608, 615, 620-1, 627-34
Indostán, 189, 285-8, 325, 367, 470, 488, 549
industria, 34-5, 41-3, 91, 94, 103-6, 110, 133-6, 150-1, 172, 187, 333-9, 360, 486-9, 513-8, 520-2, 527, 547-8, 552-60, 647-59, 768, 780-1
infanticidio, 28, 118
Inglaterra, 37, 61, 75-8, 80-4, 115, 121-3, 129, 141-3, 180-1, 193, 232-4, 239, 252, 261, 267-70, 277, 282, 304, 307, 310, 314, 318-9, 322, 333, 337-8, 418, 437, 443-4, 459, 475, 478, 499, 503, 508, 511, 518, 533-4, 562, 567, 581-2, 588-9, 606, 651, 694, 702, 708, 712, 726, 744, 755, 801
Inquisición, 584
interés, 92-3, 139-51, 449-59, 745, 756-7, 784
Irlanda, 227, 232, 316, 319-21, 443, 532, 777, 796-801
Isabel, reina, 337
Isócrates, 196, 738
Italia, 218, 229, 282, 338, 446, 505, 533-4, 619, 779

Jacobo I, 446
Jamaica, 167, 472

Japón, 241, 549, 634
Jersey, 613
jóvenes, 707-8, 712-13
Juan, rey de Inglaterra, 510
Julio César, 257, 442, 671
justicia, 206, 227, 674-85, 741, 781

Kalm, 307
King, Gregory, 124, 275-6

laboriosidad, 100, 129-32, 431-2
Lacio, 218
Lancashire, 231
Languedoc, 224
Laverdy, 141
Law, John, 408-9, 454
Learwick, 176
Leeds, 518
Leith, 51, 166
letras de cambio, 387, 392, 395
  peloteo de, 398
Levante, 516
libertad, 97, 106, 152, 178, 206
libertad natural, 206, 417, 659-60
Liceo, 714
Liga Hanseática, 511
Lima, 284
Lisias, 738
Lisboa, 289-91, 432, 605, 622
Locke, John, 80, 454, 540
Lombardía, 534
Londres, 50-1, 73-4, 78, 115, 121, 130, 141, 157-9, 166, 177-9, 194, 219, 227, 232, 234-5, 272, 304, 386, 390, 399-406, 414-5, 419, 432, 443, 471, 475, 623, 690, 701, 755
loterías, 162-3
Lowndes, 273
Lucca, 515-6
Luciano, 714
Luis XIV, 647
Luis el Gordo, 510

Luciano, 714
lujo, 43
  véase también impuestos
Lutero, 735
Lyon, 466, 516

Macpela, 59
Madras, 641
Madrid, 432
mahometanos, 148
Malaca, 634
Manchester, 181
Manila, 288, 291
mano invisible, 554
manufacturas, *véase* industria
Maquiavelo, 515, 724
maquinaria, 39-40, 136, 155, 359, 370-1
Marco Antonio, 714
Marco Polo, 117
marina, 165-6
Maryland, 227-8, 469, 477, 584, 588-9, 798
matrimonio, 126, 577
Mediterráneo, 52, 54, 478, 694
Meggens, 289, 293
mejora de la propia condición, 438, 440, 444
mendigo, 46, 196
Menorca, 694
mercado, *véase* competencia
mercancías, 55-6, 65-75, 294, 301, 471, 543
Messance, 133, 277, 330
metales, 57-60, 75, 248, 290-2, 325
métayer, 497-9
México, 283-4, 296, 549, 584, 633
minas, 237-44, 543, 575
Molucas, 286, 635, 637
monedas, 55-64, 67-70, 75-85, 247, 266
  adulteración, 58, 69, 273, 793-5
  véase también papel moneda

monopolio, 104-5, 212, 215, 469, 552, 555, 557, 561, 563, 565, 567, 567, 574, 589, 594, 598-604, 607, 623, 627-8, 635, 643, 699, 778
Montesquieu, 148, 454
moral, 726-8
Moravia, 495
Mosa, 53
Mun, Thomas, 541, 543

naciones, 27-30, 52, 439
Nápoles, 533
Navegación, Ley de, 557-8, 589-90, 607
necesidades, 27, 64, 232-3, 355
Negro, mar, 53
Newcastle, 241, 475
Nilo, 53
niños, 116, 126-7, 577
Negro, mar, 54
Norfolk, 179
Noruega, 214, 235
Norwich, 179
Nueva Granada, 283
Nueva Inglaterra, 583-4
Nueva York, 115, 129

obras públicas, 685-91
ocio, 149, 430-1, 433
órdenes religiosas mendicantes, 724
Orleans, duque de, 408
oro, 64-85, 244-6, 266-8, 289-99, 436, 540-51
Oxford, universidad, 704
Oxfordshire, 239

Paladio, 222
pan, 215, 219
papel moneda, 377-423
  reglamentación, 416-7
  seguridad, 412-3
Paraguay, 283

París, 177, 181, 226, 431-2, 618
patentes, 699
peajes, 688-90
Pedro el Grande, 671
Pekín, 285
Pelham, 279
Pensilvania, 420, 496, 579, 584, 726
Persia, 54
Perú, 241-5, 248, 281, 283-4, 296, 437, 473, 549, 585, 633
pescado, 91, 211-2, 323-4
piedras preciosas, 247
Pisa, 514
plata, 64-85, 242-5, 251-300, 436, 540-51
Plata, río de la, 216
Platón, 197, 496, 714, 738
Plinio, 57, 302, 496
Plutarco, 197, 738
población, 115, 126-9, 213
pobres, 126, 200-2
  véase residencia, legislación
Pocock, doctor, 522
Poivre, P., 226
político, 559
  véase también gobierno
Polonia, 37, 328, 331, 474-5, 495, 514
Porré, padre, 737
Pórtico, 714
Portugal, 282, 289-90, 296, 328-9, 331, 471, 474-5, 533, 540, 544, 562, 583, 587, 605, 622, 627-8, 645
Potosí, 216, 242, 247, 270, 281
precios, 62-107, 135-7, 212-3
  natural y de mercado, 96-107
  partes componentes, 86-95
  real y nominal, 64-85
préstamos, 449-53
primas a la exportación, 272, 275-80, 551, 568-72, 645, 715, 768-9
primogenitura, 491-2, 533

Índice de nombres y materias

profesores, 197-8, 703-8, 715-6, 737-8
propensión a trocar, 44, 47
propiedad, 182, 244, 681
propio interés, 45-6
Protágoras, 197, 713
Prusia, 779

Quesnay, François, 654-5
quiebra, *véase* bancarrota
Quintiliano, 738

Raleigh, Sir Walter, 576
Ramazzini, B., 130
reembolsos, 567-8
Reforma, 733-4
reglamentaciones políticas, 103, 105-6
religión, 193-5, 573, 723-740
renta, 70-1, 89-94, 96, 101, 104, 132, 210-344, 369, 429, 603
residencia, legislación, 202-6, 560
Rhode Island, 583
Riga, 472
Rin, 53
ricos, 64, 246, 445
riqueza, 30, 326, 331, 433, 540, 545, 550, 564-5, 658
Roma, 59, 61, 75, 198, 218, 301, 431, 616, 619, 641, 714, 738
Ruán, 133, 431
Ruffhead, 259
Rusia, 282, 495, 597

salarios, 71, 87, 91, 96, 108-37, 152-209, 213, 341-2, 577
Santo Domingo, 242, 249
secretos, 103
seguros, 163-4, 700
señoreaje, 78, 82-3, 390
Seyo, 302
Servio Tulio, 57, 59

Sheffield, 179, 334, 518
Shetland, 176, 211
Shropshire, 241
Siberia, 53, 285
Sicilia, 301, 466, 516
sindicatos, *véase* asociaciones
sistema mercantil, 539-646
sistemas agrícolas, 646-59, 750
soberano, sus tres deberes, 660-1
sociedades, *véase* compañías
Spitalfields, 516
Stowe, 446
Suabia, casa de, 511
Suecia, 282, 286, 629, 738
suerte, 162-4
Suetonio, 738
Suiza, 504, 511, 740
Swift, 769

tabaco, 56, 227-8, 472-3, 497, 588-9
taille, 133, 502-3
talentos, diversidad, 47-8
Tartaria, 53, 285, 506, 723, 743
tasa del pan, 208, 254
  y la cerveza, 254, 259
Tavernier, 247
tenderos, 169
Teócrito, 154
Terranova, 56
terratenientes, 89
Terray, abate, 141
Thorn, William, 253
tierra, 86-9, 213-5, 221, 229, 232-3, 249, 262-3, 304, 314, 339, 458, 479, 484-7, 490-504, 527-30, 577, 743, 749-52
Timbre, ley del, 595
Timeo, 57
Tonquín, 634
Toscana, 534
trabajo, 27-9, 33, 64-9, 72, 86-9, 94-5, 100-1, 108-9, 115-9, 127,

135-7, 143-4, 154-5, 205-6, 213, 267, 342, 355-6, 370
  productivo e improductivo, 424-48, 453, 455, 577, 651, 656
  véase también división del trabajo
transportes, 50-4, 215, 287-8, 517, 531
tratados, 573-5
Troyes, 60
trueque, 44, 55, 66
  véase también comercio
Tumbrel y Pillory, estatuto, 259
Turquía, 367, 597

Ucrania, 283
Ulloa, 216, 242, 244, 263, 284
universidades, 179, 703-9, 711-2
usura, 457
Utopía, 561, 796
Uztáriz, G. de, 776

valor, 62-107
vaquerías, 312-4
Varrón, 222, 309

Venecia, 511, 514-6, 743, 791-2
verdugo, 154
Versalles, 431, 446
vestido, 233-4
Viena, 432
vinculaciones, 491-2
viñedos, 104, 223, 225
Virginia, 56, 220, 227-8, 469, 472-3, 477, 588-9
Visiapour, 247
Voltaire, 737-8

Warwick, duque de, 521
Westmoreland, 241
Wilton, 446
Windsor, mercado, 220, 270-5, 278, 349
Wolverhampton, 181, 518

Yorkshire, 133-4, 335, 419, 468
Yucatán, 283

Zenón de Citia, 714
Zenón de Elea, 713
Zuinglio, 735